彭秀模（右）彭秀枢（左）兄弟合影

彭秀模夫妻与"土家第一人"
田心桃（左一）合影

彭秀模与老同学向锡三
（右）合影

彭秀模在其百岁寿诞家宴致谢辞

彭秀模指导学生

彭秀模与国家语委主任王均教授（前中）在龙山视察"双语"教学

彭秀模与时任全国政协主席邓颖超（前中）及其他常委合影

《棠棣集》编辑委员会

黄纯艳　张茂豪　周　义
彭　路　彭书城　彭书堃

棠棣集

彭秀模　彭秀枢 ◎ 著

云南大学出版社
YUNNAN UNIVERSITY PRESS
·昆　明·

图书在版编目（CIP）数据

棠棣集 / 彭秀模，彭秀枢著. -- 昆明：云南大学出版社，2020

ISBN 978-7-5482-4173-7

Ⅰ. ①棠… Ⅱ. ①彭… ②彭… Ⅲ. ①社会科学－文集 Ⅳ. ①C53

中国版本图书馆CIP数据核字(2020)第222056号

策划编辑：张丽华
责任编辑：张丽华
封面设计：任 徽

彭秀模　彭秀枢◎著

出版发行：云南大学出版社
印　　装：云南金伦云印实业股份有限公司
开　　本：787mm×1092mm 1/16
印　　张：34
彩　　插：4页
字　　数：620千
版　　次：2020年12月第1版
印　　次：2020年12月第1次印刷
书　　号：ISBN 978-7-5482-4173-7
定　　价：148.00元

地　　址：昆明市一二一大街182号（云南大学东陆校区英华园内）
邮　　编：650091
发行电话：0871-65033244　65031071
网　　址：http://www.ynup.com
E-mail：market@ynup.com

若发现本书有印装质量问题，请与印厂联系调换，联系电话：0871-64120080。

序 一

从《棠棣集诗选》之命名，即可知此乃弟兄合作之诗集也。"棠棣"一词，语出《诗经》，毋庸赘述。彭秀模、彭秀枢两先生，系同胞兄弟，为余中学时代同学、好友。两先生出自书香门第，学有渊源，其道德文章，为吉首大学师生所称道。秀模先生教古代汉语，长于声韵，为全国声韵学会会员，当代中国民族语言学家。为人谨言慎行，谦谦君子；其诗立意新颖，声韵铿锵，遣词造句，玉润珠圆，读后使人有"诗如其人"之感，以律诗、绝句见长。秀枢先生曾是高中语文教师，为人刚直不阿，敢作敢为，"反右"时因土家族问题，被错划为右派；"文化大革命"中，又因写《讨江青檄》而被判刑二十年。被平反后调吉首大学中文系教古代文学。曾任吉大民研室主任、省民研会常务理事。其诗感情豪放、思路开阔，有如万斛清泉，不择地而出；其形式多样、不拘一格，杂以阳春、下里巴人之曲；长于古风、杂咏，读后使人有嬉笑怒骂皆成文章之感。

在其《棠棣集诗选》付梓之际，来书请余作序。余与其昆仲谊属同窗，且系好友，深感却之不恭，勉成数言，是为序。

向仍旦

1995年7月于北京大学

注：向仍旦先生系北京大学中国文学系文献专业教授。

序二

继《棠棣集诗选》刊印之后,《棠棣集文选》也已付梓。彭秀枢先生在病势垂危之际,电予为之序。予虽事繁笔拙,不好推辞。《棠棣集文选》乃兄弟合作之文集也。秀模、秀枢两昆玉与予谊属同乡,又系好友;出自书香门第,学术各有专攻,民族感情强烈,道德文章卓著,为后学所称道。秀模先生在高等院校执教三十余年,为全国声韵学会会员,当代中国民族语言学家。由于语言学功底深厚,对古代汉语考辨、土家语言研究、土家族源考证,均做出具有开创性之贡献。秀枢先生曾是中学语文教师,为人刚正不阿,敢作敢为,"反右"时因土家族问题被错划右派;"文化大革命"期间,又因写《讨江青檄》被判刑二十年。十一届三中全会后,平反调吉首大学教古典文学,兼民研室主任。其人思想开放,多才多艺。其土家族源探讨,墨家思想阐发,电影剧本创作,均有精到之处。特别是两先生对土家族源问题,在前人研究的基础上跨进了一大步。秀模先生《㡭蛭考》运用古音韵文字理论和历史文献全面考证了"㡭蛭就是备兹",今天的备兹卡 [pi^{35} tsi^{55} kha^{21}] 即古称板楯蛮之赉贝人,论据确凿,论证精密,无懈可击。秀枢先生《土家族源新议》从历史文献资料详为论证。其结论与乃兄之考证殊途同归。

适闻秀枢先生于十一月十五日仙逝,挥泪命笔,谨为之序。

王双林

2002 年 11 月 20 日于长沙

注:王双林同志是湖南省委原统战部部长、原省民委主任。

序三

秀模先生是我的老师。1981年底我于湖南师院（今湖南师范大学）中文系毕业分配到吉首大学中文系，执教古代汉语，系主任周洪年老师指定秀模先生做我的指导老师，从此便结下了秀模师和我的师生之缘。

我们的师生关系犹如师徒。先生上课，我跟着听；我上课，先生也坐在下面听。先生上课，丁是丁，卯是卯，绝不含糊。所讲皆题中应有之义，绝无游谈无根之嫌。由此，我知道了高校上课的基本套路，也知道了什么是严谨。先生听了我的课后，会一一指出我的错误。记得上讲台不久，讲文字学部分。当时我们用的教材是周秉钧先生的《古汉语纲要》，但讲到"寶"字的时候，我用了郭锡良先生《古代汉语》（北京出版社出版）对"寶"字的解释："从宀miǎn玉贝，缶fǒu声，简化为宝。"郭版《古代汉语》宀的标音是错误的，宋代徐铉校订《说文解字》时标注的反切是"武延切"，当读为mián。我没有深究，就照着教材读了。当然，根本的原因是音韵学基础差，深究不来（那时候的工具书就是《新华字典》，难一点的要查《康熙字典》，《康熙字典》跟《说文解字》一样，只有反切标音）。下课后，先生可谓声色俱厉地对我说："宀怎么能读miǎn呢？"当时我真的可谓无地自容，但我没有申辩，没说郭锡良教材就是这样标的（郭版教材后又有天津教育出版社版本和商务印书馆版本，一直未改，皆标作miǎn。我现在就用商务印书馆版本，每次都要纠正），我知道先生向来严谨，言必有据。

从此以后，每出差到外地，必到新华书店找介绍反切的书，如殷焕先的《反切释要》（1979年出版），林序达的《反切概说》（1982年出版），通过自学和请教先生，掌握了拼读反切的基本要领。以后每每碰到这些生僻字，对教材的注音，我必定要通过工具书或古人的反切印证一下，不敢造次。当然，那时候，还只是停留于对反切条例的了解，后来随着对音韵学了解得多了一些，对反切的拼读自然也就娴熟一些了。今天的工具书很完善，生僻字也有拼音注音，不需自己去拼读反切了，但是具备了这种能力，有的时候还是可以一展身手的,也可以判断工具书注音正确与否。

如《汉书·张骞传》"骞从月氏至大夏,竟不能得月氏要领"中的"要领","要"应该怎样读,教材无注音。教材既然无注音,一般会按今音读作"yào"。但查唐颜师古《汉书注》:"要,衣要也;领,衣领也。凡持衣者则执要与领,言骞不能得月氏意趣无以持归于汉,故以要领为喻。要,音一遥反。"颜师古认为"要"当读作平声,即"腰"字,不能读去声,按今音当读"yāo"。

由于先生的影响,从一开始我就养成了不迷信教材,敢于质疑创新的态度和精神,所以无论哪一种教材,我都能够秉持质疑的态度去学习和研读。惟其如此,方能将创新的理念通过课堂深植于学生心中,以求全面改变国民的精神素质和思维品质,提升创新的能力和层次。这是我们教师的职责所在,也是先生所期盼的。

先生不喜阔论,我亦不善言谈。所以我去先生家,秉持"子不语"的精神。子不语怪力乱神,我们则绝不语人事是非。如此自然尴尬之时亦有之,问完问题,一时没有话题,师徒二人半晌无语。经一事长一智,以后每次去先生家之前,便将问题胪列一纸,依次请益,问完道谢告辞。刚刚接触《毛诗正义》的时候,我记得我胪列了十几个问题,先生一一为我解答。只谈学问,不谈其他,有话则长,无话则短。先生的行事风格是多做自己的事情,不讲别人的是非;不拉帮,不结派,不谋私利;于系、于学校、于学生有好处的事积极去做,不讲价钱。先生以全国政协常委的身份为吉首大学的新校址选址多方周旋,四处奔走,不遗余力,但从不居功。老子云:"夫唯不居,是以不去。"先生之谓也。

先生幼承家学,讽诵经典,学养深厚,尤其精熟音韵,当时堪称湖南第一人。先生本在永顺师范学校执教,因长于音韵,1956年调到湖南师院主持湖南省的方言普查工作,并与曾少达同志合作撰写《湖南省汉语方言普查总结报告》。这次方言普查和这个普查报告的学术价值,我们可引湖南师范大学教授吴启主、鲍厚星和山东大学教授钱曾怡的话说明。

吴启主教授:

20世纪50年代,湖南开展了方言普查,当时负责此项工作的专业人员主要是彭秀模和曾少达。他们依据语言研究所编制的《汉语方言调查简表》对湖南境内81个汉语方言点进行了普查,大致摸清了各点的语音基本情况,为以后的湖南方言深入调查打下了基础。他们还比较了173个常用词在各地的说法。语法方面没有涉及。这次的普查成果于1960年9月以《湖南省汉语方言普查总结报告（初稿）》的形式内部出版（石印本）……《总结报告》在对 81 个方言点的音系作了大致描写分析的基础上，绘制了湖南方言地图，把常宁方言列入赣方言区，是可取的。（吴启主：《常宁方言研究》，湖南教育出版社，1998：310）

鲍厚星教授：

这个普查总结用了主要篇幅对湖南方言的声调、声母、韵母进行了综合分析和比较。编者根据多地方音特点的比较和综合印象，把湖南方言分为三个区：第一区主要包括湘水流域和资水流域。一般有 5 个或 6 个声调，去声分阴阳；古浊音系统有相当一部分地区保留得比较完整，部分地区浊音清化，不论平仄，一律读不送气清音；单元音韵母多，元音鼻化现象比较突出。第二区分布在湖南西北部和南部一带。一般 4 个声调，去声不分阴阳，入声一般归阳平；古全浊声母清音化，平声送气，仄声不送气；复韵母韵尾一般都完整地保存着。第三区在湖南东部形成一个狭长地带。一般是 5 个声调，有的多至 7 个声调，去声一般不分阴阳，入声多保留，有的还有塞音韵尾；古全浊声母不论平仄均读送气清音；复元音韵母攸县以北多，以南少。全书还有两个附录：其一是湖南方言词汇，比较了全省各方言点 173 个词语的对应说法；其二是湖南方言地图，包括分区参考图 1 幅，声调分析图 11 幅，声母分析图 13 幅，韵母分析图 6 幅，其他 2 幅，共计 33 幅。这次普查工作在语音的调查与分析比较上成绩突出，为湖南方言的分区奠定了良好的基础。应该说，它较好地完成了历史赋予它的使命，这份普查总结已经成为珍贵的具有重要文献价值的湖南方言史料。（鲍厚星、陈立中、彭泽润：《二十世纪湖南方言研究概述》，见《方言》2004 年第 1 期）

钱曾怡教授：

彭秀模、曾少达等在《湖南省汉语方言普查总结报告（初稿）》中对湖南方言所作的分区。这个分区把湖南的汉语方言分为第一区（湘语区）、第二区（西南官话区）和第三区（接近江西方言），西南官话和湘语的界限划得比较准确，远优于杨时逢在《湖南方言调查报告》中的分区。（钱曾怡主编：《汉语官话方言研究》，齐鲁书社，2010：282）

先生还在《湖南省汉语方言普查总结报告（初稿）》的基础上编写了《湖南人怎样学习普通话》。不过那时候不兴个人署名，其书署名是"湖南省汉语方言普查组编著"。这本书的意义，刘恩达这样评述：

该书除了讲解一些语音知识之外，重点讲了湖南方言的分布和特点，指出了湖南人学习普通话在声、韵、调几方面的难点和湖南方言与普通话语音的对应规律等等。由于湖南方言十分复杂，对湖南方言的调查尚不够细致，书中所揭示的规律不能说是十分准确，但在当时对推广普通话，改正方音，确实起了积极作用。（刘恩达主编：《当代湖南社会科学手册》，湖南人民出版社，1988：302）

这次方言普查的意义还在于培养了一批方言学者，为后来湖南省汉语方言的发展奠定了扎实的基础。

先生在学术界的另一个不朽的贡献，是设计了《土家语拼音方案》（草案）（与叶德书共同完成），1984年1月在《吉首大学学报》公开发表，得到国内语言学家的肯定。1987年，中国社会科学院民族语言研究所将这个拼音方案编入《中国少数民族的文字》一书出版，向国内外发行。这个拼音方案的问世，使没有文字的土家语能够书之于书面，使处于濒危的土家语能够被记录和保存下来。

先生在教学之余还写了不少学术论文、散文，还有不少亲友往来的书信，今皆结而为集，实乃学林之幸！

文集付梓之时，茂豪嘱我为序。作为学生，资质愚钝，未得先生学识之十一，岂敢为先生的文集作序！只是古语有训，先生有事，弟子服其劳，我也一直感恩于先生，早就想为先生写一点文字，便借这个机会，表达对先生的谢意，并颂九如。

唐生周
2019年8月10日于吉首

注：唐生周是吉首大学教授，全国优秀教师。

目 录

棠棣集文选·上编（彭秀模）

雪泥鸿爪——我的自述 ·· 03

一、语言研究 ·· 07
  《诗》"采采卷耳"解——兼论《诗》无动词重叠式 ········ 07
  "奥野何其人也"句法辨正——兼论虚词"何、其" ········ 12
  附：宋祚胤教授的信 ····································· 15
  "叐挚"[Biuək tsiə]考 ·································· 16
  附：罗祚韩教授的信 ····································· 24
  张伟权致彭秀模信 ······································· 25
  苏轼《念奴娇·赤壁怀古》辨析 ··························· 26

二、民族研究 ·· 35
  土家语概况 ··· 35
  土家语动词的情貌 ······································· 62
  土家语拼音方案（草案）································· 69
  创制《土家语拼音方案》（草案）的缘起和经过 ············ 73
  土家语的语音流变 ······································· 78
  土家语的四音联绵词 ····································· 88
  土家·土家语及其辞目 ··································· 94

三、与友人论学书 ··· 120
  给大庸一中谌老师讨论问题的信 ·························· 120
  给龙山洗车民中张老师的信 ······························ 122
  给罗其精教授的信 ······································ 124
  给胜召君的六封信 ······································ 127

短讯致贺 ………………………………………………… 139

四、回忆录 ………………………………………………… 140
　　新年寄语 ………………………………………………… 140
　　迟到的"古代汉语"课 ………………………………… 142
　　争取扩大吉首大学新校区追记 ……………………… 144
　　谈谈我的养生保健 …………………………………… 147

五、序跋 ………………………………………………… 150
　　《痴斋闲墨拾零》前言 ……………………………… 150
　　宋石泉先生八十寿辰诗词集序 ……………………… 151
　　天籁自鸣　余音袅袅——读覃大钰诗词 …………… 152
　　《保靖彭氏宗谱》首卷叙 …………………………… 153
　　《保靖迁永顺彭氏源流考》跋 ……………………… 154
　　张罗公路湘西州段建设纪念碑叙 …………………… 155
　　《花萼不集诗选》序 ………………………………… 157
　　《溪州土家族文人竹枝词注析》序 ………………… 158
　　《土家织锦》是本值得一读的好书 ………………… 159
　　《老司城土司源流考》序 …………………………… 161

六、答谢辞 ……………………………………………… 167
　　吉首大学祝贺百年华诞会上答谢辞 ………………… 167
　　百年华诞家宴答谢辞 ………………………………… 170

棠棣集文选·下编（彭秀枢）

关于土家族的历史沿革 ………………………………… 173
土家族族源新议——兼评潘光旦教授的《湘西北土家人与古代巴人》
　　………………………………………………………… 187
溪州土司彭士愁来自江西考 …………………………… 198
土家族地区土司制度概况 ……………………………… 206
明代土家兵抗倭事迹概述 ……………………………… 221
溪州铜柱不是图腾柱——与龙海清先生商榷 ………… 226
土家族"溜子" ………………………………………… 234
土家族在羁縻、土司和改土归流时期的对外关系 …… 237
西南少数民族人民在明代抗倭战争中的历史功绩 …… 247

向王天子考	254
竹枝词的源流	261
《桃花源记》是武陵蛮生活的缩影	271
《九歌》是沅湘间少数民族的祭歌	278
试论墨家思想及其当代意义——兼及儒墨两家思想比较	279
失钗见钗（汉剧）	289
第一战功（剧本）	297

棠棣集诗选·上编（彭秀模）

一、诗词

1949年前的诗 343
- 七绝三首 343
- 沅水夜泊 344
- 人约黄昏后 344
- 悼亡友 344
- 游栖霞山 344
- 游牛首山 344

1949年后新世纪前的诗词 345
- 灵车驶过长安街——悼念周总理（1976年1月6日） 345
- 悼念毛主席 345
- 和　诗 345
- 喜　赋 346
- 1980年元旦咏怀 346
- 寻根究底绘新图 346
- 游庐山诗四首 347
- 游张家界组诗十二首 348
- 遗训长留天地中——纪念毛主席题"团结报"30周年 350
- 晚宿桃花源 350
- 飞向北京 351
- 第一次坐飞机上北京 351
- 参加全国政协六届一次大会 351
- 出席全国政协六届一次会议 351

· 3 ·

悼廖承志同志	352
重游不二门	352
送张仲明老师去湖北师范学院任教	353
北 上	353
祝贺酉阳土家族苗族自治县成立	353
纪念毛主席诞辰九十周年——咏梅	353
甲子新春吟	354
登上长城	354
祝吉首大学校报创刊	354
国庆三十五周年	355
人民大会堂	355
教师节献诗	355
图 南	356
参加刘伯承元帅追悼会	356
土家·汉双语双文教学接龙实验感赋	356
寄友人董思霖先生	357
民族组迎邓主席	357
上天安门	357
祝永顺县诗词书画协会成立	358
故园行	358
龙年题咏	360
《土家族文学史》定稿会	361
为吉首大学校庆三十周年而作	361
祝中国人民政协诞生四十周年	361
七 绝	362
在湖北长阳	362
访武落钟离山	363
访昭君村	363
石拱高桥	363
游朝阳岩	364
学习小平同志南方谈话	364
创收闲议	364
"创收"舞厅	365

目录

灵溪漂流	365
武陵源里三日游组诗七首	365
悼邓颖超主席	367
老人节赋诗	367
祝党的十四大召开	367
癸酉春节	368
纪念毛主席诞辰百周年	368
刺"雅座"	368
治党新民	368
看电视《半边楼》有感	369
太平山女尼	369
游龙山皮都河	369
寄友人	369
祝贺湘西诗词学会成立	370
相知长令无绝期	370
悼宋祚胤先生	370
第十个教师节	371
参观湖北省电视塔	371
赏菊	372
元宵节	372
闹元宵	372
《庸愚词稿》读后	372
贺永顺一中校庆九十周年	373
找"摸米"	373
贺杨国湘同志七十华诞	373
六弟七十寿	373
多 思	374
忆江南·秋兴	374
喜迎春·七五初度	374
庆春泽·送别彭超昂杯	375
翰墨生涯五十年	375
邢苏兴同志七十华诞	375
题彭秀奎丙子年新修族谱	376

祝叶德书六十寿	376
秋游三岔坪水库	376
竹枝词·山趣	376
邓小平同志赞	376
咏白沙新城七绝二首	377
庆祝香港回归	377
祝湘西州成立四十周年	378
贺向云俊老友八十大寿	379
学习党的十五大会议精神感赋	379
诗社评奖	379
虎年题咏	379
三峡截流赞	380
醉歌行	380
赞酒鬼酒	380
为主权而战	380
抗洪盛赞解放军	381
诗三首·为吉大校庆四十周年而作	381
吉大中文系系友联欢	381
贺永顺民师校庆六十周年	382
访德夯诗二首	382
游太虚寺	382
卯年迎春曲	383
致　谢	383
读《浮生记事诗词选》赠修淬光大姐	383
答高云居士原玉	384
贺彭瑞龙同志七十寿	384
贺人瑞黄德萃老人百岁华诞	384
庆祝澳门回归	384
国庆五十周年	385
2000年元旦书怀	385
致谢林时九同志	385
七绝·致谢	386
棠嘉湖上	386

张家界"土家风情园"杂咏	386
《让中华诗词进入大学校园》读后	387
悼彭勃	387
彭勃原作·贺彭秀模兄八十大寿	388
寄望·步《问鸽》原韵	388
问　鸽	388

新世纪的诗词　389

迎新世纪书怀	389
神舟二号飞船发射成功	389
贺龙再宇会长八十大寿	389
赞西部大开发	390
西江月·赞凤凰	390
庆贺吉首建市二十周年	390
朱总理视察湘西	390
朱总理视察吉首大学	391
正告台湾当局决策者（陈水扁）	391
永顺小溪林区生态旅游组诗五首	391
祝贺北京申奥成功	392
边城茶峒纪游	393
诗三首·游花垣苗河	393
古苗河里白水泉	394
矮寨公路奇观	394
怀人对月时	394
轻车暮过石壕村	394
参观阿房宫	395
车过剑门关	395
纪念毛主席《在延安文艺座谈会上的讲话》发表六十周年	395
重游老司城感赋诗词三首	395
喜迎党的十六大召开	396
为贺训获《石榴集》题诗	396
重游沅陵诗二首	397
重游桃花源诗二首	397
参观常德诗墙	397

标题	页码
《扎根湘西》读后	398
读《六十年历程》	398
大龙洞	398
贺杨拔尤吟友诗集出版	399
二十年后再相会	399
祝贺母校永顺一中百年华诞	399
贺老友向仍旦《雪泥集》出版	400
飞天梦圆七绝三首	400
舟中看龙山龙头	400
偶成	400
里耶古城	401
里耶长堤	401
里耶秦简出土诗二首	401
题"溪州土家山寨"	401
题飞瀑叠楼	402
咏飞瀑叠楼	402
小龙洞口活水煮活鱼	402
二十年后80级中文一班毕业生返校	402
重庆行	402
上海立交桥	403
咏大上海	403
探母校——中央大学	403
游秦淮	403
上扬州	403
游扬州瘦西湖	404
参加花垣排碧苗族原始文化"太阳会"	404
师生情	404
八五初度畅吟	405
游桃花源	405
祝余文奎、姚自知同志八十华诞	405
重上东门坡	405
游乾州古城	406
上井冈山	406

目录

井冈山即景	406
庆祝湘西州建立五十周年	406
咏边城翠翠七绝二首	406
嫦娥奔月颂	407
相见欢	407
养生不是为偷生	407
米寿闲吟	407
中国奥运冠军赞	408
吉首大学五十周年校庆赞礼	409
屈望追寻	409
题上海世博会	410
题上海世博会中国馆	410
试续《百年梦圆世博会》	410
国庆六十周年	411
九十初度书怀七律二首	411
七绝二首填表推荐全国健康老人感赋	411
咏　梅	412
赞常德诗墙	412
咏矮寨特大悬索桥	412
重阳即兴	412
颂党之歌	413
春游乾州	413
游苗王城	413
贺永顺松柏镇荣获"诗词之乡"称号	413
吉大78级中文同学相聚母校	413
斥美日联合夺岛军演	414
永顺民师简八班毕业52年相聚吉首	414
咏杜鹃花	414
喝咂酒	414
咏水仙	415
荣获"湖南省健康老人"称号	415
德夯风情	415
文学院院庆十周年	415

"神九"飞天 ………………………………………… 416
"神十"飞天 "蛟龙"探海 ………………………… 416
毛主席冥诞百二十年 ……………………………… 416
纪念抗日战争胜利七十周年七律三首 …………… 416
咏幽兰 ……………………………………………… 417
《湘西州土家族辞典》喜梦圆 …………………… 417
庆祝湘西土家族苗族自治州成立六十周年 ……… 417
永顺老司城遗址公园开园感赋 …………………… 418
访世界文化遗址老司城七律二首 ………………… 418
深慰我心 …………………………………………… 419
张家界畅游 ………………………………………… 419
贺吉首大学六十周年校庆 ………………………… 419
国庆七十周年 ……………………………………… 419

二、对联 ……………………………………………… 420

为"盆趣园"拟联 ………………………………… 420
为乾州古城南门（三门开）拟联 ………………… 420
为古城北门·非物质文化遗产园拟联 …………… 420
为大井学校题联 …………………………………… 421
索　对 ……………………………………………… 421
为官容姑拟墓碑联 ………………………………… 421
悼尚心云同志挽联 ………………………………… 421
公元2001年农历辛巳年拟春联 …………………… 422
为张罗公路竣工拟联 ……………………………… 422
拟"酉阳亭"对联 ………………………………… 422
为张罗公路青天坪隧道拟联 ……………………… 422
为永顺老司城彭氏宗祠题联 ……………………… 423
高云居士庐春联 …………………………………… 423
为吉大师院文昌阁拟联 …………………………… 423
挽田克炎州教育局副局长联 ……………………… 423
为吉首大学与新闻传播学院成立大会拟联 ……… 424
挽文连禄老师联 …………………………………… 424
为地税局小花园拟联 ……………………………… 424
张家界土家风情园"东南第一战功"牌坊联 …… 424

目录	
为芙蓉镇（王村）题联	424
为溪州（永顺）老司城撰联	425
为乾州罗荣光将军故居拟联	425
贺"天宫一号"发射成功	425
为烈士纪念碑拟联	425
为吉首大学中文系第一届书画展题	425
为州委大院后山园林"甘棠岭"景点撰联	426
悼叶德书联	426
为侄儿延炤筑生茔拟联	426
州诗词学会2010年发动写春联送各机关	426
香港回归十年纪念	426
为州委大院善水池清风亭拟联	427
为吉大公用灵堂拟联	427
贺张茂豪老弟新屋落成题联	427
为延辉侄古稀寿进新屋题联	427
为台湾李仪拟其父墓碑联	427
2000年（新世纪）春联	427
州人民医院成立五十周年应征联	428
为杨正午同志母亲墓碑拟联	428
龙山县摆手舞大会舞台拟联	428
龙山飞虎洞八部大王神龛联	428
迁入新居，自拟春联	428
为吉首大学图书馆撰联	429
世纪之门——2000年（农历庚辰）	429
为团州委拟"中华古典诗文诵读"启动大会联	429
为土家第一村双凤屺拟联	429

棠棣集诗选·下编（彭秀枢）

母亲寿辰祝词	433
重返课堂抒怀	433
把关	434
有感于五类分子摘帽	434

赞小平路线	434
赞劲松	435
欢呼氢弹升空	435
书　怀	435
附学生覃大钰步韵和词	436
附学生吴清尧词	436
送别教师班毕业诸生	436
附学生覃大钰和诗	436
万里腾飞看大鹏	437
入木偶剧团，当陈平弟子	437
逐云飞	438
游张家界国家森林公园诗组	438
囚室铭	441
众人皆醉君独醒——赠友	441
祝贺中国少数民族文学会开幕	442
祝贺中国少数民族文学会闭幕	443
为全州第一次文史资料会议而作	443
为湖南省少数民族研究会而作	443
《渴望》观后	444
呈焦林义书记	444
庆祝四川省秀山民族自治县成立	444
庆祝四川省酉阳自治县成立[①]	445
电影剧本《第一战功》开笔	445
剧本开笔后，步原韵奉和	446
州政协委员傅瑞光同志步韵和诗	446
拟题翼南楼	446
战　歌	447
感事呈易校长	447
画虎吟	448
六十寿辰戏题（二首）	448
喜迎猴年	449
祝贺永顺县诗词书画社成立	449
土家情歌对唱	449

标题	页码
猛峒河漂流放歌	450
老司城怀古（五首）	452
怀念台湾李仪学兄	453
秋菊赞	453
重阳节与老干登一心阁	454
祝贺美籍华人潘力生教授八十金婚	454
感事呈台湾彭善守兄七律二首	454
踏上海南第一峰	455
五指山巅悼红军	455
教师节抒怀（二首）	455
贺《山泉》诗刊创立一周年	456
题　照	456
附罗瑞先生和诗	456
戏题东坡书院	457
附刘炳秀先生和诗	457
东坡书院歌行（二首）	457
谒红色娘子军纪念碑	458
戏题海瑞墓	458
再题海瑞墓	458
欢呼琼州大学诞生	459
三亚市大东海游泳	459
贺《通什文史》面世	459
参观天涯海角	460
观落笔洞	460
江南好——海南东山庙观抽签	460
参观海南第一楼	461
武陵大学抒怀	461
羊年观灯竹枝词二首	461
张家界景点诗四首	462
游索溪峪黄龙洞	462
附叶德书教授和诗	463
游天子山两首	463
贺中美建交	463

第七届人大召开	464
楚调一首	464
贺湖南楚史研究会成立	464
欢呼党的十一届三中全会召开	464
七十生辰征诗	465
七十初度咏怀	465
附：题贺彭秀枢副教授七十椿寿	466
步原玉和彭秀枢先生七十华诞	466
祝贺彭秀枢先生七十寿辰	467
祝秀枢同志七十大寿	467
祝和彭秀枢同志七十咏怀二首	467
和秀枢六弟《七十初度咏怀》	468
七律二首——贺秀枢兄七十大寿，步原韵和之	469
应彭秀枢老师七十寿征诗而作	469
拜寿诗——为吾师秀枢七旬寿辰作	470
和老友彭教授秀枢七十初度咏怀原玉	470
贺秀枢老师七旬寿诞	470
贺彭秀枢学兄七十寿辰步韵	471
香港回归放歌	472
观"杨国湘同志退休生活掠影"	473
题"林时九先生书画展"	473
赞"尚本然先生书法作品展"	474
步原韵奉和贺叶德书教授六十生辰	474
悼邓公小平	474
民盟州委十年喜庆	476
党盟情谊赞	477
赞湘泉系列酒	477
已进酒（打油诗）	477
贺陈楚铎贤契添丁生女	478
吉大校园赞	478
赞刘亚文医师	478
参观大庆松花皮蛋厂后致郭信初难友	479
为琼州大学中文系毕业诸生雅集献诗	479

贺家兄秀模先生八十华诞 ………………………… 480
碧桂园 ………………………………………………… 480
观球行 ………………………………………………… 481
朱总理莅临吉大喜赋 ………………………………… 482
赞朱总理 ……………………………………………… 483
对联选登 ……………………………………………… 484
一心阁联（州三十大庆）…………………………… 484
挽台湾彭超叔联 ……………………………………… 484
挽彭志明贤契 ………………………………………… 485
为陈述德处长新屋撰楹联 …………………………… 485
挽党建之同志联 ……………………………………… 485
为广东惠阳名豪木业有限公司改春联 ……………… 486
为土家风情园"东南第一功"牌楼撰联 …………… 486
为"甘棠岭"上"圆梦亭"撰联 …………………… 487
杨母彭老孺人墓联 …………………………………… 487
王母向老孺人墓联 …………………………………… 487
为台湾李仪学兄拟其祖父墓联 ……………………… 487
雷母彭孺人墓联 ……………………………………… 488
老司城祖师殿（为超叔祭祖用）…………………… 488
贾公绍洪难友墓联 …………………………………… 488
编后语 ………………………………………………… 489

附　录 ……………………………………………………… 490
　附一：彭秀模八十寿诞贺诗文（词、联）（部分）… 490
　　家兄彭秀模先生 ………………………………… 490
　　耄耋之喜　鹤寿之庆——贺彭秀模先生八十华诞 … 496
　　学习秀模先生 …………………………………… 497
　　贺家兄秀模先生八十华诞 ……………………… 498
　　庆贺彭秀模老师八十大寿 ……………………… 499
　　贺彭秀模八十华诞 ……………………………… 499
　　书赠彭秀模同志联 ……………………………… 500
　　贺秀模先生八十寿辰 …………………………… 500
　　七律敬贺恩师彭秀模先生八十荣诞 …………… 500
　　浣溪沙·贺彭秀模八十大寿 …………………… 500

贺彭秀模师八十大寿 …………………………………… 501
　　贺彭秀模恩师八十寿辰 ………………………………… 501
　　贺彭秀模师八十华诞 …………………………………… 501
附二：彭秀模九十寿诞贺诗（联） ……………………… 502
　　如梦令·贺彭秀模恩师寿诞 …………………………… 502
　　忆江南 …………………………………………………… 502
　　彭秀模教授九十华诞 …………………………………… 502
　　贺彭秀模老师九十华诞 ………………………………… 502
　　贺彭秀模老师九十大寿 ………………………………… 503
　　彭秀模教授九十椿寿 …………………………………… 503
附三：彭秀模百岁寿诞贺诗（文） ……………………… 504
　　我和我的百岁爷爷 ……………………………………… 504
　　题照颂寿 ………………………………………………… 506
　　在彭秀模先生从教七十周年暨百岁华诞座谈会上的讲话 …… 506
　　临江仙·贺彭秀模老先生期颐之寿 …………………… 508
　　在彭秀模先生从教七十周年暨百岁华诞座谈会上的讲话 …… 508
　　覃大钰贺词 ……………………………………………… 509
　　贺恩师秀模先生百岁寿诞 ……………………………… 510
　　在彭秀模先生从教七十周年暨百岁华诞座谈会上亲属致谢辞 …… 510
　　张茂豪诗二首 …………………………………………… 512
　　在彭秀模先生从教七十周年暨百岁华诞座谈会上的讲话 …… 513
　　写在《期颐集》付梓之际 ……………………………… 514
后　记 ……………………………………………………… 517

棠棣集文选·上编

彭秀模

雪泥鸿爪
——我的自述

彭秀模

我于1921年出生，湖南永顺人，土家族，出身书香门第，教育世家。7岁入私塾，授业于叔父镜涵先生之门下，叔父既长古典，又懂新学。时届民国，不再系统学习四书五经，重在读古文名篇，练习写作。散文、策论、诗词、尺牍，定期练习。因步趋得法，文字功夫，日益精进。

1937年入永顺郡联立初级中学，长于文史而短于数理。考入湖南省立第九中学，文字功夫较为成熟。湖南省十五届高中生毕业会考，作文题为"自由与法治"，作文成绩为大湘西沅陵考区之冠。

高中毕业，上重庆考大学。参加统一考试，考取国立中央大学中国语言文学系。抗战胜利，学校迁回南京。南京乃当时首都，人文荟萃之所。著名物理学家吴有训主持校政，知名学者汪辟疆、胡小石、张世禄、朱东润、罗根泽、吕叔湘等先生均在中文系授课。二年级语言文学分科，专攻语言。张世禄先生讲授之文字学、音韵学，周法高先生讲授之方言学，吕叔湘先生讲授之语法学启迪很大，有得于心，为以后教学与科研奠定了坚实基础。毕业前夕，解放战争正炽，战火逼近京沪，草草结业后即返回永顺，旋即受聘于省立第八师范学校任国文教员。1949年10月，永顺解放，省立八师改名永顺师范，继续执教，任语文教研组长。

1956年，湖南省发展高等教育，从中等师范和高级中学选拔一批优秀教师调到高等院校任教。我被调入湖南师范学院中文系，主持湖南省汉语方言普查工作，后开"古代汉语"课，1962年被评为讲师。调查方言期间，我与曾少达同志合作撰写了《湖南省汉语方言普查总结报告》和《湖南人怎样学习普通话》两书。当时不提倡个人署名，两书均以"湖南省汉语方言调查组"名义出版。《湖南省汉语方言普查总结报告》全面介绍了湖南省80多个方言点的声、韵、调系统，并根据各方言特点划分出方言区，为研究湖南汉语方言提供翔实资料。《湖南人怎样学习普通话》则由湖南人民出版社出版，公开发行。该书在普查湖南方言基础上写成，分析湖南人应怎样利用方言中已有的发音技能学习普通话；同时指出声韵调三个方面的难点和克服方法，为湖南人学习普通话展示出较为切合实际的对应规律。关于"古代汉语"教学，我主讲音韵、词汇。音韵学涉及古今声韵系统之变化与发展，时代久远，术语繁多，加上与现实语音差距大，历来中文系学生多视为"天书"。但我既懂音韵理论，又长于方言实践，因此音韵学之术语，常常可以从方言中之语言现象求得解答，故所教学生中之语言爱好者既能掌握古今音系递嬗变化之脉络，也能作方言调查研究之实践。结合词汇教学，我写出学术论文《〈诗〉"采采卷耳"解——兼论〈诗〉无动词重叠式》，详为论证了《诗经》（先秦）时代没有动词重叠形式，"采采"乃形容词重叠。

吉首大学建校初期，缺古代汉语教师，多次向省教育厅和湖南师范学院求援。1964年上半年，湖南师院中文系总支书记找我谈话，交代任务：借调吉首大学，教古汉语，一面担任教学，一面带好徒弟，两年回院。到吉大后，未能上课堂教学，却跟系里同仁抓阶级斗争，同学生搞"四清"，到农村搞"社教"。继而"文化大革命"事起，不仅未能如期返回师院，反而下放花垣雅酉公社插队落户，调永顺青坪公社当基层干部，调永顺四中教语文，调麻岔"五七"大学学朝农（朝阳农学院）。身如飘蓬，疲于奔命，秋月春风，等闲度去。有《"文化大革命"十年》诗以抒怀：

  十年多难叹途穷，颠沛流离类转蓬。

  队插苗山大柳泊，官充田畯洗璧冲。

  高寒地搞稻双熟，疲惫民储户九空。

  濯足沧浪劳动后，黉宫"五七"学朝农。

打倒"四人帮"后，湖南师范学院落实政策，借人要还。在此期间，我先后被评为永顺县、自治州教育先进工作者，以示慰留。湖南师院仍多次要求归队，自治州不肯放行。1978年强留吉首大学，重修旧业，为七七级中文科学生教"古代汉语"。

党的十一届三中全会像春风一样吹绿了大地，邓小平同志《在全国科学大会开幕式上的讲话》给知识分子以极大活力。政治环境宽松，职称评定随之开始。从1962年在湖南师院被评为讲师十七年后，1979年终于又有机会被评为副教授。在这一背景下，应《团结报》纪念20世纪80年代第一年的稿约，写出了《元旦咏怀》七律一首以抒胸臆：

  暗香初透岭头梅，冬至阳生春又回。

  白发新添功未立，书生老去时方来。

不须惆怅伤尘碾，应是昂扬斗雪开。
一瓣丹心迎旭日，百花争艳满山隈。

小平公主政后，知识分子受到礼遇，故有春回大地之感，丹心迎日之愿，书生老去、盛时方来之叹，在"尊重知识，尊重人才"指示感召下，我在工作上科研上均做出一定成绩，并获得党和国家给予的种种荣誉。1979年后先后当选为州政协第四、第五两届常务委员，1981年当选为州六届人大常委会委员，1983年被评为湖南省少数民族地区科技先进工作者，同年当选为全国政协第六届委员会常务委员，1985年任湖南省语言文字工作委员会顾问，1985年加入中国共产党。1989年获国家语言文字委员会从事语言文字工作三十年的"荣誉证书"，《民族语文》在"当代中国民族语言学家"栏加以介绍。在吉首大学任教时，我曾担任过民族研究室主任，学术评审委员会主任，湖南省教委职称评审委员会中文学术评审小组委员，为吉首大学教师职称晋升做出应有的贡献。担任民研室主任期间，我组织研究室同仁关心民族文化，重点研究土家族、苗族的语言和历史。与叶德书同志合作撰写土家语有关论文七篇，特别是《土家语概况》的发表，在国内第一次全面介绍了土家语语音、词汇、语法三方面的情况。还创制了《土家语拼音方案》（草案），进行了"土家·汉双语双文教学接龙实验"，为操土家语地区小学教育和扫盲工作做出了有益的探索。国家语委顾问、语言学家倪海曙教授对此"方案"的评价是："是个好方案，干净利落。"研究土家族历史时，我撰写了《"叝挚"考》一文，该文以文字音韵学理论为指导，从语言和历史角度对土家族族源做出了有力的论证，成一家之言。结论是：《宗周钟》铭文所记载的"南国叝挚"就是今天土家族自称的"备兹"，族源可远溯到西周初年。结合"古代汉语"教学和指导实践，我写出《"奥野何其人也"句法辨正——兼论虚词"何、其"》。该文指出了《中国青年报》1988年5月20日第4版《国际瞭望》栏"诡辩皇军不曾侵略，奥野何其人也"这一新闻标题的语法错误。在严密论证后指明了"何其……也"这种古汉语常见的固定格式对嵌入其中之词语的词性有严格要求。它要求：形容词、动词及其词组间侧其间；至于名词则不与为伍。订正的句式："奥野何人也"或"奥野其人"，语法上都讲得通；要是只询问人物性状，也可换成"奥野何如人也"，也还通顺；如果联系上下文章，还可换成"奥野何许人也！"斥责日本人奥野的感情色彩就强烈多了。湖南师大古典文学教授语法学家宋祚胤先生对此文有较高评价："尊稿阅读数回，切理厌（满足）心，于古汉语语法学已升堂入室，足以振聋启聩。"

我对吉首大学的发展和中文系师资培养也都做出了一定贡献。特别是在为争取新校区基地上是有贡献的。吉首大学老校区地仄少平地很不适应当时发展形势，且四周为工厂包围，污染严重，噪音喧天，发展无地，领导压头，教师思迁。作为全国政协常委，我在北京参加全国政协六届二次全会期间曾以"吉首大学校基逼仄，学校无发展余地；污染严重，教师有后顾之忧"为案由给大会交了提案；还给时任环境保护委员会主任李鹏、教育部长何东昌写信并附寄污染情况材料和照片；并向湘西籍中纪委原书记李昌、国家民委副主任洛布桑当面汇报，吁请支持。这就引起了各级领导的重视，反响很大。当年9月，省委管文教的焦林义书记亲临湘西解决吉首大学校址问题，砂子坳唐家岭八百亩新校区一锤定音。现在吉首大学在这一平台上建成花园似的学府，通过了教育部检查评估，正扬鞭跃马，开拓前进。在政协议政期间，我曾多次提案，多次发言，建言献策。1987年，在全国政协六届五次全会上交了"湘西州古丈县地方病严重，建议上级卫生部门调查研究"的提案。经转发后，湖南省卫生厅及时派员深入调查研究，积极采取措施，使该县的地方病得到有效的防治。为了抢救濒危的土家语言，我曾在全国政协和省政协会议上发过言，写过提案，让土家语进入学校进行汉语土家语双语教学。当时建议未得回音。2004年州民族民间文化保护工作会议后，民族民间文化遗产受到保护。土家语在龙山靛房、他砂，永顺对山已定点进入学校。这对保护世界文化遗产，促进民族团结和共同繁荣具有深远的意义。

　　1989年退休后以诗词自娱，歌颂祖国繁荣昌盛，赞美祖国壮丽山河。老有所为，老有所乐，也自得其乐。1995年，海南出版社为余兄弟出版《棠棣集》一册；2002年与胞弟秀枢又印刷了《棠棣集诗选》《棠棣集文选》两书以赠同好。

一、语言研究

《诗》"采采卷耳"解

——兼论《诗》无动词重叠式

《周南·卷耳》"采采卷耳"句中"采采"这一复词,历来注释家和语法学者多有解作动词叠用的。

1. 《毛诗故训传》(下文简称《毛传》):"采采,事采之也。"
2. 《〈毛诗传〉笺》(下文简称《郑笺》)无注。
3. 孔颖达《毛诗正义》申述传意,解"采采卷耳,不盈顷筐"为"言有人事采此卷耳之菜,不能满此顷筐"。
4. 朱熹《诗经集传》:"采采,非一采也。"
5. 陈奂《诗毛诗传疏》:"古采事同声。《尔雅》'采,事也'。云'采采,事采之也'者,言勤事采之而不已也。"
6. 余冠英先生《诗经选译》根据古注,译"采采卷耳"为"东采西采采卷耳"。

注释家既把"采采"训为"捋取"之"采"的叠用,语法学者也就把"采采"解作动词的重叠了。

1. 马建忠《文通》:"采字,上读外动字,《周南·卷耳》'采采卷耳'。"(校注本卷五,实字——动字辨音,257页)
2. 何融先生《略论汉语动词的重叠法》:"汉语动词早在周代就有了重叠使用的情形,《诗经》周南卷耳及大雅公刘篇可以证明:《卷耳》'采采卷耳,不盈顷筐',《公刘》'京师之野,于时处处,于时庐旅,于时言言,于时语语'。"(见《中山大学学报》1962年1号)
3. 国内的某些大学交流的古汉语讲义,也肯定"采采卷耳"之"采采"为动词重叠,表示动作的持续和反复。

"采采卷耳"中之"采采",词义应作何解,词类究应何属呢?我们认为:"采采"一语,绝非动词重叠,而是形容词重叠,前人叫"重言形况字"。

《诗经》中，"采采"叠用形式一共出现四次。在名词前的有三次：
①《周南·卷耳》：采采卷耳，不盈顷筐。
②《周南·芣苢》：采采芣苢，薄言采之。
③《曹风·蜉蝣》：蜉蝣之子，采采衣服。
在名词后的仅有一次：
④《秦风·蒹葭》：蒹葭采采，白露未已。

"采采"叠用，在名词后的是形容词重叠，一般没有歧义；至于在名词前的，解作动词叠用，还是形容词重叠，得做具体分析。

在名词前叠用"采采"的三个实例中，根据古注，依照上下文义和语法结构，可以有如下几种解释：

（一）"蜉蝣之子，采采衣服"，《毛传》"采采，众多也"；孔氏《毛诗正义》："以卷耳、言采采者众多非一之辞，知此采采亦为众多。"根据古注，依照下文义和语法结构，这儿的"采采"只能是形容词重叠。

（二）"采采芣苢，薄言采之"，《毛传》把"采采芣苢"的"采采"训为"非一辞也"，而把"薄言采之"的"采"训作"取也"。两个词语，两种训释，已可看出《毛传》对它们不是等同看待的；只是"采采，非一辞也"，语意模棱，训诂家每多歧义。小笺云："谓非一采而已之词。"韩诗章句亦云："采采而不已也。"如果按照《蜉蝣》篇孔氏正义，解作"众多非一之辞"，则"采采芣苢"与"采采衣服"之"采采"同为形容词重叠就毫无疑义了。

（三）"采采卷耳，不盈顷筐"句中之"采采"，《毛传》《毛诗正义》《诗经集传》等等对原文的解释，只能看作动词叠用；但从正义对《蜉蝣》篇的解说，认为"以卷耳、芣苢言采采者众多非一之辞，知此采采亦为众多，又可解作形容词重叠。然而正义前言不对后语，自相矛盾，孰是孰非，何去何从，是很难单凭古注所能解决问题的"。

如果我们只就这几个实例的古注作分析，我们的讨论只能到此止步；要是我们从全部《诗经》里的有关句例去分析，以语法理论作根据，那么，我们可以断言：《诗经》里没有动词重叠形式，"采采卷耳"句中的"采采"只能是形容词重叠。

《诗经》里用"捋取"义的"采"字的句例很多。据统计共五十三次。例如，《召南·采蘩》："于以采蘩？于沼于沚。"《召南·采蘋》："于以采蘋？南涧之滨。于以采藻？于彼行潦。"《小雅·采绿》："终朝采绿，不盈一匊。""终朝采蓝，不盈一襜。"等等。这些例句都是单用"采"字表捋取义的。它们的语法特点都是动词"采"与名词结合而成为一个表支配关系的动宾结构。

又例如，《周南·关雎》"参差荇菜，左右采之"，《周南·芣苢》"采采芣苢，薄言采之"，《小雅·小宛》"中原有菽，庶民采之"。这些例句也都是单用"采"字表捋取义的。它们的语法特点都是动词"采"与代词"之"结合而成为一个表支配关系的动宾结构。

又例如，《豳风·七月》"采荼薪樗，食我农夫"，《小雅·小明》"岁聿云莫，采萧获菽"，《小雅·瓠叶》"幡幡瓠叶，采之亨之"，等等。"采荼"与"薪樗"对文，"采萧"与"获菽"并列，"采之"与"亨之"互举，其为捋取义毫无问题，而它们都是动词与名词或代词结合成为一个表支配关系的动宾结构。

根据上述句例，我们可以看出：凡《诗经》里表捋取义的，只单用动词"采"字与名词或代词结合而成为一个表支配关系的动宾结构。

《诗经》里的重言，由于语法环境不同，语法意义和词汇意义有不完全相同的。概括起来，有两大类：绝大多数是形容词或形容词重叠；极少部分是以动词为中心构成的动词结构。至于动词重叠，我们认为是没有的。

这里只谈以动词为中心构成的动词结构。我们所说的以动词为中心构成的动词结构，就是有些语法学者所指的动词复说或重叠。这种重言在《诗经》里是极少的。《大雅·公刘》："京师之野，于时处处，于时庐旅，于时言言，于时语语。"《周颂·有客》："有客宿宿，有客信信。"全部合计，仅此五例。

因为《公刘》篇里的"处处""言言""语语"和《有客》篇里的"宿宿""信信"的性质不尽相同，所以我们决定分开来讨论。

首先，我们看看《公刘》篇里的"处处""言言""语语"这三个重言是不是动词重叠。何融同志肯定它们为动词重叠，只是未作论证，立论根据无法知道。我们是不同意这种说法的。因为它既不合于古注，也不合于语法。《公刘》篇里《毛传》训"处"为"寄"，以"直言曰言，论难曰语"训"言""语"，都只做了单个词语的解释。《郑笺》对原句的解说是："京师乃众民所宜居之野也。于是处其所当处者，庐舍其宾旅，言其所当言，语其所当语：言其安民馆客，施教令也。"这一解说是值得重视的。它揭示了先秦时代古汉语所谓动词重叠的句法结构。依郑说，"处处""言言""语语"这三个重言，它们的第一个词都是及物动词，第二个词都是表一个向心结构的偏位成分。在古汉语里，一个偏正结构以偏位成分表整个结构的语言事实是极为普遍的；而且有些形式上看来是非同一字的动词的连用，但实际上却是后一个动词以偏位成分表整个结构做前一个动词的宾语构成的动宾结构。如《周颂·臣工之什·武》："胜殷遏刘。"《毛传》训"刘"为"杀"，《郑笺》训"遏"为"止"。释词后，郑氏对"胜殷遏刘"做了句解。《郑笺》云："举兵伐殷而胜之，以止天下之暴虐而杀人者。""遏刘"二字，从字面上看好像是非同一字的动词连用，实际上"遏"是动词，当"遏止"讲；"刘"在这里意为"杀人者"，是以偏位成分"刘"字出现表整个向心结构"杀人者"，做"遏"的宾语，与"遏"构成一个动宾结构。这一语言现象在古代汉语里屡见不鲜。因而"处处""言言""语语"这三个重言实质上只是同一字叠用构成一个表支配关系的动宾结构，而不是什么动词重叠。

　　动词重叠一般应有其附加意义，或表动作重复，或表动作的量。要是"处处""言言""语语"是动词重叠，那么"处处"该有"处了又处"或"处一处"的意思；"言言"应该是"言了又言"或"言一言"的意思；"语语"也应该与"处处""言言"一样是"语了又语"或"语一语"。无论哪一种解释都和全章诗意大相径庭。"于时处处……"原句的主语为公刘，要是按原来句法把原句直译成："在这儿公刘'处了又处'……"或"在这儿公刘'处一处'"，这和全章歌颂公刘"安民馆客，施教令也"的意义是完全不和谐的。因而这三个重言也不能说成是什么动词重叠。

　　再看《有客》篇的"宿宿""信信"这两个重言是不是动词重叠。王力先生《中国语法理论》曾经以《周颂》"有客信信"为例，说明"信信"是"古代并不十分普遍"的表"重复貌"的"动词复说"。这种说法可能是根据孔颖达正义"有客已一宿又一宿，有客经一信复一信"来的。孔氏正义是申述传意的。《毛传》故训："一宿曰宿，再宿曰信。"接触了"宿"与"信"的单词解释，没有谈到"宿宿""信信"的句法关系。《尔雅》也是故训。它解"有客宿宿，言再宿也；有客信信，言四宿也"，基本上和孔氏正义相合。对于《尔雅》的解释，清人郝懿行《尔雅义疏》已有异议。他说："宿者，久也，言留止于此久也；信者，申也，言已宿留，又重申也。"这种解释是认为上下两个"宿"字和上下两个"信"字，在意义上是不相同的，它们不是两个动词重叠已有明证。王力先生认为"信信"是动词复说表"重复貌"，固然有古注根据，上下文义也讲得通；但这只是"古代并不十分普遍"的孤证，不足成为通例。我们尊重古注，但对一个具体的词进入结构中，我们就应该从语法环境去确定其词义，从语言的社会性去验证这一词义。我们认为："宿宿""信信"也是以动词为中心构成的动词结构。由于第一个"宿"字和"信"字是不及物动词，所以"宿宿""信信"应该做"宿于所宿""信于所信"解。这样解说，"宿宿""信信"虽与"处处""言言""语语"的语法关系不同，但它们都是以动词为中心构成的动词结构的性质是相同的。而且这样解说，既有语言的社会基础，又并不违反"宿"与"信"的故训。

《诗经》里既然没有动词重叠，因而"采采卷耳"的句中的"采采"当然也就不是什么动词重叠了。

也许有人认为"采采"如果不是动词重叠，《诗经》里表示动作的持续和反复该用什么形式呢？其实《诗经》里表动作的持续和反复并不用动词重叠形式。如《唐风·采苓》中"采苓采苓，首阳之巅""采苦采苦，首阳之下""采葑采葑，首阳之东"；《小雅·采薇》中"采薇采薇，薇亦作止"；《小雅·采菽》中"采菽采菽，筐之筥之"，等等。这些都是叠用两个动宾结构来表示动作的持续和反复的。至于表示动量，《诗经》里也不用动词重叠，而是和古汉语通例一样用数目字加在动词或叙述词前面来表示。如《小雅·采薇》："岂敢定居，一日三捷。"

根据《诗经》的句例和语法分析，"采采"都不是动词重叠，因而只能是形容词重叠了。

词性既明，词义就决定了。《说文》里"采"字下段玉裁注："此与采意词。采之训曰：'禾成秀人所收也。'则采（模按：'采'当为'采'）亦可云：木成文人所取也。此采为五采字，而毛诗屡言'采采'与？"根据段注，我们认为："采"字由五采义引申为鲜盛义，采字重叠，强调其鲜盛的程度。这样解释不仅适合于"采采卷耳"的全章文义，也同样接近《诗经》里有关"采采"叠用的句例的故训。

彭秀模

（原载《吉首大学学报》1980年第1期）

"奥野何其人也"句法辨正

——兼论虚词"何、其"

近年来,报章杂志多有运用文言句式的情形。由于编辑或作者一时疏忽,偶尔也出现病句。

《中国青年报》1988年5月20日第4版《国际瞭望》栏有这样一条标题:

诡辩"皇军"不曾侵略　奥野何其人也

从语法角度加以分析,我们认为"奥野何其人也"这样的句子是不符合古代汉语语法的。问题就出在"何其人也"上面。

查《十三经索引》,以"何其"开头成句的凡十例:《诗·邶旄丘》:"何其久也。"《论语·子罕》:"何其多能也。"《易·小畜》:"何其咎,吉。"《左传·昭公元年》:"何其长也。"《谷梁传·成公十六年》:"何其执而辞也。"《诗·邶旄丘》:"何其处也。"《左传·僖公二十四年》:"何其速也。"《谷梁传·文公四年》:"何其速妇之也。"《左传·哀公十一年》:"何其给也。"《孟子·尽心·上》:"何其声之似我君也。"

十三经卷帙浩繁,未及遍查,但其中的《周易》与《左传》却通查了一遍。以"何其"组句的,《周易》仅上举一例,《左传》则除上举三例外,还有僖公十五年的"二三子何其戚也"一例,总计共十一个句例。我们根据"何其"二字的词汇意义和语法功能的不同分为两类加以分析。

第一类

（1）何其久也? 必有以也。（《诗·邶旄丘》）

（2）虽有君命,何其速也!（《左传·僖公二十四年》）

（3）吾侪偷食……何其长也!（《左传·昭公元年》）

（4）（陈辕颇）喜曰："何其给也!"（《左传·哀公十一年》）

（5）夫子圣者与? 何其多能也!（《论语·子罕》）

（6）二三子何其戚也?（《左传·僖公十五年》）

（7）何其处也? 必有与也。（《诗·邶旄丘》）

（8）何其速妇之也？（《谷梁传·文公四年》）

（9）何其执而辞也？（《谷梁传·成公十六年》）

第二类

（1）复自道，何其咎？吉。（《易·小畜》）

（2）守者曰："此非吾君也，何其声之似我君也？"（《孟子·尽心·上》）

根据第一类句例的语言事实来看，"何其"之后，"也"字之前的词语，要么是形容词或形容性词组，如（1）至（5）例；要么是动词或动词组，如（6）至（9）例。据此，我们发现："何其……也"这种较为常见的固定格式，对嵌入其中之词语的词性有严格的要求。它要求：形容词、动词及其词组侧其间；至于名词则不与为伍。

为什么会产生这种语法现象呢？我们认为关键又在"何其"二字上。关于"何其"，主要有如下两种分析：

一、吕叔湘先生《文言虚字》："'何其'的'其'本来等于'彼之'，但'何其'常联用，渐渐形成一个熟语，沿用到白话里面，更加不能分开了。"

二、杨伯峻先生《古汉语虚词》："'何其'等于'何'，'其'不过是一个词素，和'何'粘成一个词罢了。但'何其'多作状语。"

"何其"二字究竟是一个词，还是两个词呢？我以为伯峻先生的主张，值得商榷。在古代汉语中，"何其"不等于"何"，"其"也绝非词素，"何其"二字不是"一个词"，而是独立的两个虚词。"何其"之"何"在这里是表疑问的副词，意思是"为什么"或"怎么样"，无多争议，兹不赘述；现仅就"其"字的词性和词义做一点阐发。

叔湘师说："'何其'的'其'本来等于'彼之'。"从发展角度考虑"其"字，对我们颇有启发。"其"的核心作用是它的指示性。它既能指示名词，也能指示动词和形容词。由于"其"字在句中所处的语法环境不同，因而它的语法功能也各异。"其字用于名词或名词词组之前，充当修饰成分，无所代替，是指示词，相当于现代汉语远指指示词'那'带上一定的量词。"本文第二类句例（1）《易·小畜》"复自道，何其咎？吉"句中之"其"，既为指示词（后文将作具体论述）。"其"字用于名词及其词组之前，有先行词可代，由指示功能发展为代替功能，是指示代词，用于领格。如本文第二类句例（2）《孟子·尽心·上》"此非吾君也，何其声之似我君也？"句中之"其"，则为指示代词。讲成什么，看所表达的概念类别：人、物、事、单一、多数而定。本句的"其"，指代鲁君，代人；是单一的，讲成"他的"。以上是"其"字指示名词的情况。当"其"字指示动词、形容词及其词组时，一般在主语谓语之间，是语气副词。怎样解释，则要进一步考察其语法功能，联系词汇意义"那"的近指的肯定性和远指不定性灵活引申。第一类句例"何其"中的"其"字均为副词，多表强调语气。只有表强调语气的副词"其"才基本上保留着指示词"其"的词汇意义，因而缘着指示词"其"的词汇意义"那"，将表强调语气的副词"其"讲成"那么"是较为切合的。例如《左传·僖公二十四年》"虽有君命，何其速也！"——即使你奉君主之命而来，为什么那么快！

"何""其"二字的词性、词义既明，那么"奥野何其人也"这种句法为什么不符合古代汉语用词造句规则就很清楚了。词序必须受词性的制约，也就是说，一定种类的词，通过一定的词序，才能构成一定的词组。"何人""其人"的组合，可以成立，古已有之，例如《诗·小雅·何人斯》"彼何人斯，其心孔艰"。陶渊明《咏荆轲》"其人虽已没，千载有余情"。因为名词"人"可以受形容词"何"或指示词"其"的修饰限制；"何其人"这种组合则不能成立，因为名词"人"不受副词"何""其"的修饰限制，这是名词的句法特点。也许有人会造作言语，提出问题："何其人之二三其德也"中的"何其人"又为什么可以成立呢？其实，这一句中的"何其人"与"奥野何其人也"中的"何其人"有本质上的区别。主要是两句中的"其"字词性不同，"人"字的功能各异。前一句是叙述句，句中的"其"是指示词，"人"为名词，是全句的主语，"二三其德"为全句的谓语。语法结构与第二类句例（2）"何其声之似我君也"相同，指示词与名词可以直接结合。后一句是判断句，"奥野"是全句的主语，"何其人也"作全句的谓语，"何其人"中之"何""其"均为副词，已如上述，名词"人"不受副词修饰限制，因此不能有"何其人"这样的组合，古代汉语也无此用例。

那么，《易·小畜》"复自道，何其咎？吉"是否可以算作与"何其人也"相同的句例呢？从形式上看，"何其咎"与"何其人"的句式似乎相同，实质上却是两种完全不同的语法结构。"何其咎"语言简古，颇为费解。历代注解主要有如下几种解释：

一、王弼的《易》注："以阳升阴，复自其道，顺而无违，何所犯咎？得义之吉。"

二、杨树达《词诠》"其"十二："句中助词，无义。"例句有"复自道，何其咎？"

三、宋祚胤先生《周易·译注考辨》"初九复自道，何其咎？吉。"译文是："从循环的道路上回来了，有什么坏处？很吉利嘛。"

我们以为王弼的注解是值得重视的。它既近古，也揭示了先秦时代特殊的句法结构：偏正结构中，偏位部分代替整个结构。"何其咎"即"何所犯咎"；不省掉"其"字，也就是"何所犯其咎"。套用宋祚胤先生译文，全句译成现代汉语则为："从循环的道路上回来了，什么地方会犯那种错误呢？很吉利嘛。"因此，"何其咎"中的"其"仍然是指示词，而"何"字则因处于名词"所"之前，充当修饰成分，用如形容词，意为"什么"。这与"奥野"句中"何其人"的"何""其"，词性既各不相同，语法结构也就完全两样了。

"奥野何其人也"这个句子是不符合古汉语语法的。主要就错在"何""其"连用修饰名词"人"。要是不考虑表达效果，原句换成"奥野何人也"或"奥野其人"，语法上是讲得通的；要是只询问人物性状，也可换成"奥野何如人也"，也还通顺；要是联系上下文意，还可换成"奥野何许人也！"憎恨、厌恶奥野的感情色彩就强烈多了。

彭秀模

（原载《吉首大学学报》1989年第3期）

【附】

宋祚胤教授的信

秀模仁兄足下：

尊稿拜读数四，切理厌（满足）心，于古汉语语法学已升堂入室，足以振聋启聩，希立即发表于《吉首大学学报》，俾海内有所矜式也。弟年来身体渐衰，难胜任艰巨，《周易经传异同考》已得三分之一，仍将努力完成，其他非所敢望矣。暑假中如无疾病，定回湘西一行。嫂夫人统此不另。

弟宋祚胤拜上
1989年5月8日

"𠬝孳"［Biuək tsiə］考

　　《宗周钟》铭文记载了这样一件事实：
　　"王肇遹相文武堇疆土。南国𠬝孳，敢陷虐我土。王敦伐其至，戣伐厥都。𠬝孳乃遣间逆邵（昭）王，南夷东夷具见廿有（又）六邦。"（见罗振玉《三代吉金文存》第一卷）铭文语言文字简古，现将原文的重要词儿引证诠释于后，以便分析。
　　［注释］①肇《尔雅释诂》：肇，始。②遹《诗大雅文王有声》："文王有声，遹骏有声，遹求厥宁，遹观厥成。"朱熹注："遹义未详，疑与聿同。"发语词。③相《说文》："相，省视也。"④堇，容庚《金文编》0041 瑾堇字下说明："瑾，不从玉。《颂鼎》：堇字重见。"⑤虐，徐中舒先生《论巴蜀文化》认作"处"。⑥敦《说文》："敦，怒也。"⑦戣，容庚《金文编》1944 戣字下说明："戣从戈。《献钟》：戣伐㫚都。"⑧逆《说文》："逆，迎也。"
　　铭文所记载的敢于陷虐周王朝领土的"南国𠬝孳"究竟是什么人呢？就目前所接触到的材料，主要有如下两种见解：
　　1. 邓少琴先生《巴蜀史迹探索·巴史再探》云："按此器（宗周钟）记昭王时事……此所记之'𠬝孳'（Bi Zi），应即今日土家自称之比兹卡也。𠬝，古音通比。堇即汉水之汉。由此可见古之巴人曾活动于汉水流域，且曾以'𠬝孳'见称也。"
　　2. 徐中舒先生《论巴蜀文化》一书云："《宗周钟》所载的'南国𠬝孳'是南夷廿有六邦的联盟酋长，𠬝即濮的对音，孳即子之古文，𠬝子应是殷代多子族的后裔……而此次率领南夷东夷对周作战的乃是𠬝子。这个𠬝子除了周初在周南土的巴、濮、楚、邓之濮以外，就不能更有其他的𠬝子了。"
　　以上两说，我们认为第一说是可信的。可惜邓少琴先生对此论证不多，所举论据"𠬝，古音通比"，也嫌不妥。但对讨论问题，颇多启发。兹根据语言学理论及土家语言有关土家族自称的实际读音，试申论之。
　　一、"𠬝孳"即今之土家族
　　土家族自称〔$pi^{35}tsi^{55}kha^{21}$〕。用汉字音译为"比兹卡"，首见于潘光旦教授所著的《湘西北的"土家"与古代巴人》。他说:"今日湘西的'土家'自称为'比兹卡','比兹'是名称本身,'卡'等于'族'或'家'。"潘先生说"比兹"是名称本身,这是对的;至于"卡",还有"人"的意思。如向别人介绍自己的姓氏,汉语说"我姓彭",土家语则说〔ŋa³⁵phoŋ²¹tɕia⁵⁵kha²¹〕,直译为"我彭家人";介绍第三者,汉语说"他姓田",土家语则说〔ko³⁵thian²¹tɕia⁵⁵kha²¹〕,直译为"他田家人"。"比"今音为上声调,对译土家自称〔pi³⁵tsi⁵⁵〕之〔pi³⁵〕,无论今音古音均不谐。土家语音系与湘西当地汉语西南官话的音系,声母、韵母颇为接近,又都有四个声调,土家语的第一声,调值为 ˥⁵⁵,与当地西南官话的阴平的调值相对应,都是高平调;第二声的调值为 ˩²¹,与西南官话的阳平的调值相对应,都是低降调;第三声的调值为 ˥³,与西南官话的上声的调值相对应,都是高降调;第四声的调值为 ˧⁵,与西南官话的去声的调值相对应,都是中升调。因此〔pi³⁵tsi⁵⁵kha²¹〕的第一个音节〔pi³⁵〕,与其记成上声调"比〔pi⁵³〕"字,不如用去声调"备〔pi³⁵〕"字记音,调值相当,读音和谐。所以我们习惯于用"备兹卡"或"毕兹卡"("毕"古汉语是入声字,土家语读音与去声"备"相对应)来对译土家族自称〔pi³⁵tsi⁵⁵kha²¹〕。当前的书刊上还有把土家族自称写作"比基卡""密基卡""木齐黑"的。这种现象,或因历史音变,或因方言异读。读"兹"〔tsi⁵⁵〕、读"基"〔tɕi⁵⁵〕,是历史音变。从音理上说,由于腭化的影响,日久天长,声母〔ts—、tsh—、s—〕相对的演变为〔tɕ—、tɕh—、ɕ—〕。这是语音演变的通则,土家语是这样,汉语也如此。以土家语为例:"备兹"〔pi³⁵tsi⁵⁵〕发展为"备基"〔pi³⁵tɕi⁵⁵〕;〔tshi⁵⁵tsha⁵³〕(扯)发展为〔tɕhi⁵⁵tsha⁵³〕(扯);〔si⁵³pa⁵³〕(衣服)发展为〔ɕi⁵⁵pa⁵³〕(衣服)。以汉语为例:"酒",汉语古音为"精"母字,中古音拟读为〔ᶜtsiəu〕,〔ᶜtɕiəu〕,声母〔ts—〕变为〔tɕ—〕;"亲",古音为"清"母字,中古音拟读为〔tshin〕,今音读〔tɕhin〕,声母为〔tsh—〕变为〔tɕh—〕;"相",古音为"心"母字,中古音拟读为〔siaŋ〕,今音读〔ɕiaŋ〕,声母〔s—〕变为〔ɕ—〕。至于"密基卡"或"木齐黑"则是方言异读。土家语有南北两种方言。南部方言使用地区,仅泸溪县潭溪乡一带,人口约八千多人,自称"木齐黑"〔mu²¹dzi²¹xɯe⁵⁵〕。北部方言区面积广,人口多,湘、鄂、川、黔四省接壤地区各县均属之。使用自称时,交通发达地区多说"备基卡",闭塞地区则仍说"备兹卡"。至于"密基卡",则是北部方言次方言保靖县马王乡一带的异读。

"㕨孳"就是"服兹"。它们都是今天土家族自称"备兹"的对音。这一对音既符合土家族的语言现实情况，也符合汉字上古语音变化规律。清代文字音韵学家段玉裁《古谐声说》有云："一声可谐万字，万字而必同部，同声必同部。"根据这一理论，"㕨"的古音与"服"同。首先是它们同属一个谐声系统，《说文》："'㕨'用也……从舟㕨声。"㕨与服为同一谐声系统。其次是同谐声音必同部。㕨、服二字，中古音同为房六切，上古音又同属"德"部"并"母字。"古无轻唇音"，"房"为"奉"母字，上古应读重唇音"并"母。所以"㕨"与"服"古音完全相同。同理，"孳"与"兹"古音也完全相同：同属一个谐声系统，同属一个韵部，都是"哈"部"精"母字。因此，"㕨孳"就是"服兹"。这一论断，无论从文字或音韵上都是站得住脚的。那么，"备兹"又怎能跟它们对音呢？㕨同服，孳同兹，已如上述。这里我们仅就"备"（備的简化字）、"服"二字谈谈它们之所以相通的道理。备与服今音相差较远，可在上古时期，它们的音读是完全相同的：同属"德"部"并"母字，同属一个声调。王力《古音说略》云："段玉裁说上古无去声，这是可信的。广韵里的去声字，如果是鼻音收尾的，在上古属于平声，如'庆'字古读如'卿'……如果是收元音尾的，一部分字古读上声，如'事'字古读如'士'……另一部分字古读入声。'备'读入声，大雅·行苇叶（xiè）'备、戒、告'。"唯其备、服古音相同，因而古代典籍常有假借或通用情况。例如：《说文》："犕，《易》曰：'犕牛乘马。'从牛䈞声。"段玉裁《说文解字注》："系辞今作服（服牛乘马）。古音㕨服備声同在一部……作服者，假借耳。"又例如：《左传·僖公二十四年》："王使伯服、游孙伯如郑，请滑。"《史记·郑世家》："周襄王使伯犕请滑。"《后汉书·皇甫嵩传》："义真備未乎？"《北史》魏收嘲阳休之："义真服未？"服、犕常通用，必当由于古音相同的缘故吧。犕与備（备）同属一个谐声系统，同属一个韵部。犕、服古既同音，備（备）、服当亦古音相同。"㕨孳"等于"备兹"已经得到充分证明，"㕨孳"就是今天的土家族应该没有什么疑义了。

土家族的族称既已探明，土家族的族源究应何属呢？是濮乎？是巴乎？我们认为属于后者而不是前者。

徐中舒先生是主张"㕨孳"为濮人的。他说："《宗周钟》所载的'南国㕨孳'是南夷东夷廿六邦的联盟酋长，㕨即濮的对音，孳即子之古文……此次率领南夷东夷对周作战的是㕨子，这个㕨子除周初在周南土的巴、濮、楚、邓之濮外，就不能更有其他的㕨子了。"

做出这样的判断，徐先生还提出了几点理由：1."西周时代，巴、濮两族尚居在长江以北的江汉区域；2.根据《左传·昭公九年》载周景王使詹桓伯对晋人说：'巴、濮、楚、邓，吾南土也。'……周初在南服四国中，巴为姬姓所建，楚国的强大在东西周之际"，当时，"在南方最强大的部族是濮国"；3."南国叚孥，是南夷东夷廿有六邦的联盟酋长，叚即濮的对音，孥即子的古文。"这三点理由，我们以为最关键的是第三点，如果第三点理由站不住脚，那么叚子就是濮这一论断就失去强有力的依据了。"孥"即子的古文，可以成立；但是"叚即濮的对音"，却值得商榷。叚与服同音，前面已作论证。叚、服与濮对音，今音似乎接近，古音却有距离。"叚"上古音属"德"部"并"母字，而"濮"上古音则属"屋"部"并"母字。它们声母虽相同，韵部却有别。叚与濮古既不对音，则"叚孥"就是"濮子"的论断就难以成立了。叚孥实不等于濮子，濮人又自有其归属。田曙岚先生在《论濮、僚与仡佬的相互关系》文里，从多方面以确凿的论据论证了："上古时期的'濮'人，就是中古时期的'僚'人的先民；中古时期的'僚'人，就是现代的'仡佬族'的先民。'濮''僚''仡佬族'三者是一脉相承的。"我们是赞同这一结论的。所以按照徐中舒先生所提出的三点理由，我们可以借以推断：周初的南服四国，排除了楚、邓与濮以后，就只能是古代巴人了。

二、叚孥是古代巴人中的賨人

研究古代巴人，我们必须注意：在西周初年，以川东为中心建立巴国以后，巴人的含义既是一个地域性概念，又是一个民族性概念。晋人常璩《华阳国志·巴志》云："武王既克殷，以其宗姬封于巴，爵之以子……其地东至鱼复，西至僰道，北接汉中，南极黔涪……其民质直好义，土风敦厚……其属有濮、賨、苴、共、奴、獽、夷、蜑之蛮。"这段史料将巴子国其地、其民、其属写得非常清楚。周初，巴国地域广袤，族类众多。就地域概念而言，作为巴国之人的广义巴人，当然包括了"其民"以及"其属"；就民族属性而言，狭义的巴人，则只能确指"其民"，不含"其属"；确切地说，指"廪君之后"居于巴国统治地位的巴族。因此，研究巴史，我们必须注意巴人一词具有广义狭义之分，巴人的发展也因时因地而异。我们应该根据具体史实，做具体分析，弄清古代巴人的确切含义。古代巴人之中主要有两个颇具特征的部类：一为"廪君之后"，一为"白虎之裔"（史称賨人或板楯蛮）。他们习俗不同，禀性各异。"巴人"崇拜白虎，"賨人"却"专以射白虎为事"。"巴人""质直好义，土风敦厚"；"賨人"则"天性劲勇……

俗喜歌舞"（见《后汉书》卷八十六）。他们同属古代巴人，实为两个部类，唐宋以后典籍对此记载，较为明确。唐杜佑《通典》对古代巴人的发展做了总结性的论述。它把古代巴人分为廪君种和板楯蛮两个组成部分。北宋乐史《太平寰宇记》进而将湘、鄂、川、黔边境土家族地区，做了具体的落实，该书卷一百七十八把长江三峡地区定为"廪君种"，把迤南地区的溪州（湖南永顺）、澧州（湖南澧县）、黔州（四川彭水）、思州（贵州思南）等地称为"板楯蛮"。当然，这是唐宋时代的记载，当时古代巴人活动的地域较《华阳国志》已经大大的南移，"巴人"与"賨人"的分野也更加清楚了。

周代初年，《宗周钟》铭文所载的事件发难者"南国反孳"是古代巴人，已如上述。只是深入探讨，这古代巴人究竟是"巴人"，还是"賨人"呢？我们认为：賨人的可能性最大。因为巴为姬姓所建，其统治阶层初附于周，直接与周王朝对抗的可能性极小；賨人则是川东一个古老的土著部族，其人勇健好歌舞，曾以今渠县一带为中心建立过古之賨国。此地北接汉中，与周在汉疆土相距不远，所以向周王朝发难是很有可能的。试从历史资料和语言角度论证之，賨人就是板楯蛮，世号"白虎復（今简化为复）夷"。为什么叫"白虎复夷"呢？《华阳国志·巴志》有这样的记载：秦昭王时，白虎为患。"秦王乃重募国中：'有能煞虎者，邑万家，金帛称之。'于是朐忍（今四川云阳）夷作白竹弩，射杀白虎。"秦昭王认为他们除害有功，"复夷人顷田不租，十妻不算"。后来"汉兴，亦从高祖定秦有功。高祖因复之，专以射白虎为事。户岁出賨钱，口四十。故世号'白虎复夷'。一曰'板楯蛮'，今所谓'弜头虎子'者也。"对于"白虎复夷"究应如何解释呢？彭武一君在《武陵五溪蛮析》一文中说："白虎复夷的意思是射杀白虎有功而免除租税的夷人。"潘光旦先生在其《湘西北的"土家"与古代巴人》一文中对"复夷"一词也有过解释："'板楯蛮'又有'白虎复夷'之称……历来的解释是，统治者豁免了他们的赋税故曰'复'。复字是有这层意思的。但我们认为这层意思是后加的，原先'复'也只是代表一个声音，本应读为'刚愎自用'之'愎'，'复夷'即自称中有此字音的一种'夷'人。'复夷'也就是'比夷'。"潘先生认为"复夷"之"复"，其豁免赋税这层意思是后加的，而且用语音解释"复夷"之"复"，音同"愎"字，很有见地，合于史实，切于古音。我们仔细揣摩上引《华阳国志》记载，不难发现：前一段"复夷人顷田不租，十妻不算"之"复"，确有"免除租税"的意思；可是后一段"高祖因复之，专以射白虎为事"之"复"，就没有豁免赋税的意思了。因为下文紧接着就清楚地写出"户岁出賨钱，口四十"。意思是每户每年每口出四十。《晋中兴书》云："巴人谓赋为賨。"每人既"岁出賨钱四十"，又怎么能说是"免除租税"呢？从语法上分析，"高祖因复之"之"复"，词性应为表数副词，由于所处的语法位置，所以它兼有动词词性，具有"又"和"征发"的复合意义。译成现代汉语，全句句意是："白虎复夷"既从高祖定秦有功，高祖因而又征发他们，专门用他们来射杀白虎。这种"偏正结构"常以偏位成分代替整个结构的句法特点，古代汉语中所在多有。证以《后汉书》记载，更为明确。该书卷八十六云："至高祖为汉王，发夷人还伐三秦。秦地既定，乃遣还巴中，复其渠帅罗、朴、督、鄂、度、夕、龚七姓，不输租赋；余户仍岁入賨钱，口四十。世号为板楯蛮。"这儿的"复"用作动词，确有"免除租税"之意，然而"不输租赋"的，仅仅是"七姓""渠帅"（大头领），"余户"还得照样"岁入賨钱，口四十"。看来整个板楯蛮并没有得到豁免赋税的权利，恰恰相反，板楯蛮却因"户岁出賨钱"而得"賨人"之名。因此，"复夷"并不是什么免除租税的夷人，"复夷"就是"比夷"，也就是"民孼夷"即"民夷"的简称。"复"怎么可以说成"民"呢？试从文字、音韵角度加以论证。《说文》云："复，行故道也。从夊畐省声。房六切。"段玉裁《说文解字注》注释"复，行故道也"云"彳部又有復，復行而复废矣（按：简化字又废復用复）。疑彳部之復乃后增也。"注释"从夊畐省声"云："房六切，三部。按畐声在一部，合音也。"段玉裁的意思是："复"的部首是"夊"部，"復"的部首为"彳"部，復可能是复的后起字，復字通行了，于是复字便废弃了。这层意思反映了"复"与"復"同属于一个谐声系统，值得重视；而"从夊畐省声"注释值得注意的在于畐、复、復古音相同。段注云："（复），房六切，三部。按畐声在一部，合音也。"段玉裁的意思是，按照《诗经》押韵归类，"復"字应归入第三部，但从谐声系统来考查，《说文》云："復，从彳复声。"而"复"乃"从夊畐省声"，畐声在第一部，相当于黄侃音二十八部中之"德"部。"房"为"奉"母，古无轻唇音，应为重唇"并"母。这样一来，民、服与复、復均为"德"部"并"母字，上古音就完全相同了。所以"复夷"就是"民夷"，也就是"民孼夷"的简称。"白虎复夷"的确切解释，就应该是"射杀白虎的民孼夷"了。由于自称的持久不变性，那么古代巴人中以"民孼"自称的，我们认为最有可能的应该是史称白虎复夷的"賨人"即板楯蛮。验诸现存土家语言，就能证明这一判断是正确的。语言是一面镜子，可以照见一个民族的过去和现在。唐宋年间，《通典》《太平寰宇记》等书已将溪州、澧州、黔州、思州的夷人定为板楯蛮；今天溪、澧、黔、思四州仍有自称"备兹卡"的土家人。四州之内，溪州的今永顺、龙山、保靖、古丈等县，土家语言还完整地保存着；澧州的慈利、石门，土家语言还不同程度地保存着；黔州、思州，土家语言表层，似乎不复存在，但是土家语言底层，却仍能大量反映出来。试从这些地区的某些地名来看，它们还反映了土家语言的基本词汇和语法特点。与溪州各县的土家语相比较，同属于土家族的北部方言。地名是历代民族根据自己的认识，按照本民族的习惯，运用本民族的语言，给所在地区的各种地理实体所定的名称。因而有些用土家语命名的地名，虽以汉字为载体，但用汉义去理解是讲不通的。只有用土家语的词义和语法结构去诠释，才能得出符合实际的含意。吉首大学叶德书同志在进行土家语调查中发现贵州沿河有些地名是以土家语命名的。比如"客田"这个地名，汉字记为客田，而当地人实际读音为〔$kha^{55}thie^{21}$〕，土家语是铧口，而客田正是以出产铧口而出名。田荆贵同志《黔东北土家语言初探》一文，列举了印江、沿河两县很多用土家语命名地名。如：

1. 茶溪。土家语的"茶溪〔$tsha^{21}tchi^{55}$〕"，意为锦鸡。可能此地原多锦鸡而得名。

2. 白溪。并非白色之溪，而是土家语中的〔$pe^{35}tchi^{55}$〕。其义为一种野生果实，俗名"救命粮"。可能该地因"救命粮"多而得名。

3. 孟溪。孟非孟姓，而是土家语的"母〔mu^{53}〕"音，其义为"竹"。〔$mu^{53}tchi^{55}$〕即有竹子的地方。

这些地名中，后一音节都记为"溪"。若用汉语解释，溪有溪河、溪沟之意。可是从地理位置、地形地貌上看，许多地方并无溪河或溪沟，有的甚至是缺水的地方，以"溪"命名，名不符实。其实这些"溪"是土家语的音义。土家语"溪"这个音，有四种意义：一是"大"的意思；二是"且〔$tchie^{55}$〕"的变读，是"山坡"或"地方"的意思；三是"秤"名；四是"年节"。地名中的溪音，应是"大"或"山坡""地方"的意思。思州之印江、沿河如此，黔州之酉阳、秀山，澧州之慈利、石门也是这样。慈利的风景名胜区"索溪峪"就是土家语。"索〔so^{55}〕"是"雾"，"溪"是"大"，"峪"是"山寨"。合起来汉语是"大雾的山寨"。这一解释，符合当地自然特征；从语法结构分析也符合土家语序：修饰性定语在中心语后，限制性定语在中心语前。慈利还有一地名叫"备兹峪"，意即"土家寨子",从而反映出慈利原来就是自称"旯孥"人的居住地了。以"峪〔jou^{35}〕"(土家语无撮口韵)音为后一音节的地名,黔东北也是有的。如"洛佑〔lo^{55}jou^{35}〕",自己人住的寨子,"帕佑〔pha^{53}jou^{35}〕",意为"客寨",即汉人寨子。川东南、鄂西南情况如何呢?来凤有地名叫"搬车(坳)",酉阳也有"板溪",它们可能是土家语〔pan^{35}tɕhi^{55}〕的不同汉字记音,〔pan^{35}〕义是鹰,意为多老鹰的地方。来凤有地名叫"宋笼(界)",秀山也有"宋农"。土家语"宋〔soŋ^{35}〕"为鱼,"笼〔loŋ^{21}〕"为养,宋农可能是因养鱼而得名。

地名往往可以证明某一民族在过去某一时期中的活动领域。恩格斯就曾经在《法兰克方言》中多次引用这方面材料。例如他说:"阿尔诺德就已经注意到:真正的里普利安人是住在一块比较狭小地区,其南面境界大体可用两个同名为莱夫费尔舍伊德的村落(在阿德堖和什莱登附近)作标志。"像同名为"莱夫费尔舍伊德"一样,湘、鄂、川、黔边境地区用土家语命名而又彼此同名的地名还很多,限于篇幅,兹不赘述。"巴语"看来是早已不复存在了,散见于古籍中的少数词汇,与现存的土家语又对不上号。巴语是否就是土家语,因对三峡地区未做深入的语言底层调查,尚难得出确证。根据《通典》《太平寰宇记》记载,溪州、澧州、黔州、思州等地为板楯蛮活动领域,又是巴国的南疆。而这一范围正好与自称"备兹卡"的土家族地区相吻合。"备兹"就是"旯孥",自称前后一贯。因而《宗周钟》铭文所载之"旯孥"必然是今日自称"备孥卡"的土家族的先民,而溪、澧、黔、思四州的土家族必然是《宗周钟》铭文中的"旯孥",即史称"白虎复夷"的板楯蛮的后裔。

彭秀模

(原载《吉首大学学报》1991年第4期)

【附】

罗祚韩教授的信

秀模兄：

　　年前我校韩老师转交吾兄所赠《吉首大学学报》一份，当时拜读大作《反挚考》一文甚为吾兄治学精深、考证渊博而感叹，自愧弗如也！此文当珍藏之，以备他日重写《湘西语言志》之用。两年前完成《常德地方方言志》，据说现正由《常德地方志》编纂委员会付印出版，此时回思此书之作，多有阙失。附录土家族语言一部分，其材料亦取诸《吉首大学学报》，然拙作于土家族语毕兹卡一词之由来置之不问是大疏漏。今有吾兄大作《反挚考》可资参考，则他日重写湘西方言，于土家语之论述当有所据。于兄之赐也，铭心思报未有已也。弟省政协委员已告休致，今后会晤不易，望兄善自珍摄。谨此敬问春安。

弟罗祚韩上
1993 年 2 月 15 日

张伟权致彭秀模信

彭老先生：
　　好。
　　十分感谢您托李启群老师给我寄赠大作《棠棣集文选》。这是老先生对学生关心备至的表现，深深的敬意在溢于言表的同时，也虔诚地珍藏在心中。
　　《棠棣集文选》看后深有体会，从中受益颇丰，尤其是老先生在语言学特别是在音韵学方面的造诣，学生永远值得学习，也可能永远都学习不到。
　　先生在《棠棣集文选》中关于"叝蛰"的文章，学生看后感触极深。论证严密，推理准确，可以说是自成一家之说。学生还给您补充一个证据，我于今年七月到坡脚乡卡柯村田野调查，卡柯村和坡脚乡的其他几个村称"毕兹卡"为"叝蛰卡"。而他们称保靖拔茅乡补足村的土家族为"莎莎"。这是从土家语语音角度来称呼的。这一点对先生的论据可作补充。（我记得彭南均先生也曾写过这方面的文章）。在"叝蛰"一文中，先生把"叝蛰"归为古代巴人中的板楯蛮。关于这一点学生不敢苟同。巴国其实是西周末期的一个没有定势的偏安准国，它绝非把势力范围延伸湘西，土家族绝非巴人后裔，华中科技大学张良皋先生甚至说整个华夏族都是巴人后裔，这简直把学术研究弄成了热气球，使之无限膨胀，可要成学术上的闹剧，甚至是笑柄。
　　另外，先生在《棠棣集文选》中给我的信，写印成张××，我看不妥，应该写上我的名字，我知道这是先生顾我的面子，但我认为先生一针见血地指出我的学术方面的不足，是一种关心和爱护，再者学术研究是可以争论的，有争论才有进步，才有发展，才有新的东西。知识分子就是坦率、真诚，以透亮的心展示自己的思想。所以先生的张××用得不妥。
　　学生虽未直接授业于先生，但先生的学术熏陶，学生却牢记心坎。
　　以上言语不当之处请先生抨击。
　　顺颂
　　大安！

学生　张伟权

苏轼《念奴娇·赤壁怀古》辨析

(土家族)彭秀模　吴广平

　　大江东去,浪淘尽、千古风流人物。故垒西边,人道是、三国周郎赤壁。乱石崩云,惊涛裂岸,卷起千堆雪。江山如画,一时多少豪杰!
　　遥想公瑾当年,小乔初嫁了,雄姿英发。羽扇纶巾,谈笑间、樯橹灰飞烟灭。故国神游,多情应笑我,早生华发。人生如梦,一樽还酹江月。

苏轼这首词,历来笺释和欣赏的人很多。但见仁见智,莫衷一是;为轩为轾,各有千秋。这给准确地理解和评价这首词带来了一定的困难。而这首词是世人公认的苏词的代表作,因此准确地分析、评价这首词,对于评价苏词具有极其重要的作用。为此,我们认真地通读了全部苏词,想尽量用词人其他词篇的话来辨析这首词,使论述尽量符合词人的本意。

笺　疏

这部分内容是先列原文,后排比各种观点(每种观点只选录一家作为代表,余不尽列。为节省篇幅,各家观点不详标出处,读者可按文后所列书目翻检),最后加按语提出我们的浅见。

【古垒西边,人道是、三国周郎赤壁】

赤壁之战的赤壁　唐圭璋说:"在今湖北蒲圻县赤壁公社。"胡云翼说:"在今湖北嘉鱼县北长江南岸。"按:赤壁之战的赤壁有三说,除上两说外,还有武昌县西南赤矶山说。似当以首说为是。

作者是否准确知道赤壁之战的赤壁　俞平伯说:"作者《与范子丰书》:'黄州少西,山麓斗入江中,石室如丹,传云曹公败所,所谓赤壁者。或曰非也。'本未作决定。"朱东润引朱彧《萍洲可谈》卷二说:"坡非不知自有赤壁,故言'人道是'者,以名俗记尔。"按:当以东坡自说为是,即第一说为是。

【羽扇纶巾】

俞平伯说:"羽扇纶巾,便装不是戎服,形容姿态潇洒,与'轻裘缓带'用法相似。这里承上周郎说。"刘永济说:"羽扇纶巾:此指诸葛亮也。纶巾为青丝制之头巾,亮在军中常执羽扇,戴纶巾也。"按:当以首说为是。词人写得明是"周郎赤壁",则人物一人而已,似不可横生枝节。下阕由"遥想"二字领起,正描写了周郎这一整体形象,亦不可割裂。

【故国神游】

沈祖棻说:"作者临'故国',思'豪杰',精神进入了想象中的当时环境里面……"郑孟彤说:"(如果)周瑜有灵,今天神游故地……"刘永济说:"设想周瑜、诸葛亮之英灵如于此时来游故国,必笑我头白无成。"按:当以首说为是。"故国",苏词中出现凡两次。另见《望江南·暮春》:"休对故人思故国,且将新火试新茶。"(《全宋词》第一册第295页。以下凡引自此书的苏轼词,均只标明页码)这正好解释了"故国"是相对于"故人"说的。在《念奴娇》中,"故国"就是相对"故人"周瑜说的。"神游",苏词中出现亦凡两次。另见《水龙吟》:"八表神游,浩然相对,酒酣箕踞。"(277)这里的"神游"即词人自己神游。神游,用作者《菩萨蛮》词的话说就是:"心随物外游。"(304)借用陆机《文赋》的话说就是:"精骛八极,心游万仞。"岂必是"英灵"游哉?社科院文学研究所《唐宋词选》:"神游:在感觉中好像前往游览。"释义精当。

【多情应笑我】

此句释义最为纷纭。主要有以下几说。沈祖棻说"'多情应笑我',即(我)应笑我多情",明确指出了主语即"我"。此为一说。刘永济说:"设想周瑜、诸葛亮之英灵如于此时来游故国,必笑我头白无成。"认为主语是"多情"之人周瑜、诸葛亮。此为二说。谭蔚说:"多情——借指周瑜夫妇。《词综》说这句原作'多情应是笑我生华发',因东坡常在词里用'多情'指人。也有人把它讲成颠倒的意思,'应笑我多情',那样反把词的意象扣死了。"认为主语是多情之人周瑜夫妇。此为三说。郑孟彤说:"如果周瑜有灵,今天神游故地,必然关怀地笑我,没有干出什么事业早已头发花白了……'多情',是指周瑜的多情关怀,并非自己多情。"认为主语是周瑜。此为四说。按:当以第一说为是。出现多种说法的主要原因是因为对"多情"一词的理解不同所致。"多情",《全宋词》所录苏词出现凡十八次。里面既有指代人的,也有非指代人的。《念奴娇》应属后种情况。但也并非可以如第四说增字释为"多情关怀"。我们以为主语是"我",从表达效果看，把无限的感慨寓于自嘲之中，这比以眼泪作痛苦的解药要来得更加含蓄和深沉。如像第二、三、四说认为是周瑜等笑词人的老大无成，那与全词的风格是不协调的。词人是赞美周瑜的，他"遥想"周瑜来笑（不论恶意还是善意）自己又有何道理呢？从文意上看，既然"神游"的是东坡自己，紧接着的"多情应笑我"的主语就应当仍是东坡。

析　释

鲁迅先生说："倘要论文，最好能顾及全篇，并且顾及作者的全人，以及他所处的社会状态，这才较为确凿。要不然，是很容易近乎说梦的。"（《且介亭杂文二集·"题未定"草（七）》）要析释《念奴娇》，我们应当遵照鲁迅先生的嘱咐去做。苏轼的"全人"，我们现在主要只能通过他的作品来了解。《念奴娇》词是东坡于宋神宗元丰五年（公元1082年）七月写的。元丰二年，发生了一次历时一百三十天的乌台诗案。在这期间，李定等人无中生有，穿凿附会，使苏轼受到"文字狱"的灾祸。他们制造各种口实，企图将东坡处死，但阴谋终未得逞。东坡释放以后，被贬黄州，做了黄州团练副使这样一个闲散小官吏。《念奴娇》是词人被贬黄州时作。这就是当时苏轼所处的社会状态。

了解这些情况，对我们下面析释这首词是有好处的。

"大江东去，浪淘尽、千古风流人物。"要了解这句话所表现的思想内容，我们必须先把视野放开阔一些。和此词同时、同地作的苏轼有名的散文《前赤壁赋》，以旷达为特征，在思想上则有浓厚的虚无主义色彩。其中想到曹操"破荆州，下江陵，顺流而东也，舳舻千里，旌旗蔽空，酾酒临江，横槊赋诗，固一世之雄也，而今安在哉！"《念奴娇》的首句，跟其中"固一世之雄也，而今安在哉"语意一致。一场浩劫，使词人觉得一切都已付诸东流，不论人生、事业，还是古人、今人。多少浩叹全在一"去"一"尽"中。词一起笔，就显出词人失意时的叹息，痛苦时的感慨，既如他《南歌子》中说的"笑看潮来潮去，了生涯"（293），也如他《前赤壁赋》中说的"羡长江之无穷，哀吾生之须臾"，情感是消极的。

词人伫立长江之滨，"凌万顷之茫然"（《前赤壁赋》），觉得一切都在过去，感到世间的渺茫和空虚。因此，他希冀寻觅到一个美好的境界，来排遣自己的忧愁。"故垒西边，人道是、三国周郎赤壁。"由"故垒西边"看，词人游览时是从东往西可知。故垒，不必有，亦未必无，不必是三国周郎的故垒，亦未必不是三国周郎的故垒。但有此一故垒，则惹人多少情思，撩人多么神往，而它又阻隔于词人与赤壁之间，使词人知而不见赤壁，却愈增对赤壁的遐思。为什么呢？"凡人贱近而贵远"（《汉书·扬雄传》），所以人们对于他所愈不可知、愈不可见的，则他的渴慕之心亦愈切。东坡著一"边"字，示赤壁比故垒隔词人隔得远些，使人于此不即不离之中，故垒废墟之外，恍如徒增一思故探旧之幽情。

　　人于无可奈何之悲苦中，则往往欲向更高远之地作最后之挣扎与追求，而亦终成为更深之陷溺与沉没。东坡对赤壁的渴慕，亦不能跳出这个畛域。

　　"乱石崩云，惊涛裂岸，卷起千堆雪。江山如画，一时多少豪杰！"东坡神往的赤壁终于见到了。但此"如画江山"景色如何呢？其形，"乱"；其声，"惊"；其色，似"雪"。三组画面同时摄入一个镜头，组成一个整体画面。给人感觉当是乱感、惊感、冷感。冷感从何而来？因堆堆冷雪席"卷"而来也。我们通检苏词，觉得以雪作喻的均非乐情。如《满江红》："便与君，池上觅残春，花如雪。"（281）《少年游·端午赠黄守徐君猷》："今年春尽，杨花似雪，犹不见还家。"（288）《江神子》："雪似故人人似雪，虽可爱，有人嫌。"（299）表现的是哀春伤别之情。《念奴娇》以雪作喻，带来的是与乱、惊相应的冷。至于"惊涛"——既入乎耳，乃动乎心，能不觉"其声呜呜然，如怨如慕，如泣如诉"（《前赤壁赋》）乎？而词人观天，其景"崩云"，有"黑云压城城欲摧"之惧；词人视地，其境"裂岸"，有堕入万仞深渊之危（词人《后赤壁赋》有"断岸千尺"之语）。这里东坡极力写出了耳目五官之多方面感受，真所谓极形、声、色之哀。在此既乱又惊且冷的境界中，在这既惧且危的天地内，东坡已"悄然而悲，肃然而恐，凛乎其不可留也"（《后赤壁赋》）。

　　我们以为吾人读词，不可一见"江山如画"，便死于句下，而不加分析说作者是赞美祖国大好河山，写的最美景色。"江山如画"之谓者，是言江山景色已如同艺术，具有特殊性、集中性、典型性。但要看这"画"再现的景致如何，表现的情感如何，则仍要看作者提供给我们的画面如何而论，并不能不观画面，一见"如画"字样就断定这景是美的、情是乐的。须知画既能表现美景，亦能表现不美之景；画既能表现乐情，亦能表现不乐之情。因此，光谈"如画"，它只说明了内容的程度不一般，而没有说明具体的内容的。苏词写景有"江山如画"之感叹的凡两见。另见《念奴娇·中秋》。其写景上阕为：

　　　　凭高眺远，见长空万里，云无留迹。桂魄飞来光射处，冷浸一天秋碧。玉宇琼楼，乘鸾来去，人在清凉国。江山如画，望中烟树历历。

此"江山如画"之景和前面《念奴娇》"江山如画"之景迥然而异。前者给人的感觉：压抑、惊乱、凄冷，后者给人的感觉：舒适、雅丽、清凉，前者全为实景，将情赋境，后者多为虚景，随意造境。两两相较，我们更能看出，笼统言"江山如画"是"赞美祖国的大好河山"的说法是不足取的。王静安先生曾言"一切景语皆情语也"（《人间词话》）。景语岂能如马失缰，而不受情束缚哉？"乱石崩云，惊涛裂岸，卷起千堆雪。"从情感上看，是由乱而惊而冷。从空间上看，是上有云崩之险的天，下有坼裂之危的地。因此，东坡觉得这样恐怖的境界，只有在具有典型性、特殊性的艺术画面中方能见到。这样的景色使他增加了无限的痛苦，和他自己开始想象的赤壁之美决然相悖。理想在现实世界中幻灭了。因此，词人另觅安慰之道，不禁避景怀人，长叹"一时多少豪杰"！"豪杰"前既著"多少"，又状"一时"，感叹连连，情思翩翩。就这样结束了上篇。

词人失望于现实之后，便寻求情感的王国来解脱和逃避。"遥想公瑾当年，小乔初嫁了，雄姿英发。羽扇纶巾，谈笑间、樯橹灰飞烟灭。""遥想"二字领起，由实返虚，回到缥缈已逝的年代。"小乔初嫁了"，小乔嫁周瑜，事在建安三年，赤壁之战发生在建安十三年。词人为了表意的需要，把"小乔初嫁"事推迟十年。目的是以美女喻君王，以"小乔初嫁了"喻周瑜得到君王的赏识和重用。颜中其说这句是"对个人爱情美满幸福的赞美"，似未顾及全篇，探得精蕴。传统的说法是："说'初嫁'，是用以渲染英雄美人的佳话而为全词增色。"此说似嫌不切，陷于皮相。东坡此处正是继承《离骚》以来香草美人的传统，托儿女之情，写君臣之事；在芬芳悱恻之中，露磊落不平之气。词人当时是"渺渺兮予怀，望美人兮天一方"（《前赤壁赋》），思君却受到排斥，不被重用。而周瑜呢？年轻时就因君王的重视，加之自己具有"雄姿英发"的雄才大略，所以能在赤壁之战中，执羽扇，着纶巾，从容自若，谈笑风生，指挥孙刘联军打败曹军。有人说："《念奴娇》中的周瑜，就是苏东坡的自况。"理解周瑜是东坡的自况，似乎不若理解为是东坡的反衬有道理。东坡正是以周瑜的少年得志，来反衬自己的老大无成。因此，东坡对于周瑜的一番热闹回忆，不仅没有排除自己的痛苦，反而加深了自己的痛苦。正如《桃花扇·修札》里柳敬亭说的："那热闹局就是冷淡的根芽，爽快事就是纠缠的枝叶。"

面对现实与幻想的两重幻灭之后，词写到十分绚烂处，紧接着就描写了他失望的心情——"故国神游，多情应笑我，早生华发。"东坡"学道忘忧"（《减字木兰花·送别》312），随精神似离人间，观看了一场古战争。这是他"我也逢场作戏、莫相疑"（《南歌子》293）之举。从追怀回到现实，不觉"乐事回头一笑空"（《采桑子·润州多景楼与孙巨源相遇》301）。而"尘世难逢开口笑"（《定风波·重阳》289），词人只能自我嘲笑。因此，这笑声中，既有词人对于古今万事的否定，觉得一切皆空，还有词人带泪的自嘲。人的某种感情如果达到了极点，其表现常常是反常的。所谓乐极生悲，悲极生乐，就是说的这种情况。这里东坡的笑亦是极度痛苦的表现。他曾"恨此生、长向别离中，添华发"（《满江红》281）。这里却是自笑多情"早生华发"，无限的不安、不乐都在这笑声中了却。这里虽有词人老大无成、功名未就的悔恨，但更多的是"学道忘忧"、觉人生一切堪悲的消沉。正如沈祖棻所说的，苏轼"在老、庄哲学的支配下，他所采用的反抗方式，往往只能自我解嘲，逃避现实"。

东坡既失望于游览赤壁，复幻灭于故国神游，承接着两重失望与幻灭以后，所借以略得麻醉或排遣的遗忘与抒泄之方，原来就只剩下哀叹和痛饮了，"人生如梦，一樽还酹江月"。在"一笑人间今古"（《渔父》331）之后，词人已感"古今如梦，何曾梦觉，但有旧欢新怨"（《永遇乐》302）。周郎人生固然美矣，但他也已"浪淘尽"，已成"旧欢"；我东坡人生固然悲矣，被贬黄州，已成"新怨"。但不论"旧欢"还是"新怨"，都不过"如梦"一场。有此一转，然后可知东坡在游览赤壁、遥想公瑾中，原来就自有其寂寞凄凉之一面心境，更可知在寂寞凄凉之心境中，有时又自有其强求欢乐的一种意兴。因此，东坡此词表现了他每于其寂寞之心境中作痛苦之挣扎，又于痛苦之挣扎中见寂寞之心境。通过对三国周郎的一番热闹回忆，得出人生是一场虚热闹的结论。真是"暗红尘霎时雪亮，热春光一阵冰凉"（《桃花扇》第一出《听稗》）。长期的受打击，使他在《浣溪沙》中消极地认为"人间有味是清欢"（318）。如果要想有所作为，就如他在《减字木兰花·送别》中说的"一念还成不自由"（312）。他在《南歌子》中流露出走庄周道路的情怀"梦里栩然蝴蝶、一身轻"（293）。《念奴娇》的怀古正是这些消极思想的曲折反映。梦里的忘情、清欢，现实的多情、不自由，这虚实的矛盾在词人的心中无从排解。"惟酒可忘忧"（《洞庭芳》279），词人又举樽倾饮，想"抱明月而长终"（《前赤壁赋》），想"梦中了了醉中醒"（《江神子》298），想"余生寄叶舟"（《南歌子·湖景》292）。这就是"一樽还酹江月"的全部内涵。这里流露出了"万事无如杯在手，百年几见月当头"的消极思想。这首词，东坡就是给人们留下了这样的尾声。

余 论

从以上笺疏和析释两部分看，《念奴娇》全词的感情基调是消极的，表现的是一个曾有"致君尧舜，此事何难"（《沁园春》282）抱负的封建知识分子失意后的惆怅、悲哀、绝望、空虚。全词虽表现了词人一定的追求、挣扎，但终为虚无主义和悲观主义所笼罩。有的说："《念奴娇》实际上是一支战斗胜利者的凯歌。这在当时，又是北宋人民渴望战胜辽、夏贵族统治集团，英勇保卫家国，必胜自豪心理的一种曲折反映。它对激发人们的斗志是有力的。"有的说："这首词兼有感奋和感伤两重色彩。但篇末的消极情调掩盖不了全词的豪迈气派。"这些说法，似未透视全篇，摸清底蕴。《念奴娇》词，它通过追怀周瑜，不但没有从中受到感奋，相反却愈感到痛苦。因此词起首时尚只微显空虚和悲观情调，到篇末（注意：卒章显志）就有"人生如梦"这一句血泪凝成的苦语了。全词看起来，似乎壮气溢篇，而骨子里仍是怨婉，只变其面目使人不觉罢了。值得注意的是，《念奴娇》全词的句意、篇意都是由高入低的。首句，《词苑丛谈》卷四《品藻》（二）言："'大江东去，浪淘尽、千古风流人物'，壮语也。"初看亦觉颇具气势，细味之，方知在句尾的一"去"一"尽"的感慨中已透露出浓重的虚无情思了。交代赤壁方位时，显出其为一高远缥缈之境界，真个令人神往。而继之以"乱石崩云，惊涛裂岸，卷起千堆雪"。前两句又似颇具气势。而在一"乱"一"惊"中已初显情思，一"崩"一"裂"中已感恐怖，至尾句堆堆冷雪席"卷"而来，简直使人经受不住。"江山如画"又似有乐情，而嗣之以"一时多少豪杰"，既言"一时"，又状"多少"，其真情实意，裸露无遗。"遥想公瑾""神游""故国"，似乎又热闹了一场，而赓之以"人生如梦"，则音响哑然矣。收篇词人尚在举樽大饮，可知东坡又到何醉乡？全词的句意、篇意都是先宕后跌。加之全篇韵脚为：物、壁、雪、杰、发、灭、发、月，入声为韵，音势短促，更适合表达这种痛苦、怨恨之情。

正因为苏轼在文学史上的地位和作用，所以不惮词费，对他的代表词作进行了初步辨析。有关看法，亦未敢自必，提出来冀就正于贤达。但篇中立论，多为辛勤求索所得，必在有充足的证据下顺水推舟，自然而致。绝戒空下结论，不作耳食之言。对于时贤的成果，只要合理，悉皆撷取。

我们推测，千百年来人们对《念奴娇》理解偏颇的缘故，很可能与俞文豹《吹剑录》有关。其书载："东坡在玉堂（翰林院），有幕士善讴，因问：'我词比柳七何如？'对曰：'柳郎中词，只好十七八女孩儿，执红牙拍板，'唱杨柳岸晓风残月'；学士词，须关西大汉，铜琵琶，铁棹板，唱'大江东去'。公为之绝倒。"后来的欣赏者据此说《念奴娇》"这首词历来被看作苏轼豪放词的代表作，不但词的气象境界凌厉无前，而且大声鞺鞳，需用铜琵琶、铁棹板来伴奏，对于原来只宜于红牙拍板、女儿歌喉的传统词坛来说，的确是个重大的突破"。认为"这个故事很能说明苏词的风格特征"。这实在是一个不小的误会。其实这个故事中幕士的话只是对《念奴娇》不合时乐的一种委婉讥讽，因为在当时既无关西大汉去唱词，伴奏乐器也非铜琵琶、铁棹板。贺裳《皱水轩词筌》就曾说："苏子瞻有铜琶铁板之讥。"因此，据此故事说《念奴娇》的"气象境界""风格特征"，就值得斟酌了。

《念奴娇》全词万转千回，纯是血泪，都无墨痕。词中所写的乃是一种以全心灵及全生命的感受和经历所凝集成的一种感情的境界。这种境界已非任何一事一物所局限。全词于风致高俊以外，其背后往往依然还是含蓄着许多难以言说的情意。故其当赏识于牝牡骊黄之外。因而具有一种似直而纡、似达而郁的风格。其真情、其实意，似乎如"羚羊挂角，无迹可求"（宋严羽《沧浪诗话》）。因此，这首词之难解，乃在于其似达而郁，似直而曲的从劲直中见深沉的笔法。这是属于表现形式之难解。词人之所以采用这样一种表现形式，其因似有三端。一是词人写作此词时正处于一种极不得已的环境中，"乌台诗案"正是由于自己的作品而引起的灾祸。因此，词人无法将自己的情怀作直接的抒写，而又心中激荡不能自已，于是才不得不借怀古咏物来寄托所感。这样，全词显得有一种盘旋沉郁的姿态和力量。二是道家思想对词人的影响。道家的那种超凡脱俗的处世态度，使得词人在极度痛苦时表情仍是那样的曲折、委婉。因而此词使人看来，形似快乐而神实痛苦，其境似颇具气势而其情实无限低沉。道家思想充当了词人感情的镇静剂，使它含而不露，藏而不显。三是词本身也要求词人必须通过鲜明生动的形象来表达自己的情感，不允许剑拔弩张、倾筐倒箧，而要含蓄不露，留有余地。这就是所谓好词"贵于意在言外，使人思而得之"。因此词人的语言表达，必须有一个限度，说尽了，就不免有意尽于言、了无余味的索然之感。这三点原因，说明词人写作《念奴娇》，既不便于直截明言，亦不习于直截明言，更不宜于直截明言。如此，自然形成了《念奴娇》的特殊风格。

至于后代很多读者读《念奴娇》一词，都从中吸取了积极进取的精神，这正是文学的形象大于思想的作用。这种好的影响是值得人思索的。但作为我们评人论文的来说，则一定要尽量弄清作品原来真正的意蕴。不然的话，是很难准确评价一篇作品乃至一个作家的,也就会如鲁迅先生所批评的那种"近乎说梦"的情况的。

  进行这种探讨,毫无贬低苏轼的意思。相反,正是由于我们对这位全才过分地敬仰,才特地将他受打击下的作品《念奴娇》的意蕴揭示出来。使人了解到封建时代的失意文人是很难不堕入虚无之中的。他们不可能如新时代的知识分子有坚定的信仰,尽管在浩劫的年代,仍然散发出使人进击和奋起的豪光的。

1982年7月30日撰讫　1983年4月13日整理

本文引用书目:

唐圭璋编:《全宋词》第一册,中华书局1965年版。
社科院文学研究所编:《唐宋词选》,人民文学出版社1981年版。
刘永济:《唐五代两宋词简析》,上海古籍出版社1981年版。
胡云翼:《宋词选》,上海古籍出版社1978年版。
俞平伯:《唐宋词选释》,人民出版社1979年版。
龙榆生:《唐宋名家词选》,上海古籍出版社1980年版。
沈祖棻:《宋词赏析》,上海古籍出版社1980年版。
朱东润主辑:《中国历代文学作品选》中编第二册,上海古籍出版社1980年版。
吴熊和等:《唐宋诗词探胜》,浙江人民出版社1981年版。
唐圭璋:《宋词三百首笺注》,上海古籍出版社1979年新1版。
唐圭璋等:《唐宋词选》,北京出版社1982年版。
郑孟彤:《唐宋词赏析》,广东人民出版社1981年版。
谭蔚:《唐宋词百首浅释》,湖南人民出版社1958年版。
颜中其:《苏东坡》,黑龙江人民出版社1981年版。

二、民族研究

土家语概况

土家族聚居于我国湖南省西北部、湖北省西南部、四川省东南部和贵州省东部地区。除鄂西、川东、黔东人口数字不详外，湖南省湘西土家族苗族自治州境内土家族共有六十多万人。

土家族自称 $pi^{35}tsi^{55}kha^{21}$，历史文献上称土人或土家。1957 年国务院批准确定民族成分时，正式定名为土家族。

土家族有自己的语言，但无文字。交通闭塞地区，土家人民在日常生活中完全使用土家话作为交际工具，妇孺多不懂汉语；交通方便地区，一般都兼通汉语；多数地区已完全习用汉语文。土家语言使用地区日渐缩小，这种趋势 1949 年以后特别明显。鄂西川东只有极少地方能说土家话，湘西地区说土家话的虽较为普遍，但人数和地域也在不断减缩。

土家族称自己的语言为 $pi^{35}tsi^{55}sa^{21}$。这种语言既不同于汉语，也不同于邻近的苗、瑶、仡佬等兄弟民族语言。土家语属于汉藏语系藏缅语族，比较接近于彝语支的一个独立语言[①]。它的基本特点是：有声调；无复辅音；复合元音较多，辅音韵尾较少；词汇以复音词占优势；句子基本语序是"主语—谓语""主语—宾语—谓语"的结构形式；名词和领格代词定语在被修饰语之前；形容词、数量词定语在被修饰语之后；指示代词位于所修饰的名词之前。

根据我们初步了解，土家语有北部方言和南部方言。北部方言分歧不大，永顺、龙山、保靖、古丈各地都能通话；南部方言分布在泸溪县境，语音、词汇均与北部方言有较大的差别。本文以龙山县苗市公社（现苗儿滩镇）星火大队（现星火村）的土家语为代表，分语音、词汇、语法三个方面作一简要的介绍。

我们都到龙山、永顺两县实地调查过。因时间较短，材料的广度深度还

---

① 见王静如教授《关于湘西土家语言的初步意见》，载中央民族学院研究部编《中国民族问题研究集刊》第四辑，1954 年。

很不够。为了介绍土家语言情况，促进汉藏语系研究，整理出来作为初步探讨，疏漏不当之处请指正。

语 音

一、声母

土家语言共有十九个声母，列表如下。

发音部位		发音方法	塞音		塞擦音		擦音	鼻音	边音
			不送气	送气	不送气	送气			
唇音	双唇	清	p	ph					
		浊						m	
	唇齿	清							
		浊							
舌尖音	舌尖前	清			ts	tsh	s		
		浊					z		
	舌尖中	清	t	th					
		浊							l
舌面音		清			tɕ	tɕh	ɕ		
		浊						ȵ	
舌根音		清	k	kh			x		
		浊					ɣ	ŋ	

声母说明：

1. n–l 为变值音位。实际读音带鼻音情况较少，故定为l。

2. ȵ声母只与齐齿韵相拼。

3. i、u 自成音节或 i、u 开头的复合元音自成音节时，前边带有轻微摩擦，但因没有区别词义作用，所以不作为独立的音位。

声母例词：

p: pi^2 儿子，　　　　　　po^4li^3 小孩儿。

ph: pho^2ka^4 老师，　　　phu^2thu^3 斑鸠。

m: mu^4 竹子，　　　　　me^2 天。

ts: $tsa^2tɕhi^4$ 口，　　　　tse^2ka^3 口渴。

tsh: $tshe^3$ 水，　　　　　$tsho^1khe^4$ 板凳。

s: su^2su^4 雪，　　　　　su^3su^3 月亮。

z: za^3 鸡，　　　　zo^2 羊，　　　　　　zo^4 土。

t: a²ta¹　姐姐，　　　　　　ti¹ti¹　提起。
th: tha²khu⁴　锅子，　　　　thu¹thu¹　捡。
l: la⁴　路，　　la³　关，　　la¹pha³　胡子。
tɕ: tɕi³　脚，　　　　　　　tɕie³　喊。
tɕh: tshá³tɕhi³　金鸡，　　　tsha³tɕhie³　嫂子。
ȵ: ȵie¹lan⁴　种子，　　　　ȵie¹loȵ¹　两年。
ɕ: ɕie²ɕie³　牲畜，　　　　ɕi¹ȵi¹ka³　蚂蚁。
k: ka³　乌鸦，　　　　　　 ke³tshi¹　玩。
kh: kha³　柴，　　　　　　 kha³kho³　大森林。
ŋ: ŋa²　我，　　　　　　　ŋo⁴　银子。
x: xa¹tshe⁴　菜，　　　　　xa⁴lie³　狗。
ɣ: ɣa³pa³　石头，　　　　　ɣe⁴　猴子。

二、韵母

土家语共有二十五个韵母，分类如下表：

韵尾 韵头	开尾韵母				元音尾韵母				鼻音尾韵母		
开口	ɿ	a	o	e	ai	ei	au	eu	an	en	oŋ
齐齿	i	ia	io	ie			iau	iu	ian	in	
合口	u	ua			uai	uei			uan	un	

韵母说明：

1. ɿ韵母只与 ts、tsh、s、z 四个声母相拼。
2. a 的实际音值为央元音〔A〕。
3. u 的音值近央元音〔ɯ〕。
4. e 除与 i 介音结合时实际音值为〔e〕外，出现在介音 i 与韵尾 u 之间以及出现在韵尾 i、u 前时，实际音值为〔ə〕。
5. an 韵母鼻韵尾 n，发音时不上抵齿龈，实际读音为鼻化元音 ã。ian、uan 同。为了印刷方便，仍用 an、ian、uan 表示。
6. en、in、un 三韵实际读音为鼻化元音 ẽ、ĩ、ũi。为了印刷方便，仍用 en、in、un 表示。

韵母例词

l: tsi⁴si³　猪肉，　　　　　si¹li⁴tsi³　米饭。
i: li²　老虎，　　　　　　 tɕhi⁴tɕhi³　拉。

u：thu¹khu⁴ 柴刀， thi¹khu¹ 坛子。
a：la¹tha⁴ 水瓢， kho¹pa⁴ 头。
ia：mia¹tɕie⁴ 红， tɕhia⁴kho³khui² 竹鸡。
ua：ɕian³xua²li³ 闲谈 ɕian³xua²li³ 中的 ɕian³xua² 系汉语"闲话"的借词。li³ 土家话是"说"，ɕian³xua²li³ 意即"说闲话"。
o：so⁴pe³ 雾， ŋo⁴ 银子。
io：ke³tio⁴ɲie³ 这样， tɕio²mo³ 被（被动）。
e：me²tshe³ 雨， la¹pe⁴ 萝卜。
ie：ɕie⁴ 铁， tɕie²tɕie³ 袖子。
ai：an¹ŋai⁴ 针， lan³tɕhi²tshai⁴ 夜晚。
uai：khuai³ 椅子， xoŋ³xuai¹ 总是。
ei：an¹pei¹ 叔叔， kei²ta⁴ɲie³ 大前天。
uei：lian²khui¹ 小拇指， lo⁴xo³xui¹ 暖和。
au：au¹khe⁴ 斧头， phau³pha¹tshei³ 老头儿。
iau：ɕiau²than³ 学堂， ɕi³liau³ 闻。
əu：a¹khəu¹ 角落。
iu：piu²tie⁴ 女人， piu²pi²khui¹ 女孩儿。
an：zan¹pu¹li⁴ 蜻蜓， tɕie²tan⁴ 翅膀。
ian：lian²kan¹ 窗子， tɕhian² ɲie³ 怎么。
uan：kuan²to³ 自己， suan⁴ 小。
en：en³tɕiu² 来了， len²sai¹pu³li⁴ 雪米子。
in：la⁴min³ 门， tɕie²su⁴ 手镯。
un：un¹ 去借（只限于借用具）。
oŋ：thoŋ⁴moŋ³ 线， me²oŋ³ 打雷。

三、声调

土家语有四个声调，请看下表：

调次	起讫点	调号	词例
第一声	55	˥	o¹ 洗　phu¹ 买
第二声	35	˧˥	o² 恶 zo² 羊 ze² 酒 ɕie² 有 phu² 媳
第三声	21	˨˩	o³ 围 zo³ 搓 ze³ 鼠
第四声	41	˦˩	o⁴ 蛇 zo⁴ 土 ze⁴ 美 ɕie⁴ 铁

声调说明：

1. 土家语言调类无文字记载，看不出其历史发展与继承。因此调值是"55"的，我们规定它为第一声；调值是"35"的为第二声；调值是"21"的为第三声；调值是"41"的为第四声。

2. 在每一音节的右上角标数码"1""2""3""4"表示第一声、第二声、第三声、第四声。

3. 土家语复音词占优势，复音词最后一个音节往往声调模糊，有"轻声"现象。

四、音节结构

土家话音节结构有两种形式：

1. 声母+韵母+声调。例如：

tsho^4 房子，　　tɕie^2 手，　　zuan^2 水牛。

2. 韵母+声调。例如：

o^4 蛇，　　au^2 黄牛。

词　汇

一、词的构成

土家语言词汇丰富，构词方法也灵活多样。

按照词的语音形式不同，可以把词分为单音词和多音词两种。

（一）单音词：只有一个音节。如

me^2 天，li^4 地，lo^4 人，tshe^3 水，mi^1 火。

（二）多音词：由两个以上的音节组成。如

tie^{1}xei^4 豆腐，　　　　tha^{1}sei^1 蝴蝶，

pan^{2}lie^{1}ɕi^1 葡萄，　　tɕhia^{3}khui^{1}xan^3 杜鹃，

tɕhin^{3}tɕhin^{3}ŋo^{2}si^3 蝉，　　ti^{2}ti^{4}khu^{1}li^4 蟋蟀。

按照词的结构形式不同，还可以把词分为单纯词和合成词两种：

（一）单纯词

1. 单音节单纯词，例如：

me^2 天，li^4 地，lo^4 人，tshe^3 水，mi^1 火。

2. 多音节单纯词，例如：

tie^{1}xei^4 豆腐，　pan^{2}lie^{1}ɕi^1 葡萄，　　ti^{2}ti^{4}khu^{1}li^4 蟋蟀。

（二）合成词

土家语的合成词，有多种组合关系。分复合式、附加式、重叠式等。

1. 复合式：这类词一般由两个不同的实词素合成。构词方式因各词素

间不同关系而不同。最常见的是联合关系、主谓关系、支配关系、修饰关系、补充关系。

（1）联合关系：两个词素平等并列，互不修饰。

如：$tɕie^2tɕi^3$ 手脚， $tʂhie^3pha^2$ 犁耙。

（2）主谓关系：后一词素说明前一词素。如：

me^2su^3 天亮， tse^2ka^3 口渴。

tse^2zi^3 嘴多， $li^1kho^4li^1ti^2$ 心痛。

（3）支配关系：后一个词素表示动作或行为，前一个词素表示动作或行为所支配的对象。如：

$tʂhi^1thu^1$ 读书， li^4ka^4 挖土。

（书读） （土挖）

$si^1li^1se^1$ 插秧， $si^3tɕie^4$ 赶肉（打猎）。

（秧插） （肉赶）

（4）修饰关系：一个词素限制或修饰另一个词素。如：

名——名：$u^2ɕi^3$ 牛草。

名——形：ηie^2pi^1 鸟儿。

（5）补充关系：后一词素补充说明前一词素。这种词又可分两类：

a. 动补式：前一词素表示动作，后一词素表示动作的结果。如：

$li^3tɕi^1$ 说完， $la^2tɕi^3$ 丢完。

o^4tiu^2 背来， khe^4tiu^2 挑来。

b. 名量式：一个表量的词素附加在一个表事物名称的词素后面。如：

mi^1pha^4 火把， $tʂhi^1phu^4$ 书本。

2. 附加式：这类词由实词素加上一个虚词素构成。这些虚词素在词中起辅助作用并表示多种意义。

（1）前加"a"表示亲昵。如：

a^3pa^4 父亲， $a^3\eta ie^4$ 母亲，

a^3kho^4 哥哥， a^2ta^1 姐姐。

（2）后附辅助成分的有：

a. 在名词后附"pi^2"表示"小"和"儿"。如：

$tɕie^2pi^2$ 小手， $tɕi^3pi^2$ 小脚，

o^3pi^2 小背篓， $ɕi^3thie^3pi^2$ 小桌子；

u^2pi^2 牛儿， za^3pi^2 鸡儿， ze^4pi^2 孙儿。

b. 表人名词后附 tie⁴，表示"们"或"家"，复数。如：
lo⁴pa¹tie⁴ 男人们， piu²tie⁴ 女儿们， tɕhin²tie⁴ 孩子们；
tso⁴ŋi³tie⁴ 亲戚家， tso⁴pa⁴tie⁴ 妯娌家， ma³ma³tie⁴ 姑娘家。

c. 在支配关系组成的词后附 ma⁴ 或 se⁴pa⁴，可以跟这个词组成"的"字结构或表示"……的人"。如：
u²kha⁴ma⁴　守牛的， ie³lu³ma⁴　卖货的，
牛守的　　　　　　　货卖的
ɕie⁴ti³ma⁴　打铁的； u²kha⁴se⁴pa⁴　守牛的人，
铁打的　　　　　　　牛守的人
ie³lu³se⁴pa⁴　卖货的人， ɕie⁴ti³se⁴pa⁴　打铁的人。
货卖的人　　　　　　　铁打的人

d. 支配关系组成的词后面加上 ȵie¹ɕi⁴，则表示对这件事情的判断。如：
kei⁴tse³ tshi¹thu¹ ȵie¹ɕi⁴. 他们在读书。
他们　　读书　　是在
ki⁴tse³ li⁴ka⁴ ȵie¹ɕi⁴. 他们在挖土。
他们　土挖　是在

3. 重叠式：
（1）单音重叠：名词、动词、形容词中有很多这样的叠音词。如：
名　词：su³su³ 月亮， tho³tho³ 菜刀， tɕie²tɕie³ 袖子；
动　词：ti¹ti⁴ 提， tsu¹tsu⁴ 站， tɕhi⁴tɕhi³ 拉；
形容词：tshu³tshu³ 直， ka²ka¹ 稀， pe³pe¹ 软。

（2）复音重叠：
a. 双音重叠：
ki³ɕi³ki³ɕi³　（水）烫， kha³khi¹kha³khi¹　轻轻，
ɕi⁴la³ɕi⁴la³　锋利；
b. 形容词后附叠音：
a³si¹tɕhin³tɕhin³　白皑皑， o³khi¹tai³tai³　黑漆漆。

4. 四字格：这类四字格在句子中当作一个词用，结构相当于固定词组，不能任意拆开或颠倒。
tɕi¹kho⁴soŋ⁴kho⁴　走去走来， toŋ²ka⁴ta²ka⁴　东挖西挖，
tso⁴ŋi³mu²ŋi³　亲戚朋友， ta²ei²ta²pa⁴　边走边看，
ki²li¹ke³li¹　讲这讲那， ɕin³phau³kha¹pa⁴　茅草芭茅。

二、汉语借词

随着社会发展，土家族和汉族交往日密，在词语方面也大量地借用了汉语词汇。借入方式：

（一）半借：

tshi¹thu¹ 读书， thau³tsi⁴kha¹phu⁴ 桃花。
书读　　　　　　桃子　花

（二）全借：有两种情况。

1. 本民族原来没有而借用汉词。如：

萝卜 ~ la¹pe⁴，　　棉花 ~ mie³xua³，　　学校 ~ ɕiau²than³，
先生 ~ pho²ka⁴，　　向日葵 ~ uan³zi¹thəu³。

特别是1949年后，凡一切政治、经济、军事、文化教育、科学技术方面的名词术语，完全借用汉词。

2. 本民族原来有，因用得极少，且只有少数人知道，这些词逐渐消失而借用汉词。如："马"只有少数土老司才知道叫"ke⁴"，一般都不知道，所以都用汉词"马"。又如表数词素"七""八""九""十"，由于与汉族交往密切，ŋie³、ie³、ke¹、xei² 逐渐不用，因而有些地方用土话数数 la²（一）到 o³（六）后，"七""八""九""十"就直接借用汉词了。

三、词义

（一）单义词和多义词

一个词只有一个意义的叫单义词。如：

li² 老虎，tsha²tsha³ 喜鹊，ma¹kho⁴tshi³ 猫头鹰，me²tsha¹khu¹li⁴ 燕子。

这些单义词绝大部分是常见事物的名称或术语。

有时候，一个词有两个或两个以上的意义，而这些意义之间又存在着一定的联系，这样的词就叫多义词。例如："ɕi²ɕi¹"这个词就有下列几个意义：

1. 猪杀了，把猪毛修光。

tsi⁴　ɕi²ɕi¹ 修猪
猪　　修

2. 把土坎上的草铲光。

tha²kha⁴　ɕi²ɕi¹ 铲土坎
土坎　　　铲

3. 把柴理好（使长的适当短点，弯的弄直）。

kha³　ɕi²ɕi¹ 理柴
柴　　理

4. 把菜掐好（除去不能吃的部分）。
xa^1tshe^4　$ɕi^2ɕi^1$ 掐菜
菜　　　　掐
5. 打一顿。
la^4tha^4　$ɕi^2ɕi^1$ 重打一顿
一顿　　　打
这里面，"修"是 $ɕi^2ɕi^1$ 的基本意义。
（二）同音词和同义词
土家话里有同音词，它们语音形式完全相同而词义却毫无联系。如：
o^4：① o^4（la^2tsl^1）（一条）蛇
　　　　蛇（一条）
　　② （kha^3）　o^4 背（柴）
　　　（柴）　　背
ze^4：①（$kai^2kha^1phu^4$）ze^4（这花）美
　　　　（这花）　　　　美
　　②（tsi^4）$ze^4loŋ^3$（猪）四头
　　　（猪）四头
　　③（ko^2）ze^4ze^4（mo^3）（$tsau^3$）（他）慢慢（地）（去了）
　　　（他）慢慢（地）（去了）
　　④ ze^4（pi^2）孙（儿）
　　　　孙（儿）
有时两个词，语音形式不同而意义却相同相近，这也是常见的语言现象，这类词叫同义词。如：
① a^3xo^4　zi^1 那样做
　　那样　做
② xan^2lan^3　zi^1 那样做
　　那样　　做
"a^3xo^4"和"xan^2lan^3"是同义词，都表示"那样"。
（三）反义词
土家话里也有很多意义相反的词。如：
$tɕhi^4$大——$suan^4$小　　zu^4轻——tu^4重　　$ʐe^3$长——$tsoŋ^4$短
zi^3多——phu^4tshi^3少　　ka^2ka^1稀——la^2密

语　法

一、词类

土家语的词按照它的意义和语法特点可以分为名词、动词、形容词、数量词、代词、副词、介词、连词、助词、叹词十类。

（一）名词

名词主要用作主语、宾语；也可作谓语。例如：

① a^3pa^4　ze^2　xu^3. 爸爸喝酒。
　爸爸　酒　喝　（主—宾—谓）

② ηa^2　$pi^2tsi^4kha^3$. 我是土家人。
　我　　土家人　（主—谓）

名词可以用形容词和数量词修饰，修饰语在中心语之后。例如：

kha^1phu^4　$mia^1tɕie^1$　la^4phu^3　一朵红花，
　花　　　　红　　　　一朵

$mu^4la^1tsi^1$　一根竹子，$kha^1tɕhie^4tɕhi^4$　so^1pu^1　三个茄子，
竹　一根　　　　　　　　茄子　　　　三个

$tsho^4$　la^1tsho^4　一栋房子，$tsho^3ɕie^2$　la^1zu^4　一双鞋子。
房子　一栋　　　　　　鞋子　　一双

一般在亲属称谓前加"a（an）"表亲昵。例如：

a^3pa^4　父亲，　　$a^3\eta ie^4$　母亲，　　a^1ma^4　祖母，
$a^1ze^1lei^2$　侄儿，　an^1pei^1　叔叔，　$an^1\eta ai^4$　弟弟。

表示动物的性别时，一般在名词后加 pa^4 或 a^1pa^4 表示雄性；加 ηi^3ka^3 表示雌性。例如：

通称	雄性	雌性
li^2　虎	li^2pa^4　公老虎	$li^2\eta i^3ka^3$　母老虎
za^3　鸡	za^3pa^4　公鸡	$za^3\eta i^3ka^3$　母鸡
tsi^4　猪	tsi^4pa^4　公猪	$tsi^4\eta i^3ka^3$　母猪
u^2　牛	u^2pa^4　公牛	$u^2\eta i^3ka^3$　母牛
xa^4lie^3　狗	$xa^4lie^3a^1pa^4$　公狗	$xa^4lie^3\eta i^3ka^3$　母狗

名词 me^2 是"天"的意思，由 me^2 所构成的词大都与天象有关。例如：

$me^{2:2}la^2$　闪电，　　$me^2o\eta^3$　打雷，　　$me^2tha^3tshe^3$　雷公，
me^2tshe^3　雨；　　$me^2la^1o\eta^3$　云，　　me^2tsha^2　晴天。

名词 pu^2li^4 是"颗粒"的意思，用它或它的第一个音节 pu^2 所构成的词，

也都含有"颗粒"的意思。如：

$si^1zi^3pu^2li^4$　星星，　　　　$len^2sai^1pu^2li^4$　雪米子，　　　li^2pu^2　稻谷，
$tɕhi^2pu^2$　黄豆子，　　　　　$ȵi^1pu^2$　芋头，　　　　　　la^2pu^2　食盐，
lo^2pu^2　眼睛珠子。

土家语对亲戚的称谓，远不如汉语那样分明。除 a^3pa^4（父亲）、$a^3ȵie^4$（母亲）外，内亲外戚，称谓无别。例如：$an^1ŋai^4$ 词，可以表示弟弟、堂弟、妻弟、姨表弟，甚至可以表示妹妹、堂妹、妻妹、姨表妹。这种情况和英语的"cousin"一词差不多。不过在平常 $an^1ŋai^4$ 一般表示"弟弟"。

土家语的名词有两个附类：一是方位词，一是时间词。

1. 方位词

ka^3xa^2 上面，　　　tsi^1ke^4 前面，　　　$ʀo^3thu^2$ 里面，　　　lo^2liu^1 中间，
pa^3thi^3 下面，　　　$tha^1 ȵie^4$ 后面，　　$ʀo^3tha^2$ 外面。

方位词在句中一般作状语，本身都有"在"的意思。例如：

$tsho^4\ o^3thu^2$ 在家里面。$ko^2ŋa^2\ tha^1\ ȵie^4$ 他在我后面。
　屋　　里面　　　　　　他　我　后　面

方位词作状语一般都用在名词或代词后面。

〔注意〕ku^3（上）、ta^3（下）跟 ka^2xa^2（上面）、pa^3thi^3（下面）词性不同。ku^3、ta^3 是动词，不是方位词。例如：

$ko^2\ lie^2\ ku^3$ 他上楼。$ŋa^2\ lie^2\ ta^3$ 我下楼。
　他　楼　上　　　　　我　楼　下

2. 时间词

lai^4　今天，　　　　　　lau^2tsi^1　明天，　　　　　$mi^2ȵie^4$　后天，
$loŋ^3pai^3$　今年，　　　　la^3kho^3　明年，　　　　　mi^2kho^4　后年，
$tsau^1ku^4tie^4$　早晨，　　lan^2tshai^4　晚上。

时间词在句中一般作状语，位于谓语前或句首。

（二）动词

动词的主要作用是作谓语。不及物动词作谓语，位于主语之后；及物动词作谓语，则与其宾语所表示的支配关系一律是宾动式。例如：

① $ko^2\ ze^4ze^4\ mo^3\ tsau^3.$ 他慢慢地去了。
　　他　慢慢　地　去了

② $li^2pa^4\ zo^2\ ka^2.$ 老虎吃羊。
　　老虎　羊　吃

动词能与副词组合，受副词修饰。例如：

lai¹ an² ŋi¹ xu² ŋi⁴ ɕi¹pa¹ tsa². 今天我们都洗衣服。
今天 我 们 都 衣服 洗

动词以助词为手段表示"体"的语法范畴。

1. 动词后加助词 xu³，表示将行体。如：
① ŋa² tshi³ ka² xu³. 我将吃饭。
   我 饭 吃 将
② ŋa² tshi³ thu¹ xu³. 我将读书。
   我 书 读 将

2. 动词后加助词 la¹、lu¹，表示进行体。如：
① ŋa² tsi³ ka² la¹. 我正在吃饭。
   我 饭 吃 正在
② ko² tsi³ ka² lu¹. 他正在吃饭去了。
   他 饭 吃（去了）

3. 动词后面加助词 lu³，表示完成体。如：
   ŋa² tsi³ ka² lu³. 我吃了饭。
   我 饭 吃 了

另外，用动词韵母后面元音韵尾的变化来表示动词"体"的语法范畴。如：

词例	加 i，表将行体	原形，表进行体	加 u，表完成体
ka² 吃	kai² 将 吃	ka² 正 吃	kau² 已 经 吃
ʁa³ 接	ʁai³ 将 接	ʁa³ 正 接	ʁau³ 已 经 接

动词的否定意义可以用多种形式表达。

1. 在陈述句中，否定副词 tha⁴（不）用在动词的后面。例如：
   ŋa² tsi³ ka² tha⁴. 我不吃饭。
   我 饭 吃 不
   ŋa² ko² a²tshi⁴ tha⁴. 我不爱他。
   我 他 爱 不

2. 在祈使句中，否定副词 tha⁴ 用在宾动式的宾动之间。例如：
   sa³li³ 讲话： ŋi² sa²tha⁴li³！ 你别讲话！
   话讲   你 话别讲
   ta⁴ko⁴ 吵架： se⁴ ta⁴tha⁴ko⁴！ 你们别吵架！
   架吵   你们 架别吵

3. 否定副词 tha^4 用在不及物动词之前。例如：

ɕi⁴tsha³ 跑： tha⁴ ɕi⁴tsha³！莫跑！
oŋ³po³ 坐下： tha⁴ oŋ³po³！莫坐下！

动词有一个附类：能愿动词。它在句中位于动词之后表示动作的意愿或可能。如 $tai^4ɕi^3$（能够、会），to^3（应该）等。例如：

ko² zi¹ tai⁴ɕi³. 他能够做。
他 做 能够
ko² a² tai⁴ɕi³. 他会写。
他 写 会
ŋi² thu¹ to³. 你应该读。
你 读 应该

能愿动词除与动词、副词组合外，一般不与其他词类组合。

（三）形容词

形容词的主要语法功能是作定语。形容词作定语，一般在所修饰的名词的后面。如：

kha¹phu⁴ mia¹tɕie⁴ 红花　　　e¹tha⁴ ɕin²ka⁴te³ 绿叶
　花　　红　　　　　　　　　叶　　绿

形容词没有"级"的语法范畴。表示"级"的意义，土家话有多种语法手段：

1. 形容词的比较级用 "a^1+ 形容词 +$ŋie^1$" 的形式来表示，含有"更"的意思。这时逻辑重音在 "a^1" 上面。比较：

① ŋa² ŋie⁴ ɕi¹pa⁴ mia¹tɕie⁴. 我的衣服红。
　 我　的　衣服　红
② ko² ŋie⁴ ɕi¹pa⁴ a¹ mia¹tɕie⁴ ŋie¹. 他的衣服更红。
　 他　的　衣服　　更　红

2. 形容词的最高级有三种表示方式：

（1）形容词叠用（一般不重叠）当中介以衬音助词 le^1，这时的逻辑重音在 le^1 上面，有"最"的意味。例如：

ko² ŋie⁴ ɕi¹pa⁴ mia¹tɕie⁴ le¹ mia¹tɕie⁴. 他的衣服最红。
他　的　衣服　红　（勒）红

（2）形容词后用 "$ɕi^1thai^2$" 来表示"最"的意思。如：

ko² ŋie⁴ ɕi¹pa⁴ mia⁴tɕie⁴ ɕi¹thai². 他的衣服最红。
他　的　衣服　红　得　没有

（3）形容词后附叠音接尾，反映该形容词性质的很高程度。例如：
a. 附加一个重叠的
ɕin²ka⁴ tan³tan³ 绿油油
mia¹tɕie⁴ ɕian³ɕian³ 红艳艳
b. 附加两个重叠的
ɣo³ khi¹khi¹ tai³tai³ 黑洞洞
tu¹ tɕi³tɕi³ xai³xai³ 沉甸甸

（四）数量词

土家语里没有独立的数词类和量词类。表基数的只有十个音节。它们是：
la¹ 一，ŋie¹ 二，so¹ 三，ze¹ 四，oŋ¹ 五，
o³ 六，ŋie³ 七，ie³ 八，ke¹ 九，xei² 十。

这十个音节只是表基数的词素，单独使用，没有意义；只有同表量的词素组合成词，才能表示数量。比如：
la¹pu¹ 一个，ŋie¹pu¹ 二个，so¹pu¹ 三个，ze¹pu¹ 四个，
oŋ¹pu¹ 五个，o³pu¹ 六个，ŋie³pu¹ 七个，ie³pu¹ 八个，
ke¹pu¹ 九个，xei²pu¹ 十个

土家话里表量的词素很丰富，但它们也必须与表数的词素组合起来才能表示数量，否则也是没有意义的，因此我们把它们合称为数量词。

表量的词素也有名量、动量之分。

1. 表名量

土家话中表自然单位的词素很丰富，根据事物的不同类别，不同体形，使用不同的物量单位。例如：

（1）lau⁴：用以限制修饰有生命的。如：
lo⁴ lau⁴ 一个人　　soŋ² lau⁴ 一条鱼
人　一个　　　　　鱼　一条

（2）pu¹：用以限制修饰无生命的（形体为圆或椭圆形）。如：
pe¹le¹ɕi⁴ la¹pu¹ 一个梨子
梨　　　一个
kha¹tɕhie⁴tɕhi⁴ so¹pu¹ 三个茄子
茄　子　　　　三个

（3）tsi¹：用以限制修饰细长的物体。如：
mu⁴ la²tsi¹ 一根竹子　　o⁴ la¹tsi¹ 一条蛇
竹子　一根　　　　　　蛇　一条

（4） zu^4：只能限制修饰成双成对的物体。如：

$tsho^3 ɕie^2$　$la^1 zu^4$　一双鞋子　　　$pu^4 tsi^1$　$la^1 zu^4$　一双筷子
鞋子　　一双　　　　　　　　筷子　一双

除此之外，还有许多因事物不同而各有区别的表物量单位的量词素。

土家话的度量衡单位，保存得不完整。长度单位都借用了汉语的"寸""尺""丈"；容量单位只有"升"和"斗"；重量单位只有"两"和"斤"。如：

（1）容量单位：

$ɕi^3$ 升：　　　　$tɕhi^1 pu^2$　　　　$ȵie^1 ɕi^1$　两升黄豆
　　　　　　　　　黄豆　　　　　　　两升

pho^4 斗：　　　$li^2 pu^2$　　　　　$la^1 pho^4$　一斗谷子
　　　　　　　　　谷子　　　　　　　一斗

（2）重量单位：

$tɕi^4$ 两：　　　ze^2　　　　　　　$ze^1 tɕi^4$　四两酒
　　　　　　　　　酒　　　　　　　　四两

$tɕhi^4$ 斤：　　 si^3　　　　　　　$so^1 tɕhi^4$　三斤肉
　　　　　　　　　肉　　　　　　　　三斤

表名量的数量词用在所修饰的中心词之后。

2. 表动量

表动量的词素不多。

（1） $tɕhie^1$（遍、次）：① $la^2 tɕhie^1$　pa^4　看一遍
　　　　　　　　　　　　　　一遍　　　看

　　　　　　　　　　　② $la^2 tɕhie^1$　xu^3　喝一次
　　　　　　　　　　　　　一次　　　喝

（2） $moŋ^1$（顿、餐）：① $la^2 moŋ^1$　xa^3　打一顿
　　　　　　　　　　　　　一顿　　　打

　　　　　　　　　　　② $la^2 moŋ^1$　ka^2　吃一餐
　　　　　　　　　　　　　一餐　　　吃

（3） $toŋ^1$（下）：$la^2 toŋ^1$　xa^3　打一下
　　　　　　　　　　一下　　　打

表动量的数量词用在所修饰的中心词之前。

土家族计数量的方式很特殊。原来从一到十轮番计数，循环往复，周而复始。因而土家语言中无"十"以上的表数的词素，"百""千""万"更

没有。后与汉人接触频繁,"十"以上数目字均借用汉语词汇。这样记数量的方法也大大改善了。

(五)代词

代词分人称代词、指示代词和疑问代词三类。

1. 人称代词

人称代词有单数和复数的区别。

人称	单数	复数
第一人称	ŋa² 我	an² ɲi¹ 我们
第二人称	ɲi² 你	se² 你们
第三人称	ko² 他	ki⁴tse³ 他们

土家语原无第三人称。第三人称,近则用第二人称表示,远则用远指代词表示。现在的第三人称可能是受汉语影响而后有的。

人称代词后加 ɲie⁴,表领属关系。如:

ŋa² ɲie⁴ 我的　　　　　an² ɲi¹ ɲie⁴ 我们的
ɲi² ɲie⁴ 你的　　　　　se² ɲie⁴ 你们的
ko² ɲie⁴ 他的　　　　　ki⁴tse³ ɲie³ 他们的

非人名词后加 ɲie⁴,有同样的作用。如:

mo³ɲie⁴ la¹pha³ 猫的胡子　　ɲie²pi¹ ɲie⁴ ɕi²ka¹ 鸟儿的毛

人称代词后加"kuan²to³"或再加"ɲie³",分别表示"自己"或"自己的"。如:

ŋa²kuan²to³ 我自己,　　　　ŋa²kuan²to³ɲie³ 我自己的。
ɲi²kuan²to³ 你自己,　　　　ɲi²kuan²to³ɲie³ 你自己的。
an²ɲi⁴kuan²to³ 我们自己,　　an²ɲi⁴kuan²to³ɲie³ 我们自己的。
ki⁴tse³kuan²to³ 他们自己,　　ki⁴tse³kuan²to³ɲie³ 他们自己的。

2. 指示代词

指示代词有近指远指之分。

近　指　　　　　　　远　指
kai²ti⁴ 这个(些)　　ai¹ti¹ 那个(些)
ke³ 这儿(里)　　　　en¹ke⁴ 那儿(里)
ke³xo⁴ 这么　　　　　a³xo⁴ 那么
ke³tio⁴ɲie³ 这样　　　a³tio⁴ɲie³ 那样

3. 疑问代词

疑问代词有：a⁴se³ 谁、哪个，tɕhie⁴ɕi³ 什么，khei² 哪儿，khei²la¹pi¹ 哪儿、哪边，tɕhian² ɲie³ 怎么，kai⁴ 多少，kai⁴tɕiu¹ 多久等。

疑问代词主要用来表示疑问，构成疑问句式，另外也泛指人或事物。如：

ko²　a⁴se³？他是谁？　　　　kai²　tɕhie⁴ɕi³？这是什么？
他　 谁，　　　　　　　　　这　 什么

tɕhian²　zei¹　tsha²　ɲie³？怎么做好呢？
怎么　　做　　好　　（呢）

疑问代词 "a⁴se³ 谁" "tɕhie⁴ɕi³ 什么" 表疑问时，它们都不用判断词。

人称代词在句中可以做主语、谓语、宾语、定语；指示代词和疑问代词可以做主语、谓语、宾语、定语和状语。

（六）副词

副词的主要语法功能是限制修饰动词和形容词，表示程度、范围、时间、情态、否定或禁止等意义。土家语副词不多，绝大部分借用汉语副词。本民族原有副词大略分为下列几组：

1. 程度副词：有 pian² "稍微" 等。

2. 范围副词：有 xu²ɲi¹ "全、都、统统"，ɕie²ɕi⁴ "全部"。如：
ki⁴tse³xu²ɲi¹ei²lu³. 他们都来了。

3. 时间副词：有 mu²lan¹ 现在，kha⁴loŋ³ 从前，mo⁴mo³ 刚才，ɕie¹xui¹、uei³tie¹ 马上、立刻，la²pie¹la²pie¹ 渐渐。如：

ko²　mu²lan¹　tsha²　ɕi²thai². 他现在好得很。
他　 现在　　好　　得没有

ŋa²　mo⁴mo³　ie¹. 我刚到。
我　 刚　　　到

4. 情态副词：有 tha³thai¹tha³thai¹ 悄悄，la⁴pai⁴la⁴pai⁴，一点一点。如：
ɲi²　tha³thai¹tha³thai¹　mo zu²po³. 你悄悄地听着。
你　 悄悄　　　　　　地听着

ŋa²　la⁴pai⁴la⁴pai⁴　mo li³. 我一步一步地讲。
我　 一步一步　　 地讲

5. 否定副词：有 ta² 没，tha⁴ 不、别、甭，thai² 没有等。如：
①ɲi² ian⁴ tha⁴ xu³，ko² ze² tha⁴ xu³. 你不要抽烟，他不要喝酒！
　你 烟不要抽　他 酒不要喝

② ŋa²tsi³ka²tha⁴, tshe³xu³tha⁴. 我不吃饭，不喝水。
　　我　饭　吃　不　　水　喝　不

lai⁴　lau³tshi³　thai². 今天没有太阳。
今天　太阳　　没有

动词的肯定和否定意义，有的用不同的词来表达。如 ɕie²"有"、thai²"没有"，有的在肯定意义的动词后面用否定副词 ta²、tha⁴ 来表示。

用 ta² 或者用 tha⁴，在意义表达上稍有不同。ta²"没"用于叙述实际情况，tha⁴"不"用于表达主观意愿。如：

xu³　ta²　没有喝。　　　xu³　tha⁴　不喝。
喝　没　　　　　　　　喝　　不

用 ta² 或者用 tha⁴，在不同的语法环境里也有区别。在以动词或形容词的肯定与否定相叠的方式表示疑问的疑问句中，否定词在动词后用 tha⁴，而在形容词后多用 ta²。如：

① ŋi¹　li³　au⁴　li³　tha⁴？你讲不讲？
　你　讲（哦）讲　不

② ŋi²　ei²　au⁴　ei²　tha⁴？你去不去？
　你　去（哦）去　不

③ lai⁴　sa⁴　au⁴　sa⁴　ta²？今天冷不冷？
　今天　冷（哦）冷　不

④ ai¹ti¹　kha¹phu¹　ze⁴　au⁴　ze⁴　ta²？那些花美不美？
　那些　　花　　美（哦）美　不

副词在句子中作状语，主要限制修饰动词或形容词。一般在中心词的前面，也有少数放在中心词的后面。

（七）介词

介词，土家语原有的少，借用汉语的多。原有的介词有 lie¹"从"、po¹"到"，表示起止的方向或地点。

（1）lie¹ 从：用在名词、代词后面。

① ŋi²　khei²　lie¹　en³tɕi³？你从哪里来？
　你　哪里　从　来

② ŋa²　loŋ²san¹　lie¹　en³tɕi³. 我从龙山来。
　我　龙山　　从　来

（2）po¹ 到：用在名词、代词后面。

① ŋi² khe² po¹ ei²？你到哪儿去？
　你　哪　儿　到去

② ŋa² ku⁴tsan² po¹ ei². 我到古丈去。
　我　古丈　　到去

在句中，借用汉语的介词时，一定要改变原句式的语序。以表示"比较"意义的句式为例来说明：

原式：不用动词，而以语序和助词为手段来表示"比较"的意义；变式：借用汉语介词"比"来表示"比较"的意义，句子的语序也随之改变而如同汉序了。例如：

原式：ko²ŋie⁴　ŋi²ŋie⁴　tsha²　ŋie³. 你的比他的好。
　　　他的　　你的　　好　还

变式：ŋi²ŋie⁴　pi⁴　ko²ŋie³　tsha²　ŋie³. 你的比他的好。
　　　你的　　比　他的　　好　还

（八）连词

土家话连词很少。汉语用并列连词"和、跟、同"时，土家话均可用连词"ŋie³"来表示。如

tsi⁴ ŋie³ zo² xu² ŋi² ke³. 猪和羊都在这里。
猪　和　羊　都　　这里

li²khe⁴thoŋ¹ ŋie³ u²tɕi⁴kha³ xu² ŋi² i³ ta². 犁头和牛打脚都没见。
犁头　　　和　牛打脚　　都　见　没

有时，表并列的连词 ŋie³，可省略不用，借助于副词 xu²、ŋi²、ta⁴xa³ 来表示。如：

a³kho¹（　）an¹ŋai³ xu² ŋi² ei² lu³. 哥哥弟弟都来了。
哥哥　　　弟弟　都　　　来　了

ko²（　）ŋi² ta⁴xa³ ke³tshi¹. 他同你玩。
他　　你　一起　　玩

（九）助词

土家语的助词，多而复杂，就其语法作用来看，可以分为结构助词、语气助词和时态助词三类。

1. 结构助词：指明句子成分及其相互关系的词叫结构助词。

如：ŋie² 的、mo³ 地、ɕi³ 得、ko² 被…

（1）ȵie²：名词或人称代词之后加 ȵie²，表示领属关系。如：

tsha³tɕhie³　ȵie²　tɕhi²la¹.　嫂嫂的裹脚。
嫂嫂　　　的　　裹脚

ko²　ȵie²　tshi¹phu⁴.　他的书。
他　的　书

（2）mo³：状语的标志。一般位于谓语中心动词之前。如：

ko²　ze¹ze¹　mo³　tai².　他慢慢地下去。
他　慢慢　地　下去

ko²　ȵie¹　mo³　tsau³.　他笑着走了。
他　笑　着　走了

（3）ɕi³：补语的标志。一般位于谓语中心词动词、形容词之后。如：

ȵie²　ɕi³　tsha²　睡得好　tsha²　ɕi³　thai²　好得很
睡　得　好　　　　　　　好　得　很

（4）ko²：这里特别谈谈结构助词 ko²。ko² 的语法功能在于指明主动者。一般出现在名词、代词作主语、宾语的句子中的主动者之后。比较：

A．主动句

汉语词序：姐姐打弟弟。（主—谓—宾）

土家词序：a²ta⁴an¹ŋai⁴xa³.（主〔主动者〕—宾〔受动者〕—谓）

这句话里，在表示主动者的词儿后面加 ko²，构成：a²ta⁴ko²an¹ŋai⁴xa³，也讲得通。

B．被动句

在被动句里，主语表受动者，则表主动者的名词、代词之后必须加 ko²。例如：

汉语词序：弟弟被姐姐打（受动者—〔被〕—主动者—动词）

土家词序：an¹ŋai⁴　a²ta⁴　ko²　xa³（受动者—主动者〔助词〕—动词）

如不加助词 ko²，构成：an¹ŋai⁴ xa³。按照土家语句法规则：主—宾—谓（弟弟—姐姐—打），主动者倒是 an¹ŋai⁴ 了。

指明主动者的助词还有 to³、tɕio³ 等。如：

ŋa²　ko²　to³　phian²　liau⁴.　我被他骗了。
我　他（助）　骗　了

xa⁴lie³　a³pa⁴　tɕio³　xa³.　狗被爸爸打。
狗　　　爸爸（助）　打

2.语气助词：语气助词位于句尾（少数在句中），表达句子的语气和感情色彩。

表陈述语气的助词有 liau^4（lu^3）、lo^1 等。liau^4 这个助词，既表语气，也表时态。因此根据时态不同，有时讲成 liau^4，有时讲成 lu^3。如：

xa^{4}lie^3　tsi^3　ka^2　liau^4．狗咬猪了。
狗　　　猪　　咬　　了

ki^{4}tse^3　xu^{2}ȵi^2　ei^2　lu^3．他们都来了。
他们　　都　　来　了

kai^2　me^4　tsha^2　lo^1．这就好啰。
这　　　　　好　　啰

表示祈使语气的助词有 pa^3、man^4 等。如：

lie^2　mo^3　ei^2　pa^3！让（他）走吧！　　　ȵi^2　li^3　man^4！你说嘛！
让（助）走　吧　　　　　　　　　　你　说　嘛！

表示疑问语气助词有 xo^1、pa^2、man^4 等。如：

ko^2　li^3　xo^1？他讲吗？
他　　说　　吗

se^2　li^2　lau^4　i^3　lie^3　man^4？你们看见一只老虎吗？
你们　老虎一只　看见了　　吗

se^2　li^2　i^3　lie^3，tshoŋ^2　pho^4　lie^3　pa^2？你们看见了老虎，放枪吧？
你们　老虎看见了　　枪　　放　　了　　吧

3. 时态助词：有 po^3（着）、liau^4（了）、po^{3}la^3（过）等，位于动词之后，是动词体的语法范畴表达手段之一。详细情况已在动词类中叙述，这里从略。

（十）叹词

叹词一般独立于句子之外，表示各种感情。土家话原有的有 an^3　ȵie^3 哎呀、ie^{1}xe^1 咦、an^{3}an^4 唉、o^{3}xo^2 哦、me^{2}e^1 天呀，等等。

1. an^3　ȵie^3：表惊讶或出乎意料。如：

an^3　ȵie^3！ȵi^2　tɕhian^2　zi^1　lie^4？哎呀！你怎么搞的？
哎　呀！你　怎么　　搞　的

2. ie^{1}xe^1：表惊疑。如：

ie^{1}xe^1！zi^1　to^3　ta^2　lie^4！咦！没有搞对吧！
咦！　搞（助）没有吧

3. an^{3}an^4：表失望。如：

an^{3}an^4！tha^2　li^{3}ku^2　li^{3}po^{3}la^{1}thai^2！唉！莫讲了，讲也没有用！
唉！　莫　讲了，讲了　路没有

4. o³xo²：表满足或赞许。如：

　　o³xo²! kai² me⁴ tsha² lo¹! 哦！这就好啰！
　　呵嚙！ 这　 就　 好　 啰

5. me²e¹：遭天灾人祸，表惊呼。如：

　　me²e¹! tsho⁴ ki³ liau³ ua³! 天呀！屋燃了哇！
　　天呀！ 屋　 燃　 了　 哇

二、句子

（一）成分和语序

土家语的句子成分有主语、谓语、宾语、定语、状语、补语六种。基本语序有"主语+谓语""主语+宾语+谓语"两种。

现将句子成分和语序综合说明如下。

1. 主语、谓语、宾语在句中的语序

（1）主语+谓语：主语位于谓语之前。如：

ŋie²pi¹ mo²xu¹. 鸟儿叫。
鸟儿　 叫

kai² ɕi¹pa⁴ ze⁴. 这衣服漂亮。
这　 衣服　 漂亮

ŋi² pha⁴kha³, ŋa² pi²tsi¹kha³. 你是汉族，我是土家族。
你　 汉族　 我　 土家族

作主语的主要是名词、代词；作谓语的主要是动词、形容词、名词。

（2）主语+宾语+谓语：宾语位于主语和谓语之间。如：

li²pa⁴ zo² ka². 老虎吃羊。 ko² ŋa² tɕie³. 他喊我。
老虎 羊 吃　　　　　　　他 我 喊

ŋa² kha¹ phu⁴ mia¹tɕie³ la¹thu³ ɕie². 我有一朵红花。
我 花　　 红　　 一朵　 有

作宾语的主要是名词、代词。

以上两式是土家语的基本语序。

2. 定语、状语、补语及其与中心词的语序

（1）定语：不同词类作定语，其语序稍有不同。有如下情况。

A. 名词、代词加定语助词或词组作定语时，位于中心词之前。如：

名——名　tɕhie²ɕi² kha³moŋ³ 柑橘树
　　　　　柑橘　　 树

　　　　　　tshe³lan³　ɕi¹pa⁴　麻布衣服
　　　　　　麻布　　　衣服
代——名　kai² tsho⁴　这房子　　　ai¹ po⁴ li³　那孩子
　　　　　这　房子　　　　　　那　孩子
词组：助——名　sa³li³　ȵie²　lo⁴　讲话的人
　　　　　　　话讲　的　人
　　　　　　tshi¹tshi¹ a²　ȵie² lo⁴　写字的人
　　　　　　字　　写 的 人

B. 形容词、数量词作定语位于中心词之后。

名——形　　thoŋ⁴moŋ³ a³ si³　白线　　　tshe³ loŋ¹ ka¹ tshi³　浑水
　　　　　　线　白　　　　　　　　水　浑的
名——数量　kha¹phu⁴ la¹thu³　一朵花　　tie¹xe¹la¹khe³　一块豆腐
　　　　　　花　一朵　　　　　　　　豆腐　一块
名——形——数量　kha¹phu⁴ mia¹tɕie³ la¹thu³　一朵红花
　　　　　　　　　花　红　　一朵

（2）状语：一般在中心词前，但也有在后的。

A. 状语在中心词前的。

副——动　ŋa² mo⁴mo⁴　en³tɕi³．我刚刚来。
　　　　　我　刚刚　来
形——动　ȵi²　thai³thai²　mo³ zu¹ po³．你悄悄地听着。
　　　　　你　悄悄　地　听着
名——动　ko²　lai⁴　ei²．他今天去。
　　　　　他　今天　去
数量——动　ko²la¹zu⁴la¹zu⁴ mo　ai²．他一双一双地拿。
　　　　　　他　一双　一双地　拿

B. 状语在中心词后的

动——形　pa⁴ tsha²　好看　　　　ka² tsha²　好吃
　　　　　看　好　　　　　　　　吃　好

（3）补语：补语的位置也有前有后。

A. 补足语位于被补足语之后。如：
xo³ mo³　tsu² tiu¹．拿了出来。　　ka² tɕi¹ liau¹．吃完了。
拿（助）出来　　　　　　　　　　吃　完　了

B. 补足语位于被补足语之前。如：

la¹tse¹ ka² 咬一口。 la¹tɕhie¹ li³ 说一次。
一口 咬　　　　一次 说

（二）单句和复句

1. 单句

土家语的单句有主谓句、无主句、独词句三种类型，这里只讨论主谓句。根据谓语的性质可以把主谓句分成名词谓语句，形容词谓语句和动词谓语句三种。

（1）名词谓语句。

ŋa² tsoŋ¹kue³ȵie³lo⁴. 我是中国人。
我　中　国　　人

lai⁴tɕhi¹kha¹. 今天是春节。　　　ko² a⁴se³？他是谁？
今天　春节　　　　　　　　　他 谁

土家语中无判断词，因而用名词谓语句表示判断。后受汉语影响，在翻译汉语判断句时就直接借用汉语判断词"是"（土音 səu²），这样，判断句的语序也跟汉语语序相同了。如：

ŋa² səu² tsoŋ¹kue³ȵie³lo⁴. 我是中国人。
我　是　中国　　　人

土家语序原为：主—宾—谓（ŋa² tsoŋ¹kue³ȵie³lo⁴ səu²），借用判断词"是"，语序也随之变成汉语语序：主＋谓＋宾（ŋa² səu² tsoŋ¹kue³ȵie³lo⁴）了。

（2）形容词谓语句。

形容词作谓语有不加叠音尾和加叠音尾两种情况。

A. 不加叠音尾的。

kai² ɕi¹pa⁴ze⁴. 这衣服漂亮。　　　ai tsi³ e³ a³si³. 那米白。
这 衣服 漂亮　　　　　　　　　那 米　白

这种句子作用主要在于描写，有时也可以表示判断和比较。如：

表判断：kho¹su⁴tse²si²，soŋ²lan³ɕi¹ɕi¹. 姜是辣的，鱼是腥的。
　　　　　　　姜　辣　　鱼　腥

表比较：ŋa² ko² la²pie¹ si² ȵie¹. 他比我稍微胖点。
　　　　　我 他 稍微 胖点

B. 加叠音尾的。

kai² li¹pu¹ ɕin²ka⁴tan³tan³. 这水稻绿油油的。
这　稻子　绿　油油

la³thie² o³tha² o³khi¹ tai³tai³。今晚外面黑漆漆的。
今晚　外面　黑　漆漆。

（3）动词谓语句。

动词谓语句较为复杂。由于谓语动词与主语和宾语的关系多种多样，因而在基本语序上产生了一些变化。

①基本语序。

A. 主语 + 动词谓语。

ŋi²pi¹ mo²xu¹。鸟儿叫。

鸟儿 叫

B. 主语 + 宾语 + 动词谓语。

li²pa⁴ zo²ka²。老虎吃羊。

老虎羊 吃

②变化语序。

A. 宾语提前：如果基本语序 B 式的谓语是能愿合成谓语，则它的宾语往往提到句首，形成："宾语 + 主语 + 能愿合成谓语"。如：

kha³ ŋa² o⁴ tai⁴ɕi³，tshe² ko² khe¹ tai⁴ɕi³。我能背柴，他会挑水。

柴　我背能够，　水 他 挑　能够

B. 双宾语："主语 + 直接宾语 + 间接宾语 + 谓语动词"。如：

an¹pei¹ ŋa² ɕi¹pa⁴la⁴phi⁴ lie²。叔叔给我一件衣服。

叔叔　我 衣服 一件　给

C. 处置式："主语（施事）+ko² 〔主动者标志／结构助词〕+ 宾语（受事）+ 动词谓语。"

li²pa⁴ ko² zo² ka² liau⁴。老虎把羊吃了。

老虎（助）羊吃了

D. 被动式：主语（受事）+ 谓语〔主语（施事）+ko²（主动者标志）+ 动词谓语〕

ke² zo²　lau⁴ li²pa⁴ ko² ka² liau⁴。这只羊被老虎吃了。

这羊　一只老虎（助）吃了

E. 联合谓语句：用联合词组作谓语。如：

ko² ta² pa⁴ ta² ei²。他边看边走。

他边看边走

ŋi² ki² li³ ke³ li³。你东讲西说。

你东 讲西说

F. 连动句：

ŋa² tsh¹lphu⁴ la⁴ phu⁴ ŋi¹ mo³ pa⁴． 我找本书看。
我 书 一本 找（助）看
ko² tsu¹ tsu¹ po³ sa³ li³． 他站着说话。
他 站 着 话说

2. 复句

按照复句中各分句间的关系，可以把复句分为联合复句和偏正复句两种：土家语连词少，复句大多不用连词。

（1）联合复句：依据各分句间意义上的关系，联合复句可分为并列句、选择句、递进句三种。

A. 并列句。

ko² zi¹ tai⁴ɕi³，ŋa² pe⁴ zi¹ tai⁴ɕi³． 他能做，我也能做。
他做，能够，我也 做 能够
ko² ka² ɕi¹ tsha⁴，ta²ɕi¹ tsha²． 他吃得好，穿得好。
他 吃 得 好 穿得 好
ai¹ lan² ka⁴，kai² a³ si¹． 那是黑的，这是白的。
那 黑 的， 这白的

B. 选择句。

ŋi² si³ thie¹ tɕhie⁴，xo¹ li⁴ kai⁴？ 你耕田，还是挖土？
你田 耕，还是 土挖
lai⁴ tsi¹ pu²，xo¹ pu² tha⁴？ 今天杀猪，还是不杀？
今天猪杀，还是 杀 不

C. 递进句。

ko² li³ e⁴ ɕi³ seu²，a³ zi¹ e⁴． 他岂止会讲，还会做。
他讲会 岂止，还做会，
ko² sa³ zu³ tha⁴，ai¹ to⁴ lo⁴ xai³ ŋie³． 他非但不听话，还要打人。
他话听 不， 还要人 打（助）

（2）偏正复句：依照分句间意义上的关系，偏正复句可分为因果句、假设句、条件句、转折句四种。一般是偏句在前，正句在后。

A. 因果句。

ŋa² tsi³ ka² ta²，li² a⁴ lie¹ li² a⁴． 因为没吃饭，所以饿得很。
我饭 吃没， 饿 勒 饿

tshu¹kha³tshau³，ŋa²lai⁴xuan²kha³uai⁴. 因为家里没柴,今天我一定去背。
家里柴　没有，我今天一定柴　背

B. 假设句。

ŋi²sa³zu³tha¹me¹，en³tɕi³tha⁴to³. 如果你不听话,就不要你来。
你话听不（助），来　　不要

ni²thoŋ²tɕhian³thai²me¹，　ŋa²ŋi²po³tian²lu². 如果你没有钱,我给你借点。
你　铜钱 没有（助），我你给 点 借

C. 条件句。

ko²ŋa²po³kha⁴tha⁴pu²，ŋa²li³thau⁴；ai¹tha⁴，ŋa²ko²thai¹!
他我 给 赔礼道歉，　我说 不；否则，　我他 告状

只要他给我赔礼道歉，我不说二话；否则，我要告他的状。

ko²ei²，ŋa²en³tɕi²；　ko²ei²tha⁴，ŋa²pe⁴en³tɕi²tha⁴lie³.
他去，我（就）来；他去 不，我也　来 不（助）

他去，我就来；他不去，我也就不来。

D. 转折句。

lai⁴ ze²su⁴me³　su⁴ la³，sa⁴me³　　sa⁴ta³. 今天虽然刮风,但是不冷。
今天风（语助）刮　在，冷（语助）冷不

ko²lo⁴me²suan⁴，　ɕie¹tɕhi⁴ ɕiau² ua³! 他人虽小,力气可大啊!
他人（语助）小，　力气　有了 啊

受汉语影响，现在也有借用汉语连词的，但不影响句子的语序变化。

（彭秀模、叶德书合著，原载《吉首大学学报》1981年第1期）

关于土家语声调的说明

据多年调查，土家语北部方言有四个声调。1982年《民族语文》第四期载田德生先生的《土家语概况》，只有三个声调。1983年由中南民族学院、西南民族学院、中国社会科学民族研究所、吉首大学合写《土家语简志》时，对声调有争论，民族研究所陈康先生也认为是四个调。但牵头人统稿时定为三个调。1987年秋，中南民族学院何天贞教授一行在湖南慈利县一带调查土家语北部方言后写的调查材料是四个声调。1989年10月3日，国家语委副主任王均教授在龙山县土家族地区他沙乡视察"土家·汉双语双文教学接龙实验"时，我请王均教授鉴定土家语北部方言声调。王均教授根据村民的发音，认定是四个声调。

土家语动词的情貌

"情貌"是土家语动词的一个重要语法范畴。当动词在句子中作谓语对主语进行表述时,带着发生在一定时间的各种情貌,这些情貌范畴从其内涵的语法意义来看,在行为、动作发生前、发生中,以至终止后,围绕着这样的特定时间环境,呈现出持续连绵的种种行为、动作情貌。从其语法意义和表示形式来看,我们把土家语动词共归纳为十七种情貌:

下面我们举 ka^{35} "吃"为例,列表如下:

1. 普通貌
2. 将行貌
3. 欲行貌
4. 将欲行貌
5. 将起始貌
6. 几近起始貌
7. 起始貌
8. 已起始貌
9. 持续貌
10. 不断进行貌
11. 将完成貌
12. 完成貌
13. 已完成貌
14. 完成离心貌
15. 完成向心貌
16. 曾行貌
17. 经验貌

下面我们举 ka^{35}(吃)为例,列表如下:

时间	方法	形式	情貌	例字 ka^{35} 吃
常态	零	本形	普通貌	ka^{35} 吃
行为、动作发生前	加后缀	—i	将行貌	kai^{35} 将吃
	加一个助词	xu^{21}	欲行貌	$ka^{35}xu^{21}$ 快要吃
	加后缀加一个助词	—ixu^{21}	将欲行貌	$kai^{35}xu^{21}$ 很快就吃
	加后缀加两个助词	—i$tau^{55}xu^{21}$	将起始貌	$kai^{35}tau^{55}xu^{21}$ 将开始吃
	加两个助词	$ti^{21}xu^{21}$	几近起始貌	$ka^{35}ti^{21}xu^{21}$ 马上开始吃

续表

时间 / 方法 / 形式 / 情貌				例字 ka³⁵ 吃
常态	零	本形	普通貌	ka³⁵ 吃
行为、动作发生中	加两个助词	tau⁵⁵xu²¹	起始貌	ka³⁵tau⁵⁵xu²¹ 开始吃
	加两个助词	la⁵⁵xu²¹	已起始貌	ka³⁵la⁵⁵xu²¹ 已开始吃
	加两个助词	la⁵⁵	持续貌	ka³⁵la⁵⁵ 正在吃
	加两个助词	la⁵⁵ɲie⁵⁵	不断进行貌	ka³⁵la⁵⁵ɲie⁵⁵ 还在吃
	加两个助词	tɕi³⁵xu²¹	将完成貌	ka³⁵tɕi³⁵xu²¹ 将吃完
行为、动作发生终止之后	加后缀	—u	完成貌	kau³⁵ 吃了
	加两个助词	tɕi³⁵liau⁵⁵	已完成貌	ka³⁵tɕi³⁵liau⁵⁵ 吃完了
	加两个助词	a⁵⁵lu²¹	完成离心貌	ka³⁵a⁵⁵lu²¹ 吃完（去）了
	加两个助词	a⁵⁵tiu⁵⁵	完成向心貌	ka³⁵a⁵⁵tiu⁵⁵ 吃完（来）了
	加两个助词	lie⁵⁵	曾行貌	ka³⁵lie⁵⁵ 吃过了
	加两个助词	po⁵⁵la⁵⁵	经验貌	ka³⁵po⁵⁵la⁵⁵ 吃过

上表中，把动词的情貌从时间上分为四段。第一段为一般常态，第二段为行为、动作发生前，第三段为行为、动作发生中，第四段为行为、动作终止后。现分段叙述于下：

一、一般常态

普通貌

表示行为、动作经常发生的一般常态，用动词本形。

ŋa³⁵　la⁵⁵ɲie⁵⁵　xɯe⁵³lie²¹tsi²¹　ka³⁵.　我天天吃饭。
我　　天　天　　饭　　　　吃

pho³⁵ka⁵⁵　tɕin⁵³to²¹　tshi⁵⁵phu⁵⁵　pa⁵³.　老师常常看书。
老　师　　常　常　　书　　　　看

二、行为、动作发生前

在这段时间里有五种情貌：将行貌、欲行貌、将欲行貌、将起始貌、几近起始貌。这五种情貌从时间上由远及近地向行为、动作的发生逐渐接近。

1. 将行貌

表示行为、动作将要发生状，但离起始状尚有一段距离。将行貌的形式是动词本形加后缀—i 构成的。

ŋa³⁵tsi²¹kai³⁵. 我将吃饭。

我 饭 将 吃

ko³⁵ si⁵⁵ pa⁵⁵ tai³⁵.（ta³⁵ 义为"穿"）他将穿衣服。

他 衣服 将 穿。

2. 欲行貌

表示行为、动作快要发生状，比将行貌前进了一步，向起始状逼近。欲行貌的形式是动词本形后加助词 xu²¹ 构成的。

ŋa³⁵ tsi²¹ ka³⁵ xu²¹. 我快要吃饭了。

我 饭 快要 吃

kai³⁵ kha²¹ moŋ²¹ ka²¹ xa³⁵ ȵie³⁵ pi⁵⁵ zie⁵⁵ loŋ⁵⁵ za⁵⁵ xu²¹.

这 树 上面 鸟 四只 快要 飞

这树上面的四只鸟快要飞了。

3. 将欲行貌

表示行为、动作很快就要发生，向起始状接近。将欲行貌的形式是动词本形加后缀—i，再加助词 xu²¹ 构成的。

ŋa³⁵ tsi²¹ kai⁵³ xu²¹. 我很快就要吃饭了。

我 饭 很快就吃

ŋa³⁵ tian³⁵ jin⁵³ pai⁵³ xu²¹.（pa⁵³ 义为"看"）我很快就要看电影了。

我 电 影 很快要看。

4. 将起始貌

表示行为、动作离起始状已经很近，将要开始了。将起始貌的形式是动词本形加后缀—i，再加两个助词 tau⁵⁵ xu²¹ 构成的。

ŋa³⁵ tsi²¹ kai³⁵ tau⁵⁵ xu²¹. 我将开始吃饭

我 饭 将开始吃

a²¹ ȵie⁵³ xo³⁵ thai⁵³ tau⁵⁵ xu²¹.（tha⁵³ 义为"织"）妈妈将开始织布。

妈妈 布 将开始织

5. 几近起始貌

表示行为、动作处于一瞬间即开始，是离行为、动作的起始最近的情貌。几近起始貌的形式是动词本形后加两个助词 ti²¹ xu²¹ 构成的。

ŋa³⁵ tsi²¹ ka³⁵ ti²¹ xu²¹. 我马上开始吃饭了。

我 饭 马上开始吃

zie³⁵ su⁵⁵ su⁵⁵ ti²¹ xu²¹. 风马上开始刮了。

风 马上开始刮

三、行为、动作发生中

在这段时间里有五种情貌：起始貌、已起始貌、持续貌、不断进行貌、将完成貌。这五种情貌从时间上看由行为、动作的开始，持续而向终止逼近，从状况来看是动态。

1. 起始貌

表示行为、动作处于起始状。起始貌的形式是动词本形后加两个助词 $tau^{55} xu^{21}$ 构成的。

$xu^{35} ŋi^{55} tsi^{21} ka^{35} tau^{55} xu^{21}$. 大家开始吃饭了。
大　家　饭　　开始吃

$an^{35} ŋi^{55} si^{55} pa^{55} tsa^{35} tau^{55} xu^{21}$. 我们开始洗衣服了。
我　们　衣服　　开始洗

2. 已起始貌

表示行为、动作处于起始后不久状。已起始貌的形式是动词本形后加两个助词 $la^{55} xu^{21}$ 构成的。

$ŋa^{35} tsi^{21} ka^{35} la^{55} xu^{21}$. 我已开始吃饭。
我　饭　已开始吃

$xa^{55} lie^{21} lu^{55} ka^{53} si^{55} sa^{53} la^{55} xu^{21}$. 狗已开始啃骨头。
狗　　　骨头　　已开始啃

3. 持续貌

表示行为、动作处于正在进行状。持续貌的形式是动词本形后加助词 la^{55} 构成的。

$ŋa^{35} tsi^{21} ka^{35} la^{55}$. 我正在吃饭。
我　饭　正在吃

$thi^{55} ma^{55} wu^{35} khɯe^{53} kan^{21} khu^{55} khu^{55} xo^{21} li^{55} xo^{21} li^{55} mo^{21} mie^{35} la^{55}$.
术　士　牛　角　　弯弯的　　　嗬里嗬里地　　正在吹
术士正在嗬里嗬里地吹弯弯的牛角。

4. 不断进行貌

表示行为、动作处于继续不断地深入进行状。不断进行貌的形式是动词本形后加两个助词 $la^{55} ŋie^{55}$ 构成的。

$ŋa^{35} tsi^{21} ka^{35} la^{55} ŋie^{55}$. 我还在吃饭。
我　饭　还在吃

$mɯe^{35} tsie^{21} tsie^{21} la^{55} ŋie^{55}$. 雨还在下。
雨　　　还在下

5. 将完成貌

表示行为、动作处于将终止状。将完成貌的形式是动词本形后加两个助词 $tɕi^{35} xu^{21}$ 构成的。

$ŋa^{35} tsi^{21} ka^{35} tɕi^{35} xu^{21}$. 我将吃完饭。
我 饭　将吃完

$an^{35} ŋi^{55} tɕhiu^{21} xa^{21} tɕi^{35} xu^{21}$. 我们将打完球。
我 们 球　将打完

四、行为、动作终止之后

在这段时间里有六种情貌：完成貌、已完成貌、完成离心貌、完成向心貌、曾行貌、经验貌。这六种情貌是行为、动作终止后时间上日渐久远，直至留在人们的回忆中。

1. 完成貌

表示行为、动作处于终止状。完成貌的形式是动词本形加后缀——u 构成的。

$ŋa^{35} tsi^{21} kau^{35}$. 我吃了饭了。
我 饭 吃了

$lau^{21} tshi^{21} tsu^{35} tiu^{55}$. ($tsu^{35} ti^{55}$ 义为"出") 太阳出来了。
太　阳　出来了

2. 已完成貌

表示行为、动作已经终止很久。已完成貌的形式是动词本形后加两个助词 $tɕi^{35} liau^{55}$ 构成的。

$ŋa^{35} tsi^{21} ka^{35} tɕi^{35} liau^{55}$. 我吃完饭了。
我 饭 吃 完 了

$a^{21} ŋie^{53} si^{55} lan^{55} kha^{55} phu^{55} tha^{53} tɕi^{35} liau^{55}$. 妈妈织完花被子了。
妈妈　 花被 子　　织完了

3. 完成离心貌

表示行为、动作已经终止很久，并带有外向状。完成离心貌的形式是动词本形后加两个助词 $a^{55} lu^{21}$ 构成的。

$ko^{35} tsi^{21} ka^{35} a^{55} lu^{21}$. 他吃了饭（去）了。
他 饭　吃了（去）

$a^{21} ŋie^{53} po^{55} li^{21} pɯe^{53} a^{55} lu^{21}$. 妈妈抱了小孩（去）了。
妈妈　小孩　抱了（去）

4. 完成向心貌

表示行为、动作已经终止很久，并带有内向状。完成向心貌和完成离心貌在时间上是平行的。完成向心貌的形式是动词本形后加两个助词 $a^{55}tiu^{55}$ 构成。

$ko^{35}\ tsi^{21}\ ka^{35}\ a^{55}\ tiu^{55}$. 他吃了饭（来）了。
他　饭　吃了（来）

$a^{21}\ ȵie^{55}\ po^{55}\ li^{21}\ pɯe^{53}\ a^{55}\ tiu^{55}$. 妈妈抱了小孩（来）了。
妈妈　小孩　抱了（来）

5. 曾行貌

表示对行为、动作已经终止很久这一事实留有记忆状。曾行貌的形式是动词本形后加助词 lie^{55} 构成。

$ŋa^{35}\ tsi^{21}\ ka^{35}\ lie^{55}$. 我吃过饭了。
我　饭　吃过了

$ai^{35}\ zo^{53}\ ŋa^{35}\ ko^{55}\ ɾei^{21}\ lie^{55}$. 我把这地扫过了。
这　地　我　把　扫过了

6. 经验貌

表示过去某一时期曾做过某种行为、动作。经验貌的形式是动词本形后加两个助词 $po^{55}\ la^{55}$ 构成的。

$ko^{35}\ wo^{55}\ si^{21}\ ka^{35}\ po^{55}\ la^{55}$. 他吃过蛇肉。
他　蛇　肉　吃过

$ŋa^{35}\ pɯe^{21}\ tɕin^{55}\ jie^{55}\ po^{55}\ la^{55}$. 我到过北京。
我　北　京　到　过

此外，当句子中出现两个动词时，后一个动词带有情貌。

（1）连动式。

$ŋa^{35}\ wu^{35}\ tɕie^{53}\ li^{55}\ tɕhie^{21}\ la^{55}$. 我赶着牛正在犁地。
我　牛　赶　地　正在犁

$thu^{53}\ xui^{55}\ mi^{55}\ pho^{55}\ kha^{21}\ kho^{21}\ wu^{55}\ a^{55}\ lu^{21}$. 土匪放火烧了森林（去）了。
土匪　火　放　森　林　烧了（去）

（2）补足式。

$ȵi^{35}\ ko^{35}\ thi^{55}\ khu^{55}\ xa^{21}\ mo^{21}\ phi^{21}\ xu^{21}$. 你把罐打得快要裂了。
你　把　罐　　打　得快要裂

$kai^{35}\ koŋ^{55}\ zen^{21}\ ko^{35}\ ɯe^{35}\ la^{55}\ an^{55}\ kha^{55}\ mo^{21}\ tie^{21}\ ti^{21}\ xu^{21}$.
这　工　人　把　绳子　　剪　得　马上开始断

这个工人把绳子马上就要剪断了。

土家语一部分形容词在句子中作谓语时带有变化的动态，于是同样有情貌范畴。

pu³⁵ li⁵⁵ mian⁵⁵ tɕiei⁵⁵. （mian⁵⁵ tɕie⁵⁵ 义为"红"）
果 子 将 红
果子将要红了。（将行貌）

tɕhi²¹ ȵie³⁵ thian⁵⁵ tɕhi²¹ sai⁵³. （sa⁵³ 义为"冷"）
今 后 天气 将冷
今后天气将要冷了。（将行貌）

pu³⁵ li⁵⁵ mian⁵⁵ tɕie⁵⁵ xu²¹. 果子快要红了。（欲行貌）
果 子 快要红

thian⁵⁵ tɕhi²¹ sa⁵³ xu²¹. 天气快要冷了。（欲行貌）
天气 快要冷

pu³⁵ li⁵⁵ mian⁵⁵ tɕie⁵⁵ la⁵⁵. 果子正在变红。（持续貌）
果子 正在红

thian⁵⁵ tɕhi²¹ sa⁵³ la⁵⁵. 天气正在变冷。（持续貌）
天气 正在冷

（陈康、彭秀模、叶德书合著，原载《民族语文》1983年第6期）

土家语拼音方案（草案）

一、制订《土家语拼音方案》（草案）的基本原则

1. 土家语分北部（龙山、永顺、保靖、古丈）和南部（泸溪）两个方言。本方案以龙山苗市为标准音点，以北部方言为基础方言。

2. 全部采用拉丁字母，在字母形式和读音上尽量和汉语拼音方案取得一致。凡土家语和汉语拼音方案语音相同或相近的音，采用汉语拼音方案里相当的字母表示。并采取以词为单位书写的办法。

3. 土家语中的现代汉语借词，按照当地西南官话的读法拼音，拼写形式尽量与汉语拼音方案求得一致。

二、字母表

字母	大写	A	B	C	D	E	F	G	H	I
	小写	a	b	c	d	e	f	g	h	i
名称		ㄚ	ㄅㄝ	ㄘㄝ	ㄉㄝ	ㄜ	ㄝㄈ	ㄍㄝ	ㄏㄚ	ㄧ
汉语拼音		a	b	c	d	e	f	g	h	i
国际音标		a	p	ts'	t	e	f	k	x	i

字母	大写	J	K	L	M	N	O	P	Q	R
	小写	j	k	l	m	n	o	p	q	r
名称		ㄐㄧㄝ	ㄎㄝ	ㄝㄌ	ㄝㄇ	ㄋㄝ	ㄛ	ㄆㄝ	ㄑㄧㄡ	ㄚㄦ
汉语拼音		j	k	l	m	n	o	p	q	r
国际音标		tɕ	k'	l	m	n	o	p'	tɕ'	r

字母	大写	S	T	U	V	W	X	Y	Z
	小写	s	t	u	v	w	x	y	z
名称		ㄝㄙ	ㄊㄝ	ㄨ	ㄪㄝ	ㄨㄚ	ㄒㄧ	ㄧㄚ	ㄗㄝ
汉语拼音		s	t	u	v	w	x	y	z
国际音标		s	t'	u	v	w	ɕ	j	ts

说明：

1. f、v 只用来作声调符号，或用来拼写其他民族语和外来语借词。

2. 字母的手写体依照拉丁字母的一般书写习惯。

三、声母表

土家语有二十一个声母，列表如下：

声母	b	p	m	d	t
国际音标	p	p'	m	t	t'
例字	bav 看	pox 放	mor 猫	daf 穿	taf 烧烤
声母	l	g	k	ng	h
国际音标	l	k	k'	ŋ	x
例字	lav 路	gar 乌鸦	kax 过	ngaf 我	har 打
声母	hx	j	q	n	x
国际音标	ɤ	tɕ	tɕ'	ȵ	ɕ
例字	hxaf 写	jier 喊	qief 踢	nix 找	xief 有
声母	z	c	s	r	y
国际音标	ts	ts'	s	z	j
例字	zav 拿	cav 纺车	sav 冷	rax 飞	yir 见
声母	w				
国际音标	w				
例字	wuf 牛				

说明：

1. n～l 为变值音位，以 l 为代表。
2. n 拼 i 行韵母，读作〔ȵ〕。

四、韵母表

土家语有韵母二十三个，列表如下：

韵母及例字		i jir 脚	u wuf 牛
国际音标		i	u
韵母及例字	a daf 穿	ia qiaxpaix 麻雀	
国际音标	a	ia	
韵母及例字	o gof 他	io ke²¹ tio⁵³ ȵie³⁵	
国际音标	o		

续表

韵母及例字	e mef 天	ie jiev 追	
国际音标	e	ie	
韵母及例字	ai baiv 小孩		uai kuair 椅子
国际音标	ai		uai
韵母及例字	ei anxbeix 叔叔		ui gofguix 表姐
国际音标	ei		uei
韵母及例字	ao baofqir 野鸡	iao bixtiaox 平坝	
国际音标	au	iau	
韵母及例字	ou axkoux 角落	iu biuf 女儿	
国际音标	əu	iəu	
韵母及例字	an banf 鹰	ian jianf 容易	uan suanv 小
国际音标	ã	iã	uã
韵母及例字	en enxqiv 鼻子	in xinfgax 绿	un kunrkunx 没事
国际音标	ẽ	ĩ	un
韵母及例字	ong rongv 妹妹		
国际音标	uŋ		

说明：

1. 韵母 i 接声母 z、c、s、r 时，读作〔ʅ〕。
2. 为了使本方案与现行课本、字典注音接近，a 写作 ɑ，g 写作 ɡ。

五、声调

土家语有四个基本声调，一个变调，采取标本调不标变调。列表如下：

调序	1	2	3	4
调型	高平	低降	高降	高升
调值	˥55	˨˩21	˥˧53	˧˥35
调号	x	r	v	f
例字	rax 飞 dax 滴 baxliev 偏坡 sax 劈	rar 鸡 dar 下 bar 坡 sar 话	rav 挂 dav 欠 bav 看 sav 冷	raf 跑 daf 穿 baf 茶盘 saf 木筏

说明:
1. 声调全用声调字母标调法。紧接在韵母后面的字母就是声调字母。
2. 双音节词中,高平调连续时,最后一个音节调值降成中平调,这就是变调。如 mi ˧ ma →˩ (蜜蜂)读成〔$mi^{55}ma^{33}$〕。

六、书写样品

Arkov: partair partair kaxpuv tav, ngf 　汉译: 哥:扒台①扒台织土花,
　　　　sef covnier lixhongx gav. lof-　　　　　　我在你后檐把土挖。
　　　　pux curcur laxniex bav,　　　　　　　　两眼直望到日西斜,
　　　　ongvkar der lavsuv sifdix tav.　　　　　中饭都不来送一下。
Rongv: partair partair kaxpuv tav, nif　　　妹:扒台扒台织土花,
　　　　anx covnier lixhongx gav. nif　　　　　　你在我后檐把土挖。
　　　　ngaf dav pirweir tavlanr huaf,　　　　　千万莫把脾气发,
　　　　nif enrjir pivmor sar axdav tav?　　　　你来怎不把信搭?

附记

为了迅速地发展土家族地区的文业教育,开创民族工作的新局面,促进土家族地区的四化建设,我们根据《中华人民共和国宪法》的有关规定,对龙山、永顺、保靖、古丈、泸溪等地的土家语四次大调查的情况,进行了综合研究,以土家语北部方言为基础,制订《土家语拼音方案》(草案)。《土家语拼音方案》(草案)制订后,曾油印寄给国内语言研究工作者和同好,得到各族有关人士及语言专家学者的支持和赞许,特别是中国社会科学院民族研究所少数民族语言研究专家陈康、陈士琳、王均、王辅世、孙宏开等先生(以收信先后为序)还提出了宝贵的修改意见,在此一并致谢。我们根据大家的意见,结合土家语言的实际进行了修订,现刊登出来,再次广泛地征求意见,以便进一步修改。

(彭秀模、叶德书合著,原载《吉首大学学报》1984 年第 1 期)

---

① 扒台:土家姑娘织"西兰卡布"时,织机响的象声词。

创制《土家语拼音方案》（草案）的缘起和经过

土家族聚居于我国湘、鄂、川、黔四省毗连山区地带，共有二百八十多万人。其中湘西土家族苗族自治州有土家族一百万零六千多人（1983年年终统计数）。

土家族有自己的语言，但无文字。湘西龙山、永顺、保靖、古丈、泸溪等县以及湖北省来凤县的卯洞等地，尚有四十多万人操土家语。像龙山坡脚乡的报格村、他沙乡的半南村等地的多数妇孺只讲土家语而不懂汉语。

土家语属汉藏语系藏缅语族。它有两个方言：北部方言和南部方言。北部方言分歧不大，龙山、永顺、保靖、古丈以及湖北来凤的卯洞，各地均能通话。南部方言分布在泸溪县境，语音、词汇与北部方言有较大的差别。

1949年后，党的民族政策照亮了湘西。1956年10月，经国务院批准正式承认土家族为单一的民族。从此，土家人民和其他兄弟民族一样成为社会主义民族大家庭中光荣的一员。特别是1957年成立了湘西土家族苗族自治州。

湘西是九山半水半分田的大山区，交通闭塞，文化落后，经济发展缓慢。尤其是目前完全以土家语为交际工具的老土家聚居区，苦于没有本民族的文字，完全用汉语文进行扫盲识字和小学教学，对"双语"教学又缺乏应有的重视和积极的倡导，因而文盲年年扫，脱盲人不多，教育上不去，人才出不来，严重地阻碍着当地的"四化"建设。针对这些情况，湘西土家族苗族自治州人民代表大会期间，龙山、永顺、保靖、古丈以及州直的一些代表，在交换意见时，纷纷提出，要发展土家聚居区的文化、教育和经济，必须创制土家文字，进行"双语"教学，才能赶上国内有文字的发展相对较快的民族。我们是土家人，又是从事语言教学工作的，有责任满足群众的要求。有了土家文字，能记录出本民族语言，编出"双语"课本进行教学，可以尽快地提高教育质量，促进土家聚居区的"四化"建设。于是我们于1983年5月完成了《土家语拼音方案》（草案），征求意见后，随即完成了修订稿。

1958年周恩来总理在《当前文字改革的任务》的报告中提出了关于设计少数民族文字字母的一条重要原则。这条原则就是"今后各民族创造或改革文字的时候，原则上应该以拉丁字母为基础，并且应该在字母的读音和用法上尽量跟汉语拼音方案取得一致"。

《土家语拼音方案》（草案）就是按照周恩来总理报告精神设计的一种民族文字。下面谈谈我们创造文字方案及其修订的过程。

创造土家文字方案，首先必须掌握土家语言的基本情况，确立设计原则。土家语言的基本情况怎样，应该确立什么样的创制文字的原则呢？请看土家语北部方言的代表点苗市的语音系统：

（一）声母

p（b）	ph（p）	m（m）	
t（d）	th（t）	l（l）	
ts（z）	tsh（c）	s（s）	z（ts）
tɕ（j）	tɕh（q）	ȵ（n）	ɕ（x）
k（g）	kh（k）	ŋ（ng）	x（h）	ɤ（hx）

（二）韵母

ɿ　a　o　e　ai　ei　ao　ou　ã　ẽ　oŋ
i　ia　ie　　iao　iu　iã　ĩ
u　uai　ui　un　uã

（三）声调

调序	1	2	3	4
调值	˥55	˩21	˧˥53	˧˥35
调例	za 飞	za 鸡	za 挂	za 跑

我们都是土家族聚居区长大的，我们既熟悉土家语，也熟悉当地汉语方言——西南官话，对土家语北部方言和南部方言做了调查后，我们知道土家语北部方言的语音系统与当地西南官话的语音系统非常接近。再则，土家在1949年前从来没有被历代统治者正式承认过，因而谁也没有想过为它设计文字。根据这些基本情况，在创制《土家语拼音方案》（草案）时，我们确立了三条基本原则：（一）以北部方言为基础方言，以龙山县苗市为标准音点；（二）贯彻以汉语拼音方案为基础的原则；（三）考虑教学价值。

这里着重谈谈在字母设计中，我们是怎样贯彻汉语拼音方案为基础和考虑教学价值原则的。

（一）字母的选择

《土家语拼音方案》（草案）在字母形式上完全采用国际最通行的26个拉丁字母。在充分表达土家语语音特点的基础上采用了与汉语拼音方案字母表相同的名称（为了便于比较，土家语拼音与汉语拼音两栏的名称均用国际音标）。

字母	A	B	C	D	E	F	G	H
土家语拼音名称	a	pe	tshe	te	e	ef	ke	xa
汉语拼音名称	a	pe	tshe	te	ə	ef	ke	xa
字母	I	J	K	L	M	N	O	P
土家语拼音名称	i	tɕie	khe	el	em	ne	o	phe
汉语拼音名称	i	tɕie	khe	el	em	ne	o	phe
字母	Q	R	S	T	U	V	W	X
土家语拼音名称	tɕhiu	ae	es	the	u	ve	wa	ɕi
汉语拼音名称	tɕhiu	ar	es	the	u	ve	wa	ɕi
字母	Y	Z						
土家语拼音名称	ja	tse						
汉语拼音名称	ja	tse						

考察上表，我们可以发现其中有 22 个读音完全相同，2 个（e、r）有细微差别，2 个（f、v）土家语标准音点语音系统中没有。

（二）声母的设计

土家语辅音音位 19 个，与汉语拼音方案完全相同的有 b〔p〕、p〔ph〕、m〔m〕、d〔t〕、t〔th〕、z〔ts〕、c〔tsh〕、s〔s〕、j〔tɕ〕、q〔tɕh〕、x〔ɕ〕、g〔k〕、k〔kh〕、h〔x〕14 个；细微差别的（读音和用法）有 l〔l〕、ng〔ŋ〕2 个；〔z〕〔ɲ〕〔ɣ〕3 个声母是汉语拼音方案所没有的。根据求同存异的原则，14 个完全相同的声母，我们采用汉语拼音方案相同的字母表示；细微差别和土家语独有的，我们根据土家语言标准音点的音位系统，考虑教学价值，决定取舍或新制。如：

（1）n、l 在汉语拼音方案里是两个音位，但在土家语标准音开口、合口呼里可以自由变读。设计方案时，我们就以 l 代表这个音位，n 留作他用。

（2）土家语有舌面鼻辅音〔ɲ〕，汉语拼音没有。〔ɲ〕声母只拼 i 行韵母，且跟 ȵ 与 i 行韵母相拼时有对立现象，因而我们的方案就采用 n 来表示〔ɲ〕。北部方言少数地方开口、合口两呼韵中 n 与 l 也有能区分音位的，但与齐齿呼韵母相拼时仍为〔ɲ〕。故以 n 表〔ɲ〕，可以两全其美。

（3）土家语有舌尖前音〔z〕，无舌尖后音〔ʐ〕，汉语拼音却相反，有〔ʐ〕无〔z〕。从教学价值考虑，我们就采用汉语拼音方案里音值相近的 r〔ʐ〕表示〔z〕。这样，将来学习汉语拼音时，即使不完全像普通话，也还是当地的西南官话。当地汉话念"日"〔ʐ〕为〔z〕。

（4）ng〔ŋ〕，汉语拼音只作韵尾，不作声母；土家语既作声母，也作韵尾。因此我们仍采用 ng〔ŋ〕来表示。

（5）〔ɣ〕这个浊擦音声母，汉语拼音里没有，这是需要重新设计的。最初设计时，我们是采用双字母"hh"来表示的。根据多方面的意见，双字母既不美观，也不成体系（〔z〕这个浊擦声母未用"ss"），于是在修改原方案时，采用了王辅世先生的建议，用"hx"表示〔ɣ〕声母。这样一来，也为南部方言的浊塞音和浊塞擦音创制字母留有余地了。

（三）韵母的设计

土家语韵母有 23 个，多与汉语拼音方案相同或相近。其中 17 个基本相同，6 个有细微差别，主要的是 5 个鼻化韵母。为了求同存异，我们设计韵母时，直接以辅音字母 n 表示鼻化，以字母 e 表〔e〕音值。

土家语有自然元音〔ɿ〕，只与声母〔ts〕〔tsh〕〔s〕〔z〕相拼；而元音〔i〕不跟这些声母相拼，我们根据互补分布关系把〔ɿ〕〔i〕合成一个音位，以〔i〕作音位代表。

我们也采用了汉语拼音方案里 y、w 的用法：

i 行韵母，前面没有声母时，写成

　　yi　ya　ye　yao　you　yan　yin

u 行韵母，前面没有声母时，写成

　　wu　wai　wei　wan

这样，音节界限十分清楚。

（四）声调的标记

声调在土家语言里有构成音位的功能，应该在拼音文字上表示出来，这是肯定的。但是怎样标记声调？照理说土家语和汉语拼音都是四个声调，用汉语拼音方案附加符号也很现成，因此有些同志主张就直接用汉语拼音四个附加符号。我们总觉得汉语拼音四个附加符号既表明它有四个调类，也标记了它的四个调值，调型符号与土家语四个调值不合；而且字母上加符号，对于文字的机械化是一个累赘；因而我们开始就倾向标声调字母。于是原设计方案采取第一调不标，第二调重主要元音，第三调用字母 v，第四调用字母 f。征求意见后，很多同志不主张第二调"重主要元音"之法，而主张四声全标罕用的声调字母，规定紧接在韵母后面的字母就是声调字母。全用声调字母就可以免去隔音符号，便于连写，字形协调一致。我们采纳了这些宝贵意见，在修订方案时，以 x〔ɕi〕作第一调的声调字母；第二调的声调字母用 r〔ar〕；v、f 仍分别作第三、四调的声调字母。x〔ɕi〕不拼开口呼，不会模糊音节界限；r〔ar〕西南官话念〔ar〕，音近第二调之"二"。

此外，调序的安排，我们也是根据教学价值考虑的。当地汉语方言西南官话有四声：阴平、阳平、上声、去声。土家语借汉语的语音对应规律是：土家语第一调与西南官话阴平相对应，调值同为⌐55；第二调与阳平相对应，调值同为╱21；第三调与上声相对应，调值同为╲53；第四调与去声相对应，调值同为╱35。这将会对土家人学习汉语有很大方便。

修订结果，《土家语拼音方案》（草案）的主要内容只有字母表、声母表、韵母表、声调表四个表格，后附说明，简明实用。在词儿连书时，不用隔音符号，排字方便，精确美观。从教学价值上看，方案的字母读音和用法跟汉语拼音方案基本取得一致，语音系统与当地西南官话音系几近全同，学了土家语拼音方案也就基本上掌握了汉语拼音，因而特别方便小学的汉语文教学。《土家语拼音方案》（草案）尚未在教学实践中经受考验，但我们是土家人，有几十年大中小学的教学经验，我们坚信这个方案必将成为我们土家人民发展文化教育事业的较好帮手。

（彭秀模、叶德书合著，原载《吉首大学学报》1985 年第 1 期）

土家语的语音流变

一切事物都不是孤立的,而是相互联系的;也不是静止的,而是发展变化的。语音也是这样,由于说话时连续发音,音节中的音素或声调的互相影响而发生变化,就产生了音变现象。土家语北部方言的语音流变,既丰富而又具有独特的规律性。它有同化、异化、增音、减音、脱落和替换等多种现象。现就其声母、韵母、声调及音节的音变分述如下。

一、声母的音变

土家语声母的音变,主要有声母的脱落和声母的替换等几种形式。

(一)声母的脱落

土家语在连续发音时,有些声母会消失,这就是声母的脱落。最明显的是浊擦音〔z〕〔ɣ〕和塞擦音〔ts〕〔tsh〕等的脱落。

1.〔z〕的脱落

在下列几种情况下,〔z〕出现脱落:

〔z〕前是高降调,而且前一音节的声母同为同部位的擦音 s 或塞擦音 ts 与舌尖和舌面高元音相拼时,则〔z〕往往脱落。如:

si^{53} zi^{21} pu^{35} li^{55} ⟶ si^{53} ɿ^{21} pu^{35} li^{55} 星

si^{53} zi^{21} kha^{21} ⟶ si^{53} ɿ^{21} kha^{21} 青岗木

si^{53} ze^{21} ⟶ si^{53} e^{21} 问

tsi^{53} ze^{21} kha^{21} tsha^{21} ⟶ tsi^{53} e^{21} kha^{21} tsha^{21} 猪圈

前一音节为高降调,而这一音节主要元音为 a 时,则〔z〕出现脱落。如:

a^{53} ze^{21} ⟶ a^{53} e^{21} 鬼

xa^{53} zi^{21} ⟶ xa^{53} i^{21} 知道

与 a 相拼而调值为中升调的名词,〔z〕也脱落。如:

za^{35} ku^{55} xu^{21} ⟶ a^{35} ku^{55} xu^{21} 地名

za^{35} tshe^{55} ⟶ a^{35} tshe^{55} 茶

2.〔ɣ〕的脱落

浊擦音〔ɣ〕,当它同元音 a、e、ei 相拼时,则脱落成为零声母音节。如:

ɣa^{55} ⟶ a^{35} a^{55} 搅

ɣa²¹ pa²¹ ⟶ a²¹ pa²¹ 　　　　　　石头

ɣe⁵³ ⟶ e⁵³ 　　　　　　　　　　猴子

ɣe⁵⁵ tshe⁵⁵ ⟶ e⁵⁵ tshe⁵⁵ 　　　　尿

ɣe⁵⁵ se⁵⁵ ⟶ e⁵⁵ se⁵⁵ 　　　　　　脏

ɣei³⁵ ⟶ ei³⁵ 　　　　　　　　　　去

3. 〔th〕的脱落

当否定副词 "tha⁵⁵ thi³³"（不能）前面加动词时，这个否定副词中前一音节的声母〔th〕发生脱落。如：

zi⁵⁵ + tha⁵⁵ thi⁵⁵ ⟶ zi⁵⁵ a⁵⁵ thi⁵⁵ 　　　不能做
做　　不能

ka³⁵ + tha⁵⁵ thi⁵⁵ ⟶ ka³⁵ a⁵⁵ thi⁵⁵ 　　不能吃
吃　　不能

ta³⁵ + tha⁵⁵ thi⁵⁵ ⟶ ta³⁵ a⁵⁵ thi⁵⁵ 　　　不能穿
穿　　不能

tsa³⁵ + tha⁵⁵ thi⁵⁵ ⟶ tsa³⁵ a⁵⁵ thi⁵⁵ 　　不能洗
洗　　不能

sa²¹ + tha⁵⁵ thi⁵⁵ ⟶ sa²¹ a²¹ thi⁵⁵ 　　　不能关
关　　不能

li²¹ + tha⁵⁵ thi⁵⁵ ⟶ li²¹ a²¹ thi⁵⁵ 　　　不能讲
讲　　不能

当形容词 "zu⁵⁵ tha²¹ thai⁵⁵"（轻）要重叠时，则中间那个音节的〔th〕发生脱落。如：

zu⁵³ tha²¹ thai⁵⁵ ⟶ zu⁵³ a²¹ thai⁵⁵ 　　　轻轻

4. 〔tsh〕的脱落

声母〔tsh〕与 a 相拼，当它们的前后分别为高降（或中升）和高平调时，声母 tsh 即发生脱落。如：

khei⁵⁵ tsha²¹ tshai⁵⁵ ⟶ khei⁵⁵ a²¹ tshai⁵⁵ 　　硬硬的
ka³⁵ tsha⁵⁵ tshai⁵⁵ ⟶ ka³⁵ a⁵⁵ tshai⁵⁵ 　　　好吃

5. 声母〔l〕也发生脱落

当量词 "lan⁵⁵ xu⁵⁵"（人）与数词 "ȵie⁵⁵"（二）"so⁵⁵"（三）"ze⁵³"（四）"ŋo⁵³"（五）"o²¹"（六）结合并重读时，发生复杂音变，其中〔l〕脱落掉了。如：

ȵie⁵⁵ lan⁵⁵ xu⁵⁵ ⟶ ȵian⁵⁵ xu⁵⁵ 　　　　　二人

so^{55} lan^{55} xu^{55} ⟶ suan^{55} xu^{55}　　　　　三人

ze^{55} lan^{21} xu^{55} ⟶ ze^{53} an^{21} xu^{55}　　　　　四人

oŋ^{21} lan^{21} xu^{55} ⟶ oŋ^{53} an^{21} xu^{55}　　　　　五人

o^{21} lan^{21} xu^{55} ⟶ wan^{21} xu^{55}　　　　　六人

当 l 与 i 相拼且为低降，而前一音节为零声母 a 读高降时，则 l 脱落。如"a^{53}li^{21}"（抢）读成"a^{53}ji^{21}"。

（二）声母的替换

在连续发音中，有的声母可以替换，其词义仍然不变。

当 p 与 ian 相拼、调值为高升调时，则声母 p 可由 tɕh 替换。如：

pian^{35} ⟶ tɕhian^{35}　　　　　一点

当 ts 组声母与 i 结合时，可由 tɕ 组声母分别替换。这种音变现象与汉语 ts 组声母变 tɕ 组声母同。如：

pi^{35} tsi^{53} kha^{21} ⟶ pi^{35} tɕi^{53} kha^{21}　　　　　土家族

tsi^{35} ⟶ tɕi^{35}　　　　　哭

tsi^{21} ⟶ tɕi^{21}　　　　　结

tshi^{35} la^{55} ⟶ tɕhi^{35} la^{55}　　　　　裹脚

tshi^{55} ka^{53} ⟶ tɕhi^{55} ka^{53}　　　　　疮

tshi^{55} tɕhia^{53} ⟶ tɕhi^{55} tsha^{53}　　　　　扯

si^{55} sa^{53} ⟶ ɕi^{55} sa^{53}　　　　　啃

si^{21} ka^{21} tsha^{55} ⟶ ɕi^{21} ka^{21} tsha^{55}　　　　　草

在一些双音节词中，有的声母同 u、i、a、e 等元音结合时，可由另外一些声母代替。如：

与 u 结合时，声母的替换有：

（p ⟶ m）　pu^{53} tsho^{21} ⟶ mu^{53} tsho^{21}　　客人

（th ⟶ kh）　khu^{35} thu^{55} ⟶ khu^{35} khu^{55}　　弯

（k ⟶ kh）
（ts ⟶ tsh）　ku^{55} tsu^{53} ⟶ khu^{55} tshu^{53}　　抠、掏

（th ⟶ s）　thu^{55} khu^{53} ⟶ su^{55} khu^{53}　　柴刀

（z ⟶ s）　khu^{35} zu^{53} ⟶ khu^{35} su^{55}　　吸、吮、掐

与 i 结合时，（th ⟶ s），如：

phe^{35} thi^{55} khe^{35} ⟶ phe^{35} si^{55} khe^{53}　　肩

与 a 结合时，有：

（l ⟶ s）la^{35} kho^{53} ⟶ sa^{35} kho^{53}　　篱笆

（ts⟶z）pa⁵³tsa²¹⟶pa⁵³za²¹　　　　偏坡

与 e 结合时，有：

（k⟶kh）ken⁵⁵ke⁵³⟶ken⁵⁵khe⁵³　　滚

（t⟶ts）lo⁵⁵tie³⟶lo⁵⁵tse⁵³　　　别人

二、韵母的音变

土家语韵母的音变，主要有同化、替换、增音、弱化、减音和异化。

（一）同化。土家语里，两音相连，前一音节的元音有的使后一音节的元音的发音方法或舌位改变成跟自己相同或相近，产生元音的顺同化。如"kha⁵⁵thau⁵⁵"（上面）可说成"kha⁵⁵tha⁵⁵"，后一音节的复元音韵母〔au〕受前一音节的元音〔a〕的影响，失落韵尾〔u〕而顺同化，使两个音节的元音完全相同了。又如"pei⁵⁵pe⁵⁵"（软）常说成"pe⁵⁵pei⁵⁵"，或重叠成"pei⁵⁵pei⁵⁵pei⁵⁵pei⁵⁵"（软软地），也是因为后一音节的元音〔e〕，被一前音节的元音〔ei〕所同化。同样，"tha²¹thi²¹"（悄悄）可说成"tha²¹thai²¹"，也是后一音节的元音〔i〕受前一音节的元音〔a〕的影响，同化成与〔a〕相近的〔ai〕了。

tɕhia⁵³⟶tɕhian⁵³（什么）　　　（a⟶an）

xo²¹⟶xau³⁵（拿）　　　　　　（o⟶au）

（二）替换。形容词由本形变将行体，产生韵母替换。如：

形容词本形	将行体	音变
mian⁵⁵tɕie³⁵　红	mian⁵⁵tɕiai⁵³　将红	e⟶ai
tie²¹　烂	tiai³⁵　将烂	e⟶ai
a⁵⁵tɕie⁵³　熟	a⁵⁵tɕiai⁵³　将熟	e⟶ai
lo⁵³　热	luai⁵³　将热	o⟶uai

（三）增音。土家语在连续发音中会增加单独发音时没有的元音音素，这就是增音。

1.形容词本形变将行体，不仅有元音的替换，也有增加元音的。如：

形容词本形	将行体	增加元音
ɕin³⁵ka⁵⁵　绿	ɕin³⁵kai⁵³　将绿	i
lan³⁵ka⁵³　黑	lan³⁵kai⁵³　将黑	i
se³⁵　肥	sei³⁵　将肥	ei

2.动词由本形变将行体要增加元音。如：

动词本形	将行体	增加元音
za⁵⁵　飞	zai⁵⁵　将飞	i

ka³⁵ 吃	kai³⁵ 将吃	i
ta³⁵ 穿	tai³⁵ 将穿	i
thi³⁵ 捆	thiei³⁵ 将捆	ei
tɕhi⁵³ 秤	tɕhiei⁵³ 将秤	ei
ɕi²¹ 梳	ɕiei³⁵ 将梳	ei

3. 动词本形变完成体，也增加元音 u。如：

动词本形	完成体
ka³⁵ 吃	kau³⁵ 吃了
a²¹ 接	au³⁵ 接了
ta³⁵ 穿	tau³⁵ 穿了
tsu³⁵ ti⁵⁵ 出来	tsu³⁵ tiu³⁵ 出来了

4. 增加通音 j、w。

当 a 为零声母，并与前一音节连读，当前一音节的韵尾是 i，则 a 前加 j；如前一音节的韵尾是 o 或 u，则 a 前加 w。如：

kai⁵³ a²¹ ⟶ kai⁵³ ja²¹	将砍
thai³⁵ a⁵⁵ ⟶ thai³⁵ ja⁵⁵	没有
tsau²¹ a²¹ ⟶ tsau²¹ wa²¹	走了
kau³⁵ a⁵⁵ ⟶ kau³⁵ wa⁵⁵	这儿
to²¹ a²¹ lu²¹ ⟶ to²¹ wa²¹ lu²¹	流走了
xo²¹ a²¹ lu²¹ ⟶ xo²¹ wa²¹ lu²¹	拿去了

（四）弱化。有些元音处于非重读位置，则失去本来的音值，出现弱化现象。如"tɕhian³⁵"〔tɕhia³⁵〕（怎么，怎样）读成"tɕhi³⁵"。这是主要元音〔ã〕产生弱化，失去鼻化元音〔ã〕。

（五）减音。在连续发音中，有的元音要减少，这就是减音。减音也是一种弱化的结果。土家语的减音有字首的减少和字尾的减少两种。

字首的减少。即作首音的元音丢失。减少的原因除本身不重读外，往往前一音节以元音收尾；两个元音相遇，就造成不重读元音的丢失。如：

an³⁵   a̲²¹ pa⁵³ ⟶ an³⁵ pa²¹   我们的父亲
我们（的）父亲

se³⁵   a̲²¹ ȵie⁵³ ⟶ se³⁵ ȵie²¹   你们的母亲
你们（的）母亲

a̲⁵³ ka²¹ ⟶ ka²¹   千
千

字尾的减少即字尾元音的丢失。如"xu^{35}ȵi^{55}"（大家）中，"ȵi"是非重读音节，读时便读作"xu^{35}ȵ^{55}"，失去字尾〔i〕，而〔ȵ〕自成音节。这时〔ȵ〕只有细微的感觉了。

（六）异化。土家语里，当动词本形韵母为o、将行体在后面加—i成oi时，元音异化成uai了。如：

pho^{55}（放）⟶ phuai^{55}（将放）　　so^{53}（切）⟶ suai^{53}（将切）
zo^{21}（搓）⟶ zuai^{35}（将搓）　　to^{53}（剁）⟶ tuai^{53}（将剁）
lo^{21}（骂）⟶ luai^{35}（将骂）　　ŋo^{35}（含）⟶ ŋuai^{35}（将含）
xo^{21}（拿）⟶ xuai^{35}（将拿）

三、声调的音变

土家语的声调变化，在二字组、三字组中都有出现。

（一）二字组的连读变调

二字组的变调，有弱化、同化和异化，其基本形式有下列几种：

两个高平调在一起，则后一个高平调弱化为33⤐。如：

kha^{55} phu^{55} ⟶ kha^{55} phu^{33}　　　　花菜
xa^{55} tshe^{55} ⟶ xa^{55} tshe^{33}　　　　菜
lo^{55} tie^{55} ⟶ lo^{55} tie^{33}　　　　别人
khu^{55} lo^{55} ⟶ khu^{55} lo^{33}　　　　裹
tsu^{55} tsu^{55} ⟶ tsu^{55} tsu^{33}　　　　站
su^{55} so^{55} ⟶ wu^{55} so^{33}　　　　小米
ti^{55} ti^{55} ⟶ ti^{55} ti^{33}　　　　提
su^{55} su^{55} ⟶ su^{55} su^{33}　　　　收藏

两个中升调在一起，后一个异化为高平。如：

soŋ^{35} ka^{35} ⟶ soŋ^{35} ka^{55}　　　　碓
sa^{35} tɕhi^{35} ⟶ sa^{35} tɕhi^{55}　　　　头发
lo^{35} pu^{35} ⟶ lo^{35} pu^{55}　　　　眼
sa^{35} thie^{35} ⟶ sa^{35} thie^{55}　　　　收拾
su^{35} su^{35} ⟶ su^{35} su^{55}　　　　雪

当中升调和高降调在一起时，则高降调异化为高平调。如：

la^{35} tsha^{53} ⟶ la^{35} tsha^{55}　　　　筢笼
tɕie^{35} su^{53} ⟶ tɕie^{35} su^{55}　　　　手镯
lan^{35} ka^{53} ⟶ lan^{35} ka^{55}　　　　黑
thie^{35} pa^{53} ⟶ thie^{35} pa^{55}　　　　大的

se³⁵ tha⁵³ ⟶ se³⁵ tha⁵⁵　　　　　　旁边
tse³⁵ xa⁵³ ⟶ tse³⁵ xa⁵⁵　　　　　　缺嘴
tɕie³⁵ tan⁵³ ⟶ tɕie³⁵ tan⁵⁵　　　　　翅膀

低降调和中升调相结合，则中升调既可被低降调同化，也可异化为高平，按它在句子中的位置而定。

当它处非重读位置，则被低降调同化。如：
ka²¹ xa³⁵ ⟶ ka²¹ xa²¹　　　　　　上面
tsho²¹ ɕie³⁵ ⟶ tsho²¹ ɕie²¹　　　　鞋
si²¹ thie³⁵ ⟶ si²¹ thie²¹　　　　　田
pha²¹ tɕhie³⁵ ⟶ pha²¹ tɕhie²¹　　派
tshe²¹ moŋ³⁵ ⟶ tshe²¹ moŋ²¹　　井
ɕi²¹ thie³⁵ ⟶ ɕi²¹ thie²¹　　　　　桌

在它处于一般情况下，则中升调异化为高平。如：
ka²¹ xa³⁵ ⟶ ka²¹ xa⁵⁵　　　　　　上面
tsho²¹ ɕie³⁵ ⟶ tsho²¹ ɕie⁵⁵　　　　鞋
si²¹ thie³⁵ ⟶ si²¹ thie⁵⁵　　　　　田
pha²¹ tɕhie³⁵ ⟶ pha²¹ tɕhie⁵⁵　　派
tshe²¹ moŋ³⁵ ⟶ tshe²¹ moŋ⁵⁵　　井
ɕi²¹ thie³⁵ ⟶ ɕi²¹ thie⁵⁵　　　　　桌

（二）三字组的连读变调

三字组的连读变调，有下列五种形式：

1. 三个高平调在一起时，最后一个弱化为中平 33 ⊣。如：
sa⁵⁵ lie⁵⁵ ɕi⁵⁵ ⟶ sa⁵⁵ lie⁵⁵ ɕi³³　　　　李子
pe⁵⁵ lie⁵⁵ ɕi⁵⁵ ⟶ pe⁵⁵ lie⁵⁵ ɕi³³　　　　梨
tsau⁵⁵ tsau⁵⁵ ɕi⁵⁵ ⟶ tsau⁵⁵ tsau⁵⁵ ɕi³³　枣
kha⁵⁵ tɕie⁵⁵ tɕhi⁵⁵ ⟶ kha⁵⁵ tɕie⁵⁵ tɕhi³³　茄子
lan⁵⁵ tsu⁵⁵ lai⁵⁵ ⟶ lan⁵⁵ tsu⁵⁵ lai³³　青葛
la⁵⁵ ɕi⁵⁵ lai⁵⁵ ⟶ la⁵⁵ ɕi⁵⁵ lai³³　　　泥鳅草
pha⁵⁵ zo⁵⁵ ku⁵⁵ ⟶ pha⁵⁵ zo⁵⁵ ku³³　辣椒

2. 三个高降调在一起，第一个异化为高平，第二个被异化后的高平所同化，第三个弱化为中平。如：
lo⁵³ pa⁵³ tie⁵³ ⟶ lo⁵⁵ pa⁵⁵ tie³³　　男人们
kha⁵³ thi⁵³ khe⁵³ ⟶ kha⁵⁵ thi⁵⁵ khe³³　额

li⁵³ ka⁵³ ma⁵³ ⟶ li⁵⁵ ka⁵⁵ ma³³　　　　挖土的
lo⁵³ tɕhi⁵³ pa⁵³ ⟶ lo⁵⁵ tɕhi⁵⁵ pa³³　　　大人

3. 三个中升调在一起，后一个或后两个变高平。

（1）后一个中升调异化为高平。如：

ko³⁵ thi³⁵ ta³⁵ ⟶ ko³⁵ thi³⁵ ta⁵⁵　　　他未应
他　应　未

ŋa³⁵ ei³⁵ ta³⁵ ⟶ ŋa³⁵ ei³⁵ ta⁵⁵　　　我未去
我　去　未

mɯe³⁵ ji³⁵ la³⁵ ⟶ mɯe³⁵ ji³⁵ la⁵⁵　　　闪电
天　舌头

tshoŋ³⁵ tɕie³⁵ la³⁵ ⟶ tshoŋ³⁵ tɕie³⁵ la⁵⁵　　枪托
枪　把　子

（2）后两个异化为高平。如：

tɕie³⁵ tan³⁵ khɯe³⁵ ⟶ tɕie³⁵ tan⁵⁵ khɯe⁵⁵　　翅膀
wu³⁵ ɯe³⁵ la³⁵ ⟶ wu³⁵ ɯe⁵⁵ la⁵⁵　　　牛索子
tɕie³⁵ mu³⁵ tsa³⁵ ⟶ tɕie³⁵ mu⁵⁵ tsa⁵⁵　　　砍火畲
li³⁵ ko³⁵ ka³⁵ ⟶ li³⁵ ko⁵⁵ ka⁵⁵　　　虎咬他
piu³⁵ thie³⁵ pa³⁵ ⟶ piu³⁵ thie⁵⁵ pa⁵⁵　　　大女

4. 高平调在低降调和高降调之前，则高平调异化为中升调。如：

ko⁵⁵ si²¹ so⁵³ ⟶ ko³⁵ si²¹ so⁵³　　　他切肉
他　肉　切

ŋa⁵⁵ a²¹ pe⁵³ ⟶ ŋa³⁵ a²¹ pe⁵³　　　我搬石头
我石头搬

5. 高平调和高降调相结合，当它们前面出现低降调时，均被低降调所同化。如：

za²¹ + kho⁵⁵ tsho⁵³ ⟶ za²¹ kho²¹ tsho²¹　　鸡头
鸡　头

kha²¹ + thi⁵⁵ khe⁵³ ⟶ kha²¹ thi²¹ khe²¹　　柴篼
柴　篼

kha²¹ + tɕhie⁵⁵ tha⁵³ ⟶ kha²¹ tɕhie²¹ tha²¹　　斧口柴
柴　片

ɕi²¹ + kha⁵⁵ tsha⁵³ ⟶ ɕi²¹ kha²¹ tsha²¹　　　草
草　渣

$si^{21} + lu^{55} ka^{53} \longrightarrow si^{21} lu^{21} ka^{21}$　　　　肉骨头
肉　骨头
$khu^{21} + \varepsilon i^{53} pa^{53} \longrightarrow khu^{21} \varepsilon i^{21} pa^{21}$　　　衣服裤子
裤子　衣服

四、音节的变化

土家语在连续发音中，除了声、韵、调的变化，还有音节的变化。这种音节的变化，表现在音节的弱化、音节的脱漏和音节的合并诸方面。

（一）音节的弱化

自成音节的 a 碰上前一音节的主要元音是 a 并且重读，则自己被弱化而消失。如：

$za^{21} + a^{55} lie^{53} \longrightarrow za^{21} lie^{21}$　　　　鸡蛋
鸡　蛋
$sa^{53} + a^{55} lie^{53} \longrightarrow sa^{55} lie^{53}$　　　　鸭蛋
鸭　蛋

（二）音节的脱漏，它有两种基本形式

两个相同或相近的音节结合在一块，有时在说话中可丢掉其中的一个。如：

$ma^{21} ma^{21} tie^{53} \longrightarrow ma^{21} tie^{53}$　　　　姑娘们
$t\varepsilon hin^{35} tie^{55} tie^{53} \longrightarrow t\varepsilon hin^{35} tie^{53}$　　　孩子们
$\varepsilon i^{53} \varepsilon i^{21} \longrightarrow \varepsilon i^{21}$　　　　剥（包谷）
$t\varepsilon hi^{53} t\varepsilon hi^{21} \longrightarrow t\varepsilon hi^{21}$　　　　关（门）
$phu^{35} phu^{55} \longrightarrow phu^{35}$　　　　补（衣服）
$thu^{55} thu^{53} \longrightarrow thu^{55}$　　　　捡、拾

有的多音词，在连读中往往把不表示词义、仅作词头或词尾的那些音节漏掉。如：

$ku^{35} tha^{55} \longrightarrow ku^{35}$　　　　脸
$me^{21} ko^{21} \longrightarrow me^{21}$　　　　腹
$lo^{35} pu^{55} tshe^{21} \longrightarrow lo^{35} tshe^{21}$　　　眼泪
$t\varepsilon ie^{35} tan^{55} khe^{55} \longrightarrow t\varepsilon ie^{35} tan^{55}$　　　翅膀
$se^{35} tha^{55} pha^{21} \longrightarrow se^{35} tha^{55}$　　　旁边
$si^{21} thie^{55} khe^{21} \longrightarrow si^{21} thie^{55}$　　　田
$o^{21} sa^{21} \longrightarrow o^{21}$　　　　背笼

此外，还有些表疑问、表指示和表所属的双音词，在连读或说话时，它们的第二个音节可以省去。如：

tɕhie⁵³ ɕi²¹ ⟶ tɕhie⁵³　　　　　　什么
tɕhian³⁵ ɲie²¹ ⟶ tɕhian³⁵　　　　怎么、怎样
xan³⁵ lan²¹ ⟶ xan³⁵　　　　　　那样
xo³⁵ ɲie²¹ ⟶ xo³⁵　　　　　　　这样
se³⁵ ɲie⁵⁵ ⟶ se³⁵　　　　　　　你们的
an³⁵ ɲie⁵⁵ ⟶ an³⁵　　　　　　　我们的

（三）音节的合并

　　土家语里，在连续发音时，还有音节的合并。这种音节的合并，是经过了减音、换音和切音等一系列较为复杂的音变过程。如：

kho²¹ xa²¹ ⟶ khua²¹　　　　　　乞丐
xoŋ²¹ xuai⁵³ ⟶ xuan³⁵　　　　　一定、总是
tɕhi⁵⁵ lie⁵⁵ e⁵³ ⟶ tɕhie⁵⁵ e³⁵　　糯米
pi⁵³ lie²¹ lu²¹ ⟶ pie⁵³ lu²¹　　　掉了
tɕhi⁵³ lie²¹ lu²¹ ⟶ tɕhie⁵³ lu²¹　进去了

（叶德书、彭秀模合著，原载《吉首大学学报》1985年第3期）

土家语的四音联绵词

土家语的四音联绵词非常丰富，表现力强，使用也极为广泛。这种词，无论它的结构、意义和语法功能，都有它鲜明的独特性。

一、语音结构的规律性

土家语的四音联绵词是按一定的语音规律组成的。这种结构规律是定型的，不能任意改变的。归纳起来，它有七种形式：

（1）AABB 式。如：

$si^{55}\ si^{55}\ ɕi^{21}\ ɕi^{21}$	（张牙露齿）
$o^{55}\ o^{55}\ li^{55}\ li^{55}$	（洗涤洗涤）
$phu^{35}\ phu^{35}\ ti^{55}\ ti^{55}$	（缝缝补补）
$tie^{55}\ tie^{55}\ pha^{21}\ pha^{21}$	（慢条斯理）
$sa^{35}\ sa^{35}\ thie^{55}\ thie^{55}$	（收拾收拾）
$phe^{55}\ phe^{55}\ li^{55}\ li^{55}$	（包扎包扎）
$tɕi^{35}\ tɕi^{35}\ e^{55}\ e^{55}$	（哭哭啼啼）
$ka^{55}\ ka^{55}\ sa^{53}\ sa^{53}$	（明明亮亮）

（2）ABAB 式。如：

$ɕin^{35}\ ka^{53}\ ɕin^{35}\ ka^{53}$	（郁郁葱葱）
$ka^{35}\ li^{55}\ ka^{35}\ li^{55}$	（细嚼慢咽）
$mian^{55}\ tɕie^{55}\ mian^{55}\ tɕie^{55}$	（红艳艳的）
$lan^{35}\ kai^{55}\ lan^{35}\ kai^{55}$	（黑黝黝的）
$mu^{55}\ li^{55}\ mu^{55}\ li^{55}$	（一动一动）
$a^{53}\ khui^{21}\ a^{53}\ khui^{21}$	（真真实实）
$a^{21}\ sei^{55}\ a^{21}\ sei^{55}$	（白白净净）

（3）ABCC 式。如：

$a^{21}\ tsha^{21}\ si^{53}\ si^{53}$	（万丈悬崖）
$si^{53}\ si^{21}\ than^{21}\ than^{21}$	（哆哆嗦嗦）
$lan^{21}\ ɕi^{55}\ xui^{21}\ xui^{21}$	（臭气熏天）
$e^{35}\ la^{55}\ ze^{55}\ ze^{55}$	（吊声吊气）

pe²¹ pe⁵⁵ se⁵⁵ se⁵⁵　　　　　　（四肢无力）
pe⁵³ tshe²¹ tshu⁵³ tshu⁵³　　　（眼泪直流）

（4）AABC 式。如：
tsa³⁵ tsa³⁵ ɕi⁵⁵ ȵi⁵⁵　　　　　（洗洗刷刷）
tɕhi³⁵ tɕhi⁵⁵ tha³⁵ tɕi⁵⁵　　　（无能为力）
tɕhin³⁵ tɕhin³⁵ xoŋ³⁵ jan⁵⁵　 （鸦雀无声）
si⁵⁵ si⁵⁵ xa⁵⁵ pha²¹　　　　　（缺牙断齿）
to²¹ to²¹ i⁵⁵ ȵi⁵⁵　　　　　　（团团圆圆）
tshu³⁵ tshu³⁵ tsha⁵³ tsha²¹　　（又瘦又长）

（5）ABAC 式。如：
si²¹ pi³⁵ si²¹ phai⁵⁵　　　　　（山珍野味）
tshe²¹ loŋ³⁵ tshe²¹ to²¹　　　　（洪河大水）
ta³⁵ ɕi³⁵ ta³⁵ pa⁵¹　　　　　　（边走边看）
mu²¹ ta²¹ mu²¹ sa²¹　　　　　 （茫然无语）
sa²² pi⁵⁵ sa²¹ phai⁵⁵　　　　　（是非小话）
kha²¹ kho⁵⁵ kha²¹ liu²¹　　　　（深山老林）
mie⁵⁵ khu⁵⁵ mie⁵⁵ kha⁵³　　　（鲜血淋漓）

（6）ABCB 式。如：
toŋ³⁵ ka⁵³ ta³⁵ ka⁵³　　　　　（东挖西挖）
ki³⁵ li²¹ ke²¹ li²¹　　　　　　（说长道短）
tso⁵³ ȵi²¹ mu²¹ ȵi²¹　　　　　（亲戚朋友）
ka³⁵ ɕi⁵⁵ xu²¹ ɕi⁵⁵　　　　　 （吃的喝的）
ki³⁵ lo²¹ ke²¹ lo²¹　　　　　　（东游西逛）
tsi⁵³ pu³⁵ zo³⁵ pu³⁵　　　　　（杀猪宰羊）
tɕhi⁵⁵ kha⁵⁵ tɕhie²¹ kha⁵⁵　　（过年过节）

（7）ABCD 式。如：
tha⁵⁵ se⁵³ la⁵⁵ oŋ⁵⁵　　　　　（要动不动）
tha³⁵ kha⁵⁵ la⁵⁵ ȵi⁵⁵　　　　 （漫不经心）
oŋ²¹ se²¹ tha³⁵ tsu⁵⁵　　　　　（坐立不安）
tɕhi⁵⁵ thi⁵⁵ kha³⁵ thai⁵⁵　　　（钩心斗角）
ɕi⁵⁵ ka⁵⁵ mi⁵⁵ la⁵⁵　　　　　 （心慌意乱）
ze⁵³ kho⁵⁵ pi³⁵ lo⁵⁵　　　　　（儿孙满堂）
phi⁵⁵ li⁵⁵ pha⁵⁵ lai⁵⁵　　　　（筋筋吊吊）

二、词义组成的多变性

土家族原来没有文字，因而土家语完全是用语音的调值来表示词义的。四音联绵词的词义是靠它的四个音节共同表示的。其中有的音节是一个词素，有的音节不是词素，仅起垫音作用，但又不能将它扔掉；有的是词干加尾缀，有的却无任何词干，也不单独表示意义，只有合起来才表示一个完整的概念，真是多变而又统一。所谓多变是词义构成的方式各异；所谓统一是各种组成方式都能完整地表示一个意义单位。根据四音联绵词义构成的方式，我们可以将它归结为七类。

（1）主从式。它是词干同单音重叠的尾缀组成的，用词干表明事物的名称、性状，以尾缀表示程度、描摹情态，以词干为主，以尾缀为从，共同表示一个完整的意义单位。如 $si^{55}\,si^{55}\,\varepsilon i^{21}\,\varepsilon i^{21}$（张牙露齿）、$a^{21}\,tsha^{21}\,si^{53}\,si^{53}$（万丈悬崖）、$lan^{21}\,\varepsilon i^{55}\,xui^{21}\,xui^{21}$（臭气熏天）等即是。$si^{55}\,si^{55}$ 是词干，"牙齿"，$\varepsilon i^{21}\,\varepsilon i^{21}$ 是尾缀，表示牙齿在"伸露着"。$si^{55}\,si^{55}\,\varepsilon i^{21}\,\varepsilon i^{21}$ 就是"张牙露齿"。$a^{21}\,tsha^{21}$ 是"岩坎"，作词干，$si^{53}\,si^{53}$ 这个尾缀是表示"高而陡使人头昏目眩的峭壁"，二者合起来就是"万丈悬崖"。$lan^{21}\,\varepsilon i^{55}$，词干，是"臭气"，而尾缀 $xui^{21}\,xui^{21}$，是描摹臭的程度，所以，$lan^{21}\,\varepsilon i^{55}\,xui^{21}\,xui^{21}$ 就是"臭气熏天"。其他如 $\varepsilon in^{35}\,ka^{55}\,t\varepsilon hin^{21}\,t\varepsilon hin^{21}$（苍翠欲滴）、$mian^{55}\,t\varepsilon ie^{55}\,\varepsilon ian^{21}\,\varepsilon ian^{21}$（红彤彤的）等都属这类形式。

（2）重叠式。即把词干重叠起来表示新的意义。这又可分为分析式重叠和回环式重叠两种。

A. 分析式重叠，即让词的每个词素重叠一次。如 $tie^{55}\,tie^{55}\,pha^{21}\,pha^{21}$（慢条斯理）是由它的原形词 $tie^{55}\,pha^{21}$（慢）将其词素 tie^{55} 和 pha^{21} 各重叠一次而成。$sa^{35}\,sa^{35}\,thie^{55}\,thie^{55}$（收拾收拾）是由原形词 $sa^{35}\,thie^{55}$（收拾）的词素自身重叠而成。同样，$phe^{55}\,phe^{55}\,li^{55}\,li^{55}$（包扎包扎）和 $so^{35}\,so^{35}\,li^{55}\,li^{55}$（干干净净）都是由原形词 $phe^{55}\,li^{55}$（包扎）和 $so^{35}\,li^{55}$（干净）的词素自身重叠一次而成。

B. 回环式重叠，这是词或词组的再重叠。如 $\varepsilon in^{35}\,ka^{53}\,\varepsilon in^{35}\,ka^{53}$（郁郁葱葱）是 $\varepsilon in^{35}\,ka^{53}$（绿油油）重叠而成。其他如 $tha^{21}\,thai^{55}\,tha^{21}\,thai^{55}$（静寂无声）是 $tha^{21}\,thai^{55}$（悄悄）的重叠。$pe^{21}\,pei^{55}\,pe^{21}\,pei^{55}$（软绵绵的）是 $pe^{21}\,pei^{55}$（软）的重叠。$kha^{21}\,khi^{55}\,kha^{21}\,khi^{55}$（轻轻地）是 $kha^{21}\,khi^{55}$（轻）的重叠。

（3）类聚式。这是把两个有某些共性的词并列在一起。如 $tso^{51}\,\eta i^{21}\,mu^{21}\,\eta i^{21}$（亲戚朋友）是 $tso^{51}\,\eta i^{21}$（亲戚）和 $mu^{21}\,\eta i^{21}$（朋友），靠共性"友好、至亲"列在一起，成了 $tso^{51}\,\eta i^{21}\,mu^{21}\,\eta i^{21}$（亲戚朋友）的。像 $t\varepsilon hi^{55}\,kha^{55}\,t\varepsilon hie^{21}\,kha^{55}$（过年过节）是 $t\varepsilon hi^{55}\,kha^{55}$（过年）和 $t\varepsilon hie^{21}\,kha^{55}$（过节）并列成的，

因为二者都是"节日"。同样，tɕie³⁵ zi²¹ tɕi²¹ zi²¹（多脚多手）是 tɕie³⁵ zi²¹（手多）和 tɕi²¹ zi²¹（脚多）并列成的。这个 zi²¹（多）并非多长了脚和手，而是手和脚都"好动、不停"之意。

（4）对立式。由两个意义相对或相反的词（词组）组成。如：pa²¹ ku²¹（上坡）和 pa²¹ ta²¹（下坡）组成 pa²¹ ku²¹ pa²¹ ta²¹（上坡下坡）；toŋ³⁵ ka⁵³（东挖）和 ta³⁵ ka⁵³（西挖）组成 toŋ³⁵ ka⁵³ ta³⁵ ka⁵³（东挖西挖）；tɕhi⁵⁵ kho⁵³（走去）和 soŋ⁵⁵ khi⁵³（走来）组成 tɕhi⁵⁵ kho⁵³ soŋ⁵⁵ khi⁵³（走去走来）即是。

（5）镶嵌式。这是把一个词的词素分开，分别与另一个词素镶嵌起来，表示一个完整的意义单位。如 ze⁵³ pi³⁵（孙儿）和 kho⁵⁵ lo⁵⁵（满满的）镶嵌成 ze⁵³ kho⁵⁵ pi³⁵ lo⁵⁵（儿孙满堂）；tɕie³⁵ tɕi²¹（手脚）和 pe³⁵ se⁵⁵（是 pe²¹ pe⁵⁵ se⁵⁵ se⁵⁵"四肢无力"的简化，即无力）组成 tɕie³⁵ pe³⁵ tɕi²¹ se⁵⁵（脚软手软或四肢无力）；tsha³⁵（相好）和 ti⁵³ ka²¹（从前）镶嵌成了 tsha³⁵ ti⁵³ tsha³⁵ ka⁵⁵（一往情深），只是把 ti⁵³ ka²¹（从前）的 ka²¹ 为了增强语感，说话时调值提高到 ka⁵⁵ 而已。

（6）应衬式。用前两个音节的声韵母与后两个音节的声韵母相互对应，使四个音节匀称和谐来表示词义。其中有同声母相应，也有异声母相应（如 k、kh、x 和 tɕ、tɕh 相应的）；有同韵母相应的，也有 i-a 和 i-ai 相应，i-i 和 i-u 相应的。如 tɕhi⁵⁵ thi⁵⁵ kha⁵⁵ thai⁵⁵ 中，有同声母相应（th-th），也有异声母相应（tɕh-kh），韵母，有 i-a 相应，也有 i-ai 相应。这种声韵母两两相应的结果，组成了声韵和谐，一呼一应，回环跌宕的两个象声词，tɕhi⁵⁵ thi⁵⁵ 和 kha⁵⁵ thai⁵⁵，把这两个声韵相衬的象声词结合起来就构成了新词 tɕhi⁵⁵ thi⁵⁵ kha⁵⁵ thai⁵⁵，产生了"钩心斗角"的词义。其他如 phi⁵⁵ li⁵⁵ 和 pha⁵⁵ lai⁵⁵ 也是声韵两两相衬的象声词，二者结合，即成 phi⁵⁵ li⁵⁵ pha⁵⁵ lai⁵⁵（筋筋吊吊）。

thi⁵⁵ tɕhi⁵³ 和 thi⁵⁵ khu⁵⁵，是属于应衬式，可结合成 thi⁵⁵ tɕhi⁵⁵ thi⁵⁵ khu⁵³（坛坛罐罐），但它的前两个音节既不摹声，也无实际意义，只起垫音作用。

（7）连缀式。就是各个音节都不表示意义，只有连缀起来，共同组成一个意义单位或描摹一种完整的情态。如：

ɕi⁵⁵ ka⁵⁵ mi⁵⁵ la⁵⁵　　　　　　（心慌意乱）
tha³⁵ kha⁵⁵ la⁵⁵ ŋi⁵⁵　　　　　（漫不经心）
oŋ²¹ se²¹ tha³⁵ tsu⁵⁵　　　　　（坐立不安）
mu²¹ ta²¹ mu²¹ sa²¹　　　　　（茫然无语）
tshu³⁵ tshu⁵⁵ tsha²¹ tsha²¹　　（又瘦又长）

三、语法功能的多重性

土家语的四音联绵词,相当于汉语的成语,结构是定型的,词义是约定俗成的,使用起来相当于一个词。可是它的语法功能却多种多样,也就是说它的表现力是相当强的。这种表现力体现在以下诸方面。

(1)从词义说,土家语同汉语一样,一词多义。这在《龙山县志》中有"音同而义异"的记载。四音联绵词毫不例外,同一个四音联绵词,在不同的语言环境中,表示着不同的含义。如 $ka^{35}\ ka^{55}\ sa^{53}\ sa^{53}$ 在不同的句子中,就有不同的内涵。

a. la^{21} $thie^{55}$ $\underline{ka^{35}\ ka^{55}\ sa^{53}\ sa^{53}}$ $ŋi^{35}\ la^{53}\ ji^{21}\ ta^{55}$ 今晚亮堂堂的,你还不见路?
   今   晚   明 明 亮 亮 你 路 见 不

b. $kai^{35}\ mo^{21}\ si^{21}\ \underline{ka^{35}\ ka^{55}\ sa^{53}\ sa^{53}}$ 这布太稀了!
   这   布   稀

c. $se^{35}\ o^{55}\ la^{53}\ \underline{ka^{35}\ ka^{55}\ sa^{53}\ sa^{53}}$ 你家园子光坦坦的。
   你 家园子 光坦坦的

d. $ko^{55}\ ŋie^{55}\ si^{55}\ si^{55}\ \underline{ka^{35}\ ka^{55}\ sa^{53}\ sa^{53}}\ liau^{55}$ 他的牙齿缺了!
   他 的 牙 齿   缺   了

e. $kai^{35}\ tho^{53}\ la^{35}\ pu^{55}\ \underline{ka^{35}\ ka^{55}\ sa^{53}\ sa^{53}}\ liau^{55}$。   这口箱子稀缝了。
   这 箱 一 口   稀 缝 了

(2)它可充当句子的多种成分。如:

A. $sa^{21}\ pi^{55}\ sa^{21}\ phai^{55}$(是非小话)既可作主语、宾语,又可作定语。

作主语:$sa^{21}\ pi^{35}\ sa^{21}\ phai^{55}\ xu^{35}\ ŋi^{35}\ ko^{35}\ tie^{55}\ li^{21}$ 是非小话都是他讲的。
        是 非 小 话 都 是 他 的 讲

作定语:$ko^{35}\ sa^{21}\ pi^{35}\ sa^{21}\ phai^{55}\ li^{21}\ ŋie^{21}\ lo^{53}$ 他是讲是非小话的人。
        他 是 非 小 话 讲 的 人

作宾语:$ko^{35}\ sa^{21}\ pi^{55}\ sa^{21}\ phai^{55}\ li^{21}\ a^{35}\ lie^{55}$ 他爱讲是非小话。
        他 是 非 小 话 讲 爱

B. $so^{35}\ so^{35}\ li^{55}\ li^{55}$(干干净净)不只作谓语,还可作状语、定语和补语。

a. ke^{21} $so^{35}\ so^{55}\ li^{55}\ li^{55}$(作谓语)   这儿干干净净。
   这儿 干 干 净 净

b. $ko^{35}\ ko^{55}\ tsi^{21}\ so^{35}\ so^{55}\ li^{55}\ mo^{21}\ ka^{35}\ lu^{21}$
   他 把 饭 干 干 净 净 地 吃 完 了
他把饭干干净净地吃完了。(作状语)

c. kai³⁵ li³⁵ pu⁵⁵ u³⁵ ko⁵⁵ ka³⁵ mo²¹ so³⁵ so³⁵ li⁵⁵ li⁵⁵ liau⁵⁵
　　 这　稻　谷　牛　被　吃　得　<u>干　干　净　净</u>　了
这稻谷被牛吃得干干净净。（作补语）

d. kai³⁵ <u>so³⁵ so³⁵ li⁵⁵ li⁵⁵</u> ɲie⁵⁵ ɕi⁵⁵ pa⁵⁵ la⁵³ phi⁵³
　　 这　<u>干　干　净　净</u>的　衣服一件
这是件干干净净的衣服，（作定语）

ko³⁵ tɕhi⁵³ mo²¹ ta³⁵ tha⁵³？他为什么不穿？
他　为　何　穿　不

土家语四音联绵词的修辞作用，这里限于篇幅，我们将另文阐述。

（叶德书、彭秀模合著，原载《吉首大学学报》1986年第3期）

土家·土家语及其辞目

  吉首大学马本立同志主编的《湘西文化大辞典》委托我撰写土家语言这部分的辞目。按照编写的规定和要求,我按时完成了任务。语言有其内在系统,而辞典为了检索方便,同一类辞目则按笔画多少顺次排列,因而破坏了语言的内在系统性。《棠棣集文选》刊印时,特按语言系统编排,以供研究。

  1.【备兹卡】土家族自称〔$pi^{35}tsi^{55}kha^{21}$〕。用汉字音译为"比兹卡",首见于潘光旦教授所著的《湘西北的"土家"与古代巴人》。他说:"今日的湘西的'土家'自称为'比兹卡','比兹'是名称本身,'卡'等于'族'或'家'。"当前书刊还有把土家族自称写作"毕兹卡""比基卡""密基卡"及"木齐黑"的。这种现象,或因历史音变,或因方言异读。读"兹 ts^{55}"读"基 $tɕi^{55}$",是历史音变。从音理上说,声母〔ts—、tsh—、s—〕由于腭化的影响,日久天长,相对应的演变为〔tɕ—、tɕh—、ɕ—〕。这是语音演变的通则,土家语是这样,汉语也如此。以土家语为例:"备兹"〔$pi^{35}tsi^{55}$〕发展为"备基"〔$pi^{35}tɕi^{55}$〕,〔$tshi^{35}$〕(哭)发展为〔$tɕhi^{55}$〕(哭),〔$si^{55}pa^{53}$〕(衣服)发展为〔$ɕi^{55}pa^{53}$〕(衣服),这就是历史演变实际。至于"密基卡"或"木齐黑",则是方言的异读。土家语有北南两种方言。南部方言使用地区在泸溪潭溪乡一带,使用语言有 4000 余人。他们自称"木齐黑"〔$mu^{35}dzi^{21}xɯe^{55}$〕。北部方言区面积广,人口多,湘、鄂、川、黔四省接壤地域各县均属之。使用自称时,交通发达地区多说"备基卡",闭塞地区则仍说"备兹卡"。"密基卡"则是北部方言次方言保靖县马王乡一带的异读。〔$pi^{35}tsi^{55}$〕(备兹)与〔$mu^{35}dzi^{21}$〕(木齐),它们的声母现在彼此虽不尽相同,但它们的声类是相同的:p—、m—同为双唇音,ts—、dz—同为舌尖前音,有明显的清浊关系。

  2.【备兹煞】土家族称自己的语言为"备兹煞"〔$pi^{35}tai^{55}sa^{21}$〕。"备兹"〔$pi^{35}tsi^{55}$〕是土家族自称,"煞"〔sa^{21}〕是语言。这种语言既不同于汉语,也不同于邻近的苗、瑶、仡佬、侗等兄弟民族语言。土家语属于汉藏语系藏缅语族。其基本特点是:有声调;无复辅音;复合元音较多。辅音韵尾较少；词汇以复音词占优势；句子成分基本次序为"主语—谓语""主语—宾语—谓语"的结构形式；名词和领格代词在被修饰语之前；形容词、数量词定语在被修饰语之后，指示代词位于所修饰的名词之前。历代土家人一直使用本民族语言作为交际工具，交流思想。据清雍正年间所撰的《永顺县志》（乾隆版）记载："土语钩辀（zhōu）格磔（zhé），卒（cù）难入耳，立谈之间，瞠（chēng）目莫辨。"雍正五年（公元1727年），实行"改土归流"政策，废除土司制度，任命流官。汉文化大量传入，使用语言情况日渐变化。随着文化、教育、交通、经济的不断发展，两百多年来，土家族与汉文化关系日益密切，导致使用土家语的地区和人数正不断缩减。土家语分北部南部两个方言区。北部方言地域辽阔，分歧不大，现永顺、龙山、保靖、古丈等地操土家语人口共约20万，彼此都能通话。鄂西、川东南、黔东北广大地区除少数地区外，土家语言表层似乎不复存在，但是土家语言底层却仍能从这些地区一些地名中反映出土家族北部方言的基本词汇和语法特点。南部方言分布在泸溪县境，现在使用本民族语言的有4000余人。北南两个方言之间，语音、词汇差别较大，彼此难以通话，但语法的差别较小，基本词汇语音对应关系较为明显，应属于同一语言。

3.【土家语语音系统】土家语语音系统是以龙山县猫儿滩镇的土家语为代表总结出来的。它有21个声母（含半元音 j、w）、22个韵母、4个声调。

A. 声母　按发音部位分为五类：

双唇音 [p] pi^{35} 儿子、[ph] phu^{35} 龙、[m] me^{35} 天、[w] wu^{35} 牛

舌尖中音 [t] ta^{55} 滴、[th] tha^{35} khu^{53} 锅子、[l] li^{53} 地

舌尖前音 [ts] tse^{35} ka^{21} 口渴、[tsh] tshe^{21} 水、[s] su^{21} su^{21} 月亮、[z] za^{21} 鸡

舌面音 [tɕ] tɕi^{21} 脚、[tɕh] tɕhi^{35} pu^{35} 豆子、[ɲ] ɲie^{35} 睡、[ɕ] ɕic^{35} 有、[j] ji^{55} tsa^{55} 天坑

舌根音 [k] ka^{21} 乌鸦、[kh] kha^{21} 柴、[ŋ] ŋa^{35} 我、[x] xa^{53} lic^{21} 狗、[ɤ] ɤa^{21} pa^{21} 石头

说明：（1）n 与 l 为变值音位。开口韵合口韵前，n、l 不分，带鼻音情况少，故定为 l。在齐齿韵前，n 与 l 分得很清，n 的实际音值为 ɲ。（2）x 与合口韵相拼时，读音近 Φ。

B. 韵母　按韵尾分为三类：

开尾韵 [i] tsi^{53} 猪、li^{35} 虎、[a] la^{35} tha^{53} 瓢、
　　　[o] so^{53} phe^{21} 雾、[e] me^{35} tshe^{21} 雨

　　　　　　　　［u］thu⁵⁵khu⁵³柴刀、［ia］tɕhia⁵³kho²¹khui³⁵竹鸡
　　　　　　　　［io］ke²¹tio⁵³ȵie³⁵这样、［ie］tɕie⁵⁵手
元音韵尾　［ai］an⁵³ŋai⁵³针、［uai］khuai²¹椅子
　　　　　　　　［ei］an⁵⁵pei⁵⁵叔叔、［uei］ko³⁵kuei⁵⁵老表
　　　　　　　　［au］au⁵⁵khu⁵³斧子、［iau］thiau³⁵pa⁵⁵老大
　　　　　　　　［ou］a⁵⁵khou⁵⁵角落、［iou］piou³⁵tie⁵³女人
鼻音韵尾　［an］zan⁵⁵pu⁵⁵li⁵³蜻蜓、［ian］lian³⁵kan⁵⁵窗子
　　　　　　　　［uan］suan⁵³小、［en］en²¹tɕiu³⁵来了
　　　　　　　　［ien］la⁵³mien²¹门、［oŋ］me³⁵oŋ²¹打雷

　　说明：（1）[i]韵母中含舌尖高元音[ɿ]。[ɿ]只与ts、tsh、s、z四个辅音相拼，而[i]却不与它们相拼，构成互补音位，故以[i]为代表。（2）为拼读当地汉语西南官话借词，土家话里又增加了一些适应汉语的韵母：ua、ue、un、ioŋ等。

　　C. 声调　有四个声调，请看下表：

调序	调型	调值	词例		
第一声	高平调	55	pa⁵⁵lie⁵³偏坡	ta⁵⁵滴	za⁵⁵飞
第二声	低降调	21	pa²¹坡	ta²¹下	za²¹鸡
第三声	高降调	53	pa⁵³看	ta⁵³欠	za⁵³挂
第四声	高升调	35	pa³⁵茶盘	ta³⁵穿	za³⁵跑

　　说明：土家语复音词占优势。复音词连读时最后一个音节往往声调模糊，有"轻声"现象。

　　4.【土家语音节结构】土家语每个音节都有一个声调。每个音节按其音素的组成分析共有如下七种方式：

　　（1）元音自成音节

a³⁵　　　　写　　　　　　　　　a⁵³　　　　饿
o²¹　　　　背篓　　　　　　　　o⁵³　　　　蛇

　　（2）辅音＋元音

ŋa³⁵　　　　我　　　　　　　　xa²¹　　　　打
ze³⁵　　　　酒　　　　　　　　ze⁵³　　　　美

　　（3）辅音＋元音＋元音

ɬai⁵³　　　　今天　　　　　　　ɕie³⁵　　　　有
lau³⁵　　　　太阳　　　　　　　a⁵⁵khou³⁵　　角落

（4）辅音+元音+元音+元音

khuai^{21}　　　　　　椅子　　　　　pi^{55}thiau^{55}　　　平坝
tɕia^{53} kho^{21} khuei^{35}　竹鸡　　　khuai^{35} tɕhi^{21} la^{55}　蚯蚓

（5）元音+辅音

an^{55} ᵱei^{55}　　　　叔叔　　　　en^{55} tɕie^{53}　　　耳朵
oŋ^{21}　　　　　　　坐　　　　　me^{55} oŋ^{53}　　　雷

（6）辅音+元音+辅音

tɕie^{35} tan^{53}　　　翅膀　　　　kha^{21} moŋ^{21}　　　树
lian^{35} kan^{55}　　　窗子　　　　soŋ^{35}　　　　　　鱼

（7）辅音+元音+元音+辅音

zuan^{35}　　　　　　水牛　　　　lian^{35} kan^{55}　　　窗子
kuan^{35} to^{21}　　　自己　　　　tɕhian^{35} nie^{21}　　怎么

5.【土家语语音流变】土家语有语音流变现象，常见的有声母的脱落或替换，音节的弱化或丢失以及连读变调。

A. 声母的脱落或替换

（1）ʁ的脱落：声母ʁ与元音a、e、ei相拼时，脱落成零声母音节。如：

ʁa^{21} pa^{21} → a^{21} pa^{21} 石头　　　　　ʁe^{55} → e^{55} 猴子
ʁe^{55} se^{55} → e^{55} se^{55} 脏　　　　　　ʁei^{35} → ei^{35} 去

（2）z的脱落：z前一音节为高降调，且其声母同为同部位之塞擦或擦音，则z往往脱落。如：

si^{53} zi^{21} pu^{35} li^{55} → si^{53} i^{21} pu^{35} li^{55} 星星
tsi^{53} ze^{21} kha^{21} tsha^{21} → tsi^{53} e^{21} kha^{21} tsha^{21} 猪圈

（3）ts、tsh、s替换为tɕ、tɕh、ɕ，在齐齿韵前腭化而成。

ts → tɕ：pi^{35} tsi^{55} kha^{21} → pi^{35} tɕi^{55} kha^{21} 土家族
tsh → tɕh：tshi^{55} tsha^{53} → tɕhi^{55} tsha^{53} 扯
s → ɕ：si^{55} pa^{53} → ɕi^{55} pa^{53} 衣服

（4）p替换为m。

pi^{35} tsi^{55} kha^{21}（土家族）→ mi^{35} tɕi^{35} kha^{21}（保靖马王乡北部方言次方言）
pi^{35} tsi^{55}（北部方言土家自称）→ mudzi（南部方言土家族自称）

B. 音节弱化或丢失

（1）自成音节的a遇上前一音节为开尾韵母并且重读，则自己弱化而消失。如：

za^{21} + a^{55} lie^{53} → za^{21} lie^{21}　鸡蛋

tse³⁵+a⁵⁵ka²¹ → tse³⁵ka²¹　口渴

（2）两个相同音节结合在一起，在说话时往往丢掉其重叠里的一个。如：

ma²¹ma²¹tie⁵³ → ma²¹tie⁵³　姑娘们

tɕhin³⁵tie⁵⁵tie⁵³ → tɕhin³⁵tie⁵³　孩子们

（3）有的多音词在连读中往往将不表示词义仅作辅助成分的音节漏掉。如：

ku³⁵tha⁵⁵ → ku³⁵　脸　　　　　lo³⁵pu⁵⁵tshe²¹ → lo³⁵tshe²¹　眼泪

C. 连读变调

（1）两个高平调在一起，后者弱化为33调。

kha⁵⁵phu⁵⁵ → kha⁵⁵phu³³　花　xa⁵⁵tshe⁵⁵ → xa⁵⁵tshe³³　菜

（2）两个半升调在一起，后者异化为55调。

lo³⁵pu³⁵ → lo³⁵pu⁵⁵　眼　　　　su³⁵su³⁵ → su³⁵su⁵⁵　霜

（3）中升调和高降调在一起，后者异化为55调。

lan³⁵ka⁵³ → lan³⁵ka⁵⁵　黑　　　tɕie³⁵tan⁵³ → tɕie³⁵tan⁵⁵　翅膀

三音节连读变调

（1）三个高平调在一起最后一个弱化为33调。

sa⁵⁵lie⁵⁵ɕi⁵⁵ → sa⁵⁵lie⁵⁵ɕi³³　李子

pha⁵⁵zo⁵⁵ku⁵⁵ → pha⁵⁵zo⁵⁵ku³³　辣椒

（2）三个高降调在一起，第一二个读高平，第三个读中平调33。

kha⁵³thi⁵³khe⁵³ → kha⁵⁵thi⁵⁵khe³³　额

lo⁵³tɕi⁵³pa⁵³ → lo⁵⁵tɕi⁵⁵pa³³　大人

（3）三个中升调在一起，后两个变高平。

me³⁵ji³⁵la³⁵ → me³⁵ji⁵⁵la⁵⁵　闪电

wu³⁵e³⁵la³⁵ → wu³⁵e⁵⁵la⁵⁵　牛索

（4）第一音节为低降调，二三两个音节为高平调和高降调，则后两音节均同化为低降调。

za²¹kho⁵⁵tsho⁵³ → za²¹kho²¹tsho²¹　鸡头

kha²¹thi⁵⁵khe⁵³ → kha²¹thi²¹khe²¹　柴篼

6.【土家语词汇特点】土家语词汇丰富，复音词占优势。其中多数为双音节，多音节也不少，单音节词多为名词、动词和形容词。

单音词只有一个音节。me³⁵ 天、li⁵³ 地、ka³⁵ 吃、li²¹ 说、sa⁵³ 冷、ze⁵³ 美，就是这样。

复音词为多个音节组合而成。双音节的有 lau²¹tshi²¹ 日、su²¹su²¹ 月、pu⁵⁵

li^{53} 霜、su^{35} su^{35} 雪；三音节的有 pi^{35} tsi^{55} kha^{21} 土家族、jie^{21} ti^{21} xe^{55} 摆手舞；四音节的有 si^{55} zi^{21} pu^{35} li^{53} 星星、tsha^{21} tsha^{35} khu^{15} li^{53} 蝗虫；还有五音节和六音节的如：zan^{35} pu^{35} li^{21} ma^{21} ma^{21} 蜻蜓、se^{21} si^{35} la^{35} pu^{55} ka^{35} tsi^{21} 蟑螂等。复音词中还有一种较为特殊的四音格联绵词。它以四音为定格，音节之间的搭配又充分显示其音律的联绵性。如：ke^{35} li^{21} ka^{21} li^{21} 东说西道、tɕhi^{21} thi^{35} kha^{55} thai^{55} 钩心斗角、tsi^{53} pu^{35} zo^{35} pu^{35} 杀猪宰羊、ka^{55} ka^{55} sa^{53} sa^{53} 明明亮亮。

土家语词汇丰富，词义区别精微。有同形（音）异义的，有同义异形（音）的，有同形而义近的，有异形而义近的，有义同形异而用殊的。同音异义的：同为 sa^{53} 音而义分鸭子、冷、晒；同为 phu^{35} 音而义分儿媳、龙、补。同义异形的：同为"家"义而形分 tsho^{53}、tshu^{55}、tshau^{53}；同为"稻田"义而形分 si^{21} thie^{35}、se^{21} khe^{55}。同形而义近的有：同为 ka^{35} 音而"吃""咬"义近；同为 tson^{53} 音而"短""近"义近。异形而义近的有："儿童"叫 tɕhin^{35} tie^{55}、"小孩儿"叫 po^{55} li^{21} tie^{21}，"下面"叫 pa^{21} thi^{21}，"底下"叫 tɕi^{21} tha^{21}。义同形异而用殊的："嫂嫂"，形分 tsha^{21} tɕhie^{21}、tso^{55} pa^{53} tshi^{55} ŋi^{21}，前者是日常对"嫂嫂"的称呼，后者却在哭嫁时称"嫂嫂"的专用；又如 ŋie^{55} kho^{55} a^{21} ŋie^{21} 和 nie^{21} kho^{21} a^{21} mei^{55} 同是对"姑母"的称呼，但前者是指结了婚的姑母，而后者却是专称未结婚的。此外，还有"四声别义"的情况。如 o^{21} 的词义是"背篓"名词；变调读 o^{53}，词义是"背"，动词。又如：tshe^{21} 的词义是"水"名词；变调读 tshe^{55}，词义是"瓢"，量词。

7.【土家语词的构成】 土家词汇中的词儿按其组成的结构方式可以分为单纯词和合成词两种。

（1）单纯词　从单纯词音节的音素间的关系来看，单纯词有异音词、双声词、叠韵词、叠音词和拟声词之分。异音词有单音节，有多音节。如：me^{34} 天，li^{53} 地，xa^{53} lie^{21} 狗、ɕi^{55} pa^{53} 衣服，jie^{21} ti^{21} xe^{55} 摆手舞。双声词两个音节声母相同。mi^{55} ma^{55} 蜜蜂、kha^{21} khe^{21} 岳父就是这样。叠韵词两个音节韵母相同。po^{55} tso^{53} 磨子、phu^{35} thu^{35} 斑鸠就是这样。su^{21} su^{21} 月亮、tsu^{55} tsu^{55} 站立：叠音词两音相同。tho^{21} tho^{21} 刀、tɕhin^{21} tɕhin^{21} ŋo^{35} si^{21} 蝉：拟声词模拟该物所发之声。

（2）合成词　分派生词和复合词两类。

派生词为词干前或后加附加成分构成。土家语是由词干加附加成分组成的，前缀少，后缀多。前缀有 a、an，多加于名词之前。a^{21} pa^{55} 父亲、a^{21} ŋie^{55} 母亲、a^{21} kho^{53} 哥哥、an^{55} ŋai^{55} 弟弟等。形容词、动词、代词也有加前缀 a 的，但为数不多。如：a^{35} ɕi^{55} 新、a^{35} pai^{55} 旧，a^{35} ei^{55} 学习、a^{35} se^{21} 谁。后缀较多。常见的有—pa、—pu、—ma、—tie、—la……词例：za^{21} pa^{21} 公鸡、lo^{53} pa^{55}

男人、lo³⁵ pu⁵⁵ 眼睛、tɕhi³⁵ pu⁵³ 豆子、ɕie³⁵ ma⁵⁵ 富人、si²¹ tɕie⁵⁵ ma⁵⁵ 猎人、piu³⁵ tie⁵⁵ 姑娘家、pho³⁵ ka³⁵ tie⁵⁵ 老师们、ji³⁵ la⁵⁵ 舌头、tɕi²¹ la⁵⁵ 裹脚。

复合式由两个或两个以上有独立意义的词素组成。它们在形式和意义上结合得很紧，有的则复合成相关的另一个意义。从词素间意义上的复合关系看，复合词可以分为联合式、修饰式、支配式、补充式和陈述式。联合式如：ɲie⁵⁵ pa²¹ 母父 双亲（名+名）、tha³⁵ khu³⁵ 烤煎 锅子（动+动），修饰式如：tɕhi³⁵ loŋ⁵⁵ 豆烂 豆豉（名+形）、khei³⁵ li³⁵ li²¹ 苦跳蚤 臭虫（形+名）、tshe²¹ la³⁵ 水路 沟（名+名）、ka³⁵ tsha³⁵ 吃好 可口（动+形）。支配式如：si²¹ tɕhe⁵⁵ 肉赶 打猎（名+动）、tso²¹ a²¹ 亲接 结婚（名+动）。补充式如：tshi⁵⁵ phu⁵⁵ 字本 书（名+量）、kha⁵⁵ phu⁵⁵ 花朵 花（名+量）、ɲie³⁵ si⁵⁵ 睡醒 醒（动+动）。陈述式如：me³⁵ tse²¹ 天落 下雨（名+动）、mi⁵⁵ za⁵⁵ 火飞 火花（名+动）、tse³⁵ ka²¹ 嘴干 口渴（名+形）。

8.【土家语三音格形容词】土家语三音格形容词非常丰富，使用极为广泛。其语言结构及表达效果都独具特色。分基本式和变式两大类。

A．基本式

（1）AAB 式。前两个音节音素和声调都相同。例如：
tshu²¹ tshu²¹ pha²¹ 直标标　　sa²¹ sa²¹ khai³⁵ 薄菲菲　　khu³⁵ khu³⁵ tie²¹ 弯勾勾

（2）AA′B 式。前两音节音素相同，声调各异。例如：
pe²¹ pe⁵⁵ tie²¹ 软绵绵　　　ka³⁵ ka⁵⁵ tie²¹ 亮堂堂　　　tsa²¹ tsa⁵⁵ khui⁵⁵ 细细的

（3）ABB 式。后两个音节音素和声调都相同。例如：
oŋ²¹ tɕi⁵⁵ tɕi⁵⁵ 甜津津　　a²¹ phi⁵⁵ phi⁵⁵ 酸溜溜　　ka²¹ thi⁵³ thi⁵³ 干焦焦

（4）ABB′式。后两音节音素相同，声调各异。例如：
kho²¹ lo⁵³ lo²¹ 圆溜溜　　wu²¹ tsu⁵³ tsu²¹ 胀鼓鼓　　su²¹ pha⁵³ pha²¹ 糙卡卡

（5）ABC 式。三个音节各不相同。例如：
si³⁵ khu⁵³ thu²¹ 肥噜噜　　la³⁵ pha⁵³ khe⁵ 厚墩墩
ɕin³⁵ kha²¹ tie²¹ 绿油油　　loŋ³⁵ ku⁵³ tie²¹ 浑沉沉

B．变式

（1）基本式的直接重叠：表意更为加强。

① AAB+AAB → AABAAB

$sa^{21}sa^{21}kai^{35}+sa^{21}sa^{21}kai^{35} \rightarrow sa^{21}sa^{35}kai^{21}sa^{21}sa^{21}kai^{35}$ 灰薄灰薄

② ABB+ABB → ABBABB

$mian^{55}tɕie^{55}tɕie^{55} + mian^{55}tɕie^{55}tɕie^{55} \rightarrow mian^{55}tɕie^{55}tɕie^{55}mian^{55}tɕie^{55}tɕie^{55}$ 鲜红鲜红

③ ABC+ABC → ABCABC

$ɕi^{21}ka^{21}la^{55} + ɕi^{21}ka^{21}la^{55} \rightarrow ɕi^{21}ka^{21}la^{55}ɕi^{21}ka^{21}la^{55}$ 黄皮刮瘦

（2）基本式加叠音后缀：

① AAB+DD → AABDD

$khu^{35}khu^{35}tie^{21} + xai^{21}xai^{21} \rightarrow khu^{35}khu^{35}tie^{21}xai^{21}xai^{21}$ 最弯最弯

② ABB+DD → ABBDD

$mian^{55}tɕie^{55}tɕie^{55} + ɕian^{21}ɕian^{21} \rightarrow mian^{55}tɕie^{55}tɕie^{55}ɕian^{21}ɕian^{21}$ 最红最红

③ ABC+DD → ABCDD

$la^{55}pha^{55}khe^{53} + tau^{21}tau^{21} \rightarrow la^{55}pha^{55}khe^{53}tau^{21}tau^{21}$ 最厚最厚

三音格形容词的语音结构具有双声叠韵、重复跌宕之美，因而表达效果音韵铿锵，鲜明生动，正如刘彦和《文心雕龙·物色篇》所说："写气图貌，既随物以宛转，属采附声，亦与心而徘徊。"

9.【土家语四音格联绵词】土家音四音格联绵词非常丰富。使用广泛，表现力强。其语音结构韵律和谐，表达效果鲜明生动。

A. 语音结构　归纳起来有七种形式：

（1）AABB 式。例如：

$si^{55}si^{55}ɕi^{21}ɕi^{21}$ 张牙露齿　　　　$tie^{55}tie^{55}pha^{21}pha^{21}$ 慢条斯理

$phu^{35}phu^{35}ti^{55}ti^{55}$ 缝缝补补　　　$phe^{55}phe^{55}li^{55}li^{55}$ 包包扎扎

（2）ABAB 式。例如：

$ɕin^{35}ka^{55}ɕin^{35}ka^{55}$ 郁郁葱葱　　　$lan^{35}kai^{55}lan^{35}kai^{55}$ 黑黝黝的

$ka^{35}li^{55}ka^{35}li^{55}$ 细嚼慢咽　　　　$a^{21}sei^{55}a^{21}sei^{55}$ 白净净的

（3）ABCC 式。例如：

$e^{35}la^{55}ze^{55}ze^{55}$ 吊声吊气　　　　$a^{21}tsha^{21}si^{55}si^{55}$ 万丈悬崖

$pe^{53}tshe^{21}tshu^{53}tshu^{53}$ 眼泪直流　　$lan^{21}ɕi^{55}xui^{21}xui^{21}$ 臭气熏天

（4）AABC 式。例如：

$tsa^{35}tsa^{35}ɕi^{55}ŋi^{55}$ 洗洗涮涮　　　$to^{21}to^{21}ɕi^{55}ŋi^{55}$ 团团圆圆

$si^{55}si^{55}xa^{55}pha^{21}$ 缺牙断齿　　　$tɕhi^{35}tɕhi^{35}tha^{55}tɕi^{55}$ 无能为力

（5）ABAC 式。例如：

$kha^{21}kho^{55}kha^{21}liu^{21}$ 深山老林　　$si^{21}pi^{55}si^{21}phai^{55}$ 山珍野味

mie⁵⁵khu⁵⁵mie⁵⁵kha⁵³ 鲜血淋漓　　sa²¹pi⁵⁵sa²¹phai⁵⁵ 是非小话

（6）ABCB 式。例如：

tɕhi³⁵kha⁵⁵tɕhie²¹kha⁵⁵ 过年过节　　tsi⁵³pu³⁵zo³⁵pu³⁵ 杀猪宰羊

tso⁵³ȵi²¹mu²¹ȵi²¹ 亲戚朋友　　ka³⁵ɕi⁵⁵xu²¹ɕi⁵⁵ 吃的喝的

（7）ABCD 式。例如：

oŋ²¹se²¹tha³⁵tsu⁵⁵ 坐立不安　　tɕhi⁵⁵thi⁵⁵kha⁵⁵thai⁵⁵ 钩心斗角

ɕi⁵⁵ka⁵⁵mi⁵⁵la⁵⁵ 心慌意乱　　phi⁵⁵li⁵⁵pha⁵⁵lai⁵⁵ 筋筋绺绺

B. 词义特点　四音联绵词的词义是靠它的四个音节联绵起来共同表示的，因此只有合起来才能表示一个完整的概念。再则四音联绵词充分利用双声、叠韵、交错、复叠的音律组合，因而听来铿锵跌宕，表义鲜明生动。

10.【土家语中的汉语借词】土家语的词汇有很多汉语借词。为了能够读准这些汉语借词，土家语又增加了一些适应汉语的 ua、ue、uen、ioŋ 等韵母。

借词分老借词和新借词。老借词大多保持本族语言的一定的语音特色。如 mie²²xa²¹ 棉花、la⁵⁵pe⁵⁵ 萝卜、ɕiau³⁵tan²¹ 学堂、so⁵⁵thi²¹ 身体、tie⁵⁵xe⁵⁵ 豆腐、lo⁵³xo²¹xui²¹ 暖和等；新借词就大都以汉语湘西方言——西南官话的语音系统借入了。如：ka⁵⁵koŋ⁵⁵ 外祖父、joŋ⁵³xu³⁵ 拥护、koŋ³⁵tshan³⁵tan³⁵ 共产党、xua²¹tsan⁵³ 发展、se³⁵xui²¹tsu⁵⁵ȵi³⁵ 社会主义、ɕio²¹ɕiau³⁵ 学校。

汉词借入方式有全借和半借。全借的如：蝙蝠 jan²¹lau⁵³su²¹（檐老鼠）、冰 len³⁵kou⁵³tsi²¹（凌垢子）、萤火虫 lian³⁵lian⁵⁵xo⁵³tshoŋ²¹（亮亮火虫）等。半借的如：螃蟹 phan²¹ka²¹、窟窿 toŋ²¹ka³⁵、早晨 tsau⁵⁵ku⁵⁵tie⁵⁵、雹子 len³⁵sai⁵³ 等。以上是前借，后借的如：la⁵⁵min²¹ 门、mi⁵⁵tan²¹ 火塘、ai⁵⁵si²¹tɕie²¹ 以前、si²¹la²¹zu²¹ 腊肉等。

借词的语音处理。先看声调的对应关系：

普通话阴平读 55 调	土家话读 55 调	西南官话阴平读 55 调
普通话阳平读 35 调	土家话读 21 调	西南官话阳平读 21 调
普通话上声读 21 调	土家话读 53 调	西南官话上声读 53 调
普通话去声读 51 调	土家话读 35 调	西南官话去声读 35 调

汉语古入声字，土家语老借词读成 35 调。如学堂的"学"，旧音译为 ɕiau³⁵，今读为 ɕio²¹，医药的"药"，旧读 jau³⁵，今读为 jo²¹，声调韵母都变了。

再看声母的对应。汉语有声母 f，土家话没有，借入后变成 x。f、x 不分。例如：番 fan^{55}、荒 xuaŋ^{55} 同音，均读为 xuan^{55}；范 fan^{51}、患 xuan^{51} 同音，均读为 xuan^{35}；逢 feŋ^{35}、红 xoŋ^{35} 同音，均读为 xoŋ^{21}。土家语无卷舌辅音。普通话卷舌辅音 tʂ—、tʂh—、ʂ—、ʐ—，土家话相应地读成 ts—、tsh —、s—、z—。例如：普通话"真"tʂen^{55} 不同于"争"tʂeŋ^{55}，土家话均读为 tsen^{55}，声母韵母都相应地变了。

再谈汉语鼻韵母借入问题。早期借词反映出土家语鼻韵尾韵母很少甚至没有。如"棉花"音译为 mie^{21} xa^{21}，"暖和"音译为 lo^{55} xo^{21} xui^{21}，mie^{21} 棉、lo^{53} 暖均无鼻韵尾。现在的鼻韵尾 –n，发音时，舌尖不上抵齿龈，近似半鼻化元音。

11.【土家语名词的前缀与后缀】土家语由词干和附加成分组成的名词，前缀少，后缀多。部分名词以 a—、an—为前缀。如 a^{21} pa^{53} 父亲，a^{21} ŋie^{55} 母亲、an^{55} ŋai^{53} 弟弟、an^{55} pei^{55} 叔叔、a^{53} ze^{21} 鬼。前缀原只有 a—、an—为 a 的音转。亲属称谓前加 a（an）表示亲昵。名词的后缀比较丰富，而后缀又是多从实词演化来的，既是词类标志，有的还有一定附加意义。①动物名词加 pa 表雄性，加 ŋi^{21} ka^{21} 表雌性。如：li^{35} pa^{21} 公老虎、li^{35} ŋi^{21} ka^{21} 母老虎，za^{21} pa^{21} 公鸡，za^{21} ŋi^{21} ka^{21} 母鸡，tsi^{53} pa^{21} 公猪、tsi^{53} ŋi^{21} ka^{21} 母猪。②表人名词后加 tie 表复数。如：lo^{53} pa^{53} tie^{53} 男人们、pho^{35} ka^{55} tie^{53} 老师们、tso^{53} ŋi^{21} tie^{53} 亲戚家、piu^{35} tie^{53} 女儿家。③名词后加 pi^{35} 表示"小"或"儿"。如：lo^{53} pi^{35} 儿子、za^{21} pi^{35} 小鸡、la^{55} pi^{35} 小路、ji^{35} la^{55} pi^{35} 小舌。④名词后加 la^{55} 带有软体条状的意思。如：ji^{35} la^{55} 舌头、pi^{35} la^{55} 肠子、phie^{55} la^{55} 蚂蟥、tɕhi^{35} la^{55} 裹脚布。⑤名词后加 lie^{55} ɕi^{55} 或 ɕi^{55} 表示"圆果"的意思。如：pan^{35} lie^{55} ɕi^{55} 葡萄、pe^{55} lie^{55} ɕi^{55} 梨子、su^{55} ɕi^{55} 板栗、tɕhie^{35} ɕi^{55} 橘子。⑥名词后加 pu^{35} li^{53} 或 pu^{55}、li^{55}，表小而圆的颗粒状物。如：si^{55} zi^{21} pu^{35} li^{53} 星星、len^{35} sa^{55} pu^{35} li^{53} 雪珠子、lo^{35} pu^{55} 眼珠、li^{35} pu^{55} 稻谷、pu^{35} li^{55} 果子、pu^{55} li^{55} 霜。名词后缀还多，不胜枚举。

12.【土家语动词的形态变化】汉藏语系语言，词本身形态变化不多。可是土家语的动词通过语音的屈折作用，在词法上还保存了一些形态变化。动词的将行体就是一个严整而活跃的语法范畴。

土家语动词表示动作将要进行时，动词本形（在句中表一般的常态）元音后面加前高开元音 [i]，即构成动词的将行体。如动词本形声调为低降调 [^{21}] 时，将行体声调变为中升调 [^{35}]，其他声调不变。例如：

动词本形　　　　将行体　　　　语音变化
ka^{35}　吃　　　kai^{35}　将吃　　a+i → ai
phe^{21}　孵　　　phei^{35}　将孵　　e+i → ei

xo²¹ 拿	xuai³⁵ 将拿	o+i → oi —异化→ ual
thi³⁵ 答	thi³⁵ 将答	i+i —低化→ i
tu²¹ 盖	tui³⁵ 将盖	u+i → ui
tsi³⁵ 哭	tsei³⁵ 将哭	[i]+i → ii —低化→ ei
lan²¹ 闻	lai³⁵ 将闻	an+i → ain —鼻化→ aī
poŋ²¹ 埋	pui³⁵ 将埋	oŋ+i → aiŋ —鼻化/异化→ 异化 uī

如果动词本形为双音节或三音节词，表将行体的元音[i]只出现在它们的最后一个音节的元音韵母后。如：

thu⁵⁵ wu²¹ 烤   thu⁵⁵ wui³⁵ 将烤
ȵie³⁵ si⁵⁵ 醒   ȵie³⁵ sei⁵⁵ 将醒
kha⁵⁵ pe⁵⁵ le⁵⁵ 湿   kha⁵⁵ pe⁵⁵ lei⁵⁵ 将湿
khu⁵⁵ su²¹ ka³⁵ 亮   khu⁵⁵ su²¹ kai³⁵ 将亮

土家语形容词的将行体也有如上这些形态变化，但日渐消失。

土家语的动词在表示动作行为已完成而处于已过去的状态时，动词本形元音后面加元音[u]，作为动词完成体的标志。如果动词本形为多音节时，则在它们最后一个音节后面加元音[u]，即为该动词的完成体；动词本形为低降调，则完成体变为中升降调。如：

动词本形   完成体
ka³⁵ 吃   kau³⁵ 吃了
ŋa³⁵ tsi²¹ ka³⁵ 我吃饭。   ŋa³⁵ tsi²¹ kau³⁵ 我吃了饭了。
我 饭 吃   我 饭 吃了
ta³⁵ 穿   tau³⁵ 穿了
ŋa³⁵ ɕi⁵⁵ pa⁵⁵ ta³⁵ 我穿衣。   ŋa³⁵ ɕi⁵⁵ pa⁵⁵ tau³⁵ 我穿上衣服了。
我 衣服 穿   我 衣服 穿了

受汉语的影响，土家语动词本形后加[u]表完成体这一词法现象已逐渐消失，大多已为另一表达方式所代替，即在动词后加借用的汉词"了"liau⁵³作时态助词来表示。例如：

ŋa³⁵ tho²¹ tho²¹ la³⁵ pha⁵⁵ phu⁵⁵ liau⁵³ 我买了一把刀。
我 刀 一把 买了
ȵi³⁵ ȵie³⁵ tɕic³⁵ xu²¹ liau⁵³ 你的手肿了。
你的 手 肿了

13.【**土家语动词"体"的语法范畴**】土家语动词有丰富的"体"的语法范畴。"体"是表示动作的一种情貌，带有时间观念，但和表示过去、现在或将来的动词"时"范畴不一样。土家族人在观念上对动作发生在过去、现在或将来似乎并不过多理会,动词本身也没有什么变化,但对每一个动作发生前前后后的各种情貌却区分得非常精微,这些情貌通过动词的形态变化或加时态助词充分而细致地表示出来。我们从语言实际材料中按其语法意义和表现形式归纳出十九种"体",即:一般体、将行体、欲行体、将欲行体、起始体、几近起始体、起始体、已起始体、持续体、持续进行体、将完成体、完成体、曾完成体、完成离心体、曾完成离心体、完成向心体、曾完成向心体、曾行体、经验体。下面以 ka^{35} 吃为例分别说明如下:①一般体。形式:动词本形,例如:ka^{35} 吃。②将行体。形式:动词本形后加形态音位 i,例如:kai 将吃。③欲行体。形式:动词本形加助词 xu^{21},例如:$ka^{35} xu^{21}$ 快要吃。④将欲行体。形式:动词本形加形态音位 i,加组词 xu^{21},例如:$kai^{35} xu^{21}$ 将快要吃。⑤将起始体。形式:动词本形 + i + tau^{55}(助)+ xu^{21},例如:$kai^{35} tau^{55} xu^{21}$ 将开始吃。⑥几近起始体。形式:动词本形 + ti^{55}(助)+ xu^{21},例如:$ka^{35} ti^{55} xu^{21}$ 马上开始吃。⑦起始体。形式:动词本形 + tau^{55} + xu^{21},例如:$ka^{35} tau^{55} xu^{21}$ 开始吃。⑧已起始体。动词本形 + la^{55} + xu^{21},例如:$ka^{35} la^{55} xu^{21}$ 已开始吃。⑨持续体。形式:动词本形 + la^{55},例如:$ka^{35} la^{55}$ 在吃。⑩持续进行体。形式:动词本形 + la^{55} + $ŋie^{55}$(助),例如:$ka^{35} la^{55} ŋie^{55}$ 还在吃。⑪将完成体。形式:动词本形 + $tɕi^{35}$ + lu^{21}(助),例如:$ka^{35} tɕi^{35} lu^{21}$ 将吃完。⑫完成体。形式:动词本形加形态音位 -u,例如:kau^{35} 吃了。⑬曾完成体。形式:动词本形 + $tɕi^{35}$ + $liau^{55}$,例如:$ka^{35} lu^{55} liau^{55}$ 吃完了。⑭完成离心体。形式:动词本形 + lu^{21},例如:$ka^{35} lu^{21}$ 吃完……(走)了。⑮曾完成离心体。形式:动词本形 + la^{55} + lu^{21},例如:$ka^{35} la^{55} lu^{21}$ ……(走)了。⑯完成向心体。形式:动词本形 + tiu^{55}(助),例如:$ka^{35} tiu^{55}$ 吃完……(来)了。⑰曾完成向心体。形式:动词本形 + a^{55} + tiu^{55},例如:$ka^{35} a^{55} tiu^{55}$ 吃过……(来)了。⑱曾行体。形式:动词本形 + lie^{55}(助),例如:$ka^{35} lie^{55}$ 吃过了。⑲经验体。形式:动词本形 + $po^{55} la^{55}$,例如:$ka^{35} po^{55} la^{55}$ 吃过。

14.【土家语形容词"级"的表示法】 土家语的形容词没有"级"的语法范畴,但表示级的意义却有多种语法手段。

(1)形容词本形表示原级。例如:

kai^{35} kha^{55} phu^{53} $mian^{55}$ $tɕie^{53}$ la^{55} thu^{21} ze^{53}. 这一朵红花漂亮。
　这　　花　红　　一朵　漂亮

$ŋa^{35}$ $ŋie^{53}$ $ɕi^{55}$ pa^{53} $mian^{55}$ $tɕie^{53}$. 我的衣服是红的。
　我　的　衣服　　红

（2）较级则用"a^{55} + 形容词 + $ȵie^{55}$"的形式来表示，含有"更"的附加意义。这时逻辑重音落在"a^{55}"的上面。试比较：

$ŋa^{35}$ $ȵie^{53}$ $ɕi^{55}$ pa^{53} $mian^{55}$ $tɕie^{53}$. 我的衣服是红的。

$ȵi^{35}$ $ȵie^{55}$ $ɕi^{55}$ pa^{53} a^{55} $mian^{55}$ $tɕie^{53}$ $ȵie^{55}$. 你的衣服更红。

你　　衣　更（助）红（助）

（3）最高级有三种表示方式。

①形容词叠用，其中介以衬音助词 le^{55}，这时逻辑重音在 le^{55} 上面，含有"最"的意味。如：

$a^{55}ti^{55}$ pha^{53} zo^{53} ku^{53} tse^{35} si^{55} le^{55} $tsɔ^{35}$ si^{55}. 那个辣椒辣嘞辣（最辣）。

那个　辣椒　　辣 嘞 辣

②形容词后附叠音语素接尾，这样就更增强了该形容性质的程度很高。

A. 后附一个重叠语素的。

wu^{35} $tɕhi^{55}$ $tɕhi^{55}$. 冷冰冰

lan^{21} $ɕi^{35}$ $ɕi^{35}$. 臭熏熏

B. 后附两个重叠语素的。

pi^{21} tha^{53} tha^{21} sei^{53} sei^{53}. 最平最平

$khei^{35}$ $tɕi^{55}$ $tɕi^{55}$ tai^{21} tai^{21}. 最苦最苦

③形容词后加 $ɕi^{55}thai^{35}$ 作补语来表示"最"的意思。例如：

$ȵi^{35}$ $ȵie^{53}$ $ɕi^{55}$ pa^{53} $mian^{55}$ $tɕie^{53}$ $ɕi^{55}$ $thai^{35}$. 你的衣服最红。

你　的　衣服　　红　　得没有

$a^{55}ti^{55}$ khu^{55} tsa^{21} kau^{55} $ɕi^{55}$ $thai^{35}$. 那座山最高。

那座　山　高　得 没有

15.【土家语词的分类】土家语的词类范畴有名词、动词、形容词、数量词、代词、副词、介词、连词、助词、叹词、象声词十一类。

名词　名词是表示事物名称的词。大致可以分为普通名词、专有名词、时间名词和方位名词。名词有如下语法特点：①能带前缀和后缀。前缀少，后缀多，常各自表示一定的附加意义。它们都是名词的词类标志。②名词在形容词之前，被修饰。如：$\frac{kha^{55}\ phu^{53}}{花}\ \frac{mian^{55}\ tɕie^{21}}{红}$（红花）。③在数量词之前，被限定。如：$\frac{mu^{35}}{竹子}\ \frac{la^{55}\ tsi^{55}}{一根}$（一根竹子）。④在另一名词之后，被限定。如：$\frac{ɕi^{35}}{草}\ \frac{tsho}{屋}$（草屋）。⑤在动词之前，为动词的涉及物。如 $\frac{tsi^{21}}{吃}\ \frac{ka^{35}}{饭}$（吃饭）。名词的语法功能主要是充当主语、宾语和定语，判断句中可以作谓语。时、地范畴是附属于动词的语法范畴，因而时间名词和方位名词在句中主要充当状语。

动词 动词是表示动作、行为、变化、有无的词。动词在句子中主要作谓语，视其带不带宾语可以分成不及物动词和及物动词两类。①不及物动词在句中作谓语，位于主语之后。如：$po^{55}\,li^{21}\,ȵie^{35}\,lian^{55}$（小孩睡了）。②及物动词作谓语，与其宾语构成宾动结构，用在主语之后。如：$\dfrac{ŋa\ tsi\ ka^{35}}{我\ 饭\ 吃}$（我吃饭）。土家语动词有形态变化。它往往用动词韵母后面元音韵尾的变化表示动词"体"的语法范畴。以 ka^{35}（吃）为例：原形 ka^{35} 正吃，表进行体；kai^{35} 将吃，动词原形加形态音位 i，表将行体；kau^{35} 已经吃，动词原形加形态音位 u，表完成体。此外，动词以助词为手段表示丰富的"体"的语法范畴。详见［动词"体"的语法范畴］词条。还有几个助动词如 $tai^{55}\,ɕi^{21}$（能够）、to^{53}（要）、$ʀei^{53}$（会）等，它们在句中位于动词之后表示动作的意愿与可能。

形容词 形容词是表示性质、程度、状态的词。在句中主要作定语和状语，也可以作主语、谓语、宾语和补语。土家语的形容词没有"级"的语法范畴，而表示"级"的意义却有多种语法手段。级分原级、比较级和最高级三种。详见［形容词"级"的表示法］词条。形容词作谓语有带动态的意义时，也就具有动词的一部分"体"的语法范畴；将行体和完成体。表示形式与动词同。如：$\dfrac{pu^{35}\,li^{55}\ mian^{55}\,tɕiei^{53}}{果\ 子\ \ \ 将\ \ \ 红}$。本原 $mian^{55}\,tɕie^{53}$ 后一音节加形态音位"i"，表示将行体。受汉语影响，完成体的形态音位"u"今已逐渐消失，而为助词 $liau^{53}$ "了"所取代。

数量词 土家语没有独立的数词类和量词类。表基数的只有十个音节：la^{55} 一、$ȵie^{55}$ 二、so^{55} 三、ze^{55} 四、$oŋ^{55}$ 五、o^{21} 六、$ȵie^{21}$ 七、ie^{21} 八、ke^{55} 九、xei^{35} 十。这十个音节只是表基数的词素，单独使用，没有意义；只有同表量的词素结合成词，才能表示数量。如：$la^{55}\,pu^{55}$ 一个、$ȵie^{55}\,pu^{55}$ 二个、$so^{55}\,pu^{55}$ 三个……表量的词素较丰富，它们必须与表数的词素结合起来才能表示数量，否则也是没有独立的意义的。因此我们把它们合称数量词。量分名量和动量两种。表名量的数量词用在名词之后作定语，如 $\dfrac{pu^{53}\,tsi^{55}}{筷\ 子}\,\dfrac{la^{55}\,zu^{53}}{一\ \ 双}$ 筷子一双；表动量的数量词用在动词之前作状语，如 $\dfrac{la^{55}\,tɕhie^{55}\,pa^{53}}{一\ 遍\ \ \ \ 看}$ 看一遍。

代词　代词有人称代词、指示代词和疑问代词三种。①人称代词有第一人称、第二人称和第三人称之分，有单数、复数之别。第一人称单数为"ŋa³⁵"我，复数为 an³⁵ ŋi⁵⁵ 我们；第二人称单数为 ŋi³⁵ 你，复数为 se³⁵ 你们；第三人称单数为 ko³⁵ 他，复数为 ke³⁵ tse⁵⁵ 他们。人称代词在名词前起限定作用时，后面加助词 ŋie⁵³，构成领属格，如：ŋa³⁵ ŋie⁵³ 我的，an³⁵ ŋi⁵⁵ ŋie⁵³ 我们的。人称代词后加 kuan³⁵ to²¹ 或再加 ɕie⁵³，构成反身代词，如 ŋa³⁵ kuan³⁵ to²¹ 我自己，an³⁵ ŋi⁵³ kuan³⁵ to²¹ ŋie²¹ 我们自己的。人称代词在句首作主语，在及物动词前作宾语，在判断句中作谓语。②指示代词有近指远指之分。近指：kai³⁵ 这，kai³⁵ ti⁵⁵ 这个（些），ke²¹ 这里，ke³⁵ xo⁵³ 这么，kei³⁵ tio⁵³ ŋie²¹ 这样；远指：ai⁵⁵ 那，ai⁵⁵ ti⁵⁵ 那个（些），an⁵⁵ ke⁵⁵ 那里，a²¹ xo⁵³ 那么，a²¹ tio⁵³ ŋie²¹ 那样。③疑问代词在句首作主语，在名词前作定语。疑问代词有人称疑问代词和一般疑问代词。人称疑问代词为 a⁵³ se²¹ 谁，领属格为 a⁵³ se²¹ ŋie²¹ 谁的。它们在句中作主语、谓语和定语。一般疑问代词有 kei²¹ 哪，kei³⁵ la⁵⁵ pi⁵⁵ 哪儿，tɕhie⁵³ ɕi²¹ 什么，tɕhan³⁵ an³⁵ ŋie²¹ 怎么，kai⁵³ 多少，kai⁵³ tɕiu⁵⁵ 多久。

副词　修饰动词、形容词，表示程度、范围、时间、否定等意义。土家语副词不多，大部分借用汉语副词。固有的副词分：程度副词有 pian³⁵ 稍微；范围副词有 xu³⁵ ŋi⁵⁵ 全、都，ɕi²¹ 只、仅，ta³⁵ 相互；时间副词有 kha⁵³ loŋ²¹ 从前，mu³⁵ mo⁵⁵ 现在，wei²¹ tie⁵⁵ 立刻；否定副词有 tha⁵⁵ 不、莫，thai³⁵ 没有，thau³⁵ 没有了，ta³⁵ 没有、tau³⁵ 没有了。否定副词在土家语里用法较为特殊。（1）tha³⁵ 用在动词、形容词之后表示"不"的意思；用在动词形容词之前表示"莫""别"的意思。例如① ŋi³⁵ jan⁵⁵ xu²¹ tha⁵³, ko³⁵ ze³⁵ xu²¹ tha³⁵. 你 烟 抽 不　他 酒 喝 不　你不吸烟，他不喝酒。② ŋi³⁵ jan⁵⁵ tha⁵³ xu²¹, ko³⁵ ze³⁵ tha⁵³ xu²¹. 你 烟 别 抽　他 酒 别 喝　你别抽烟，他别喝酒。（2）thau³⁵ 是 tha⁵³ 的形态变化，在动词、动词化形容词之后表示"不……了"，此时动词、动词化形容词完成体的形式都在否定副词上表现出来。例如：① ŋa³⁵ tsi²¹ ka³⁵ thau³⁵. 我 饭 吃 不了　我已不吃饭了。② thian⁵⁵ tɕhi³⁵ sa⁵³ thau³⁵. 天　气　冷 不了　天气已经不冷了。（3）ta³⁵ 用在动词、形容词之后表示"没有"。如① ŋa³⁵ ze³⁵ xu²¹ ta³⁵. 我 酒 喝 没有　我没有喝酒。② tsi²¹ a⁵⁵ tɕhie⁵⁵ ta³⁵. 饭 熟 没 有　饭没有熟。（4）tau³⁵ 是 ta³⁵ 的形态变化，在动词之后表示"没有了"，此时动词完成体形式在否定副词上表示出来。例如：$la^{35} \varcipher{c}ie^{55} tsi^{21} ta^{55} ji^{21} tau^{35}$ 好久不见了。（5）thai^{35}出现在名词、形容词之
好久 相互见没有了
后表示"没有"。如：$lai^{21} lau^{21} tshi^{21} thai^{35}$·今天没有太阳。（6）thau^{35}出现在
今天 太阳 没有
名词之后表示"没有了"。如：$\eta a^{35} tho\eta^{21} t\varcipher{c}hian^{21} thau^{35}$·我没有钱了。
我 铜 钱 没有了

介词 土家语介词固有的少，借汉的多。固有的介词有lie^{35}从、po^{55}到，用在名词、代词之后，表示起止的方向和地点。例如：① $\eta i^{35} khei^{35} tu^{55} lie^{55} en^{21} t\varcipher{c}i^{21}$? 你从哪里来？② $\eta a^{35} pe^{21} t\varcipher{c}in^{55} lie^{55} en^{21} t\varcipher{c}i^{21}$. 我
你 哪里 从 来 我 北京 从 来
从北京来。③ $\eta i^{35} khei^{35} tu^{55} po^{55} \varcipher{r}ei^{35}$·你到哪里去？④ $\eta a^{35} phe^{35} thi^{55} po^{55} \varcipher{r}ei^{35}$.
你 哪里 到 将走 我 地里 到将走
我（将）到地里去。借用汉语介词时，原有的句式也往往改变了。以表示"比较"意义的句式为例来说明：

原式：$ko^{35} \eta ie^{53}, \eta i^{53} \eta ie^{35} tsha^{35} \eta ie^{21}$·他的，你的好。
他的 你的 好还

变式：$\eta i^{35} \eta ie^{53} pi^{53} ko^{35} \eta ie^{53} tsha^{35} \eta ie^{21}$·你的比他的好。
你的 比他 好 还

原式不用介词，而以语序和助词为手段表示"比较"的意义；变式借用汉语介词"比"来表示"比较"的意义，句子的语序也随之改变如同汉序了。

连词 土家语连词很少。并列连词有ηie^{21}和，如：$wu^{35} \eta ie^{21} zo^{35} \varcipher{c}i^{21} ka^{35} la^{53}$
牛 和 羊草吃在
牛和羊正在吃草。从属连词，或固有，或借汉，或借助语气助词表示。分述如下：（1）因果句。①固有的：$an^{55} \eta ai^{55} ti^{35} liau^{53} ai^{55} ka^{55} mo^{21} \eta a^{35} en^{21} tsi^{21} ta^{21}$
弟弟病了 所以 我来 没有
弟弟病了，所以我没有来。②借助语气助词的：
$\eta a^{35} tsi^{21} ka^{35} ta^{53}, li^{35} a^{53} lie^{35} li^{35} a^{53}$·因为我没吃饭，所以饿得很。（2）转折句。
我饭吃没 饿勒饿
①借汉$sui^{55} zan^{21}$"虽然"：$lai^{53} sui^{55} zan^{21} ze^{35} su^{53} su^{53}, xa^{21} si^{53} sa^{53} ta^{35}$·今天虽然刮
今天 虽然 风刮 还是 冷不
风，还是不冷。②借助语气助词的：$lai^{53} ze^{35} zu^{53} me^{21} la^{21}, sa^{53} me^{21} sa^{53} ta^{21}$·今天虽
今天 风嘛刮在 冷嘛冷不
然刮风，但是不冷。至于选择句、假设句、条件句大多靠说话的语言环境或语气助词来表示。

选择句：lai^{53} tsi^{53} pu^{21}, xo^{55} pu^{21} tha^{53}？ 今天杀猪，还是不杀？
　　　　今天猪杀　还　是杀不

假设句：ŋi^{35} sa^{21} tha^{55} me^{55}, en^{21} tsi^{21} tha^{53} to^{21}. 你不听话，不要来。
　　　　你 话 听 不嘛　来　不 要

条件句：ko^{35} ei^{35}, ŋa^{35} en^{21} tei^{35}；ko^{35} ei^{35} tha^{53}, ŋa^{53} pe^{53} en^{21} tei^{35} tha^{51} lie^{21}.
　　　　他去，我来； 他去不， 我也来 不
他去，我就来；他不去，我也就不来。

助词 助词就其语法作用看可以分为结构助词、时态助词和语气助词。A. 结构助词有 ŋie^{35} 的、mo^{21} 地、ei^{21} 得、ko^{35} 被、把……（1）ŋie^{35}：位于名词和代词之后，构成领属格。如① tsha^{21} tehie^{21} ŋie^{35} tehi^{35} la^{55} 嫂嫂的裹脚。② ko^{35} ŋie^{35} ei^{55} pa^{53} 他的衣服。（2）mo^{21}：状语的标志，谓语中心词动词之前。如：ko^{35} tha^{21} thai^{55} mo^{21} zu^{21} po^{21} 他悄悄地听着。（3）ei^{21}：补语的标志，位于动词、形容词之后。如：ŋi^{35} ŋie^{55} tsie^{35} o^{55} ei^{21} so^{55} li^{55} 你的手洗得干净。（4）ko^{35}：有两种情况。① ko^{55} 位于动词之前，构成被动语态。如 ei^{21} wu^{35} ko^{35} ka^{35} liau^{53}
草 牛 被 吃 了
草被牛吃了。② ko^{35} 位于宾语之前，构成处置句。如：wu^{35} ko^{35} ei^{35} ka^{35} liau^{53}
牛 把 草 吃 了
牛把草吃了。B. 时态助词有 xu^{21}、tau^{55}、ti^{21}、la^{55}、ŋie^{55}、liau^{53}、tei^{35}、lu^{21}、a^{55}、lu^{21}、tiu^{55}、lie^{55}、po^{55} 等。它们位于动词或动词化形容词之后表示"体"范畴的。有的单独表示一种"体"，有的两个合起来表示一种"体"，有的两个合起来加上动词形变化一起表示一种"体"。用法较为复杂，表意极为精微，详见［动词"体"的语法范畴］词条，兹不赘述。C. 语气助词：语气助词位于句末（少数在句中）表达句子的语气和感情色彩。表陈述语气的助词有 lu^{21} liau^{53} lo^{55} 等。liau^{53} "了"这个助词表语气，也表时态，从汉语吸收来的。根据不同时态，有时讲成 liau^{53}，有时讲成 lu^{21}。表祈使语气的助词有 pa^{21}、man^{53} 等。表疑问语气的助词有 xo^{55}、man^{53} 等。

叹词 叹词独立于句首，表示各种情态。常用的有：an^{21} ŋie^{21}、ie^{55} xe^{21}、xa^{53}、an^{35}、a^{55} li^{55}、o^{55} xo^{55}、me^{35} e^{21}、en^{21} jin^{21} 等。① an^{21} ŋie^{21}！表示惊讶或出乎意料。如：an^{21} ŋie^{21}！ŋi^{35} tehian^{35} zi^{55} lie^{21}？哎呀！你怎么搞的。② xa！表示追问。如：xa^{53}！ŋi^{35} tsai^{35} la^{55} tehie^{35} li^{21} la^{21}
　　　　　　啊！你 再 一　 次　 讲 在　 啊！你再讲一次。③ an^{35}！表示后悔。如：an^{35}！xa^{53} mo^{21} phi^{21} liau^{53}. 嗯！打碎了。④ me^{35} e^{55}！遭天灾人祸，表惊呼。如：me^{35} e^{55}！tsho^{53} kei^{21} liau^{53} ua^{21}！天呀！屋烧了哇！⑤ cn^{21}

jin^{21}！表叹息。如：en^{21} jin^{21}！ ka^{35} tshi^{21} thai^{35}！唉！没有吃的啦！

象声词　象声词是模拟事物发出声音的词。有单音的，有双音的，多数为四音格。如：kho^{21} phie^{21} kho^{21} phie^{21}（踩踏田里稀泥声）tshe^{21} phu^{21} tshe^{21} phu^{21}（果子含水分多声）。xua^{21} la^{21} xua^{21} la^{21}（快速犁田声）kho^{21} lo^{21} kho^{21} lo^{21}（口袋里铜钱多声）。ka^{21} za^{21} ka^{21} za^{21}（啃骨头声）。pha^{21} tha^{21} pha^{21} tha^{21}（拖着鞋子走路声）。

象声词后面加助词 mo^{21} 在句中作状语。如：

① ko^{35} xua^{21} la^{21} mo^{21} si^{21} mo^{21} khei^{55} tɕhie^{21}. 他哗啦哗啦地犁田。
　　他　哗　啦　哗　啦　地　田　　犁

② ŋa^{35} toŋ^{21} toŋ^{21} mo^{21} xe^{21} xa^{21} la^{55}. 我咚咚地打鼓。
　　我　咚　咚　地　鼓　打　在

16.【土家语句子成分和语序】 土家语的句子成分有：主语、谓语、宾语、定语、状语、补语六种，语序有"主语+谓语""主语+宾语+谓语"两种。

"主语+谓语"句式：主语在谓语前。例如：

① ŋie^{35} pi^{55} za^{55}. 鸟儿飞。
　　鸟　儿　飞

② su^{35} su^{35} zoŋ^{35} liau^{55}. 雪融了。
　　雪　　融　了

③ ai^{55} ɕi^{55} lan^{55} kha^{55} phu^{53} zɛ^{53}. 那土花被盖漂亮。
　　那　被盖　土　花　漂亮

④ ŋa^{35} pi^{35} tsi^{55} kha^{21}. 我土家族。
　　我　土　家　族

作主语的主要是名词、代词，作谓语的主要是动词、形容词，也有用名词的。

"主语+宾语+谓语"句式：宾语位于主语和谓语之间。例如：

⑤ xa^{53} lie^{21} tsi^{53} ka^{35}. 狗咬猪。
　　狗　猪　咬

⑥ ko^{35} ɕi^{55} pa^{55} ta^{35}. 他穿衣服。
　　他　衣　服　穿

作宾语的主要是名词、代词。

主语、谓语、宾语、定语、状语、补语在句中的基本语序。

⑦ ŋa³⁵an⁵⁵ ŋai⁵³ ŋie⁵⁵ ɕi⁵⁵pa⁵⁵kha²¹khei³⁵mo²¹tsa³⁵mo²¹so³⁵li⁵⁵liau⁵⁵.
　　我　弟弟　的　衣服　轻　轻　地　洗　得　干净　了
　　主语　定语　　　宾语　　　状语　　谓语　　补语
我轻轻地洗干净了弟弟的衣服。

从以上诸例来看，土家语六大成分在句中的基本语序是：主语在句首，宾语在动词谓语之前，领属性定语在中心词名词之前，描写性定语在中心词名词之后，状语在中心词动词或形容词之前，补语在被补足语动词或形容词之后。

17.【土家语句子类型】土家语的句子根据谓语的不同性质，大体可以分为判断句、描写句和叙述句三类。

（1）判断句，对事物的类属、性质作出判断，以名词作谓语，跟主语直接连接。如：

① ŋa³⁵ tsoŋ⁵⁵ kue²¹ ŋie²¹ lo⁵³. 我是中国人。

② ŋi³⁵ pe³⁵ kha⁵³, ko³⁵ pha³⁵ kha⁵³. 你是苗族，他是汉族。

土家语判断句原无判断词，受汉语影响，早期在判断句中借用汉语判断词"是"，按土家语谓语在宾语后的语序置于句末，"是"字也按土家音读成 sou³⁵。

③ ŋa³⁵ pi³⁵ tsi⁵⁵ kha⁵³ sou³⁵. 我是土家族。
　 我　土　家　族　是

受汉语影响日深，现在判断句的语序也随之变成汉语语序了：

ŋa³⁵ si³⁵ pi³⁵ tsi⁵⁵ kha⁵³. 我是土家族。
我　是　土　家　族。

（2）描写句，对事物作描述，以形容词作谓语。如：

① kai³⁵ ɕi⁵⁵ pa⁵⁵ ze⁵⁵. 这衣服漂亮。

② kai³⁵ li³⁵ pu⁵⁵ ɕin³⁵ ka⁵³ tan²¹ tan²¹. 这水稻绿油油的。

当形容词和时态助词组合出现了"体"的语法范畴，这是形容词动词化，这样的句子不再属于描写句，而是属于叙述句了。

如：xa⁵⁵ tshe⁵⁵ a⁵⁵ tɕie⁵⁵ liau⁵⁵. 菜熟了。

（3）叙述句，对事物作叙述，以动词作谓语。

① ŋie³⁵ pi⁵⁵ za⁵⁵. 鸟儿飞。

② xa⁵⁵ lie⁵³ tsi⁵³ ka³⁵. 狗咬猪。
　 狗　猪　咬

③ ŋa³⁵ kha⁵⁵ phu⁵³ mian⁵⁵ tɕie²¹ la⁵⁵ thu²¹ ɕie³⁵. 我有一朵红花。
　 我　花　红　一朵　有

叙述句较为复杂。由于谓语动词与主语宾语的关系多种多样，因而在基本语序上产生了一些变化，出现了一些不同的句式。

A. 双宾式："主语 + 直接宾语 + 间接宾语 + 谓语动词"

wan^{21} pho^{35} ka^{53} ŋa^{35} po^{53} tshi^{55} phu^{55} so^{55} phi^{53} lie^{35}. 王老师送我三本书。
王 老 师 我（助） 书 三 本 送。

B. 处置式："主语（施事）+ ko^{35}（主动者标志）+ 宾语（受事）+ 谓语动词"
（助）

tso^{35} khu^{53} ko^{35} za^{35} pa^{21} ka^{35} liau^{55}. 野猫把公鸡吃了。
野猫 （助）公鸡 吃 了

C. 被动式：主语（受事）+ 谓语［主语（施事）+ ko^{35}（主动者标志）+ 谓语动词］

ai^{55} ti^{55} za^{21} pa^{21} tso^{35} khu^{53} ko^{35} ka^{35} liau^{53}. 那只公鸡被野猫吃了。
那 只 公 鸡 野 猫（助）吃 了

D. 联合谓语式：
ko^{35} tɕhi^{55} kho^{53} son^{55} kho^{53}. 他走来走去。
ŋi^{35} kei^{35} lo^{21} ke^{35} lo^{21}. 你东游西荡。

E. 连动式：
ko^{35} tsu^{55} tsu^{55} po^{21} pau^{35} pa^{53}. 他站着看报。
他 站 着 报 看

F. 句子形式作谓语：
kha^{21} ŋa^{35} o^{53} tai^{53} ɕi^{21}, tshe^{21} ŋa^{35} khe^{55} tai^{53} ɕi^{21}. 柴，我能背，水，我会挑。
柴， 我 背 能够， 水， 我 挑 会

18.【土家语方言】土家语分北部、南部两个方言。北部方言包括龙山、永顺、保靖、古丈等县，操此方言的现约20万人。南部方言为泸溪县潭溪乡一带自称"木齐黑"［mu^{21} dzi^{21} xɯe^{55}］的土家人。操此方言的现约4000人。两个方言在语音、词汇上差别较大，语法上差异较小。

A. 南部方言的语音系统

（1）声母 潭溪土家语有27个声母：［p］po^{33} 龙、［ph］phu^{33} 少、［b］bo^{35} 看、［m］mi^{55} 吹、［f］fu^{35} 编、［w］wu^{33} 量、［ts］tsu^{33} pu^{33} 棉花、［tsh］tsha^{33} 房屋、［dz］dzi^{35} 饭、［s］so^{35} 劈、［z］zo^{33} 羊、［t］tɯ^{33} 蒸、［th］tha^{35} 踢、［d］do^{33} 穿、［l］lo^{33} 布、［tɕ］tɕie^{35} 寻找、［tɕh］tɕhi^{33} 大、［dʑ］dʑi^{21} 哭、［ɕ］ɕie^{35} 铁、［j］ji^{35} 有、［ɲ］ɲi^{35} 你、［k］ka^{35} 他、［kh］kha^{35} 断、［g］go^{35} 咬、［x］xa^{33} 鳃、［y］ya^{55} 美丽、［ŋ］ŋo^{35}

我。说明：l 和 n 自由变读，以 l 为音位代表，n 只拼齐齿韵和撮口韵。南部方言浊塞音 b、d、g 和浊塞擦音 dz、dʑ 音位，北部方言没有。

（2）韵母　潭溪土家语有 21 个韵母。其中单元音韵 7 个：[i] phi⁵⁵ 呕吐、[a] da³³ 砍、[o] do³³ 穿、[e] ze²¹ 酒、[u] phu⁵⁵ 买、[ɯ] bɯ⁵⁵ 便宜、[y] tɕhy³³ tɕhy³³ 蟋蟀；复元音韵母 10 个：[ai] sai³³ 小、[ei] tshei³³ tshei³³ 蛆、[ui] tɕhia⁵⁵ gui²¹ 螃蟹、[ye] ɕye³³ ȵioŋ⁵⁵ 扔、[ie] lie²¹ 蛋、[ɯe] mɯe²¹ 天上、[ia] ȵia⁵⁵ 人、[ua] gua³⁵ la⁵⁵ 脖子、[au] mau⁵⁵ tui²¹ 斗笠、[io] ȵio⁵⁵ 射；鼻音尾韵母 4 个：[an] man⁵⁵ 乳房、[əin] əin³³ 老虎、[oŋ] kho⁵⁵ loŋ²¹ ȵie²¹ 明天、[ioŋ] ȵioŋ⁵⁵ 啃。此外，借汉词韵母有：[yin] tɕyin²¹ 群、[yan] tɕhyan³³ sən³³ ka²¹ 穿山甲、[iu] liu⁵⁵ su²¹ kho⁵⁵ 杨柳树、[iau] dai³⁵ piau⁵⁵ 代表、[in] tɕin⁵⁵ 金、[ian] ɕian¹³ 象、[ou] sou⁵⁵ dzu²¹ 手镯、[uin] tshuin⁵⁵ 春、[uan] suan⁵⁵ 霜。说明：有自然元音 ḷ，只与声母 ts、tsh、dz、s、z 拼，而元音 i 不与这些声母拼，于是 ḷ、i 合成一个音位，以 i 作音代表；南部方言有撮口韵，北部方言没有；南部方言借汉词的韵母较多，北部方言较少。

（3）声调　潭溪土家语有 4 个声调

调类	调值		
高平	55	si⁵⁵ 脱	khɯ⁵⁵ 苦
中升	35	si³⁵ 生（孩子）	khɯ³⁵ 挂
中平	33	si³³ 白	khɯ³³ 钻
低降	21	si²¹ 肥	khɯ²¹ 硬

说明：受汉语影响，在借汉词中衍生了一个新调低升调 13，多数同城区汉语阳去调相对应，少数同阳平调相对应。

B. 北部方言与南部方言语音对应关系

（1）声母的对应关系　南部方言有浊塞音声母 b、d、g 三个，浊塞擦音声母 dz、dʑ 两个。北部方言同这些浊音声母有两种对应关系：

a. 在本民族词语中，北部方言不同部位的不送气清声母，南部方言则读成相应部位的浊声母。例如：

	北部	词例	南部
1）p—b	pa²¹	公、雄	bo²¹
	pu²¹	粒	bu²¹
2）t—d	ta³⁵	穿	do²¹
	tie³⁵	想	die⁵⁵

3）k—g　　　　　ka³⁵　　　　咬　　　　go³³
　　　　　　　　ka²¹　　　　乌鸦　　　gu²¹
4）ts—dz　　　　tsi⁵³　　　　猪　　　　dzi³³
　　　　　　　　tsi²¹　　　　饭　　　　dzi³⁵
5）tɕ—dʑ　　　　tɕi²¹　　　　脚　　　　a²¹dʑi³⁵
　　　　　　　　tɕie³⁵　　　手　　　　a³⁵dʑie⁵⁵

b. 在借汉词中，凡汉语阳平调全浊声母的字，北部方言读送气清声母，南部方言则读成同部位的浊声母。例如：

　　　　　　　　北部　　　　词例　　　南部
1）pʰ—b　　　　phin²¹tsi²¹　瓶子　　　bin³³tsi³³
2）tʰ—d　　　　thon²¹tsi³⁵　同志　　　don²¹tsi³⁵
3）kʰ—g　　　　khui²¹xua⁵⁵　葵花　　　gui³³xua³³
4）tsʰ—dz　　　tshan²¹tai²¹　肠子　　　dzan²¹tsi³³
5）tɕʰ—dʑ　　　tɕhinn²¹tsoŋ³⁵ 群众　　dʑyin²¹tsoŋ³⁵

（2）韵母的对应关系主要有

　　　　　　　　北部　　　　词例　　　南部
1）a—o　　　　　pa²¹　　　　公、雄　　bo²¹
　　　　　　　　pa⁵³　　　　看　　　　bo³⁵
　　　　　　　　ma⁵³　　　　马　　　　mo³³
　　　　　　　　ma³⁵　　　　女婿　　　mo³³ŋɯe²¹
　　　　　　　　ta³⁵　　　　穿　　　　do³³
　　　　　　　　sa⁵⁵　　　　劈　　　　so⁵⁵
　　　　　　　　kha²¹　　　树木　　　kho³⁵
　　　　　　　　xa³⁵　　　　簸　　　　xo⁵⁵
　　　　　　　　ŋa⁵³　　　　割　　　　ŋo³³
2）o—a　　　　　pho⁵⁵　　　嫁　　　　pha⁵⁵
　　　　　　　　mo²¹　　　　猫　　　　ma⁵⁵a³³tɕi³⁵
　　　　　　　　to⁵³　　　　剁　　　　da³³
　　　　　　　　lo³⁵　　　　煮　　　　la⁵⁵
　　　　　　　　lo³⁵tsi⁵⁵　　瞎子　　　a³⁵la⁵⁵bie³⁵
　　　　　　　　tsho⁵³　　　房屋　　　tsha³³bu²¹
　　　　　　　　a⁵⁵　　　　　姐夫　　　a²¹dza²¹
　　　　　　　　so⁵⁵　　　　三　　　　sa⁵⁵

	ŋo^{53}	银	ŋa^{21}
3）u—ɯ	pu^{35}	杀	bɯ^{33}
	pu^{53}	浸	bɯ^{33}
	tu^{53}	重	dɯ^{33}
	thu^{53}	读	thɯ^{33}

（3）声调的对应　基本调同为四个。主要是北部方言的低降调同南部方言的中升调相对应。

北部	词例	南部
phi^{21}	分配	a^{33}phi^{35}
lu^{21}	读	lu^{35}
la^{21}	缝	lo^{35}
tshe^{21}	水	tshe^{35}
si^{21}	肉	si^{35}
tɕhie^{21}	嚼	tɕhie^{35}
xa^{21}	编	xu^{35}

C. 词汇的比较和对应　北南两个方言词汇差别较大。我们以600个左右的基本词作统计（借汉词除外），声、韵、调完全相同的只有6个，声母和韵母相同的也只38个。能确定为同源词的有177个（例见"语音的对应关系"），大多数则为非同源词。同源词中，其语音对应关系较为明显，这里特以北部方言和南部方言对本民族的"自称"为例进一步加以说明。土家族北部方言的自称为"备兹卡"［pi^{35}tsi^{55}kha^{53}］，南部方言的自称为"木齐黑"［mu^{21}dzi^{21}xɯe^{55}］。虽然两者读音不同，但它们语音的对应关系却十分明显："备"［pi^{35}］与"木"［mu^{21}］的声类相同，同为双唇音；"兹"［tsi^{53}］与"齐"［dzi^{21}］的声类相同，同为齿尖音一清一浊；"卡"［kha^{53}］与"黑"［xɯe^{55}］的声类相同，同为舌根音。这些对应关系，在汉语方言中也屡见不鲜。

土家语还有语法结构稳定性强，方言差异较小的特点。

19.【土家语语言系属】 土家语言系属目前尚无定论。法国人拉古柏瑞（T. de lacoupcrie）认为土家语属于泰掸语系，但藏缅化了。王静如先生在《关于湘西土家语言的初步意见》中认为："湘西土家语乃是在汉藏语系中属于藏缅语族，比较接近彝语的语言，甚至于可说是彝语支内的一个独立语言。"1982年，中国社会科学院民族研究所、中南民院、西南民院、吉首大学合作编著《土家语简志》，对土家语言系属作了进一步探索；该简志系属部分执笔者陈康先生从基本词汇、语法特点、音系特点三方面把土家语跟藏缅、壮侗、苗瑶语族中的六种主要语言藏语（拉萨）、彝语（凉山），壮语（呜武）、侗语（榕江），苗语（养蒿）、瑶语（勉话）的基本词汇做了比较。从互通词例比较来看，土家语比较接近于藏缅语族中的藏语和彝语。为了检验土家语是否更接近彝语，是否是彝语支内的一个独立的语言，陈康先生又将我国现属于彝语支的彝、哈尼、傈僳、拉祜、纳西、白等语言的基本词汇排比出来做了比较。结果表明，土家语并不接近彝语支语言，与藏语支、景颇语支语言比较也有相当大的差异。所以很难把土家语归入藏缅语族的某一个语支中去。

从语法特点看，土家语句子成分的语序为"主语＋宾语＋谓语"式。动词有复杂的"体"的语法范畴，应属于藏缅语族。

从语音系统看，土家语有大量复元音而有别于以单元音为主的藏缅语族语言；土家语浊声母少，元音不分松紧和大量元音半鼻化而有别于彝语支语言；土家语辅音韵尾少，元音不分长短和有四个声调而有别于壮侗、苗瑶语族语言。

根据基本词汇、语法特点和语音系统特点的比较，目前只能暂认为：土家语为汉藏语系藏缅语族中一个独立的语言。

20.【土家语拼音方案（草案）】 土家族有本民族的语言，但一直没有与自己语言相适应的文字。为了满足土家人民的要求，提高民族教育的质量，土家族语言学家彭秀模、叶德书两先生根据周恩来总理关于设计少数民族文字字母的指示，确立了以北部方言为基础方言，以龙山县猫儿滩镇为标准音点，贯彻以汉语拼音方案为基础的原则，考虑教学价值，创制出《土家语拼音方案》（草案）。该方案采用国际通行的26个拉丁字母，在充分表达土家语语音特点的基础上，采用了与汉语拼音方案字母相同的名称。在声母设计上，根据求同存异原则，对土家语与汉语完全相同的声母采用汉语拼音方案相同的字母表示；有细微差别的或土家族独有的，根据土家语标准音点的音位系统和教学价值，决定取舍或新制。韵母总数少于汉语拼音方案，其中大多数又与之相同或相近。对几个有细微差别的韵母作了处理。声调采用声调字母标调，免去隔音符号。经过征求国内语言学者和专家的意见，修订出的《土家语拼音方案》（草案），有字母表、声母表、韵母表、声调表等四个表格，后附说明，简明实用。从教学价值上看，方案的字母读音和用法同汉语拼音方案基本一致，语音系统又与当地汉语方言西南官话的音系几近相同，学了土家语拼音方案也就基本上掌握了汉语拼音，因而特别方便土家语地区小学教育的汉语文教学。这对提高土家族文化科技水平，促进民族经济文化建设都具有重要的意义。

《土家语拼音方案》（草案）在《吉首大学学报》（1984年第1期）发表后，得到国内知名语言学专家的肯定。原国家语委顾问倪海曙先生指出："是个好方案，干净利落。"（见《文字改革简报》1989年第9期）1988年，中国社会科学院民族语言研究所将《土家语拼音方案》（草案）列入全国41种少数民族文字，编入《中国少数民族文字》一书，出版并向国内外发行，填补了土家族有语言无文字的空白。

21.【土家语课本】为发展土家语地区的基础教育，开展农村扫盲，吉首大学中文系副教授叶德书用《土家语拼音方案》（草案）于1986年秋编写了这套课本。先油印，1987年《团结报》社铅印，1992年1月由湖南教育出版社出版，作为"土家·汉双语双文教学接龙实验"的基本教材，在土家语地区小学试用。课本分一、二两册。一册有"前言"、《土家语拼音方案》（草案），正文35课并配有70幅插图（叶德书绘）作为学生学习土家语声母、韵母、声调、音节的发音和土家文的听说读写练习。二册有36课，也配有25幅插图。集中学习土家族优秀的儿歌、摇篮曲、谜语、谚语、盘歌、咚咚喹、童话、传说和儿童剧等。由于课本是用土家族文字写的土家语，切合儿童心理特征，寓教于乐，融科学性、知识性、民族性、趣味性于一体，声心相通，男女老少，爱读爱听。因而这套课本不仅对发展儿童语言、开发智力以及为学习汉语拼音有积极作用，还传承了土家族优秀的传统文化，深受土家语地区群众的欢迎。

22.【土家·汉双语双文教学接龙实验】1986年5月，湘西土家族苗族自治州教委、自治州民委和吉首大学商定在龙山县坡脚乡民族中心完小开展"土家·汉双语双文教学接龙实验"。彭秀模副教授为顾问，抽叶德书副教授在坡脚乡民族中心完小蹲点，主持这项实验。此后，叶德书编写了《土家语课本》（一、二册），设计了土家文直呼，提前读写、补转过渡，与汉语接龙，强化对照，自由变通的实验流程，培训了实验教师。9月4日招收了40名年满6岁操土家语的儿童入学前班学习。与此同时，在报格村小也招了一个学前班，另招了25位青年入夜校扫盲班。经过两年的教学实验，学生学习质量迅速提高；25位青年脱盲，能借助《新华字典》写文章。在叶德书的指导下，实验地区扩展到坡脚、他沙、靛房三个乡，实验班级总数12个，学生500多人，实验教师25人。1993年，第一轮实验班学生参加全县初中新生考试，升学率为82%，居洗车区10所小学的第三位，一改历年在该区倒数第一的面貌。这项实验在教学方法上创立了独特的"三步走"的"双语双文接龙教学法"：第一步，注意语言教育，用《土家语课本》教学，发展儿童的语言和思维能力，促进他们的早期智力开发；第二步，补转过渡，循序迁移，让土家儿童将听、说、读、写土家文的能力转化为听、说、读、写汉语拼音的能力，与汉语"注音识字，提前读写"接龙；第三步，加强土家语与汉语普通话的语序对比教学，使学生自觉地掌握土家语和汉语的语法差异和变通规律。

国家有关部门和教育科研单位、学校教育专家经过考察后，对这项教学实验做出了充分的肯定和评价："土家·汉双语双文教学接龙实验"是一项突破性的改革，对发展民族地区的文化教育闯出一条新路，具有普遍意义。

（彭秀模，原载《湘西文化大辞典》）

三、与友人论学书

给大庸一中谌老师讨论问题的信

谌绍正老师：

　　二月十五日的信收到了。大作《湘西土家人的万能动词》看了几遍，对于〔tai⁵³〕这个语音所代表的词儿，究竟是土家语的词儿还是湘西地区汉语方言的词儿？我以为值得商榷。你是把它作为土家语的词儿来写文章的。我认为〔tai⁵³〕这个词儿是湘西地区汉语方言的词儿，而不是土家语的词儿。你所引的刘自齐同志《湘西方言本字考》通过方言考本字，认为〔tai⁵³〕的本字是"逮"。（见《吉首大学学报》1981年第1期）本字是否考对，解释是否妥帖？我以为有些地方值得研究。你的大作在"查遍辞书，'逮'并无'吃、说、修、做、搞'等意思"，访诸本地人，而又说是"土话、土语"时，就武断地确定为"土家语"，进而断定"土家语乃土家族先民巴人所操的巴语"。"巴语虽早已消失，但现今土家族聚居地区仍留存着土家语的个别词汇。"因而又举出〔maŋ⁵⁵ maŋ⁵⁵〕（饭）、〔tɕio³⁵〕（幽默、有趣。模按：这个音也是汉语方言词）等词，说明"土家人说'逮饭''吃〔maŋ⁵² maŋ⁵⁵〕'是土家语汉语相混的语言现象"。湘西汉语方言说"吃饭"为"逮（？）饭"，这是事实；土家人说"吃饭"为吃〔maŋ⁵⁵ maŋ⁵⁵〕，不符合语言实际。土家族有其独特的民族语言存在，绝不是"仍留存着土家语的个别词汇"。湘西方言"〔tai⁵³〕饭"符合汉语的语法，是"动宾结构"；吃〔maŋ⁵⁵ maŋ⁵⁵〕不符合土家语的语法结构。真正的土家语则说成〔maŋ⁵⁵ maŋ⁵⁵ ka³⁵〕，语法结构为"宾动结构"。土家话里 maŋ⁵⁵的本义为"乳"（奶奶），maŋ⁵⁵ maŋ⁵⁵叠词作"饭"解为"儿语"。即在逗小孩"吃饭"时，常说："maŋ⁵⁵ maŋ⁵⁵ kai³⁵, xa⁵⁵ tshe⁵⁵ thai³⁵（饭将吃菜没有）"这样的韵语；一般跟大人说"吃饭"时，则只说"tsi²¹ ka³⁵"了。根据上面所举的语言事实，都说明了："tai⁵³"这个音节所代表的词儿是湘西地区汉语方言的词儿，而不是土家语的词汇。

因此，你这篇文章应把"tai^{53}"作为湘西汉语方言的词儿来分析它的多种用法。另外还得考虑 tai^{53} 这个音节所代表的不同的意义的本字不一定只是一个。举例来说"tai^{53} 饭"之"tai^{53}"，本字应为"啖"，《史记·项羽本纪》："樊哙覆其盾于地，加彘肩（整条猪腿）上，拔剑切而啖之。"啖，古音读 dàm，阳声韵；由于语音变化，在西南官话里失去鼻韵尾，读成阴声韵"tai^{53}"了。这种语音现象，音韵学上叫"阴阳对转"。再如"tai^{53} 骗"之"tai^{53}"，本字应为"绐"，《辞海》："绐，欺骗。"《史记·项羽本纪》："项王至阴陵，迷失道，问一田父，田父绐曰：'左'，左，乃陷大泽中。"又如"tai^{53} 捕"之"tai^{53}"，本字应为"逮"。《辞海》："逮捕。"《汉书·记苏武传》："廷尉奏请逮捕武。"提出以上意见，只是同你商讨，不见得正确，请考虑。

彭秀模
1989 年 2 月 28 日

给龙山洗车民中张老师的信

张伟权老师：

　　来信收到很久了，迟复为歉。大作《楚辞与土家》看了多次。选择这一课题很好，也参阅了很多著作，用功之勤，考虑之深，堪称好学深思之士，值得赞许。在论证问题时，多以土家语言为证，这当然好；但由于语言学理论方面的功力不够，因而文章中所举的几个语言例证都很难说是持之有故，言之成理的。学术讨论意在求真。你对我很尊重，但我仍然要提出一些直率意见。比如你的"离骚新释"，我就不敢苟同。你否定了前人的几种解释，提出了自己的看法："土家族语言中的'离'汉语是'讲'，'骚'的汉意是'话'。土家语的'离骚'汉意是'讲话'。"为了说明你的看法正确，紧接着作了这样的论述："土家语的语序同俄语一样，往往把述语放在宾语后面，土家语的'讲话'的正当说法是'骚离'。"上引大作的两段话前后自相矛盾，恰好说明你的'新释'难以成立。一个语言的语法结构和基本词汇是最能反映出语言的民族性的。你所举的第二大段文字所讲的语序问题正好说明"离骚"是汉语，而不是土家语。正如你所说的："土家语的'讲话'的正当说法是'骚离'。"要是屈原是土家族，他如果用土家语做标题，它只能是"骚离"〔$sa^{21}li^{21}$〕，绝不能用汉语语序"离骚"。前人训释多有其训诂学上的根据，或根据文字，或根据音韵。理论根据是语言的社会支柱。司马迁、班固诠释有其音理根据，郭沫若的解说，意在创新，亦未离谱。我以为古注一般是应该尊重的。不能像某些研究者不注意古今音之流变，因为语言偶尔相合或相近，牵强附会加以训释，那就走调了。比如你对"阿"的诠释，我也不敢苟同。你说："阿是土家语的借用，汉意是鬼或神。土家族语言中的鬼神就是同一个词——'阿惹'，简称'阿'。"这段话有三个漏洞：1."阿是土家语的借用"，不对。2. 土家语鬼、神同用一个词——阿惹，也不尽然。土家语"鬼"是"阿惹"〔$a^{55}ze^{21}$〕；"神"是"叶"〔je^{21}〕。3."阿惹"是一个词，词是不能分开的，简称"阿"，当然不行。其实"惹"是词根"阿"是前缀（词头），前缀离开了词根是不能单独表意的。第3点不能成立，第1点认为"阿"是土家语的借用就失去依据了。你所举《楚辞》的"阿"字,看来也只能按故训去理解。这是语言的社会性所决定的。例如:①《诗·小雅·绵蛮》:"绵蛮黄鸟,止于丘阿。"郑笺:"丘阿,曲阿也。"②古诗:"冉冉孤竹生,结根泰山阿。"余冠英注:"阿,山曲。"以上两句的"阿",都作山坳解为妥。再从语法结构分析,"于丘阿""(于)泰山阿"这两个介词结构,介词"于"后,只能是处所或时间名词,如果按"鬼、神"去解释就不通了。其他如"兮、乎"等词,我以为都值得商榷,兹不赘述。

为了论证楚辞与土家族渊源关系,我以为能从语言上得到确切的真凭实据,那是难以驳倒的;万一不能,可以从民俗的、衣食住行的、地方色彩的、风土人情的诸多方面去论证,见智见仁,"横看成岭侧成峰",各执一端去争鸣,未为不可;语言规律性强,一是一,二是二,谁都难强词夺理。宣传土家族,寄希望于你们这些青年人。你有研究能力,我很欣赏。写信与你论难,不是给你泼冷水,而是给你加油,拳拳此心,谅能体会。原稿托叶德书老师带回,可否在原课题上化整为零,专题论述(六七千字)。不然,无论哪家学报也无法给你这么大的篇幅。

彭秀模
1989 年 11 月 24 日

给罗其精教授的信

其精教授：

　　大作《玻璃译名考》看了多次。您看了很多书，搜集了很多资料，整理材料也很有条理，考证语源也很精彩，因而每一音译既有音的分析，也有书证，是一篇花了很多工夫的好论文。

　　承蒙信任，寄来全文请我正谬。正谬谈不上，我只想在行文方面，提几点建议：关于段注那段文章，不必采用驳论的形式。比如考证其"胡语"不是"泛指"，是"错指"，论证有凭有据，这是好的（唐段成式《酉阳杂俎》记载，"胡椒"来自摩伽陀国。摩伽陀国属印度，而仍旧称"胡椒"，似乎唐时仍把印度泛指为"胡"）；对于"玻璃"译名词源最早出于何书问题，用语似乎有点过激，以至整段行文过长，喧宾夺主了。

　　关于"琉璃"与"玻璃"实质以及其译名的词源，我对译名的词源行文排列也想提出我的看法：你把五十多个译名归为十四项，这本来也可以，但总显得烦琐。如果按原词与其汉译之语音的内在联系分为六大类，则既可以反映汉译的语音规律，也可以反映汉译词音节对译的全译与省略。

　　一、词源（原词）：Veluriya（梵俗）

　　汉字音译词：壁琉璃、碧琉璃、别琉璃、吠琉璃、毗琉璃、璧琲说明：按原稿内容对号入座地写；另外用汉语古音系统分析说明。如"璧、碧、别"三字，中古音同属"帮"母字，重唇清辅音；"吠"中古音属"奉"母字，轻唇浊辅音；"毗"中古音属并母字，重唇浊辅音。清音韵学家钱大昕在其《音韵问答》中说："凡今人所谓轻唇者，汉魏以前皆读重唇。"首创"古无轻唇音"之说。因此用以上五字对译唇齿浊辅音"Ve"这个音节（Syllable）是比较近似的，尤其以"吠琉璃"译音最为贴切。

　　二、词源：Veluriya（梵俗）

　　汉字音译词：吠努离耶、吠留璃耶、别留璃耶、卫奴璃耶。

　　说明：全音译。按原稿对号入座。这组汉译词中"吠、别"两字的辅音情况已做分析，以"吠、别"二字对译唇齿浊辅音"Ve"这个音节是比较近似的；此外，"卫"为什么能对译"Ve"这个音节呢？卫，于岁切。中古音为蟹摄合口三等去声祭韵云声母字,云声母为喻纽合口三等,喻纽为零声母。故以"卫"对译"Ve"也还接近。此外,这组词均以"耶"对译"ya"这个音节,古音也比较接近。按中古音"耶",以遮切。乃假设开口三等平声麻韵以声母字。以声母为喻纽开口四等字,零声母。故以"耶"对译"ya"古音是较为贴切的。

三、词源:Vecduriya(　)[①]

汉字音译词:毗头黎、鞞头梨、鞞头利、鞞稠梨夜。

说明:按原稿对号入座。这组汉译词是按古汉语音韵系统归纳成组的。"毗、鞞"可以对译"Ve"我们在第一项里已作论证;这里只要论证"头、稠"为什么可以对译"du"这个音节,"夜"为什么可以对译"ya"就行了。"头、度侯切。"中古音为流摄开口一等平声侯韵定母字。"稠,直由切。"流摄开口三等平声尤韵澄母字。清钱大昕还提出过"古无舌上音""古人多舌音"的古音学说,即"知、彻、澄"三母,古音多归入"端、透、定"三母。因此,以"头、稠"二字对译"du"(浊塞音)这个音节是较为合适的。"夜、羊谢切。"中古音为假摄开口三等去声马韵以母字,音韵学家罗常培先生将"夜"字古音拟为[ia],故以"夜"对译"ya"这个音节是较为贴切的。

四、词源:Phaliha(梵俗)

汉字音译词:玻璃、波璃、玻黎、颇黎、颇梨……

说明:按原稿对号入座。汉字音译词均非全译。"波、玻、颇"三字对译"Pha"这个音节比较合适。中古音波、博禾切,果摄合口一等中声戈韵帮母字;玻、颇,均为滂禾切,果摄合口一等平声戈韵滂母字。因此以上三字对译"Pha"是比较接近的。

五、词源:Phatika(波斯文)

汉字音译词:颇胝、颇胝迦、婆致迦、破撤迦……

说明:按原稿对号入座。上面汉字音译词有全译有省译。"颇、婆、破"对译"Pha"这音节是可以的。"颇、破"古音为"滂母"重唇轻送气塞音,"婆"古音为"并母"重唇浊塞音,对译稍嫌不足。用"胝、致、撤"三字对译"ti"音,按古音系统是完全可以的。"胝"张尼切。止摄开口三等平声脂韵知母字;"致",陟利切。止摄开口三等去声至韵知母字;"撤",猪几切。止摄开口三等上声祭韵知母字。按钱大昕"古无舌上音"

[①] 罗其精教授的原文如此。

学说，知母归入端母，对译舌尖中音轻声母"ti"音节完全合适。以"迦"译"ka"也是完全正确的。"迦"，古牙切，假摄开口二等平声麻韵见母字。按中古音系统，对译"ka"音节正合适。

六、词源：Sphatika（梵雅）

汉语音译词：塞颇胝迦、飒破撒迦、窣坡致迦、萨颇置迦……

说明：按原稿对号入座，"塞"，苏则切，"飒"苏合切，"窣"，苏骨切；萨，桑割切。中古音，他们都属于舌尖音轻擦音，对译"S"这个音素是很接近的。再则新出现的"置"与前面出现的"致"，中古音同属"知"母，对译"ti"音节已是前面论述到的，是完全可以对译的。

你的大作《玻璃译名考》把五十多个译名归纳为十四项。我按照中古语音系统将它们归纳为六项。这样既有语音的内在规律，也更有其高度概括性。特此提出，以供选择，不多及，祝你撰祺。

彭秀模
1995 年 5 月 23 日

给胜召君的六封信

胜召君：

　　由吉首监狱教育科转来你的信和诗、词、曲习作共十首，5月31日收到了。从你的文言文书信和诗词习作，反映了你有一定的古典文学基础和浓厚的写作兴趣。文言书信除个别地方用词不切外（"……欣悉先生之于古汉语造诣莫测，跃跃顿生拜师求教之念。""莫测"与"造诣"不相应，改为"甚深"；"跃跃"最好用"跃然"，作"顿生"的状语，这样就通顺了。）与你同龄人相比较，能写出这样顺畅的文言文的尚不可多得。因此只要你肯受教，按照我给你布置的课业去循序渐进，我还有信心让你在古典诗词方面取得一定的进步。

　　诗，所以吟咏性情者也。在心为志，发言为诗。意即把蕴藏在心底的思想感情，用精练生动的语言表现出来就成为诗了。诗篇好与不好，主要得看所表达的思想感情是否正确。因此任何一个作家或诗人都有一个改造世界观的问题。树立一个正确的人生观、价值观是我们每一个要写诗词作品的人首先要考虑的前提。"人生自古谁无死，留取丹心照汗青"。我们的先哲、诗人文天祥这种亮丽的人生、高尚的爱国情操，光照千古；与处今日之盛世、某些人"潇洒走一回"的颓废思想相比较，相距何止天壤！这种不求进取的颓废思想伴着通俗歌曲流传开来，污染了多少人！

　　读了你的诗，不从格律规范严格要求，也可以算是诗了，如果按格律诗的规范严格要求，正如你信中所说的"平仄、叶韵、粘对，每每有失圭臬"。你写的诗、词、曲十首，应该说是属于格律诗的范畴。故按格律严格要求，每首都有可挑剔之处。说的直率点都不合格律。格律诗在"平仄、用韵、对仗"等方面都有严格要求。在循序学习之中，你会逐渐领会到的。

　　学习不可"一口吃成一个大胖子"，得一门一门的学，循序渐进。首先，我以为应从诗学起，抛开内容不说，学会了诗的格律（形式）词、曲也可以依样画葫芦了。根据你的诗词曲出现的毛病，主要是得先解决"平仄"问题（声调问题）。如果不知道汉语每个字是平是仄，其他问题都无从谈起。你当过老师，不知你对普通话的"四声"（四个声调）："阴平、阳平、上声、去声"能否掌握？如能掌握那就好办了。普通话里读阴平、阳平的字，都属于平声，读上声、去声的字，都属仄声。古代"四声"的"入声"调的字也是"仄声"。普通话没有入声调，凡古入声字都分别归到"阴、阳、上、去"四个声调里去了。这一现象造成现代人写格律诗很大困难，常常造成格律诗中平仄的错误。我们湘西土家族苗族自治州除泸溪外都属西南官话。声调与普通话基本相同，也有四个声调：阴平、阳平、上声、去声。古人声字如 说（shuō）（阴平）八（bā），福（fú）（阳平）国（guó），北（biě）（上声）血（xiě），客（kè）（去声）业（yè）……我们都读阳平调了。这也造成我们写律诗时，错把仄声字当成平声用了。

怎样掌握声调（diào）（即调平仄）呢？"调（tiáo）平仄"是我们这次学习的重点。讲声、韵、调属于音韵学范畴。音韵学是口耳之学，当面口头传授较易接受，书面表述较难理解。这里不谈理论，只想结合我们自己的方言，举出"调平仄"的例字，供你辨识四声。

普通话四声	阴平	阳平	上（赏）声	去声
湘西话四声	阴平	阳平	上（赏）声	去声
例字：yi	衣（依）	移（夷）	以（ ）	意（ ）
例字：ma	妈	麻	马	骂
音节：hu	填汉字：			
音节：ti	填汉字：			

具体练习法：（1）用本地读音念：阴、阳、上、去，衣、移、以、意。（2）念得烂熟，再找任何一个字（音节）照上面调（tiáo）出它的四声（只有四个）来。如"ma"：阴、阳、上、去，妈、麻、马、骂。又如"hu"：阴（ ）、阳（ ）、上（ ）、去（ ）。（3）最后自我测验。随便找一个字，调出它的"四声"。认定声调（阴、阳、上、去）后，再查"新华字典"，看是否与自己认定的相同（古入声字也许会不同）。如屡试不爽，那你就掌握了调平仄的方法了。真正掌握了这一方法，再检查你写的诗，看看我未指出的平仄方面的错误是否合乎格律的平仄格式。下次就重点学格律诗的平仄格式。花了一天多时间，不知是否解决问题？希你认真钻研，不懂的可提问，不多写了，愿你进步！

七九老人　彭秀模

1999年6月4日

胜召君：

　　七月一日发出的信，五日收到了。你对"辨识声调之法"领悟很快，基本上已能掌握。"即兴随意测试二字：'试''演'"的四声答案：诗（shī）、食（shí）、试（shì），除"食"字不对外，其余三字均正确。"食"字为古入声字（普通话里读为阳平）自治州龙、永、保、花、古、吉、凤七县方音均读成阳平，与阳平调"时"字同音；加之普通话这字也归入阳平，故而误认为阳平字。总之，你对"调平仄"的方法是掌握了，只是你尚不知道哪些是古入声字，因而方音"阳平调"里，混进来的"古入声"字必然认为阳平了。格律诗只押平声韵，因此你提出的第一个问题："井渫愁莫食……鸿愿人不知，"入声与平声韵是不能通押的。据此，陈毅元帅"大雪压青松"诗，按格律诗标准要求，也是不合格律的；因为直（入声）、时（阳平）是不能通押的。"松、直、时"三字是否失韵？当然也算失韵。格律诗，首句可以不入韵，但上句（单数句）限于仄声，"松"是阴平，格律上是不允许与下句（双数句）不同韵的。陈毅元帅乃落拓不羁之才，感情奔放，风格豪放，往往不受什么格律约束，这种情形，一般称之为"古绝"，属于古体诗范畴，你的"瓠瓜"诗也可算是"古绝""古风"之类。

　　"辨识四声"，自治州内的初学者的难点是入声字。古入声字数相当多，分属入声的各个韵部（讲"押韵"时要专门讲），辨识不清，我们就会把它当成平声用而失调。怎样辨识入声字呢？我提出几种方法：1. 利用汉字偏旁。①白——伯、柏、泊、百……；②失——佚、轶……；③益——溢、镒、缢……；④乞——（自己补充）；⑤石——；⑥十——；⑦食——；⑧直——；⑨役——；⑩聿——等等。2. 利用方音韵母。①普通话 shi 音节（方音读为"si"）有很多入声字：十、石、食、识、失、拾、适、释……② o、io 方言韵母一：勺、恶、药、乐……③ e、ie 方言韵母：白、色、黑、叶、业、页、咽、铁……④ ue 方言韵母：月、国、悦、说、或……3. 带鼻音（-n、-ng）的汉字中无入声字。你自测的"演"（yɑn）音节中无入声字。"阳"（yang）、"方"（fang）、"中"（zhong）均无入声字 4. 大庸方言中仍保留有入声调（阴平、阳平、上声、去声、入声五个声调）。他们对"时"（阳平）、"食"（入声），"符"（阳）、服（入），"移"（阳）、一、逸（入）分得很清楚。遇到疑难，一问就知哪是阳平哪是入声。（桑植方言入声字都混到去声调中去了，去是仄声，不影响律诗的平仄。）

　　解决了声调（平仄）的问题，这次要讲的新课题就是"格律诗的平仄格式"。平仄格式是近体诗（格律诗）最重要的因素。我们知道，声调是字音的高低升降。恰当地组合音的高低升降，会形成音乐美。诗的平仄格式就是反映这种"恰当的组合"的。平仄格式可以归纳成如下六句口诀："格式不难，两两相间（jiàn），上下相对，前后相粘（nián），押韵需要，三五互换。"分开解释：

"两两相间"：平仄错综排列，以两平两仄为单位。如"｜｜——｜｜""——｜｜——"（｜代表仄，—代表平）。但近体诗每句是五字或七字，这样"两两相间"，句末会出现单平、单仄。根据这一规则可有四种基本句式：

```
            五言            七言
仄起：    ｜｜——｜      ｜｜——｜｜
平起：    ——｜｜—      ——｜｜——
```

"上下相对"：律诗两句为一联，诗分八句、四联，依次序称首联、颔（hàn）联、颈联、尾联。所谓"对"就是一联之内，上下两句平仄正好相对。即："仄"对"平"，"平"对"仄"。

```
            上句                    下句
仄起：   ｜｜——｜           ——｜｜—（五言）
         ｜｜——｜｜—       ——｜｜——｜（七言）
平起：   ——｜｜—           ｜｜——｜（五言）
         ——｜｜——｜       ｜｜——｜｜—（七言）
```

"前后相粘"：前联下句与后联上句，起首两字平仄必需相粘，即"平""粘""平"，"仄""粘""仄"。以五言仄起式为例：

下面只谈"粘"。

```
一联 { ｜｜——｜（上句）
      ——｜｜—（下句）
二联 { ——｜｜—（上句）
      ｜｜——｜（下句）
三联 { ｜｜——｜（上句）
      ——｜｜—（下句）
四联 { ——｜｜—（上句）
      ｜｜——｜（下句）
```

"三五交换"：按粘对规则，只要起一句，其余三句或七句都能类推出来。但这样类推出来的还不是完整的平仄格式。还要根据押韵情况加以调整。近体诗通常用平韵，偶数句（二、四、六、八）句末都该是平声，像上面讲"相粘"时所推出"格式"，四、八两句末却是仄声，于律不合，这就要加以调整。调整方法是，把三字的平声与五字的仄声互换一下位置，变成"｜｜｜——"（韵）。奇数句（一、三、五、七）句末不能出现平声，（首句入韵除外），因而再把与四、八句相对应的三句与七句也相应地调整为"———｜｜"，这就成为完整的平仄格式了。调整后的平仄格式如下：（七言律在五字上互换）

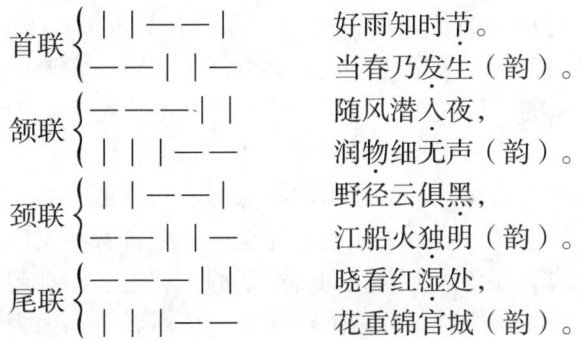

杜甫《春夜喜雨》五律，①字下标"·"者，为入声字。②径 jìng、俱 jū，本地多读错了。看为平仄两读字，这儿读成平声。

理解上面口诀，掌握粘对规则，在上面五律的基础上，首联上句开头加上相重的两个平声（——），按相对规则，依次类推，就变成平起式的七言律的平仄格式了。作为练习，你自己去完成好了。五、七律格式有平起、仄起各两式，还有首句入韵与不入韵各两式，你按照口诀和粘对规则作为练习完成，用古人律诗去检验。五言七言绝句是截取律诗格式的一半（或取前两联，或取后两联）知道上面律诗平仄格式，也就知道绝句的格式了。

从你所提问题中，知道你对于押韵的韵书、韵部等问题，似乎很陌生，时间关系，以后再谈，匆此祝你进步！

七九老人 彭秀模
1999年7月10日

附寄蔡干军编的韵书《实用韵汇》广告一份，看说明还很实用。只买一本，就知道：一东、二冬、三江、四支 一先、二萧、三肴、四豪 等韵部名称了。

胜召君：

7月23日之信，因天热很少去老干办，8月8日才收到。看到你在古典诗词格律和习作的飞速进步，颇为高兴。

从你第一封信习作里，我以为你"对于押韵的韵书、韵部等问题似很陌生"。今从你第三封信里关于"韵书"情况的简介中，你还是经过系统学习的，为一般诗词爱好者所难以做到的。只是该向你指出的是你所列的几种韵书，属于两种体系：（1）《切韵》音系：《切韵》《唐韵》、刘渊《韵略》、戈载《词林正韵》等属之，代表中古语音实际而有所改进；（2）北音音系：《中原音韵》《十三辙》等属之，代表北方语音实际。古典诗词格律是按中古音实际总结出来的，因此今人写格律诗词，有些人坚持在押韵上"诗宗平水，词依正韵"。有些人根据语音发展变化的事实，主张"押韵当宽，平仄从严"。所谓"押韵当宽"，即超出"平水韵"的框框。有的赞成宽到清戈载《词林正韵》的韵部，这一主张仍未完全抛弃中古音的窠臼；有的则赞成宽到《十三辙》的韵部范围。这就同普通话韵部相近了，押韵更切合北音的现实了。至于"平仄从严"，即古入声字仍作仄声看待。因为古入声字在各大方言区分化不同，不能按"入派三声"来确定平仄。我是赞成"押韵宜宽、平仄从严"的，可惜目前有些诗刊上发表的诗作，用韵极为混乱，各以方言语音押韵，宽得无边，了无规矩，这当然不足为训。

写诗词押韵应该有个框框，《词林正韵》较"平水韵"前进了一步，《十三辙》更接近北音实际，在没有公认的较好的韵书时，以此二书为框框，防止押韵时乱跑野马也是好的。

上次信中我曾说过："学会了诗的格律形式、词曲也可以依样画葫芦了。"所谓"依样画葫芦"就是说掌握了汉字的平仄，就可按照"词谱"的平仄和押韵要求去"填"了。（没有"词谱"也可按前人名词家的名篇的平仄、押韵、句式去"填"）律诗的平仄格式有限，"词谱"的样式极繁。清代万树《词律》近千式，《钦定词谱》多至一千有余，这些谱式皆"词有定句，句有定字，字有定声"，各不相同。因此初学者可以选用些常用词调的名篇依样画葫芦了。我手边没有词谱等类书籍，现介绍我的老友黄奕先生最近出版了一本《实用诗词常识》，可供学习，该书全面介绍了诗词的格律、写作及阅读欣赏知识，颇为实用；加以自己能写一手好诗词，又教过唐诗宋词，因而在如何提高写作能力，如何欣赏分析作品，常能一语破的，你可以请家人购买一本研习，必有所得。有了这本书，我原想跟你谈韵部、对仗问题也可以不必劳神了。该书附录部分还分别收录了：①诗韵常用字；②词韵韵目表（正韵）；③词谱举要（50个）；④声律启蒙（韵部与对仗）；⑤现代汉语中已读平声的入声字表。有了这本书不仅可以解决格律诗几大要素问题，会写格律诗，而且进一步指导如何写好诗词的问题。会写格律诗词较为容易，写好近体诗则无娘无爷。比兴手法、意境创造，高深莫测，全靠悟性，非笔墨之所能言传也。

寄来的一首习作，从形式到内容，均有长足进步，平仄、粘对、对仗用韵均能合格，平仄方面，仅错一"拨"字，拨为入声字，从写作要求，位在句中第三字，按"一、三、五不论"成规，不算错；只是你在拨字下标以"。"（代平）错把入声当成平声了。"一、三、五不论"一般说是可以的，但在某些特殊句式下，五言第三字，七言第五字应特别讲究，不能不论。如"｜｜｜——"式，第三字要求仄而用平，则犯了"三平尾"之忌讳，"｜｜————｜｜"式，第五字要求平而用仄，则犯了"三仄尾"的忌讳，"｜｜——｜｜—"式，第三字要求平而用仄，则为"犯孤平"。律诗忌"三平尾""三仄尾""犯孤平"。

曲，我无多研究，也从未写过，谈不出名堂。但我知道曲调的格律要求也是很严的。用韵较宽，四声可以通押，平仄在句中有要求用上声或去声的限制，这些按曲调规定，只能依样画葫芦。曲的语言运用，趋向口语，不像词仍多用律句。有的一句中可以偷声减字，有的一句之中可以增加衬字，伸缩于规律之中。没有实践经验，没有知识基础，难有中肯之言。

近体诗的格律你已经基本掌握了，写诗不会出格律上的差错了，这只解决了形式问题，我的任务算完成了。怎样写好诗则是内容的问题。"熟读唐诗三百首，不会作诗也会吟。"希君勉之。寄来我的近作几首，请揣摩指正。祝你

进步！

七九老人　彭秀模手书
1999 年 8 月 14 日

胜召君：

9 月 16 日之信，20 日收到了。每次接到你的来信，见到你在诗词格律知识上接受之快，习作实践上的能力，都使我感到高兴，没想到上次给你的信中有哪些话使你从我的信中"透出的几许淡淡的嗔意。我读出了自己的卑微、肤浅和不自量力"。我知道，爱好文学的青年是很敏感的，特别是像你所处的现实，更容易因别人的用了一些不经意的词语而产生种种联

想。这我完全能理解。但我坦诚地告诉你：在我心底深处丝毫没有像你自己认为的什么"卑微、肤浅和不自量力"。相反的，我倒很欣赏你求知欲强，接受知识快，肯思考问题。关于你，除了你在第一封信中自我介绍的"年届而立，十八为人师，廿四入商海，廿八陷囹圄"外，别无所知，"相逢何必曾相识"，我也不想知道什么。我教了一辈子书，别人向我求教，我也"好为人师"，只要我知道的，我总无私地帮助他。为了尽社会义务，你想学诗词格律，我也把你当学生一样的教。因此每次信后总祝你"进步"，这就是一个老教师的心愿，别的什么也没有。你信中说："我一直相信：自己并非一个坏男孩。"我认为：应该有这样的自信！只要你思想上不忘记世界观的改造，不忘学业上的追求，时时要求进步，社会不会遗弃你，别人会理解你的，尊重你的。

  下面，我们又回到诗词的问题上来。上次给你的信中说过，学了诗词格律，可以说：会写诗词了；但要写好诗词就要靠自己"好学深思"了。从你信中对我《访德夯》（五绝）"吹入小楼中"的"吹"字，建议改为"偷"或"溜"字，就反映出你的"好学深思"，你的赏析很好，讲到了意境，但只谈到"境"而未揭示其"意"。诗贵含蓄（词也一样），贵在有寄托入，无寄托出。该诗之意为何？隐含：有形易遮、无形难掩的哲理。因而"吹"改"溜"字好。这是我目前的倾向。也许是先入为主的思想作怪，对"偷"字的印象尚不佳。旁观者清，请你再推敲推敲。

  上次介绍你买黄老的书籍曾说过："有了这本书，我原想谈韵部问题，对仗问题也不必谈了。"这里反映出我有"歇肩"思想。每次回信给你谈一个问题，要是当面口耳相传，一点钟保证你学会。可写成书面文字，总得花上一天多工夫。年纪大了，身体还能支持，眼睛却吃不消（眼睛视力模糊）。加上天气炎热，你又渴望知识，我总强撑着干。完成任务后既高兴也很累。不想这种情绪让你误会为"淡淡的嗔意"。这次来信说："前番向先生请教的有关'对联'的问题，我一直跂（应为翘）首候教，盼先生赐示。"第三次信中，你认为："对联当源出于诗词，是以对偶形式组成的一种文学样式。"你这个问题提得不够精密。补充一下："对联源出于格律诗的对仗，格律诗的对仗源出于对偶形式的骈俪文。"我以为：律诗的对仗是汉魏六朝对偶形式的发展。对仗是格律诗的要素之一，是诗词中最直观的形式美，是一种视觉艺术；它同听觉艺术的平仄、押韵构成诗，词的音乐美和完整的格律美。格律诗的形成，汉魏六朝的文人为之做了许多语言方面诸要素的准备。汉末孙炎创反切之法，为韵书制定创造了条件，南齐永明年间，沈约、周颙提出声律之说，作诗讲究"四声八病"，骈俪文兴起，为对偶提供了丰富的语言资料。总结前人文学上诸多优点，格律诗则初唐已逐渐形成，盛唐时代则押韵、平仄、粘对、对仗等规则乃日臻完善。根据以上叙述，可以看出对偶形式的骈俪文早于格律诗。由于格律诗中间两联要求对仗影响日渐扩大，于是就产生了"对联"这一"中国文学园地一朵别致的小花"。（臧克家语）所谓"对仗"即出句和对句形成对偶联语，对称排列，宛如古之仪仗队。其具体要求是：①平仄相对。②词性相同，即名词对名词，动词对动词，形对形、数量对数量，叠字对叠字等。③语法结构相同。即句型、词组相同。应全国楹联学会函约我为《世纪之门——2000年（公历庚辰）新春楹联宝典》一书写了一副对联，抄录给你，请你根据对仗具体要求练习并推敲，提出修改意见。对联的出句是："锦瑟思华年[①]，玉兔[②]飞驰千里马"；对句是："履端跨世纪[③]，云龙[④]腾驾九天风。"为了理解其内容，注解如下：①语出李商隐诗："锦瑟无端五十弦，一弦一柱思华年。""锦瑟华年常借指五十年。"②玉兔，今年为农历己卯兔年。③履端，推算历法的开始。《左传·文公元年》："先王之正时也，履端于始。"全句指明年乃21世纪的开始。④云龙，明年为农历庚辰年，"风从虎，云从龙"，故以"云"来修饰。

你在报上看到的索对的六字上联"农行行行行行"，应该，不是"上联"（出句），而是"下联"（对句）一般出句收仄尾，对句收平尾，不管这儿"行"怎样读音，均为平声，习惯应属下联。这种东西，属于文字游戏，无多意思，不足为训。至于你说的"某酒家用联"，形式上对仗还合要求；至于内容和语言艺术实属平平。从以上的评语中，应知道：文学作品应注意其内容与形式高度统一。余不赘。祝你进步！

高云居士　彭秀模
1999年9月22日

胜召君：

5月10日寄来的信收到很久了。当时因为在州老干局主办的"老年大学"教诗词，备课很忙，没有时间给你回信。后因天气太热，就一直耽搁下来了。来电问讯，告以收到信件后，也就不准备回信了。

本月初，收到吉首监狱教育科寄来的信（邮戳9月27日发出，通讯处是中文系，中文系转老干办，故而迟迟）。读到你在《湖南育新报》发表的《语重心长、振聋发聩》一文，我对你思想和学业上的进步，非常高兴。情之所至，发而为诗以和《问鸽》。

寄望·步《问鸽》原韵

桂香时节秋高爽，寥廓江天任鸟飞。
丛菊迎霜新艳发，腊梅含雪锦春随。
云翻絮白山花笑，柳绽鹅黄紫燕归。
日丽风和芳草绿，好循佳梦入罗帏。

11月5日

上次你寄来七律二首，七绝四首，希望我"斧正"。总的来说，两首七律不如四首七绝，七律尚嫌做作，七绝颇注真情。试以《寄望》与《问鸽》加以比较，请吟诵多回，从立意及表现手法上去体会，则《寄望》明白晓畅，而《问鸽》却隐晦费解；《问鸽》全用赋体，《寄望》采用赋、比、兴手法，写秋及冬，进而写到春天，寓意"冬天已经来了，春天还会远吗？"（英诗人雪莱诗句）你有诗人颖悟，这一指点，应该有得于心了吧。上次信中，你撷录六首习作后说："至此，律诗的平仄、粘对、叶韵之法等，学生已得其要领，惟其立意当需不懈研习，力求其有所突破。"从你的诗作检查"已得其要领"，还得打折扣。平仄上，入声字尚未过关（菊、国、阁、骨）；粘对上也有问题。《七律·寄台湾》《七绝·踏春》两首，为什么每句中的第六字的平仄（属于对）与格律要求相左呢？是受清沈德潜《说诗晬语》诗论的影响，还是从前人诗作中找到范例？沈德潜"意"与"法"的诗论谈得很辩证。记得我曾经告诉过你：内容与形式的辩证关系。上乘的格律诗应该是内容和形式的统一，即意与法的统一。只是沈的"法"重在"起伏照应，承接转换"上，而不是指格律诗的平仄形式。因此一首好诗，偶尔出现"平仄"问题，只要不影响内容的表达，应当不必"泥定死法"而以词害义。如李白"故人西辞黄鹤楼"，我们从未见到诗词评论家说他违反平仄格式。

你的"吉首市关厢门大市场应征联"一般还算好的。我是评委之一，从几百首应征联中，我们根据主管部门要求评选出比较贴切的几副。我也写了一副对联应征，有幸被选中了。对联如下：

关厢门市场宏开，欣逢千禧百年初纪，扼居湘鄂渝黔通衢，经营创大业，楚地要冲新吉首；

武陵山商贾云集，招徕①五湖四海嘉宾，汇聚东西南北财物，货殖有高贤②，边区重镇古乾州。

自注：①招徕（lái）：招之使来。《汉书·公孙弘传》："招徕四方之士。"沿用为商业上招揽顾客。②货殖：《辞海》解释为"经商营利"。语出《论语·先进》："赐（子贡）不受命而货殖焉，亿则屡中（zhòng）。"译成白话即"子贡不安本分，却囤积居奇，猜测行情，竟每每猜对了"。高贤，论语上的赐乃七十二贤人之一，应为贤。这儿泛指来此经商的商业巨子和商业高手。

你评评，我这副对联能评上几等奖？（请参看今年4月21日《团结报》）哪些地方当须修改？请提出。

张家界市有一私人旅馆业主修了一座规模可观的"土家风情园"邀请了一些土家上层人物和文人开座谈会，出谋划策并为建筑物命名，吟诗作赋。我也参加了，写了诗，作了对联。举出较为得意之作，供欣赏。

咏冲天楼（4月14日）

转阁楼高接九重，缘梯直上白云中。凭虚元迹行空马，吐气凝形贯日虹（两句虚写）。俯瞰平川芳草绿，仰观玉宇太阳红（两句实写）。新翻调奏土家曲，飞过天门下大庸。（颔联原写画栋雕梁如何、明窗亮格如何如何，和颈联一样写得很实，四句实写显得呆板，后来换成虚写，形象地把高写出来了，也富有想象。我给老年大学同志们以我的感受讲给他们，对他们创作颇有裨益。）

为《东南第一战功》石质牌坊拟联

布阵演钩镰，浙海声威昭后继[①]；

平倭绳祖武[②]，土家子弟独先来[③]。

自注：①明嘉靖三十三年（公元1554年），永顺、保靖土司应明王朝征调平倭谕旨，奔赴东南江浙沿海平倭前线。土家兵演钩镰枪，组成塔式冲锋队形；所向披靡，倭为气夺，王江泾一战歼敌九千余人，《明史》誉为"东南第一战功"。②绳祖武：语出《诗经》"绳其祖武"。朱熹注："绳、继；武、迹也。"③唐·吕温《釜山题壁》："天下起兵诛董卓，长沙子弟独先来。"本句由此典化而来，东汉末，天下起兵讨董卓，孙坚率长沙子弟三千人最先入关。

你提出的问题，基本上都答复了，希望你思想上学业上不断进步。寄来吉大中文系为祝贺我八十生辰编的《系友》报一份，请一读。我给你的第一封信未留底稿，能否给我将原稿寄来？如要留我的手稿，请另抄一份寄给我，以便收藏。祝

好！

寅叟　彭秀模

2000年11月8日

胜召君：

　　11月5日来信收到了。（一）寄来的《七律·秋收》写得很好，反映了真情实感，读来感人。平仄、押韵、对仗方面完全合格。第二句"好景依稀橘又黄"句中之"依稀"如能换上意义较为开朗的联绵词（双声或叠韵构成的双音词），那就更好了。我原想把"依稀"改为"年年"但用字太实，诗味不足。（苏轼诗"一年好景君须记，正是橙黄橘绿时"）。（二）对我的"庆国庆跨世纪"之对联的修改句子"玉兔跃乘千古月"，单从文学角度考虑，这句文学趣味足，境界也高远，但与上句"锦瑟思华年"联系起来，"千古月"照应"华年"只说一个时间问题，显示不出国庆五十周年祖国发展的形势。我对原句"玉兔飞驰千里马"也不是十分惬意的，曾想用"玉兔高瞻千里目"，经比较，我还以寄给你的那联送出去了，因为歌颂五十周年国家发展形势"玉兔飞驰千里马"似乎更强些。（三）《实用诗词常识》我给你买了一本，另外还送给你一本《湘西诗词》，这本书是我们诗词学会会刊，所载诗词均为诗友习作，每年出一册，今年计划出的第五辑已付印，来不及介绍你的作品，明年你准备写些好的诗词作品，届时我可以介绍给《湘西诗词》。另稿纸一本均托谢闽湘同志转交给你。（四）有一个你经常写错的字，几次写信时都想指正，可写信结束时又忘却了。诗词的"词"，我初在保中教书时，学生作文中常犯如同你写的笔误。"词"是一个形声字。形旁为"言"字旁，偏旁现简化为"讠"；声旁为"司"字。保靖学生往往把"司"字的第一画，"一横折直钩"（乛，一画）错写成两画—横一直钩（丁两画）。不知是哪位启蒙老师把许多保靖学生带错了，形成不好的习惯。因为印象深，我几次都想给你纠正这个字。余不及。

　　祝你
进步！

賨叟　彭秀模
1999年11月21日
（賨叟，土家族老人之谓也）

短讯致贺

　　胜召君在服刑期间积极改造自己，已于今年七月获得新生，回归社会，并亲到我家向余致谢。
　　谨此祝他
远转鸿钧！

高云居士　彭秀模
2002年10月22日

四、回忆录

新年寄语

1990 年 12 月 31 日

退休了，一年多未上讲台了。对同学们和工作总难免有眷恋之感。在这年末岁初之际，谨向同学们作一次笔谈，题曰：《新年寄语》。

赋闲后，我的心头上紧贴着一副对联，出句是：开卷古人都在眼；对句是：闭门俗事不关心。俗事可以不必关心，但天下国家大事是不能不关心的，因此一天到晚三件事：读书看报教孙孙。我教古代汉语，癖好是爱读一些古籍；我是社会人，读报使我了解天下国家大事；我是老爷爷，教孙孙"好好学习，天天向上"，这既享受了天伦之乐，也是应尽的责任。这样一来，我虽赋闲也就不得闲了。孙孙出门上学去了，时间就是我的。我可以读书看报，悠游于圣域贤关之境，激励于火热的生活之中。我进得去，也出得来。不做蛀书虫，要做社会主义的参与者。偶有所得，也作为文章，丰富祖国的学术宝库。说了这些，不是为了表功，而是一个老年人对同学们深寄厚望。文起八代之衰的韩愈有句名言："莫为之前，虽美而不彰；莫为之后，虽盛而不传。"大意是，没有人作为他的先行者，即使很美，也不会显著；没有人作为他的后继者，即使很盛，也不会流传下去。说得多好啊！我们的祖国既是一个有着五千年历史的文明古国，又是个年轻的社会主义国家。中华人民共和国成立才四十一年，在中国共产党的领导下，全国各族人民砸碎了三座大山的沉重枷锁，激发了极大的社会主义积极性，万众一心，建设祖国，时间短暂，成果辉煌。同学们，也许你们会说：五千年来，我们无数伟大的先行者，为人类创造了光辉灿烂的精神文明和物质文明，既美且彰，我们懂得，至于四十年来，社会主义建设的成就，我们还认识不足。我们湘西有句谚语："不上高山，不知道平地；不吃糁子，不晓得粗细。"这句话告诉我们看问题要用比较方法。有比较才能鉴别，高山与平原孰优孰劣；有比较才能鉴别，吃糁子与吃大米，谁粗谁细。有两位从台湾回乡探亲的老同学。一位是我初中同班同学,另一位是秀枢老师的同学,谈他们回大陆的观感时说,"在大陆再也看不到趾高气扬的洋人了"。他们为什么会有这样的感觉呢?他们有历史的经历和台湾生活的现实。我们是同辈人。洋人的飞扬跋扈,我们是亲身感受过的。抗日战争胜利那年,我考进国立中央大学。老生住重庆沙坪坝,新生住柏溪。当时柏溪分部的负责人郑重地劝告大家:无事不要到重庆去,特别是女同学。抗战胜利后,为什么还不能到重庆去呢?美国大兵横行霸道,无恶不作。在上海把老百姓当枪靶,在北京奸污女大学生。他们飞扬跋扈,逍遥法外。当时的旧中国,算什么独立主权国家!算什么胜利者!中华人民共和国成立了,社会制度变了,人民当了主人,祖国获得新生。短短的四十年来,无论在工业、农业、科技、教育各个方面,都取得了长足的进步,飞速的发展。积弱百年,重新奋起的中华民族,从此昂首挺胸地屹立于世界民族之林。我是七十岁的人了,经历了新旧两个社会,祖国的兴衰荣辱,我亲身体验过,帝国主义的侵略压迫的史实,我耳闻目睹过。我深深地认识到:只有社会主义才能救中国!只有社会主义才能建设中国!同学们,我们的先行者,为人类创造的精神文明和物质财富,既美且彰,我们这些后继者,应该怎样继承和弘扬前人的光辉传统,接过接力棒,奋力拼搏,去夺取胜利呢?当前国际形势风云变幻,世界格局趋向多极。世界并不太平,我们必须奋进。因此,我们必须树立起坚定正确的政治方向,加强责任心,具有紧迫感,放眼世界,立足当前,从我做起,加强学习,充实自己,做一个社会主义伟大事业的后继者。在新的一年即将到来的时候,我祝福我们伟大的祖国繁荣昌盛,祝愿同学们健康进步。

(彭秀模应学校党委宣传部约请而写)

迟到的"古代汉语"课

吉首大学建校初期,缺古代汉语和数学教师,多次向省教育厅和湖南师范学院求援。1964年3月,湖南师院中文系总支书记李心印同志找我谈话,交代任务:借调吉首大学教古代汉语,一面担任教学,一面带好徒弟,两年回院。同我一起借调的数学系数学老师是新华人,名字记不清了。他对湘西很不了解,到我家探问情况,提出一个奇怪的问题:"湘西人还吃生肉吗?"我说:根本没有这回事!我是湘西永顺人,你看我和你有什么两样?我鼓励他和我一道支援湘西。不知什么原因,他没有接受任务到吉首大学来。我是湘西人,支援家乡,义不容辞。到吉首大学后,正好碰上"四清"运动,不仅未能走上课堂教书授课,反而跟随学校部门领导、系里同仁陪同学生一起参加龙山社教团在吉首河溪公社搞"社教"运动,白天抓生产,晚上抓阶级斗争。当时正是三年自然灾害之后,群众口粮十分欠缺,生活很苦。我们分住在社员家实行"三同"。清晨吃一块手板大的包谷粑,陪同社员从早到晚开荒挖地。社员们饿了,还可以挖点"茅穗儿"烧着吃,我们工作队员却不能违反社教团的规定,只好枵腹硬挺了。经过几个月长期艰苦磨炼,我们师生深深懂得稼穑之艰难,粮食之可贵。

1965年春末,社教结束不久,"文化大革命"又爆发了,学校竟陷入长期的阶级斗争之中。我不仅未能如期返回湖南师院,相反的受到了审查,参加州党校毛泽东思想学习班交代问题。1969年12月下放到花垣雅酉公社插队落户;1971年2月调回原籍永顺。求当一名小学教师都不可得,硬行分到青坪公社当基层干部。时年届五十,老眼昏花,桐油灯下向社员宣读毛主席宝书都很困难,于是向州教育组请求分到学校教书。同年3月调永顺四中教语文。1973年,吉首大学恢复招生,州教育局连年向永顺要人,把我调回吉首大学。永顺宣传部和教育局拒不执行,并宣称"你们办大学,我们也要办大学"。1975年5月,调我到麻岔"五七"大学学朝阳农学院。"文化大革命"十年,身如飘蓬,疲于奔命,秋月春风,等闲度去。曾以《"文化大革命"十年》七言律诗抒怀:

十年多难叹途穷,颠沛流离类转蓬。

> 队插苗山大柳泊，官充田畯洗璧冲。
> 高寒地搞稻双熟，疲惫民储户九空。
> 濯足沧浪劳动后，黉宫"五七"学朝农。

1976年10月，党中央粉碎"四人帮"反党集团阴谋，湖南师范学院根据毛主席"借东西要还"的最高指示，要求湘西州教育局借人要还。在此期间，我先后被评为永顺县、自治州教育先进工作者以示慰留。湖南师院仍多次要我归队，永顺县不肯放行。1978年8月，州教育局强令永顺放人，吉首大学派车将我接到吉首。十四年后，我终于登上吉大讲台为特招的七七级中文科学生讲授古代汉语课了。

党的十一届三中全会像春风一样吹绿了大地，邓小平同志在全国科学大会开幕式上的讲话，给知识分子以极大的活力。政治环境宽松，职称评定随之开始。我因深陷永顺麻岔五七大学，未能回到湖南师院，失去湖南省1977年高等学校职称评定的机会。从1962年在湖南师院被评为讲师17年后，直至1979年终于有机会被评为副教授。在这一背景下，应州《团结报》纪念20世纪80年代第一年的稿约，写出《元旦咏怀》七律一首，以抒胸臆。

> 暗香初透岭头梅，冬至阳生春又回。
> 白发新添功未立，书生老去时方来。
> 不须惆怅伤尘碾，应是昂扬斗雪开。
> 一瓣丹心迎旭日，百花争艳满山隈。

小平公主政后，知识分子受到礼遇。故有春回大地之感，丹心向日之愿，书生老去，盛时方来之叹。在"尊重知识，尊重人才"指示感召下，我在知天命之年段，教学和科研工作中作出了一定成绩并获得党和国家给予的荣誉。1979年先后当选为州政协第四、第五届常委；1981年当选为第六届州人大常委；1983年当选为全国政协第六届委员会常务委员；1984年聘为湖南省语言文字工作委员会顾问；1985年加入中国共产党；1989年荣获国家语言文字工作委员会颁发的从事语言文字工作30年的荣誉证书。《民族语文》在"当代中国民族语言学家"栏加以介绍。列此大端，恕不一一。

1989年5月退休后以诗词自娱，歌颂祖国繁荣富强，赞美祖国壮丽河山。老有所为，老有所乐，也自得其乐。1995年，海南出版社刘文武同志为余兄弟出版了《棠棣集》一册；2002年与胞弟秀枢又刊印了《棠棣集诗选》《棠棣集文选》两书以赠同好。

彭秀模
2013年6月28日记

争取扩大吉首大学新校区追记

  吉首大学是1958年经国务院总理周恩来同志亲自批准与吉林延边大学同时以地方命名的民族性的综合性大学。老校区是在原苗文学校的地基上建起来的。原有的范围较小，两个小山头，水平面积148亩，实际可用面积仅90多亩，1978年后，学校发展较快，1800多名师生员工在这一狭小的地域里，矛盾日益突出。诸如省里拨款修建生物、化学大楼无地修建，教学仪器无处安装，师生员工生活设施无法改善，学校附属设施无法配套，特别是体育专业，当时（1984年）因场地太小，不合条件，停止招生。综合性大学建制，几乎名存实亡。加上学校四周共有八个场厂，污染严重。这八个场厂除了造纸厂离校区600多米外，其余几个：制药厂、糖厂、酒厂、烤胶厂、农具厂、奶牛场、外贸车队均与学校比邻而居。它们地势低，学校地势高，20多个烟囱直向学校侵袭。这些场厂都用含硫量高的煤，燃烧后排出大量的二氧化硫、一氧化碳和致癌物质"3·4苯并芘"。制药厂皂素车间的盐酸蒸气，造纸厂排放的甲硫醇、硫化氢都是有毒性的，使人头晕恶心。校园里的杉树多被这些有害物质弄得树梢枯干而死，教工中也发现患癌症的已有7人。处在这臭气熏天、粉尘弥漫、噪音震耳的严重污染环境里，学校发展无地、学生不安、教师思迁。

  为了解决学校基地问题，1984年3月，湖南省教育厅高珊增副厅长率员到了自治州，与州委州政府几经交涉，未获结果。学校领导压头，师生员工不安。学校召开系科负责人及教学骨干座谈会。省教育厅高教处处长通报了交涉情况后说：钱，厅里可以给；地，厅里总无法把长沙一块地皮搬到自治州来呀。听到这席话，会上一片喊"搬"声。有的主张搬韶山，有的赞成搬株洲，有的建议搬怀化。我是全国政协常委、吉大副教授，也被邀请参加座谈会。在大家发言后，我也发了言。我认为吉首大学是国家为我们少数民族地区培育人才而设立的大学，不能外迁，要迁也只能迁大庸（当时大庸还是州属的县）。这一建议颇得与会的同志们的赞同，事后也得到校领导同志们的认可。于是在学校党委宣传部尚心云副部长组织下，我们收集了师生员工的意见，了解了污染情况。尚心云同志还亲自执笔写出了调查材料，准备好污染实物图片；化学系陈立义老师写成学校受近邻制药厂的化学污染情况的资料。趁五月上北京出席全国政协六届二次会议之机，我向全国政协提案委员会提交了以"校基狭窄，学校无发展余地；污染严重，教师有后顾之忧"为事由的提案。同时还根据在环境保护部供职的老同学向锡三的建议，以全国政协常委的名义给国务院环境保护委员会李鹏主任和国家教育部何东昌部长写了信，向国家民族事务委员会洛布桑副主任和中纪委原书记湘西籍老领导李昌同志分别当面做了汇报，请求他们关注和支持。这些活动，反响很大。国务院环境保护委员会立即饬令湖南省卫生厅调查吉首大学污染情况。

为了扩大反映效果、扩展校园基地，1984年暑假，州人大代表彭秀枢老师奉学校派遣，代表中央、省、州、市四级民意代表①赴省拜会了省委分管文教的焦林义书记，当面做了汇报。9月9日至10日，焦林义书记率省教委主任周忠尚等同志来自治州，亲自在吉首大学主持座谈会，商议了吉首大学建设中的问题，写出了《关于吉首大学建设中的几个问题的座谈纪要》。解决了如下几个问题：一、关于学校的性质和任务问题；二、关于学校规模和校址方面的问题；三、关于基建和投资问题；四、关于建立校外基地的问题；五、关于实施办法问题。1984年10月8日，中共湖南省委办公厅、湖南省人民政府办公厅发〔1984〕27号文件转发了《关于吉首大学建设几个问题的座谈纪要》的通知。《纪要》得到吉首大学以及省、州各有关单位认真执行和大力支持。现在吉首大学在各级党政领导的关怀下，在吉首市唐家岭（今砂子坳校区）已建设成一座优美的新型的花园式的高等学府。

【注】

①四级民意代表：全国政协常委彭秀模、省人大代表黄德智、州人大代表彭秀枢、市人大代表李泽南。

附一

呈焦林义书记

三湘主政几经年，化雨熏风入管弦。

仰止高山①心向往，不求万户愿识②韩。

【注】

①"高山仰止"语出《史记·孔子世家》。

②李白与韩荆州书有："生不用封万户侯，但愿一识韩荆州"语。"识"古入声字，普通话归入阳平。

为扩大吉首大学校园，余代表中央、省、州、市四级民意代表赴省拜会主管文教之焦林义书记,得省民委主任王双林帮助,派车径送至焦书记家。焦书记吐哺接见,余诵此诗后,焦书记兴趣倍增,听余汇报。不久,焦书记率省教委主任周忠尚来吉首。砂子坳新校区八百亩地,一锤定音。

彭秀枢

附二

<h3 style="text-align:center">悼尚心云①同志挽联</h3>

英姿忆当年。君投笔从戎:抗美援朝,保家卫国;羽檄飞驰,洪水满江,扁舟强渡龙马嘴②。

千禧逢盛世。我招魂诔德:军功卓著,业绩孔嘉,黉宫拓展,上书如愿,校宇宏开唐家坨。

【注】

①尚心云同志是我在保靖中学教书时的学生。抗美援朝时期,永顺专署发动学生参军。他是当时参军同学之一。

②参军学生奉命去永顺集中,当时天下暴雨,洪水满江,军令如山,只好在保靖龙马嘴渡口强渡。

彭秀模

谈谈我的养生保健

今年正月初二,我已经年满八十七岁,吃八十八岁饭了。同事们都说我身板硬朗,步伐矫健,不像八十多岁的老者,我自己也"自我感觉良好"。

吉首大学老年自我保健协会要我介绍养生经验,我感到没有什么可讲的。以前,我虽然也比较注意锻炼身体,但自我保健意识是不自觉的。参加协会后,在自我保健理论知识的启发下,我开始认识到:八十多年来,我之所以健康长寿,不外乎先天的遗传因素和后天的修养与锻炼。

洪昭光教授《健康新观念》书中告诉我们,今天所讲的健康应该是全方位的。它是指躯体的、心理的、精神道德上的以及社会人际适应的良好和完满状态。基于这一启发,我想从下列三个方面谈谈自我保健和对健康长寿的认识。

一、有一个良好的遗传因素

我出生于一个殷实之家,祖父、祖母、父亲、母亲生前都很健康,寿元也还高。祖父、父亲都年过花甲,祖母、母亲七十多岁才去世。我的外婆八十多岁无疾而终。看来我的健康长寿跟家庭的遗传基因与外部环境因素是有很大关系的。少年时候,我的身体不胖不瘦,矫健结实。在乡村私塾学堂里,课余之暇,无体育器材可供活动,同学们只好互相追逐,摔跤角力。在小伙伴中,我总是技压群雄,没有对手。中学阶段,正值抗日战争时期,学校被日机炸毁,从沅陵县迁到溆浦县乡下。我是篮排球爱好者,长跑运动员,万米比赛取得过名次,登山比赛跑得过第一,这都说明我的身体素质是可以的。

二、有一个良好的生活习惯

我出生在一个书香门第,父母亲对我们兄弟管教是很严格的。家住一个乡场上,赌博场、鸦片烟馆都有好几家。这些场馆里,我们兄弟是绝对禁止进去的。父母亲不单纯作此硬性规定,还用很多因赌博吸毒而倾家荡产、危害生命的实例教育我们。阅历既多,思想上远离毒害的堤防就筑得更加牢固。在生活旅程中,我与赌博、吸毒等不良习气根本无缘。这都是幼年时期养成的好习惯,是家庭严格教育的结果。下面谈谈我从小养成的好习惯。

第一,我从来不抽纸烟,这是我的好习惯。我的同学有很多都是"瘾君子",但我一直没有受到他们的影响。即使有的同学结婚给我敬烟,我也从不入口。最大的效果是:我的呼吸系统正常,这么大的年纪很少咳嗽。

第二,我很注意眼睛保健。读书人总得读书,读书应该得法,防止近视是首要的。小时候,父母亲常用一句俗话教育我们:"宁做千日工,不做鸡上笼。"意思是说,不要在鸡上笼的时候做用眼力的活儿。读书也是这样,不要在黄昏时候或光线暗的地方看书。从小就注意这样,到老还视力不衰。再则,我从不睡着看书。读书时,一定要坐在座位上,保持身体正直,不偏不歪。有些人贪图舒服,睡着看书,这种方式日久天长就会导致眼睛斜视,神经衰弱,有害健康。再次,一般情况我是不"开夜车"的。平时工作中,我很注意劳逸适度。晚上最迟十一点钟睡觉,一般不加夜班不熬夜。过多熬夜,年轻时不觉得,老了就会出毛病。睡得早,起得早,睡眠足,精神好。

第三,我也很注意牙齿健康。我有一口坚固而原装的牙齿。这既是母系遗传基因所赐,也是后天自我保健的结果。念高中时,我结识了一位同学。他父亲是一位武术学堂出身的老将军,他告诉我在下蹲或大小便时咬紧牙关,可以保护牙齿。几十年来每遇下蹲时,我总是习惯地咬紧牙关。这一牙齿保健法在我身上是取得效果的。我的消化系统至今仍然比较正常。2003年旅游时,我在南京买了几本书。《颜氏家训养生篇》中谈到他(颜之推)的固齿之法:"吾尝患齿,摇动欲落,饮食冷热,皆疼痛。见《抱朴子》牢齿之法。早晨叩齿三百下为良,行之数日,即便平愈,今恒持之。"四年多来,我把它运用于刷牙过程中,叩齿一百,增长了刷牙时间,固齿效果也好。

三、有一个平衡的心态

我上过私塾,读了很多古典的东西。儒家学说中的"中庸"之道,"忠恕"之道,"仁、义、礼、智、信"等伦理道德在我思想里潜移默化,濡染颇深。什么是"中庸"?宋儒朱熹说得好:"不偏不倚,无过不及。"所谓"忠恕"也是孔子学说的一个基本观念,内涵比较丰富,先说"忠",概括地说:"竭己之谓忠。"大可到"忠于祖国",小可到"忠于职守",都要尽力而为。再讲"恕",通俗讲法就是"如心为恕""将心比心";孔子自己给它下的定义是:"己所不欲,勿施于人。"至于仁、义、礼、智、信,则是儒学中伦理道德的规范,中华民族传统文化的精华,马列主义中国化的基础。孔子说:"仁者人也。"孟子说:"仁者爱人。"继承儒学道统的韩愈阐发儒学思想说:"博爱之谓仁,行而宜之谓义,由是而之焉之谓道。"在这些思想道德影响下,我在为人处世上,性情温和,心气平和,与人为善,与世无争。因而对社会外环境和身体内环境能够相对地保持平衡。人际关系好，身心两健康。1990年，我八十初度，余文奎同志曾赠给我一副对联。上联是：荣辱无惊，世事纷纭存故我；下联是：行藏有道，心灵清净乃高人。余是我当年任教学校的老校长、老同事、老朋友，他是深知我的。上联对我的评价，庶几近之。前此人生，世事纷纭，有风风雨雨，也有艳阳高照。遇有困难，我总信任组织，相信自己。故而"处穷不媚俗，居泰不骄人"，保持"故我"。下联对我的评价是拔高了。"心灵清净"的"高人"，现在还做不到，但却是我们大家应该追求的目标。"行藏"有道，语出《论语》。孔子对颜渊说："用之则行，舍之则藏，惟我与尔有是夫！"用我的时候，我确实也做了一些有益于人民的与集体的事。比如说，为学校争取到唐家岭这块基地（新校区），我是做出了贡献的。除了向学校校务会议上汇报情况外，我很少公开表过功。教职员工不知道这事是很自然的；可是编纂吉首大学校志的主编者对学校校史上的这件大事，知道而不秉笔直书实在令人费解。因此我"心灵"曾有一段时间没有"清净"过。事后"心灵清净"过来，读到"有容德乃大，无欲心自闲"这副对联，我理解这位主编为什么不秉笔直书的道理了：别人不能"有容"，而我自己也还不能"无欲"，因而心不自闲了。

退休以后，我没有失落感，心态比较平衡。不教书，照样要学习好。读书、读报、看新闻，"开卷古人都在眼，闭门俗事不关心"。俗事不关心，天下国家大事，我却并未忘怀。为了老有所为，老有所乐，我把兴趣转到古典诗词的写作上来。创作要有生活，我于是参观旅游，纵情山水。"登山则情满于山，观海则意溢于海"，兴之所至，诗意盎然。当此之时，俗虑全消，荣辱皆忘，洵可乐也。十多年来，我确实写出了一些有得于心充满感情的诗篇。有些篇什已在全国书刊上发表，有的篇什自己出了选本，得到专家赞许，得到吟友们的好评。自寻其乐也自得其乐。

回顾过去岁月，八十多年来，我除了中学时代得过疟疾外，没有得过大病，住过医院。

最后，我想用洪昭光教授的话作结并与大家共勉。他说："我们健康了，个人少受罪，家人少受累，节省医药费，还能造福全社会，何乐而不为呢？"

彭秀模

五、序跋

《痴斋闲墨拾零》前言

　　《痴斋闲墨拾零》，吾师养痴肖涵熙公之遗作也。世兄翼昌君辑佚拾零，董理成册，以复印本见示，饬余赘以前言。模添列夫子门墙，立雪数载，春风化雨，拂育孔多。虽事繁笔拙，殊不宜辞。

　　养痴先生既通新学，复长旧艺。格物致知之学，别国殊域之语，诗词歌行之什，均擅胜场。余就读永郡联中时，知之稔矣；惟先生旧制，良贾深藏，知之而未之见也。先生主持永郡联中校政时，曾与二三知音，组织"嘤鸣诗社"。"待云当夏夜，听雨恨秋时"，吾家聘儒夫子之遗墨也；"螺拥层峦迎翠髻，鹃啼绣岭唤红腔"，姻亲星伯先生之佳句也。先生诗坛健者，课余之暇，吟咏必多。今睹斯册，不过二十，诗社唱和，无一存者。玉焰珠沉，实堪惋惜。然全豹不窥，一斑可见，感时伤乱之情，溢于言表。先生春秋鼎盛之期，正是全民抗战之时，因而闲居古丈，闻"卢沟桥事变"，唱出"静中诗酒愁人味，望里烽烟故国心"；闻台儿庄大捷后，国共发生摩擦，发出楚客之悲："城筑受降方捷后，箕燃同种又煎时"。"楚客悲"缘于"故国心"，诗人乃于尾联写"家国拊膺人不寐，关河迢递动秋思"以照应首联之"楚客悲"。唯其心怀故国；因而"人不寐"；人不能寐，因而遥想迢递关河；而迢递关河，处处"旌旗变幻""烽火凭陵"：此情此景，安能不牵动爱国忧民诗人之"秋思"也哉？岁月不居，楚才不用，凝眸兵燹匪患，正值"强房要盟和魏绛，几人刎颈重严颜"之时，于是诗人有"龙飞久渺云中路，豹隐谁浮海上槎"之叹，兴"人凋潘鬓流年换，笔褪江花彩色移"之悲。然而"年年客路自逶迤"，当道者仍"不见忧时陆放翁"，宜乎先生之以养痴名也。

　　刘贡甫诗话云："诗以意义为主，文词次之。"先生之诗，意深义高，清新俊逸，韵律甚工，常以双声叠韵相对，信手拈来，流水行云，有老杜之风。好诗者得此册而潜习深思，自当不以"闲墨"视之也。

彭秀模
1989 年 9 月 10 日

宋石泉先生八十寿辰诗词集序

永顺大井彭氏与花垣宋家有世交之谊。余幼时，先父曾言，果庭拔铺（拔铺，土家语，汉意为祖父）执教花垣，深受尊敬。余闻之稔矣，但不知其详。1956年，余与宋祚胤先生同时调入湖南师范学院，比邻而居。宋先生教古典文学，我教古代汉语。两门课程，互补性强，朝夕论学，莫逆于心。先生谓余曰：吾家学问，源于大井。于是果庭夫子花垣授业之情形，余得而知其详焉。舍弟秀枢立雪于祚胤先生门下，长于古典文学，深得先生青睐。祚胤先生长余四岁，缘于通家之好，余尝兄事之。石泉先生祚胤先生之堂兄也。昔虽耳有所闻，迄未谋面。1985年上春，由吴鼎新先生之介绍而识韩。石泉先生性格开朗，谈锋甚健，对吾家果庭夫子之事迹如数家珍。是年八月八日，石泉先生以果庭夫子遗作对联拓纸相赠，余得而珍藏之。兹照录备忘：

绿到芹池，文章得气兼春夏；

红分杏苑，科第联芳又弟兄。

十三字（模注：原文如此）系泽惠辛巳岁与先兄泽荣同入黉序时，先师彭果庭先生赠语也。师返道山距今十余载矣。回首几席，曷胜拳拳。年远恐师训佚失，因倩张君季广书之，时悬座隅，庶几无间提摄云尔。岁在癸丑，宋泽惠子元敬识。恭读联语跋文，世交之谊倍感亲切。

石泉先生，花垣耆宿，县政协委员，县文史委员会顾问。1993年恭逢八十大寿。是日也，州县政协委员，县里名流故旧，齐集于门，赋诗填词，为先生寿。珠玑盈篇，阵马风樯，皆东山之碎金，成一家之机杼，片笺片玉，一字一缣，盖一时之盛也。先生大德多寿，儒雅风流，积玉藏金，辑成此卷。原请祚胤先生命笔作序；因先生寝疾病，转饬余为之，情不可却，爰操觚染翰，叙述相知之缘由，敬录先辈之文藻，亦保存史料以贻来者之意焉。是为序。

彭秀模
1994年中秋节于吉首大学

天籁自鸣　余音袅袅

——读覃大钰诗词

覃大钰是我在大学执教时的学生，他擅长音韵学，尤以作诗填词见长。

覃大钰诗宗杜甫，词尚易安、语言平实、寓意颇深。但在格律上却要求甚严，平仄工稳。当今社会，语言发展了，时尚不同了，许多题材用现代语难以入诗，但由于覃大钰善于遣词造句，他的作品仍然富于古色古香、古风古味。

他年轻时，种过田、做过砖瓦、赶过鸭子、蹲过煤窑、当过石匠和油漆工，甚至当过流浪汉。后来由民办教师考上大学，进修七年。他教过小学、初中、高中；从事过县级教育、科技、文化、体育、广播、电视等政府部门以及政协方面的领导工作。复杂坎坷的生活经历，丰富了他的创作题材，精蕴了他的思想情趣。他的诗词，取材广泛，政治、经济、文化、教育、军事，事无巨细，均常入诗。此次他集中发表的几首诗词，作品中展现的是自然、清新、优美的图画和乐章，仿佛在他的眼里和心中，整个世界都荡漾着歌声，充满了音乐，读来令人陶醉，余韵无穷。

覃大钰已在全国各级各类报刊上发表了上百首诗词作品。目前，他正以武陵源风景为题材，致力创作《武陵源三百咏》山水诗词集，为康熙《钦定词谱》填词，完成创作《千调词集》的计划，并力争做一些反映音乐生活的精美诗词。

音乐和诗词音韵有着密不可分的依存关系。覃大钰的这些旧体诗词，既反映了音乐生活，本身又包含了一些音乐常识，相应对音乐爱好者不无裨益。

彭秀模

1994 年 10 月 28 日

《保靖彭氏宗谱》首卷叙

　　保靖大妥彭秀奎君将其所辑之族谱初稿（首卷）送余先睹，并属为叙。浏览之余，乃忆历来族谱多为名门秘藏，鲜有出示于人者。因版本不同、传抄有误、对照不易，各家藏本之内容多难划一。今借民族政策之光，改革开放之便，编者得以综合各谱之异同，再考诸史志群书，使得姓、获郡、传代、南迁、奔楚、入主溪州、土司制度、派行衍化、官爵承袭等之疑点渐趋明晰，异点渐趋划一，且一改过去修谱隐恶扬善之习而本实事求是之旨，使族谱渐展其历史原貌。然年远事湮，简断编残，欲毕纠偏补遗之功于一役，非不为也，实不能也。故望吾族诸君共阅其文，共补其阙，共正其误，共襄其成，此诚吾族人之大幸也。是为叙。

守溪州刺史陇西开国男四十一代孙永顺大井彭秀模
1996年6月

《保靖迁永顺彭氏源流考》跋

彭氏旧族谱序云：宗者尊也，族者奏也。人之有宗族犹木之有枝叶，水之有支派也。然必根之深者叶自茂，源之远者流自长。斯则又视乎祖宗之功绩德业与子孙之继承发扬何如耳。第以支分派别之后，不为统而聚之，系而续之，则年远事埋，必将使亲者失其亲，故者失其故，殊非仁人君子敬宗睦族之道也。

1999年，我保靖迁永顺彭氏理事会，深虑族众之子孙繁衍已遍布环区，如不及时调研我宗族之星罗棋布者而考订之，因其流而溯其源，讯其末而求其端，必将如瓜瓞蔓敷，本支淆乱，亲源无考，长幼失序，其弊将何其极乎！于是约诸族众，共议编著《保靖迁永顺彭氏源流考》一书。彭秀奎编辑《保靖彭氏土司世系考》；彭施修编辑《保靖迁永顺彭氏支系考》，并广收资料而董其成。纂辑以来，历有年所，遍搜断简残篇，遍查祖茔墓志，个中辛苦，是非有大力深心者不能为也。现源流考纂辑已成，本支世系，若网在纲，有条不紊，若丝在杼，有理不乱。数十代之世绪，继继承承者，灿若眉列。凡我同宗之子孙，睹斯书者，能不思念祖宗之德业，孝悌之心油然而自生也哉！

今当盛世，国运昌隆。凡我彭氏子孙更应励其节行，惟忠惟孝，热爱祖国，绳其祖武；各安岗位，服务人民，建功立业，以期光于前哲而裕于后昆者乎！值此《保靖迁永顺彭氏源流考》付梓之时，欣慰万分，爰为之跋。

（守溪州刺史陇西开国男四十一代孙彭秀模）

张罗公路湘西州段建设纪念碑叙

湘西土家族苗族自治州地处湖南省西部边陲。全境山峦叠翠，沟壑纵横，钟灵毓秀，民风古朴，民俗多姿多彩，武陵风物形胜亦多荟萃于斯。然自古以还，交通闭塞，信息不灵，因而货物不能畅其流，民智未尽得开发，制约瓶颈，其在斯乎。

千禧之年，新纪开篇。国家扶贫政策，大力开发西部。湘西州得中央之眷顾，入西部之范围。省委、省政府情系湘西，斥资四亿，指建张罗公路，打开西部山门。省交通厅、公路局雷厉风行，披荆斩棘，勘察设计，绘制蓝图。州委、州政府，闻风景从，运筹帷幄，点将集兵，指挥若定。路建员工群情振奋，斗志昂扬，凿石劈山，架桥铺路，时越三载，全线落成。土乡苗寨，天地一新。

张罗公路类属山岭重丘二级，北起张家界，南至罗依溪，全长114.2千米，州建里程67.3千米。全线蜿蜒曲折于青山绿水之间。平湖地区，线路沿酉水南岸施工，跨溪壑，炸山梁，光面爆破，笔立如铣。北线进入山区，冈岭簪列，山峦螺拥，公路则辗转回环，宛如腰缠玉带，笔走龙蛇。至于崇山峻岭、高陵深谷之境，则路阻危峰穿隧道，地当绝壑架长虹：洗壁溪大桥，顶天立地；青天坪隧道，入地通天。设计精工，神乎技矣。更有可书者，王村特大桥，横跨酉水河上，如长虹之卧波，弯弓之出彀，跨度为湖湘之冠。世界也够入流。行车北上，凭窗远眺，美轮美奂，亦幻亦真，天堑通途，纵贯南北。故张罗公路之建成，诚为湘西黄金之通道，经济之动脉，旅游之长廊，必将利及当代，功著千秋者也。

懋功固当懋赏。张罗公路建设总公司为感谢各级领导之眷顾，感谢沿线各族人民之大力支持，表彰路建员工之卓著功绩，谨筑亭于王村特大桥之北端，植樟与桂，兼之芳草，以裨形胜；因其位居酉水之阳，遂命之曰：酉阳亭。刻叙纪念碑上，昭示来者，以志不忘。

张罗公路建设总公司立
2003年10月11日
彭秀模撰文

附：

拟亭名

一、酉阳亭

1. 历史沿革：王村千年古镇。秦属黔中郡，汉属武陵郡。汉时为酉阳县治所。历史悠久，包孕宏深；文化底蕴深厚，品位很高。

2. 地理位置：王村位酉水之阳（水北为阳）。

酉阳亭联

红旗招展，古道边，万马齐嘶奔富路。思往事：群情奋发，斗志昂扬，劈山垦壤，入地登天，三年修好张罗公路；

绿水潆洄，大桥畔，一亭耸峙傍清流，喜今朝：胜友如云，高朋满座，假日休闲，青春做伴，四季畅游酉阳故城。

二、西顾亭

语出《诗经》："乃眷西顾。"

《花萼不集诗选》序

　　《花萼不集诗选》者乃三兄弟合作之诗集选本也。语出《诗·小雅·常棣》："常棣之华，鄂不韡韡，凡今之人，莫如兄弟。"常棣，亦作棠棣，木名，果实如樱桃可食。华，同花；鄂，同萼；不，象形字，《孟鼎》作"不"，象花蒂之形。因此，花、萼、不三者乃一朵花之三部分也。韡韡，光辉貌。两句连缀成文即："常棣之花、萼、不三者皆韡韡也。"《新唐书·李乂传》："兄弟同为一集，号《李氏花萼集》。"本此，不揣冒昧，建议以《花萼不集诗选》为三兄弟诗集之名不亦可乎。

　　善治、厚生、善焜系同胞兄弟，与余同宗，同为溪州土司彭士愁之昆裔。常有过从，情如兄弟。贤昆玉出自书香门第，幼读私塾，娴于古典。及长，善治就读于大学中文系，厚生、善焜均中师毕业。从事教育工作多历年所，教书育人，素养日增。20世纪80年代，"中华诗词热"像春风吹遍神州大地。善治得风气之先，加入中华诗词学会，重操旧艺，吟咏酬唱如新发于硎。湘西诗词学会成立，三兄弟均为诗坛健者，所赋诗作质朴情真，不假雕饰，激浊扬清，爱憎分明。初读似觉平淡，反复吟咏，含英咀华，即渐入蔗境。加之全集题材广泛，内容丰富，国事家事，咏志歌时，山川气象，田园风光，四时景物，吊古怀今，真是信手拈来尽入诗。谓余不信，请尝试之。全集多收绝句律诗，绝句量多且佳，词则少见入编。但亦无伤大雅。律诗与词本易学而难精。试简言之：唐人律诗多用于科举及应酬，故每易落于俗套。少陵情重，故沉郁；义山情深，故幽远。后之学律诗者宜由此悟入。而放翁之率易，梅村之板重，皆不可盲从而有所取舍也。词为"诗余"，亦称"长短句"。所谓"长短句"，只是在句式上有别于诗也；所谓诗余，则应在韵律、节奏上继承律诗之韵味也。近年来，部分学填词者，不从"小令"入手，蹈其规矩，体其韵味；却爱用"长调"，不讲韵律，慢无节奏，鸿篇巨制，形同散文，韵味索然，何"诗"之有！

　　《花萼不集诗选》编辑成册，谨缀数言以就正焉？

彭秀模
2004年11月22日

《溪州土家族文人竹枝词注析》序

  彭南均同志辑录注析的《溪州土家族文人竹枝词注析》一书，即将付梓，这是一件好事，值得祝贺。
  关于竹枝词源流问题，秀枢和南均发表的《竹枝词的源流》论文已经说得很清楚了，毋庸赘述。"竹枝词"原本叫"竹枝"，是古代土家先民迎神赛会时咏唱的一种歌谣。男女老少"见子打子"，即兴而发，联袂踏歌唱"竹枝"。竹枝词内容丰富，题材非常广泛，语言通俗，比拟确切，可以抒发强烈感情，可以表达爱慕情意。"竹枝"原为七言两句，两句一韵形式。唐代中叶，刘禹锡初贬朗州，后谪夔州，耳闻目睹土家先民赛神祭祀，跳舞唱歌，深受感染，激动不已，歌以自慰；于是模仿土家先民所唱"竹枝"，加工改写，创作"竹枝词"，其中一首："杨柳青青江水平，闻郎江上踏歌声。东边日出西边雨，道是无晴却有晴。""晴"谐音"情"。语意双关，脍炙人口。刘禹锡是开一代诗风的吟坛巨匠，其竹枝词传承和发展了土家族的"竹枝"，对中国诗歌的发展影响颇大。土家族的竹枝词从此以七言四句定形下来，流传至今。如彭勇行之"黄菜花开碧柳丝，城南门外洗心池。劝郎洗净闲烦恼，莫洗心头一点痴。"含蓄蕴藉，耐人寻味；又如彭司铎之"福石城中锦做窝，土王宫畔水生波。红灯万盏人千叠，一片缠绵摆手歌"。夸饰张扬，有声有色。吾家果庭夫子勇行（族曾祖父）永顺名儒，一代宗师，清同治贡生，秉性聪颖，文思隽秀。其为文也，菡苕琼花，旖旎琳琅，翩翩风韵，栩栩遄飞。溪州竹枝词，果庭夫子是承先启后人物。设馆授徒，族弟勇功，族侄司铎、司鍌、司涤，均出其门下而以诗名。教泽遍及湘西，竹枝词也流传于各地。
  一个民族主要是同文化有关的。没有自己的文化，就没有这个民族；而没有自己的诗歌，也就没有这个民族的文化。南均同志辑录溪州土家族文人竹枝词加以注释赏析，对弘扬土家文化，流传本民族诗歌，做出了有益的贡献。刊行之前，请余为之序。诵先人之清芬，倍感亲切。谨书观感，表示祝贺与赞赏。

彭秀模于吉首大学
2007 年 6 月 3 日

《土家织锦》是本值得一读的好书

我是看着田明长大的,他的父亲与我是国立中央大学的校友,后又是同事,我的大儿子与田明是儿时的伙伴,因此我们是世交。我原来只是知道田明是颇有造诣的画家,其家学渊源,又转益多师,传统文化底蕴较厚。但当他将一本沉甸甸《土家织锦》专著送给我的时候,真的感到有几分意外。土家族文化博大精深,土家织锦是土家文化中的代表,遗憾的是多年来一直没有一本土家织锦的专著,田明为我们填补了这方面的空白,做得好!

研究土家文化是一件既寂寞又辛苦的事。土家族没有文字,研究就得做深入细致的田野调查,查阅大量的古今文献资料。土家文化研究的基础是土家族族源,族源属人类文化学的范畴,长期以来,土家族族源一直有着争议。如果单纯按传统的"巴人说"(狭义"巴人")来解释湘西的土家织锦,显然有些说不过去。20 世纪 80 年代时我曾写过一篇题为《叏摯考》[1]的文章,是根据周代初记昭王时事的《宗周钟》铭文"南国叏摯",运用古汉语音韵文字理论和历史文献全面论证了"叏摯就是备兹"[2]。即今天的备兹卡——土家族的主源应是古称"板楯蛮"之"賨人"。这就是我们常说的"广义巴人",即"巴賨说"。这一观点已成为湘西本土民族学者们的共识,比较接近湘西本土的实际情况,是研究湘西土家文化的基础之一。"賨人"善织"賨布",賨布在历史上很有名,文献记载也不少。《后汉书·南蛮西南夷列传》就记有:"秦昭襄王使白起伐楚,略取蛮夷,始置黔中郡,汉兴,改为武陵(郡),岁令大人输布一匹,小口二丈,是谓'賨布'。"所以,在这之前,研究者们往往都将土家织锦的源头定位在"賨布"。然而,早在春秋前,賨人便建立了自己的国家,国都就在今四川达州所辖渠县的土溪城坝(渠县,秦时称宕渠县)。那么賨人的"老家"一带为什么没有将賨布发展成土家织锦呢?!田明有艺术家的浪漫,史学家的严谨,民族学家的热情,学者的责任感,他并没有囿于前人的"圈子"里人云亦云,而是整合了前人的研究成果,并多学科的综合考虑,用自己独到的见解,结合土

---

[1] 彭秀模.叏摯考.吉首大学学报,1991 年第 4 期。
[2] 彭秀模.叏摯考.吉首大学学报,1991 年第 4 期。

家织锦的实际,在其梳理的"土家织锦源流发展示意图"①中,给人们多角度地展示了一个全新的土家织锦源流的大文化视野。"从土著先民的原始织造到賨布、兰干细布、再到斑布、溪峒布,最后定型为土锦、土家织锦,这一过程正好印证了土家民族从原始走向现代,即从湘西北土著先民到巴賨南迁、乌蛮东移、客汉入峒的历史,并融合多部族聚集发展成为单一民族的经历"②,在这里土著先民的原始织造、濮僚的兰干细布与賨布的融会是促进其变化发展的主要原因。"因人文和地理的种种因素,她只可能产生于酉水流域,并生根、发芽、开花而结出丰硕的果实"③。同时,田明举一反三,以土家织锦的源流发展轨迹为线索反过来证论土家族的族源,很有新意,为我们研究湘西土家族族源的主流与支流又提供了一条新思路。他关于"土家族是一个以武陵山区的原始居民与古代濮僚(仡佬)融合后的'土著',与历史上先后进入武陵山区的巴人、楚人、客家人等强宗大姓经过长期的融合,产生了共同的文化适应性,在唐宋以后相对稳定的数百年间逐渐形成的民族复合体。他所呈现给我们的是一个多元而又统一的大文化生态圈,这就是我们研究土家文化的基本出发点,也是土家织锦的生存发展的母体"的论述客观而严谨,而且自成体系,在后来的分章论述中,都紧紧围绕着这一论点而具体展开,有条有理,形成了鲜明的个性特点。合乎著名学者费孝通先生提出的"按地区去研究民族历史的方法"和多元一体的理论。很难想象有如此深度和广度的研究结论竟然是出自一个画家的"业余"之手,实属难得而可贵。《土家织锦》的确是本值得一读的好书!

吉首大学教授彭秀模,原载湘西州民族工艺美术研究所编《"土家织锦"大家谈》

---

① 田明.土家织锦.北京:学苑出版社2008年版,第25页.
② 田明.土家织锦.北京:学苑出版社2008年版,第25页.
③ 田明.土家织锦.北京:学苑出版社2008年版,第25页.

《老司城土司源流考》序

读彭继德、彭南辰两位同志所著《老司城土司源流考》书稿,深感他们父子参阅文献史料之广,涉及问题之多,用功之勤,实堪点赞。无奈余行年九五,年事已高,"老耄师聊浑忘事,少年烛武不如人",正是我现实的写照。兹就阅读所得谈谈我的三点感想,是为序。

一、关于敖骈被俘与彭瑊遇害问题

关于朱梁开平四年吴敖骈围彭瑊于赤石之事,史书有两种截然不同的记载:一是北宋司马光《资治通鉴》卷267云:梁开平四年(庚午年,公元910年)五月,"吴水军指挥使敖骈围吉州刺史彭玕弟瑊于赤石,楚兵救瑊,虏骈以归";二是明廖道南《楚纪》(明嘉靖二十五年李桂刻本)在彭瑊条目下说及"彭瑊辰州上溪州人。其先出自汉彭宣之裔,厥后有彭构云者,唐天宝中以逸士征不仕,号其里曰征君乡,有彭玕者仕朱梁为龙韬将军,封安定王。瑊承遗烈,仕唐为检校司徒,辰州刺史。开平四年,吴敖骈围赤石,瑊调所部征之,被执,不屈而死,阖门遇害。乡闾哀而壮之。五季时,有彭士然者亦曰士愁,力抗马希范以保障其乡,树铜柱以效伏波……"

请细读《资治通鉴》《楚纪》两相对立的记载加以比较,辨其异同,明其泾渭,如果让你选边站,你将作何选择呢?我是站在司马温公这边的。理由如下:

(一)从行文上看,《资治通鉴》在交代交战双方及时间地点后,明确地直书:"楚兵救瑊,虏骈以归。"八个大字,斩钉截铁,史家笔法,言简意赅。再看《楚纪》关于彭瑊、彭士愁的记载,自相矛盾,背离史实,张冠李戴。兹摘录相关原文,加以述评。《楚纪》云:"彭瑊辰州上溪州人,仕唐为检校司徒,辰州刺史。开平四年,吴敖骈围赤石,瑊调所部征之,被执不屈而死。"这段文字说明当时彭瑊尚在楚地,"敖骈围赤石",被围者没有交代,该不是彭瑊吧;被执者为谁?按《资治通鉴》记载,"楚兵救瑊,虏骈以归",被俘者敖骈也。按《楚纪》的文义推断是指彭瑊"被执,不屈而死",而且"阖门遇害"。"阖门遇害"之事,我们认为既有悖于常理,又不符合于史实。首先,作为辰州刺史彭瑊调所部征敖骈以解赤石之围,绝不至于把全家老老少少都带回吉州战地而"阖门遇害";如果真是"阖门遇害",则彭瑊唯一的独生子彭士愁又哪有机会如《楚纪》所载"五季时……士愁力抗马希范以保障其乡,树铜柱以效伏波"(马援)之事呢?这里我们应该明确指出,廖道南关于彭瑊、彭士愁的记载是背离史实、自相矛盾、张冠李戴的。五季时,后晋天福四年(公元939年)溪州之战,彭士愁抗拒马希范以保障其乡,实属有之,至于"树铜柱以效伏波",这就张冠李戴了,真正效伏波而立铜柱者马希范也,铮铮铜柱,巍然犹存,郁郁铭文,赫然在目,马楚天策府大手笔李宏皋的铭文颂词有"昭灵铸柱垂英烈,手持干戈征百越,我王铸柱庇黔黎,指画风雷开五溪……"前两句写伏波将军马援征百越立铜柱之事;后两句写马希范仿效乃祖开五溪立铜柱之盛况,最后署名鉴临铸造铜柱者马希广也。史实失真,其可信乎!

(二)从时间上看,司马光北宋时人,生于公元1019年,卒于公元1086年。宋神宗熙宁年间,王安石变法,司马光离开朝廷十五年,主持编纂中国第一部编年体通史《资治通鉴》。写此书时距梁开平四年(公元910年)敖骈围赤石事件最远时距为176年,因此对事件的始末应该是知之甚详的;加以《资治通鉴》为集体合作撰写的,集中多个史家智慧,讹误自然很少。廖道南生年不明,卒于公元1574年,距事件发生时间(公元910年)664年,他所作出与《资治通鉴》相反的记载我们能完全相信吗?

二、关于"彭师杲不知其家世"问题

谭其骧先生在《史学年报》第五期二卷上发表的《近代湖南人中之蛮族血统》文中认为彭士愁、彭师杲父子与江西之彭玕、彭瑊兄弟"则殆风马牛不相及",而应属蛮族血统。湖南人民出版社出版的王巨堡、刘晓瑜《土家族简史》踵其说,认为"大量资料证明彭士愁不是汉人,而是溪州土著"。资料之一特别引用了《南唐书》卷十一第二五七页"师杲不知其家世","似乎难以理解"。这样的引用讹误很多人犯过。现在彭继德、彭南辰同志将未经标点的《南唐书》(商务印书馆民国二十六年十二月初版)"彭师杲传"呈现在我们面前,才知道所引例句对原文句读(dòu)不明,字儿颠倒失真,因而解说纷纭,造成诸多混乱。兹录《南唐书》所载原文,加上标点,分清句读以正视听:"殷子希萼与弟希崇争国,希萼败见执,师杲不知。其世家自殷时为将与希萼有旧怨。希崇避杀兄名,于是命师杲幽希萼于衡山使甘心焉。师杲叹曰:留后欲使我弑君耶?吾岂为是哉!"对于这段文字,继德、南辰有很好的解读。我这里只是强调:"其世家自殷时为将"是说彭师杲的祖祖辈辈彭玕、彭瑊、彭士愁在马殷的时候就是马楚政权的将领;"与希萼有旧怨"，《资治通鉴》也有明确的记载：广顺元年（辛亥，公元951年），"希崇既袭位，亦纵酒荒淫，为政不公，语多矫枉，国人不附。初，马希萼入长沙，彭师暠虽免死，犹杖背黜为民。希崇以为师暠必怨之，使送希萼于衡山，实欲师暠杀之。师暠曰：'欲使我为弑君之人乎？'事奉逾谨。"试比较《南唐书》与《资治通鉴》两书所载，可知彭师暠为人耿介，忠于马氏，不愿为"弑君之人"，反而与成衡山裨将廖偃"相与护视希萼甚谨，未尝失人臣礼"。应用典籍失真，行成聚讼，不亦谬乎！真希望读者认真通读《老司城土司源流考》确立彭瑊、彭士愁、彭师暠祖籍江西，五代时迁入溪州的历史地位。

三、"福石城"即"备兹城"

福石城中锦作窝，土王宫畔水声波。

红灯万盏人千叠，一片缠绵摆手歌。

这首诗是我永顺老家大井族祖父司铎夫子雪椒杷铺（[pha²¹phu⁵⁵]土家语，即祖父）写的一首竹枝词。该词生动地描绘了福石城中，土王宫畔举行的大摆手歌舞盛会。其场面之大，群众之多，欢乐气氛之浓，有声有色，脍炙人口。每读此词，老司城为什么叫福石城这一疑问总在我的脑海里萦回，不得其解。总以为溪州治所原在永顺会溪坪（今古丈地），宋时，七世土司彭福石宠为避辰州方面侵扰迁至永顺老司城，福石城可能因彭福石宠而得名。今读《老司城土司源流考》所引1957年7月湖南省湘西土家问题联合调查组《关于土家情况的调查报告》"土家自称"一节内有这样的记录："龙山土家自称'毕兹卡'［pi³⁵tsi⁵⁵kha⁵¹］，永顺土家自称'毕基卡'［pi³⁵tɕi⁵⁵kha⁵¹］，保靖土家自称'密基卡'［mi⁵⁵tɕi⁵⁵kha⁵¹］，古丈、龙山的土家称保靖土家为'夏卡'［ɕia³⁵kha⁵³］或'夏夏卡'，保靖土家称龙山土家为'虎视卡'［xu⁵¹si⁵¹kha⁵⁵］。龙山坡脚坪老人说，从前我们是'虎视卡'。"

"虎视卡"这一自称启发我顿时联想到'福石城'的'福石'就是我们土家族自称"服兹卡"的"备兹"［bi³⁵zi⁵⁵］了。1991年，我曾经在《吉首大学学报》第4期发表过一篇学术论文《叏孳［Biuək tsiə］考》，论证过土家族的自称与族源。最原始资料是青铜器《宗周钟》的铭文（见罗振玉《三代吉金文存》）。《宗周钟》是周朝初年周昭王所铸的青铜器。现藏于中国台湾台北故宫博物院。其铭文载有："王肇遹相文武堇疆土。南国叏孳［bi³⁵zi⁵⁵］敢陷虐我土。王敦伐其业至，戡伐厥都，叏孳乃遣间逆昭王，南夷东夷具见廿有六邦。"铭文语言文字简古，兹译成语体以便理解："昭王开始巡视文王武王在汉水方面的疆土。南国的㠱掔竟敢攻占我的领土。昭王愤怒地讨伐他的侵扰，扑向他的都城。㠱掔于是派遣使者迎接昭王，与之一同觐见的还有南夷东夷二十六个小邦。"

《㠱掔考》一文根据文字学音韵学理论以及历史文献资料论证了《宗周钟》铭文所载的"南国㠱掔"就是今天土家族自称的服兹或备兹。为什么"㠱掔"就是"服兹"？清代文字音韵学家段玉裁"古谐声说"有云："一声可谐万字，万字而必同部，同谐声必同部。"根据这一理论，"㠱"的古音与"服"同。首先是它们同属一个谐声系统。《说文》："服，用也……从舟㠱声"，㠱与服为统一谐声系统，其次是同谐声者必同部。㠱、服二字，中古音同为房六切，上古音又同属德部并母字，"古无轻唇音"，房为奉母字，上古应读重唇音并母，所以㠱与服古音完全相同。同理，掔与兹古音也全同：同属一个谐声系统，同属一个韵部，都是哈部精母字。因此"㠱掔"就是"服兹"。这一论断，无论从文字上音韵上都是站得住脚的。那么"备兹"又怎么跟它们对音呢？㠱同服，掔同兹，已如上述；下面我们仅就"备"（備的简化字）、"服"二字谈谈它们之所以相同的道理。备与服今音相差较远，可在上古时期，它们的读音是完全相同的：同属德部并母字，同属于古入声调。唯其备、服古音相同，因而古代典籍常有假借或通用的情况，例如《说文》："犕，《易》曰：'犕牛乘马'，从牛葡声。"段玉裁《说文解字注》："系辞今作服，古音㠱声葡声同在一部……作服者假借耳。"又例如《左传·僖公二十四年》："王使伯服、游孙伯如郑，请滑。"《史记·郑世家》："周襄王使伯備请滑。"服与備常通用必当由于古音相同的缘故吧。本此我们认为"服兹"就是"备兹"〔$pi^{35} tsi^{55}$〕。

《㠱掔考》进而还论证了潘光旦先生在其《湘西北的土家与古代巴人》一文中对"复夷"一词的解释和论点，他说："板楯蛮又有白虎复夷之称……历来解释是统治者豁免了它们赋税故曰'复'，'复'字是有这层意思的；但我们认为这层意思是后加的，原先'复'也只是代表一个声音，本应读为'刚愎自用'之'愎'，'复夷'即自称中有此字音的一种'夷'人。'复夷'也就是'比夷'。"潘先生认为"复夷"之"复"音同"愎"，很有见地，合于史实，切于古音。复与愎同属一个谐声系统，古音相同，因此"复夷"并不是什么免除赋税的夷人，"复夷"就是"比夷"，也就是"㠱夷"即"㠱兹夷"的简称。"复"怎么可以说成"㠱"呢？试从文字音韵角度加以论证。许慎《说文》："复，行故道也。从夂（sui）畐省声。"夂是义符，表意义的；畐是声符，表声音的。从畐的声说明复于畐古音是相同的。证以今日两字读音，复与畐的谐声系统都起了分化：复、腹、覆等今读 fù；而"刚愎自用"这一成语中之愎仍读为 bì；畐也是这样，读 fú 的有福、幅、辐等，读 bī 的有逼迫之逼、鲤鱼之鲤、腷臆之腷等，根据以上论证，我们可以得出结论："戶兹"就是"服兹"，就是"备兹"；"复夷"等于"福夷"，上溯词源即"戶兹夷"之简称"戶兹"了。下面再谈谈"服兹卡"与"虎视卡"的关系。2003 年 12 月，我收到土家族青年学者张为权同志的一封信，信中说："先生在《棠棣集文选》中关于'戶孳'的文章，学生看后感触颇深，论证严密，推理准确，可以说是自成一家之说。学生还给您补充一个证据。我于今年 7 月到坡脚乡卡柯村田野调查，卡柯村和坡脚的其他几个村称'毕兹卡'为'服兹卡'。"据以上论据，我认为"服兹卡"就是"虎视卡""福石卡"的对音。服与福，今读 fú，古音同为德部并母字，声韵完全相同。虎与福，古音今音均不相同。普通话里虎读 hǔ，福读 fú，声母声调都不相同。因为土家语音系统无唇齿音"f"，虎福两字声母都读成舌根音"h"，所以当时调查语言的人就将土家族自称"服兹卡"记音为"虎视卡"了。兹与视、石又有什么关系呢？兹的声母是舌尖前音［ts］，视与石的声母是舌尖后擦音［ʂ］。土家语只有舌尖前音。因而视与石的声母均读为［s］。塞擦音［ts］与擦音［s］同为舌尖前音，声类相同常有流转现象。所以"服兹卡"就是"备（毕）兹卡""福石卡"或"虎视卡"。根据以上论证，"福石城"就是"备（毕）兹城"了。

2015 年 7 月 4 日，以永顺老司城土司遗址领衔的"中国土司遗址"荣登《世界遗产名录》。作为溪州土司后裔听到中央广播电视台播送这一新闻消息后，欣喜万分。曾将我 2002 年 5 月 30 日与永顺县诗词书画协会吟友一道去老司城采风时写有《游老司城感赋》诗词三首书赠继德同志。兹特抄录于后，读此可知申遗前后两种心情：

其一　鹧鸪天

雾散天开现太阳，云峰叠翠涌沧浪（láng）。
灵溪隐在迷蒙里，福石山头忆旧邦。
烟袅袅，雾茫茫，汽车辗转下山冈。
司城古迹追寻处，一路春风透面凉。

其二　七律

搏射坪无战马喧，司城未改老容颜。
一泓流水碧如染，四面高峰绿到天。
秦楚山河依旧貌，春秋俎豆断尘缘。

离离彼黍余心碎,荆棘铜驼掩夕烟。
其三　鹧鸪天
水绿天蓝山自青,苍凉破败叹司城。
千秋宫阙尘和土,百战丰功喜亦惊。
怀旧绩,忆殊荣,沧桑巨变意难平。
金銮宝殿成虚象,择穴犁庭最典型。

彭秀模
乙未年八月初六公元 2015 年 9 月 18 日

六、答谢辞

吉首大学祝贺百年华诞会上答谢辞

各位领导、各位来宾、老师们、同学们：

学校为弘扬尊师重教优良传统，践行"以人名校，以业报国"校训，今天在这里隆重举行座谈会，祝贺我从教 70 周年暨百岁诞辰。为此我深深感谢学校领导和文学院及其他部门领导和同志们，感谢你们为筹备这个活动费心尽力；我也感谢在座各位来宾在百忙中拨冗参加这个活动。幸逢盛世，也感谢上苍，使我在期颐之年还能在这里与大家相聚言欢。

我在农历辛酉年正月初二（1921 年 2 月 9 日）出生于永顺县和平乡盐井村一个书香门第、教育世家。先祖父前清秀才，以案首入泮，贡生。因丁忧守制，未能参加会试，设馆授徒，人称葭丞先生。我七岁入私塾，受业于叔父镜涵先生之门下。叔父既长古典，又懂新学，时届民国，四书五经不再系统学习，重在读名篇、练写作。故乡大井为永顺文化较为发达地区之一，历来从事教育工作者多。族中曾祖父果庭夫子，前清同治贡生，永顺名儒，一代宗师，花垣设馆授徒，教泽遍及湘西。族中彭婠容姑姑，湖南省立第八师范学校校长，主持校政多年，成绩斐然。因此关系，我于 1949 年从南京中央大学返家后即受聘为省立八师国文教员。当年 10 月，永顺解放，省立八师改为永顺师范，继续执教，任语文教研组长。1956 年湖南发展高等教育，从中等师范和高级中学中选拔一批优秀教师调到高等院校任教，我被调入湖南师范学院中文系主持湖南省汉语方言普查工作，开"古代汉语"课程，1962 年被评为讲师。

吉首大学建校初期，缺古代汉语教师。多次向湖南省教育厅和湖南师院求援。1964 年 3 月，湖南师院中文系党总支书记找我谈话，交代任务：借调吉首大学教古代汉语，一面担任教学，一面带好徒弟，两年回院。到吉首大学后，适逢"四清"运动，未能上课堂教学，却跟系里同仁带领学生到农村搞"四清"，搞"社教"。继而"文化大革命"事起，不仅不能如期返回师院，反而在 1967 年 12 月下放花垣雅酉公社插队落户，1971 年 3 月调永顺青平公社当基层干部，后调永顺四中教语文，再调麻岔"五七"大学学朝阳农学院。身如飘蓬，疲于奔命，秋月春风，等闲度去。有《"文化大革命"十年》诗以抒怀：

十年多难叹途穷，颠沛流离类转蓬。
队插苗山大柳泊，官充田畯洗璧冲。
高寒地搞稻双熟，疲惫民储户九空。
濯足沧浪劳动后，黉宫"五七"学朝农。

1976 年 10 月，打倒"四人帮"反党集团，湖南师院落实政策，借人要还。永顺县不肯放行。1978 年 8 月州教育局强令永顺放人，吉首大学派车将我接回吉首。十四年后，我终于登上吉首大学讲台，教古代汉语课了。

党的十一届三中全会像春风一样吹绿了大地，邓小平同志《在全国科学大会开幕式上的讲话》给知识分子以极大活力。政治环境宽松，职称评定相继进行，1979 年我终于有机会被评为副教授。在这一背景下，应《团结报》纪念 20 世纪 80 年代第一年的稿约，写出了《元旦咏怀》七律一首以书胸臆：

暗香初透岭头梅，冬至阳生春又回。
白发新添功未立，书生老去时方来。
不须惆怅伤尘碾，应是昂扬斗雪开。
一瓣丹心迎旭日，百花争艳满山隈。

春回大地，盛世方来，书生老去，丹心迎日。在小平同志"尊重知识，尊重人才"口号感召下，我在耳顺年龄段里，工作上科研上均作出一定成绩，也获得党和国家给予的种种荣誉。1979 年后先后当选为州政协第四、第五两届常务委员，1981 年当选为州六届人大常委会委员，1983 年当选为全国政协第六届委员会常务委员，1985 年任湖南省语言文字工作委员会顾问，1989 年荣获国家语言文字工作委员会从事语言文字工作三十年的"荣誉证书"，《民族语文》在"当代中国民族语言学家"栏加以介绍。特别是 2019 年 70 周年国庆期间，党中央、国务院、中央军委为我颁发了"庆祝中华人民共和国成立 70 周年纪念章"，学校给我献花，我都心存感恩，永志不忘。

回想此前人生，就是读书、教学，也兼过一些社会工作，愧未做出什么成绩，但是盘点一下，也有一些值得汇报的事例：（一）作为教师，几十年教书育人，培养的学生大多成了社会有用人才，为国家建设发展做出了贡献。这是我一生最感到欣慰并引以为荣的事情。（二）作为语言文字工作者，我在汉语方言调查方面做过一些开创性工作，在古汉语教学研究及人才培养方面做过一些有益的事情。如在湖南师院主持湖南省汉语普查工作时，我培养了一批汉语方言调查的学生，与曾少达合作撰写《湖南省汉语方言普查总结报告》《湖南人怎样学习普通话》；在吉首大学教学工作期间，带动培养了几个古汉语和方言教学研究骨干教师。我对土家语言开展系统研究也取得了一些成绩。我与弟子叶德书合作创制了《土家语拼音方案》（草案），撰写了一系列有关土家语的论文，构建了土家族自己的语言文字体系，并成功进行了土家·汉双语双文教学接龙实验。（三）作为学校成员，在兼任全国和省、州政协、人大职务时，为学校改善办学条件、实现异地扩容出了一些力，成功地为学校争取到了砂子坳八百亩土地作为新校址。现在吉首大学在各级党政领导的关怀下，在吉首市砂子坳已建设成一座优美的新型的花园式的高等学府。

以上这些，其实都微不足道，都因幸逢盛世，个人才有作为。我是教育工作者，我是吉首大学老教师，我为近年来学校取得的骄人成绩由衷地感到高兴，我衷心希望我们的学校在"双一流"建设和内涵式发展上取得新的更大的成绩。

再次感谢各位领导、老师们和同学们！

百年华诞家宴答谢辞

各位亲友：

很高兴今天能和大家在这里相聚，一起共同庆祝我的百岁寿辰。我所在学校上月十六日，也专门召开过一个座谈会，为我从教七十周年暨百岁寿诞致贺。我一辈子从事教育事业，只是一名普普通通的教师，没做过什么惊天动地的大事，大家冒着寒冷不辞辛苦来到这里，是敬老爱老、弘扬我国优秀传统的体现，我很感动，也非常感谢大家。

借这个机会，我给大家讲这么三句话：

一、跨年后，我的人生就迈入百岁大坎，现在的身体状况还行。这得益于我们有好的社会、好的国家、好的医疗、好的家庭、好的生活，当然也有个人的因素，如我有好的心态、好的生活习惯、好的身体基础，以及好的遗传基因。

二、我们家是书香门第、教育世家，也是溪州土司之后。我一辈子主要就是读书和教书。从教七十年，在教学、科研上取得了一点成绩；兼任过一些社会职务，为学校为家乡，也为我们土家族做出了一点贡献。因此也获得了党和国家给予的种种荣誉。所以说，我没有辜负先人，没有愧对后代，当然也要感谢党和人民对我的培养教育。

三、我希望以自己的身体力行，对后代有潜移默化的影响。我也衷心希望，凡我宗族子弟一定要继承家风、爱党爱国、尊老孝亲、家庭和睦、真诚做人、认真做事、爱护身体、好学上进，为国家和社会做出自己应有的贡献！

元旦刚过，在此我祝愿大家在新的一年里，身体健康、工作顺利、学习进步、家庭幸福、万事胜意！

再次感谢大家光临！

棠棣集文选·下编

彭秀枢

关于土家族的历史沿革

我们土家族是一个古老的民族,自称毕兹卡,译成汉语就是本地人的意思,主要聚居于湘西、鄂西一带。湘西土家族苗族自治州就有六十六万人。主要聚居于永顺、龙山、保靖、古丈、花垣等县,桑植、泸溪、吉首、凤凰、大庸等县,亦有少量的土家族。此外,湖北恩施专区的来凤、鹤峰、宣恩、利川等地有二十一万人,川东、黔东也有少量的土家族。据了解,目前我州在土家族来源问题上,存在两种说法:一是西来说:是古代巴人之后,世居川东、湘鄂西,一是东来说:来自江西。两种说法,各有历史依据,莫衷一是。究竟哪种说法可靠?我们得摆事实,找根据,以理服人,统一认识。为了同心同德搞四化,时至今日,统一认识,确有其必要了。这就是我写这篇文章的目的之一。

就我个人所掌握的资料,我认为今天的土家族,就是古代巴人的后裔,世居湘西、鄂西、川东。

一、从历史传说来看来

自江西之说,始于五代,这有历史记载。据李氏《永顺县志》:

"彭瑊,江西吉水人。父辅为(唐)懿宗朝进士,官至金紫光禄大夫。生五子:彬、钰、璋、玕、瑊。因杨行密与黄巢战,兄弟失散,时楚王马殷据湖南,瑊至依之,以功受辰州刺史。后徙上溪州加检司徒……为永顺土司之祖。"

"彭士愁,瑊之子。开平四年(梁朱温年号,公元910年),为溪州刺史,授静边指挥使,封上柱国,陇西开国男。天福四年(晋高祖年号,公元939年),率锦(麻阳土司)、奖(芷江土司)诸蛮攻醴州。楚王马希范遣刘勋、刘全明等率步卒五千击之,士愁大败……希乃立铜柱为表。(时公元940年)……士愁长子师裕、次子师㫤分领其众。故师裕为永顺土司之祖,师㫤为保靖土司之祖。"(引自《保靖土司家乘》)

永顺县《彭氏族谱》亦有这样的记载。

从以上资料可以看出,彭氏入主溪州,始自后梁开平四年,而确立政权,则在后晋天福五年。彭氏来自江西,他进入湘西,是有其政治背景的。

据北宋路振《九国志·彭玕传》说：彭玕与彭瑊与自称吴王的杨行密战败后，就率领部下进入湖南，归附楚王马殷，"武穆王（马殷）、表（彭）玕为郴州刺史，且为文昭王（马希范）娶其一女云。"（见《十国春秋·彭玕传》）《保靖土司家乘》也说："楚王马希范娶玕之女，欲宠女因戚，任瑊以显官。"后来楚王马希范与其弟兄争夺王位，彭士愁儿子彭师暠以内亲资格，扮演过重要角色。（《新五代史》陆游《南唐书》均有记载。）

由于马氏与彭氏是亲戚关系，彭氏得到马氏政治上、经济上和军事上的支持，就这样进入溪州任刺史了。"彭氏不是起于武陵，而是起于江西，侵入湖南的。"（引自谢华《湘西土司辑略》）江西地区有土家族，文献无证。因此，无论彭氏是汉人或汉化了的非汉人，他与土家族先辈，不属于同一族类，这是完全可以肯定的。彭氏在土家族中应是"土家化"了的汉人。这种同化情况，在历史上是很多的：元（蒙古）人灭宋，清（满族）人灭明。结果因为汉人多，蒙古族、满族绝大多数人反而被"汉化"了；匈奴进入匈牙利，突厥进入土耳其，其结果也是一样。彭瑊、彭士愁虽是江西吉水县人，但其后嗣，在八百多年来，已接受了土家族的语言、风俗、习惯，一直同土家族共同生活，早已成为十足的土家人了。因此，今天湘西中从江西来的彭家，也是土家族。

事实上，在彭氏未进入五溪之前，湘西绝非旷无人居的真空地带。这里早就住有土家族人民。彭氏进入时，土家族原有的首领叫吴著冲、惹巴冲。李氏《永顺县志》有这样的记载

    吴著祠在司治（即老司城，土司的大本营）左半坡，以祀古老蛮头吴著送。

在这段记载旁，还加上了一段解释："吴著，人姓名；送者，土语尾音也。故又称吴著冲、吴著从者。其实即吴著也。相传五代时，吴著居此地。延江西彭氏助理之。彭氏得民心，将吴著逐死于洛塔。常为祟（疑为'祟'字误），彭氏乃立祠祀之。土人称为彭氏土地神今祠尚存。"

光绪《龙山县志》（卷六）也有这样一段：

    其先有老蛮头吴著冲，今邑之本城、洗罗、辰旗、董补、洛塔、他砂诸里皆具世土。因延江西吉水县彭氏助理，彭氏以私恩结人心，日渐强盛。至彭瑊，谋逐著冲，著冲败走猛岗，瑊复率众击之。遂匿洛塔山。时有漫水司（湖北来凤）土官之弟向伯林，骨肉不和，归瑊。瑊令伯林夹攻吴著冲。著冲因毙于洛塔山石洞。瑊以洛塔之地酬向氏余土归瑊……又有惹巴冲者，与吴著结为兄弟，令

邑之明溪、五寨、坡脚、捞车、二梭、三甲、四甲诸里，皆其世土，后亦为瑊所并。

从以上两段史料可以看出，彭氏未进入五溪之前，这里早已有土家族，也有头领，土家语名之曰"冲""从""送""什用"。这头领便是吴著冲、惹巴冲。彭氏是吴著冲请来的助理，由于"得民心"，便"喧宾夺主"，把吴著冲赶走了。吴著冲向龙山洛塔败退的道路上，至今还留有各种传说，如：马蹄寨、卸甲寨、马射坝（即马死坝、土话射〔se↑〕，为"死"的意思）、马夫寨、洛塔（"洛"有"落"；"塔"，有"地点"的意思）等地名都记载了吴著冲败退的路线。《古丈厅志》对土司王的知州和长官，有如下记载：

田间家洞长官叫田麦依送、田麦达送；

麦着洞长官叫黄麦和踵，

驴迟洞长官叫向尔莫踵；

南渭州知州叫彭惹即送……

我们土家族人称"天"为"麦"（me↓），"天老爷"为"嘎麦拔铺"（ka↑me↓pá↓pú¬），冲、从、送、踵、什用，收音均为（uŋ），我们可以据此认定为地方长官的名称。因此，吴著冲即吴著王；惹巴冲即惹巴王。

如上所述，五代以前的溪州，早已是称为"毕兹卡"的土家族人民繁衍生息之地了。而土家族的先辈，都是古代的巴人；世居川东、鄂西一带。关于巴人的起源，有如下的三种传说：

《山海经·海内经》说："西南有巴国，大皋生咸鸟，咸鸟生乘厘，乘厘生后照，后照是始为巴人。"郭璞注《山海经》说"巴"即三巴，就是指川东、鄂西山区。这是早的一说。《山海经》是反映古代南方文化的作品，而太皋氏（即伏义氏），又是其中具有普遍性的人物，和传说中的女娲，都是所谓世界的创造者。可能他原来是某一个民族中的神话人物，而后流传成了共同的神话人物。因此不能用来作为解释巴人历史的依据。

《华阳国志·巴志》说：

人皇始出，继地皇之后。兄弟九人，分理九州为九圉，人皇居中州、制八辅。华阳之壤，梁岷之域，是其一圉。圉中之国，则巴蜀也……五帝以来，黄帝、高阳之支庶，也为侯伯。

这种说法，认为巴人是黄帝之后，而黄帝是中原文化传说中的人物，其目的在于将各种少数民族的传说，都纳入中原文化系统中，因此，这说亦靠不住。

还有一说，最早记于西汉刘向所著的《本世》，后魏郦道元的《水经注》、杜佑的《通典》、樊绰的《蛮书》，都有类似记载，而以《后汉书·南蛮西南夷列传》记得比较完整：

> 巴郡南郡蛮，本有五姓：巴氏、樊氏、瞫氏、相氏、郑氏，皆出于武落钟离山。其山有赤黑二穴，巴氏之子生于赤穴，四姓之子皆生黑穴。未有君长，俱事鬼神，乃共掷剑于石穴，约能中者，奉以为君。巴氏子务相乃独中之……又令各乘土船，约能浮者，当以为君。余姓悉沉，唯务相独浮，因共主之，是为廪君。乃乘土船从夷水至盐阳。盐水有女神，谓廪君曰："此地广大，鱼盐所出，愿留共居。"廪君不许，盐神暮辄来取宿，旦即化为虫，与诸虫群飞，掩蔽日光，天地晦冥。积十余日，廪君伺其便，因射杀之，天乃开朗。廪君于是君乎夷城，四姓皆臣之。廪君死，魂魄世为白虎。

这段传说，虽然夹有一些神话，但却体现出巴人对古代历史的追忆，也是巴族发展史上的一段生动的写照。从这段资料里，可以看出巴人最初发祥地是武落钟离山，据考证，在湖北省长阳县西北。《水经注》卷37记佷（音恒）山县附近有石穴，相传即廪郡掷剑处。又《太平寰宇记》卷147记《长阳县》："武落山一名难留山，在县西北七十八里，本廪君所出处也。"夷水又名清江，即今恩施河。《水经注》卷37解释说："夷水，即佷山清江也……昔廪君浮土舟于夷水，据捍关而王巴。"整个清江流域，全为巴人最初聚居地段与活动范围，而恩施是最大的中心。从"未有君长，俱事鬼神"上看，当时巴人的社会，还停留在原始社会的后期。从廪君射杀盐水女神，可以看出当时正是由母系社会向父系社会过渡；从五姓之子争为君长，实质上是五个氏族争夺军事酋长的斗争，从"鱼盐所出"，说明这一带物质环境适宜于经济生活的发展；从廪君"于是君乎夷城，四姓皆臣之"的情况看，巴族已急剧向阶级社会转化了。

据汉代文献，似乎在夏代初年，距今约四千二百年，这里巴人已经同中原有来往。《华阳国志·巴志》说："禹会诸侯于会稽，执玉帛者万国，巴蜀与焉。"公元前1122年，武王伐纣，就得到西南部族的支持，其中就有巴族。后来，文献常把川东、鄂西一带称为"巴子国"。

《华阳国志》认为巴国的疆域"东至鱼腹，西至棘道，北接汉中，南极黔涪"。中央民族学院已故的潘光旦教授认为巴人散布得最广的一个时期，是从东汉到南北汉朝，当时东至今安徽的西南境，北至渭河流域与河南省的黄河南岸，西至成都平原，南至黔北半省与云南边境。这样辽阔的地域，当然把川东、鄂西、湘西全包括进去了。

战国时期，由于秦国与楚国的强大，巴国为秦楚兵争之地。楚侵巴，打到过枳（今四川涪陵）；秦灭巴，打到夷陵（今湖北宜昌），巴人在湘鄂西者，汉代属"武陵蛮"；在南北朝属"五溪蛮"；在宋代属"南北江诸蛮"，或为"五溪蛮"。

光绪《湖南通志》（卷八一）引唐人《十道志》说："楚子灭巴，巴子弟兄五人，流入黔中。汉有天下，名曰：酉、辰、巫、武、沅等五溪，各为一溪之长，故号曰五溪。"

《太平寰宇记》李吉甫的《元和郡县志》《路史》以及晏殊的《类要》、王应麟《通监地理通释》、贾耽的《四夷述》均有这样记载。《隋书·地理志》也说："荆州诸郡多杂蛮左，其与夏（汉）人杂居者，则与诸华不别；其僻处山谷者，则语言不通，嗜好居处全异，颇与巴渝同俗。"

据以上资料，我们可以看出：在隋唐以前，就肯定湘鄂西土家族与"巴渝同俗"。湘鄂西本巴国属地，在巴国未亡之前，早就是巴人聚居之地；巴子兄弟流入，只不过是疆土缩小，偏安于五溪而已。如果不是这样，一个战败的巴子兄弟不可能进入五溪而轻易地取得领导地位的。秦国虽然实行郡县制，但对这个边远山区，也是鞭长莫及，只好仍以其领袖为"蛮夷之长，统其部属"。还应指出，巴人的祖先是廪君，与盘瓠毫无关系。据考证，盘瓠的后裔是今天的仡佬族。《元和郡县志》《宋书》的记载，都有错误。

关于"五溪"是哪五条水，各在哪里，各家说法不一，但我们认为是酉溪（水），即保靖河；辰溪，即洪河；武溪，即吉首河；沅溪，即沅水。地点是明确的，就在湘西、鄂西一带。

汉以后，汉人称巴人为阆中夷、白虎复夷、廪君夷、賨〔音cóng〕夷。汉改武陵郡后，又称为武陵蛮或武陵蛮地。巴人由"巴"而"夷"，由"夷"而"蛮"，以后又由"蛮"而"土"了。这样的变化，是很容易理解的。古代一般历史学家，对少数民族的传统称呼就是东夷、西戎、南蛮、北狄。土家族在中原南方，故以"蛮"字相称。武陵蛮的疆域，到秦汉时，已缩小了。根据《汉书》记载，大约就是黔阳以北、洞庭湖以西的整片湘西北地面。用《元和郡县志》来说："秦汉，黔所理是今辰、锦、叙、奖、溪、澧、朗、施等州。"用今天的地名说就是：沅陵、麻阳、溆浦、芷江、永顺（包括保靖）、澧县、常德、恩施等地。

随着封建中央集权制的巩固与发展，土家族势力日削，从楚庄王到西汉末年六百年间，关于巴人（土家）的记载很少。故巴人之说、白虎崇拜，就逐渐消失。两晋、南北朝、隋、唐诸史里，以"蛮"字取代了"巴"字。许多被谪迁到巴人地区的诗人如陈子昂、李白、刘长卿、顾况、白居易、刘禹锡等，在他们的诗歌里，一般还用"巴"字。

唐代以前和唐三百年间，湘西、鄂西一带早已有巴人。从五代以后，这个地区的巴人不见了。"蛮"字渐渐为"土"字所取代，出现了被派的"土司"、应募的"土兵"和被称为"土人"或"土家"的一群人。这种情况的出现，主要是彭氏进入湘西。江西吉水的豪姓大族，在楚王马殷支持下，率向宗彦、田好汉等沿沅水而上，进入五溪。彭瑊子彭士愁继为溪州刺史后，曾以南北两江诸蛮"都誓主"（有盟主之意）身份，于公元939年，率锦、奖诸蛮攻澧州，与楚王马希范争衡。溪州一战，彭氏战败，在会溪坪立铜柱分疆。土家族疆域缩小了，而彭氏的政权却更加巩固了。历代封建王朝都采用"以夷治夷"办法，彭氏更有意消除巴人之说、白虎崇拜的旧影响，以维持其统治。从《宋史》开始，就以"土"代"蛮"，完成"由巴而夷，而夷而蛮，由蛮而土"的转化过程。据此，我们可以说，巴的名称只能代表着这一族类前一半的发展过程，而土家的名称只能代表后一半过程，只有"毕兹卡"才能代表着全部发展过程。元代开始确立了土司制度，明代完善了这种制度，设立了宣慰司、宣抚司、安抚使、知州、长官、舍把加以统治。土司是一种独特政权，对上称臣，对下称土王，职位世袭。

永顺、保靖土司，均"祖彭瑊而宗士愁"，共经历了五代的梁、唐、晋、汉、周和宋、元、明、清九个王朝，共877年。从永顺土司彭师裕到彭肇槐为止，共承袭了三十二次。其中有兄终弟及者，共计二十五代，保靖土司从彭师暠到彭御彬止共承袭三十七次。其中有兄终弟及者，共计三十四代。桑植土司与永、保土司同时纳土。容美（鹤峰）田土司、施南（恩施）覃土司和散毛（来凤）向土司，均在雍正十三年纳土。湖广五大土司统治，从此结束。

从以上的传说和史料说，我们可以看出，土家族是巴人的后裔，世居川东、湘鄂西一带。彭瑊、彭士愁是江西人，但其子孙后代在与土家相处八百年中，已被"土化"而为土家族了。

二、从地理位置上看

上面谈过，恩施专区有土家族人二十一万（实际已大大超过此数），分布于来凤、鹤峰、宣恩、利川等县，为巴人——土家族的发祥地。这里也没有外地豪强族大姓侵入，基本上是"以土治土"，当然就不存在"东来""西来"说，在土家族来源上也没有什么争议。《利川县志》沿革表中这样写道："利川周隶巴国，秦汉为南郡蛮，晋、宋、齐、梁、陈因之。后周置盐水县。"《来凤县志》（总考）中写道："盘古以来，虞之有苗、商之鬼方，周之巴国，汉之西南夷。"《恩施府志》（沿革表）中写道"上古廪君之国，唐、虞、夏、商、荆、梁二州之域，周夔子国地，春秋巴子国地，战国楚巫境，秦黔中郡。"学使毛赠芳《题恩施·南府志序》："施郡域界荆梁，星分翼轸，古为廪君之域，与夜郎接壤……五代宋为羁縻州。宣恩利川皆土司地也。"从以上资料可以看出现在的恩施专区，是古代廪君之国，也就是周代的巴子国。这里的"土家"，就是古代巴人之后，毫无疑义了。

说也奇怪，"土家"的名称，在近代鄂西和湘西是一样通行，以距离最远的利川来说，在清同治《利川县志》（卷一）解说一个地名叫八乡水时说："盖以马、向、覃、田、孙、冉、陈、黄八姓土家，故名八乡。"利川为巴人归地，唐人诗中也有歌咏到他们的。

从永顺、保靖、龙山、花垣、古丈的县志和厅志看，这一地区，古乃《禹贡》荆州之域；商为鬼方；战国为楚；秦属黔中郡，汉为武陵郡。这里和恩施专区的沿革，没有什么区别。唐梁载言《十道志》说："施州清江郡，春秋时巴国；七国时为楚巫郡。"唐代颜师古在注《汉书·西南夷列传》"巴黔中"时说："黔中，即今黔州是其地，本巴人也。"早已肯定湘西有巴人。从地理位置上讲，这两个地区，中间没有什么大川、高山的阻隔，很自然地连成一片。《明史》中把这两个地区的土司，都归入《湖广土司传》，而把永顺、保靖、散毛（来凤）、容美（鹤峰）、施南（恩施），都列入五大土司，是有其一定的历史依据了。

从巴族起源的传说中看，廪君是从长阳溯清江而上至恩施立国的。恩施河（即清江）有条支流叫忠建河，其源头就通宣恩、来凤，而来凤又是酉水的源头之一；来凤的东邻就是龙山，龙山就是土家族最密集的县份。巴人可以向川东发展，那么，也自然可向湘西发展了。

从历史记载上看，清江是沟通川、鄂、湘的一条要道。这是因为古代长江三峡，时常发生山崩，江流湍急，险阻难通。《水经注·江水》说："江水历（巫）峡东，径新崩滩。此山汉和帝永元十二年崩，晋太原二年又崩。当崩之日，水逆流百余里，涌起数十丈。"因此，川鄂水路交通，多由大溪、清江一线，避开三峡，再在宜都进入长江。从陆路上走，自长阳就可以直接进入湘西北。刘备伐吴，就走过这条道路。《三国志·蜀志》（卷二）说："章武二年（公元222年），先主（刘备）自称归率诸将进军，缘山截岭，于夷道、猇亭驻营，自佷山（长阳）通武陵，使侍中马良安慰五溪蛮夷，咸相率响应。"刘备与西南少数民族人民联合，企图包抄孙权。《读史方舆纪要》（卷八二）记《施州卫（恩施）军民指挥使》："卫外蔽夔峡，内绕溪山，道至险阻，蛮獠错杂。自巴蜀而瞰楚荆者，恒以此为出奇之道。宋末蒙古搭海入蜀，荆湖帅孟洪遣兵屯施州以备之。又蒙古兵渡万州（今四川万县）湖滩，施、夔震动。盖施、夔表里大江，而清江源出彭水、中贯卫境，至夷陵、宜都而合大江，其取径尤捷也。"

由此可知，恩施是西通川东、东通湘西的交通要道。从地域上看，湘、鄂西土地是一整块，不是两块，鄂西是土家族（巴人）摇篮，湘西也自然是摇篮的一部分。

"夷水至盐阳"乃"鱼盐所出"，利川"后周设盐水县"。这里是产盐的地方，特别是恩施西北面的，四川省的云阳，自古及今就是一个产盐中心。从汉代起就设有盐场盐官。就以清代末年而论，年产盐量足以供应川东、鄂西几十个县。

为了盐的供应问题，土家族先辈同宋王朝打过几次仗。谢华的《湘西土司辑略》曾引《宋史》说："先事蛮人数扰，上问巡检使侯廷赏。赏曰：'蛮无他求，唯欲盐耳。'上曰'此常人所欲，何不与之？'乃诏谕丁谓（夔州路转运使），谓即转告陬落，群蛮咸悦。因相与约盟，不为寇钞。"由于宋王朝让步供盐，结束了这次争端。

在自治州境内，历史上没有大量产盐纪录，龙山、永顺、保靖等县，在"改土归流"之前，都吃川盐。这些经济上的交往，都说明了湘西、鄂西地域上不能分开，鄂西土家族与湘西土家族是同出一源的。"改土归流"前，鄂西、湘西北"土家"土司之间，互通婚姻，互相声援，搞集团、闹纠纷的事不胜枚举。清人顾彩的《容美（鹤峰）纪游》，就说了这些事。

综上所述，巴人进入湘西计有下面三种方式：一是廪君后不久进入；一是楚、秦统治阶段逼迫进入的；一是在漫长时期内迁入的。因此我们认为湘西的土家族是古代巴人之后，来自川东、鄂西。

三、从出土文物上看

如果认为文献典籍、口头传说不足信的话，我们还可以从地下出土的文物看。

錞于和钲，都是战场上使用的铜制打击乐器。《国语·晋语》说："是故伐备钟鼓，声其罪也；战以錞于、丁宁，儆民其也。"韦昭注："錞于形如碓头，与鼓角相和。丁宁者，谓钲也。"从我国历代发现錞于地点来看，绝大部分出在湖南西部、湖北西部、四川东部和贵州东北部。而这一地区，又是古代巴族人民活动的范围。我州出土的錞于较多，1949年后出土的计有龙山三件、花垣一件、保靖二件、泸溪二件。除一件无虎纽、一件系马纽外，其他五件均为虎纽。从出土文物上有虎纽及虎纹，就再一次说明土家族与巴人的关系。其历史依据是：

  廪君死，魂魄世为白虎；巴人以虎饮人血，遂以人祠焉。（见《后汉书》）

  巴中有大宗，廪君之后也……巴氏……白虎之后也。（见樊绰《蛮书》）

  江汉之间有貙人，其先廪君之苗裔也，能化为虎。（见干宝《搜神记》）

从西汉直到宋代，称巴人为"白虎夷""白虎复夷"，巴人自称为"白虎夷""虎蛮"或"虎子"。故白虎为巴人族征，也就是说古代巴人属"虎图腾"。因此从虎纽上和出土的虎錞于分布情况，可以证实土家族是巴人后裔。

宋洪迈《容斋随笔》说："虎錞，绍熙三年（公元1192年），余仲子伋签书峡州（湖北宜昌），于长扬县（即长阳）得其一……重三十五斤，盖虎錞也。家藏古物百余种，当以此为第一。"洪迈家共藏錞于三件：一出澧州慈利县，二出峡州长阳县。湖北方面，恩施出土二件，长阳出土二件，松滋出土一件，四川方面，1949年前出土两件，均有巴蜀符号：一件出于万县，一系成都购买品。1949年后，四川涪陵小田溪又出土两件虎錞于及编钟十余个；贵州方面在邻近湘西松桃县曾一次出土五件錞于，大小依次递减，是仅见的一组编錞于。

旧《湖北省志》编者曾加按语说："施南、长阳附近屡获此錞于，殊不可解。"事实上万县、涪陵、恩施、长阳、松桃及湘西自治州，都是巴人生活地区。这地区出现巴人使用过的虎錞于与钲，是很容易理解的。除了虎錞于外，还有编钟和钲。为节省文字，不再赘述了。

悬棺葬与崖墓葬，都是古代巴人活动地区埋葬的一种形式。《太平御览》卷559引《神怪志》说："王果经三峡，见石壁有物，悬之如棺，使取之，乃一棺也。发之，骸骨存焉。有铭曰：'三百年后，水漂我至长江，垂欲坠欲落，不落，逢王果。'果凄曰：'数百年前，已知有我！'乃改葬祭之而去。"这个故事虽有迷信色彩，但说明三峡地区是有悬棺葬的。这种悬棺葬，湘西地区也有。隋代的黄闵《沅州记》"辰州溆浦西四十里有鬼葬山，其崖中有棺木，遥望可长十余丈，谓鬼葬之墟。"湖南旧《省志》说："仙人舟，在永顺县南渭州河岸，石壁嶙峋，中悬一舟一棺，世传仙人迹。"

《保靖县志》："仙人木在县东六里乳香岩绝壁洞口上，横有木箱一口，名曰仙人木。今日舟中望之，宛然犹存。"自治州博物馆在1978年春，沿酉水河岸共清理了这种墓二十二座。谢心宁同志写了一篇短文，叫《湘西崖墓葬考》，现摘录几句，作为印证：

  ……酉水流域的崖墓葬离河床、地面一般在二十五至五十米以上。我们湘西的崖墓葬一般是人工凿孔和利用天然岩洞……洞高、洞宽、洞深都有两米多。洞内一般成弧形，有些洞壁上还凿有精密的花纹……由此可知，我们湘西古时崖墓葬的形式，与古时四川巴族文化的发展有某些联系……还从箱子洞清理出来宋代的铜钱。
（见1979年11月8日《团结报》）

从四川的船棺葬、悬棺葬、崖墓葬与我地的崖墓葬相比较，虽然形制不一，其葬式却保留了四川巴人埋葬的风格。

唐代张鷟在他的《朝野佥载》卷十四中云："五溪蛮父母死……尽产为棺，置于临江高山半肋，凿龛以葬之。自山上悬索下柩，弥高者以为至孝，即终身不复祀祭。"我州崖墓葬为数极多，其原因就在这里。明代田汝成的《炎徼记闻》和《边行纪闻》记仡佬葬俗云："殓死者棺而不葬，置之岩穴间，高者绝地千尺，或临大河，不施蔽益。"（益疑为盖误）童恩正在其《古代的巴蜀》中，认定是"古代獠族特殊丧葬方式"。考獠族在其发展迁移史上，曾多次与巴人——土家族发生过关系，而现在的仡佬族就是獠族的后裔。民族与民族之间的风俗，是互相影响的。即使獠族有崖墓葬，也是受巴人的影响。在江西的贵溪地方，发现一个崖墓，内有棺材几十具。我认为这是崖墓群葬，与我们说的单人崖墓葬是两码事。崖墓葬只是我们用以论证巴人是土家族先辈的论据之一，绝不意味着凡是有崖墓葬的，就都是土家族先辈。

四、从语言上看

土家族是巴人后裔，更可以从古代"巴语"和今天的"土话"中找到根据。

西汉末年，扬雄在他的《方言》（第八）里说：

"虎，陈、魏、宋、楚间，或谓之'李父'；江、淮、南楚之间，谓之'李耳'。"

晋郭璞解释说："虎食物，值耳即止，以触其讳故。"我认为这种解释是"想当然"的。扬雄指的地点，有大量的巴人；"李父""李耳"是古代巴语"虎"的意思。这种古代的"巴语"和现代的"土话"相同。土话叫"虎"为（li↓）（"李"），叫"公老虎"为（li↓pa↓）（"李爸"）；叫

"母老虎"为（li↓ɳi↓ka↓，"李你嘎"）。汉人把"李爸"写成"李父"、把"李你嘎"写成"李耳"。（由"你"转为"尔"，由"尔"转为"耳"）古代巴语说"虎"，与现在土话说"虎"是一样的发音。

童恩正在他的《古代的巴蜀》一文中说："考虑到巴族的祖先廪君有生于石穴的传说，而在川东的方言中，又长期地呼石为巴，那么'巴'最初的含义，可能就是指'石'或'石穴'而言。"童氏这样说，是有一定文献依据的。顾炎武《旧志》说："石耶人（石耶属四川酉阳）呼石为巴贯。治南一里巴贯山，言此山多石板也。"古代巴人叫石头为"巴"，今天土话叫石头为（aλpa⌐）（"阿巴"）（注：阿字读轻声，表示亲切）古代巴语和今天土话发音又是一致的。

前面已经谈了，土家叫天为"墨""麦"，都读成（me↑）。而"麦""送""冲""踵""什用"，都有"王""酋长"的概念。这种语言和发音，就是古代巴语和现在土话。从利川、宣恩、来凤、恩施、鹤峰等县志上记载的土司名称，与永顺、保靖土司名称是一样的。现摘抄距我州最近的来凤和最远的利川土司名称如下：

散毛司：墨来送，覃姓（应写成覃墨来送），谭子之后，齐侯灭谭，谭子奔灾，遂去言为覃。

大旺司：驴蹄什用，田姓（应写成田驴蹄什用），有妨之后也。

腊壁司：田大旺，田氏家谱中作田大旺送。

百户司：向麦铁送。（均引自《来凤县志》）

忠孝司：田墨施。

忠路司：覃大旺送（引自《利川县志》）

恩施地区的土家族是巴人之后，已没有什么可争议的了。从文献上记载的土司姓名，就可证明湘西的土家族也是巴人。

土家族自称毕兹卡，这是现在统一写法。事实上，土家现存的方言中，就自称毕机卡、贝其卡、贝锦卡的。容美（鹤峰）土司田舜年在其上康熙王奏章中，就自称为"贝锦卡"。"毕兹卡""贝锦卡"在发音部位及音素上是十分接近的。鹤峰土家族是巴人之后，湘西土家族也自然是巴人之后了。

不少历史学家、考古学家因为湘西土家族和苗族、仡佬族、瑶族比邻而居或杂居两千多年，因而认为土家族和他们是同一族类，语言方面是同一语类、语族。吕振羽在《中国民族简史》中，就把土家族并入苗族；童恩正在《古代的巴蜀》中就说："从隋唐以后，他们即不再以一种独立的民族而见于历史，由盘瓠种与廪君种混合而成'蛮族'，以后向西南推移。是构成现在苗瑶语族的诸民族的先民集团之一。"从语言的角度看,吕氏、童氏的结论都是站不住脚的。

汉语:我吃饭。词序是:主语+谓语+宾语;

土话:ŋa˧(我)tsi˩(饭)ka˧(吃),

词序是:主语+宾语+谓语;

(湘西)苗语:Wɛ˩(我)na˩(吃)hei˥(饭)。(吉首苗话)
　　　　　　Wɛ˩(我)nuŋ˩(吃)li˧(饭)。(花垣苗话)

(湘西)仡佬:Wɛ˩(我)nuŋ˩(吃)lhei˧(饭)。

(广西)瑶语:jiɛ˧(我)nin˧(吃)naŋ˧(饭)。

词序是:主语+谓语+宾语;

(凉山)彝语:ŋa˧(我)dza˧(饭)dzr˧(吃)。

(拉萨)藏语:ŋɛ˧(我)ká˧(饭)laqsa˧(吃)。

词序是:主语+宾语+谓语。

从以上的例句可以看出:

汉语、苗语、仡佬语、瑶语,在讲"我吃饭"时,其词序是:主语+谓语+宾语;而土话、彝语、藏语在讲"我吃饭"时,其词序是:主语+宾语+谓语。从语言上可以看出,土家族不是苗族,不是仡佬族,更不是瑶族,但土家语却和彝语、藏语很接近。所以说土家族是巴人后裔;土家语是汉藏语系中比较接近彝语的语言,甚至可以说是彝语支内一个独立的语言。

此外,还可以从风俗习惯上去看:恩施地区就有摆手堂,他们发掘的摆手舞,1958年曾参加湖北省会演;土老司敬神跳的铜铃舞,经他们发掘整理后,也参加了全省会演。就永顺、保靖、龙山来说,还有大摆手和小摆手(保靖叫调年舞)之分。我初步认为大摆手舞即古代巴人的巴渝舞,这是一种军前舞;小摆手舞则为以农事为主的祭祀舞。在农业生产方面,巴人亦与土家有相同之处。杜甫《秋日夔府咏怀奉寄郑监李宾客一百韵》诗:"煮井为盐速,烧畲度地偏";刘禹锡的竹枝词:"山上层层桃李花,云间烟火是人家,银钏金钗来负水,长刀短笠去烧畲。"王洙注:"峡土瘠确,居人烧地而耕,谓之烧畲。"从奉节、重庆等地巴人住地、背水、砍火畲等情况看,与土家族情况完全相同。古代巴人创的竹枝词,已被湘、鄂西的文人所承袭,府县志艺文志中,就载有大量的竹枝词。来凤县志所载的薅草和薅草锣鼓,和自治州土家地区的形式也完全一样。

基于以上论据,我们说土家族是巴人后裔,世居川东、鄂西、湘西。在我们土家族聚居区,很多土家人,也包括一些汉人,都说自己是江西来的。

这又是什么原因呢？产生这个问题，与外地汉人进入湘西有关。从巴人到土家，外族大规模地进入有三次：一是武王伐纣后，派进了一个姬姓的子爵头领，在川东、鄂西建立了巴子国；二是东晋桓玄企图篡晋失败后，西奔被杀，他的小儿子桓诞名石生的，窜入鄂西恩施一带，自称施王。至今此地还留有施王屯遗址；（见《恩施县志》卷一）三是唐代末年江西彭氏进入。这些进入者，给土家族先辈以一定影响，但最终都被土家族同化。据《溪州铜柱记》说，彭士愁"世传郡印"，已"历三四代"。彭瑊是彭士愁的父亲，是在江西失败后，得到楚王马殷支持，率向宗彦、田好汉等三千多豪族大姓、百艺工匠，沿沅水而上进入湘西并做南北两江土司中的"都誓主"的。这一次，规模很大，一部分人（向姓居多），在沅陵莲花池定居，直到明洪武二年（公元1369年）置永顺州后，又由沅陵迁往湘西。这就是彭氏、向氏、田氏说从江西来的根源。从"历三四代"看，在彭瑊进入溪州之前，他的祖父或父亲早已来到溪州并为老蛮头吴著冲的"助理"。江西商业发展很早，故"收买汉货""采伐土产"的也逐渐增多。特别是"改土归流"后，设了流官，土、苗、汉一体编册，汉人来的就更加多了。《永顺县志》在"语言"部分中说："改土后，客民四至，在他省则江西为最多，而湖北次之、福建、浙江又次之，在本省则沅陵为多，而芷江次之，常德、宝庆（邵阳）又次之。是以立谈之顷，竟有瞠目莫辩者。李氏所载，特土语一种耳。"从"客民四至"中，以"江西最多""沅陵最多"，而沅陵的又来自江西。所以说来说去，还是"江西为最多"。就向氏、田氏而言，有从江西来的，也有土生土长的。《永顺县志》卷一二，就有"自唐命田氏为土官"，这就是说田氏是土生土长的。清代一个读书人彭淑提出武落钟离山的相氏，即向氏。"廪君世为巴人主……但土语讹'相'为'向'耳。"查阅一下湖广土司，除彭氏来自江西外，土家族中的向姓、田姓、覃姓，大都是土生土长的。

还要附带说及的是，古代巴人属虎图腾，有崇拜白虎的习惯。为什么今天的土家反而畏虎、猎虎呢？甚至于赶白虎呢？生活和信仰，随着环境变化也会跟着变化的。上古的巴人，生长在清江流域，生活基本上是以渔猎为主的。今天出土的船棺葬，就是他们航行的独木船。生前乘坐，死后用以安葬。唐常建《空灵山应田叟》"土俗不尚农，岂暇；论肥饶？莫徭射禽兽，浮客烹鱼鲛……"空灵是指湘潭一带，这种渔猎生活，到唐代还有。后期土家族地区的人民却因环境变化而以刀耕火种，从事农业生产了。族类对于他所崇拜的图腾，是神圣不可侵犯的。但如果这种图腾是吃人的动物，如虎、蛇，尽管它神圣，也必须侵犯。否则，就会被虎吃掉或为蛇咬死。"板楯蛮"杀白虎，就是这个道理。有的人据此说"板楯蛮"不是廪君之后，就是对这个道理理解不够。正因为侵犯了自己崇敬的图腾，所以用祭祀办法，表示忏悔。

由于"虎"的出现，犯了统治阶级的忌讳，被禁用，被改换也在历史上出现过。土家族说虎为〔li↓〕（李），公虎为〔li↓pa』〕（李爸）；母虎为〔li↓ŋi↓ka↓〕（李耳），都犯了李唐王朝的"忌讳"。因为唐王姓李；李渊的父亲又叫李虎，李耳（老子）又是李家的直系祖宗，封为元玄皇帝。由于这个原因，唐王朝讳言"虎"字。唐人编的《周书》，把"虎蛮"改成"兽蛮"，把武职中的"虎贲郎将"与"虎牙郎将"，改为"兽贲郎将"与"兽牙郎将"。（见温大雅《大唐创业起居注》）由于唐王朝不准说"虎"，被统治的土家族也怕讲虎而犯讳，虎的崇拜开始起了变化。

彭氏入主溪州后，有一套完整的统治经验。据路振《九国志》说，彭玗"雅好儒术，精左氏春秋"，曾"以十金酬一笔，百金酬一卷"。他的先辈当过老蛮头"助理"，通达汉情，也深懂"得人心"的重要性。入主以后，他尊重土家族风俗习惯，拉拢向老官人、田好汉这些战将，更在土家人民的意识形态上下功夫。他在李唐王朝基础上，进一步使土家族人民讳言虎，以致杀虎、畏虎、恨虎、猎虎、赶白虎。命令"百姓每年须向他贡纳老虎，并且一定活捉才算数。"（见《一九五三年湘西苗族自治区土家族调查材料》）直至现在，土家族人民还有"赶仗"、猎虎习惯。彭氏为消灭其民族意识，还通过迷信，使土家族人民畏虎、恨虎，说"白虎招小孩魂""白虎当堂坐，无灾必有祸"。各家供奉阿弥妈妈（有的叫麻妈姑娘儿）说她能保护小孩不被白虎招魂。还要土老司（土家人叫体麻〔it↓ma↓〕）"赶白虎"。各地都修有土王宫、摆手堂，以供奉土司王（土家人民都叫嘎麦拔铺或土王拔铺）。在土司王两旁供奉向老官人、田好汉（有的人说是努力嘎巴）。使土家人民从心灵上尊敬土司王，逢年过节供奉祭之。以"土龙"取代了"白虎"，以"土家"取代了"巴人"。从此，白虎崇拜巴人之说都没有了。

从上述几方面来看，我认为，土家族是巴人的后裔，来自川东、鄂西，并不来自江西。此观点是否妥当，提出来与大家商讨，不对之处，请批评指正。

彭秀枢

土家族族源新议

——兼评潘光旦教授的《湘西北土家人与古代巴人》

潘光旦教授在《中国民族问题研究集刊》第四辑上发表《湘西北土家人与古代巴人》（以下简称《湘西北》）一文之后，在土家族族源研究上，开拓了一个新境界，影响至深且远。潘教授为土家族呕心沥血，写出了辉煌大著，这种精神是值得敬佩的，特别是他因土家族问题错划为右派，受到折磨，我们土家族人民应当怀念他，感激他。由于当时条件的限制，潘教授提出的某些论点，确有一些偏颇和不当之处，本着"吾爱吾师，吾更爱真理"的精神，提出个人看法，并以此求教于土家族同志和关心土家族的学者。

潘教授提出古代巴人是今天土家族的先民这一核心论点，在湖北恩施地区川东个别县来说，是有历史依据的，但在湘西地区，却对不上号，挂不上钩。从湘西地区的土家族情况看：土家族是古代土著先民与板楯蛮（赍人）融合而成的，一般史籍中，称之为"武陵蛮"和五溪蛮。现从以下几方面谈谈个人见解。

一、从历代建制沿革来看，湘西与巴子国无领属关系

历代建制沿革。最能体现土家族地区与历代王朝关系，也是我们研究土家族历史的文献依据。综合永顺、保靖、龙山、桑植、古丈等县志记载大致情况如下：

湘西《禹贡》荆州之域，战国时期楚悼王派吴起征南蛮，武陵山区为楚国商于之地，名巫郡，秦始皇统一中国后实行郡县制，改楚巫郡为黔中郡。汉高祖时，在郡上设置十三州，形成州、郡、县三级建制，湘西为荆州武陵郡辰阳县。三国时，荆州武陵郡初属刘备，建安二十四年，孙权派吕蒙袭荆州，杀关羽，又为东吴所有，晋朝仍为荆州武陵郡辰阳县，在荆州置南蛮校尉、襄阳置宁蛮校尉以制武陵蛮，刘宋孝武帝孝建元年（公元454年）将荆州的武陵郡改属郢州。梁武帝太清元年（公元547年）以武陵郡置武州。下辖武陵县、大乡县（永顺前身）。陈宣帝大建七年（公元575年），改武州为沅州，划分武陵郡中北部置沅陵郡，辖沅陵、大乡、黔阳、酉阳、龙标五县。隋文帝开皇九年（公元589年），改沅陵为辰州，十八年改为兖州。隋炀帝大业初置沅陵郡，下辖沅陵、龙标、辰溪、大乡等县。

唐朝设道、州（郡）、县三级建制，在偏远的少数民族地区推行"羁縻州"。唐高祖武德二年（公元619年），析沅陵郡为辰溪县，改置辰州。武则天垂拱二年，析辰州、麻阳置锦州，天授二年（公元691年），又析辰州置溪州，领大乡（永龙）、三亭（保靖）两县，唐玄宗天宝元年（公元742年），改溪州为灵溪郡，唐肃宗乾元元年，仍名溪州。

五代时军阀混战，割据称雄，后梁时杨再思为诚州刺史，彭士愁为溪州刺史，后汉时刘瑶为锦州刺史，彭氏为南北两江都誓主，统摄南北江诸蛮，后彭氏失去对南江（麻阳、溆浦）的控制，统治溪州达八百余年。

下面再看看鄂西情况：根据《湖北通志》《施南（今恩施）府志》和鄂西各县县志记载：

> 上古为廪君之国地，周、春秋为巴子国，战国属楚为"巫郡"地，秦为黔中郡。汉代除来凤、咸丰两县属武陵郡外，均属巴郡南郡。三国时，初属蜀，后属吴，晋宋属建平郡，梁改建平郡为宜都郡。后周置施州、业州、亭州，隋废郡，存施州、亭州。唐开元中属江南道，后改清江郡为清化郡，宋代为施州，属于夔州（今四川奉节）路。

川东、黔东北建制情况。

贵州的松桃建县较迟，最早属湖广，秦时为黔中郡，汉时属武陵郡，唐属锦州卢阳郡，宋时属沅州锦州寨，元时属湖广行省，后改思州宣慰使司，明永乐十一年（公元1413年）才属贵州建制。

川东的秀山，据光绪《秀山县志》说"宋元以前，秀山沿革无征"，由于秀山隶属酉阳州，故以《酉阳州志》为准。

酉阳：首先应当指出："酉阳故城在永顺县东南。"［引自嘉庆《一统志》《中国历史地图集》（第二册）］即今湖南永顺的王村。正因为这样，其早期历史沿革与湘西相同，其稍不同的：汉高祖改武陵郡，下置酉阳县（王村），隋开皇九年废酉阳县名而称大乡县，开皇末年置务川县，届巴东郡。宋代改称寨，冉氏为知寨，宋绍兴（公元1181年）改寨为州，此为酉阳州之始（《酉阳州志》）。元仍置酉阳州，属怀德府（今湖南花垣县）治理，元仁宗延祐元年（公元1314年），改为酉阳宣慰使司，以冉氏为土酋。明洪武八年直属四川都司，由四川管辖。

其他县如黔江、彭水、涪陵和石柱等县，则属巴子国范畴。

综上所述，我们可以看出：鄂西和川东大部分县，在建制沿革上，均明显书有"属巴子国"字样,而湘西各县,包括四川酉阳秀山、贵州松桃,则均属武陵郡,县志上都只字未提巴子国。从建制沿革上看,这两个地区,显然是两个不同的领属关系。两者之间虽有过关系,但关系不大。

还应当指出,巴子国是地名演变而成的国名,这个国内:"其属有濮、賨、苴、共、奴、獽、夷、蜑之蛮。"(见《华阳国志·巴志》)这些民族中除共、奴两种族类不明外,其余几种在史籍上班班可考。

从巴子国的政治中心看,先后建"都江州(今重庆)、都垫江(今合川)、治平都(今丰都),后治阆中"(见《华阳国志·巴志》)地域都在四川,而武陵蛮则在武陵(今常德)、沅陵和溪州(今永顺、保靖),地域相距遥远,商周时代山川阻隔,交通不便,语言不通,融合在一起是很不容易的。

二、从蛮族渊源看,巴郡南郡蛮与武陵蛮不是一个系属

历代统治阶级把南方少数民族笼统地称西南夷或南蛮。由于南方蛮族分布极广,种类繁多,有语言而无文字,其发展和分布情况,散见于历代文献典籍之中,魏晋南北朝是一个民族大迁徙、大融合时期,故从这个时期向上下追溯,脉络才易于探索,南方民族情况,大致有下面几支:

"荆、雍州蛮……分建种落,布在诸郡县……所居多深险,居武陵者有雄溪、樠溪(秀山孟溪)、辰溪(今辰溪)、酉溪(今保靖)、舞溪(今泸溪)谓之五溪蛮。"(引自《宋书》卷97)

"豫州蛮者,廪君之后也……酉阳有巴水、蕲水、希水(今浠水)、赤亭水(今举水)、西归水(今倒水),谓之五水蛮。"(同上)

"湘州界零陵、衡阳等有莫徭蛮者,依山险为居,历世不宾服。"(见《梁书·张缵传》)"长沙郡又杂有夷蜑,名曰莫徭。自言其祖先(盘瓠)有功,常免徭役,故以为名。"(见《隋书·地理志》)

此外还有山越人,梁、陈之际活动于会稽(今江浙)一带(引自《陈书·世祖本纪》)属百越族傒人。居住在江西南部和广东的曲江一带(引自《南史·胡谐之传》),大诗人陶渊明即傒族人。

从以上资料可以看出:武陵蛮中的一部分是湘西土家族先民,酉阳蛮(或称五水蛮)主要是巴人,湘州蛮主要是瑶族(苗族),而傒族主要是畲族祖辈。界线十分清楚。这里应强调指出,《后汉书》作者范晔,把武陵蛮笼统地说成是盘瓠之后,这显然是错误的。从上述资料中可以看出,莫徭族确实是盘瓠图腾的崇拜者。居住在武陵地区的土家族、回族、壮族、维吾尔族等都不信仰盘瓠图腾。六朝诸史均沿袭这种错误,魏郦道元虽曾引用,却发过"事既鸿古，难为明证"的议论，现在应是纠正这种错误的时候了。

关于巴人的起源有两说：《山海经·海内经》说："西南有巴国，大皞生咸鸟，咸鸟生乘厘，乘厘生后照是始为巴人。"这说明巴人起于四川；《后汉书》作者范晔根据汉刘向《世本》，说巴人的发祥地是武落钟离山，即今天的湖北长阳县。张希周有《试论古代巴人发源于湖北长阳佷山》一文（《四川大学学报》1982年第1期）论证了这个问题。现巴人出于长阳说，已为一般人所接受，巴人以恩施为中心，向川东扩散，后来建都于江州，形成"东至鱼腹（奉节），南至僰道（宜宾），北接汉中，南极黔涪（涪陵）"的奴隶王国。（见《华阳国志·巴志》）关于"黔涪"地望，《湘西北》曾作较长解释，但都阐而未明，这个"黔"不是今天的黔阳，也不是今天贵州的简称"黔"，而是指彭水、涪陵一带。《元和郡县志》说：彭水"自吴至梁陈并为黔阳县地"。《太平寰宇记》引《荆州图副》云："巴东南蒲县与黔阳分界，南蒲今属万州县是也。"从"南极黔涪"（《华阳国志》）的"极"字看，巴人在覆亡前，势力只到川东、鄂西，并未进入湘西。

巴人有几次大的迁徙：

一是楚子灭巴，巴子兄弟五人流入黔中，汉有天下，名曰酉、辰、巫、武、沅等五溪，各为一溪之长，号"五溪蛮"。（引自《十道志》），《太平寰宇记》《元和郡县志》《路史》均采此说。巴人一部分进入五溪，一部分散于长江沿岸，汉代的巴郡南郡蛮，就是巴人。东晋军阀桓玄儿子桓诞在其父被杀后，虽然年纪很小，也流入太阳蛮，因习蛮人风俗，又多智谋，活动于沔水、清江一带，也是巴人。

一是"汉高祖（前209年左右）发巴蜀（即板楯蛮）之人定三秦，迁巴之渠率（应为帅）七姓，居于商洛之地。由是风俗不改其壤，其人自巴来者，风俗犹同巴郡"。（引自《隋书·地理志》）事实上这部分人已汉化了。

一是汉光武帝"建武二十三年（公元477年），南郡潳山蛮雷迁等反叛，寇掠百姓，遣武威将军刘尚将万余讨破之，徙其种人千余置江夏界中"，和帝年间，因巫（郡）蛮许圣反，把许圣族迁到江夏。（引自《后汉书·南蛮传》）这些人就是后来的沔中蛮。

一是东汉末年汉中一带巴人，到晋惠帝（三世纪末）时，因天灾人祸，返回四川，在巴人李特领导下，建立了成汉国。

再看看武陵蛮情况：由于武陵地区发现新石器时代遗址（后将详述），酉水河沿岸早就有了土著先民，后来逐渐形成武陵蛮。"后来北上到荆州、雍州一带，荆州置有南蛮校尉府，雍州置有宁蛮校尉府，专管荆、雍州蛮事务。"（引自王仲荦《魏晋南北朝史》）由于受到东晋王朝的挤压，又逐渐退回武陵山区，陶渊明的《桃花源记》就取材于武陵蛮的生活现实。

对比以上史料，可以看出，巴人是一个散布广、迁徙大的群体，巴国是一个以军事为主的奴隶王国，早在夏、商、周时就与中原发生关系，南北朝后，就逐渐与汉族或其他民族融合，唐代以后，江夏、豫州蛮，就只留下一些巴歌，巴人就不见于史册了，武陵蛮出现于汉代，它迁徙不大，早期与中原隔绝，后期与中原关系也不大，融合较晚，直到现在，土家族还有独特的语言、风俗和聚居区，与巴人地区不同、渊源不同、系属不同。

三、从姓氏看，巴氏的姓和湘西土家族的强宗大姓挂不上钩

巴人的主要姓氏，有五姓之说："巴郡、南郡蛮本有五姓：巴氏、樊氏、瞫（音审）氏、相氏、郑氏，皆出于武落钟离山。"（见《后汉书·南蛮传》），但这些姓氏与史籍上武陵蛮，即土家先民姓氏挂不上钩，对不上号。

从五代到清初，湘西土家族主要姓氏有彭、田、向、覃、王、冉。这是有史料可查的；台湾"中央研究院"历史语言研究所助理研究员李云村写的《湘西土家族及其分布》中说："我们见土家聚居区之内，有彭、田、覃、向、夏、黄、张、汪、戴、杨、冉、白、王、计十四个大姓。"他还引用《永顺县志》中清代贡生彭勇行的溪州竹枝祠，证实：

"郎官星照竹王祠，旧姓相沿十八司，除却彭家都誓主（盟主），覃杨冉白亦男儿（读霓）。"

"峒民分隶长官衙，称道田王共六家，五十八旗分辖处，只今惟见野藤花。"这些与土家族地区的现实情况是一致的，在土司制时期，杨氏为松桃、秀山土酋，冉、白为酉阳土酋，夏氏为石门土酋。而彭氏为南北两江都誓主，五代时来自江西，为时最晚，当代史学家谭其骧教授曾写过《湖南人中之蛮族血统》一文，发表在《史学年报》第五卷第二期上，说彭土愁是溪州人，与彭玕、彭瑊"风马牛不相及"，我也写了《溪州彭土司来自江西考》，与谭教授商榷。故不赘述。田、向、覃、王，均属武陵老蛮头，源远流长，脉络清楚，故简要地缕述如下：

田氏：是最早见于史册的武陵老蛮头。

田疆（强、一作彊）：西汉时人，称武溪夷，活动于湖南泸溪一带，见于《酉阳杂俎》

田山：东汉人，称武陵澧中蛮，活动于澧县、石门一带，见于《后汉书》。

田头拟：南朝宋代人，称酉溪蛮，活动于保靖、沅陵，见于《南齐书》。

田思飘：南朝齐人，称五溪西溪蛮，活动于保靖、沅陵。

向氏：据专家论证，"相""向"同音；皆为姓。

相单程：东汉人，称武陵蛮，曾击败刘尚，狙击马援，见于《后汉书》。

向瓖：唐朝人，称石门蛮，活动于澧水，见于《新唐书》。

向存佑：五代人，蛮酋，活动于永、保，见于《九国志》。

向宗彦：五代人，蛮酋，活动于永顺、沅陵，见于《溪州铜柱记》。

向国栋：清代人，桑植最后一个土司。他在答岳州李都同询问时说："土司，自汉朝设立，至元朝改立为宣慰使司，二品职衔。"（引自《向国栋自叙》）这个起讫时间，与保靖"八部大王"碑铭文相同。

覃氏：在湘西、鄂西均有。

覃儿健：东汉人，称溇中蛮，活动于慈利江垭一带，见于《后汉书》。

覃行璋：唐朝人，称五溪首领，活动于湖南西北，见于《唐书》。

覃行方：五代人，蛮酋，活动于溪州，见于《九国志》。

覃垕：元末明初人，大庸茅岗土酋，活动于慈利、大庸间，见于《明史》。

王氏：王氏却是土家族中大姓，据永顺《王氏族谱》载，曾为麦着峒长官。

王堂：西汉时人，"任武陵太守，王莽篡政，王堂不臣，于所在起兵，闭境自守"，汉光武帝即位后。仍以王堂为武陵太守。（引自《直隶澧州志》）故永顺弄塔《王氏族谱》（由当时专员王时主持修订）载：有墨着冲"其先避秦之楚溪州，古为黔中地，因避秦南来，先入蛮地，立基于王村（昔酉阳故城，今王村），结草为庐，羁栖于此。夫坐镇即久，仍得习蛮人风俗，解其语言，探其巢穴，于蛮驯者抚恤之，冥顽者诛戮之，然后征八蛮，平九荒，定五溪"。这也说明王姓来湘西之前，已有土著先民。

综上所述，巴氏五姓，在湘西对不上号，即使曋（音审）氏算是覃氏，相氏转化为向，田、王二姓均无着落，其他大姓如汪、张、黄、夏、杨、冉、龚、徐、庹、白均无下落，如果以巴人姓氏，生搬硬套给土家族是不符合历史事实的。

四、从语言系属看，巴人自称"阿旸"，土家族自称"毕兹卡"系属显然不同

潘教授在《湘西北·自称》中说："今日湘西北的土家，自称为'毕兹卡'，'毕兹'是名称的本身，'卡'等于族或家。"这段话无疑是正确的。但他作了进一步判断："不但湘省以外的'土家'与不自名为'土家'而事实上与土家同出一源的一些支派，也自称为'毕兹'，并且古代与中古的巴人，当时也自称为'毕兹'。"这个判断显然是错误的。潘教授曾引用过西汉扬雄《方言》，"虎，陈、魏、宋、楚之间或谓之'李父'；江、淮、南楚之间，谓之'李耳'。"也就在扬雄《方言》中，明明记载了："巴、濮之人，自称'阿炀'。"土家族和巴人自称根本不同！《方言》中把虎叫"李父""李耳"，潘教授已肯定是巴语，这显然与今天土家语不同。土家族语属汉藏语系藏缅语族，其构词较为奇特，就以虎为例：

通 称（中性）	阳 称	阴 称
li 虎	li pa 老虎公	li ŋi gà 老虎母
（利）	（利把）	（利尼夹）

从这个例子可以看出，"李父"也好，"李耳"也好，与土家族语毫无关系。另外，巴人的赋叫"幏"，武陵蛮的赋叫賨；巴人把鱼叫"媜隅"，土家把鱼叫"送"，从已知古代巴语与今天的土家语看，发音不同。实践证明，要调查一个民族语言，必须有上千个词汇，上百个句型，才能作出一个正确的结论来，一两个词汇偶然巧合，是靠不住的。我曾看到过长阳、恩施、五峰早期有的不懂土家族语言的材料，把很多汉语方言当成土家语，甚至把它说成"巴语"，也是显然不对的。

土家族自称"毕兹卡"，他称为"土家"。自称，可以不做解释，南方很多少数民族自称，就不能解释，把"毕兹卡"译成"本地人"，是一种引申译法。土家语称苗族为"白卡"（bé kà）译成汉语是"邻居的人"。称汉人为"帕卡"（pá kà）译成汉语是"外来的人"。土家族人常常说自己是"土龙地主"或"土生土长"者，因此，相对而言引申译成"本地人"是可以的。从土家族的自称和他称上看，很明确地说明土家族是土著民族。

从廪君乘土船，巴人的船棺葬和从巴人活动的地域，可以断言巴人是与水打交道、熟悉水性的人，土家族恰恰相反，从现存的动植物名称中，词汇十分丰富，对山上的山坡、山岭、山峰、山坳、岩脚、窝坑、土坎、森林、竹林……以及对山上的花草树木、飞禽走兽，均有土家语名称，而且分类极繁。可是对水里的称呼，却特别简单，称水为"泽"（cé），河为"湖泡"（hǔ pāo），水潭叫"彭泽捧"（pong ce bang），此外如波浪、河滩、河港及江、湖、海，均无土家语称呼。河里的鱼统称为"送"；远不及山野里各类生物土家语那样细致丰富。这说明了湘西土家族生长于山区，没有经历过水上生活，是以围猎、砍畲为生的土著民族。

五、从文物古迹看，湘西不属巴文化范畴

在史籍记载寥寥，而且充满矛盾情况下，运用考古工作成果。探索土家

族源，是一个可取的方法。

在湘西、川东、鄂西目前整理的资料中，常把船棺葬与崖墓葬均作为巴文化，事实上是站不住脚的。在湘、鄂、川边区，奇特的葬埋形式有三：一是船棺葬，顾名思义，棺形如船，体现"在生乘坐，死后埋葬"，童恩正《古代的巴蜀》书中，有昭化宝轮院出土的船棺图；一是悬棺葬，体现一个"悬"字，悬棺于万仞的崖壁上，僰（四川宜宾）人悬棺，已拍成电影纪录片；一是崖墓葬，是把棺材置于万丈悬崖的崖洞之中。唐代张鷟在他的《朝野佥载》卷十四云："五溪蛮父母死……尽产为棺，置于临江高山半肋，凿龛葬之。自山上悬索下棺，弥高者以为至孝，即终身不复祀祭。"沈从文先生的文章，就曾反映过湘西崖墓葬。对于这三种墓葬渊源，众说纷纭，我对此无多研究，但我可以肯定巴人的船棺葬和五溪蛮的崖墓葬是两码事，据此而论证五溪蛮也是巴人，是没有说服力的。

旧石器、新石器时代遗址发现，把很多历史上的结论都否定了。截至目前，全国已有二十四个省、市、自治州发现了旧石器时代遗址，全国已发现新石器时代遗址六千多处，今天的人口稠密区，恰恰也是古遗址分布较密集地区。这就否定了各个民族从这里来、那里来的说法。（引自《文物、关于考古学文化的区系型问题》）就以湘西来说，辰溪、沅陵、泸溪、龙山、大庸、石门都发现新石器时代遗址。龙山县里耶秦城秦简。由于年长月久，很多遗址已无法考证属于何种族类，但人类活动，总会在他们活动的地区流下大量地名，而且一代一代传下去，一般来说走样不大，如乌鲁木齐、乌兰巴托、拉萨等。我们从遗址周围流传下来的土家族地名，可以认定龙山里耶溪口的遗址和保靖四方城遗址是土家族先民生活过的地方。龙山里耶溪口新石器时代遗址，其公社所在地叫"阿撮"，本意是"崖屋"的意思，中华人民共和国成立初期意译成"岩冲"了，遗址叫"比挑"本意是"平坝"。遗址上方叫"弱七"，附近有墨茶、里耶，这些土话地名，用汉语译义是解不通的。保靖"四方城"虽是汉语，但其地名叫"要把"，是土家族语，如夕嘎、洞嘎、金散巴早都是土家族命名的。据此我们认为这一群人，就是土家族先民。这里的地貌没有冰河、冰川迹象，这群人不会全部死亡；这里山上禽兽果木很多，这群人不会全部迁走。这些人就是武陵蛮中部分民族先民，是有土家族的先民的。四川发现了旧石器时代的"资阳人"，新石器遗址除成都平原外，发现了数十处，湖北长阳，发现了"长阳人"，也发现了新石器时代遗址，因此巴人先民发源于武落钟离山之说，较为可信，《长阳县志》对此也有记载。何介均同志根据湖南考古情况断言："这里少见波浪形口沿及尖底器等巴族商周时期文化特征,因而与川东的巴族文化,不是同一系统。"(引自《求索》1983年第4期《从考古发现看先秦湖南境内的民族分布》)土家族先民以酉水为中心,巴人以清江流域为中心,向四方扩散,往古交通不便,"小国寡民",彼此关联不会很大。

六、从风俗习惯上看,信仰白虎和白帝天王的习俗在湘西土家族聚居区是没有的

从民俗学角度探讨一个族的来源,往往会获得出乎意外的收获。

巴人信仰白虎,是因为其祖先"廪君死,魂魄世为白虎,巴人以虎饮血,遂以人祀焉"。(见《后汉书·南蛮传》)干宝《搜神记》、樊绰《蛮书》和乐史《太平寰宇记》均采此说。湖北《长阳县志》载:"白虎陇在县西二百三十里,昔廪君死,精魂化为白虎。"虽然县志提出"事涉怪诞",但白虎陇、赤黑二穴,确有其地。《湘西北》认为川东、鄂西巴人以白虎为图腾,是可信的,但在酉水沿岸,武陵山区的土家族,习惯信仰与巴人完全相反,他们要赶白虎、钉白虎,视白虎为不祥之物。不满一周岁的小孩,一旦翻白眼、吐白沫,就认为被白虎罩了,马上要请土老师(土家叫梯玛)来赶白虎。小孩满月背出门时,要用火坑里的"三脚架"上的黑烟划个"十"字,表示小孩是个打虎匠;小孩被窝边要插剪刀,作为杀虎工具。每年腊月或正月,土老师到各家赶白虎、钉白虎。民间有"白虎当堂坐,无灾必有祸"民谚、从来没听说过"过堂白虎坏""坐堂白虎好"的说法,凡是白虎都系必赶之列。甚至认为"笼内有白鸡,家中有白虎",1949年前土家山寨没有人喂白鸡,真是"殃及池鱼"。潘教授对白虎、白帝天王作过繁琐的考证,力图使这一论点成立。还是在1953年,我们就向潘教授、汪明禹副教授善意地提过意见。

摆手舞是土家族民间的传统文艺,就内容和形式来说,又分小摆手(有的叫调年)和大摆手。今年春节保靖县城就举行过大型调年舞,龙山马蹄寨就举行过大摆手,均有数万人参加,中央和省,已经派人录像。这是土家族最原始的歌舞剧,小摆手舞前,演《茅故斯》时,有一段定型对话台词:

惹必得(茅故斯小孙子):拔卜卡,泥客乃恩吉?(公公,你从哪里来?)

拔卜(老茅故斯):厄阿槽到阿查吉列恩吉。(我从岩坎下过来的。)

惹必得:拔卜卡,尼派啦起客到捏那?(公公,你昨夜到哪里睡?)

拔卜:厄阿库弱卡蒙吉捏那。(我棕树脚下睡在。)

惹必得:拔卜卡,泥且嘎那?(公公,你吃什么在?)

拔卜：厄阿苦弱布立嘎那。（我棕树子子吃在。）
……

大摆手主要是在掌坛师（梯玛）主持下的大型祭祀歌舞活动。在祭祀时要讲"古根"，掌坛师自问自答说："祖宗传下来的千言万语，都记不清了，只记得一句了，毕兹卡从哪里来的？毕兹卡是从十必峒上来的，从十排路过来的。"接着就讲迁徙过程，从凤滩到罗依溪再到王村，一直到老司城住下，老司城分了家：一支沿酉水到龙马咀、比耳、里耶到石堤（秀山境内）；一支上勺哈上农车，进大龙山、进洗车，上洛塔……（引自田荆贵、彭勃整理的《土家族摆手舞》）。

从以上两个资料可以看出：土家先民生活在山区，土家族最远的迁移地点只提到"十必峒""十排路"，而"十必""十排"是土家语"小野兽"的意思，可能是土家族先民打猎的地方。随着时间的推移，加上汉语的影响，末尾加上"峒"和"路"就成为"十必峒""十排路"了，这两处地名，据查在今天沅陵以西酉水汇合的地方。这样的地名，永顺、龙山也有。由此可见，湘西土家族先民在迁徙中，没有经过大江大河，只在酉水两岸的古丈、永顺、龙山和保靖等境内山区回旋，这也反映了土家族是本地人。

基于以上论述，可以看出：新石器时代居住在酉水沿岸的人群中的一部分，是今天土家族的先民，换言之，湘西土家族是古代土著先民的后裔；古代巴人与包括土家族在内的武陵蛮，在巴子国覆亡之前，彼此关系不大。因此说湘西土家族是古代巴人后裔是说不过去的。

我这样论证，并不意味着今天的湘西土家族与今天川东、鄂西、黔东北土家族没有亲缘关系，亲缘关系肯定是有的。

"楚子灭巴，巴子兄弟五人流入黔中""巴子兄弟五人入为五溪之长。"这就说明巴人确是进入了湘西，如上所述，巴子国中的賨、濮、蜑等民族，从史籍上的记载和今天土家族某些风俗来看："巴子流入五溪"的一部分人，应是賨人（即板楯蛮）。

賨：《宋史》卷496载："渝州蛮者，古板楯七姓蛮，唐南平僚也。其地西接乌蛮、昆明、哥蛮。大小播州部数十居之"板楯蛮。賨最早见于史册是扬雄《蜀都赋》："东有巴賨，绵亘百濮。"《后汉书·南蛮传》记载了板楯蛮秦昭王射白虎，协助刘邦定三秦。从这里可以看出賨民是川东尚武氏族。"其人勇健好歌舞"是巴子国中之佼佼者，蛮名板楯。

巴子流入五溪，我认为賨早些，由川东流入。

賨人居住川东，楚灭巴后，很容易往五溪溃退。

土家族赶白虎，賨（板楯蛮）人射白虎。

武陵地区是竹枝词发源地，而板楯蛮"其民俗聚会击鼓，踏木牙，唱竹枝歌为乐"。（引自《太平寰宇记·巴渠具风俗》）。

武陵蛮把赋叫"賨"，谯周《巴记》："夷人岁入賨钱，口四十，谓之賨民。"这个国名，就意味着赋。

賨本为巴人，进入五溪的賨，他们是战败者；溃散者，故为数不多，在长期与土著的众多的土家先民相处中，融合成一个以毕兹卡（土家族）为主体的新的民族共同体。

具体到川东土家族而言，酉阳故城本来就在永顺王村，故《酉阳州志》的建制沿革与湘西一致，从隋朝置务川后，才改属巴东郡、明洪武八年（公元1375年）才改四川管辖、酉阳州下属黔江、酉阳、秀山、松桃（贵州），从这里可以看出湘西土家族与川东、黔东北土家族是同出一源的。

鄂西方面，来凤、咸丰、鹤峰汉代就曾属武陵郡。湘西和鄂西等地的关系，还可以从土家族"送""踵""什用""墨"（麦）上看出来，鄂西的土司、土酋称呼与湘西是一致的。鄂西很多县的土家族都是提前一天过年。《鹤峰州志》有文字记载。湘西过去的食盐，来至川东、鄂西。鄂西又是湘人入四川要道，从语言、风习、地区看，四省边区的土家族是一个民族共同体。

彭秀枢（土家族）

溪州土司彭士愁来自江西考

在研究湘西地区土司制度时，一个关键性人物——土司王彭士愁的身世，出现了严重的分歧意见。谭其骧教授在《史学年报》第五期第二卷上发表的《近代湖南人中之蛮族血统》（以下简称《血统》）一文中，认为彭士愁、彭师杲父子与江西之彭玕、彭瑊兄弟，"则殆如风马牛不相及"，而应属蛮族血统。《土家族简史》（湖南人民出版社出版，以下简称《土史》）踵其说，认为"大量资料证明，彭士愁不是汉人，而是溪州土著"。个别土家族史学家，或推波助澜，或随声附和，造成诸多混乱。

谭先生是史学界前辈，在学术上卓有建树，但由于对少数民族地区资料占有不多，也不免出现失误，特别是认为江西望族彭玕、彭瑊与彭士愁、彭师杲父子，"则殆风马牛不相及，断乎为绝无关系者也"，"彭氏冒称彭瑊之后，府县志皆信以为真，雍正五年永顺彭肇槐纳土后，诏安插江西吉水县原籍，甚至清廷功令，亦真信无疑，故不惮辞烦，特据史以驳斥之"，"窃意唐末溪州蛮中，有吴、彭二氏，曾一度发生战争，结果彭胜吴败，彭氏至此遂得世为诸蛮酋领。"这些见解，均属千虑一失，现据史传加以澄清之。

1.《血统》中吴、彭二氏争长之说，源出于光绪《龙山县志》："土人家乘称：其先有老蛮头吴著冲，今邑之本城、洗罗、董补、洛塔、他砂诸里，皆其土。因延江西吉水彭氏助理，彭氏以私恩结人心，日渐强盛，至彭瑊谋逐著冲，著冲败走猛同，瑊复率众击之，遂匿洛塔山。时有漫水司（今湖北来凤县境内）土官之弟向伯林，骨肉不合。归瑊。瑊命伯林攻吴著冲，著冲因毙于洛塔山石洞。瑊以洛塔之地酬向氏，余土归瑊……又有惹巴冲者，与吴著冲结为兄弟，今邑之明溪、五寨、坡脚、捞车……皆其世土，后亦为瑊所并。瑊于开平间归顺，命为溪州刺史。子彦晞为静边都指挥使，守溪州刺史。"

这段记载真实地反映了彭氏入主溪州的经过，也说明了彭瑊与彭彦晞（即彭士愁）是父子关系。但《龙山县志》和《血统》均把吴著冲误解为姓吴名著冲。如果蛮头吴著冲姓吴，那么惹巴冲岂不是姓惹？春巴冲（见向伯林墓志铭）岂不是姓春？其实大谬不然。《永顺县志》卷六有："土人呼

'长官曰冲,又曰送,又曰踵,又曰从'"。按土家语"吴著"有围猎的意思。"惹"为美、俊,"巴"代表阳性、男性。"吴著冲"意即猎王;"惹巴冲"意为美丽的王子。《血统》把吴著冲与彭瑊之争,说成是吴、彭二姓争长,显然是不懂土家语的结果。因而这个"窃意"是站不住脚的。在彭氏未入主溪州前,土著先民包括领袖人物,有名无姓的很多,老蛮头八部大王,就叫敖朝河舍、西梯栳、里都、苏都……①这些古老的土名、土语,今人已很难知其意了。

2. 在溪州铜柱铭文中,明白无误地写道:"溪州彭士愁世传郡印,家总州兵……历三四代,长千万夫。"《血统》作者。说彭士愁是"蛮族"、是"土著",但却说不出彭士愁的父亲、先人是谁。这样,彭士愁就成为无本之木了。因此,"世传郡印""历三四代"也无法找到注脚。要弄清彭士愁来龙去脉,必须从江西吉州彭玕、彭瑊说起。

彭玕和彭瑊是兄弟关系,《资治通鉴》《十国春秋》《九国志》和江西《吉安府志》均有记载,已无疑义。彭玕曾封安定王,身世显荣。司马光《资治通鉴》卷265说:"瑊本赤石峒蛮酋,钟传用为吉州刺史。""钟氏既亡,故彭玕请降于马殷。"在江西之地尽归杨行密后,玕率部来湖南依附马殷,马殷"奏授郴州刺史"②,"长兴三年壬辰封安定王","年九十八岁,夫人夏侯氏、继杨氏俱封国夫人,子十一,各守军州刺史,女(长女)适马希范封顺贤夫人。"③《通鉴纪事本末》卷225记有"彭夫人治家有法,楚王马希范惮之"。

关于彭瑊身世,因他多活动于蛮族地区,史书上记载不多,但方志、族谱则俯拾皆是。除了上举的《龙山县志》外,民国《永顺县志·土司》有:"彭瑊,江西吉州人,父辅为(唐)懿宗朝进士,官至金紫光禄大夫。生五子:彬、珏、璋、玕、瑊。因杨行密与黄巢战,兄弟皆流散,时马殷据湖南,瑊至依之,以功授辰州刺史……为永顺土司之祖。"

彭瑊后裔根据明代刘文澜《稽勋录》写了《历代稽勋录序》,记有:"公字瑞规,辅之五子,(彭)玕之季弟也。乾化末官至金紫光禄大夫、检校司徒。因吉州之乱,窥杨行密不轨,公与兄投奔楚王马殷麾下。公秉政持衡,职任金紫光禄大夫、辰州刺史。生一子曰彦希(即士愁)为溪州刺史。"

---

① 引自"八部大王碑"碑文。碑存湘西土家族苗族自治州博物馆。
② 艾幼学:《安定王玕传》。
③ 彭武一的《彭玕年表》,认为是唐僖宗乾符五年,待考。

这就说明了彭瑊与彭彦晞(士愁)是父子关系。

如果说永顺、保靖族谱"夸大其先人",再看外县族谱是怎样写的。

桑植属于向土司管辖,无须攀附永顺土司,其《彭氏族谱》阐明是彭瑊之后,未提彭瑊何人。但在彭辅条下则有:"彭辅字国相,光禄大夫,配李氏,葬于(江西)五十八都七里相公坪,枕南朝北。生五子:珏、彬、璋、玕、瑊。"新化《彭氏四修通谱》说明本族是彭玕后人。但在彭辅条下,说彭瑊是"金紫光禄大夫,检校司徒,辰州刺史,子孙世守溪州宣慰使也。子一,彦晞名士然,静边都指挥使……子三:师裕、师杲、师晃。师裕授金紫禄大夫,官至兵部尚书,子孙世守永顺司。子一,允林袭职。杲授武安军节度使,官至刑部尚书,子孙世守保靖司。子一,允禄袭职",桑植之彭,多系土家族;新化之彭,则为汉人。两地谱,说法相同,说明两地之彭与溪州之彭,"同源而异支"。

如果说永、保之彭"冒称吉州彭氏之后",目的是"抬高门第",光宗耀祖,那么,吉州彭氏则根本无须攀附永、保"蛮头",以降低门第,玷辱祖先。江西吉州《隐源山口老彭续修族谱》如此写道:"自吾彭氏之居湖广永顺保靖脉,系太尉(玕)幼弟彭瑊嫡脉。瑊公为唐金紫光禄大夫、检校司徒、辰州刺史,夫人周氏葬(江西)安福二十四都,金钗形。生彦晞,字士然,从戎楚王马希范。铜柱誓封静边都指挥使、金紫光禄大夫……配李氏、丘氏,在官十八年卒于溪州,归葬,同夫人李氏合葬于(江西)永新二十六都寮山,虎形。生三子:师裕、师杲、师晃。"

彭氏族谱中,有个共同特点,是把主人公埋葬地明确写出。同治《庐陵县志》卷六茔墓篇载:"唐吉州彭玕父,信州(今上饶地区)长史。辅夫妇墓地在延福乡五十七都七里相公坪,金盆浴蛋形。"这与桑植《彭氏族谱》的记载是一样的。明代解缙《镜方彭氏重修族谱序》说:"(彭)玕以后唐长兴三年癸巳三月薨,年九十八,敕葬长沙,杨氏之太和五年也。未四年而杨氏国亡,始归葬(江西)折桂之丰口。"新化《彭氏四修通谱》在彭玕条上写着:"玕,辅公四子,字叔宝,长兴二年封安定王,葬长沙善化乡集贤里。后迁葬吉水折桂乡二十九都之枫口杰。"

从彭辅、彭玕、彭瑊和彭彦晞(即士愁)之葬墓看,后三者都是"叶落归根",葬于吉州,葬地、地形写得如此具体。那么,彭玕与彭瑊是兄弟关系,彭瑊和彭彦晞(士愁)是父子关系,就十分清楚了,此外,《隐源山口老彭续修族谱》还记载,清初永顺土司为山口等村中族人打算卖掉埋葬彭辅(士愁祖父)周围之地给邹某而发出不许擅卖、擅买祖茔之"檄文"。永顺土司彭师裕后代彭仲程，在明代又回到吉安的磨湾（今属长塘乡）。

3. 从彭玕、彭瑊世系，也可说明彭彦希（士愁）来自江西。据《吉安吉水彭氏世系图》记载：

辅：信州长史，五子：璋、珏、彬、玕、瑊。

玕：辅四子，安定王，十一子：彦武、彦晖、彦昭……

彦昭：玕五子，静江军节度使，生五子皆以"师"名，如师奭、师旺、师建……

永顺保靖土司世系（摘自《永顺县志》、保靖《酉水考略》）：

永顺司系	保靖司系
彭彦希（即士愁）	彭彦希（即士愁）
彭师裕　士愁长子	彭师杲　士愁次子
彭允林　师裕长子	彭允禄　师杲长子
彭文勇　允林子	彭文通　允禄子
彭儒猛　文勇长子	彭儒毅　文通子
……	

从以上史实可以看出：彭玕、彭瑊一辈，基本上是"王"（斜玉旁）；彭玕、彭瑊子为"彦"字辈，如彦昭、彦希（士愁）；永顺、保靖司"同出一源"，都来自江西，"两司"并不"相异如此"，也不存在什么"吉州彭姓和溪州彭姓。"

由于资料缺乏，传抄失误：彭士愁之名，杂乱不一。《楚记》《资治通鉴》作彦晞；《旧五代史》作士愁；《十国春秋》士愁、士然并提；《续通志》作自然；《湖南通志》作士愁、士悉；《永顺司宗谱》作彦晞字士然；当地资料及各地族谱均作彦希，而铜柱铭文则为彭士愁。所以用"族派"则为彭彦希，用铜柱铭文则为彭士愁。彭师杲之名亦写成"皓""暠"和"杲"，从铜柱铭文看，应是彭师杲。为叙述方便，下文一般用彭士愁、彭师杲。

关于彭士愁与彭师杲是父子关系，从下列文献中可以看出：李弘皋《复溪州铜柱记》有："彭师杲为父输诚，束身纳款。"路振《九国志·彭师杲传》有："师杲，溪州人，世为诸蛮酋长，父士愁；唐末溪州刺史。"民国《永顺县志》有"士愁以长子师裕、次子师杲分领其众，师裕为永顺土司祖，师杲为保靖土司祖。"

明确了彭玕、彭瑊为兄弟关系；彭瑊和彭士愁是父子关系，彭士愁和彭师裕、彭师杲是父子关系；那么，统治溪州达九百年之久的彭土司来自江西吉州问题，就可迎刃而解了。

4.关于彭瑊任辰州刺史事，《湖南通志》《永顺府志》与江西《彭氏族谱》记载是一致的，时间应是唐昭宗年间。辰州治所沅陵，毗邻下溪州，这是彭氏进入溪州的跳板。《血统》一文中提出："开平四年，瑊犹在吉州，为吴将敖骈所围，更焉得同时又分身为溪州酋领，与吴著冲争雄于蛮中乎？"

关于梁开平四年彭瑊生死问题，历史上有两种截然不同的记载：一是廖道南《楚纪》："开平四年（公元910年）吴军敖骈围赤石，辰州刺史调所部征之，被执不屈，阖门遇害"，说彭瑊战败身死；一是《资治通鉴》卷267说，梁开平四年，"吴水军指挥使敖骈围吉州刺史彭玕弟于赤石，楚兵救瑊，掳骈以归"。说明彭瑊战胜生还。我们认为，两个史料都有问题。

（1）梁开平三年（公元909年）吴杨席卷江西，危全讽全军覆灭，彭彦章（玕子）被执投降，彭玕惨败，与部将刘言归楚。彭瑊则早在唐昭宗乾宁年（公元894年）间，由其兄彭玕代吉州刺史来湖省依附马殷，故而上举两史年代均有差误。

（2）辰州刺史彭瑊征赤石，绝不会把全家带去，也不会孤军深入，"阖门遇害"，于理不合。彭瑊只有一子彦晞（即士愁）果真"阖门遇害"，彭士愁岂能幸免，那也就没有溪州彭土司了。彭瑊与夫人周氏葬于江西西安福二十四都，如果遇害。尸骨无存，何言合葬？

（3）"梁代龙德三年（公元923年）为后唐庄宗所灭，而楚王遣瑊公入贡于唐……任辰州刺史，以平服五溪诸蛮。"此事载于《彭氏通谱·永顺灵溪叙》，吉州"老彭族谱"亦有瑊公为唐金紫光禄大夫的记载，说明彭瑊未死。

根据光绪《龙山县志》载，开平年间，彭瑊在辰州任刺史时，开始经营溪州，为其进入做准备。老蛮头吴著冲延江西彭氏助理，其人不是彭瑊，他本人并未"屈身"为吴著冲当助理。当助理在溪州"卧底"的，应是彭士愁、彭允玕、彭师佐。请看下面史料：

《历代稽勋录序》在"彦晞公"（即士愁）条下有如下记载："彦晞旧名，更名士然，瑊公子也。梁太祖开平戊辰元年（公元908年）朝议为溪州刺史。先是玕公第三子从兄彦昭为辰州刺史，即与士然（彦希）同谋，内外合举，平服楚南诸蛮。"据此，当老蛮头助理的很可能是彭土愁。在"溪州铜柱"列名坐在第二把交椅上的彭允瑫，第四把交椅上的彭师佐和第三把交椅上的田弘佑，均书有"前溪州诸军事守溪州刺史"官衔。从彭氏"族派"看，彭允瑫是彭士愁族孙，彭师佐是侄儿。他二人事迹未见诸史册，故未为史家重视，但从列名和官衔上，可看出他二人的地位和作用。彭世麒《世忠堂铭》中："唐之季世，乱起民扰，有讳（彭）瑊者，刺史辰州，族人戴之，愿立其子（彭士愁），事闻于朝（梁），朝议顺旨。"彭氏家族彭瑊率领下，凭借辰州兵力，在姻亲马氏的支援、漫水司向伯林的配合下，加上"私恩结人心"，故困死吴著冲于洛塔山，开创了溪州九百年彭氏基业。

5.《血统》一文问世后，潘光旦教授在他的《湘西北的"土家"与古代巴人》一文中，已初步阐明彭士愁土司来自江西。然同意《血统》观点的《土史》又提出如下问题：

第一，《资治通鉴》《旧五代史》《南唐书·彭师杲传》和《宋史·西南溪峒诸蛮》等史书，均称彭士愁、彭师杲为蛮酋、峒蛮，证明其父子不是汉人，而是土著。特别是"师杲不知其家世""似乎难以理解"。第二，彭士愁的后人永顺司第七代有彭福石宠之名，保靖司二十二代有彭药哈俾、彭麦谷踵、彭大虫可宜、彭楠木杵等名，显然是土家语，也直接或间接证明"彭氏是土著而非汉人"。第三，《土史》引史证明彭瑊未死，却又认为"彭瑊被吴军围困于江西吉州赤石，何以能到千里之外的湖南辰州当刺史"？第四，"彭世麒修谱时，把自己的先世追溯到彭瑊"，原因是"抬高自己的门第，有利于其家族的世袭统治"。第五，个别同志还认为"若彭士愁与马希范有亲戚关系，如何水火不相容，大动干戈呢？"对以上观点，笔者认为：

（1）《资治通鉴》等史籍称彭士愁父子为"蛮酋"，与彭士愁来自江西并不矛盾。楚王本"高阳之苗裔"①，上国衣冠，但楚武王熊通却自称："我南蛮，不与中国之号谥。"②南越王赵佗本河北人，却自称"蛮夷大长"；桓玄的儿子桓诞流入鄂西，史称他为大阳蛮。彭士愁，父子当溪州土司，是货真价实的蛮酋。③至于"彭师杲不知其家世"一句，《土史》和个别同志在理解上有失误：前者在句读上有错误，后者对陆游寄望过高。彭师杲是彭士愁次子，是彭氏子弟中的佼佼者，他仰仗姑母顺贤夫人的余威，"为父输诚"，使彭、马溪州之战化干戈为玉帛；在马氏兄弟争夺王位时，他周旋于马希广、马希萼和希崇之间。虽为保靖县令、土司之祖，也只是"遥领"而已，并未"分身"到保靖④。这样显赫人物，能说他"不知其家世"？"彭师杲不

---

① 屈原：《离骚》"帝高阳之苗裔兮"。
② 《史记·楚世家》。
③ 谢华：《五溪土司辑略》。
④ 《历代稽勋录序》。

知其家世"这句话，断句应当是"彭师杲，（作传者）不知其家世"。这类句法，在古典史籍中屡见不鲜，作为史家，出现这样的失误，是不应当的。陆游是诗人，他不可能了解蛮酋彭师杲的家世，只好写"彭师杲这个人，我不知道他的家世"。

（2）彭土司对上称臣，用汉名；对内称王，用土名；并非始于彭福石宠。彭师裕儿子彭允林，土名麦即巴；彭允林孙子彭儒猛，土名夫送；彭儒猛儿子彭仕羲，土名福送①。保靖土司彭勇烈长子彭司俾，别号药哈俾；勇烈孙彭南图，别号楠木杵②。彭士愁和他两个儿子还无土名。但其子孙为尊重土家风俗习惯，慢慢也用土名，这也是彭氏沿袭九百年统治的原因之一。昔太伯入吴，子孙"断发文身"；赵佗王南越，"椎髻箕踞而见汉使"。古人云："置诸夷狄则夷狄焉。"吉州彭氏入主溪州，在漫长的岁月中，在土家族的汪洋大海里，逐渐习其风俗，操其语言，久而久之，融合成为今天的土家族。应该说，江西彭氏是土家族之"流"而非土家族之"源"。所以，土家族族源的"江西来说"是不能成立的。

（3）关于彭瑊被围及任辰州刺史问题，上文已作了论证。我们初步认定，被围而亡者是彭彦章。史书说他是袁州（今宜春）刺史，说他被擒，说他是彭玕的兄或弟。以"族谱"证之应是侄辈。当辰州刺史有三人：彭瑊、彭彦章（瑊侄）、彭师杲（瑊孙），因与论题关系不大，故从略。

（4）《血统》和《土史》均认为永保彭氏家族"托名于前代伟人，臆造其迁徙经过"，"抬高门第……攀附历史上名门望族"。在姓氏族谱中，写史前传说时期的族谱（包括正史），确有臆造、攀附情况。但进入文明时期后，族谱却写得很具体。如江西彭氏族谱，对彭辅、彭玕、彭瑊和彭士愁（彦晞）之来龙去脉、埋葬情况写得十分具体，内容一致。明代土司彭世麒在诸土司中，成就很大。赣南都御史、哲学家王守仁对他的评价是："致仕宣慰彭世麒，素称儒雅，久著勋劳，养高林下，犹深报国之情；同苦行间，复建平瑶之责。所过无取求之扰，接壤获安静之休。"奏授龙虎将军。正因为他"素称儒雅"，故在致仕之后，编写了《永顺宣慰司志》，建"四忠堂"，并由刘健写出《世忠堂铭》。这些典籍，为研究湘西土司和土家族史，提供了宝贵的资料。用五代诸史和江西彭氏族谱衡量，看不出"采摭未当""子孙夸大先人"。这更足以说明溪州土司彭士愁来自江西。

---

① 《酉水考略·保靖土司传》。
② 民国《永顺县志·土司》。

（5）至于马、彭是姻亲何以"兵戈相向"之说，更不值一驳。争江山、夺社稷以致父子争战，骨肉相残是常有之事。马希范去世后，马希广、马希萼和马希崇兄弟为争夺王位，大动干戈。何况马希范与彭士愁是姻亲，为争地盘而"水火不容"有什么奇怪呢？

综上所述，我们得出的结论是：彭瑊和彭士愁是父子关系，彭士愁和彭师杲也是父子关系。因此，溪州土司彭士愁来自江西吉州；彭氏未入主溪州前，这里并无什么"溪州彭姓"。彭士愁子孙置身于土家族地区的汪洋大海中，子孙逐渐融合而成为土家族。所以说，彭氏是土家族之"流"，而非土家族"源"，"土家族来自江西"说不能成立。

土家族地区土司制度概况

本文经过实地调查研究，并根据谷臣章（桑植）、向国平（鹤峰）、张兴文（来凤）、田禾（恩施）等同志提供的一些材料，参照前人既得成果[①]，采取"去粗取精""去伪存真"的办法，试图对整个土家族地区的土司制度，作一较为全面的论述。因土司情形复杂，笔者知识有限，谬误之处，希明达之士及土家族同志指正。

一、土司的渊源

"土司"这个词汇最早出现在《文献通考》，见于宋徽宗崇宁四年（公元1105年）王祖道的奏议之中。而土司制的渊源则可追溯至秦代。如果单就土家族先民之一的巴人来说，则又可往前推至战国之时。《明史·土司传》说："西南诸夷……历代以来，自相君长。"《清史稿·湖广土司传》有云："无君长不相统属之谓苗，各长其部割据一方之谓蛮。"历代封建王朝都把南方少数民族称之为"南蛮"或"西南诸蛮"，可见南方各少数民族都是作为割据势力存在着，自王其国，并有自己的政权组织，在与中原统治者还没有发生关系之前，"自相君长"，其首领是由本民族的成员担任。《后汉书》卷一一六就有巴氏务相竞赛夺魁，取得了做君长的地位，是为廪君的记载。"秦惠王并巴中，以巴氏为蛮夷君长，世尚秦女，具民比爵不变。"这又并非维持原状不变。这可从《文献通考》中看出："战国时，秦惠王并巴中，以巴氏为蛮夷君长。其人岁出赋二千一十六钱，三岁一出义赋千八百钱，其入户生㟱布八丈二尺，鸡羽三十镞。"那时巴人与秦国之间的关系，已经朦胧地具备了后来土司和封建王朝之间的关系，即向统治者贡赋，受其控制；但同时又"自相君长"，具有相对的独立性。至秦始皇统一中国之

---

① 在国内有潘光旦教授的《湘西北的土家与古代的巴人》，谢华同志的《湘西土司辑略》；在台湾有黄开华的《明代土司设施与西南开发》，李荣村的《湘西土家族及其地理分布》；在国外有 Henry G. Schwarz（亨利·G. 舒瓦兹）的 *Chinese Policies Towards Minorties*（《中国少数民族政策》）和 Albert Herman（A. 赫尔曼）的 *A Historical Atlas of China*（《中国历史地图》）等。

后，"蛮夷"，"君长则多以""土官"或"土吏"称呼之[①]。《明史·土司传》有云"及楚庄蹻王滇，而秦开五尺道，置吏；沿及汉武，置都尉县属，仍令自保，此即土官、土吏之所始欤。"《来凤县志》等地方志乘上也有类似记载。这就说明，这时的"土官""土吏"具有"自保"性质，后来的土司制与此有承袭的关系。我们据此认为以上种种皆是土司制的胚胎。

就土司制的真正内容来说，是对少数民族实行的一种羁縻政策[②]。这种羁縻政策是在原来的土官、土吏以及旧有部族的基础上形成的。它始于我国封建社会的盛世——唐代。宋郑樵《通志》云："广西两江溪峒，旧为荒服。唐太宗时，诸夷内附，始置'羁縻州县'隶于都督府，以其首领为刺史。"《来凤县志》亦云"唐初，溪峒蛮酋归顺者，世受刺史，置羁縻州县，隶于都督府，为受世职之始。"这种制度实施的地域，也包括了土家族地区。唐宣宗元和元年（公元806年）容美（今鹤峰）地方酋长田行皋被授施、溱、溶万招讨把截使，并加兵部尚书金紫光禄大夫，施州刺史。其后，田氏世代承袭（见《鹤峰州志》）。《元和郡县志》中也有关于土家族地区向唐王朝进贡的记载："溪州（今永顺等地）开元中（公元713—742年）贡黄连""溪州元和中（公元806—821）年贡黄蜡二百斤"等等。而我们从中也可看出，唐在鄂西地区置有施州等，在湘西地区置有溪州等。这一时期，实行羁縻州县，并允许被封酋长世袭，使土司制在秦汉胚胎的基础上开始萌芽。

时至唐末五代，社会动荡不安，农民起义风起云涌。在这混乱之际，土家族土著先民的酋长趁机扩张自己的势力范围，纷争不已；而外来势力也趁火打劫，渗入该区。最著名的是江西吉水的彭氏，他们凭着强大的势力和得力的靠山，先入土家地区，为土酋助理，以私恩结民心，待时机成熟，便吞并了土家族地区的地区首领吴著冲、惹巴冲（见《龙山县志》）。后梁开平四年（公元910年）彭士愁被授溪州刺史，后周世宗显德三年（公元956年）其子彭师裕袭溪州刺史。当时来凤也为羁縻感化州。这表明五代承袭了唐王朝的羁縻政策，并且一些藩封也原封未动。

发展至宋代，土家族地区的许多地方酋长都已经取得了世袭的地位，慢

---

① 《礼·月令》载季夏之月"其神后土"注云："后土，亦颛顼氏之子，曰黎，兼为土官。"这里的"土官"是不同于秦后的"土官"的。

② 《辞海》释云："唐宋时对少数民族地区设置的地方行政单位，以旧有部族为基础，大的为都督府、刺史等官，世袭，受都督府或节镇管辖，各府州贡赋版籍不入户部。"亦可见《辞海·民族分册》"羁縻府州"条等。

慢由羁縻州县向土司制过渡、转化。有的地方还没有固定的世袭酋长，宋王朝则选取那些为本民族的人们所信服者为酋长，并可世袭。嘉泰三年（公元1204年）湖南安抚赵彦励曾奏称"湖南九郡皆接溪峒，蛮夷叛服不常，深为边患，制驭之方，岂无其说？臣以为宜择素有智勇为徭人所信服者，立为酋长，借补小官以镇抚之。况其习俗嗜欲悉同徭人，利害情伪莫不习知，故可坐而制服之也。五年之间能立劳效，即与补正。彼既荣显其身，取重乡曲，岂不自爱，尽忠公家哉？所谓捐虚名而收实利，安边之上策也"（《宋史·西南溪峒诸蛮传》）。正因为宋王朝使用这样的办法，所以在地域偏僻，鞭长莫及的土家族地区，便有了不称之为土司的"土司"，但在地势较为平坦，交通较为方便的地域，又多以流官治之，土官尚未普遍实行。宋朝虽然实行的还是唐五代以来的羁縻州县政策，但是它更进一步地接近了土司制，离土司制的正式形成已经不远了。《通志》云："宋参唐制，析其种落，大者为州，小者为县，又小者为峒，推其雄者为首领，籍其民为壮丁，以藩篱内郡，其蛮长皆世袭，分隶诸寨，总隶于提举。"也表明土司制快进入成熟阶段。

　　土司，作为一种制度确定下来，还是滥觞于元朝，完善于明清。土家族地区的官制及称呼与中原地区也有根本的区别，这种制度是在羁縻政策基础上的更进一步发展。《来凤县志》云："元置军民府、土州、土县，设官如府、州、县，其法略备。"《清史稿·湖广土司传》亦云："西南诸省……在宋为羁縻州。在元为宣慰、宣抚、招讨、长官等土司。"在鄂西，元朝始置施南道宣抚司、散毛宣抚司、容美宣抚司、木册安抚使等，在湘西也始置永顺等处军民宣抚司、保靖等处军民宣抚司、桑植宣慰司等，同时还设置了许多长官司。

　　时至明清，土司制就更加完善了。比如，元朝在每宣抚司或安抚司还设置蒙古族长官一名以钤制，名曰达鲁花赤[①]。而在明清，就取消了，只派流官助理。从根本上来说，明清沿袭了元土司制。《明史·土司传》云："迨有明踵元故事，大为恢拓，分别司郡州县，额以赋役，听我驱调，而法始备矣。然其道在羁縻。"《清史稿·湖广土司传》云："清初因明制。"究其内容与形式，明清的确与元无甚大差异，只是在数量上有所区别。明朝在鄂西设置了二十三土司，清朝则为十八土司；在湘西也设置了十八土司（不

---

　　① 见《历代官制兵制科举制常识》一书所释。又名达鲁噶齐，蒙古语长官之意。元时，汉人不能任正官，多数行政机关各路总管，府设置达鲁花赤。主要由蒙古人充任，以掌印办事，把握实权。

包括慈利等地)。永顺举人唐仁汇竹枝词有云"千秋铜柱壮边陲,旧姓流传十八司",这十八司史书县志皆无记载,至今尚有异议。笔者认为这十八司应为:永顺、南渭、施溶、上溪、腊惹峒、麦着峒、驴迟峒、施溶溪、白崖峒、田家峒、保靖、大喇(两江口)、五寨、竿子坪(明永乐三年,即公元1406年设,因属苗区,不久即废)、桑植、上峒、下峒、茅冈十八司的说法应源于明,而后相沿,时至清初,根本就没有十八司了。

土家族地区的改土归流,废土司制而实行流官制,最早的是清雍正四年(公元1726年),最迟的是雍正十三年(公元1735年)。

历代封建王朝之所以要在土家族地区实行羁縻政策和土司制度,其原因:一是湘西、鄂西地处偏僻,地形复杂,气候变化无常,瘴疠横行,交通闭塞,文化落后;二是湘西、鄂西多虎、多豹、多狼、多蛇,危害极为严重;三是土家族地区语言不通,风俗各异,历代封建士大夫不敢来此地做官。另外,由于历代封建王朝对少数民族的歧视政策,也是封建士大夫不愿来此做官的另一原因。所以,尽管中央王朝机构庞杂,人员繁冗,而这边远的凄凉之地还是官员稀少。为了解决这个问题,便产生了唐宋的羁縻制度和元明清的土司制。由于民族隔阂,如派流官治理,土民势必叛附无常,成为边患。朝廷也很明白这一点,派有限的流官也派那些"通蛮情,习险厄,勇智可任者"。这种"以夷治夷""以土治土""恃文教而略武卫"的政策的实施,确实取得了一定的效果,有助于国家当时的兴盛与繁荣。

关于土家族地区的土司来源,大致有三种情况:一是封建王朝派入统治者。周武王分封诸侯,就遣姬姓中子爵级的宗族,王鄂西及川东等地,后来文献皆称"巴子国";东晋末年,桓玄因篡晋被诛,其子桓诞,初入鄂东,后来窜入鄂西,自称施王。今尚有施王屯遗址。二是外地汉人通过征讨夺取统治权的。最著名的是江西吉水彭氏的进入。成为土家族地区势力最大的土司、南北两江"都誓主"。彭城的子孙,除了使用暴力维护统治外,也尊重和接受了本地区的风俗习惯。彭氏本想"用夏变夷",由于八百多年与土家共同生活,加上与中原关系的疏远,反而"用夷变夏"了。三是本地土生土长的人,这种情况的土司较多,无须多作说明。

二、土司的设置与分布

从元朝确定土司制以来,土司的职称基本上是沿袭的。《明史·土司传》云:"其土官衔号曰宣慰司,曰宣抚司,曰招讨司,曰安抚司,曰长官司。以劳绩之多寡,分尊卑之等差,而府州县之名亦往往有之。"《清史稿》中,只把"土官"变为"土司",地方志乘上也多有同此记载。

土家族地区除设置土司以外，还有州、州以下还设旗、峒。而各司的人员配置，自元之后，无甚大差异。综合各种有关资料，归纳起来看，其人员配置为：

每宣慰司置宣慰使一人，从三品；同知一人，从四品；副使一人，从四品；佥事一人，从五品；经历一人，从七品；知事一人，正八品。

每宣抚司置宣抚使一人，从四品；同知一人，正五品；副使一人，从五品；佥事一人，正六品；经历一人，从八品；知事一人，正九品；照磨一人，从九品。

每安抚司置安抚使一人，从五品；同知一人，正六品；副使一人，正六品；佥事一人，正七品；吏目一人，从九品。

每招讨司置招讨使一人，从五品；副招讨一人，正六品；吏目一人，从九品。

每长官司置长官一人，正六品；副长官一人，从七品；吏目一人，未入流。关于以上记载可参看《来凤县志》。

佥宣慰司、宣抚司还设置儒学、教授、训导，一般为流官所担任。"文武相杂，土流间用。"除此之外，土司还自设总理、家政、舍把以及土知州、土中军等，另外还设峒长、军政合一的旗长、护卫土司的哨目。清初还有土千总、土把总等。

土司制是世袭制度，类似封建王朝的君主世袭制。父死子袭，无子弟继。有长次之分，不得擅越。无子无弟的，族、女、妻、婿、甥皆可承代之。土司年迈或因疾病缠身，儿子可提早袭位。但朝廷规定"承袭必奉朝命，其子弟族妻女若婿及甥之替袭，胥从其俗"（《来凤县志》），而明朝还规定"替袭奉必朝命，属虽在万里外，皆赴网受职"（《明史·土司传》），就是说承袭者还需征得朝廷同意，赐以印信或号纸①，在得到印信或号纸后，才算正式承袭。承袭者须上京受职，父子若有大功者，此条可免。

土司是没有朝廷薪俸的。《来凤县志》云："土司之官凡九级，自从三至从七，皆无岁禄承袭。"土司因此征粮征税，巧立名目。过年过节、娶亲嫁女、祭礼集会，凡土司所需货物皆从民间派给，或按户、或按人，派多派少，土司自己决定，这就是为土司搜刮民脂民膏提供了方便的借口。

关于土家族地区土司的分布情况，因元明清各代建制的不断更替，造成

---

① 刘锡藩《岭表纪蛮》云："凡土司承袭，由部给牒，书其世系、职衔及承袭年月日期于上，曰号纸。"

一些差异，本文的叙述暂以明朝为准。

综观湘西及鄂西整个土家族地区，至今还保留着土家族风俗习惯和说土家话的地区只有永顺、龙山、古丈等地，故将这些地区定为核心区，再按地域方位分为东北区、南部区、西部区、西北区。下面我们就按这五区去考察土司的分布及地缘群态，试图为研究土家族族源，识别族属，提供一些线索。

核心区。包括现在的永顺、龙山、古丈等地。在此区元、明、清曾设置过永顺军民宣慰司，酋姓彭氏；南渭州，酋姓彭氏；施溶州，酋姓田氏；上溪州，酋姓张氏；腊惹峒长官司，酋姓向氏；麦着峒长官司，酋姓黄氏；驴迟峒长官司，酋姓向氏；施溶溪长官司，酋姓汪氏；白崖峒长官司，酋姓张氏；田家峒长官司，酋姓田氏。以上所列土司皆于雍正五年（公元1727年）纳土归流。

东北区。包括现在的桑植、大庸及慈利、石门等边缘地区。元、明、清设置过桑植宣慰司，酋姓向氏，雍正四年纳土；上峒长官司、下峒长官司，酋姓皆为向氏；茅冈长官司，酋姓覃氏，皆于雍正十三年纳土；慈利军民安抚司，酋姓覃氏，洪武二十二年（公元1389年）裁分为九溪、永定二卫，允宜等处安抚司，酋姓田氏；麻寮司，酋姓唐氏，雍正十三年纳土。

南部区。包括现保靖、花垣等地。元、明、清设置过保靖军民宣慰司，酋姓彭氏，雍正五年纳土；大喇司，又名两江口长官司，酋姓彭氏，雍正十三年纳土；五寨长官司，酋姓田、戴二氏，康熙四十六年（公元1708年）废；竿子坪长官司，酋姓廖氏，因辖区皆为苗民，故不久即废。《宋史》记载，五代后，北江土司彭氏最大，南江土司舒、向、田、杨氏最大，彭氏又为南北江二十州都誓主。因马氏势力的扩张，直接统辖了南江，彭氏失去对南江的控制，南江因此很早便被同化了。

西部区。包括今四川东缘的酉阳、秀山和贵州的松桃一角。自元仁宗延佑元年（公元1314年）后，设置过酉阳宣慰司，酋姓冉氏；平茶长官司，邑梅长官司，石耶长官司，酋姓皆为杨氏；麻兔长官司，酋姓冉氏。明末清理边界时，麻兔改归贵州松桃，另设地坝司。均于雍正十三年纳土。

西北区。包括今来凤、鹤峰、宣恩、咸丰、利川等地。元明清曾设施南宣慰司，酋姓覃氏，雍正十三年纳土；金峒安抚司，酋姓覃氏，康熙四十五年（公元1707年）纳土；唐崖长官司，酋姓田氏，雍正十三年纳土；溪峒长官司与中峒安抚司不详；忠孝安抚司，酋姓田氏；忠路安抚司，酋姓覃氏；剑南长官司（康熙四年即公元1666年改为建南长官司）酋姓牟氏，均于雍正十三年纳土；东乡五路安抚司，酋姓覃氏，雍正十年（公元1732年）纳土；

摇把长官司，酋姓向氏；上爱茶与下爱茶长官司不详；散毛宣抚司，酋姓覃氏；大旺安抚司，腊壁长官可，东流长官司，龙潭安抚司，酋姓皆田氏；卯峒长官司，漫水司，百户司，酋姓皆向氏；沙溪安抚司，酋姓黄氏。以上土司均于雍正十三年纳土。忠建宣抚司，忠峒安抚司，皆雍正十二年（公元1734年）纳土；高罗安抚司，雍正十三年纳土；木册长官司，酋姓均为田氏。恩南长官司，酋姓不详；容美宣抚司，酋姓田氏；椒山玛瑙长官司，酋姓刘氏，五峰石宝长官司，酋姓张氏，石梁下峒长官司，酋姓向氏；水尽源通塔坪长官司，酋姓唐氏。以上土司均于雍正十三年纳土。

以上为土家族地区土司分布概略。与现土家族疆域结合起来看，土家族分布地域已大大缩小。

土家族的东北区，除西部为土家族内属区外，其余三面皆邻汉人区。此区域土汉相杂。古称"溇水蛮""慈利蛮"，属"武陵蛮"的旁支。早在明代，就曾裁慈利军民安抚司为九溪、永定二卫，因地势平坦，生活在澧水流域，在地理上具备了经济发展、文化进步的优越条件，汉化较快，变动较大，聚居范围因而急剧缩小。

土家族的东隅，与汉人区沅陵、镇溪等接壤。为永顺宣慰司所辖的施溶溪土司。在明朝时就曾包括今沅陵的西部，清初之际，桑木溪等地基本汉化。说明东隅也相应地缩小了。

土家族的南部区，为花垣、凤凰、吉首等苗区所包绕。明时，花垣、泸溪、凤凰境内都有土家族聚居，并设过五寨与竿子坪长官司。终因苗区处于优势，于康熙四十六年保靖土司对该区域失去控制，变成了苗民区。

土家族的西部区，与四川汉人区接境，并有苗区相傍。后来，因受夔州（奉节）、重庆辖属，汉化亦快。

土家族的北部，与湖北汉人区相接。以清江为界，以北因邻汉人，开发较早，明代曾设施州卫。又由于清江给经济文化发展带来良好条件，加上邻近长江，土家族较快地被同化了。而清江以南的鹤峰、来凤因有清江以北的土家族作为屏障，影响较小，汉化较慢。可见，北部分布区的变动也很大。

我们还可以从土司分布中看出有关土家族姓氏的一些情况。核心区的主要酋姓为彭、田、张、黄、汪等，其中以彭氏为巨；东北区为向、覃、田、唐等，其中以向氏为最大；南部区为彭、田、戴等，亦以彭氏为首；西部区为冉、杨等，以冉为魁；西北区有田、覃、向、黄、牟、张、唐、刘等，其中以覃氏权势最大，田氏分布最广。综合起来看，彭、田、覃、向、冉人数多，分布广，为土家族的主要姓氏。他们代表了土家族地区自元以来的主要政治势力，占据着重要地位。当然，这些姓氏不一定都是土家族，如张、汪等姓，既有土家，也有汉、苗族，还有其他族，这一点是要特别予以注意的。

拿以上姓氏与巴人五姓（巴、樊、瞫、相、郑）相比较，除相与向谐音，瞫与覃近形外，巴、樊、郑三姓在土家酋姓中尚无着落。而这三姓在古代作为宗族大姓，不管历史怎样变迁，也不会隐迹遁踪。基于此，土家族族源问题上的"凡巴皆土"之说就值得怀疑了；又土家族东北区的"溇水蛮""澧水蛮"是"武陵蛮"旁支，姓氏有覃、向、田、唐等，而这些姓氏在土家各地都有，因此，土家族与"武陵蛮"也有血缘关系。对此，以后将用专文探讨。

三、土司的兵制

《华阳国志·巴志》云："周武王伐纣，实得巴蜀之师，著乎《尚书》；巴师勇锐，歌舞以凌，殷人倒戈。"古代的巴人是土家先民之一。上述记载便是出现在文献上的关于土家族土兵最早的记载。之后，土家族土兵曾随汉高祖平项羽，定三秦（《华阳国志》）；东汉初，曾在相单程领导下，击退过马援；还曾与晋王濬平吴（见《晋书》卷四二及宋代程洵《尊德性斋集》卷二）；同杨素破陈水军（见《隋书》卷四）等等，这些记载中，几乎全称之为"巴师"或"巴人"。尽管巴人不全等于土家，但必然包括了土家，这是毫无疑问的。时至五代，湘西巨酋彭士愁与楚王马希范所订盟约有云"本州兵士，亦不抽差"，这里的"兵士"就完全可以与后来的土兵等同起来了。这大概要算关于土兵的原始记载。但真正"土兵"这个称呼的出现，最早还在北宋宝元二年（公元1309年，见《宋史》四九三），自此之后，便有土丁、土军等称呼。可见，土兵在秦汉之前便已存在，从击退马援大军的战役中，还可以看出已经具有了一定的规模和战斗力，只是在宋王朝时，才始以"土兵"称呼而已。

自五代以后，土兵就被统治阶级所利用。北宋时，在施州就建置了荆湘路义军（《见宋史·西南溪蛮诸峒传》），义军中的兵士，成为封建王朝镇压农民起义和少数民族的工具，成为统治者"以夷治夷"政策的具体执行者。这样做，一是因为土兵的骁勇，二是朝廷可"有御武之备，而无馈饷之劳"（《文献通考》卷一五六），正因为如此，才被统治者认为是"其安边民之长策欤"（《宋史·西南溪峒诸蛮传》）。因为"苗患甚于土司"（《清史稿·湖广土司传》），苗疆"恃强负固，允非一朝，朝廷兵威在所不惧，惟畏永保土司"（《永顺县志》）的缘故。同治《保靖志稿辑要》曾毫不隐讳地宣称："明代土司最重，盖藉以防苗也。"记载最为详细的要算辰沅兵备道蔡复一的"抚治苗疆议"。《凤凰厅志》载录云"永顺约束镇苗，保靖约束筸苗，每岁俱有担承，认结到部……今则只属虚文，毫无实效"。《永顺县志》亦载录云"宜谕二宣慰司，恕其已往之咎，责以将来之忠，担承苗巢，严加钤制，如有侵犯，轶（立即）发兵歼厥首恶，能勤职于土官者嘉奖之，不如职者戒饬之，又至者加之以罚。"其中的"两宣慰"即指永顺与保靖，"土酋"为两宣慰之土司。这里，很明确地规定了土司、土兵的职责，并附上了一定的奖惩。在正史与地方志乘上，关于中央王朝征调永保土兵镇压苗民的事实，记载较多。鄂西的土兵也一样。《宋史·西南溪峒诸蛮传》有云："施、黔比近蛮，子弟精悍，用木弩药箭，战斗矫捷，朝廷尝团结为忠义胜军。其后，泸州、渭井、石泉蛮叛，皆获其用。"

除此以外，土兵还受朝廷的任意征调，为统治阶级出力。朝廷认为让土司"假我爵禄，宠之名号"，便会"易为统摄"；如果"抚绥得人，恩威兼济"，又会"得其死力""听我驱调"。确实，朝廷"调遣日繁"；土司为了获得更多的赏赐也为之而"奔走唯命"，耿耿献忠（以上引文均自《明史·土司传》）。土兵因此而成了土司取得爵禄赏赐的工具。明神宗万历四十八年（公元1620年）朝廷征调三千土兵，而永顺土司彭元锦认为三千土兵不足以立功受赏，欲以万兵前往，其目的是达到藩封加爵。果然，朝廷嘉其忠，进都督佥事。又永顺宣慰彭永年，"世笃忠勤，躬先士卒，领征怀远，斩获功多，峻岭冲锋已著犁庭之绩……成破竹之功，西贼寒心，群酋受首，除疏陈外，理应优奖"（《永顺县志》载广西直指使檄），被封骠骑将军，特加正一品服色。朝廷因此可坐收渔利，土司王也因此身荣百倍。而土兵则辗转征战，有的丧生沙场，有的肢缺体残。所征地域十分宽广，既镇压苗人，也卫国守土。据《永顺县志》载，仅永顺土兵就"西攉都掌，东抵苏松，南征米鲁，北遏辽东"，足迹几乎踏遍了当时的国土！

同时，土司也操纵利用土兵为自己争权夺利。土司与土司之间因争地、争权或因仇怨常发生战争。明保靖土司彭象坤与酉阳土司冉御龙曾相互仇杀（见《永顺县志》）；明末清初来凤境内百户土司与卯峒土司因争夺土地人口，仇杀达数十年（见《来凤县志》）。其例不胜枚举。土司还命土兵抢掠民财，压榨人民。如雍正二年（公元1724年）"御彬以追缉泽蛟为名，潜结容美土司田旻如，桑植土司向国栋，率土兵抢虏保靖民财"（见《永顺县志》等），使地方土民备受荼毒。

但在历史上，土兵也曾为国家、人民立下过不朽的功劳。这一点是我们不能忽视的。最著名的是明代嘉靖三十四年（公元1555年）的抗倭战争。历来，人们讲起抗倭就说到戚继光，很少有人知道在剿灭倭寇巨魁徐海、王直中，土家地区的"土兵"与广西"狼兵"出了大力。当时，参加平倭的土兵大约有三万人。永顺土司彭翼南带兵三千，其祖父彭明辅带兵两千，保靖土司彭荩臣带兵三千；容美土司田九霄带兵一万；还有桑植土司向仕禄、麻寮宣抚使唐仁以及酉阳、麻阳等地土司所带土兵，也前往参战。王江泾一战，"保靖犄之，永顺角之，斩获一千九百余级，倭为夺气，盖东南战功第一云"（《明史·土司传》）。这次战争给了日本侵略者以极其沉重的打击。《永顺县志》云："考日本国史，其大将丰太阁常拥兵犯沿海地方。自王江泾败后，不敢复出。"土兵因此威震遐迩，誉为"琥雄"之师，以后每遇征伐，"辄荷戈前驱，国家亦赖以挞伐"（见《明史·湖广土司传》）[①]。

一个民族的精神及性格的形成，往往与其所居的地理环境有很大关系。土家族地区复杂的自然环境练就了土兵们强悍的素质；独特的民族传统培养了他们的尚武精神；世居深山，与虎为伴，和豹为伴，形成了他们猎虎杀豹的无畏精神。土家地区，山高林密，使他们像猿猱一样的敏捷；终日的猎逐，使他们像野鹿一般的轻盈；千百年来与环境的搏斗，使他们像虎豹一样勇猛无畏。这便是土兵"天下莫强"的原因之一。其次就是土司的统治办法。一般在作战之前，土司常通过祭祀仪式来挑选精兵，把白牛头放在祭桌上，再在旁边放上许多银子。安排就绪，便召集当地年青土人，下令："有敢死冲锋者收此银，啖此牛首。勇者报名汇而收之。更盟誓而食之。"（《永顺县志》）所选精兵按一定队形排列。其阵法，每司二十四旗，每旗十六人，二十四旗共计三百八十四人。每一旗以一人领先，往后逐次排列四队，人数分别为三、五、七。有时还列第五排，人数七八人不等，所剩土兵列于队后，呐喊助阵。如图：

```
         第一旗                          第二旗
第一排：      ①                  第一排：      ①
第二排：     ①②①                第二排：     ①②①
第三排：    ①②③②①              第三排：    ①②③②①
第四排：   ①②③④③②①            第四排：   ①②③④③②①
第五排：   ①②③④③②①            第五排：   ①②③④③②①
    （所剩土兵列于此）                （所剩土兵列于此）
```

[①] 可参看1981年《吉首大学学报》"民族问题专刊"及1981年《贵州民族研究》。

二十四旗之间是并列的。其战法是：第一排的①败倒，则第二排的②上前替补；如第二排两翼①败倒，则第三排的两翼②上前替补；其中第二排的②替补上了前，其空位由第三排的②填补。以下照此类推。这种队形严整，不断的替补又使队形保持不变。进行厮杀时，像一个钢铁堡垒坚固难摧，同时在心理上给对方一种威胁。这种阵法在战斗中很起作用，《永顺县志》因此称："凡战必捷，人莫敢撄。"

这种阵法也并非僵死的格式，有时甚至根本不用这种阵法。比如，明朝时，土兵被调往广西，在某次攻城的战斗中失利，经过首领们的精心筹划，便"令其士卒扮成女装，于城南门外连臂演唱靡靡之音。于是，守城者竞相观之，并动于歌，流荡无坚志；某则以精兵潜袭之，城被攻克"（《龙山县志·风俗志》）。这是土家先民之一的巴人使用过的"巴渝舞"，也即流传至今的土家族"摆手舞"。

土兵骁勇异常，而主要进攻武器则为钩镰枪、弓箭、蛮刀等，防御武器为盾牌等。土兵用弓箭的历史已经很悠久，远古巴人就曾以善射而著称（可参看《华阳国志·巴志》）；钩镰枪的运用是由"蛮刀"演化而来，时间较晚；盾牌则源于土家先民之一的板楯蛮，用虎皮蒙于盾上而成。土兵中，永保土兵钩镰枪技术最为熟练，《明史·广西土司传》有"永保钩刀手为广西诸徭所畏"的记载。

土兵设置一般采用旗长制，军政合一。因土兵的来源全是下层土民，"有事则调集为军备战斗，无事则散处为民以习耕凿"，旗长制就适应了这种亦军亦农的性质。这是历代史书及地方志乘上"土人"与"土兵"不分的原因。永顺土兵就曾分五十八旗，贡生彭勇行有诗云："五十八旗分辖处，只今惟见野藤花。"其首领名曰旗长，受土司直接派遣的经制、把总钤制。实际上军事大权掌握在土司一人之手。

四、土司制的消极作用与积极作用

土司制在土家地区行使将近千年，在这样漫长的时间内，它既有消极的一面，也有积极的一面。

土司的权力具有相对的独立性，因此成为所辖区域之内的"土皇帝"。为所欲为，杀生自擅，恣意奴役土民。土司自称"本爵"，部属称其为"爵爷"，土民称其为"嘎墨"（墨为天，有天王之意），其威风赫赫，不可一世。《岭表纪蛮》载刘彬"土司论"曰："彼之官，世官也；彼之民，世民也。里产子女，惟其所欲，苦乐安危，惟其所至。草菅人命，若儿戏然。莫有敢咨嗟太息于侧者。"《来凤县志》亦云："其土民分居各旗，生男女则报名书于册，长则当差，赋敛无名，刑杀任意，抄没鬻卖，听其所为。每出则仪卫颇盛，土民见之皆夹道而伏。俗言土司杀人不请旨，亲死不丁忧。"土司残暴、专断之淫威可见一斑。他们"虽受天朝爵号，实自王其地"（《明史·四川土司传》），土司管辖之下的广大土民，生活极为困苦。

土司还有十分严格的等级制度。赵翼《檐曝杂记》云："凡土官之于土民，主仆之分最严。盖自祖宗千百年以来，官常为民，民常为仆，故其视土官之休戚相关，直如发乎天性，而无可解免者。"又云"生女有姿色，本官辄唤入，不听嫁，不敢字人也。"土司规定盖房子也要有所区别，土司的房子"绮柱雕梁，砖瓦鳞次"；其部下舍把之类的房子可"竖梁柱，周以板壁"；而土民的房子则只能"叉木架屋，编竹为墙"。舍把等小头目及土民的房子都不许盖瓦，如有违者，"即治以僭越之罪"，俗云："只许买马，不许盖瓦。"（见《永顺县志》）

土司的苛捐杂税也十分繁多，巧设名目搜刮民脂民膏。《清史稿·湖广土司传》载鄂尔泰奏云："其钱粮不过三百余两，而取于下者百倍。一年四小派，三年一大派；小派计钱，大派计两。土司一娶子妇，则土民三载不敢婚。土民有罪被杀，其亲族尚出垫刀数十金，终身无见天日之期。"为了对土民进行残酷地剥削和压榨，不按田亩，而按户口或锄头征缴赋税。他们既是封建领主，又是封建地主，霸占了大量的肥沃土地，所剩无几的"峰尖岭畔"之地才归土民耕种。永顺彭氏土地遍布沅陵以西，酉水以北一带；容美土司田旻如的土地广布于湖南的石门、澧州、常德，湖北的宜都、枝江、武昌一带。他们的土地由于吞并、剥削而不断扩张，而土民的土地由于生活所迫逐渐失去。随着生产力的发展，土司制便很明显的暴露出了它的弊病。土司对土民进行残暴剥削，掠夺大量土地之后，出租给少地的农民，生产关系因此而发生变化。土民因土地的失去，加上重重的压迫，便与土司的矛盾日益尖锐起来。

其次，土司之间的争权夺利，相怨仇杀，致使经济受到摧残，土民陷入更深的苦难。《明史·湖广土司传》记载："正德五年（公元 150 年）永顺与保靖争地相攻，累年不决。"这种因争地而相攻的结果，是胜利的土司得益，受害者终归是下层土民。在历史上，土司之间因争夺承袭权而进行的骨肉残杀，也不乏例证。如永乐元年（公元 1403 年），保靖副宣慰彭大虫可宜杀幼侄彭药哈俾而篡位，自此后，大虫可宜的后代与药哈俾叔父的后代，世世相仇杀，并且"两家所辖土人亦各分党仇杀"，两派之间宿怨与日俱增，延伸到正德十四年（公元 1519 年）之后，嘉靖年间才得到暂时解决，时间竟长达百年之久。这样大规模的、长期的仇杀严重地影响了生产力的发展,耗费了大量的人力、物力。总之,土司"贪财好杀……利赏赐,卮酒脔肉,驱之即往,我利其自相残杀,从破其赏"(《岭表纪蛮》载《春明梦·余录》语)。"夷性犷悍,嗜利好杀,争相竞尚,焚烧劫掠,习以为恒。去省窎远,莫能控制,附近边民,咸被其毒。"(《明史·土司传》)

土司在所统治的区域内,还自定许多繁缛的陋规恶习,土民深受其害。比如"凡舍把准理民间词讼,无论户婚田土,以及命盗各案,未审之先,不分曲直,只以贿赂有胜负。迨既审后,胜者必索恩谢礼,负者亦有赎罪钱,甚有家贫无力出办者,即籍没其家产,折卖其人口"。这种制度真比封建社会的腐朽官场还要腐朽。老百姓每年还必须"送食米并鸡、鸭、肉肘,自土官、家政、总理以及该管舍把,四处断不可缺,虽无力穷民,亦必拮据以供";养蜂要送蜂蜜;土官到任要送贺礼;舍把下乡女子要舞蹈佐觞,外来之人要送节礼等等(见《永顺县志》《古丈坪厅志》等)。

朝廷有感土司统治的黑暗,又因土司制实施之初,就是朝廷难以控制而采取的暂时性措施,朝廷注意到权力分配问题,不断地加强流官的设置,以剥夺土司的政治军事大权。经过几百年的发展,朝廷再也不满足于维持现状。随着时代的发展,土民与土司、土司与朝廷矛盾的加深,必然导致土司制的消亡,改土归流,也就水到渠成了。

当然,任何事物都不是绝对的。要对土司制作出一个较为公正的评价,便不能忽视其积极的一面。

首先,自实行羁縻政策之后,缓和了朝廷与地方的矛盾;使涣散的地方政治局面,得到了改变;使无流官出任的边远之地具有了完整的政治机构;使国家的统一、领土的完整、国家的安定得到了一定的保障。有利于封建王朝的统治,有利于整个社会经济的发展,同时也密切了土家地区与中原地区的经济文化交流,这是具有一定的进步意义的。比如实行羁縻政策之始的唐代,就"三纲正,百姓足,四夷八蛮,翕然向化,要荒之外,畏威怀惠,不其盛矣"(《旧唐书·回纥传》),又有云"西南之蛮夷不少矣,虽言语不通,嗜欲不同,亦能侯津瞻风,远修职贡。但患已之不德,不患人之不来。何以验之?贞观、开元之盛,来朝者多也"(《旧唐书·西南蛮传》)。唐太宗李世民的先人与少数民族有血缘关系,熟知少数民族,不贵汉贱夷,而强调"华夷一家"。不仅实行羁縻政策,还封任有才能的"夷"将为官,被少数民族人民称之为"天可汗"。他自己曾得意地说:"自古皆贵中华,贱'夷''狄',朕独爱之如一,故其种落者皆依朕如父母"(《资治通鉴·唐纪一四》），史官赞他有"驭夷之道"，而这"驭夷之道"正是"示恩威以羁縻之"（《旧唐书·突厥传》）。贞观、开元之盛是与这种政策的实施密切而不可分割的。

其次，在改土归流还不成熟的年代里，在我国封建经济的发展还没有达到能够改土归流的程度时，土司制对安定少数民族地区，促进经济发展、文化交流、社会进步是有一定的积极作用的。五代之前，土家族的经济落后、原始。基本上以渔猎为主，兼之以刀耕火种。五代后，社会经济便有了一定的发展。在湘西，百艺工匠随同彭氏进入，对劳动力水平的提高起了一定的积极作用。公元940年，彭氏与马希范立盟后，湘西自此便形成了一种相对稳定的政治局面，这种局面的形成对社会经济的发展不是没有作用的。《永顺县志》载："仓廒廪庾，储偫丰盈，含哺鼓腹，乐享升平"，许多自然资源得到了开发，由渔猎时代进入了农业生产阶段。《永顺县志》又载："畴事开垦，火种刀耕，人稀土旷，万汇滋生，茶芽寳布，犀角石英，锦鸡野马，桃渔桑鹉，梗楠梓杞，麻麦稻粳，输将巩后，直达帝京。"这种经济较为繁荣的情形出现，在当时相对安定的政治局面下才有可能。建立土司制之后，土家族的经济进入到封建领主经济，这种社会经济形态的前进，也与安定的社会环境有很大关联。纵观一下土家族建立土司制后的历史，可以看出，几百年来没有发生过大的动乱，在封建国家改朝换代，大肆征伐，破坏一定社会经济的情况下，土家族地区的经济并没遭到严重破坏，也没遭受过大规模战争的灾难，基本上自始至终地保持了相对稳定的局面，使土家族地区的经济在原有基础上缓慢地向前发展，避免了严重的摧残与毁灭。所以，土司制在一定历史条件下，一定历史时期内维护了土家族地区的安定局面，客观上起了一定的促进社会经济发展的作用，而土家族地区的安定也给当时国家经济的发展予以一定的积极影响。

最后，土司引进汉族的经济文化，对土家族地区的经济文化发展起过一定的积极作用。由于土家与汉族经济交流的发展，文化上的联系也密切起来。元、明王朝为了使土家族地区得到较早的开化，规定土司及子弟必须学习汉文化。元大德建中在建始西北隅建置了五学宫；明洪武年间在永顺也建立了若干书院，施州也建置了五卫学（见《永顺县志·学校》），虽是小规模的建校，但对土家族学习汉文化提供了条件。弘治十四年（公元1501年）明朝廷强令"土官应袭子弟，悉令入学，渐染风化，以格绥冥。如不入学者，不准承袭"（《明史·湖广土司传》），土司为了承袭，世传绥印，就必须学习汉文化，虽属强令，客观上还是有好的作用。在当时就出现了一批很有文化的土人，有的还被朝廷录为进士、贡生，出外为官；有的还写出了较为著名的文章。如容美土司田甘霖就曾著《合浦集》，其子田舜年尤为土司中的佼佼者。《清史·湖广土司传》说他"颇招名流习文史，刻有《二十一史纂》。日自课，某日读某经，阅某史至某处，刻于书之空处，用小印志之"。孔尚任《桃花扇》也记载："楚地之容美，在万山丛中，阻绝人境，即古桃源也，其峒主田舜年，颇嗜诗书，予友顾天石有刘子骥之愿，竟入峒访之，盘桓数月，甚被崇礼，每宴必命家姬奏桃花扇。"田舜年的著述除《二十一史纂》之外，还有《白鹿堂集》《容阳世述录》等。而明代的容美土司田元也曾著述有《金谭令意笔草》（见《湖北通志·学校》），永顺土司彭世麒之子彭明道也有《逃世逸史》（见《永顺县志》）。这种现象表明土家族地区已有相当高的文化水平，虽出自朝廷的命令倡导，如没有土司的支持与付诸实践，也是行不通的。文化的提高，对开化土家族地区起了不可忽视的作用。

　　总而言之，土家族地区的土司制在特定历史条件下是有一定的积极作用的；同时其消极作用更是巨大的。可以这样说，今天土家族地区的经济文化之所以远远落后于汉族地区，追其根本原因，正是在于这统治土家族地区几百年的土司制度。

彭秀枢　刘文武
1981 年 12 月 6 日

明代土家兵抗倭事迹概述

明代抗击倭寇是保疆卫国的正义斗争。张经、俞大猷、戚继光等抗倭名将的爱国事迹,史不绝书,已为人们所熟知。而在抗倭斗争中英勇作战,立下不朽战功的土家将领彭翼南、彭荩臣、田九霄等,却往往不为一般人所了解。笔者不揣浅陋,采撷各家史书、方志,将土家先民抗倭事迹作一扼要概述,以彰明土家人民深厚的爱国主义光荣传统。

明嘉靖三十一年(公元1552年),自称徽王的倭寇巨魁王直(《明史》误为汪直。王本系徽州无赖,后入海为盗,群倭皆听其指使,以日本肥前的平户为据点)派遣其部属自称天差平海大将军的徐海,率领叶麻、黄东刚、陈东(日本萨摩领主弟之书记)、辛五郎(日本大隅领主之弟)等,"结倭入寇,连舰数百、蔽海而至,浙东西、江南北同时告警,沿海震动"[①]。东南沿海数省,备受荼毒。明嘉靖皇帝先后调集了全国"客兵"如京营神枪手、辽东虎火枪手、涿州铁棍手、保定箭手、湖广土司兵、广西土司兵以及僧兵、商兵、矿兵等御寇。由于这些部队千里赴援,地势不熟,供应不足,加上指挥不一,故一遇倭寇,胜少败多。唯湖广土家兵与广西田州"狼兵",曾充当作战主力,立下了不朽战功。由女土司瓦氏率领的广西田州"狼兵"曾在金山卫打了几个漂亮仗,后因对明廷枉杀抗倭将领张经等不服,遂于嘉靖三十四年七月引兵而归。只有湖广土司彭翼南、彭荩臣和田九霄等率领土家兵自始至终参加战斗,在抗倭斗争中立下了赫赫战功。

一、土家兵勇赴前线

土家世居湘鄂西一带山地,土家"子弟精悍,用木弩药箭,战斗矫捷"[②],骁勇善战。其主要进攻武器为钩镰枪和弓箭,主要防御武器为盾牌。而且有其独特的战阵之法,谓之"宝塔阵","其阵法,每司立二十四旗头,每旗一人居前,次三人横列,为第二重,次五人横列,为第三重,次七人横列,为第四重,又次八人排列,为第五重。其余皆置后,欢呼助阵。若

---

① 《沿海倭乱本末》。
② 《宋史·西南溪峒诸蛮传》。

在前者败，则二重居中者进补，两翼亦然"①。土家兵有着严明的军纪，"节制甚严"，平时"严以约束兵农，而地方不扰"②；战斗时"止许击刺，不许割首，违者与退缩皆斩。故凡战皆捷，人莫敬撄"③。故陈仁锡《明世法录》云："其兵天下莫强焉。"当嘉靖三十三年尚书张经"总督江南、江北、浙江、山东、福建、湖广诸军"，主持抗倭时，以"江、浙、山东兵屡败"④，而深知"永、保兵号称娬雄"⑤，特调湖广土家兵听用，以为抗倭之劲旅。

从嘉靖三十三年至三十五年，保靖宣慰彭荩臣、永顺宣慰彭翼南、容美（今湖北鹤峰）土司田九霄、桑植土司向仕禄、麻寮土司唐仁以及酉阳、大喇、镇溪等土司先后率领土家兵出征，奔赴东南抗倭前线。据不完全统计，前后共四万余人。在这些土家将领中，彭翼南年仅十八岁，"青年循理"，刚承袭宣慰职位就领兵远征，其祖父彭明辅年已六十二岁，"忠义素著"⑥，以带病之身随征。田九霄之父田世爵更是以八十高龄而随军助战。彭荩臣之子彭守忠年仅二十余岁，也带兵八千增援。真正是祖孙、父子参战，从中亦可看出土家先民的爱国激情。

二、王江泾大破倭寇

当时倭寇的大本营是在柘林（今江苏松江县东南）附近。张经的计划是等待所调客兵到齐后，一举攻灭倭寇。嘉靖三十四年三月，广西田州"狼"兵及东兰、那地、丹南兵到达前线，张经预计永、保土家兵不日即可到达，遂部署"以粤西瓦氏兵配俞大猷，以东兰、那地、丹南兵配郭继芳，以归顺兵及募至东莞打手配汤克宽"⑦，分别屯扎于金山卫、闵港、乍浦，从三面包围倭寇，只待永、保精锐的土家兵一到，便发动总攻。昏庸的嘉靖皇帝，在大敌当前时不知调兵遣将以御倭寇，反而命工部侍郎赵文华祭海神，企望借风、雷、雨、电之力，灭倭寇于海上，这当然是很荒唐可笑的。赵文华是严嵩死党，与浙江巡捡胡宗宪相勾结，见广西"狼兵"到，便以钦差大臣名义，多次催促张经"檄狼兵剿贼"。但张经认为："贼狡且重，今檄召四方兵，独狼兵先至耳，此兵勇而易溃，万一失利，既骇远近视听。姑待保靖、

---

① 陈仁锡：《明世法录》。
② 周如斗：《直隶御史》奖谕。
③ 王圻：《续文献通考》。
④ 《明史·张经传》。
⑤ 《明史·湖广土司传》。
⑥ 周如斗：《直隶御史》奖谕。
⑦ 王圻：《续文献通考》。

永顺兵至，合力夹攻，庶保万全。"①便不以赵文华之议为用。赵文华怀恨在心，遂向嘉靖皇帝暗上一本，诬张经"糜饷殃民，畏贼失机"②。赵文华劾本送出后，永顺、保靖兵开到，张经布置击倭。

五月，倭寇突犯嘉兴。张经"遣参将卢镗等，督狼、土兵等水陆拒之"。保靖宣慰司彭荩臣部土家兵"与贼遇于石塘湾，大战败之"；永顺宣慰司彭翼南部土家兵"邀击"，又败之。③倭寇在遭受沉重打击后逃回王江泾（嘉兴北）。张经指挥明军发动总攻，永顺兵攻其前，保靖兵蹑其后，参将汤克宽引舟师到中路击之，大破倭寇于王江泾。这是嘉靖年间抗倭斗争中的一次巨大胜利，称之为"自有倭患来，此为战功第一"④。《明史·湖广土司传》这样记载这次战斗："及王江泾之战，保靖兵掎之，永顺兵角之，斩获一千九百余级，盖东南第一战功云。"累功"保靖兵最，永顺次之"。

在其他战场上，土家兵也取得辉煌战绩。例如：三十五年正月，"福建倭寇流入浙江界，原留任守备王伦，督容美土司田九霄等兵，拒之于曹娥江，贼不得渡，还走。官兵追及三江民舍，连战，斩首二百级，复追至黄宗山，尽残之"⑤。同年，"宁波舟山倭负险，官兵环攻不能克"，俞大猷"调麻寮、大喇、镇溪、桑植兵六千，乘大雪四面攻之，贼战死"⑥。

王江泾一战，大长了明军志气，大灭了倭寇威风。就在这捷报声中，昏庸的嘉靖皇帝竟听信了严嵩、赵文华的谗言，于战地上捕张经进京问罪，并不听他的申辩，于是年十月，将张经与另一抗倭将领李天宠同时斩首。张经、李天宠的被杀，"天下冤之"⑦。这种颠倒功罪，枉杀爱国将领的行径，引起诸将不服，广西瓦氏不辞而归；湖广诸土司求索亦有归意，但鉴于大敌当前，激于爱国之情，仍留驻抗倭前线。胡宗宪等不得已为他们请赏，奖谕他们"谋勇兼全，功勋大著"，特别是"彭翼南青年事练，见义勇为，征倭奏凯，威信可以服人"，与彭荩臣同授将军之职，加右参政，管宣慰司事，俱赏银币。对其他有功土家将领，也分别"降饬奖励"。

---

① 《明史·湖广土司传》。
② 《明史·张经传》。
③ 采九德：《倭变事略》，中国历史研究资料丛书本。
④ 谷应泰：《明史纪事本末》。
⑤ 《明史·张经传》。
⑥ 《明史·俞大猷传》。
⑦ 《明史·张经传》。

三、沈家庄剿灭徐海

张经被害后，御倭兵便为赵文华、胡宗宪所节制。"赵文华以苏松之捷，已不得与为恨"①，锐意建功。见倭寇于王江径大败后龟缩于陶宅，以为易于击溃，便命胡宗宪挑选浙江精锐，于嘉靖三十四年七月进攻陶宅，谁知反遭惨败。胡宗宪叹曰："我兵皆气夺，莫敢战，东南之事无复可知矣。"②遂与赵文华商定，一面继续征调天下之兵，包括永顺土家兵一万、保靖土家兵六千；一面则转而对王直、徐海实行招抚、诱降。适逢倭寇内部因分赃不均产生矛盾；同时有一位歌伎王翠翘，被徐海掠为压寨夫人，她身在贼寨，心向祖国，阴施反间之计，使倭寇内部自相残杀，徐海部势力遂日益孤单。这时，胡宗宪调集了二十万大军，四面包围了徐海大营沈家庄（今浙江平湖附近）。"远者二三十里，近者十余里而陈，然各狃于皁林之败，逡巡而不敢逼。而公（胡宗宪）遣谍羁说贼，亦日夜待永、保成兵至，以决一战也。"③以二十万大军对付几千倭寇，还要等待永顺、保靖土家兵到来后才进攻，可见土家兵的重要性。不久，永、保土家兵赶到，胡宗宪遂作如下部署："永顺宣慰使彭翼南、游击尹秉衡、守备朱荫军其西……保靖宣慰使彭荩臣、应袭官带舍人彭守忠、总兵徐玉、参将唐玉军其东；留守朱仁、王伦统领容美土司田九霄、把总郭儒军其南；镇抚季臣、立功官罗希韩、卢铁军其北。"东、西、南三面均以土家兵为主力部队。临战前，胡宗宪担心北面薄弱，又调"永顺长官汪相（施溶峒长官）、向銮（腊惹峒长官）从北，四面放火以烧贼寨"④。这样，四面进攻皆以土家兵为主力。

嘉靖三十五年八月二十日，明军发起强攻，各路兵马一齐出动。永、保土家兵英勇奋战，首先逼近贼寨。因倭寇用鸟铳、拂狼机击人，难以逼近，土家兵就用竹牌抵挡火器，暗搭浮桥，顺风放火，步步紧逼。在战斗中，土家兵还使用了自己特有的宝塔阵，予敌以重创。并于二十五日首先攻进沈家庄。经过几天的战斗，终于全歼了沈家庄的倭贼。寇首徐海、黄东刚、辛五郎、徐洪（徐海弟）等均伏法。"徽王"王直见"徐海已死，度不可以武胜"⑤，被迫投降，最后被斩首于浙江官巷。东南倭乱，暂告平定。

---

① 《嘉靖东南平倭通录》，中国历史研究资料丛书本。
② 《纪剿徐海本末》。
③ 《纪剿徐海本末》。
④ 胡宗宪：《奏捷疏》。
⑤ 《虔台倭纂·倭绩》，收玄览堂丛书续集。

关于徐海的死，茅坤在《纪剿灭徐海本末》中说："永保兵左右引，大呼而入，数垒而上，会风烈……纵火焚之，海窘甚，遂沉湖死。""永保兵遂踏河斩海首级以归。"明刘文澜《稽勋录》在"彭翼南"项下录有："公奋勇争先，克破贼巢，获贼首徐海首级，俘贼千余解验。"《永顺司宗谱》及李氏《永顺县志》在记载上述史实后，并录了一段胡宗宪的奖谕令："彭翼南闻调远赴……用成凯奏之勋，元凶就戮，余孽遂平，功劳茂著，良可嘉尚。"可是，胡在向朝廷的《奏捷疏》中却说："各宾重围达旦"，"搜剿，徐海率领倭贼数十，持刀督战，当被把总汪浩、田有年就陈斩首，余贼一时尽灭。"泯没了土家兵诛灭元凶之功。更有甚者，在沈庄祝捷宴上，胡宗宪对于灭寇有功的王翠翘不但不予褒奖，反而"令翘歌舞行酒，诸将佐皆起为寿，督府（指胡）酒酣心动，降阶与戏，夜深，席大乱。"①王不堪其辱，投钱塘江死。彭翼南年少为将，大义凛然，始则愤而退席，继则营救不及。为此，彭翼南、彭荩臣与胡宗宪闹翻，一怒而回五溪。于是沈家庄之役土家兵战功，全部为赵文华和胡宗宪所夺，分别被朝廷加封太子少保和升迁右都御史；而土家兵将未获尺寸之功、毫厘之赏。

在抗倭斗争中，土家兵驰骋东南沿海，大小数十余战，功勋赫赫；但他们同时付出了血的代价。永顺土司田家峒长官田菑、田丰和保靖土司舍把彭翅，均在战斗中壮烈牺牲。年过八十的容美土司田世爵，由于年迈辛劳，病逝于战场。还有多少无名的土家普通兵勇，将他们的热血洒在祖国的东南海疆。然而，历代史家纪述明代抗倭，往往忽视了土家将领及所率土家兵的功绩，显然是不公平的。

湘西各族人民，并未忘记彭翼南抗倭功绩，在抗日战争爆发之后，曾在永顺城关集会场所协操坪，修建了一个会台，横额大书"翼南楼"，有楹联云："破虏溯当年，浙海东南传伟绩；鼓鼙思壮士，大乡西北有高楼。"中华人民共和国成立后，扩建协操坪，将"翼南楼"匾移挂魁星阁上。永顺县政府作出决定，在风景区观音岩修建一座"彭翼南亭"，让土家先民英勇抗倭的不朽业绩彪炳在中华民族的史册上，永远激发中华儿女的爱国热情。

彭秀枢
（作者：吉首大学讲师）

---

① 采九德：《倭变事略·王翠翘传》，中国历史研究资料丛书本。

溪州铜柱不是图腾柱

——与龙海清先生商榷

龙海清先生的《湘西溪州铜柱与盘瓠文化》一文在《中央民族学院学报》1991年第4期发表后,读者见仁见智,议论颇多。作为后学,现将所见所闻及个人研究所得,对此文(以下简称《柱》文)提出异议,并以此求教于龙先生。

一、象浦铜柱是马援与越人建立的,不是盘瓠图腾柱

关于溪州铜柱建立的原因,土家族史家彭武一先生已有专著《湘西溪州铜柱与土家族历史源流》①作了阐发。《柱》文对此有扼要记录,故不赘述。溪州铜柱的建立是依历代汉族统治者"旧制""天子铭德、诸侯计功、大夫称伐,必有刊勒,垂诸简编,将立标题,式昭恩信"而建立的。铜柱铭文云:"我烈祖昭灵王,汉建武十八年,平征侧于龙编,树铜柱于象浦。"象浦,彭武一先生认为在越南清化西北。东汉初年,这个地方是越人聚居区。《柱》文认为"马援所立铜柱,也并非他个人或他那个时代的创造,而是根据南方当地民族原有的传统习俗所建造的"这段话,龙先生没拿出史料或有关证据,只是个人推测和设想,本不足以为凭。退一万步说,就算战胜者马援要根据南方当地民族传统习俗;如《柱》文所说"入乡随俗",那么也只能入越人之乡,随越人之俗。正如《柱》文说,象浦铜柱是"与越人申明旧制,以约束之"。溪州铜柱的铭文中,马希范宣扬乃祖英烈,也有"我王铸柱垂英烈,手执干戈征百越"。怎能把越人说成信仰盘瓠的苗族呢?据我们所知,越人是个大族类,史书上称为百越,主要聚居区在东南沿海一带。越人的显著特征是"断发文身"。庄子《逍遥游》就有"宋人资章甫尔适诸越,越人断发文身无所用之"。司马迁《史记·越勾践世家》载:"越勾践,其先禹之苗裔也。封于会稽,以奉禹祀,文身断发,披草莱而为邑焉。"越人不以盘瓠为图腾,当然也没有什么"图腾柱"。《柱》文说:"盘瓠文化主要是苗、瑶、畲等民族的……古代文化遗产。""因盘瓠崇拜而产生的

---

① 中央民族学院出版社,1989年11月。

图腾,就是盘瓠文化的物态化。"于是文中列举了瑶族狗头形宗祠、畲族狗头杖、麻阳苗族盘瓠碑,以及贵州龙家苗的"鬼杆"、湘西苗族椎牛的"花柱"等等"物态化"的例证。然而越人不等于苗、瑶、畲,越人无盘瓠崇拜,又怎能推测象浦铜柱就是苗、瑶、畲族的图腾柱呢? 象浦铜柱既然不是《柱》文所说的图腾柱,那么马希范"素称马援苗裔,效法伏波将军故事,以铜五千斤铸柱立之溪州"的溪州铜柱,当然也不可能是盘瓠的图腾柱。勒铭于金石是中国历代统治阶级的"旧制"。铭德、纪功、称伐的钟鼎铭文,可谓多矣;有名的东汉窦宪所勒的《燕然山铭》,当然只能依照汉统治者的"旧制",绝不是匈奴人的"旧制",更谈不上"盘瓠蛮""旧制"了。

所谓"图腾柱",作者心中有数,人们也心照不宣。历代文化人、医学家都忌讳直呼其物,而以其他模糊性词语代替。看来作者也有鉴于此,故用"图腾柱"表述。试问,伏波将军马援,其苗裔马希范,他们文化如此之高,声势如此显赫,会把他们的功德铭刻在一根图腾柱上吗? 龙先生是个民俗学家,研究图腾,肯定图腾存在,我们不敢非议。但把马援与越人建立的象浦铜柱和马希范与彭士愁等土家酋长建立的溪州铜柱牵强附会地都说成图腾柱,未免失之偏颇。

二、武陵蛮中有不信盘瓠的族类,也有信盘瓠的族类

历来有些汉族史家和刀笔吏都有歧视少数民族的思想。《诗·小雅·采芑》有"蠢尔荆蛮,大邦为仇"。《小雅·六月》有"薄伐猃狁,至于太原"。只要留意一下1949年前的典籍,我们不难发现在少数民族的名称旁边都加上一个"犭"。这种写法,沿袭数千余年。由于他们对少数民族缺乏研究,加上民族偏见,把神话传说,说成信史。汉应劭《风俗通》和晋干宝《搜神记》有关盘瓠记录,本是传说、志怪之作,可到了范晔的《后汉书》却成了"武陵蛮,盘瓠之后也"。其后,有的史家曾不加批判地加以引用。汉武陵郡是个广大地区。据唐《通典》卷一八七云:"汉……武陵郡,今武陵(湖南常德)、澧阳(湖南澧县)、黔阳(四川彭水)、宁夷(贵州沿河、印江)、泸溪(湖南溆浦、泸溪)、泸阳(麻阳、铜仁)、灵溪(湖南永顺)、潭阳(湖南芷江)郡皆是也。"从今天现实来看,这个广大地区,现有土家、苗、瑶、侗、壮、仡佬、回、白等族。这里的瑶族、仡佬族是崇拜盘瓠的。瑶族至今还有很多盘姓,有《盘王歌》流传。《柱》文说苗族、畲族也崇拜盘瓠,应当说是可信的。①但土家、侗、壮等族也世居这一地带,

---

① 湘西州民委编:《苗族历史讨论会文集》,苗族学者大都反对盘瓠崇拜说。

却根本不信盘瓠。今日的族类是古族类的延续。在《后汉书·南蛮西南夷传》中："蛮"人首领就有相单程、陈从、覃从健、潭戎、田山、高少等；在晋、南朝、隋、唐史书中有田求、田头拟、田思飘、田豆渠、陈双、覃行璋、向瓀、雷满、雷产恭、昌师益等；其部别则有"充蛮"①（湖南桑植）；"溇中蛮"（湖南慈利、湖北鹤峰）、"澧中蛮"（澧县）、"酉溪蛮"（永顺、保靖）、"石门蛮"（湖南石门、湖北五峰）、"零阳蛮"（慈利、桑植）。这些强宗大姓，基本上都生活在土家地区；也是土家先民。因此，把武陵蛮统统说成盘瓠之后是以偏概全，失之笼统。

《柱》文把溪州铜柱说成是"图腾柱"，主要依据是铜柱铭文中有"牂牁接境，盘瓠遗风，因六子以分居，入五溪而聚族"几句话。马希范的笔杆子李弘皋出于对溪州地区民族历史知之不多，又有偏见，拾腐史家之遗唾，有意写出诬蔑性的文字以炫耀功德。马希范是非常重视铜柱铸建的，故遣其弟马希广监造。他们会把歌功颂德的文字，镌刻在统治阶级忌言的"图腾柱"上吗？彭武一先生在其溪州铜柱专著中引经据典，有凭有据，多次批判铭文中盘瓠之说。随着研究的深入，后来史家对武陵蛮皆盘瓠之说，提出了不同见解。《九国志·彭师杲传》："彭（师）杲，溪州人，世为诸蛮酋长……其蛮有六种，盘氏最大，即盘瓠也。"南宋《溪蛮丛笑》认定五溪蛮"今有五：曰苗、曰猺、曰僚、曰獞、曰仡佬"。《大明一统志》卷140说："贵州铜仁一带有仡佬、洞人、苗人、土人四种。"清《苗防备览》卷九说："永（顺）、保（靖）、三厅（乾州、凤凰、永绥），曰苗、曰土蛮、曰仡佬，天猺也。"《清史稿》有："无君长不相统屈之谓苗，各长其部割据一方之谓蛮。"从以上史料可以看出武陵蛮中有盘瓠蛮，但绝非全是盘瓠蛮。盘瓠之说被否定后，"六子分居"当然不攻自破了。

三、"精夫"是土家语，《柱》文在句读和音韵上有失误

五代是骈体文泛滥时期，歌功颂德文字，多用骈文。李弘皋执笔写的铜柱铭文，是一篇典型的骈文。如前引的"因六子以分居，入五溪而聚族"，以及后面的"梯冲既合，水泉无汲引之门；樵采莫通，粮糗乏转输之路""崇侯感德以归周，孟获畏威而事蜀"。从文字上看，对仗工稳，用典贴切。《柱》文在引证铜柱铭铭文时，忽视骈文特点，对"洎帅号精夫，相名姎氏"句，不明词汇意义，不察句法结构，因而在句读音训上穿凿附会，强作解人。首先在断句上就是错误的。《柱》文说："'洎''渠'读音相近，

---

① 马援、耿舒称相单程为"充贼"，充即今桑植一带。

大约是用'洎'记'渠'之音。"意在把铭文中不相连属的两个词儿"洎"和"帅",拉郎配地说成一个词"渠帅",以便解释为"大帅、首领",进而又悖于音理,说"'精夫'读如'精毕'"。"精毕"而外,又出"果毕"。这样不断偷梁换柱,企图达到其所谓"'精夫'是'盘瓠蛮'的语言"的目的。然而语言自有其客观规律;不像某些民俗现象,凭个人主观臆断,呼之为马则为马,呼之为牛则为牛。由于铜柱铭文是骈体文,这个句子的断法应该为"帅号精夫,相名姎氏"。两句的句法结构是主语—谓语—宾语。"帅"与"相"、"号"与"名"、"精夫"与"姎氏"是对偶出现的,表述了"武将叫精夫,文官称姎氏",一文一武,各有不同的称呼。"洎"在句中是一个领句字,领起"帅号精夫,相名姎氏"两个对偶句。这种用法,古典文学特别是骈体文中不乏其例。毛泽东《沁园春·雪》:"望长城内外,惟余莽莽;大河上下,顿失滔滔。""望"字领起了两个对偶的排比句。因此读这种领句字。从句读上要求,应有一较小停顿。"洎"的词义,据商务印书馆1979年版《辞源》(修订本)列有三个义项:①浸润。②肉汁。③及、到达。铜柱铭文中的"洎",用的是第三个义项。这与唐骆宾王《为徐敬业讨武曌(则天)檄》"洎乎晚节,秽乱春宫"句中之"洎",意义相同。根据以上论证,说明《柱》文对"洎"字的词义理解不清,因而句读不明。其次在音韵上也是强拉硬扯。《柱》文为了证明"'精夫'是'盘瓠蛮'的语言";论据涉及上古音韵问题。文章说:"在上古音里,'精'之声纽为'帮',属'渔'韵。'精夫'读如'精毕'"。不知作者根据何经何典?"精"为"帮"纽"渔"韵字是绝对错误的。正确的说法应该是:上古音"精"为"精"纽"耕"部字,"夫"为"帮"母"鱼"部字①。至于"精夫读如精毕",也没有音理根据。古音流变是有规律的,或对转,或旁转,都有音理可循。不能从吾所好,指鹿为马。"夫"与"毕"声纽虽相同,韵部却两样。夫"帮"母"鱼"部字,毕"帮"母"质"部字。夫之与毕,无对转旁转之条件,因而"夫读如毕",不能成立。在上古音上,《柱》文采取任意杜撰的手法,完全是为其下文张目。《柱》文云:"在现在湘西苗语中,首领或头目就叫'精毕''果毕','毕'意为头,即头目、领袖的意思。"《柱》文作者把"精夫"一词,偷梁换柱,时而说成"精毕",时而说成"果毕",时而又节外生枝说"几或果为介同,中心

---

① 郭锡良等编:《古代汉语》下册附《古韵三十部常见谐声表》,北京出版社1981年版。

在'毕'"。"精"与"果"有什么关系，"几"或"果"为什么是介词？均不作论证，令人费解。我们根据著名苗族语专家罗安源教授所著《现代湘西苗语语法》（1990年2月中央民族学院出版社出版）一书的研究结论，得知湘西苗语中的jidbleid和ghaob bleid都有"头、脑"之意。jidbleid的读音可以勉强用汉字注读为"基卑"；ghaob bleid的读音可以勉强用汉字注读为"高卑"。如果把jidbleid中的，jid注读为"精"，则相去较远。再者，jidbleid中的jid和ghaob bleid中的ghaob都不是像《柱》文作者所说的"介词"。语法学上称"介词"是把动词和名词联系起来的句法成分。而苗语jidbleid中的jid是名词内部的构词标志，ghaob bleid中的ghaob是同在静物名词之前的冠词。《柱》文作者不顾语言事实，明显是为了替其"'精夫'是'盘瓠蛮'的语言"拼凑"证据"，从而达到作者所述溪州铜柱是"图腾柱"的目的。然而所持论据全都错了，所得的结论就可想而知了。

其实"精夫"一词，既不是汉语，也不是"盘瓠蛮"语言，而是武陵诸蛮中零阳、充中等蛮的语言，即土家族先民的语言。有史为证：《后汉书·南蛮西南夷传》：东汉"建武二十三年（公元47年），精夫相单程大寇郡县"。"二十四年威武将军刘尚击武陵五溪蛮夷，深入军没。援因复请行。"在进军路线上，马援与耿舒有争议，耿欲从充（今桑植）道，援议进壶头（今沅陵）。帝从援策，而全军覆没。又"肃宗建初元年（公元76年），武陵澧中蛮陈从等反叛，入零阳界。其冬，零阳蛮五里精夫为郡击破（陈）从，从等皆降。三年冬，溇中蛮覃儿健等复反，攻烧零阳、作唐……募充中中五里精夫不叛者四千人，击澧（疑为溇）中贼。"明万历年《慈利县志》卷七《土夷》："和帝永元壬申（公元92年），武陵零阳蛮潭戎等叛……郡兵击降之……安帝元初戊申（公元116年），澧中蛮田山、高少等反。时郡县徭税失平，遂结充中诸蛮攻杀长吏。州郡募五里蛮六亭兵击降之。"从上引资料，我们可以看出武陵诸蛮主要活动地区在今桑植、大庸、慈利、石门、澧县这一广大地区。而这些地域今天多属土家族地区。从姓氏上看，蛮酋六人，姓只四姓：相单程之"相"，后来衍变为"向"。陈从、田山，同为一姓。清文字音韵学家段玉裁《说文解字注》"田"字下注云："田与陈古皆音陈……陈敬仲之后为田氏，田即陈宇，假田为陈也。"覃儿健、潭戎，依段玉裁"同谐声音必同部"的学说，覃、潭二字古音是相同的。今天之向、田、覃三姓与古代巴人姓氏一脉相承，为土家族大姓。据此，《后汉书·南蛮西南夷传》中当作"渠帅"解的"精夫"一词也只能是土家族语言了。而且"精夫"一词在武陵诸蛮中零阳、充中蛮等称谓中连见三次，而在与"盘瓠蛮"较为接近的"长沙蛮"和"零陵蛮"中却一次都没有出现。关于"姎氏"一词，《柱》文里有过解释："'姎'在古汉语里为女人的称呼。而现在今湘西苗语中，一般同辈人称年纪比自己稍大的女人为'姎'，即'姐'的意思。"按《柱》文所说，古汉语的"姎"的词义，也被弄走样了。《说文解字》云："姎，女人自称，我也。"龙先生所说"同辈人称年纪比自己稍大的女人为'姎'"却是对称。自称与对称含义不同，不能混为一谈。如果按龙先生理解，"洎帅号精夫，相名姎氏"，只能语译成："渠（大）帅号精夫，相互呼为姐姐。"这样不仅"洎"字原义失真，"氏"字也无着落，上下文意更大相径庭，真是"郢书燕说"！我们已经用史料证实"精夫"是土家语，与"精夫"对举的"姎氏"，根据互文见义的训诂条例，"姎氏"只能是土家语称呼文职官员的词儿。

四、溪州铜柱是马希范与彭士愁及五姓土家酋长共立的

溪州之战，虽说马楚的决胜指挥廖匡济战死，但还得承认马希范是胜者，彭士愁和五姓土酋是败者。铭文有"彭师杲为父输诚，束身纳款"。这是马希范的口吻；彭士愁表示"归明王化"，"归顺之后，请依旧（税）额供输"。马氏彭氏虽系姻亲，但彭师杲为父输诚，束身纳款，实际上是作了马氏人质。故铭文有"溪人畏威仍感惠，纳质归明求永誓"。事后彭师杲虽任三亭（保靖）县令，也只是"遥领"而已。他忠于马氏弟兄，直到死去，体现其"为人犷直"。我们说溪州铜柱不是图腾柱，主要依据是参与铜柱题名的人员多是土家酋长。马楚王朝只有马希范、马希广、李弘皋三人，当然是汉人；而溪州方面则有一十九人。其中彭姓八人；五姓土酋中，田姓四人、覃姓三人、龚姓二人、向姓一人、朱姓一人。铜柱另一侧还有五十四人题名，据清人钱大昕考证，是宋代羼入，故暂不计。

从现实看，湘西各个民族是大集中、小分散的格局，而且界线明朗。清乾隆《辰州府志·风俗考》载："苗姓吴龙廖石麻五姓为真苗，其杨施洪张诸姓，乃外民入赘，习其俗久，遂成其族。"从现有土家族人口看，在湘西，彭、田、向、覃是土家族大姓。他们源远流长，脉络一贯。前面所举的相单程、向環、田山、田头拟、覃儿健、覃行璋，都是湘西北土家老蛮头，是古代巴人——"板楯蛮"之后，均无盘瓠崇拜。至于彭氏，虽说来自江西，史称"赤石蛮"，但入主溪州，几近千年。民族融合，其后浸淫濡染，乃成土家。连有些土司命名，也习用土家语言。如彭福石宠、彭麦即把、彭惹贴送等，蛮气十足。而天福五年铜柱题名中均为土家姓氏，没有苗族大姓。我们据此断言：溪州铜柱姓"土"不姓"苗"。因此溪州铜柱当然不可能是图腾柱。

五、古丈本属土疆，会溪坪是溪州治所

《柱》文多次引用了清董鸿勋撰的《古丈厅志》（以下简称《厅志》），以说明"古丈"得名的由来。但引证不全，难窥全貌。在古丈隶属问题上，《厅志》三次明确肯定："古丈坪本属土疆。彭氏历朝皆有功，近乾州一带之苗疆，亦系土司所招以开垦者。""古丈坪厅非苗疆也，乃故宣慰长官司土疆而近于苗疆者也。""古丈坪为土司长官司地，非苗疆也。"这就确切地说，明古丈县的过去归属。在古丈名称上，《厅志》说："古丈坪之名，不知始于何代，译其命名之义：古，则居今追昔辞；丈，则两军对敌之号；坪，则王道平平、履道坦坦之谓也。"《柱》文摘录其中第二、第三两说，特别提出"古阳昔苗地"，为其图腾柱说立下依据。应当注意的是：《厅志》写完四说之后，作出评判："此数说者，或假其音，或因其俗，想当然耳。""苗地"之说，"吃牯脏"之"古丈"说，当然也被否定了。1988年新编出版的《古丈县志》只取第一说，说明编委的倾向。古丈厅始建于清道光二年（公元1822年），民国元年（公元1912年）才改厅置县。由于建县辖地太小，把沅陵县的保坪、益坪、利坪三乡，永顺县的田家、王家二保调进属之。因而古丈之名，不见于五代前后的史籍。

《厅志》卷九《民族卷》谓："民（汉人）之官音为客话，土之音为土话……章（瓦乡人）有章语，苗有苗话。"在《民族卷》项下，有"土族姓编""客族姓编""章族姓编""苗族姓编"等。实际上古丈县内有"土、客、章、苗"四大族类。在"土族姓编"中载有："土族者，民族之最古者……其语言风俗与民籍有异，其土司舍把之余泽未忘……改土归流，郡县之局又二百年矣，其民犹自存风气。""客族姓编"中写着："客族姓者，民之介乎民姓土姓之间，其时代大抵后土籍，先民籍。"在"章族姓编""章籍性情嗜好"中说："章籍人或以熟苗呼之；其实民出，非苗。"章与苗分得很清。在"苗族姓编"中指出："吴龙廖石麻五姓为真苗……古丈坪之苗，无以麻、廖为姓者，惟龙、石为最多。"这四大族类，住地、嗜好、风俗均有简略记载。特别值得注意的首卷《沿革记》的结尾处，写明古丈厅"所属二百二十八寨，苗村五十八寨，皆以村称寨，非真有石如堡寨之制也。"这一记载告诉我们，苗族约占四分之一。由此看来，古丈信仰盘瓠图腾的人是不多的。

在对古丈作了说明之后，再谈会溪坪。首先应该肯定会溪坪是彭士愁的下溪州治所，铜柱是马楚和彭氏分界点。有史料为证："王徙溪州于便

地，表士愁为溪州刺史。"便地就是会溪坪，便于控制之地。《舆地纪胜》五十七说：到了宋熙宁八年，才"改称为会溪城"。《宋史·蛮夷一》："溪州刺史彭士愁，以溪、锦、奖归马氏，立铜柱为界。"溪州包括今永顺、龙山、保靖、古丈四县，当时分为上、中、下三州。"北江诸蛮彭氏最大""南江诸蛮舒氏最大"。而彭氏又是"南北两江都誓主（盟主）"，所以下溪州称誓下州。因而会溪坪是南北两江军事、政治重镇。新编《古丈县志·大事记》载："熙宁八年（公元1075年），彭师晏降宋。冬十二月，诏修筑下溪州城，并置寨（于）茶滩南岸。赐新城名会溪，新寨为黔安。"到了绍兴五年（公元1113年），由彭福石宠袭职。他感到自筑溪州城于会溪以来，誓下州常受辰州之约束，甚感不便。乃远迁其治于灵溪之福石郡（今永顺老司城），成为永顺土司八百年小朝廷的首都。现在史家常用永顺、保靖、古丈之名，只是为了叙述方便，容易理解而已。永顺五代时称大乡，系彭士愁长子彭师系裕封地；保靖称三亭，为其次子彭师杲封地。古丈是永顺土司辖地，范围很小，地域偏僻，自然史上无名。因此用"古丈"这个县名而认定铜柱为图腾柱，也是站不住脚的。

  根据上面论证，我们认为：象浦铜柱是马援与越人建铸的。越人断发文身，不信盘瓠，铜柱当然不可能是图腾柱。史称的武蛮中有不信盘瓠的族类，也有信盘瓠的族类。充中蛮、零阳蛮、酉溪蛮等等是土家先民，是不信盘瓠的。"精夫"一词，只在充中蛮、零阳蛮的称谓中多次出现，应是古代土家语，不可能是盘瓠蛮语言。溪州铜柱是马希范与湘西土家酋长铸立的。铜柱题名均系土家强宗大姓，故溪州铜柱姓"土"。古丈坪为永顺土司长官司地，是土疆，非苗疆也。因此，我们说："溪州铜柱不是图腾柱。"

（原载《中央民族大学学报》1994年第6期）

土家族"溜子"

"溜子"是土家族一种特有的打击乐器。土家族人叫"加合",演奏"溜子"叫"加合哈"。(哈,土家语,即打的意思)汉语称"打挤钹"或"打溜子"。每逢过年过节、娶亲、嫁女、祝寿等喜庆日子,总有一组或两组溜子,在三眼铳、鞭炮、土号声中,夹杂着清脆悦耳、节奏欢快的"溜子"声,气氛十分浓烈。过去的湘西土家族地区,村村寨寨,都有自己的溜子组,每当迎娶队伍路过一个村寨时,村里的溜子组就拦路比赛,规定不比上十套八套,不准过寨。有时一比就是几个小时,这种"打溜子"的风气,直到今天还保存着。只要在土家山寨住上一段时间,就会听到这种别具一格的打击乐器声。

一切文学艺术,都起源于劳动生产,或为劳动生产服务。其发展过程是由简单到复杂的。土家族"溜子"也如此。

土家族地区是个多虎豹、豺狼、野猪的地方。野兽常常出来伤害人畜和庄稼。勤劳智慧的土家人民,在生活实践中,知道野兽害怕音响,为保护劳动果实不受野兽糟蹋,又免被虎狼伤害,故在庄稼地里的大树上,搭上窝棚,守护庄稼。晚上有节奏地敲打竹梆、鼎罐盖,用以恐吓野兽。久而久之,这种有节奏地轮换敲击,形成了一种音乐音响,随着经济发展,兼受到外来文化影响,鼎罐盖为大锣所取代,竹梆为皮鼓所取代。《龙山县志》中有这样一首诗:

溪州之地黄狼多,三十六路尽岩窝,
春种秋实都窃食,只怕土人鸣大锣。

《长乐县志·风俗》记得更为具体:"包谷成熟时,农民于田边高处,设立一棚,若箭状,夜眠棚中守望","近处虎豹,常入人家伤豕、犬、牛、羊,乡村傍晚多敲锣、吹荻茎(荻俗称脬茎)以警之,虎豹畏此二种,闻声辄避"。清代土家族诗人田峰南有《竹杖词》一首云:

数声短笛临风弄,四路寒钲傍晚敲。
野戍无人村犬静,起看明月霜天高。

这种敲竹梆、打大锣、吹荻茎,以火炮吓走野兽,保护庄稼的习惯,边远山区，还保存着。随着经济日渐繁荣，新产品越来越多，这种响器发出的节奏，就逐渐成为专用的、特殊的打击乐器——"溜子"，进而成为人们娱乐的乐器了。

"溜子"的原始形态，是由大锣头钹、二钹组成，三人打击，而以锣为主。一套溜子开始打击时，先由大锣敲出，由慢到快，最后连敲两声，整个溜子一结束时，或准备休息抽烟，仍敲出以上锣点，表示收场。大锣这种乐器，在土家族乐器中十分重要，常处于领衔地位。在土家族《摆手歌舞》和《薅草锣鼓》中，虽然也用鼓，但都用锣来体现节奏，指挥快慢。这与汉族乐器以鼓为主的打法截然不同。后来逐渐增加了个"马锣"，形成四人打。这样，"马锣"取代了大锣，居于领衔地位。但在演奏中欲使曲调变化，还得由大锣指点。大锣打法有正敲、边敲、点敲，边敲边按等打法。每下一锤，总打在拍节上。"马锣"又叫"交子"，形式与大锣同，只不过形体小，不同于戏剧舞台上的"勾锣"或"小锣"。打法与大锣也不同。大锣提着打；马锣摊在手板上，打时手板向上送去，锣锤迎击发声。每打一套前，常用：呆呆｜呆呆〇呆｜呆呆呆〇｜起头，告诉同伴做好准备。马锣主要打在拍节上，故容易学。为使音响起变化，也有敲在半拍上的。"溜子"又叫"挤钹"，顾名思义，头钹、二钹一般是被双手按得很紧，挤着打击。头钹打在重音节上，二钹打在轻音节上，有时为了音响变化头二钹均可使指掌离钹，形成"扇"钹，发出"配"音，有时头、二钹也用边子敲击，发出别致的音响。

"溜子"是由曲牌的"头子"（包括"交子"）和"溜子"两个大部分组成。有的地方还在"头子"打完后，加上一段"尾巴"。"头子"部分变化多端，各种曲牌的名称如"梅花头""双龙出洞""小纺车""野鸡拍翅"等，都由"头子"音响变化，快慢、急徐而定名的。"溜子"部分打法十分固定，打完"头子"，进入"溜子"（术语叫上溜子）。"溜子"打完，一套曲牌完成。

"溜子"原是一种口耳传授的音乐。因土家族有语言而无文字，民间又没有记谱，很多传统曲牌，已经失传，但在永顺、保靖、龙山、古丈等县土家族聚居区还保留着部分曲牌。据不完全统计，约有八十余个，大致可分为如下类型：

有反映现实生活的：

"小纺车""鸡屙蛋""牛擦痒""梅花头""马过桥""瞎子闹街"等。

有象征动植物形象的：

"野鸡拍翅""八哥洗澡""画眉跳杆""河鱼散籽""雪花盖顶""古树盘根""锦鸡拖尾"等。

有神话中的形象：

"双龙出洞""龙摆尾""狮子滚球""凤点头""野鹿含花""鲤鱼跳龙门"等。

……

如果说电影是以形象画面作为它的语言，那么土家族的"溜子"，是以音响作为它的语言的。

比如出村过寨，经常打"梅花头"这个曲牌，因为节奏较慢，有如进行曲；如迎亲路远，过寨时演奏"马过桥"曲牌，表示路过此地，无意停留，打击时双手紧按钹面，发出短促音响和节奏，犹如驰马过桥，马蹄清脆震耳；如有意向该村溜子组挑起比赛时，则用"双龙出洞"这类曲牌，并停下来抽烟，等候对方应战。"双龙出洞"曲，大锣按着打，出现一种闷音，大有神龙在天，不可望其首尾之势。而在"龙摆尾"曲牌中，神龙摇头摆尾时，用一种不快不慢，节奏很强的音响，配合"龙行"，当龙腾空飞舞时，则节奏紧促，助长"龙飞"之势。土家族有哭嫁习惯，当正在哭嫁的新娘即将上轿时，迎亲的溜子队则在堂屋里演奏"喜鹊闹梅""凤点头"等曲牌，催主人发轿、新娘上轿。新婚夫妇"拜堂"成亲时，常奏"鲤鱼跳龙门""河鱼散籽"等曲牌，象征鱼龙变化，多子多孙。"野鸡拍翅"一反大锣、马锣、头钹起调习惯，而用二钹起头，有如野鸡拍翅，凌空高举，音响十分形象；如果把"梅花头"比成《三字经》中的"人之初"，那么，"古树盘根"这一曲，就应算是四书中的《孟子》了。其变化十分复杂、曲牌转换繁多，各种打击技巧，均全面使用，故显得枝繁叶茂，盘根错节，总之，"溜子"模拟各种动物的特点，表演起来节奏明朗，气氛热烈，给人以愉快的艺术享受。这在国内打击乐器上是罕见的，"溜子"成为我国民族乐器中的一件珍品。

彭秀枢

土家族在羁縻、土司和改土归流时期的对外关系

历史上土家族与外界发生关系有三个重要历史阶段,它们大致是中古的"羁縻"时期,[①]元、明以来实行的土司制度时期和清代改土归流时期。"羁縻"以前,曾有"要服","要服"时期,"事既鸿古、难为明证",故从南北朝开始实行的羁縻州时期谈起。

羁縻州时期

"羁縻"一词,较早见于司马相如《难巴蜀父老檄》中:"盖闻天子之于夷狄也,其义羁縻勿绝而已。"而推行羁縻政策一般都认为始于唐代。主要依据是宋樵《通志》:"唐太宗时,诸夷内附,始置羁縻州县、隶于都督府,以其首领为刺史。"其实远在东晋王朝,就在南方少数民族地区,实行了松弛的羁縻政策。

《魏书·司马睿传》有这样一段记载:"中原冠带,呼江东之人皆为貉子,若狐貉之类云。巴、蜀、蛮、僚、傒、俚、楚越,鸟鸣禽呼,语音不同……江山辽阔数千里,睿羁縻而已,未能制服其民。"《周书·周敷传》也说:"是时江南酋帅,并顾恋巢窟,私署令长,不受召,朝廷未遑致讨,但羁縻之。"这说明司马东晋和陈氏王朝,在这里实行了松弛的羁縻政策。

汉魏六朝时期,武陵五溪一带还处于封闭状态。不过这里气候温和,物产丰赡,求生至易。人民过着"安其俗、乐其业"的太平生活,无须向外扩张。少数民族之间,也相安无事。而当时汉区则因所谓"八王之乱""五胡乱华",北方汉人,大量南迁。由于汉区赋税繁多,汉人更"逃亡入蛮"。这样武陵地区的少数民族便与汉族发生了关系。

《宋书·荆雍州蛮传》:"蛮民归附者,一户输谷数斛,其余无杂调。而宋民赋役严苦,贫者不复堪命,多逃亡入蛮。"《晋书·刘胤传》记有:"自江陵至于建康三千余里,流入万计。"事实上汉人进入蛮区并非始自南北朝。《晋书·食货志》说:"建安初关中百姓流入荆州者,十万余家。"建安七子冠冕王粲,因北方军阀纷争,而"委身适荆蛮"。王粲是个贵族,

---

[①] 引自李弘皋《复溪州铜柱记》。

他绝非单身到蛮地。《三国志·鲁肃传》记载了鲁肃家族南迁的情况："乃使细弱在前,强壮在后,男女三百余人行。"这说明政治家鲁肃是举族迁入长江以南的。到了南北朝时期,逃入蛮区的汉人更多。

土家先民不排外,且十分好客,《来凤县志》说:"邑中风气,乡村厚于城市,过客不裹粮,投宿寻饭,无不应者,入山愈深,其俗愈厚……推居让食、不德于色。"因此汉人进出自由,逃亡入蛮,反而受到礼遇。逃亡入蛮的人士中,有商贾、仕宦、王侯子弟。只要习其俗,便安然无事,乃至受到爱戴和拥护。

汉族涌入,带来了先进的生产技术,出现过"蛮田大稔""积谷重岩"的丰收局面。

六朝统治阶级对边远少数民族不是放任不管的,"荆州置南蛮、雍州置宁蛮校尉以领之"。①大军阀王敦、陶侃、刘裕、桓玄都曾为南蛮校尉。他们一方面镇蛮,一方面却挟蛮以自重。在武陵地区建征蛮、安远等护军,处理蛮情,镇压蛮民。六朝统治阶级对少数民族剥削和掠夺也是惊人的。《南齐书·豫章文献王传》载:"沈攸之责赕,伐荆州界内诸蛮,遂及五溪,禁断鱼盐,群蛮怒。酉溪(保靖)蛮王田头拟,杀攸饮之使,攸之责赕千万。"田头拟为此搞得家破人亡。从元嘉到齐末,常常征讨蛮人。仅沈庆之一次伐蛮,掠米九万余斛,沈攸之一次责赕钱一千万。这个数目相当于南蛮府全年资费米十倍。《宋书·沈庆之传》载有"大破缘沔诸蛮,擒生口七千人"。统治阶级除了"输谷""责赕"外,还抓走蛮民。

唐初,李世民实行了一种开明的民族政策,认为"自古皆贵中华、贱夷狄,朕独爱之如一"。他实行"胡越一家""华夷同轨"政策。②正式施行羁縻州制度。由于唐代经济繁荣,对土家地区并不苛求,但"西南诸国,自古多顺""来朝有礼,归贡不阙"。③史籍上有"溪州(今永顺)开元中贡黄连""溪州元和中贡黄蜡二百斤","大中祥符五年,峒蛮田仕琼贡溪布。"

由于统治阶级横征暴敛,激起过土家先民反抗,如豫泰元年西溪蛮王杀沈攸之使,梁大通时荆、雍二州边界"蛮左数反",永明初巴建蛮与黔阳蛮起事等。

基于以上资料,我认为羁縻州制度,萌芽于魏晋,形成于唐初,延续于

---

① 《宋书·荆雍州蛮传》。
② 《资治通鉴》卷一九八。
③ 杜牧《樊川集》卷二十。

五代。当时封建王朝只要土家地区蛮酋归顺、即赐之以爵位，稍事羁縻，对其内政，不横加干预，对其习俗，不加改变；一般不征收赋税。正如《复溪州铜柱记》上说的："尔能恭顺，我无科徭，本州赋税，自为供赡，本都士兵，亦不抽差。"蛮酋首领，有出自本族的内部，也有外界进入的。外来首领，带进一些先进技术，促进了生产发展。同时由于习其风俗，操其语言，久而久之，也就与当地少数民族融合了。

土司制度时期

由羁縻州到土司制度的确立有一个渐变的过程。《来凤县志》云："唐初，溪峒蛮酋归顺者，也受刺史，置羁縻州县，隶于都督府，为受世职之姑。"所谓世职，即土司制的萌芽。鄂西方面，唐宪宗元和元年，容美（今湖北鹤峰）地方长官田行皋被授为施、溶、万招讨把截使，并加兵部尚书、金紫光禄大夫、施州刺史。其后田氏世长容美。①一直到改土归流为止。湘西方面，最著名的是江西吉水彭氏。先是进入土家地区为老蛮头吴著冲助理，以私恩结人心，最后赶走了吴著冲、惹巴冲。②后梁开平四年（公元910年）彭士愁被授为溪州刺史。后周显德三年，其子彭司裕袭溪州刺史。彭氏在溪州一直统治了八百多年。川东冉氏、黔东北杨氏也先后取得了世袭地位。故就制度而言，已慢慢由羁縻州向土司制度过渡、转化。

宋嘉泰三年，湖南安抚赵彦励曾奏称："湖南九郡皆接溪峒，蛮夷叛服不常，深为边患，制驭之方，岂无其说？臣以为宜择素有智勇为瑶人所信服者，立为酋长，借小官以镇抚之……彼既显荣其身，取重乡曲，岂不自爱，尽忠公家哉！此所谓捐虚名而受实惠，安边之上策也。"③正因为宋王朝使用了这种安边办法，所以在地处偏僻、鞭长莫及的土家地区，便有不称为土司的"土司"了。《通志》云："宋参唐制，析其种落，大者为州，小者为县，又小者为峒，推其雄者为首领，籍其民为壮丁，以藩篱内部，其蛮长皆世袭。"这表明土司制度至宋代已日渐成熟了。

土司制度滥觞于元代，完善于明朝，沿袭于清初。元忽必烈攻取西南，于"诸溪峒各置长官司，秩如下州，达鲁花赤、长官、副长官，参用土人为之"。④元代在湘西设立了永顺等处军民宣抚司、保靖军民宣抚司、桑植宣

---

① 引自《鹤峰州志》。
② 引自《龙山县志》。
③ 《宋史·西南溪峒诸蛮传》。
④ 《元史·百官志》。

慰司等；在鄂西设置施南道宣抚司、散毛宣抚司、容美宣抚司、木栅安抚司等，并设立了很多长官司。元代称呼较为混乱，明代才趋于一致。"其土官号曰宣慰司、曰宣抚司、曰招讨司、曰长官司，以其劳绩之多寡，分尊卑之等差，而府州县之名，亦往往有之"。①"土司之官自从三至从七，皆无岁禄承袭。"②宣慰司、宣抚司隶兵部，属武职，下设儒学、教授、训导，皆为文职、一般为流官担任。形成"文武相杂、土流间用""夷汉共治"格局。事实上土司掌军政大权，流官只是附庸而已。

封建王朝为维持与土司的领属关系，规定"承袭必奉朝命，虽在万里之外，皆赴阙受职"。③得到印信或号纸，才算合法，父子若有大功，则可免赴京。

在土司制度时期，因为"土流间用"，故土家地区经济、军事、文化均得相应的发展。土司经常向封建王朝"纳贡"，同时也得到更多的"回赐"。从宋到明，纳贡次数逐渐增多，规模逐渐扩大，贡品品种更加增多。明初规定每次不超过二十人，到了明永乐十六年、永顺宣慰使彭源向朝廷贡马，人数就达六百六十七人。④据《明史》记载，永顺进大楠木，不下五六次、土司彭世麒为最多，正德元年，献楠木二百根，正德十三年，复贡四百七十根，北京故宫殿堂里，就有土家族分布区进贡的楠木。除了马和楠木外，还有土特产如虎皮、麝香、水银、丹砂、黄蜡等。朝廷往往以超过"纳贡"的价值金、银、珠宝、袍服、绸缎作为"回赐"。这样土特产有了出路，也引进了一些汉区生产技术，刀耕火种改为用牛耕种，引进了苞谷、高粱、豆类，推动了生产发展。

元、明王朝还注意了"恃文教而略武卫"策略，为了发展文教，规定土司子弟必须学习汉文化，元大德中，在鄂西建始西北隅，建立了五学宫；明洪武年间，在永顺建立了书院，施州建立了五卫学。⑤明弘治十四年，明廷强令"土司应袭子弟，悉令入学，渐染风化，以格顽冥。不入学者，不准承袭"。⑥因此，各地土司重视文化，也出现了一批文化人。容美土司田世爵，

---

① 《明史·土司传》。
② 《来凤县志·土司》。
③ 《明史·土司传》。
④ 《明史·土司传》。
⑤ 《永顺县志·学校》。
⑥ 引自《明史·湖广土司传》。

"认诗书严课诸男,有不嗜学者,与犬同系同食,以激辱之。以故诸子皆淹贯练达,并为成才"。①土司交往,也多当时名流,并互相唱和。《桃花扇》作者孔尚任在其《桃花扇本末》中记有:"楚地之容美,在万山中,阻绝入境,即古桃源也。其峒主田舜年,颇嗜诗书,予友顾天石(彩),有刘子骥之愿,竟入峒访之,盘桓数月,甚被崇礼。每宴必命家姬奏《桃花扇》。"顾天石在他的《容美纪游》中,曾说田舜年在流寓江陵时,应试为荆州庠生,"博洽文史",工古诗文,下笔千言不休,所著有《田氏一家言》《容阳世述录》《二十一史纂要》《六经撮旨》等,五峰安抚司张之纲,著有《紫芝亭诗集》②,容美唐世芹自编诗集,其后人曾见遗稿五百余首。明代容美土司田元著《金潭令意笔草》,明代永顺土司彭世麒子彭明道著《逃世逸史》③,永顺土司彭翼南、桑植土司向鹤峰,在击败倭寇的沈家庄庆功宴上曾高歌《大江东去》《楚江秋》。清代保靖土司彭鼎"解音律、善丹青,绘五马十鹿之图精细如神,且知医理"④,这说明土司之中,已有较高汉文化水平者。

  土司为武衔之官,采用旗长制、军政合一。"有事则调集为军,以备战斗;无事则散处为民,以习耕凿。"⑤朝廷"有御武之备,而无馈饷之劳"⑥,同治《保靖县志辑要》宣称:"明代土司最重,盖籍以防苗也。"《凤凰厅志》载有:"永顺约束镇苗、保靖约束竿苗,每岁俱有承担,认结到部。"这就明确地规定了土司、土兵的责任。土家地区地方志上记载了多起封建王朝调土兵镇压附近少数民族事件。鄂西土兵也如此。《宋史·西南溪峒诸蛮传》有:"施、黔比近蛮,子弟精悍,用木弩药箭,战斗矫捷,朝廷常团结为忠义胜军,其后泸州、渭井、石泉蛮叛,皆获其用。"从永顺、保靖地方志中,可以看出土兵被调出征情况。景泰七年,调永顺、保靖土兵协剿铜鼓、五开、黎平诸蛮,成化二年,调摇把、保靖土兵征广西;三年调永、保土兵征"都掌蛮";弘治十四年,调永保兵征贵州米鲁;嘉靖六年,调永保兵征田州岑猛……这些都是为明王朝镇压附近兄弟民族,是一些不光彩的活动。据《永顺县志》记载,仅永顺土兵,就"西摧都掌,东抵苏松,南征米

---

① 摘自容阳堂《田氏族谱》卷二。
② 光绪《长乐县志》卷十三。
③ 引自《永顺县志》。
④ 《永顺县志·土司考系》。
⑤ 《永顺县志·土司兵制》。
⑥ 《永顺县志·土司兵制》。

鲁，北遏辽东"。足迹几乎踏遍当时国土。

应当强调指出，在明代抗倭斗争中，土家兵千里裹粮，效命海疆，立了不朽功勋。

明嘉靖三十二年三月（1553年），数万倭寇在王直、徐海勾引下，"连舰数百，蔽海而至，浙东西、江南北，海滨数千里，同时告警"。① "倭纵掠杭、嘉、苏、松，据柘林为窟穴，大江南北皆被扰。"② 总督张经认为"短兵相接，倭寇甚精，近能治者，唯湖广钩镰枪弩之技，必动永、保二宣慰精兵"。因此土家兵应调赴苏松，此次参加抗倭，土家地区计有永顺土司彭翼南、保靖土司彭荩臣、容美土司田九霄、桑植土司向世禄、麻寮土司唐仁，以及酉阳、麻阳等地土司。《明史·土司传》是这样记录这次战斗的："及王江泾之战，保靖兵犄之，永顺兵角之，斩获一千九百余级，倭气夺，盖东南第一战功云。"王江泾战役后，徐海等倭贼龟缩于沈家庄。总督胡宗宪以土兵为主力，发动强攻，永顺土兵冒着倭寇火器拂狼机，首先攻入沈家庄、杀死倭魁徐海，自称"徽王"的王直，见"徐海已死，度不可胜"，被迫投降，被斩于浙江官港。东南倭乱，暂告平定。③ 清代魏源在他的《武圣记》中说："土兵踊跃赴调，往往私倍于在官之数。如调兵三千，辄以六千至；调兵五千，辄以万人至。"胡宗宪《筹海图编》也是这样说的，并赞扬"其兵天下莫强焉"。这样高度的爱国热忱，保证了战斗的胜利。更为可贵的是，土家兵毫不保守，向其他御倭部队，传授独特的钩镰枪技术和阵法。《永顺县志》卷二四说，明军在招募的"民兵"中"择其最骁勇者，各照狼、土兵法，编为队伍，结为营阵，象其衣甲，演其技艺，习其劲捷，随其动止饮食"。选择土兵技术最佳者，充当教官，教授"骑射、长枪、甲楯、弓弩"等技术，"以一当十，以十当百"。④ 这样，永保土兵之战法、阵法，在御倭部队中广泛应用起来。晚期抗倭将领戚继光，训练"民兵"时，也吸收了土兵战法，他与谭纶演的"鸳鸯阵法"，就是从土家兵那里学到的，并在福建、广东等地剿除残倭中发挥了作用，这些都是土家人民在抗倭战争中的主要贡献。遗憾的是，土家抗倭事迹，还不为当代史家重视。

明末清初，闯王李自成败后，其余部王进才、马进忠、高必正、李赤

---

① 《明史·日本传》卷三二二。
② 《明史·兵制》卷九十。
③ 请参看拙著《明代土家兵抗倭事迹概述》，载《求索》1984年第2期。
④ 均引自《永顺县志》卷二四。

心等，还出入湖南、湖北、川东一带山区，所向披靡。曾奇袭容美土司、捉住土司田甘霖，没收金银数万两，为民平愤、除害，但在湘西，却遭到了永保土司狙击。闯王将领高必正，中药箭身亡，实令人遗憾。《保靖县志》对此做了较详记载："国朝顺治四年九月，王进才、马进忠二贼，由永顺逼保靖巴勇地界。保靖宣慰彭朝柱分兵堵截，贼退，扎永顺夕古村……十二月，又引马骑数千人，于永顺南渭洲渡河攻保靖。彭朝柱令子彭鼎，率舍把彭养锐、彭象震等，引药弩手千余，从后路抄出，劫其营，放火焚之，贼兵溃。"因为这样，上司彭朝柱得到清廷"照旧管职"赐以龙牌，并得到"男不披剃，女不改装"的承诺。"十一月九日，又值高必正、李赤心二寇攻保靖对河两月、彭鼎调苗兵万余，从青林开路，杀贼数千人。高必正亦被药箭射死，余贼皆溃"。县志编纂者站在清王朝的立场对此还加了按语："王、马、高、李四人，皆闯贼余党，湖南北蹂躏几遍，至此乃亡，宣慰之功伟矣。"彭鼎因此获"钦赐坐蟒袍、正一品、进太子少保"。①彭鼎父子于清王朝则有功，于这次农民起义，则又有罪，是历史上一件遗憾的事。

从以上资料可以看出，土司制度与羁縻州制度不同之点，是统治阶级派官协理，形成"夷汉共治""土流间用"格局。如元代派的达鲁花赤，皆为蒙古人，实际上起督促、监视作用。明清时期，其经历土州府县，都以流官充任之，起到牵制作用。对土司世袭，坚持"必奉朝命"，以便直接控制。正因为这样，土家地区与中原王朝发生政治、经济、文化关系，受汉人影响较多，发展也加快了。

土司制度使土家地区保持了一种相对独立、稳定的局面，使土家族地区经济、文化发展，得到一定保证，对统一的多民族国家的巩固，起一定积极作用。

改土归流时期

土司制度在一定历史条件下和一定历史时期，起过积极作用。但由于这种世袭的割据的局面，本身存在着不少弊端、难以长期维持下去。

首先是土司制的土司："彼之官、世官也；彼之民，世民也；田产子女，惟其所欲；善乐安危，惟其所主，草菅人命如儿戏，莫敢恣嗟叹息于前者。"《来凤县志》也说："其土民分属各旗，生男女则报名书于册，长则当差。赋敛无名，刑杀任意，抄没鬻卖，听其所为。"土司等级制度甚严，土司住房，"绮柱雕梁，砖瓦鳞次"，其部属舍把，"则竖梁柱，周以板

---

① 《保靖县志·土司考系》。

壁",而土民则"叉木为架,编竹为墙",不能盖瓦,如盖瓦者,"即治以僭越之罪"。①土司赋税很重,且巧立名目。在永顺征"火炕钱",保靖征"锄头钱",桑植征"烟户钱",其他苛捐杂税,计二十余种。②土司审案情,审先不分曲直,只以贿赂为胜负。土司辖区,占田极不合理,"土司多择其肥饶者,自行收种,余多为舍把、头人分占"。广大农民,只有"零星硗角之地"从事耕种。③因此农民"经岁劳动,不足出供一家饔飧,或入山采蕨挖葛,漉粉以饱饥肠"④。这种肆无忌惮的剥削,必然会遭到人民的反对。

其次是土司"虽受天朝之爵号,实自王其地"。⑤这种国中之国的割据形态,妨碍封建王朝中央集权制的建立。元明王朝认识到边远民族地区,"蛮性难驯,流官不谙土俗",只好实行一种"以夷治夷"的权宜之计。自清顺治入关后,经过康熙多年经营,已使经济恢复,政局稳定,兵力雄厚,当然不允许土司割据,称王称霸,改土归流时机已经成熟了。雍正四年,鄂尔泰在上雍正疏中说:"臣见前明流土之分,原因烟瘴新疆,未习风俗,故因地制宜,使之向导弹压。今历数百载,相沿以夷治夷,遂至以盗治盗。"他认为"安民必先治夷,欲治夷必须改土归流"。雍正采纳了他的建议,任命他为云、贵、广西总督,推行改土归流政策。魏源在其《武圣记》中指出,在湖广命"按察使王柔,总兵刘策赴苗疆宣谕。永顺、保靖、桑植、容美四大土司,先后奏改郡县,惟容美土司稍用兵,而永顺彭氏自请献土"。雍正十三年,容美、施南(恩施)、散毛(来凤)、酉阳也相继献土。这样,统治土家族地区数百年之久的彭、覃、田、冉等土司,到此结束,土家地区改土归流完成。

改土归流加强了土家族对外关系,对促进土家族地区的政治经济文化的发展起了一定的积极作用。一是结束了封建割据的局面。改土归流,就是改掉土司世袭制成为流官制。"因此,土司所属之夷民,即我内地之编氓;土司所辖之头目,即我内地之黎献,民胞物兴,一视同仁。"⑥这样就结束了数百年割据局面,国家统一的政治局面出现了、改土归流后革除土司陋规二十

---

① 《保靖志稿辑要》。
② 《湖南通志》首卷。
③ 《永顺县志》。
④ 《永顺县志》。
⑤ 《明史·四川土司传》。
⑥ 《清世宗实录》卷六四。

余条,这便促进了经济发展,使国家统一的政治局面进一步巩固。

二是引进了先进的生产技术和优良品种,发展了土家地区经济。

改土归流后,汉人大量涌入。带来了先进的生产工具、耕作技术和农作物的优良品种。据《施南府志》记载:"高低田皆用牛耕,间有绝壑危坳,牛不能至者,则以人力。"这说明已普遍使用牛耕。水利灌溉广泛运用了"筒车""蜈蚣车"和"冲筒"。加工方面,用上了水碓、水磨和水碾。农作物种类增多,汉族地区的品种如黏谷、糯谷、苎麻、棉花、油茶等经济作物普遍种植。林业方面,据《古丈厅志·林产详志》说:"桐油之利,利之最广者,其他则蜡树次之,其次桑茶方始,倍、漆初兴,诸种有利之树,鼓舞兴奋,皆将求其利,认为土人之利。""二树,土民喜种,往往获利。"在耕作方面,改变了"刀耕火种"的原始方式,吸取了汉族地区播种、复种、施肥、泡冬、沤青等技术,提高了农作物的产量。

农业发展,带动了手工业和商业的发展,土家人民原是"农业而外,不事商贾""自安朴陋,因鲜外人踪迹"。改土归流后,外地工匠、商人进入。因而出现了"攻石之工、攻金之工、博植之工、设邑之工"。达到了"一切匠作,莫不有会"。[①]家庭纺织业如土纱、土布、土花被面,大量生产,"女勤于织,户有机声"。[②]水路交通,陆路交通也发展起来了,墟场、市镇兴盛起来了,这就更加扩大了商品交换,经济也更加繁荣。

三是文化教育方面,得到较快的发展。

明王朝虽要求上司应袭子入学,土司下设儒学、训导之类流官,传播文化。但总的来说,仍然是"学在官府""土民皆不受学"。[③]即使读书,也"不许应试,恐其士仕而脱籍"。[④]故土家族地区文化教育十分落后。改土归流以后,在土家族地区,兴办学校,发展教育。雍正七年(1729年),在永顺设义学三处。保靖四处,桑植三处,各地相继兴建书院。雍正十三年(1735年),容美改土归流后,第一任知州,流官毛峻德,就写过《义馆示》,认为"容美僻处楚荒,未渐文教……若不读书法古,举功何所适从"。他"延师金遴等,教以诗书,更多乡里,分立义馆……令馆师日则教子弟在馆熟读,夜则教子弟在家温习"。故建始、恩施、来凤等县,均建义学,并开科

---

① 《永顺县志·工役》。
② 《来凤县志》。
③ 《鹤峰州志》。
④ 《欧北全集·檐曝杂记》卷四。

取士。为确保土家族子弟入学,雍正十二年,"题定岁科两试,府学各取文生十二名"。乾隆、嘉靖……皆"历年广加学额"。开科取士以"土三客一为率",鼓励土家族儿童入学。土家族中,出现了秀才、拔贡、举人、进士,出现了知识阶层,出现了更多著作,这对于传播汉族文化,保存和整理本民族文化方面,起了很大作用。

  从土家族在羁縻州、土司制、改土归流时期的对外关系可以看出,汉人由"逃亡入蛮"到"举族迁入",再到"入主蛮区"的过程,正是土家族的政治、经济、文化由封闭到开放的发展过程,这一过程显示出中华各民族相互关系的历史是互相渗透互相融合的历史。

彭秀枢

西南少数民族人民在明代抗倭战争中的历史功绩

倭寇变乱是明王朝最重大的外患，根据史料可以知道始于明初洪武之世；在嘉靖之世为患最烈；直延至万历年间的朝鲜之战，可以说和明代相始终。倭寇"起源于九州及山阴、山阳二道，根据壹岐、对马二岛，侵掠亚洲大陆及沿海地方……沿海数千里，备受荼毒"。（陈水恒《明代倭寇考略》）就中国而言，大抵由河北、山东沿海而至江、浙、闽、广、安徽等内地省份，也遭波及；就外国而言，朝鲜首当其冲，印度尼西亚、新加坡均受其害。

倭寇在我国横行的原因，与明王朝政治腐取、赋税奇重有关。据《明代倭寇考略》记载："苏、松、浙江等处田赋，逾他处约十倍……民不堪命，逃亡日众。"这些逃亡的人，加上"凶徒、罢吏、黠僧及衣冠失职书生不得志者，皆为奸细，为之向导"。（见《嘉靖东南平倭通录》，以下简称《通录》）"金冠龙袍，称王海岛"的王直，"缁衣"黠僧、横行海上的徐海，都是中国人，他们都为"倭奴爱服之"。听以江南海警"大抵真倭十之三，而中国版逆者居十之七"。（见《东倭考》）正因为这样，"故倭入之时，无不周知，伏匿逃窜，左右咸宜"。（见《世宗实录》）"而中调集客兵，反以不明地理败。"（见《筹海图编》）

除了上面这些人外，浙、闽的豪绅巨姓，更是倭寇的帮凶。所以，巡抚朱纨认为："去外国盗易，去中国盗难，去中国濒海之盗易，去中国衣冠之盗尤难。"（见《明史·朱纨传》）当朱纨把海上倭贼李光头等正法后，御史陈九德就弹劾朱纨擅杀。从此，"罢巡按不设，中外摇手不敢言禁海事"。"未几，海寇大作，荼毒东南者十余年"。（见《明史·朱纨传》）

朝廷功过不分、逸贿公行，也是倭寇猖獗原因之一。在倭势已亟，东南震动之际，尚书张经总督抗倭军务。张经调集了广西狼兵、湖南土兵，组织了王江泾会战，并取得了胜利。嘉靖听工部侍郎赵文华谗言，竟把张经"与巡抚李天宠俱斩，天下冤之"。（《明史·张经传》）

应天巡抚曹邦辅，屡建奇功，歼倭于浒墅关。赵文华恨之入骨，他与胡宗宪进攻陶宅兵败，认为是曹邦辅不援所致，把邦辅谪戍朔州。此外还有

"严家兵之狱"。宝山黄姚里有严氏兄弟五人，从任环破倭，多立奇功，倭畏之。知县黄应嘉忌妒五人，罗织罪名，将他弟兄杀死。宝山沈学渊育"严家兵诗"，其末云：

"呜呼！天生将才颇不易，保卫乡间亦忠义，岂知填海本冤禽，衔尽人间不平事。君不见，王江泾头张尚书，凯歌声里征囚车，又不见，浒墅关前曹巡抚，捷音一奏丞相怒。何况吾侪是小人，区区战功何足数。"（见马元调《严家兵传》《上海府志》）

由于严嵩、赵文华和胡宗宪狼狈为奸，上下勾结，除了朱纨、张经和李天宠等死去外，爱国将领如俞大猷、卢镗、乔河和汤克宽等均先后被论罪下狱。正因为这样，近代历史学家不愿把抗倭功劳归于赵文华、胡宗宪，而把功劳挂在俞猷、戚继光身上。俞大猷参加了王江泾战斗，但在沈家庄战斗中却默默无闻；戚继光在这两个关键性的战斗中，一次也没有参加。当然"到了嘉靖末年，这些爱国将领在粤、闽、浙等地御倭战争中，是立下了战功的"。（见翦伯赞《中国史纲要》）但是，对于西南少数民族人民在这场战争中立下的赫赫战功，史家却很少注意。作为一个少数民族知识分子，有必要根据历史资料，对西南地区少数民族在抗倭战斗中的历史功绩，作一个科学的评定。

一

在论证西南少数民族抗倭功绩之前，有必要对倭寇祸魁王直、徐海等，作一简要介绍。

王直，又名汪直，徽州歙县人。少落魄，喜交结，深得一帮无赖所拥护。他制造海船，在日本、暹罗等国贩卖违禁物品。日本人相信他，称他为五峰船主。据定海操江亭自称净海王，后又据萨摩洲之松浦津僭号，自称徽王。三十六岛之夷，皆听指挥。（见《殊域周咨录》）"三十一年（明嘉靖时，公元1552年），遣徐海、陈东、肖显、叶麻等，结倭入寇，连舰数百，蔽海而至。浙东西、江南北，同时告警，沿海震动。自是东海无宁岁，吏民死于镝锋者，不可胜数。"（见《沿海倭乱本末》）

徐海，号明山和尚，杭州虎跑寺僧，狡诈。有九金钱，伪称卜事甚中，见推于众，称天差平海大将军。（见《倭变事略》）嘉靖三十四年正月，率和泉、萨摩、肥前、肥后、对马之倭入寇。以柘林为据点，攻乍浦平湖县，破崇德县，犯湖州，杀福建副理司陶一贯、温台守备周奎等。他曾掠苏州、常熟、崇明、福州、嘉兴，他曾攻乍浦所，进犯杭州，烧北关布，败张经于塘栖；他与陈东、叶麻合作，掠淮阳、常州、松江、浙东诸县；他曾围副使刘焘于乍浦，掠乌镇，杀游击将军宗礼，围巡抚阮鹗于桐乡。其为害之烈，杀人之多，超过王直。因此，剿灭徐海、王直，就成这次抗倭的主要战略目标。

正当倭寇横行于江、浙一带时，尚书张经总督浙、福江南北军务。当时因明朝将士卑劣，见倭即溃，张经尝督两广，为狼、土兵所拥戴，他深知湖广五大土司有战斗力，因此决定征调广西狼兵和湖南土兵。当时，土家族应调之军计有容美（即湖北鹤峰）等司之土家族兵一万名，由上司田九霄率领（见《倭变事略》），九霄父田世爵虽年过八十，亦随军出阵（见《鹤峰州志》）永顺宣慰司土家族、苗族兵三千，由土司彭翼南率领，保靖宣慰司土家族、苗族兵三千，由彭荩臣率领（见《世宗实录》）；致仕宣慰使彭明辅率土兵二千，赴苏报效。彭明辅是彭翼南祖父，能征惯战，封骠骑将军，因恐彭翼南年轻无行军经验，故率军助战。"既又调保靖土、苗兵六千，赴总督军前，从胡宗宪请也。"（见《明史·保靖军民宣慰司》）这支军队由彭守忠率领，赶赴前线（据谢华《湘西土司辑略》保靖出兵一万以上）。湖广土司先后出土、苗兵三万人左右。广西狼兵（内有壮、瑶、仡佬族土兵）五千人，由土司妇瓦氏率领；广西东兰、南丹、那地、归顺等州狼兵六千余名（见《通录》），带兵人姓名不详。些外，还调了麻阳兵酉阳兵，麻阳兵亦以土家族兵为主，还育苗、瑶族人；酉阳更是土家聚居区，苗、仡佬族人也多。故这次调兵，西南少数民族人民，有史可证的计有四万多人。其中田州狼兵、湖广土兵，都立下了赫赫战功。

据记载，西南土司之兵，其首领有父子两人参战的计有彭荩臣、彭守忠、田世爵、田九霄，有祖孙两人参战的计有彭明辅、彭翼南，有婶侄两人参战的计有岑瓦氏、岑大寿。真是俗话说的"上阵还要父子兵。"战斗非常出色。

广西田州狼兵是嘉靖三十四年（公元1555年）三月到达苏州的。带兵将领是个妇女，叫瓦氏。据《倭变事略》说："瓦氏，土司岑彭妻也。以妇人将兵，颇有纪律，秋毫无犯"。在瓦氏兵未来之前，由于倭寇据柘林，"经冬涉春，新者复日有至。地方甚恐，及闻狼兵至，人心稍安"。（见《通录》）狼兵到达后，"瓦氏请战，曰：'我自备军粮，不效尺寸，何以归见乡党！'"多么高贵的品德，多么豪壮的语言！在瓦氏率领下，狼兵打了几次硬仗：

瓦氏到达后，即屯兵金山。"贼分众八千余，过金山卫，总兵俞大猷遣游击白泫等及瓦氏兵遮击之，稍有斩获。（赵）文华到达松江，因为狼兵可用，厚犒之。"（均见《通录》）

"三月十二日，广西田州瓦氏兵，暨白都司、汤（克宽）、卢（镗）二总戎……兵号二十万，屯金山、捣贼巢，贼闻之惧，退保柘林，坚壁不敢出。"

"四月初八，诸帅扬兵出哨，遇贼，击杀，而覆兵三百。明日，瓦氏侄恃勇独哨，贼复掩击，瓦侄杀六贼而人马俱毙。瓦氏来海上，锐欲建功，数请出战，诸将计议军门，辄以固守为上，多观望不进，致使其侄战死之。"

"二十一日，贼分一支，约二三千，南来金山，白都司率兵迎击，反被围数重。瓦氏奋身独援，纵马冲击破重围，白乃得脱。"（见《倭变事略》）

以上几个史料可以看出，壮、瑶兵在民族女英雄岑瓦氏领导下，英勇奋战，舍身救人，和明朝将士观望不前、见死不救的态度，形成明显的对比！

"初五日，报金山瓦氏兵剿残贼一百五十有奇，则知归贼无几矣。初十日，柘林贼空壁而出，南围金山城，大索瓦氏。缘前战解白都司围，知其骁勇，故欲劫其众也。"（见《倭变事略》）

"又三百余贼，自浙江突入嘉善县治，火民居、漕舸，直奔郡城，又火六里街。值新募狼兵四百人至，遂合战，败之。斩首二十有奇。"（见《靖海纪略》）

自从狼兵岑大寿金山战死后，"瓦氏郁郁不得志，而思归焉"。嘉靖三十四年七月初三日，带领狼兵回广西田州了。

这次抗倭战斗中，湖广土司彭翼南、彭荩臣和田九霄等率领的土、苗、瑶兵，也是自始至终参加战斗，立下了赫赫的战功。

嘉靖三十四年（公元1555年）四月，"三丈浦倭贼分众掠常熟、江阴村镇，兵备任环督保靖兵千余……攻其巢破之。斩首五十余级，烧船三十七只，贼奔江阴"。

同年五月，"柘林倭台新场倭四千人，突犯嘉兴。总督张经分遣参将卢镗等，督狼土兵等水陆路拒之。保靖宣慰司彭荩臣与贼遇于石塘湾，大战，败之。贼遂北走平望，副总兵俞大猷以永顺宣慰司官彭翼南邀击之。"

"宣慰彭荩臣与贼相持十昼夜，贼遁苏州，荩臣及俞大猷、任环合兵追之于陆泾坝，斩首五六百级，兵势稍振。"

由于土、苗兵战功显著，"上命降敕奖励彭荩臣、彭明辅，各赐银二十两，丝一表里，官舍彭翼南，准实授生员，彭守忠给予官带"。巡按直隶御史周如斗，"又言永顺、保靖之兵，屡战多捷，实湖广副使孙宏轼，参议王维洛监督有方，及官舍彭翼南、彭守忠等实心干济，请优赏以示"。（均见《通录》）

嘉靖三十五年正月，"福建倭寇流入浙江界，原任留守王伦，督容美司田九霄等兵，扼之于曹娥江，贼不得渡，还走。官兵追及之于三江民舍，连战，斩首二百级，复追至黄家山，尽歼之"。

二

上面讲的是一些零星战役，下面着重谈一谈王江泾和沈家庄两大战役。

王江泾之战——东南剿倭第一战功。

嘉靖三十二年时（公元1553年），"寇魁徐海、陈东、叶麻据柘林、川沙洼，纵横肆掠，围攻数百里，焚屠殆遍，水陆无敢近者"。（见《通录》）从这里可以看出倭寇的嚣张气焰。三十四年三月，广西田州瓦氏兵到，接着东兰、那地、南丹等广西少数民族军队也陆续到达。张经作了如下部署：以瓦氏隶总兵俞大猷；以南丹、那地、东南兵隶游击邹继芳，以淮师及东莞隶参将汤克宽，分屯金山卫、闵港、乍浦，从三方面包围倭寇，以待永保兵到，发动进攻。赵文华、胡宗宪多次到军门催促张经出战，"檄狼兵剿贼"。张经说："贼狡且众，今檄召四方兵，独狼兵先至耳。此兵勇而易溃，万一失利，即骇远近视听。姑俟保靖、永顺土兵至，合力夹攻，庶保万全。"（赵）文华再三言，经终守便宜不听。"（见《通录》）赵文华暗中给嘉靖一道奏本说："经玩寇殃民，畏倭失机，惑于汤克宽谬言，欲俟倭饱载出洋，以水兵掠余贼报功塞责耳。"（《明史·张经传》）

就在赵文华弹劾张经本章送出后，永顺保靖土、苗兵赶到，当天就有石塘湾的大捷，有力地打击了倭寇气焰。五月十五日，倭寇犯嘉兴，张经遣保靖兵援嘉兴，以永顺兵由柳湖趋平望，以汤克宽引舟师由中路击之，合战于王江泾，由于西南各族狼土兵斗志旺盛，奋勇争先，斩倭首一千百余级，焚溺者甚重。自剿倭以来第一战功。《明史·湖广土司传》是这样记载这次战功的：

> 三十三年诏调宣慰彭荩臣帅所部三千赴苏、松征倭，明年遇倭于石塘湾，大战，败之。贼北走平望，诸军尾之于王江泾，大破之。录功，以保靖为首，敕赐荩臣银币并三品服……以王江泾捷，进荩臣为昭毅将军。
>
> ……
>
> 永顺宣慰彭翼南统兵三千，致仕宣慰彭明辅统兵二千，俱合于松江。时保靖兵败贼于石塘湾，永顺兵邀击，贼奔王江泾，大溃。保靖兵最，永顺次之。帝降敕奖励，各赐银币，翼南三品服……王江泾之战，保靖犄之，永顺角之，斩获一千九百余级，倭为夺气，

盖东南战功第一云。时邀功者方行赏,翼南遂授昭毅将军。已,升右参政管宣慰事,与明辅俱授银币之赐。

就在王江泾胜利的捷鼓声中,昏庸的嘉靖却听了严嵩、赵文华的谗言,逮捕了总督张经。把他杀掉了。

沈家庄之战——倭魁徐海授首。

徐海等一败于陆泾坝,再败于王江泾,遂遁归老巢柘林。不久又犯杭州,烧北关市,加上新倭又渐集陶宅,贼势渐张。嘉靖三十四年七月,赵文华、胡宗宪为了立功显耀,亲自率兵进攻陶宅。现录《通录》中关于陶宅战斗的两段:

> 赵文华以苏松之捷已不得与为恨,见调兵四集,谓陶宅乃倭柘林余孽,可取。胡宗宪因大言寇不足畏,以锐其意。遂悉简浙江精锐,得四千人,文华、宗宪亲将之,营于松江之瓦桥。因约曹邦辅以直隶兵合剿。定期,浙兵分三道,直兵分四道,东西并进。贼悉锐冲浙兵,诸营皆溃,我兵挤沉于水,及踩践死者甚众。指挥邵升,千户刘勋损失军士几千余人。直兵陷贼伏中死者二百余人。由是贼势益炽。

> 浙江兵备副使刘焘,督兵五千余,分三道攻陶宅倭巢。倭二百余来迎敌,诸军望见散走,焘与家丁陆本高等二十余人,各引满(疑为"弓"误)射之。贼不敢逼,焘仅以身免。

以"五千"对"五百",反而"望见散走"。赵、胡败后不久,河湖劲骁将霍贯道、参将宗礼亦被徐海杀死,巡抚阮颚被围于桐乡。胡宗宪一筹莫展,潜然流涕对赵文华说:"河溯之兵战败,我兵皆气夺,莫敢战,东南之事无复可知矣。"(见《纪剿灭徐海本末》)(以下称《本末》)他两人决定一方面继续调兵;一方面对王直、徐海进行怀柔、安抚。胡宗宪说:"直与海虽顺逆不同,其势固唇齿也。直既悔悟,海独不能以大义说之乎?不然。彼贪人也,诱之以利,或可狙其心。闻桐乡城小而坚,缓之数十日,则永保戍兵至,固可破之也。"(见《本末》)。

赵文华、胡宗宪调集主客兵二十余万,四面包围沈家庄,"远者二三十里,近者十余里而阵,然各狃于皂林之败,逡巡而不敢逼。而公(胡宗宪)遣谍羁说贼,亦日夜待永保戍兵至,以决一战也"。(见《本末》)他们盼永保土、苗兵到,真是望穿秋水了。胡宗宪在其《奏捷疏》中也曾这样写过:"此时职等以余倭未歼,永保官兵未至,欲养全力,收功一举。"赵文华、胡宗宪认为对倭魁徐海,"不勒兵诛之他日必为患。计部下尚千余人,猛鸷难即破。永保兵尤迤逦远道未至也"。以二十万众兵力，对付几千倭寇，还必须等永保兵至，赵文华过去曾以这个道理杀掉张经，面对当时的现实，又将做何解释？不久，永保土、苗兵到，胡宗宪就在决战前夕，对主客兵做了一个新的部署：

>……永顺宣慰使彭翼南、游击尹秉衡、守备朱荫，夏时军其西……保靖宣慰使彭荩臣、应袭官带舍人彭守忠（荩臣子）、总兵徐钰、参将唐玉在灞军其东；留守朱仁、王伦统领容美宣抚使田九霄、把总郭儒军其南；镇抚季臣、立功官罗希韩、卢铁军其北……
（见《胡宗宪奏捷疏》）

从以上兵力部署看，除了北方外，其余三面均为土家、苗家兵。后因北方兵较弱，临战前又调"永顺长官汪相、向銮从北；四方放火烧巢。"这就是说，从四个方面进攻沈家庄的，都以土、苗兵为主力。从八月二十日起，发动强攻，采九德在他的《倭变事略》中是这样记述的："二十日，永、保等兵进逼贼巢，擒四贼，俘军门。二十三日，诱斩贼二十余颗。二十四日，军门督诸路主客凡二十余支，围徐海数重，贼发放贡，以银塞贡口。火发，银如星飞，中人、中土、中水，如雨鸣，众皆不能进。二十五日，军门取民家犬数百为舞，被以绒服，以当贡击。复使数十人执火杂于群中，驱之以入。贼但击前犬，不道火已四发矣。焚溺无算、斩获千余。"

另据永、保县志记载：倭寇用鸟铳、拂狼机（火炮之类）击人，无法进攻。土、苗兵用竹牌抵挡火器，暗搭浮桥，顺风放火，并和敌人奋战一昼夜，终于全歼贼。

沈家庄一役，使徐海授首，陈东、叶麻等倭酋伏法，王直势孤，被逼投降。最后斩首于浙江官港口。东南倭乱，初告平定。

在这次平倭战斗中，西南少数民族为保卫祖国不受侵犯，他们千里勤王，团结战斗，还付出了血的代价：广西田州岑瓦氏侄儿岑大寿及头目钟富、黄维，战死金山；永顺土司彭翼南的长官田菑、田丰年和保靖土司彭荩臣的舍把彭翅，由于人地本熟，语言不通，误入贼巢，战死新场。王江泾大捷后，为了使土、苗兵奋勇杀贼，封永保土司为昭毅将军；沈家庄大捷后，论功行赏，"祭海神"的工部侍郎赵文华，加封为太子少保；善用权术的总督胡宗宪，封为右督御史。而披坚执锐，冲锋在前的西南土、苗、壮、瑶、仡佬人民，无毫厘之赏，读史至此，使人不禁拍案而连道不平！

彭秀枢

向王天子考

大庸张家界、桑植天子山和慈利索溪峪，是武陵源风光的重要组成部分，这三个风景区内都有关于"向王天子"的传说，但是三处的向王天子，名字不同，时代各异，事迹却大同小异，故常使旅游采风者扑朔迷离，以致近年来各地报刊有关介绍文章中，众说纷纭。本文拟对此予以缕述辨析，以供有关部门参考。

向王天子三说

桑植天子山的向王天子叫向大坤："向大坤系巴蜀大盘龙洞主，靖安宣抚使向肇云之四子，出生于元致和元年（公元1328年），元至正十七年逃兵燹至龙潭坪……"向大坤于洪武二年（公元1369年），"率土民举起义旗，吹角鸣金，建邦立帝，自称向王天子。此后闯州占县，惊动朝廷"。明太祖派杨璟、汤和、周德兴等率兵万余征剿，向大坤寡不敌众，于洪武十八年三月，退至神堂湾跳崖而死。

这个向大坤来自巴蜀。[①]

索溪峪的向王天子叫向龙："据明朝万历《县志》（疑为万历《慈利县志》）记载：南宋时，索溪峪曾发生过一次颇具规模的农民起义，斗争锋芒直指宋王朝，由土家族猎人向龙三兄弟，率三万豪侠之士，与奉命前来镇压围剿的官兵，开展了艰苦卓绝的斗争，最后由于敌我悬殊，起义遭到失败，当地人民兴建庙宇，立下英雄神位，让英雄业绩千古传颂。"[②]这个向龙是猎户，弟兄三人跳下神堂湾。

张家界的向王天子叫向龙（又名向大坤），时间也是宋朝。他们弟兄三人曾应征讨伐金兵，并立下战功。因遇张邦昌陷害，"他们逃回天子洲，并立即招兵买马，扬旗挂帅。他们摆起签筒、笔架，封侯授将。大哥向龙自称'向王天子'"。向龙所作所为惊动了宋王朝，派杨令婆率"五女出征"。向龙部将中了"美人计"，义军大败，最后兵退神堂湾，以便"东山再起"。[③]

---

① 《桑植县文史资料——天子山》，1984年打印本。
② 《索溪峪传奇》，见《湖南画报》。
③ 《风景明珠张家界》1982年版。

这个故事与索溪峪大同小异，在向龙名字下注上"又名向大坤"，颇有兼采以上两说之势。

可称"向王天子"的向姓蛮酋

历史上的武陵山区是蛮夷地盘，而大庸、桑植和慈利，基本上是向氏天下（也有覃姓、唐姓），其中之著者约略有：

（一）巴务相："巴郡南郡蛮，本有五姓：巴氏、樊氏、曋氏、相氏、郑氏。皆出武落钟离山（今湖北长阳县境内），其山有赤黑二穴，巴氏之子生于赤穴，四姓之子皆生黑穴。未有君长，俱事鬼神，乃共掷剑于穴，约能中者，奉以为君。巴氏之子务相乃独中之……又令各乘土船，约能浮者，当以为君。余姓悉沉，惟务相独浮。因共立之，是为廪君，乃乘土船，从夷水至盐阳。盐水有女神，谓廪君曰：'此地广大，鱼盐所出，愿留共居。'廪君不许，盐神暮辄来取宿，旦即化为虫，与诸虫群飞，掩蔽日光，天地晦冥。积十余日，廪君思其便，因射杀之，天乃开朗。"

这个神话故事见于范晔《后汉书·南蛮西南夷传》，他根据刘向《世本》记载整理而成。从这个故事可以看出：巴务相时代已是父系社会，而盐水女神时代仍处于母系社会；巴务相射杀盐水女神，标志着父系社会取代母系社会；巴务相是从外部进入的部族，而盐水女神却是土著部族，他们融合在一起了。巴务相——廪君是否姓向，说法不一，留待下面再说。

（二）相单程：汉光武帝刘秀扫灭王莽，力图用武力统一全国，以"武陵蛮精夫相单程等大寇郡县"①，派兵遣将，进剿五溪地区。土家族先民在相单程领导下，打退了中央王朝的三次进攻。据《后汉书·马援传》及其他有关史书载，马援自武陵（今常德）督师溯沅江而上，相单程步步为营，据险固守。马援军进至壶头（今沅陵县境），酷暑难当，士卒大疫，陷入绝境。马援听到四面蛮歌，写了一首《武溪深行》：

滔滔武溪一何深，鸟飞不渡，兽不取临，嗟哉武溪多毒淫！

这是绝望的哀鸣。这位东征西剿，所向无敌的名将，终于困死于沅陵。

相单程是武陵蛮酋，或称零阳蛮酋，活动地点是武陵山区，大庸、桑植和慈利，自然是他的管辖范围。

（三）向述：据同治《恩施县志》卷12载："向述，河内郡人，为汉景帝驸马。时巴蛮攻劫，帝以王（即向述）镇秭归。元妃公主刘氏，次妃许氏。王之健将，则许氏兄弟也。王在镇，安攘有功；教养有法，得楚蜀人

---

① 《后汉书·光武帝纪》。

心。生十六子，分十子入衡阳；六子入川，聚桥头分破釜，命各执一片，世守为信。"

从地域上看，向述坐镇秭归，但却分十子入衡阳，今土家族向姓中，也有"分牛角""分瓦盆"的传说。

到了魏晋以后，向氏势力日渐抬头，《魏书·蛮传》中有："逮魏人失驭，其暴滋甚。有冉氏、向氏、田氏者，陬落尤盛，余则大者万家，小者千户，更相崇树，僭称王侯。"以上诸姓，均为土家酋领，而向氏蛮酋计有：

（四）向五子王，据《周书》卷49载，向五子王曾攻陷北周的信州（今四川奉节），又联合冉令贤攻陷白帝城，杀北周开府杨华。北朝先后派开府元契、陆腾等率兵讨伐，由于寡不敌众，向五子王及其子向宝胜均于川东被杀。向氏父子主要活动地点在川东，并靠近鄂西。此外还有"建平蛮"向光侯①、"巴建蛮"向宗头②，以及蛮帅向白虎等③，均称王作号，活动于川、鄂边区。

（五）向子琪：据《新唐书·郗世美传》载，向子琪于唐宪宗时，在溪州（今永顺县境）以众八千，阻山剽劫，结果被黔中经略监察使郗世美所讨平。

（六）向瓌：据《新唐书》卷9、卷186载，石门蛮向瓌于唐僖宗乾符六年起事，杀澧州刺史吕自牧，据石门、澧县、慈利一带，自称"朗北团"军，并先后与武陵蛮、自称"朗团军"的雷满、宋邺等联合，占据武陵山区。向瓌曾"召梅山十峒獠，断邵州道"，④其势力范围已达新化、安化，是土家族人的杰出领袖。

（七）向伯林：据《龙山县志》和《来凤县志》载，向伯林因骨肉不和，投靠江西来的彭瑊父子，并协助彭氏剿灭老蛮头吴著冲于龙山洛塔。彭氏以洛塔之地酬向伯林，伯林遂成为散毛（今湖北来凤土家族自治县）土司之祖。

（八）向宗彦：永顺、龙山和溆浦的《向氏族谱》均有记载，但事实稍有出入。从溪州铜柱镌文看，向宗彦是溪州刺史彭士愁下属，在铜柱上，彭士愁居第一位，向宗彦列第十二位，其官衔是："武安军节度衙前兵马使，前溪州左厢都押衙，银青光禄大夫，检校太子宾客，兼御史大夫上柱国。"

---

① 《宋书》卷96。
② 《南齐书》卷58。
③ 《周书》卷49。
④ 《新唐书·邓处纳传》。

湘西北向姓谱牒和传说中称为"向老官人",与彭公爵主(彭士愁)、田好汉(二耕)为土家族人供奉的三位敬神。

(九)向思胜:《宋史》卷494说他是"溪峒归明蛮",南宋时,活动于慈利一带。史称他"誓掌防拓,率船保境息民",他阻止贼党的剽劫、招复诸山40余栅,使慈利一带百姓安居乐业,故受人敬仰。元至正十二年还有峒长向思永兴起,占据慈利、石门一带,但为时不长。

(十)向大坤及向龙:已见前述,略。

从以上史料可以看出,从东汉到清代这1600多年中,向氏是武陵蛮地区的强宗大姓,故史不绝书。今日大庸、桑植和慈利,同属一个郡县,因此说这一带是向氏的天下,也不算夸张。

需要辩正的几个问题

(一)獽、相、向之间的关系

在上面列举的人物中,出现了"相"姓如相单程和"向"姓如向瑰。实则"向从相出",二而一也。"相"是巴陵郡著姓之一。从《太平寰宇记》清人补卷112说:"巴陵郡四姓;糜、熊、相、猫。"由于"相"与"向"所代表的原是一个音,用汉字纪录的人有人把"相"写成"向"。史学家谭其骧在《近代湖南人之蛮族血统》①一文中认为"相氏疑即向氏"。民族史学家潘光旦认为是"同一土音,前后有两个不同写法"②。这些看法是言之有据的。如果深入往下研究,相姓,向姓又出自襄(獽)人。近人董其祥在其《巴氏新考·巴氏五子姓考》中说:"相氏族,或称獽族,与蜑本族杂居或称獽蜑……獽即巴子五姓的相氏,或作向氏。"又说:"相氏,就是獽人,獽相音互通。"何光岳在他的《相(襄)人的来源和迁徙》③一文中,驳斥了一些史学家把古襄(獽、瀼)人说成是百越系统,论证了"襄人是古羌人一支"。董、何二氏考证翔实,可以信从。故向氏的发展,可用下面公式表示:"襄人—相氏—向氏。"

(二)巴务相姓巴不姓相(向)

关于廪君的姓氏,有说姓相(向),有说姓巴。廪君姓相之说,来自湖北长阳。这是因为廪君源出于长阳武落钟离山。笔者之一曾到巴东、秭归、长阳、恩施等地考察,各地均有向王庙。民间流传着:"向王天子吹牛角,

---

① 《史学年报》第2卷第5期。
② 转引自潘光旦《湘西北"土家"与古代巴人》。
③ 湖南《民族纵横》1986年第2期。

吹出一条清江河。"《长阳县志》载，向王庙"供廪君神像。按廪君，世为巴人立者，特务相为阛圆之主，有功于便，故今施南、归、巴、长阳等处户而视之（疑'户'为'尸'，'视'为'祝'字）世俗相沿，但呼为向王天子"。清代长阳文人彭淑《长阳竹枝词》云：

土船夷水射盐神，巴姓君王旧有名，
向王何许称天子？务相当年号廪君。

李德胜《清江"向王"辨》引资丘向王庙碑说"向王为古廪君"，从而认定"向王即巴人之主——廪君巴务相"。

持"廪君姓巴不姓相"论者，大致有如下几说：邓名世《古今姓氏书辨考》卷30中，"务相，廪君姓务相氏。"谨按《后汉书·南蛮传》："'务相巴氏子'，非以务相为氏，今驳去"①。故何光岳在《相（襄）人来源和迁徙》中认为："相氏并非务相之后，务相姓巴，因此向王天子乃向氏之后，并非务相之后。"彭英明教授在《论湘鄂西土家族"同源异支"》②中说：有的同志认为巴人是廪君后裔，我们觉得是不符合原意的。其实上引原文（作者按《后汉书·南蛮传》）讲得很清楚，巴族并不始于廪君，务相是巴氏之子，在他之前，早已有巴族。所以唐李贤太子注《后汉书》引《世本》曰："廪君之先，故出巫诞也。"他指出了两点：即廪君是巴人后裔，务相是巴氏之子。

我们同意务相姓巴不姓向之说。《后汉书》中指出了巴氏五姓，巴与相姓是其之二，还有曋、樊、郑三姓，如果巴、相二姓合而为一，巴务相姓相，那么就只有四姓，而赤穴巴姓消失了，殊与文义不合。书中两次提出"巴氏之子务相独中之""惟务相独浮"；把姓氏摆在名字之末，在我国更属少见。另外，彭淑《竹枝词》说向王就是廪君，也难解通。这首诗前两句和第四句本于《后汉书》，强调了"射盐神""巴姓君王"和"务相当年即廪君"，表述明确，与文意吻合。问题是如何理解"向王何许称天子"，更要弄通"何许"二字。陶渊明《五柳先生传》中有："先生不知何许人也？"与此句结构颇为相似。北京大学注释的《魏晋南北朝文学史参考资料》把"何许"解为"何处"或"何等"，"何"字显然是疑问代词作定语用。准此，则"向王何许称天子"，只能解成："向王（在）什么地方称过天子

---

① 湖南《民族纵横》1986年第2期。
② 《中南民族学院学报》1984年1期。

（呢）？"如果说这首诗是"对向王天子出自廪君的最好解释"①，只能是郢书燕说，适得其反了。

慎重甄别向王天子人选

在辨证了"襄人—相姓—向姓"和巴务相姓氏之后，我们就可以对桑植天子山上的向王天子进行筛选和甄别了。

天子山上有三座向王庙，对所供奉向王姓名均未具体标明。名山大川修建庙宇，也是常见的事。由于这一带是向氏天下，天子必须姓向，我们认为以下向姓头领应予排除：

（一）向述：他坐镇秭归，虽说有十子入衡阳，但毕竟是传说，这一带早已有相氏先民，他是鄂西的向王或向王天子，而不是桑植的向王天子。

（二）向五子王和他的儿子向宝胜：向氏父子驰骋于川东、鄂西一带，颇有影响，顾祖禹的《读史方舆纪要》卷78说过："向王山，巴东县西北也。"但《长阳县志》对此持否定态度，认为是"悬想，俱无佐证"。他父子是川东土家先民心目中的向王天子，在武陵地区则应排除。

（三）向伯林：他是湖北来凤散毛土司之祖。桑植土司王向仲山，已经建立土司制度，虽属向姓蛮王，由于地域较远，不应是桑植的向王天子。

（四）向宗彦：他是随同彭士愁从江西迁来的，是向姓汉人，他的子孙后代，长时期同土家族人相处，同本地向氏相处，已融合而为土家人，一般在庙堂供奉，只称他为"向老官人"，而未称向王天子。

（五）向子琪：虽在溪州拥众七千，啸聚山谷，因其活动地点在永顺，且为时不长，不足以称向王天子。

（六）向龙：向龙之说未见于史料。明代万历年间的《慈利县志》记载："宋代末年，向氏三兄弟在索水沿岸，聚众造反，自称向王天子……"并未指出头领是向龙；另据《永定（即今湖南大庸）县乡土志》载："明时土司有向天王者，曾不从，官兵往征之，被围困于神堂湾……土人立庙安之。"也没有说明是向龙为首。《湖南日报》在1984年发的文章，认定是元末明初向大雅、向大元和向大坤曾举兵勤王……后向大坤游湖南辰常，吹角齐军，建邦立帝，僭号称王曰向王天子。这与桑植所记大致相同；故向龙之说只好存疑。

人们心目中的向王天子

由于向氏世代居大庸、桑植和慈利一带，后人缅怀先人，崇敬老人，乃

---

① 引自张雄《廪君蛮的发源地及迁徙走向考》，见《土家族论文集》。

至立庙供奉，是可以理解的，故可称为向王天子的，绝非一个时代，一个人物，我们认为下列人物生前或死后可称为向王天子：

（一）相单程：史称零阳蛮或武醇蛮，"精夫"是汉人对少数民族酋长的称呼，他保卫了武陵山区，故后人尊之为向王或向王天子。

（二）向瑰：称石门蛮或武陵蛮，自称"朗白团"军，曾雄踞石门、澧县、慈利一带。

（三）向思胜：称慈利蛮，他保障了慈利一带土家人的安宁，抗击外寇的入侵，深受当地人们的尊敬。

（四）向仲山：元末即授桑植宣慰司，是从三品的第一代土司王，统治桑植三百余年。

（五）向克武：授柿溪宣慰司，第一代土司王，统治柿溪也有三百余年。

（六）向大坤，曾举兵反明，得到土家族人的拥戴。

以上诸蛮酋，或反对外敌入侵，或保障地方安宁，或世为土司酋长，他们极可能成为土家族人心目中的"向王天子"。所以，毋宁说向王天子是一个群体英雄形象。

彭秀枢　刘华

竹枝词的源流

竹枝词是一种别开生面的诗体,对于唐代七言诗和宋代词的形成均有很大的影响,特别是中唐诗人刘禹锡运用这种形式,创作了许多脍炙人口的诗篇,使竹枝词从民间登上了文人学士的诗坛,给诗词创作注入了一股新风。《旧唐书·刘禹锡传》说:"武陵溪洞夷歌,率多刘禹锡之词。"《新唐书·刘禹锡传》也说:"禹锡贬朗州,州接夜郎诸夷,风俗陋甚,家喜巫鬼……作竹枝词十一篇,于是武陵夷俚悉歌之。"究竟是"武陵溪洞夷歌,率多刘禹锡之词",还是刘禹锡的竹枝词学习了"武陵溪洞夷歌"?下面我们想就竹枝词的源流,做些探讨,以求教于方家。

竹枝词的本来面目

唐以前七言山歌被视作蛮夷之歌,不能登大雅之堂,也不为人们所重视,故其本来面目,不为一般人所认识。但在浩如烟海的文献典籍中,有一些记载。在万树的《词律》中,有这样一段记载:

> 竹枝 十四字 又名巴渝辞 皇甫松
> 芙蓉并蒂(竹枝)   一心连(女儿)
> 花侵隔子(竹枝)   眼应穿(女儿)
> 山头桃花(竹枝)   谷底杏(女儿)
> 两花窈窕(竹枝)   遥相应(女儿)
> 又一体 二十八字 孙光宪
> 门前流水(竹枝)   白蘋花(女儿)
> 岸上无人(竹枝)   小艇斜(女儿)
> 商女经过(竹枝)   江欲暮(女儿)
> 散抛残食(竹枝)   饲神鸦(女儿)

赵崇祚编的《花间集》也载有荆南孙光宪竹枝词。

万树在《词律》中,对"竹枝""女儿"作了说明:"他人集中作诗,故未注此四字;此作词律,故加入也。"竹枝词也叫竹枝子。刘逸生《唐诗小札》说:"竹枝子是教坊曲名,后用为词牌,单调十四字,后分平韵仄韵两体。"《词律》中亦有此说。但找到了"竹枝"二字,还显得眉目不清,

"女儿"二字也应有个下落。

北魏郦道元《水经注·江水》曾引过巴东三峡歌三首。这三首巴人渔歌在《古诗笺》（清王士禛选、闻人倓笺）中，都是这样记录的：

《女儿子》二曲《古今乐录》：女儿子倚歌也。

巴东三峡猿最悲，夜鸣三声泪沾衣。

我欲上蜀蜀水难，蹋蹀珂头腰环环。

南朝乐府《西歌曲》亦记有《女儿子》二曲。

这两首是巴人的七言古歌，写的是巴东三峡风光，却标以"女儿子"之名，显得不伦不类，和竹枝词（子）一样，名不副实。我们认为两者都是唱歌时和声，因而兼作曲牌名称。

从以上两例可以看出：竹枝词的最初形式是七言两句十四字的诗体，句句押韵；后来逐渐发展成为七言四句，一、二、四句押韵。它是由一种通俗易懂的民间歌谣发展而成的。它的特点，正如胡震亨《唐音癸签》说的："竹枝本出巴渝，其音协黄钟羽，末如吴声。有和声，七字为句。破四字，和云'竹枝'；破三字，又和云'女儿'。"除"末如吴声"有问题外，其余都说对了。

对于《竹枝》的名称，有人也产生过错误的理解，最显著的是日本汉学家盐谷温，他在《中国文学概论讲话》中说："大概'竹枝'是歌手拿竹枝以取拍子"，"读了这种歌词，颇令人联想到日本的'盆踊风俗'。"他把"竹枝"理解为竹枝做的简板之类的东西，显然是不对的。万树在他的《词律》里对竹枝词有这样的注脚："皇甫子奇，亦有四句体，所用'竹枝''女儿'，乃歌时相随和之声，犹《采莲曲》之有'举棹''少年'等字。"黄遵宪《入境庐诗草己亥诗》云："土人旧有山歌……每一词毕，辄间以无词之声，正如'妃呼豨'，甚哀厉而长。"由于竹枝词是溪洞蛮夷联唱之词，故有"竹枝""女儿"和声，万树、黄遵宪的看法只是谈到和声，不完全符合竹枝词的实际情况。刘逸生在《唐诗小札》中说竹枝词的句法"是上四下三的，上面四字作一顿，注上'竹枝'二字；下面三字作一顿，注上'女儿'二字。'竹枝''女儿'大概是在唱的时候的一种和声吧"。这个见解是对的，比万树、黄遵宪则前进了一大步。

还有人认为竹枝词和金钱板同样都在武陵山区流行，二者同出一源，是朵并蒂花。这种看法值得商榷。让我们把皇甫松的《采莲子》和《金钱板》作一个比较：

采莲子

菡萏香莲十顷陂（举棹），

小姑贪戏采莲迟（少年）。

晚来弄水船头湿（举棹），

更脱红裙裹鸭儿（少年）。

金钱板

打铁打到正月正（里莲里），

正月十五闹花灯（张莲乐、李莲乐）。

打铁打到三月三（里莲里），

三月红花配牡丹（张莲乐、李莲乐）。

竹枝词是上四下三结构，中间用和声，而《采莲子》和《金钱板》却是七字结构，结尾才用和声。因此我们可以肯定地说《金钱板》和吴歌一样是外来的，不是武陵地区土特产，不能鱼目混珠。盐谷温在《中国文学概论讲话》中认为："'竹枝'是巴歌，'采莲子'是吴歌，都属俚谣。"这个见解却对了。

竹枝词产生的地域

《词律》在选录皇甫松竹枝词时，有两条重要注脚：一是"竹枝词，十四字。又名巴渝辞"；一是"竹枝之音，起于巴渝"。这就大略地指出竹枝词产生的地域，但终究比较笼统。下面我们再列举一些史料，以证实这个论点。

晋左思《蜀都赋》："明发而耀歌。"李普注："耀，讴歌，巴人之歌也。"何晏曰："巴子讴歌，相引牵连手而跳歌也。"

晋张华《轻薄篇》："美女兴赵齐，妍歌出巴西。"

宋乐史《太平寰宇记》"巴渠县"条："其民俗，集合则击鼓，踏木牙，唱竹枝歌以为乐。"又卷十三中《开州风俗》："巴之风俗……男女皆唱竹枝歌。"

宋欧阳修《新唐书·刘禹锡传》："每祀，歌竹枝。"

宋郭茂倩《乐府诗集》卷八十一："竹枝本出于巴渝。唐贞元中，刘禹锡在湘沅，以俚歌鄙陋，乃依骚人《九歌》，作竹枝新词九章，教里中儿歌之。由是盛于贞元、永贞之间。"

明胡震亨《唐音癸笺》："竹枝本出巴渝，其音协黄钟羽……竹枝，乐府之名。"

《夔州府志》也记载万州、开州"男女皆唱竹枝歌"。

从以上史料可看出竹枝词本出巴渝。宋朝诗人黄庭坚，曾谪为涪州别驾、黔州安置,在四川涪陵和湖南黔阳做过官。他以亲身经历得出了"竹枝本出三巴,其流在湖湘耳"的结论(见《黄山谷内集》卷一)是有根据的。

竹枝词在唐代早已盛行,一部全唐诗咏到巴歌、竹枝词的地方很多,从这些诗里,也可以看出竹枝词产生的地域范围。

常建《空灵山应田叟》:"牧童唱巴歌,野老亦献嘲。泊舟问溪口,语言皆哑咬。"

韩翃《寄武陵李少府》:"楚歌催晚醉,蛮语入新诗。"

顾况《竹枝词》:"帝子苍梧不复归,洞庭叶下楚云飞。巴人夜唱竹枝后,断肠晓猿声渐稀。"

李益《送人南归》:"无奈孤舟声,山歌闻竹枝。"

白居易《竹枝词》:"瞿塘峡口水烟低,白帝城头月向西。唱到竹枝声咽处,寒猿闲鸟一时啼。"

李玉群《自澧浦东游江表,途入巴丘》:"十年侣龟鱼,垂头在沅湘。巴歌掩白雪,鲍肆埋芳兰。"

崔涂《巴陵夜泊》:"一曲巴歌半江月,便应消得二毛生。"

刘商《秋夜听严绅巴童唱竹枝歌》:"巴人远从荆江客,回首荆山楚云隔。思归夜唱竹枝歌,庭槐叶落秋风多。"

于鹄《巴女谣》:"巴女骑牛唱竹枝,藕丝菱叶傍江时。"

刘禹锡贬谪在朗州做了十年刺史,而朗州一带正是"武陵溪洞夷歌"集中地,在刘禹锡诗中涉及竹枝词的就更多了。

从以上材料看,竹枝词产生地域,大致应包括四川的重庆、奉节、巫山、万县……湖北的秭归、江陵、武昌、恩施;湖南的湘潭、常德、岳阳、沅陵、永顺等地区,这正是古代巴人活动的地方。

竹枝词承袭于《九歌》,源出于民歌

朱自清在他的《中国歌谣》中,认为山歌"就这种体制而论,不能早于唐代,因为唐代以绝句为乐府","我们现在所知道的、最早的山歌是竹枝词,发现的时候,已是中唐,其受七绝影响,似乎是显然的"。朱氏才多识广,但这个结论却是千虑一失。郦道元是北魏时人,他记载的巴东三峡山歌,正是七言山歌,也是竹枝词前期形态。难道中唐的七言绝句,反而影响到北魏时山歌——女儿子、竹枝子吗?朱氏又说:"巴渝与《西曲》盛行的荆、郢、樊、邓等处相近,疑竹枝颇受《西曲》或吴歌影响。"关于《竹枝词》与《吴歌》的不同,已如上述。至于竹枝词和《西曲》的关系,应当说竹枝词是《西曲》的"长辈",谈不上受《西曲》影响。如果竹枝词受过影响，那只能是受楚辞的影响，它承袭于《九歌》。《西曲》虽然产生于荆、郢、樊、邓，但这里都是六朝的商业重镇，这种歌多是城市产物，未能反映广大农村面貌，难免有小市民低级趣味，是一种"都市之歌"，不能和竹枝词"乡土歌谣"等量齐观。

近代文学史书籍中，在谈到现实主义时，总认为自《诗经》到《楚辞》到《汉乐府》到《南北朝乐府》是一脉相承的。对于这样"诗变"和"承袭"公式，我们不敢赞同。

一切文学艺术产生于劳动，诗歌是劳动的最初产物。楚国僻处于长江沿岸，所谓"荆蛮"是这个地区十多个族群的共同泛称。这里的生活习惯、语言系属和中原各国有着性质上的差异。当楚国在周朝完成对长江地区兼并和支配之后，就逐渐向北方扩张。春秋二百年间的争霸战争，实际上是楚与齐、晋争夺诸侯领导权的问题。因此楚国在军事上、文学艺术上有其较为完整的体系。巴人也是南方蛮夷，在楚文化中有着重大影响，特别是地处江南沅湘间少数民族的风俗、习惯，更富有奇特的文艺色彩，有不同于黄河流域汉民族的风格。

我们认为北方最早民歌的基本形式是四言，以《诗经·国风》为代表，主要产地是黄河流域，产生时间是西周到东周年间。而东周的"风"最有价值；南方民歌基本形式是七言，以屈原根据民间祭祀歌谣加工创作的《楚辞·九歌》为代表，主要产地是巴渝沅湘。《九歌》产生时间可推溯到夏代，而巴人歌舞在周武王伐纣时就出现了。南方蛮夷有语言而无文字，故有歌而无文。不能设想不同的地域，不同的民族，不同的语言，一字不识的渔夫、农奴（民）去学习和继承《诗经》传统。真谓"君处北海，寡人处南海，唯是风马牛不相及也"。又怎能在文学上发生承袭关系呢？

我们说竹枝词承袭于《九歌》，是因为这种巴人之歌在楚文化中占有重要地位。《文选》中有一段宋玉《对楚王问》："客有歌于郢中者，其始曰下里巴人，国中属而合者数千人，其为阳阿、薤露，国中属而合者数百人，其为阳春、白雪，国中属而合者不过数十人。"据专家研究，下里和巴人，是两个少数民族。这段话说明了战国时期，巴人之歌在楚国都城早已普遍流行了。这个巴人之歌，就是竹枝词的前身。

我们说竹枝词承袭于《九歌》，而不说承袭于《离骚》，是因为《九歌》产地是"楚国南郢之地、沅湘之间"（王逸《楚辞章句》），而竹枝词产地，也是"始于三巴，流于沅湘"。就其内容来说，《九歌》是祭神的歌词，而竹枝词则发展成为祭神时"娱神"之词，尔后更发展为"娱民"之词了。就其构成形式来说，《九歌》和竹枝词有相似之处。

马茂元在《楚辞选·前言》中说："唐朝以后，文人根据各地民歌俗调而改写出来的竹枝词极为盛行。其中也出现了不少脍炙人口的优秀作品。它创始于刘禹锡……刘氏在诗歌创作上，之所以能够从民间文学里发现新的泉源，是直接受到屈原的启发的。而他的竹枝词的语言风格，也能继承《九歌》精神，获得很大成就。"这段话，把《九歌》与竹枝词的关系，竹枝词对七言诗的影响，刘禹锡在竹枝词这一文学式样中的作用，讲得一清二楚了。

有些人也可能认为《九歌》用"兮"，竹枝词用"竹枝""女儿"，形式上不那么惟妙惟肖。要弄清这个问题，首先应当知道《九歌》与竹枝词都是产生于少数民族地区，是把少数民族语言译成汉语的。《南齐书》指出少数民族"种类繁多，语言不一"。楚人把奶汁叫"谷"，把老虎叫"於菟"（见《左传》宣公四年），巴人把老虎叫"李耳"（见扬雄《方言》），蛮人把鱼叫"䐁隅"（见刘义庆《世说新语》）。一直到现在，楚辞中一些词的解释还不确切、一致，有些词如"濯发""洧盘"等，还没找到正确的解释，就是因为它们是少数民族的古老语言。

其次，一种文学艺术式样，是逐步演变而成的。从《诗经》四言诗到汉魏五言诗，从《九歌》到竹枝词，也有其演变、发展过程。它们只能"近似"，不能"酷似"。余冠英在《汉魏六朝诗论丛》中，对《九歌》是七言所自始这个论点有异议，就是没有从民族学这个角度、没有从发展观点看问题。余氏所举的《成相辞》以及七言诗作者东方朔、刘向的诗，也并不和唐代的七言诗"酷似"。《楚辞》中一些没有实际意义的语气词如"兮""些""只""羌"之类，出现的部位各不相同，代表着各民族的地方特征和情调。忘记了《楚辞》中的一些篇目是少数民族的民间创作，是无法解释《楚辞》与《九歌》的。这一点，应引起训诂学家的重视。

唐杜佑《通典》卷一百四十五记出产于巴蜀的《巴渝舞》时说："舞曲有矛渝、安台、弩渝、行辞，本歌曲有四篇，其辞既古，莫能晓其句度。"为什么"莫能晓其句度"？就因为是巴人的语言，巴人的歌词。刘禹锡在其《竹枝词并序》中说："聆其音……虽伧伫不可分，而含思宛转，有淇濮之艳。"竹枝词在未改写、翻译前，也是"伧伫不可分"的。朗州是武陵蛮所在地，夔州是巴人根据地，"伧伫不可分"是必然的。

竹枝词是土家族的艺术瑰宝

湖南、湖北是楚国的属地，习惯称为"蛮"或"荆蛮"。这个蛮应该是广义的，它包括今天的土家族、苗族、瑶族、黎族、侗族、壮族等十几个兄弟民族。楚国有这么多的民族，为什么说竹枝词是土家族先民创造的艺术珍品呢？

土家族是一个古老的民族，自称"毕兹卡"。土家族这个名称是外铄的，它有一个"由巴而夷，由夷而蛮，由蛮而土"的大致发展过程。土家族和古代巴人有过关系。新石器时代居住在龙山里耶、泸溪浦市等地的土著先民，同秦人灭巴后流入五溪的巴人融合，形成了今天土家族的先民。

唐人《十道志》云："楚子灭巴（应为秦灭巴），巴子兄弟五人流入黔中，汉有天下，名曰酉、辰、巫、武、沅等五溪，各为一溪之长，故号五溪。"类似记载，还可以在唐李吉甫《元和郡县志》，宋晏殊《类要》、罗泌《路史》、王应麟《通鉴地理通释》中找到，应该是可信的。由于巴人流散逃亡，荆、襄、武陵、洞庭一带出现巴歌——竹枝词，就可以理解了。

唐时武陵、朗州、夔州等地区盛行"赛神"活动，人们一边舞蹈，一边唱竹枝词。刘禹锡有诗纪其事，《阳山庙观赛神》（又名《风门山》）说：

荆巫默默传神语，野老婆婆启醉颜，
日落风生庙门外，几人连踏竹枝还。

刘禹锡《竹枝词并序》中还说："岁正月，余来建平，里中儿联歌竹枝，吹短笛，击鼓以赴节。歌者扬袂睢舞，以曲多为贤。"这些情景和今天还流行于土家族地区的摆手舞（社巴舞）、摆手歌（社巴歌）极相似。社巴歌大约就是从竹枝词发展演变而来的。

请看永顺土家族摆手时唱的社巴歌：

好田好土（吔吔嗬嗬吔）不用肥（吔嗬嗬）
好男好土（嗬嗬吔）不用媒（吔嗬嗬）
多个媒人（吔吔嗬嗬吔）多张嘴（吔嗬嗬）
媒人嘴里（嗬嗬吔）出是非（吔吔嗬）

竹枝词的结构是□□□□（和声）□□□（和声）形式，在土家地区的歌谣（包括社巴歌）中，也是这种结构。如流传在永顺、龙山一带的民歌：

初三初四（哟啊）月不圆（唉）
葡萄不熟（哟啊）味不甜（啊）
火烧芭茅（哟啊）心不死（唉）
不见情郎（哟啊）心不甘（啊啊）

湖北《采龙船调》：

采龙船（哟嗬哟）一丈三（呀嗬嗨）
我与大家（呀喂子哟）拜新年（划着）

湖北鹤峰山歌：

　　　　大路堂堂（哟）无岩铺（啰）
　　　　好姐未配（哟）好丈夫（啰）
　　　　鲜花插在（哟）牛屎上（啰）
　　　　可惜胡椒（哟）香狗肉（啰）

　　这些山歌虽不用"竹枝""女儿"做和声，但其结构形式，则与竹枝词完全一样。可见竹枝词是从土家族先民歌谣中衍生出来的，与土家族山歌一脉相承。

　　土家族地区是山歌的海洋，也是竹枝词的故乡。改土归流后，各地修的府志、县志和古籍散本中，人民性、现实性和艺术性强的竹枝词，有二百余首。

　　土家族地区的竹枝词，以清新爽朗的情调，响亮和谐的韵律，质朴明快的笔触，借助于赋、比、兴手法，描写风土人情，抒发生活中的真实感受，表现了男女之间真实的爱情。它来自民间，但又经过文人的加工、润色。它多采白描手法，不用典故，文字通俗流畅。它脱胎于民歌，风格又近于民歌，这就是土家族地区竹枝词的特点。

竹枝词的影响和发展趋向

　　用竹枝词写诗，虽不始于刘禹锡，但刘禹锡没有封建士大夫偏见，他在朗州十年，学习民间歌谣，说民歌"虽俗谣俚音，可俪风什"（《上淮南李相公启》）。以他当时的社会地位，文学上的既有成就，他采用竹枝词这一新颖形式抒情写意，对后来诗歌发展产生了很大的影响。当时就有白居易、刘商作竹枝词，宋代的苏轼、黄庭坚、陆游、叶适，元代杨廉夫，明清以来的吴伟业、郑板桥、纳兰性德等，都写有竹枝词诗篇。以地方名称问世的有《北京竹枝词》《上海竹枝词》《长沙竹枝词》《湘潭竹枝词》《黔苗竹枝词》《长阳竹枝词》《溪州（永顺龙山）竹枝词》……鲁迅在《门外文谈》中指出："唐朝的《竹枝词》《柳枝词》之类，原都是无名氏的创作，经文人的采录和润色之后，流传下来的。这一润色流传固然流传了，但可惜的是一定失去了许多本来面目。""失去本来面目"一语切中文人写竹枝词之弊。从顾况到白居易，因为他们贬谪到"巴山楚水"，使他们"忧谗畏讥"，听到了巴人之歌，只知其"含思宛转""中黄钟之羽"，由于"伦仃不可分"，把歌咏地方风土人情，男欢女恋的民间歌谣，通通理解为悲歌哀调。竹枝词来自民间，反映劳动人民生活面貌、思想感情，有浓厚的乡土气息和神话色彩，如果用以抒发士大夫的感伤情绪，显然是把竹枝词引入歧路，使其面目全非。

　　有的人对"竹枝"二字是歌唱和声理解不够，因而把"竹枝"当成竹制的、用以合拍的东西，详见上文。由于竹枝词影响大，故又由此而派生出来了一些"木"名加"枝词"的新词。如刘禹锡写过《杨柳枝词》二首，白居易写过八首。现各录一首：

> 迎得春光先到来，浅黄轻绿映楼台。
> 只缘袅娜多情思，便被春风长挫摧。（刘禹锡）
> 六么水调家家唱，白雪梅花处处吹。
> 古歌旧曲君休听，听取新翻杨柳枝。（白居易）

从白居易的诗可以看出《杨柳枝词》是新翻、新创的。《词律》中记温庭筠《柳枝词》一首，录如下：

> 杨柳枝　二十八字即柳枝
> 馆娃宫外邺城西，远映征帆近拂堤，
> 系得王孙归意切，不关青草绿萋萋。

万树在书中加了一个重要注脚："即七言绝句，平仄失粘不拘皆韵柳之词也，不比'竹枝'泛用。"这说明标"柳"以咏"柳"。

后唐牛峤去"杨"字以《柳枝词》名诗，计二首录一首：

> 吴王宫里色偏深，一簇纤条万缕金，
> 不愆钱塘苏小小，引郎松下结同心。

宋代叶适作《橘枝词》五首，记永嘉风土录一首：

> 密满房中金作皮，人家短时挂疏篱，
> 判霜剪露武船去，不唱杨柳唱橘枝。

（引自《水心集》）

竹枝词派生了《杨柳枝词》《柳枝词》《橘枝词》外，还有"前清顾涑圆作《桃枝词》。最近又有人作《桂枝词》《松枝词》，又有人记日本风俗作《樱枝词》。大概凡是木名，无不可以袭用"（引自《中国民歌研究》）。

楚屈原作《九歌》九篇，唐刘禹锡作《竹枝词》九篇，清黄遵宪也录过山歌九首。从这个文学上常用的"九"字，也可以看出一种承袭关系和作者意图。

黄遵宪不袭用《竹枝词》《莫徭歌》《蛮子歌》之名，而直接名之为《山歌》，名称上虽有区别，实际和竹枝词是一样的，颇有"诗歌革命"先驱的气派。他为民间歌谣闯开了一条新路，指出竹枝词这类民歌体的发展趋向。现录几首：

> 人人要结后生缘，侬只今生结目前。
> 一十二时不离别，郎行郎坐总随肩。

催人出门鸡乱啼，送人离别水东西，
挽水西流想无法，从今不养五更鸡。

邻家带得书信归，书中何字侬不知，
等侬亲口问一问，问他比侬谁瘦肥？

　　把这几首山歌标以《竹枝词》之名，又有何不可呢？土家族地区的竹枝词，随着时代变迁，也的确起了变化。1949年以后由于土家人民得到了翻身和自由，竹枝词的欢快的情调更浓了。我们可以预言，竹枝词与今天的山歌将合二为一，成为土家族人民抒情致意最生动的歌谣形式，这就是竹枝词今后发展的趋向。

　　毛泽东在给陈毅的信中说过这样几句话，谨录如下，以当本文的结论：
　　"将来的趋势，可能是从民歌中吸取养料和形式，发展成为一套吸引广大读者的新体诗歌。"这是竹枝词的既有趋势，也是新诗歌的将来趋势。

彭秀枢　彭南均

（1981年3月15日初稿　1982年3月27日修改）

《桃花源记》是武陵蛮生活的缩影

陶渊明《桃花源记》(并诗)(以下简称《桃花源记》)问世后,引起了历代学者的兴趣,著文吟诗,可谓连篇牍。尽管聚讼纷纭,但综合起来,仍不外乎如下几点:

一是把桃花源说成"仙境"或"仙窟"。唐王维《桃花源行》云"初因避秦去人间,更闻成仙遂不还",就把它说成"仙境"。唐刘禹锡在桃花源所在地朗州(今常德)作太守十年,写了《桃花源一百韵》,则把它说成"仙窟"。仙窟之说,唐代韩愈、宋代苏轼早已对此提出质疑。①

一是把桃花源说成是虚构的"乌托邦"。宋洪迈在他的《容斋随笔》中说:"桃花源以避秦为言,乃写意耳。"他引了宋宏仁的诗,大略是:"靖节先生绝世人,奈何记伪不考真。先生高步窘末代,雅志不肯为秦民,故作斯文写幽意,要似寰海离风尘。"梁启超在《陶渊明文艺及其品格》中说:"这篇文章的内容,我想取它一个名,叫东方的utopia(乌托邦),所描写的是一个极其自由平等之爱的社会,荀子所谓'美恶相乐',唯此足以当之。"

一是把桃花源说成是北方的"坞壁生活",陈寅恪在《魏书·司马叡传江东释证及推论》中说:"江左名人陶侃。陶渊明亦出于傒族。"他在《桃花源记旁证》中说:"陶公与征西将佐本有雅故,疑其间接或直接得知颜廷之等从刘裕入吴途中之见闻,《桃花源记》之作,即取材于此也。"②余冠英在《汉魏六朝诗选》中说:"陶渊明桃花源的描写,也许是将当时坞壁生活理想化的结果。"

一是把桃花源说成是反映原始共耕制的。逯钦立在《关于陶渊明》一文中,同意了陈寅恪的陶渊明的傒族说,但在分析了江州、荆州的情况后,认为桃花源内人人劳动,共同耕种。不同于封建社会的主佃关系,就是"虽有父子无君臣"③的原始共耕制。

---

① 韩愈《桃花源图》:"神仙有无何渺茫,桃源之说成荒唐。"苏轼《和桃花源诗序》:"世传桃源事,多过其实……又云杀鸡作食,岂有仙而杀者乎?"
② 《清华学报》1934年第1卷第1期。
③ 王安石《桃花源行》。

我认为陈、逯二氏从当时少数民族现实情况研究《桃花源记》，较前面诸说，前进了一步，具有创见，但亦有偏颇之处。陈氏虽第一次提出了陶渊明是少数民族——傒族，但把桃花源这一特定的地点移到相距千里的弘农、上洛，与"避秦"生硬挂钩，而忽略了武陵蛮的存在；逯氏强调了民间传说，却仍把桃花源说成"乌托邦"，也忽略了武陵蛮的现实生活。

我认为研究古典文学，必须如鲁迅说的："倘要论文，最好顾及全篇，并且顾及作者的全人，以及他所处的社会状态，这才较为确凿。"①如果采取绝对化，一刀切，均不能窥一部名著的全貌。

陶渊明的身世与武陵蛮有较密关系

根据《后汉书·南蛮传》和南朝诸史，南方民族主要有如下几支：

"荆雍州蛮……分建种落，布在诸郡县……所居多深险，居武陵者有雄溪、樠溪、辰溪、酉溪、舞溪，谓之五溪蛮。"②

"豫州蛮者，廪君之后……酉阳有巴水、蕲水、希水、赤亭水、西归水，谓之五水蛮。"③

"湘州界零陵、衡阳等有莫徭蛮者，依山险为居，历世不宾服。"④ "长沙郡又杂夷蛮，名曰莫徭，自言其祖先（盘瓠）有功，常免徭役，故以为名。"⑤

此外，还有山越人，活动于会稽一带，属于越族。⑥傒人，居住在江西南部和广东曲江一带。⑦

由于蛮族众多，故在襄阳和江陵设置"南蛮校尉"和"宁蛮校尉"。武陵蛮主要地区分布在沅水流域。以今日的尚存民族来说，即湖北西南部和湖南西部的土家族、苗族、侗族、瑶族等少数民族。

我们知道，陶渊明出生地江州，本属半开化的蛮区，不少专家认定他是傒族。他本人二十九岁时，曾任江州祭酒，又曾在荆州刺史南蛮校尉桓玄手下当过幕僚，从《辛丑岁七月赴假还江陵夜行涂口》诗中的"不为好爵萦"看，他当时职位不算低。刘裕讨桓玄后坐镇荆州，陶渊明为其参军，后

---

① 鲁迅《且介·杂文三敌·题未定草（七）》。
② 《宋书》卷97。
③ 《宋书》卷97。
④ 《梁书·张缵传》。
⑤ 《隋书·地理志》。
⑥ 《陈书·世祖本纪》。
⑦ 《南史·胡谐之传》。

又为江州刺史刘敬宜参军,作理蛮工作。南蛮校尉府内的参军们个个是"通蛮情、晓蛮俗、习蛮语、智勇可任者"①。《世说新语》卷七就记有郝隆用蛮语写诗有"娵隅跃清池"句,因蛮人呼鱼为"娵隅"。陶渊明(族)曾祖陶侃,是傒族人,曾任荆江州刺史,长沙郡公、温峤侮称他为"傒狗",陶侃任过南蛮校尉,坐镇荆、江两州,一直与武陵人打交道。从《宋书·陶渊明传》知其祖父陶茂,曾为武昌太守。《归去来兮辞序》知其程氏妹下嫁武昌,死于武昌。②从《祭妹文》看,母亲又死于江陵。③这些情况说明,陶渊明一直与武陵蛮有交集,对武陵蛮的情况十分熟悉。因此,如果我们读《桃花源记》,联系当时武陵蛮的社会情况,并结合作者本人的思想实际,那么,我们就不会认为桃花源的人物和情节,是作者凭空虚构的,而是有一定现实依据的。

汉人进入武陵蛮地的艺术反映

魏晋南北朝是民族大迁徙、大融合时期。建安七子之冠冕王粲,有"复弃中国去,委身适荆蛮"句说明他进入蛮地。孙吴政治家鲁肃认为"江东沃野千里,民富兵强,可以避难",④举族进入南方。到东晋时,由于两晋覆亡,中原丧乱,东晋王侯、富户、市民大批南迁。故《晋书·食货志》说:"建安初,关中百姓流入荆州者十万余家",《晋书·刘胤传》说:"自江陵至于建康三千余里,流入万计,布在江州。"这样,当地蛮民有的被融合,有的被迫迁往南方山区。

荆、江二州既是政治中心,也是《后汉书·南蛮传》中廪君蛮、武陵蛮、莫徭等蛮聚居区。《魏书·僭晋司马叡传》就如实地反映了这一情况:"中原冠带,呼江东元人皆为貉子,若狐貉类云,巴、蜀、蛮、僚、傒、俚、楚、越、鸟鸣禽呼,语音不同……江山辽阔将数千里,叡羁縻而已,未能制服其民。"从这段史料可以看出:来自北方的流民歧视土生土长的蛮民;蛮民种类很多,语言不通;东晋司马氏王朝,对辽阔的蛮疆实行羁縻政策,荆、江二州是军事重镇,东晋军阀王敦、庾亮、陶侃、桓玄和刘裕,先后盘踞在这里,由于军阀混战,而"江州以一隅之地,当逆顺之中,自桓玄

---

① 陶渊明《命子》。
② 陶渊明《归去来兮辞序》。
③ 陶渊明《祭程氏妹妹》。
④ 王粲《七哀诗》《三国志·鲁肃传》。

以来，驱蹙残败，乃至男不被养，女无匹对，逃亡去就不避幽深"。①荆州方面，由于"蛮民归附者，一户输谷数斛，其余无杂调，而宋民赋役严苦，贫者不复堪命，多逃亡入蛮"②。

这样，"逃入蛮中"成了魏晋以来的常见现象，逃入的有商贾、仕官、王侯子弟。《宋书·沈攸之传》记有隋郡人双秦真逃亡，"单身走入蛮"，因其母乎累，"乃出自归"。《宋书·张敬儿传》记有雍州刺史张敬儿之弟恭儿，逃入蛮中，"后（自）首出"，最著名的入蛮事件算东晋桓诞，据《魏书·蛮传》记载："诞字天生，桓玄子也，初，（桓）玄西奔，至枞迴州被杀，诞时年数岁，流窜大阳（沔水一带）蛮中，遂习其俗，及长，多智谋，为群蛮所归"，今天湖北恩施县，还有个"施王屯"遗址。《恩施县志》对此有较详细的介绍。

《桃花源志》《桃源县志》《常德府志》都记有进入桃花源的人叫黄道真，而这个黄道真又与《宋书·沈攸之传》中隋郡人双秦真名字字音很接近。此外，还有王质遇仙的故事，还留下烂柯的传说。

这样大量的奇异故事传说和大量的汉人进入武陵蛮地的事实就为陶渊明构思《桃花源记》中的渔人进入桃花源提供了原始素材。

武陵蛮现实生活的缩影

武陵山区，《禹贡》中属荆州之域。春秋属楚，秦为黔中郡，汉改武陵郡，《史记》称西南夷。《宋书》及《南史》称荆州蛮。

据这里发现的新石器时代遗址，说明这里早就有了土著先民。

历代史上出现的武陵蛮酋有田疆、覃健儿、相（向）单程、谭戎、田思飘、向瑰等。

东汉初年，在武陵蛮领袖相（向）单程领导下，曾打退刘秀大将马援的入侵，使马援一筹莫展，进退维谷。马援在壶头（今沅陵境内）写了一首《武溪深行》：

滔滔武溪一何深，飞鸟不渡，兽不敢临，嗟哉武溪多毒淫。③

这个不可一世的伏波将军，就死在沅陵二酉山。这段史实说明武陵蛮早已存在于武陵地区。

这里是个"九山半水半分田"的山区，其经济发展情况的史料不多。

---

① 《晋书·刘毅传》。
② 《宋书·荆州蛮传》。
③ 《后汉书·马援传》。

《永顺县志》有"鸿蒙未辟,狉狉榛榛"。"喜渔猎,不事商贾。"到了后期,"畴事开垦,火种刀耕,人稀土旷,万汇并生,茶叶赉布……桃渔桑鵰,梗楠梓杞,麻麦稻粳"。已由渔猎生产进入农业生产,秦惠王并巴中后,虽将此地改为黔中郡,但因鞭长莫及,只好仍"以巴氏为蛮夷君长"。岁进"赉布"及"鸡羽"。① 东晋时,生产方面还是"有水田,少陆种,以网罟为业"②。唐朝常建《空灵山应田叟》诗:"湖南无村落,山舍多黄茅。淳朴如太古,其人居鸟巢。牧童唱巴歌,野老亦献嘲。泊舟问溪口,言语皆哑咬。土俗不尚农,岂暇论肥饶?莫傜射禽兽,浮客烹鱼鲛……"③ 从以上资料可以看出:武陵蛮有的仍刀耕火种,有的过着渔猎生活,有的已能生产"㟏布""赉布"。这里已近似"童孺纵行歌,斑白皆游诣",过着自给自足的生活。

由于这里"深山重阻,人迹罕至",故统治者只好实行一种"安抚""羁縻"政策。《后汉书·南蛮传》说武陵蛮"以先父(盘瓠)有功,母弟(高辛)之女,因作贩贾,无关梁符传租税之赋"。如果把蛮区和汉区进行比较,那么明显地可以看出蛮区和汉区形成两个世界、两种情况:蛮区宁静,汉区纷嚣;蛮区和平,汉区争战;蛮区富饶,汉区贫困;蛮区淳朴,汉区诈伪;蛮区无杂税,汉区赋役严。这样,蛮区自然成为人们向往的"乐土",也就是"世外桃源"了。所谓存在决定意识,于此得其验证矣!

我们看陶渊明《桃花源记》中描写的"世外桃源"吧:

土地平旷,屋舍俨然,有良田美池桑竹之属;阡陌交通,鸡犬相闻。其中往来种作,男女衣着,悉如外人;黄发垂髫,并怡然自乐。

多么自由,多么安宁的一个所在呀!这正是当时蛮区生活的写照,蛮区所在武陵地区气候温和。物产丰赡,求生至易,既得天时,又得地利,加之无军阀混战之局面,因而兼得人和,这种气氛,孕育了蛮区人民具有一种初民的天真,人类童年时代的稚意,富于想象。这里是一种自给自足的经济,无须向外扩张。这些情况就造成了《桃花源记》的浪漫氛围,也就产生了其中的那种自由、安宁环境的描绘。其实,这并非陶渊明自作聪明,肆意虚构,而是对当时蛮区少数民族生活的如实描绘,只因千载以后的人没摸清个中底蕴,因而才给它披上所谓幻想、虚构的浪漫面纱!其实靖节先生何曾随

---

① 《文献通考》。
② 《晋书·司马叡传》。
③ 《全唐诗》第二函第十册。

意浪漫呢？现实的蛮区生活是这样浪漫、传奇、富于诗意，他就摄下了这个民俗镜头而已。

陶渊明哲学思想的反映

魏晋南北朝之世，正是儒家、道家、佛家各种思潮矛盾斗争之时。陶渊明是反对佛教成佛成仙，坚持李道家自然观的。这是因为道家思想的产生，与南方的自然环境有重要关系。道家先驱人物老子、庄子，均受南方文化影响，陶渊明生长于少数民族地区，他在义熙元平（公元413年）写成《形影神》诗，就是针对庐山和尚慧远《形影不灭论》谬论而发的。

对于陶洲明哲学思想，历来争论很大。我认为他肇始于儒学，皈依于道家。他早期向往儒学，从他的诗文中可得到印证："少小罕人事，好游在六经"，"奉上天之成命，师圣人之遗书"（《感士不遇赋》），"先师遗训，余岂之坠"（《荣木》）。他曾在桓玄、刘裕和刘敬宜属下当过"祭酒"和"参军"，早期有"帮有道则仕"（《论语·卫灵公》）的入世思想，后来由于门第不高，官场丑恶，感列"帮无道则隐"，故由"入世"而"出世"，皈依道家了。[①]

他的《桃花源记》正反映了他的哲学思想发展过程。我们下面就联系《桃花源记》的文诗来具体谈谈。

"荒路暖交通，鸡犬互鸣吠。"显然源于《老子》的"邻国相望，鸡犬之声相闻"；"相命肆农耕，日入从所憩"，是"日出而作，日入而憩"（鲍敬言《抱朴子》）的变相说法；"童蚕收长丝，秋熟靡王税"，是"无君无臣"（《抱朴子》）的体现；"童孺纵行歌，斑白欢游诸"，是"安居""乐俗"（《老子》）的反映；"怡然有余乐，于何劳智慧"，正是道家"智慧出，有大伪""绝圣弃智"（《老子》）的再现，"贤者避其世"虽源于孔丘的"贤者避世，其次避地"（《论语·宪向篇》），但实际避世者是道家而非儒家。

《桃花源记》不仅表现了陶渊明皈依道家，也表现了他曾受儒家影响的痕迹。文中的武陵渔人、太守，南阳刘子骥都希冀找到那失去的桃花源，这正是老庄寻求"小国寡民"思想的反映，是出世思想的折光。但是，陶渊明笔下的桃花源，其中的人却不是"无为"的，而是"世入"的，所以"往来种作"，不是"鸡犬之声相闻，老死不相往来"（《老子》），而是见来

[①] 傅东华提出陶渊明思想与列子有关（见《陶渊明诗》）因在六朝列子思想影响不大，故本文略而不提。

了渔人，"便要还家"，"村中闻有此人，咸来问讯"。这种入世情状的描绘，固然主要是因为作家真实地反映了武陵蛮的现实生活，但亦多少表现了他曾受过儒家入世思想的熏陶。

综上所述，我认为《桃花源记》的作者陶渊明出生于少数民族地区，本人是少数民族，又多次在南蛮校尉府当幕僚，熟悉武陵蛮的情况，这就为写作提供了主观条件。而当时大批汉人进入武陵蛮地就为《桃花源记》的整体构思——即渔人进入桃花源这一情节提供了原始素材。至于当时的武陵蛮族的那种传奇式的、神话般的、浪漫的生活，则为《桃花源记》的创作提供了现实题材。这两者总括起来就是《桃花源记》的社会基础。它否定了传统的说《桃花源记》中写桃花源是出于作者主观的幻想的说法。另外，从《桃花源记》的思想基础主要是道家的"小家寡民"思想，作者思想肇始于儒学，终皈依于道学。

〔土家族〕彭秀枢

《九歌》是沅湘间少数民族的祭歌

彭秀枢　吴广平

先秦时代，沅湘之间，即为百濮、三苗、巴人交错杂居之地，《九歌》是产生在沅湘间少数民族活动的地方。《汉书·地理志》曰："楚人信巫鬼，重淫祀。"巫风浓烈的地方，必然歌舞盛行，巫以歌舞娱神，歌必有辞，因之形成巫觋文化。《九歌》正是巫觋文化的产物。《九歌》里所祭的神祇，都是用沅湘之间少数民族所习惯称谓的名称。《九歌》之名，早已有之，屈原作品中提到的《九歌》，与《山海经·大荒西经》说法是一致的。透过这些文献，可以初步断定：九歌在夏启时代，已流传开来，后来为巫觋娱神的祭歌。从《九歌》产生之日起，到屈原南行至沅湘各地时，《九歌》在沅湘少数民族文学中不断丰富、发展。《九歌》格调绮丽清新，语言轻松活泼，没有屈赋那种忧愁幽思的情韵。《九歌》是把神世的活动人化，而屈赋则是把人世的活动神化。《九歌》不类于屈赋，还可以从句式上看，《离骚》上的诗句"兮"字均用于句尾，而《九歌》"兮"字用在句中。另外，《九歌》无"乱辞"，体制短，这正是民间歌谣的特色。屈原南行至沅湘，始对其发掘、整理和加工，使这流传在沅湘间少数民族地区的祭歌能保存至今。

（摘自《吉首大学学报》1985年第4期，全文6000字）

试论墨家思想及其当代意义

——兼及儒墨两家思想比较

在改革开放、科技兴国的今天,有必要对我国宝贵的文化遗产之一的墨家学说,进一步深入研究,取其精华,去其糟粕,为我国现代化建设服务。

一、导言

"打倒孔家店!"是五四运动最响亮的口号之一。毛泽东在《新民主主义论》中,做过明确评价:"五四运动的杰出历史意义,在于它带着为辛亥革命还不曾有的姿态,这就是彻底地不妥协地反对帝国主义和彻底地不妥协地反对封建主义。"这是一场反帝、反封建和倡导民主、科学的运动。儒家倡导的封建礼教,成为众矢之的;而墨家学说反而身价百倍,奉为"国学"。五四运动激进领袖陈独秀将墨子称为"国学",他说:"墨子兼爱,庄子在宥,许行并耕,三者诚为人类最高理想,为吾国之精神,奈何为孔孟所不容?"①五四运动中胡适称《墨辨》为"中国第一奇书"②。国民革命先驱孙中山对墨子推崇备至,他说:"古时最讲爱字的莫过于墨子。"③改良主义者梁启超"幼而好墨",自称"墨狂",他认为"今日救亡,厥为墨子"④;欲救中国,舍墨子之忍苦痛,则何以哉?⑤参加戊戌政变而牺牲的谭嗣同说:"……由是益轻其生命,以为块然躯壳,除利人之外,复何足惜,深念高望,私怀墨子摩顶放踵之志矣。"⑥无产阶级革命家蔡和森1918年在致毛泽东信中说:"只计大体,不计小己之利害。墨子倡之,近来俄之列宁颇能行之,弟则愿效之。"⑦从这里可以看出,激进派、改良派和革命派都推崇墨子,赞扬墨子精神。

在先秦主要哲学派别儒墨道法中,儒墨两家形成早,道法两家不足以抗衡;法家韩非承认:"世之显学,儒墨也。儒之所至,孔丘也;墨之所至,墨翟也。""墨子学儒者之业,受孔子之术。"⑧所以儒墨⑨两家都推崇尧舜禹汤文武。正因为墨子学儒家之业,他发现了儒家弊病,写出了《非儒》文章。他尖锐地指出:"儒之道,足以丧天下者四政焉。儒以天为不明,以鬼为不神……厚葬久丧,重为棺椁,多为衣衾,送死若徙,三年哭泣……弦歌鼓舞,习为声乐……以命为有,贫富寿夭、治乱安危有极矣,不可损益也。

为上者行之，必不听治矣；为下者行之，必不从事也，此足以丧天下。"⑩本文在阐明墨家学说的同时，有必要对儒墨两家主要思想，作一简要的对比剖析。

二、儒墨两家思想比较

1. 儒墨两家的天命观：孔子"畏天命"。⑪认为"获罪于天，无所祷也"。⑫在生死关头，他自信："天生德于予，樊魋其如予何？"⑬他坚信："生死有命，富贵在天。"⑭"道之将行也与，命也；道之将废也与，命也。"⑮今天的乐天安命，听天由命思想，即源于此。

墨子针对孔子的天命观，写了三篇《非命》，两篇《非儒》。他在文章中谈道："生民以来，亦尝见命之为物、闻命之声者乎？则未尝有也。"⑯墨子认为天命"群吏信之，则怠于职分；庶人信之，则怠于从事。吏不治则乱，农事缓则贫、贫且乱，背政之本，而儒者以为道教；是贼天下之人者也"⑰。墨子认为富贵、贫贱之区别，应在一个"强"字。他断言"强必治，不强必乱"，"强必贵，不强必贱"⑱。在斗争哲学中，墨子强调一个"力"字。他说："昔者禹汤文武为政乎天下之时，曰：'必使饥者得食，寒者得衣，劳者得息，乱者得治……'夫岂可以命哉？故以其力也。"⑲他强调"赖其力者生，不赖其力者死"⑳。他力倡发展生产，强本节用。主张凡天下百工；都要"从事所能"，对不赖其力，坐享其成者，要"众闻而非之"。他的结论是："执有命者，天下之厚害也。"㉑墨子"强力论"这个光辉命题，就是自强不息、自力更生的体现。

墨子在批评孔子天命观的同时，出于宗教需要，他提出尊天、明鬼，这确实是"以五十步笑百步"，自相矛盾。但如果深究一下，就会发现墨子的尊天、明鬼，是为百姓利益服务。"天志"在他手中，只是一种工具："我有天志，譬如轮人之有规，匠人之有矩。"㉒他认为："天之欲人相爱相利，而不欲人之相恶相贼……爱人利人者，天必福之；恶人贼人者，天必祸之。"㉓"天之意不欲大国之攻小国也，大家之攻小家也。强之暴寡，诈之欺愚，贵之傲贱，此天所不欲也。"㉔梁启超曾为墨子作过辩解："读此可知天志纯是用来兼爱的后援。直言之，是劝人实行兼爱的一种手段罢了。"㉕墨子感到无力制裁王公大人，故大树天鬼权威，以此警告和约束统治者。他在《天志》中写道："人之为善，天能赏之；人之为暴，天能罚之。"墨子心目中的天鬼，善良爱民，主持正义。这较孔子"祭神如神在""敬鬼神而远之"的态度，略高一筹。其实儒家畏天，墨家尊天，均属唯心主义范畴，应当扬弃。

2. 儒墨两家的丧葬观和礼乐观：孔子曾反对野蛮的殉葬制度，但他却提倡"厚葬久丧，重为棺椁"。在"民有饥色，野有饿殍"的春秋战国时代，的确是劳民伤财。从孟子《许行章》可以看出，孔子死后，其弟子为他守孝三年。按封建礼教，父母、妻子和长子死后，都应守制三年。其物质和精神损耗，是可想而知了。墨子针对时弊，一针见血地指出："存乎王公大人有丧者，曰棺椁必重，葬埋必厚，衣衾必多，文绣必繁，丘陇必巨。存乎匹夫贱人死者，殆竭家室；存乎诸侯死者，虚车府……"㉖这种消费，若"使百工行此，则不能修车为器皿矣"，故墨子主张节葬。

孔子把礼乐强调到烦琐和虚伪程度，这与他出身贵族有关。㉗孔子教育弟子时，强调礼乐。主张"为国以礼"，㉘"乐以和人""不知礼，无以立"。㉙他的得意门生子路失礼，多次受到"野哉"的批评；他的高才生冉求只好谦逊地说："如其礼乐，以俟君子。"㉚孔子要求学生应对、进退要合乎礼的规范，在生活上孔子"席不正不坐""割不正不食""食不厌精，脍不厌细"，要求"食不语，寝不言"。㉛《论语·乡党》中，详细介绍了孔子入朝、应对、处世的礼节，也就是他学生的行为规范。因此他的学生"孔步亦步，孔趋亦趋"。墨子讥孔子在陈绝粮时，顾不上礼："子路享豚，孔某不问肉之所由来而食之。"㉜墨子出身于庶人，他看到百姓"多有勤苦冻馁，转死沟壑中"㉝的事实，故对儒家"繁饰礼乐以淫人"㉞十分反感，认为享乐之事，"使丈夫为之，废丈夫耕稼树艺之时；使妇人为之，废妇人纺绩织纤之事"。㉟他强调指出："节俭则昌，淫佚则亡。"墨子"非乐"，并不反对享乐，而是主张有条件地享乐。他说："故食必常饱，然后求美；衣必常暖，而后求丽；居必常安，然后求乐。为可长，行可久，先质而后文，此圣人之务。"㊱春秋战国时代，百姓处于"乐岁终身苦，凶年不免于死亡"之境，㊲所以墨子用"三表法"加以论证；认为"为乐""上本之于古者圣王之事"，"下原察百姓耳目之实"，"观其中国家百姓之利"，㊳从而得出"为乐，非也"的结论。㊴墨子的三表法，是墨家检验一切事物的依据，也就是今天的"认识论"，这是个了不起的法则。

3. 儒墨两家的仁爱、兼爱观：《吕氏春秋》把儒墨两家学术思想归结为："孔子贵仁，墨翟贵兼。"孔子主张"仁者爱人""泛爱众而亲仁"；墨子主张"兼相爱""禁恶而劝爱"。㊵粗看起来，两家主张似乎相同，其实差别很大；孔子从维护"君君臣臣父父子子"的纲常出发，主张亲亲、仁人。他说："孝悌也者，其为人之本也。""克己复礼为仁。"㊶可知仁爱之德，不能离开纲常与等级秩序。孟子说得更明确："老吾老以及人之老，幼吾幼以及人之幼。"㊷把亲疏、先后分得很明白。孔子把人分成君子、庶人和小人。故有"礼不下庶人""小人喻于利"。㊸体现儒家爱有差等。墨子批评这种"亲亲有术，尊贤有等"的说法，提出"兼相爱"。他说应当"视人之国；若视其国；视人之家，若视其家；视人之身，若视其身"。㊹这实际是打破了等级和亲疏界限。他又说："即必吾先从事爱利人之亲，然后人报我爱利吾亲也。"㊺墨子提"兼相爱"的同时，还提出"交相利"。他说："夫爱人者，人必从而爱之；利人者，人必从而利之；恶人者，人必从而恶之。"㊻墨子的兼相爱、交相利，是讲互爱互利。孔子主张"举贤才""选贤任能"，他所举的贤才，只能在贵族内部进行，故有"礼不下庶人，刑不上大夫"。墨子主张"尚贤""事能"，就不分贵贱、亲疏。他说："古者圣王之为政，列德而尚贤。虽在农与工肆之人，有能则举之，高予之爵，重予之禄。任之以事，断予之令。"㊼在用人任事上，"不党父兄，不偏富贵，不嬖颜色""贤者举而上之，富而贵之，以为长官；不肖者抑而废之，贫而贱之，以为徒役"。㊽他明确表示在用人任事上应重视其"功用"。他说："虽有贤君，不爱无功之臣；虽有慈父，不爱无益之子。"㊾要"以德就更，以官服事，以劳殿赏，量功而分禄"。这种重视功能，任人唯能的尚贤思想，高出于儒家思想。墨子不仅主张选官吏，连天子也要选举产生。他公开宣称："选天下贤良、圣知、辩慧之人，立以为天子。"㊿如果所立的天子能力不行，还可另选。他认为天子、三公、诸侯和乡里之长，都可选举产生，体现民主思想。墨子还提出"天下无大小国。皆天下之邑也；人无长幼贵贱，皆天下之臣也"。"视人之国若其国，视人之家若其家。"㉛又体现出了大同思想。故梁启超说："墨子政术，非国家主义，而世界主义，社会主义也。"举国界家界尽破之，而归于大同，是墨子的根本理想也。㉜这种民主大同思想，在春秋战国时代出现，是一种大胆的先进思想。其思想境界，是当时儒家所不能企及的。

4. 儒墨两家的教育思想：孔子、墨子两人都集徒讲学，都是伟大的教育家、思想家。孔子以仁为核心，以礼授生徒：他提出文行忠信四教，要学生通习"礼乐射御书数"六艺。他根据学生才能、专长，把学生分为德行、语言、政事和文学四科，因材施教。㉝墨子除了让学生"修先圣之术，通六艺之论"外，㉞还教学生工作方法——择务从事法。他说："凡入国，必择务而从事焉。国家昏乱，则语之尚贤、尚同；国家贫，则语之节用、节葬；国家熹音湛湎，则语之非乐、非命；国家淫僻无礼，则语之尊天、事鬼；国家务夺侵凌，则语之兼爱、非攻。"㉟要求学生调查研究，对症下药，以济困扶危，利天下而为之。他以筑墙为例，设有谈辨、说书和从事三科，他还教学生以征战、防御之法和手工工艺。孔子的学生樊迟"请学稼"，孔子回答说："吾不如老圃"；"请学农"，孔子说："吾不如老农。"樊迟出去后，孔子说他是"小人"。㊹卫灵公问孔子征战事孔子说："俎豆之事，则尝闻之也；军旅之事，未之学也。"㊺这就说明孔子对军事科学和自然科学一窍不通。墨子著述中，涉及天文、光学、力学、几何学、工程学、逻辑学等，这方面知识，都高于同时期诸子百家。

孔子的教学目的，是"学而优则仕"，让学生去"干禄"，去求官。《论语·先进》篇中，他的门生子路、冉有、公西华发表的意见，都是治国安邦和礼让内容。孔子曾带领学生周游列国去求官，宣称："苟有用我者，期月而已可也，三年有成。"㊻为了讨好卫灵公，他一反"妇女之心不可养"的初衷，拜倒在卫夫人南子的石榴裙下。学生子路"不悦"，孔子只发发誓："予所否者，天厌之。"㊼师徒们如丧家之犬，一无所获，最后只好回到鲁国，从事教育和整理古籍工作。孔子终其一生，做过几次小官，做过三个月鲁国司寇。

墨子的教学目的，不是为了求仕，而是"利天下而为之"，㊽是为人排难解纷，兴利除弊。墨子除了在鲁国活动外，还到过齐国、卫国、宋国和楚国。楚王不能"听其道，行其义"，表示"乐养贤人"，封他书社五里，他不辞而去。越王派千乘接他，答应封他五百里。他说："意越王将听吾言，用吾道，翟度身而衣，量腹而食，比于宾萌，未敢求仕；越王不听吾言，不用吾道，虽全越以与我，吾无所用之。"㊾《吕氏春秋》赞墨子："无爵位以显人，无赏禄以利人，然其盛誉留于北方，义声振于吴越。"终墨子一生，都在推行其学说，而不是谋求禄位。淮南王刘安把孔墨两家弟子做过比较："孔子弟子七十，养徒三千人，皆出孝入悌，言为文章，行为仪表，教之所成也；墨子服役百八十人，皆使赴汤蹈火，死不旋踵，化之所致也。"孔子重意识形态，墨子重身体力行，"化"字境界，显然高于"教"字。

墨子以军事和自然科学知识教育学生，这是前无古人的。墨子是个手工艺人，用他自己的话说："翟上无君上之事，下无农耕之难。"他做过木鸢、车辖，还做过水战器械、战地窃听器。韩非说："墨子为木鸢，三年而成，蜚一日而败。弟子曰：'先生之巧，至能使木鸢飞。'墨子曰：'不如为车辖之巧也。用咫尺之木，费一朝之事，而引三十石之任，致远多力，久于数岁。'"㊿墨子也批评公输般的飞鹊技术："子为鹊，不如匠之为辖……故所为功，利于人之谓巧，不利于人之谓拙。"㊿墨子的"巧拙论"，是以

· 283 ·

百姓有利无利为标准。墨子造守城器械，对付公输般的云梯。"墨子解带为城，以牒为械，公输般九设攻城之变，子墨子九距之。"⑭墨子教学生征战、防守知识，为他的非攻学说做后盾。

一般人认为亚里士多德的《工具论》是逻辑学的最早著作。殊不知《墨经》中的《大取》《小取》，比西方工具论早一个世纪，它与希腊的三段论式，印度的三支五支式的因明，鼎足而三，称为世界逻辑史上三大宝库。梁启超赞美墨子的逻辑推理："墨子一书，盛水不漏者也。纲领条目一贯，而无抵牾者也；何以故？有论理之为城堡故。"⑮英国汉学家李约瑟博士编纂的《中国科学技术史》上谈到了墨子的测量学和光学，并指出世界需要向孔子、老子和墨子学习。⑯在墨子的五十多篇著述中，有三十二篇属于社会科学，十一篇论及军事技术，六篇谈到纯科学。我们可以说《墨子》是世界上第一部文理兼备的百科全书。由于儒家思想支配中国两千多年，不重视发展科学，中国常处于贫穷挨打地位，以致丧权辱国。科技兴国，理应重视墨学。

5. 墨子非儒而不反孔：墨子非儒而不反孔，体现了可贵的实事求是精神。当他猛烈地抨击"儒之道足以丧天下者四政焉"时，他的弟子程繁埋怨墨子过激。墨子理直气壮地回答道："儒固无此四政者而我言之，则是毁也；今儒固有此四政者而我言之，则非毁也，告闻也。"程繁又提出："非儒，何故称于孔子也？"墨子回答说："是其当而不可易者也。"⑰因此，我认为墨学不是对儒学的全盘否定，而是改革儒学，也就是取其精华，去其糟粕。由于墨子关心绝大多数下层百姓，因而得到百姓拥护，儒墨两家由"均衡"局势，逐渐变成墨家"压倒"儒家趋势。这就引起儒家后继者的忧虑。孟子惊呼"杨墨之言盈天下，天下之言，不归于杨，则归于墨。"⑱他破口大骂："杨子为我，是无君也；墨子兼爱，是无父也。无父无君，是禽兽也。"他坦诚承认："吾为此惧，闲圣人之道，距杨墨。"并号召："能言距杨墨者，圣人之徒也。"荀况本是个朴素的唯物主义者，当墨家学说危及儒学时，他批评"墨子之非乐也，使天下乱；墨子之节用也，则使天下贫"。⑲荀况提出的"因"，不能产生他说的"果"。道家庄子称"墨子，天下之好也""是才也夫"，但他对墨子"其生也勤，其死也薄"，认为是"反天下之心，天下不堪"。⑳以儒家道统自居的韩愈，在《读墨子》中，作过客观公正的评价，且有一定的代表性："儒讥墨以上同、兼爱、上贤、明鬼，而孔子畏大人，居是邦不非其大夫，《春秋》讥专臣，不上同哉？孔之泛爱亲仁，以博施济众为圣，不兼爱哉？孔子贵贤，以四科褒弟子，疾没世而名不称，不上贤哉？孔子祭如在，讥祭如不祭者曰'我祭则受福'，不明鬼哉？儒墨同是尧舜，同非桀纣，同修身正心以治天下国家，奚不相悦如是哉？余以为辩生于末学，各务售其师之说，非二师之道本然也。孔子必用墨子，墨子必用孔子，不相用，不足为孔墨。"韩愈提出的"孔墨相用论"，是很有见地的。孟子的"民贵、君轻"说，荀子"制天命而用之"，一反孔子"忠君""畏天命"，颇受墨家思想影响。

6. 墨家思想派生的游侠精神与清官思想：墨家思想影响是深远的。游侠与清官是墨家思想派生的，侯外庐著的《中国思想史》将墨家后学分为两派：一派是研究思想规则的名辩学派，一派是推行墨子思想的游侠与刺客。司马迁赞扬游侠"其言必信，其行必果，已诺必诚，不爱其躯，赴士之厄困。"⁷¹豫让、荆轲、朱家、郭解等，皆直接向统治阶级挑战，皆受墨家思想影响。墨子反对"强执弱""众暴寡"。⁷²他曾行十日十夜赶赴楚都，用道义说服公输般，从守御器械上战胜公输般。公输般不服，语露杀机，墨子面对死亡威胁，大义凛然地对楚王说："公输之意，不过意欲杀臣；杀臣，宋莫能守，乃可破也。然臣之弟子禽滑黎等三百人，已持臣守卫之器，在宋城待楚寇矣，虽杀臣，不能绝矣。"⁷³楚王面对现实，一改"必攻宋"之初衷说："吾请无攻宋也。"梁启超赞扬墨家"轻生死，忍苦痛的武侠精神，可以起中国之衰"。⁷⁴他肯定"中国之任侠，出于墨子之遗教"。⁷⁵李绍昆博士说："日本之武士道，与墨家思想有关。武士道的经书《叶隐》，其说多与墨子精神相雷同者云。"⁷⁶游侠在封建社会里，路见不平，见义勇为，拔刀相助；刺客不畏身死，刺杀暴君昏官，对封建统治阶级来说，确有一定的威慑作用。

儒家的"爱有差等"在《论语·子路》篇中，表现得十分充分。"叶公语孔子曰：'吾党之公直者，其父攘羊，而子证之。'"孔子反对这种说法，说如果父亲或儿子偷了羊，必须"父为子隐""子为父隐"，这才合儒家精神。墨子恰恰相反，他要求弟子"不党父兄，不偏富贵，不嬖颜色"。只有这样，才能"民皆劝其赏，畏其罪，相率而为贤者"。⁷⁷墨家一个钜子腹䵍，是秦王的宰相。他儿子杀了人，秦王对腹䵍说："先生年长矣，非有其他子也，寡人已令吏弗诛矣，先生以此听寡人也。"腹䵍说："墨者之法，杀人者死，伤人者刑，此所以禁杀伤也……王虽为之赐而令使勿诛，腹䵍不可不行墨者之法。"他终于杀了他的独生子。吕不韦对墨家的大义灭亲，给予很高的评价；"子，人之所私也，忍所私以行大义，钜子可谓公也。"⁷⁸后世清官包拯曾"长亭铡侄"。他铁面无私，铡过皇亲国戚；清官海瑞，为政清廉，两袖清风，曾冒死直谏，把矛头指向嘉靖皇帝。清官受墨家影响，是显而易见的。

三、结语：弘扬墨家精神

墨子提出"三表法"，这就是根据历史经验，考察百姓现实情况，实践后对国计民生是否有利。这就是今天说的认识论；墨子在工作上提出"择务从事法"，这个方法要求深入调查研究，找出矛盾之所在，再根据不同情况，提出不同的治理方法，这就是今天的方法论。个人认为墨子的认识论和方法论，是唯物主义的，是非常可贵的。墨子在处世上提"强力论"，要求主观努力。自求多福，以改变地位和处境，这就是今天的自力更生说；墨子在发明创造上提出"巧拙论"，认为有利于百姓之谓巧，不利于百姓之谓拙，把百姓利益放在第一位；墨子摩顶放踵利天下而为之，无个人私利之可言，是一种可贵的利他精神。根据墨子的认识论和方法论，谈几点"择务从事"的现实问题：

1. 用墨家赏善罚恶精神，促廉政建设。

墨子曾经说过："赏，上报下之功也"，"罚，上报下之罪也。"[79]清代才子唐才常说："今日之天下，官私其权，民私其力，商私其利，士私其学。"他提出"欲救中国士农工商各怀私心之弊，必治之以墨学"。[80]近年来国家改革开放，资产阶级腐朽思想也随之而入。确有"上下交征利"的趋势。[81]贪污腐化者、化公为私者、擅权渎职者、以假乱真者，往往有之；而车匪路霸、抢夺盗窃者，使旅客坐卧不宁，日夜不安；嫖娼卖淫、贩毒赌博者，正毒化社会空气。这就需要墨家"不党父兄，不偏富贵，不嬖颜色"的清官精神；需要路见不平、见义勇为、拔刀相助的游侠精神；要求铁面无私、不避权贵、大义灭亲精神去肃贪反腐。

2. 用墨家的"非乐"精神克服奢侈，用墨家"节用"精神杜绝浪费。

今天虽不必效法墨子"以自苦为极"，但也不应挥霍浪费，"超前享受"。改革开放总设计师邓小平和已故的周恩来总理，以其丰功伟绩，本可庙堂供奉，但两公均立有遗嘱，死后火葬，将骨灰撒入江河大地，这都体现节葬、节用精神。

3. 重视科学知识，开展科技兴国

墨家除重视社会科学外，还重视军事和自然科学，这在先秦诸子百家中，是独一无二的。墨子提出"巧拙论"，是从人民功利出发的。基于这个观点，国家应重点奖励于国计民生有利的创造发明。诸如水稻专家袁隆平、中国原子能之父钱学森等，而不是奖励"乱摆""贪哥"（即轮摆、探戈译音）舞星和高尔夫、麻将高手。爱好享乐是个人的私事，不应由公家报销。

儒家的"畏天命",墨家的"尊天""事鬼",均属唯心主义,属于糟粕,应予扬弃。

①《新青年》第三期第三号。
②引自《胡适文存》。
③引自孙中山《三民主义民主主义》。
④ ⑤ ㊾ ㊻ ㊼梁启超:《饮冰室文集》
⑥蔡尚思:《谭嗣同全集》。
⑦汪澍白:《毛泽东思想与中国文化》。
⑧韩非:《显学》。
⑨ ㉞《淮南子·要略训》。
⑩ ㊻《墨子·公孟》。
⑪《论语·季氏》。
⑫《论语·八佾》。
⑬ ㊶《论语·述而》。
⑭《论语·颜渊》。
⑮《论语·宪问》。
⑯ ⑱ ⑳ ㉑ ㊱ ㊳《墨子·非命》。
⑰ ⑲《墨子·非儒》。
㉒ ㉔《墨子·天志》。
㉓《墨子·法仪》。
㉕ ㊵梁启超:《墨子学案》。
㉖《墨子·节葬》。
㉗《史记·孔子世家》。
㉘ ㉚《论语·先进》。
㉙《论语·尧曰》。
㉛《论语·乡党》。
㉜孙诒让:《墨子通论》。
㉝ ㊵ ㊹ ㊺ ㊻《墨子·兼爱》。
㉟ ㊴《墨子·非乐》。
㊲ ㊷ ㊶《孟子·梁惠王》。
㊸《论语·墨仁》。
㊼ ㊽《墨子·尚贤》。

㊾《墨子·亲士》。

(50) (77)《墨子·尚同》。

(51)《墨子·非攻》。

(53)李绍昆:《墨子·伟大的教育家》。

(54)《墨子·耕柱》。

(55) (63)《墨子·鲁问》。

(56) (58)《论语·子路》。

(57)《论语·卫灵公》。

(59)《论语·雍也》。

(60)《孟子·尽心》。

(61)《吕氏春秋·高义》。

(62)《淮南子·泰族训》。

(64) (72) (73)《墨子·公输》。

(66)李约瑟:《四海之四》。

(68)《孟子·滕文公》。

(69)《荀子·论乐》。

(70)《庄子·天下篇》。

(71)《史记·游侠列传》。

(76)李绍昆:《墨学在日本》。

(78)《吕氏春秋·去私》。

(79)《墨子·经上》。

(80)引自《唐才常集》。

失钗见钗（汉剧）

张敬之　覃兴洪　发掘
永　顺　汉剧团　初整
自治州代表团剧目加工整理组复整理

人物梅良玉（简称玉），陈杏元（简称元），邹月英（简称月），春香（简称香），书童（简称童），邹母（简称母）

玉上引闷怀堆积，终朝难展愁眉。念诗唐主坐位龙耳软，宠爱芦杞老奸谗，武将空食千钟粟，却叫杏元去和番，可恨卢杞奸贼谎奏一本，说我父私通胡荡，将我家眷斩尽杀绝，卑人见事不好，逃出在外，多感陈伯父收留，又将杏元小姐许配。可恨西番作乱，朝无能将对敌。卢杞奸贼又巧奏一本，要杏元小姐前去和番。兄妹重台分别，赠我金钗一支。我与春生贤弟归家，在中途被猛虎冲散，如今不知他生死存亡。是卑人无可奈何，只好投河一死，多感邹大人打救，将我留在家中攻读诗书。今日独坐书房，心中纳闷，不免取出小姐金钗一观，略解愁闷。上课桌。白有请小姐。卑人这几日攻读诗书，未曾探望小姐，真是冷落你了。唱梅良玉开书箱取钗观看，见金钗如见了小姐杏元。自那日在重台两下分散，兄在南妹在北天各一方。每日里思想妹不得相见，但不知何日里才得团圆。白且住，观金钗，难解愁闷，我不免去在大街游玩一番。唱梅良玉出书房闲游消遣，去在那大街上游玩一番。下。香上唱清早起烧茶汤怎敢怠慢，到晚来与夫人还要问安。白奴乃春香，奉了老爷之命，去在书房与穆相公送茶，还要书房走走。唱我老爷在任所修书回转，要夫人把穆生当做亲男。来至在书房外用目观看，为什么书房门半开半关。白来此已是书房，为什么书房门半掩半开？待我进去。书童哥！穆相公！哎！他主仆都不在书房，又向那里去了？看桌上哎！相公乃是读书之人，想必书箱里面有什么好玩的东西，待我看来。开书箱哎呀！乃是一支金钗。想他乃是读书之人，这支金钗从何而来？哦！莫非相公有偷香窃玉之事。我不免将金钗盗去送与二小姐观看。唱怪不得穆相公懒把书念，却原来思情人意马心猿。

想必是婵娟女赠钗动念。读书人贪酒色论理不端。下。元、月同上。元唱昨夜晚得一梦说不出口，惊醒后不由我满面含羞。月唱贤姐姐你不要思念故土，快把那家乡事一概抛丢。元唱对菱花瞧见我容颜消瘦，月唱抖散了青丝发梳洗油头。元唱我满怀心腹事有谁猜透，月唱梳洗毕我二人散荡闲游，解一解姐姐的忧。月邀元，元不去。香内白走呀！上唱适才间盗金钗又惊又喜，莫不是书呆子做事有亏，令人猜疑。进上房见小姐躬身施礼，月唱问春香手拿着什么东西。白春香，手中拿的什么东西？香白二小姐你来。奴婢在穆相公书箱之内拾得金钗一支，请小姐拿去观看。月白待我一观。哟！唱见金钗我这里心中诧异，穆相公做此事情理有亏。一定是与情人偷香窃玉。香白是的呀！月白噷。唱进上房见夫人不可乱提。香唱辞别了二小姐抽身便去，我本是使女辈怎敢抗违。下。元唱，见贤妹与春香窃窃私语，不由得陈杏元心中怀疑。白贤妹，春香到此何事？月白与小妹送来金钗一支。元白拿了过来，待为姐一观。月白姐姐拿去观看。元白呀！贤妹这支金钗从何而来？月白是这个……乃是爹爹在任所压书信归来的。元白你在怎讲？月白爹爹在任所压书信归来的。元白哎呀！唱倒例例板见金钗不由我肝肠裂碎，唱哀子我心中好似万把刀锥！在重台赠金钗以为表记，想必是梅郎死金钗失遗。止不住鲜血儿往上涌吐，吐血，白哎哟！唱为姐的得急病势在垂危，意懒心灰。月唱叫碧桃扶小姐牙床打睡，这桩事好叫我费尽猜疑，莫不是二八女有失闺训，进上房禀母亲命人请医。下。玉上唱梅良玉上大街四下观看，来的来去的去人海人山，一个个站大街对我观看，好叫我有话儿不敢露言。一刹那头脑痛心中闷倦，圆场，进房取一本古今书略解愁烦。汉刘王坐江山去把妃选，误听了毛延寿奸贼之言；王昭君打入在冷宫深院，抚摇琴弹出了满腹愁烦。在深宫惊动了娘娘金面，救昭君出冷宫重见青天。毛延寿逃北番去把国献，单于国动刀兵要夺江山。汉朝中无能将与贼交战，无奈何要昭君去和北番。唐天子比汉王差之不远，卢杞贼毛延寿皆同一般。越看书越烦恼心中闷倦，倒不如取金钗略解愁烦。梅良玉开书箱取钗观看，白有请小姐！哎！唱是何人盗去了我的心肝。白且住。适才我去大街游玩一回，不知何人将我金钗盗去。有了，想是书童来在书房与卑人送茶，不见卑人，被他拿去也未见得。不免叫得书童前来？问个明白。书童哪里？童内白来了！上白书童书童，做事懵懂；叫我磨墨，打破笔筒。见过相公。玉白站过一厢。书童，你家相公箱内有一物件，你可拾得？拿了出来你相公重重有赏。童白相公说哪里话来，你有什么好吃的东西，吃剩了我才吃。你有什么好玩的东西，玩厌了，你喊我玩，我才敢玩。什么物件，那我不晓得。玉白你在怎讲？童白我不晓得！玉白哎呀！唱听他言吓得我魂飞魄散。童白相公醒来。玉唱哀子……我的妻呀！童白哎！我是你书童，怎么妻呀妻的，你怎么连男女都分不清了？玉白哎呀！不好了！唱失金钗好一似刀割心肝。睁开了昏花眼四下观看，白书童，你来看——童白相公，看什么？玉唱半空中又来了诸位神仙。汉钟离手执鹅毛扇，铁拐李葫芦冒火烟，吕洞宾身背斩妖剑，张果老骑驴在云端，何仙姑手中莲花献，蓝采和手提采花篮，王母娘娘莲台坐，金童玉女站两边。等一等穆云一同散荡，过场白啊！唱一刹那不见了众位神仙。叫书童扶相公牙床睡定，我性命就绝在今晚明天。二回头下，童复上唱我相公得了病。胡思乱想，在书房一刹那发了癫狂。进上房我要去对老夫人言讲：请一个好医生医好病恙，免得他想人家的婆娘。下。香上唱三月桃九月菊年年逢期，春生李夏生荷又结香梨。白奴乃春香，今早奉了老夫人之命，去在书房与穆相公送茶，万不料他不在书房，是奴婢将他书箱内的金钗拿去送与二小姐观看，不想我家大小姐见了那支金钗染病在床。这桩事好叫我不得明白。哎！管它则甚，今奉了老夫人之命去在病房与大小姐送香梨调养病体，我还要往病房走走。唱今清早送香茶相公不在，为什么书箱内藏支金钗？这金钗本是我妇女所戴，他本是读书人从何而来？看将来男儿汉心肠太歹。白哎呀，好笑哎好笑，我多管闲事则甚！唱快送梨与小姐调养病灾。下。二幕开。元唱陈杏元病染身容颜憔悴，头又昏眼又花四肢无力。想梅郎做了那刀头之鬼，今日里才知金钗失遗，仇未报冤未申难消旧恨，又叹我梅表兄一命归西。我好比夜明珠埋藏土内，中秋月被云遮难放光辉。一家人似花开被雨打碎，逃的逃死的死各自东西。叫碧桃扶小姐牙床打睡，病垂危我好似魂魄无依。香上唱一步儿来至在病房之内，见了那大小姐细把话提。白见过大小姐。元白罢了，春香不在上房侍奉老夫人，来在病房何事？香白奉了老夫人之命，送来香梨与小姐调养病体。元白夫人、小姐今在何处？香白夫人、小姐随后就到。元白你说大小姐有请。母、月上。母唱为娇儿得急病心中挂念，月唱终日里为姐病哪得安然。母唱娘儿们进病房把儿来看，月唱青丝发不梳洗憔悴容颜。母白娇儿月白姐姐苏醒。元白原来母亲贤妹到了。孩儿有病在身，未能下榻施礼，倒要恕罪。母白我儿有恙在身，何须见礼。儿呀！此病从何而起？元白若问儿的病体啊，唱自那日昭君庙蒙神显应，一阵风送你儿贵府安身。为此事心惊怕神魂不定，因此上你的儿疾病缠身。母白儿呀！大夫先生言道：儿的病体只要不念故土，自然痊可。元白哎！儿的病体休想痊可。儿若死后，望母亲赏儿红漆棺木一口，朝南而葬。儿死在九泉，也感母亲大恩大德。春香扶小姐下床拜谢夫人。母白哎哟！我儿不消。元唱尊母亲你请上受儿拜倒，一桩桩听你儿细说根苗，在府内蒙老娘金言训教，只比我亲生母少怀一朝。娘待儿千万恩一分未报,哪知道儿是个短命蓬蒿。贤妹妹习针线听娘教导,学一个奇女子万古名标。眼睁睁为儿的性命难保,上床儿的命也只在今晚明朝。母唱我的儿得急病休要焦躁。月唱为妹的与姐姐去把香烧。母唱积善家自有个神天佑保。月唱老天爷降福星百病除消。童上白有事不得不报,无事不敢乱传。启禀老夫人,大事不好了。母白何事惊慌? 童白穆相公在书房得了疯狂疾病,小人不敢隐瞒,特来报知。香有所悟。母白好好侍奉,为娘随后就到。童白老夫人你老人家快点来,我是招架不住的咧。下。母白儿呀! 刚才书童言道,穆相公得了疯狂疾病,你就在此陪伴姐姐,为娘去书房看个明白。元、月同白送过母亲。母白不消。唱听说道穆相公被病磨倒,莫不是书房时出了邪妖。男有病女有病作何计较,这桩事叫老身怎样开交。下。月唱见母亲出病房珠泪双抛,转面来与姐姐细说根由。白姐姐,大夫先生言道,姐姐不要思念故土,病体自然痊可。元白哎! 为姐之病有痊可之理,我与贤妹情同骨肉,事到如今,不得不讲,不得不说。贤妹,你道为姐姓什名谁? 月白姐姐姓汪。元白非也。月白姐姐不是姓汪,又姓什么? 元白我乃陈东初之女名叫陈杏元。恼恨西番作乱,卢杞奸贼巧奏一本,要为姐前去和番,我弟春生与梅郎送到河北重台,两下分离之时,为姐赠梅郎金钗一支,彼时言道,钗在人在,钗失人亡。那日得见的那支金钗,就是为姐赠予梅郎之物。妹妹言道,此钗乃是爹爹在任所压书信归来的,我想梅郎一定不在人世了。唱那金钗自幼儿未离我手,在重台交与我梅郎保留。为姐的并非思念故土,这就是为姐的得病根由。月唱贤姐姐她把那真言吐露,到今朝才知道得病根由。香白啊! 大小姐得病,原来为的是那支金钗。若论那支金钗,不问春香,叫你们一辈子不得明白。月白你怎么知道? 香白是我拿来的,怎的不知,月白姐姐,金钗一事,春香知道。元白什么,春香知道? 好,叫她站上前来,月白春香,大小姐叫你,你必须好好说话; 香白那个自然。见过大小姐。元白春香,金钗一事,你怎么知道? 香白容禀。自那日奉了老夫人之命,去在书房与穆相公送茶,不料他不在书房,奴婢想到他乃读书之人,必有好玩的东西,当时我就将书箱打开一看,得见一支金钗,是奴婢心下怀疑,将它拿来送与二小姐观看,万不料你老人家看了那支金钗染病在床,穆相公失了那支金钗,就郁郁成疾。依奴婢看来,莫非穆相公就是梅郎大驾。月白着呀! 莫非就是那梅郎大驾。元白哎,这姓名也不对呀! 月白是呀! 姓名也不对。香白哎,大小姐、二小姐呀,这世界上改名换姓的甚多。大小姐你也改过名、换过姓的呀! 元白怎奈无人问话,也是枉然。月白无人问话,也是枉然。香白说起问话的事吗,好,这事情是我引起的,我愿意前去问话。元白春香愿意问话,你站上前来,唱梅公子他生来眉清目秀。香白家在哪里？元唱家住在江南省祖居常州。此一番见了他实话慢吐，怕的是错认人反被他羞。香白你二人离别之时，难道连话都没说一句？元白有离别诗一首。香白好，快快念来。元白听道。念夫妻南北隔天遥，愿兄回朝挂紫袍。牛郎织女情难舍，怎得双双渡鹊桥。香白记下了。唱辞别了大小姐抽身便往。白阿哎！适才大小姐所咏的诗句，我将它忘怀了。待我转去问个明白。见过大小姐。元白春香为何去而复返？香白非是奴婢去而复返，适才大小姐咏的诗句，奴婢将下两句忘了，请大小姐再念一遍。元白好好记下。重念，牛郎织女情难舍，怎得双双渡鹊桥。香白我记下了。唱奴婢这里驾鹊桥好渡牛郎。下。元唱小春香去书房前去问话，怕的是错认人被人笑煞。月唱姐休忧虑免牵挂，春香做事不会差。同下。二幕闭。玉上唱昨夜晚一梦梦冤家，唱哀子我那难得见的陈小姐呀！唱醒来两眼泪巴巴。盗钗人几遭天祸，白啊哟！唱死后怎好去见她。叫书童扶我病床下，我性命好似那雨打残花。香上唱小姐言语记心下，去到书房盘问他。但愿他是梅公子。玉唱半边哀子我那难得见的冤家。香白啊！唱耳听内面哭冤家。白书童哥开门。玉白书童……童白相公，你要茶吧？玉白外面有人叫门。童白那我不肯信。他害病害得糊里糊涂，又听见有人叫门；我是个好人却没听见。是哪个叫门？香白是我。童白哎哟！是春香姐，到此何事？香白烦你通报相公，你说春香求见。童白我家相公有病，恐怕不容你见。香白书童哥，他要见的。童白待我与你通禀。启禀相公，春香求见。玉白前去对她言道，你家相公有病在身，不必求见。童白我晓得罗！喂！春香姐！我家相公不容你见。香白书童哥，我奉了老夫人之命前来看一看穆相公的病体，相公不容我见，我也不好回答老夫人的话呀！你与我再去通禀。童白好。启禀相公，春香言道，奉了老夫人之命，前来看相公病体，相公不容她见，她也不好回答老夫人的话呀。玉白既是这样，叫她进来。童白春香姐，相公叫你进去。香白哎！那我得罪了。唱头上整整青丝发，红绣鞋儿紧紧扎。将身来在病房下，暗用巧计打动他。白见过相公。玉白罢了。春香不在上房侍奉老夫人，来在书房何事？香白奉了老夫人之命，看看相公病体。相公此病从何而起？玉白哎！春香。唱叫春香你与我上房回话，你说道有恙人愁病交加。白日里不能把茶饭吞下，到晚来睡牙床四肢酸麻。香唱听相公说的是虚言假话，他不肯吐真情支吾回答。莫不是你思情人忧心常挂。玉白哎哟！香白是的，是的哟！虽思念那二八女才把病发。玉白可恼！唱骂一声小春香真个胆大儿，怎敢在此地张口龇牙。我若是不念在夫人面上，香白不念在夫人面上，你把我怎样？童白你把我相公怎样？玉白书童，凭她去吧！童白气得死啊！玉唱还念在老夫人饶恕于她。白赶了出去。童白快走，莫要我动手。关门。香唱见相公他那里怒气大发，只羞得小春香无有话答。白这才气死人呢！待我转去了吧，哎呀！大小姐问我怎样回话来呢？是呀！待我将他二人离别诗句念上两句，看他如何？念夫妻南北隔天遥，愿兄回朝挂紫袍。玉白书童……欲走。童白相公你哪里去？玉白不是。外面有人咏诗，快去看来。童白啊！是哪个天大的胆子，敢在孔夫子面前拽文。开门是春香姐，你还未去？香白我还未去咧！童我且问你，刚才哪一个天大的胆子敢在这里拽文，你可曾看见咏诗的人？香白啊！你问那咏诗的人，不才是他。童白在哪里？香白斟头观看。童白唉！是你呀，看你不出，还会咏诗。春白嗡！少不得我满罐子不荡么？童白那我半罐子连荡直荡。禀相公，外面是春香咏诗。玉白是她，叫她进来。童白是呀，春香姐我相公叫你进去。香白什么？叫我进去呀，那我就不得去。童白那你要怎样？香白那我要他请啦！童白请啦！那会不得请。香白他要请的。童白他要请呀！进门白禀相公，春香她要请呀！玉白什么？她要请呀，凭她去吧！童白我讲的，不得请。出门春香姐！香白哎！相公有请吗？童白有请吗！慢点，有请牛呢。相公说凭你去吧！香白哪……个呀！凭我去吧，这才气死人呢。童白那有此怄人。香白待我将他下两句一齐咏上，再看他如何？念牛郎织女情难舍，怎能双双渡鹊桥。玉白哎哟！书童快快有请。童白啊！有请……这个死丫头，不知她用的什么药，把我相公弄得糊里糊涂，先前说是赶了出去，一时叫她进来，如今又要快快有请。好，有请春香姐。香白哎！相公说凭她去吗？童白哎！相公有请。香白书童哥，那我就得罪了。童白你莫那么讲啰！香唱喜呵呵来笑呵呵，我好比医生来下药。这正是有缘人儿遇着我，见了相公把话说。白见过相公。玉白罢了。书童，你与春香姐看坐。童白春香姐，请坐！香白书童哥，你也坐。童白你莫管我的，我站惯了。玉白春香，适才外面所咏的诗句，是你咏的吗？香白是奴婢咏的。玉白这诗句从何而来呢？香白相公有所不知，我府中有一个梅良玉，时常咏这首诗，是奴婢无意儿记下几句，玉白那梅良玉今向何往？香白他得了一个相思病，竟至死了。玉白哎！春香姐，你不要巧口骂人。香白我又未曾骂穆相公。玉白书童前来搀扶我下床。书童，春香姐来了半晌，怎不烧茶伺候。童白是。春香姐，我对你说，我家相公病体才好点点，你若乱说乱讲，把我相公的病搞反了，我就不依你。香白呸！去你的。玉白春香，你知道相公姓什名谁？香白相公姓穆。玉白非也。香白相公不是姓穆，又姓什么？玉白春香要问，听道：唱未开言不由我珠泪洒下，叫一声春香姐细听根芽。家住在江南省常州县下，我的父梅伯高得中科甲。我本是梅良玉名不虚假，陈杏元与我乃是结发。那一日夫妻俩重台分下，蒙小姐赠诗句记在心涯。自那日将小姐金钗失下，因此上得急病为的是她。香唱梅相公说出了真情实话，怪不得大小姐难以丢他。白相公，你与杏元小姐相会，将我二小姐置于何地？玉白若不见杏元小姐，至死不娶。香白噢！至死不娶。这个事我办不到，我走了。玉白春香姐转来。我若与杏元小姐相会，任凭春香所为。香白相公你说过了。玉白说过了。香白如此，相公你打坐上前。唱老夫人闲无事上房打坐，家童报太湖池出了妖魔。众家丁执棍棒未曾打着，却原是二八女美貌娇娥。家住在扬州府江都县座，玉白啊！她就是扬州府人氏，她父名叫什么？香唱她的父陈东初保定朝歌。玉白她的父就是陈东初，那她名叫什么？香唱她名叫陈杏元貌如花朵。玉白哪个，她就叫陈杏元！？香白陈杏元。玉白当真？香白当真！玉白果然？香白果然！玉笑哈……香唱卢杞贼加害她去把番和。玉白这诗句呢？香唱这诗句本是她亲口教我，因此上她命奴问个明白。玉唱小春香并不会虚言哄我，我性命一刹那出了网罗。望春香在上房与我说破，你说我受恙人就是梅哥。香唱梅公子他生来真诚不过，男有情女有意正好配合。为此事把我的绣鞋走破，玉白把春香辛苦了。香唱适才问反受你言语折磨。玉白乃是卑人一时之错。香唱后来把什么相谢于我？玉白我与杏元小姐相合后，后来重重相谢于你。香白相公你讲的话总要记得呀！玉白我永远不忘。香白如此说，你随我来呀！唱恰好似牛郎织女相会银河。同下。幕启，元唱春香书房去问话，这等时候未回答。月唱姐姐不必心牵挂，春香到来细问她。玉、香上。你本是有恙人把胆放大，我包你襄王神女会巫峡。白相公在此稍站，待我禀知大小姐。玉白春香姐请。香白进门见过大小姐、二小姐。元白罢了，春香问话一事呢？香白大小姐你听。唱小姐命我去问话，从头一一问过他。姓穆的姓氏本是假，元白他不是姓穆，又姓什么？香白大小姐呀！唱江南常州是他家，他父梅魁中科甲；杏元小姐是结发。自那日将你钗失下，白二小姐你走得来呀！唱他受恙是为了这个冤家。元白那相公今在何地？香白现在外面。元白你说大小姐有请，贤妹方便。月下。香白梅相公，大小姐有请，下。玉进门。元白相公！表兄！玉白小姐！表妹！同白——哎呀！哭，元唱滚板我叫了一声梅表兄。玉唱我叫了一声陈表妹。白兄妹们在重台分别之时，蒙小姐赠金钗一支。那日将金钗失掉，我就郁郁成疾。元白自那日见那支金钗，我就染病在床。元、玉唱先说兄妹今生不能相会，谁知今日又得重逢。叫头。香、母，月上。母唱站立一旁用目观看，他夫妻哭得好惨然。一个哭得肝肠断，一个哭得泪不干。走上前来把话讲，叫声娇儿听娘言：你姓梅来娘不晓，更不知儿是陈杏元。这都为娘眼力浅，哪知道其中有牵连。到今朝夫妻重相见，好一似月到中秋又团圆。月白啊！唱这支金钗引起了你二人相见，我这里将原物与姐退还。白这支钗既是姐姐喜爱之物，姐姐收下。玉白哎呀！这支金钗从何而来？香白梅相公，那一日奴婢给相公送茶，得见了这支金钗，因此将它送与二小姐看。相公失了金钗得病，小姐见了金钗得病。如不是金钗，你二人怎能相逢。看将起来，你二人还得感谢这支金钗呢！元白金钗来历已明，贤妹收下皆是一样。香白好呀！二小姐你就收下。母白春香，后堂摆宴，与相公、小姐庆贺。是。下。玉白母亲请。母白娇儿请。玉先下。母女同下。

（湖南省1957年戏曲汇报演出演出剧本）

第一战功（剧本）

主要人物表

彭翼南：湖广永顺宣慰司、湖广土司都誓主（有盟主意），二十余岁，土家族。

彭明辅：彭翼南的祖父，己未任土司，七十余岁。

彭翼湘：彭翼南的胞妹，十九岁。

华　岳：彭翼南的老师，五十余岁，汉族。

田　丰：彭翼南的舍把（有先锋之意），二十岁。

彭荩臣：保靖宣慰司，五十余岁，土家族。

岑娃妣：广西田州宣慰司，岑猛之女，二十余岁，壮族。

岑大寿：岑娃妣的堂弟，二十岁。

岑　皇：岑瓦氏的将领，三十余岁。

张　经：明兵部侍郎，抗倭总督，五十余岁，汉族。

赵文华：明工部侍郎，钦差大臣，四十余岁。

宗　宪：明室官员，赵文华亲信。

王翠翘：江南名妓，华岳内侄女，二十五岁。

徐海太郎：倭寇天差平海大将军，日本僧人。

辛五郎：倭寇副帅，日本大邑领主弟，三十余岁。

陈　东：倭寇将领，日本摩萨领主弟，三十余岁。

叶　麻：倭寇将领，日本失意武士。

乌鲁美他郎：倭寇将领，日本失意武士。

序　幕

茫茫大海上，几艘倭船趁着朦胧的月色正偷偷地向我东南沿海某地驶来。

"天差平海大将军徐"字大旗在夜风中抖动。倭船刚近海岸，一群群倭寇便匆匆跳下战船，疯狂地向我近海村庄扑去。海浪声沉闷如雷。

渔村。熊熊大火烧红了黎明的天空，风呼火啸，喊声大作，一群难民拖儿带女，扶老携幼，从烈火浓烟中逃出。

一倭贼从一难民手中抢夺包袱，难民拼死抵抗，倭贼挥动倭刀劈头砍去，惨叫声惊天动地。

哭叫声化作刀枪搏击声。某城郭前的开阔地带，明朝官兵正同倭寇刀刃相见，奋力厮杀。一将领于马上迎战徐海太郎，不几合，猛回头望见倭贼湖水般涌来，惊恐万状，拨马便走。

倭贼狂呼乱叫地扑上来，明军大败，纷纷溃逃。

倭贼如蜂拥蚁附，践踏着明军倒地的战旗，死亡的尸体，丢弃的戈甲。

"兵部尚书府"大堂，总督张经将一份搬兵求援谍报递给一差官。差官接过谍报匆匆离去。

又一份谍报传至差官手中……

一匹快马驮着差官在官道上飞驰。

又一匹快骑在山道中穿行。

飞奔的马蹄化作狂奔乱跑的脚步从相反方向而来。一双双打着螺旋式裹腿，足穿麻儿草鞋的脚，奔跑在崎岖的山路上，脚下扬起一片尘雾。

"湖广永顺宣慰司彭"字大旗迎风飘扬，彭翼南虎虎生气地坐于马上，身后是他率领的土家兵。

"广西田州宣慰司岑"字大旗从另一方向飘扬过来，岑瓦氏飒爽英姿地带领一队狼兵向前跑着。

一面面大旗从画面上呼啦而过："保靖宣慰司彭""容美宣慰司田""麻瘵宣慰司唐""酉阳宣慰司冉""桑植宣慰使向""麻阳宣慰司向"……

以上画面伴随画外音：

"明朝嘉靖三十三年冬，倭寇大举入侵我国东南沿海地区。朝廷任命张经总督抗倭军务，征调湖广土兵、广西狼兵，协剿倭寇于苏淞、合战于王江泾，歼敌一千九百余人，溺死无数，史称'自军兴以来，盖东南第一战功云'。"

推出片名《第一战功》。

演职员表。

第一章

苏松海岸边一座破旧的海神庙前。

"代天祭海"的大旗在朔风中颤抖。

细乐声中，一群大小官员陪着赵文华面向大海行三跪九叩首礼。

司仪官高喊："读祭文。"

读文官高声宣读:"维大明世宗三十三年冬月,侍郎赵文华奉嘉靖圣命,以三牲祭礼昭告于大海尊神位前曰:'我朝奉天承运,国运昌隆。近年倭寇,侵扰海疆,朝野不宁,天人共怒。谨拜请风神、雷神、雨神、电神,施法力于海上,灭倭寇于汪洋……'"

赵文华闭目聆听,洋洋得意。

突然,人群骚动,亲信宗宪语无伦次地:"大、大人,倭寇杀、杀来了!"

赵文华:"胡说!本官自有海神保佑,倭寇从何而来?"

宗宪推赵文华:"大人请看!"

赵文华睁开眼睛,只见海面上倭船迎面驶来,船上高悬"摩萨领主陈"的大旗,满载的倭寇,一个个手执雪亮的倭刀,狂呼乱叫。

赵文华吓得魂不附体,在宗宪等人保护下,落荒而逃。

土丘附近。

赵文华伏在马鞍上,慌不择路,抱头鼠窜。

跟着他的官员和侍卫们,有的被倭寇追杀在地,有的跪下求饶。宗宪钻进了草丛。

倭寇将领陈东带一群倭寇,紧追赵文华。

赵文华马失前蹄,滚落在地。

陈东等倭寇呐喊着逼向赵文华。

这时,随着海螺声声,山坡那边杀出一支队伍,高擎"田州宣慰司岑"的大旗。队伍里冲出一员身着壮族戎装、英姿飒爽的女将,她叫岑瓦氏。只见她单人独骑,冲入重围,轻抒猿臂,将赵文华提上马来,拨转马头,又冲出重围。

岑瓦氏策马跑回自己的队伍前,跳下马来,将横躺在马鞍上的赵文华扶下来,关切地:"大人受惊了!"

赵文华惊魂未定:"你……你是何人?"

岑瓦氏欠身回答:"广西田州宣慰司岑瓦氏。"她又指着旁边一位膀大腰圆、威风凛凛的战将说:"这是我的堂弟,狼兵先锋岑大寿,我等奉张总督之命,前来苏淞效命。"

赵文华闻言如雷贯耳,神情慌乱。

岑瓦氏似乎没有觉察:"大人!敌众我寡,请赶快离开这里!"

一杆"天差平海大将军徐"的大旗,从前面山丘顶那边飘扬过来,一队倭寇抢占了山顶，居高临下。其中两匹高头骏马上，分别坐着耀武扬威的徐海太郎和乌鲁美他郎。

背后，陈东率领的倭寇又包抄过来。

赵文华惊惶失措，连连向岑瓦氏作揖："岑宣慰快拿主意！"

岑瓦氏急令岑大寿："大寿，分兵御贼！"

岑瓦氏迎战乌鲁美他郎，岑大寿迎战陈东。

倭寇的包围圈逐渐缩小。

徐海太郎僧袍一抖，高举倭刀扑向赵文华。

赵文华面无人色，步步后退，倒在地下连滚带爬。

突然，牛角声声，呐喊阵阵。徐海太郎吃惊地循声望去——

一杆"永顺宣慰司彭"字大旗，紧随着彭翼南，如风驰电掣般冲来。

后面，是彭翼湘、华岳率领的土家兵前锋。

乌鲁美他郎企图拦截，但见彭翼南的战马拔地跃起，钩镰枪迎面刺来，乌鲁美他郎低头躲过。彭翼南一缩手，乌鲁美他郎的头盔被钩镰枪钩掉。他见势不妙，拍马逃走。

几个倭寇头目舍弃赵文华，围攻彭翼南。彭翼南的钩镰枪神出鬼没，或刺或勾，挑翻两个倭寇后，直扑徐海太郎。

徐海太郎正准备捉拿赵文华，忽见彭翼南钩镰枪刺来，用倭刀迎去，顿时枪与刀发出铿锵的相撞声。徐海太郎心生一计，拨马便走，暗中掏出飞镖。

彭翼南衔尾紧追，徐海太郎见彭翼南已近，"嗖、嗖、嗖"一连发出三支飞镖。

彭翼南早作戒备，眼快手疾，用钩镰枪拨掉一支；仰翻马上，以脚蹬踢掉一支；刚起身时，第三支镖飞来，彭翼南左手接住，正准备向徐海太郎掷去——

左边响起了赵文华凄厉的求饶声："将军饶命！"

乌鲁美他郎正举倭刀要劈赵文华。彭翼南飞起一镖，击倒乌鲁美他郎，田丰一刀结果了他的性命。

徐海太郎知遇劲敌，大呼一声："撤！"一声呼哨，倭寇一溜烟跑了。

彭翼南准备扶跪在地上的赵文华，岑瓦氏正好赶到。

岑瓦氏抱拳说："多谢将军解围。"

彭翼南："同是抗倭将士，理应守望相助"。岑，彭两人四目相对，各自佩服。

彭翼南扶起赵文华："大人受惊了。"

赵文华忙问:"你是何处人马?"

彭翼南抱拳回答:"永顺宣慰司彭翼南,奉张总督之命,救援苏松。"

赵文华又惊又喜,冲口而出:"来得正是时候,赶快撤离此地!"

"且慢!"只见岑瓦氏大喝一声,"嗖"地抽出宝剑,向彭翼南劈去。

彭翼南猝不及防,危在毫发。只听得"当"的一声,两把剑相碰处火星迸裂,原来彭翼湘举剑架住了岑瓦氏的剑。

彭翼湘惊愕地:"你……?"

岑瓦氏举剑吼道:"你家彭明辅逼死我父岑猛。今日要讨还血债!"她举剑又砍。

彭翼湘再次架住骂道:"休得胡来!"也举剑还击。

彭翼南急忙拦阻:"阿妹!不要鲁莽!"

远处一座山坡上。

徐海太郎与陈东带着败退的倭寇爬上山顶见无人来追,回头观望。

陈东惊喜地看到土、狼两军前锋剑拔弩张,忙说:"大将军请看,土、狼蛮子自相争斗起来了!何不杀他个回马枪?"

徐海太郎正欲下令,忽见两股尘土大起,他定睛看去——

一股尘土中飘扬着土家兵的战旗,汪相、向銮率土家后一队人马向倭寇冲杀过来。

来自另一个方向的另一股烟尘中,狼兵战旗下,岑皇率一队狼兵冲在最前头,领着一队狼兵也朝徐海太郎等倭寇冲来。

山坡上。

徐海太郎慌忙勒转马头,领着陈东和众倭寇向远处王江泾城庄逃去。

土、狼两军前锋争斗处。

华岳在制止彭翼湘回击。

彭翼南急切地对岑瓦氏说:"岑宣慰,国难当头,还应以大局为重才是。"又转对赵文华:"我祖父是奉赵大人之命出兵田州的,请大人调解争斗。"

赵文华眯缝着眼睛说:"本官奉旨祭海,不管此事。"说罢由宗宪扶着扬长而去。

岑瓦氏却止剑嚷道:"彭翼南,我今天饶不了你!"声未落、剑又起。

彭翼湘推开华岳，举剑相迎。

只见从远处有几骑快马飞驰而来，领头一个中军高举令箭大喊："张总督到！"

彭翼湘、岑瓦氏及双方将士，皆为令箭所震惧，各自收回兵器。

几骑快马驰近，张经气喘吁吁跳下马来。

彭翼南、彭翼湘、岑瓦氏、岑大寿等争步上前，齐向张经施礼。

王江泾城庄上。

叶麻、辛五郎急令众倭寇放下吊桥、打开城门，放进徐海太郎、陈东和败退的倭寇。

田丰率领的一队土家兵和岑皇率领的一队狼兵，几乎同时赶到城庄下。

田丰欲趁机冲进城去，急跃马冲向吊桥。

岑皇也要争头功，忙领着狼兵抢在前面。

城庄上。

叶麻忙下令升起吊桥，关闭城门。

辛五郎有恃无恐地说："叶将军休慌，且看我新运来的拂狼机显显威风！"他手一挥，众倭寇纷纷用拂狼机瞄准城庄下的土、狼兵。

土、狼两军前锋争斗处。

张经正满面怒容地在说："……两宣慰乃国家柱石，怎能在大敌当前自相残杀？"

彭翼南、岑瓦氏各向前一步，欲说什么，张经当即制止："不必争论，老夫自有处置。今日天色不早，各自安营扎寨。来日本督备宴，专为两家讲和。"

忽然，传来震耳炮声，众人各自吃惊。

远处，田丰与岑皇步行走来，身上衣甲凌乱，浸透血迹。他们身后跟着一些虽还活着但已狼狈不堪的伤残土、狼兵。

张经见状，看了彭翼南和岑瓦氏一眼。

彭翼南与岑瓦氏四目相对，似有所悟。

第二章

土家兵营的大帐内。

夜晚,彭翼南正在与华岳、彭翼湘以及田丰、汪相、南銮等人商议应变之策。

彭翼南:"狼、土兵不和,怎么能打败倭寇?我想亲自往狼兵营,消除两家仇恨。"

彭翼湘:"阿哥,岑瓦氏急于报仇,此去一定是凶多吉少。"

向銮、汪相也同声劝阻:"爵主千万不能去!"

彭翼南转对华岳:"老师有何高见?"

华岳沉思道:"岑瓦氏非等闲之辈。她既为抗倭而来,想必不会杀害抗倭主将。"

彭翼南神色肃穆地转对众人:"国难当头,民不堪命,再不能冤冤相报了。我意已决,你们不必劝阻。"

彭翼湘只得说:"阿哥若执意要去,就请多带些人马。"

田丰请令:"我愿保爵主前往。"

彭翼南:"好,就田丰一人同行。"

彭翼湘心中不服,猛然想起一事,愤然地往外走去。

彭翼南明察其意,当即喝住:"翼湘,不得惊动阿爷!"

设在一个台坡上的张经下榻处。当晚。

赵文华和张经正在争议。

赵文华从座位上站起身:"……当务之急,是火速攻下王江泾,以雪今日之耻。"

张经不以为然:"土、狼两军内争未息,又如何能取胜?"

赵文华毫不退让,引张经走向高台,指着远近飘扬的战旗,出现:"总兵俞""副总兵宗""参将汤"等旗号。

赵文华:"这些都是我朝精锐,兼以商兵、僧兵协同。即使无土、狼两军也无关大局。"

张经:"诸路主客军,地势不熟,且都惧倭怯战,若不借重土、狼两军,必难取胜。"

赵文华冷笑道:"依张大人之言,若土、狼两军一日不和,便一日不可作战;若永世不和,便永世不战么?"

张经持之有故:"老夫曾总督江南军务,深知只有这两支军队才是抗倭主力,只有协同作战,方能稳操胜券。"

赵文华尖刻地:"大人当战不战,莫非另有图谋?"

张经怒形于色,欲辩无言……

一明朝军官快步跑来:"禀总督、监军,彭宣慰直向狼兵营而去!"

张经闻报大惊:"不好!倘若两军互相残杀,后果不堪设想。备马!"

王江泾城庄内倭寇帅府一侧。

当晚,一个孕妇披头散发、衣裳破碎地从一民宅中呼叫着踉跄逃出,几个倭寇醉醺醺地从门内追出,抓住孕妇,指着孕妇的大肚子继续打赌:"男孩的。""女……女孩的。"倭寇们狞笑着将孕妇按倒在地,一个倭寇头目举起倭刀欲刺。

与此同时,一顶小轿正由绿妹引着经过这里,轿内徐海太郎的夫人王翠翘看到上述情景,疾呼:"住手!"绿妹让轿夫停下轿子,掀开轿帘,王翠翘出轿,走向倭寇。

那个举刀的倭寇头目不知所措地问:"夫人有何吩咐?"

王翠翘"啪"的一个巴掌,打在倭寇头目脸上,指着在地下挣扎的孕妇:"快将她放了!"

倭寇头目捂着脸不敢作声,其余的赶紧松开孕妇,孕妇哭着跑进屋里。

帅府内厅。

王翠翘正在劝徐海太郎:"……妾身幼时也曾读过诗书,知道仁义之师,才能无敌于天下。似这等惨杀无辜,怎能服天下人心?"

徐海太郎骄狂地:"凭着本帅神机妙算,雄兵猛将,足以横行天下,只等拿下大明江山,我为王,你为妃,快乐逍遥。哈哈……"

辛五郎与陈东快步走来:"大将军,刚才探马来报,彭翼南往狼兵营去了!"

徐海太郎神情一变:"他带了多少人马?"

辛五郎:"只带了几个土蛮。"

徐海太郎:"此乃天赐良机。你二人速带轻骑袭击彭翼南!"

狼兵营大帐内。

岑大寿、岑皇和几个狼兵将领正等待岑瓦氏发话。一狼兵单膝跪在地下。

火光在岑瓦氏脸上闪烁，她略加思索："彭翼南带了多少人马？"

一狼兵："随从三人。"

岑瓦氏："大寿，速调精锐狼兵，埋伏两厢，我说绑就绑，说杀就杀！"又转对狼兵："传彭翼南！"

"传彭翼南！"的声音，从帐内一直传到营门口。

彭翼南将马缰绳丢给一个土兵，从容不迫地昂首而入，田丰寸步不离。

两排狼兵，突然架起刀门，其势逼人。

田丰一惊，拔刀出鞘。彭翼南摆手制止，稳健自如地突过刀门，来到大帐门口。

彭翼南正欲进帐，两个狼兵持兵器拦住，示意不准带武器入帐。

彭翼南一笑，安闲地解下佩剑，扔给一个狼兵，田丰无奈也将刀交给狼兵。二人转身走进帐。

大帐中央，岑瓦氏踞案而坐，手握宝剑柄，旁边坐着岑大寿和岑皇，几个狼兵侍立两旁，严阵以待。

彭翼南彬彬有礼地："彭翼南拜见岑宣慰。"

岑大寿逼了过来："此地不是永顺，休要大摇大摆！"

彭翼南机敏而又谦恭地："多谢将军让座，恭敬不如从命了。"说罢趁机坐在岑大寿座位上。

岑大寿不便发作，虎视眈眈。

岑瓦氏猛然喝道："我与你家血海深仇，今夜竟敢上门挑衅，真是大胆！"

彭翼南爽朗一笑站了起来："试问岑宣慰，世上难道有赤手空拳进营挑衅的么？"

岑大寿粗暴地大嚷："阿姐，别听他花言巧语！"

其他狼兵将佐也纷纷呼应："快下令吧！""杀他祭祖，超度亡魂！"……

岑瓦氏听罢，以掌击案："来人！"

两厢埋伏的刀斧手应声而出，锋芒直指彭翼南。田丰手无寸铁，摩拳、搓掌、蹬足。

王江泾城庄下。

城门洞开。辛五郎、陈东率一支倭寇驰过吊桥。

野外道路上。
张经带领轻骑飞奔而来。

狼兵营大帐内。
彭翼南感慨地:"我能用区区一命,化两族芥蒂,结两军情谊,纵死也瞑目心甘了。"说罢,他整衣坐于椅上,合上双眼,似乎等待着处置。
岑大寿吼道:"阿姐!休听他摇唇鼓舌。祖上欠债,儿孙偿还,你快下令吧!"
岑皇被彭翼南的精神感动,提醒道:"若杀了彭翼南,岂不成了倭寇帮凶?"
岑瓦氏紧握宝剑的手一抖,出人意外地将已抽出之剑,沉重地压进鞘里。

狼兵营门口。
彭明辅飞马来到营门。

狼兵营大帐内。
一狼兵奔进禀报:"启禀宣慰,有一土家老头求见!"
岑瓦氏深感惊奇,左手紧握剑柄:"带上来!"
几个狼兵将彭明辅带进帐来。
彭翼南一见大惊:"阿爷!"
田丰失声喊道:"老爵爷!"迎上前去,却被岑大寿拦住。
"是你!"岑瓦氏本能地再次"唰"地抽出宝剑。

土家兵营内。
彭翼湘带着一探兵匆匆走来,连声呼唤:"华老师,华老师!"
华岳从帐内出来:"翼湘,何事惊慌?"
彭翼湘:"我命人去狼兵营打探消息,却发现倭寇轻骑,正向狼兵营逼近。阿爷和阿哥还未回来,如何是好?"
这时,向銮、汪相等也闻声来到帐前。
华岳严肃地:"翼湘,你身为大将,更应当临事镇定。"
彭翼湘惭愧地低下头去。
华岳克制冲动,缓和了口气:"两位爵爷安危不明,倭寇乘机偷袭。眼下又是全军无首……"

彭翼湘抬起头来："请华老师定夺。"

向銮、汪相异口同声："我们愿听华老师调遣。"

华岳慨然地："军情紧急，老夫只好权宜行事。我有心派翼湘率土家精锐，追击倭寇。向銮镇守大营。汪相速去报张总督。我道路熟悉，从小路去狼兵营报信，接应两位爵主。"

狼兵营大帐内。

岑大寿握刀逼近彭明辅："你，你逼死的我伯父，俺今日叫你有来无回！"

彭明辅平静地："若想活着回去，本爵就不来了！"

岑瓦氏闻言急问："你……前来作什？"

彭明辅直截了当地："负刀请罪！"

事出意外，岑瓦氏的剑再次入鞘。

彭明辅率直陈词："彭、岑两家之仇，由我造成，今日来偿还血债，消除世仇。"

岑瓦氏备受震撼，默坐于椅上。

彭翼南跪行向前，含泪呼喊："阿爷！"

彭明辅推开彭翼南："你身负重任，正好报国杀敌，我已年过七十，能以余年了结彭、岑两家私仇，虽死无憾！"

田丰猛然大叫："老爵爷，谁敢碰你一下，我要将他活剥生吞！"言毕一拳击去，几案击成碎块。

岑大寿一声大喊，两旁狼兵一齐持刀逼来。

彭明辅扯开田丰，取下背上快刀，双手捧着："来来来，本爵自备钢刀，岑宣慰行刑吧！"

岑瓦氏见状，心情矛盾，欲接刀又止。

岑大寿大步向前："何劳阿姐动手，俺来！"说罢取过彭明辅手中钢刀。

岑皇忙抓住岑大寿握刀的手，目视岑瓦氏，示意不可轻举妄动。

彭翼南挺身挡住彭明辅："要砍要杀，朝本爵来吧！"

田丰以身挡住彭翼南："要砍要杀，朝我来吧！"岑大寿推开岑皇，跃跃欲试。

岑瓦氏厉声："来呀！"

众狼兵齐声呼应，预备动手、雪亮的刀锋，正闪着寒光……

岑瓦氏痛苦地闭上眼睛,又猛地睁开说道:"送——客——!"
岑大寿疑惑地:"阿姐,你……?"
岑瓦氏自持地:"先灭倭寇,再报私仇!"
彭翼南还欲再说:"岑宣慰……"
岑瓦氏不耐烦地一挥手;狼兵齐声催逼:"快走!……"
岑大寿吼道:"阿姐,你!"气得顿足冲了出去。

一条大道上。
彭翼南、彭明辅带着田丰和两个土兵一路行来。

狼兵营门口。
岑大寿带领二十余名轻骑追出营门。

狼兵营后帐内。
岑瓦氏即将就寝,忽闻岑皇禀报声:"宣慰,宣慰,有紧急军情禀报!"
岑瓦氏开门:"何事?"
岑皇:"少将军带人追杀彭氏祖孙去了!"
岑瓦氏大惊:"啊!去了多久?"
岑皇:"已有一个时辰?"
岑瓦氏愤然取剑在手:"凭此剑,速取大寿人头来见!"
岑皇吓了一跳,不敢接剑。
岑瓦氏双眼一瞪:"违令者斩!"将剑掷给岑皇。
岑皇无奈、捧剑出帐而去。

那条大道的另一个方向。
辛五郎、陈东率领的一支倭寇奔驰而来。

那条通道上。
彭翼南与彭明辅并马而行,田丰和两个土兵跟随在后,忽闻后面传来马蹄声,众人吃惊地回头观望。
田丰道:"一定是岑大寿带兵追杀我们,请爵爷快走,我来挡住追兵。"说罢带两个土兵回奔迎击。
突然,从路旁小树丛里闪出华岳及两个土兵。华岳:"老爵爷、爵主,我在此等候多时了。"又高呼："田丰将军,快随我回营!"

彭明辅、彭翼南惊喜地："华老师为何在此?"

华岳："此地不是说话之处,请速随我来。"此时田丰亦到,隐入小径内。

通道远处。

岑大寿带领二十多个狼兵,沿大道追来,冲过了小路口,继续前进急追。在道路转弯处,与辛五郎、陈东率领的轻骑遭遇。

狼兵营后帐内。

岑瓦氏坐立不安,忽然喊道："来人!"

一队女狼兵应声涌进帐来。

岑瓦氏下令："追!"

通道另一头。

彭翼湘带着一支土家精锐后赶到,队伍里还有张经及其随从。

彭翼南、彭明辅等人随华岳走出小路与彭翼湘会面。

彭翼南见到张经："张总督为何也在这里?"

张经："本督闻听彭宣慰亲赴狼兵营,放心不下,立即赶到土家兵营,又得知倭寇轻骑偷袭,故而同到这里……"

这时,传来喊杀声,众人转脸观望。

田丰："定是岑大寿被围。爵主,如何是好?"

彭翼湘愤然地："岑大寿带兵追杀阿哥阿爷,自入倭寇埋伏,这种不明大义的莽夫,值得救吗?"

彭翼南低头沉思,似在犹豫。

华岳："狼兵也是抗倭主力,怎能见死不救?"

张经："言之有理,还望宣慰以大局为重。"

彭翼南豁然开朗,果断下令："摆开宝塔阵,进攻倭贼,救出狼兵兄弟!"

田丰应声挥动龙旗,彭冀湘挥动凤旗。转眼间,土家兵列成土家特有的"宝塔阵"。

每旗一人前置,为第一重;次三人横列为第二重;次五人横列,为第三重;次七人横列为第四重;次八人横列,为第五重。长枪手、药弩手,都列在宝塔阵后面,弯弓搭箭,引而未发,呐喊前进。

土家兵身穿虎皮衣裤;皆左袒,左手执盾牌,蒙以虎头图画;右手执可刺可钩的钩镰枪。这两支队伍像宝塔和尖刀，向倭寇背后插进。

倭寇阵地上。
辛五郎、陈东忙分兵回头应战。
陈东惊讶地："虎！虎！老虎！"
众倭寇远远望去，只见夜色中一群猛虎，张牙舞爪，向前扑来。众倭寇心惊胆战，神色张皇。
辛五郎揉搓双眼，定神看清是土家兵盾牌上蒙着虎头，叫道："胡说！陈将军，打他一个下马威！"
一群头披五色长丝、青面獠牙的倭寇，在陈东率领下，迎上前去。
两军即将接触前，土家兵以盾遮身，俯身前进，药弩手射出支支药箭；倭寇中箭倒地、抽搐、打滚、呼叫。
倭寇掷出一支支飞镖，被盾牌挡住，或插在盾牌之上。间或排头兵被刺中倒地，第二重依次扑上，宝塔阵形始终不变，仍向前推进。
短兵相接时，土家兵盾牌手和长钩镰枪手配合作战，远者枪刺，近者盾牌手钩刺。盾牌手或滚翻前进，或匍匐前进，或揭盾猛刺。一倭将马脚被砍断，跌下马来。这是一场具有土家特色的战斗。
彭翼南一马冲出，恰遇陈东，双方交手。彭翼湘从侧面射出一箭，正中陈东左臂，被彭翼南刺于马下。辛五郎见状，急率群倭返身溃退。

战场另一侧。
岑大寿浑身血迹，手中刀已卷刃，看着身边躺着的狼兵尸体，痛苦不堪。他丢掉卷刃的刀，又抢起两把刀，跳上一匹已死去主人的战马。
尸首堆中，一个身负重伤的狼兵竭力喊道："少将军，你，你不能再莽撞了！"
岑大寿哪里肯听，吼了声："不怕死的跟我来！"催马向倭寇追去。后面几个轻伤的狼兵紧跟着。

土家兵阵地上。
张经一见岑大寿追向前去，忙向彭翼南说："快命人追回岑将军！"
彭翼南急带田丰拍马追去，一队土家兵随后紧跟。华岳也催马赶去。
王江泾城庄下。
吊桥已放下来，辛五郎逃过桥去。

跟着逃跑的倭寇，落在后面的皆被岑大寿和几个狼兵杀死。
庄上拂狼机发炮，一声巨响，岑大寿被打得四分五裂。随行的几个狼兵，均被击毙。

王江泾城庄上。
徐海太郎与叶麻得意地放声狞笑。
吊桥又缓缓升了起来。

王江泾城庄不远处。
彭翼南已带着队伍赶到，见状大怒，挥枪下令："攻城！"
众土家兵英勇向前冲去。
田丰前番已有教训，使劲拖住彭翼南的马缰绳，不让上前。
一些土家兵从护城沟里涉水过去，被铁蒺藜挂住刺伤。
庄上拂狼机又开炮，将还在冲向沟边的土家兵击死击伤。
彭翼南怒不可遏，喝令田丰松手。田丰拒不从命，彭翼南盛怒之下，欲挥枪杆打去——
恰好华岳赶到，厉声喝问："彭爵主，你想全军覆灭么？"
彭翼南猛醒，注视着田丰，眼光中流露出复杂心情，痛苦地："撤！"
狼兵营出来的路上。
岑瓦氏带一队女狼兵快马追来，赶上了岑皇领着的几个狼兵。
一个重伤狼兵扎着往回爬。岑瓦氏一见大惊，跳下马来扶住急问："你为何这样？少将军那里去了？"
重伤狼兵回答："少、少将军，驰往王、王江泾，土、土家兵随后，追……"一语未了，垂头死去。
岑瓦氏大惊失色，满而怒容。岑皇抱住死去的狼兵疾呼……

王江泾城庄内，帅府花园里。
王翠翘独倚在一座亭台的栏杆上，看着满地落花，联想到自己命运，暗自落泪。
绿妹急步而来："夫人，大将军叫夫人前去饮宴。"
王翠翘转过脸来，以袖拭泪。
绿妹关切地："夫人，你总是这样独自伤怀，应当保重身体才是呀！"
王翠翘抓住绿妹的手："好妹妹，只有你才知道我的心事。我……"

绿妹劝慰地："大将军正在等你，夫人快去吧！"说着搀扶王翠翘下亭。

狼兵营中。
哀乐如泣如诉，一座临时搭的灵棚里，供奉着岑大寿牌位。

狼兵佐正在祭悼、哭泣。
岑瓦氏一只手将剑柄握得铁紧，一声不发，双眼却流出两行热泪……
岑皇走了进来禀报："禀宣慰，彭翼南带田丰前来祭灵。"
岑瓦氏闻言一惊，猛地抽出剑来，冲出灵棚。岑皇追了出去。
彭翼南带着田丰向灵棚走来，后面跟着几个土家兵抬着祭品。
彭翼南见岑瓦氏怒气冲冲走来，正要启齿，忽听岑瓦氏骂道："彭翼南你好狠毒！我为了抗倭大局，放你祖孙回营，你反而带兵追杀我弟，致使我弟惨死在倭寇拂狼机下。我与你誓不两立！"骂着，一剑刺向彭翼南。
彭翼南急忙闪开。田丰冲上去遮护，喊道："岑宣慰……！"
岑瓦氏啐了一口："呸！你也休想逃命！"又一剑砍向田丰。田丰急忙躲闪。
彭翼南大声疾呼："岑宣慰休要误会！"
岑瓦氏冷笑着说："我亲耳听到受伤狼兵禀报，何来误会？"又舞剑连砍带刺。
彭翼南纵跳躲闪……

王江泾庄内帅府厅堂里。
几个舞女舞步蹁跹，舞姿放浪。
徐海太郎身穿和尚服，醉眼惺忪，一面大啖大嚼，一面将酒送到王翠翘唇边。
王翠翘一饮而尽。
绿妹上前斟酒。
徐海太郎只顾欣赏王翠翘，伸手去摸酒杯，反把酒杯碰翻，溅了一身酒。他勃然发怒："贱婢坏了本帅雅兴。来人，将她丢进海里！"
几个倭寇应声而上，去拖绿妹。
王翠翘威严地："且慢！大将军，何必为这点小事动气？我为你斟上一杯，饶了她吧。"
徐海太郎见王翠翘劝酒，怒气全消，朝绿妹一挥袍袖。

几个倭寇撒手退下。绿妹叩头谢恩，退在一旁。

狼兵营中。
田丰举刀遮架岑瓦氏砍向彭翼南的剑。
只见张经带着随从赶进营来，急喊："岑宣慰切勿鲁莽！"
他拦住了岑瓦氏。
岑皇也追了上来，拉住了岑瓦氏。
张经动容地："岑宣慰，你只知其一，不知其二，千万不要错怪彭宣慰。"
岑瓦氏不满地："总督为何袒护他？"
张经："岑大寿穷追倭寇，是本督让彭宣慰去追回，绝无加害之意。土家兵为此也有伤亡。本督耳闻目见，难道还骗你不成？"
岑瓦氏闻言，手臂无力地垂了下来。
彭翼南恳挚地："张总督，我愿与岑宣慰歃血为盟，同心杀敌！"
岑瓦氏冷冷地："何须盟誓！"
彭翼南不意岑瓦氏一口回绝，一时气愤，张嘴欲说什么，却又忍住，转对张经："总督，告辞了！"含怒而去。
田丰气愤地朝几个土家兵一挥手，土家兵丢下祭品，一齐追随彭翼南而去。
祭品翻倒在张经面前，他又气又恼，一时不知如何是好，只得连连摇头……

第三章

王江泾城庄内帅府内厅。
徐海太郎接过王翠翘端来的茶，慢慢喝着。
王翠翘转颜劝道："大将军，目下明军连营数十里，声势浩大，若与他们决战，恐难取胜。"
徐海太郎："依夫人之见呢？"
王翠翘："大将何不转回日本海岛，既可免不测之祸，也可让百姓安居乐业。"
徐海太郎有恃无恐："夫人不必忧虑，明军虽多，除了狼、土蛮子，其余都是酒囊饭袋，不堪一击。"
王翠翘："一日无粮，众军皆散，现四面包围，粮从何来？"
徐海太郎听了哈哈大笑："夫人放心，目前接到柴员外密信，不日便有五船白米送来……"

与王江泾城庄隔海相望的岸畔。
五艘堆满米袋的船只，正被土家兵押着靠岸。
田丰押着管家来到站在岸畔的彭翼南和华岳前面说道："禀爵爷，他就是我国内奸柴贵德的大管家。"
彭翼南盯着柴管家下令："搜！"
几个土家兵从柴贵德管家身上搜出一封密信，呈交给彭翼南。

土家兵营大帐内。
彭翼南与华岳商讨攻打王江泾城。
华岳双眉紧皱："爵主是想派人进庄去弄清虚实吗？"
彭翼南眼睛一亮，点了点头。
华岳："连日来老夫多次审问战俘，得知辛五郎与徐太郎彼此猜疑，辛五郎又与叶麻结怨。我有意扮作柴管家，混进庄去，以为内应。"
彭翼南略作犹豫，断然说道："老师高见与学生不谋而合，我陪伴老师前去！"
华岳一惊，为难地："你……？"
彭翼南胸有成竹地："现有五船白米作进身之阶，又有柴员外亲笔书信作护身符，何惧之有？"
华岳冲动地紧握住彭翼南的双手……

赵文华下榻的营帐中。
赵文华已写罢奏章，折卷装封。
宗宪送来一碗参汤，轻轻地放在几案上。
赵文华："这道奏本是我弹劾张经按兵不动，玩寇失机之罪，我要差人星夜送往京城，面呈父相严阁老。我还想命你去王江泾，招抚徐海太郎。"
宗宪："只是徐海太郎野心勃勃，恐难归顺。"
赵文华自信地："晓之以利害，再许以裂土封疆，徐某未必不就范？"
宗宪："谨遵大人之命，不知何时前往？"
赵文华："夜长梦多，即日启程。"

王江泾城庄内帅府花园里。

亭台中，徐海太郎在酌酒。

王翠翘在弹琵琶助兴。

辛五郎走了进来："禀大将军，净海王遣使送来钧旨，催大将军攻打明军，进而扫荡苏松，席卷徽赣。"说罢将公文交徐海太郎。

辛五郎趁徐海太郎展阅汪直文书，眼睛盯着王翠翘那微敞的酥胸，垂涎三尺。王翠翘发现，不安地低头理衣角。

徐海太郎阅毕，扭脸顺着辛五郎眼光一看，顿时两眼冒火。

这时，叶麻进来了："禀大将军，柴大员外的管家，送来五船白米。"

徐海太郎大喜："传管家来见，本帅要重重赏赐。"

帅府内过道上。

一倭将引着华岳和彭翼南向内走去。

华岳作管家打扮。彭翼南作随从打扮，俱已变了模样。彭翼南警觉地四下观察路径，故意拉了华岳一把，朝另一条长廊走去。

那员倭将大喝："不得乱行。那儿是军机处。"

华岳躬身赔礼，与彭翼南跟着倭将走向前面花园。

花园内亭台中。

华岳向徐海太郎施礼："拜见徐大将军！"

徐海太郎："柴员外真够交情，可谓雪中送炭。哈……"

辛五郎冷笑："柴管家同我常常来往，你怎敢冒名顶替？"

华岳坦然地："哈……将军见过的管家，主管外务，因病未来。我是员外心腹，管理内务，又熟悉水上道路，所以派我前来。将军不信，现在柴员外密信在此。"他撕开衣角，取出密信。

辛五郎欲接信，华岳却交给叶麻："烦请将军呈交徐大将军亲启。"

叶麻将信转交徐海太郎，转对辛五郎说："人家冒着生命危险为我们送粮食，你却如此疑神疑鬼，以后谁还敢来送吃的？"

辛五郎辩解地："防人之心不可无呀！"

叶麻针锋相对："害人之心也不可有。"

同时，彭翼南已悄悄移步上前，偷看徐海太郎前搁着的净海王文书。

徐海太郎正看密信，忽有所觉，斜眼盯着彭翼南："嗯！你在看什么？"

彭翼南做哑巴状，伸出两个大拇指打着手势。意谓徐海太郎相貌威风，王翠翘美貌如仙。

王翠翘觉得可笑，忍俊不禁。

华岳解释道："此人是个哑巴，是我的贴身随从。"

徐海太郎不发一语，诡诈地将文书递给彭翼南，密切注视其反应。

彭翼南接过来，颠来倒去，显得不知如何看，放下文书，双手乱摇，嘴里"哇哇"连声。

王翠翘不以为意地："原来他一字不识。"

徐海太郎疑虑尽释，吩咐道："叶将军，送管家各房安歇，好好款待。"

华岳："多谢大将军。"与彭翼南随叶麻出去。

徐海太郎见辛五郎贼眉溜眼，当即一拂袍袖，狠狠瞪住辛五郎。

辛五郎无奈，只好退出。

帅府大厅。

辛五郎拾级而上，走进大厅。厅内徐海太郎正用金钱卜算，王翠翘在旁观看。

辛五郎："禀大将军，明朝赵文华派密使求见。"

徐海太郎收了金钱："唤他进来。"

辛五郎引密使上厅。

宗宪施礼："卑职见过徐大将军！"

徐海太郎："请坐。"

宗宪解下身背的布包，取出一些礼品："卑职奉赵大人之命，奉献些许珠宝，略表薄意。请大将军笑纳。"又从另一包中取出一件古玩送给辛五郎："这是赵大人送予辛将军的。"

辛五郎接过古玩，爱不释手。

徐海太郎接过古玩却不屑一顾："你来作什？"

宗宪："实不相瞒，大将军若肯罢兵息战，赵大人担保裂土加封，不失王侯之位。"

王翠翘忽然冷笑起来。

宗宪不解地："夫人为何发笑？"

王翠翘："张经用武力征剿，赵文华以重利怀柔，双管齐下，不知是何居心？"

宗宪急忙解释："夫人不必生疑，赵大人是真心想同大将军交朋友的。"

徐海太郎狡黠地："口说无凭，有何为证？"

宗宪从身上取出一封信："现有赵大人亲笔密信在此，请大将军过目。"

徐太郎接过密信拆阅。

辛五郎凑近来："大将军，此事似可考虑。"
徐海太郎扫了密信一眼，故意说道："若要本帅依允，先要依本帅两件事。"
宗宪："请讲！"
徐海太郎："第一件，撤换张经；第二件是明军罢兵休战。"
宗宪为难地："此事一时之间，恐难办到。"
徐海太郎嘲弄地："那就等办了之后再说。"
宗宪语意双关："眼下狼兵大将岑大寿阵亡，彭、岑两家旧仇未解，张经正设法为两家和解。一旦狼、土兵携手共腕，大将军恐怕……"

张经的下榻处：
日光从窗帐中射进来。彭明辅正在向张经禀报军情。
彭明辅："……我也是刚才知悉，翼南与华老师昨日连夜进庄去了。"
张经闻言，猛地站了起来，良久，感动地："彭宣慰与华义士可钦可佩呀！"
彭明辅忧虑地："只是土、狼两军若不协力作战，纵然翼南他们探明敌情，也是难操胜券呀！"
张经沉思着叹了口气："本督原想请赵大人出面，消释彭、岑两家当年田州一战之仇，怎奈……"他摇了摇头，又毅然说道："事到如今，本督不得不说了！"

王江泾城庄内馆驿客房里。（夜晚）
彭翼南正在吩咐几个扮成船夫的土家兵："……你们速去分头打探倭寇军情。"
几个土家兵应声出去，消逝在黑夜中。

王江泾城庄内帅府门口。（夜晚）
华岳领着彭翼南走上台阶。一员倭将拦住。
华岳显得神秘地说："烦请将军引进，我有机密大事向徐大将军禀告。"
那员倭将不敢怠慢，引华岳进去。彭翼南跟在后面。

帅府侧厅里。
灯光下。华岳正向徐海太郎低声说道："我临行前，柴大员外再三叮嘱转告徐大将军，辛五郎早与赵文华暗中联络，怀有二心，不可不防。"

徐海太郎扫了一眼摆在眼前案上的那封白天看过的密信，将信将疑。

华岳又补上一句："白日本当相告，怎奈辛五郎在旁，只得夜间前来。"

徐梅太郎一把抓起密信，又缓缓放下，挥了挥手，让华岳出去。

华岳施礼，躬身退了出去。

帅府内军机房里。

彭翼南溜了进来。借着从窗外射进来的微弱月光，四处搜索，在一线月光下偷看翻阅机密文书……

军机房隔壁徐海太郎的卧房内。

王翠翘身穿睡衣，呆呆坐着，手中抚摸着一把"百家锁"，双眼含泪。忽闻隔壁传来一声响，她惊异地站了起来。

军机房里。

彭翼南正拾起不慎碰落的一本书。

灯光照在他的身上，他吃惊地转过脸来。

王翠翘右手掌灯，左手还拿着百家锁，同样吃惊地瞪着彭翼南。

二人紧张地一时僵持，互相注视。

王翠翘将灯盏放下，强自镇定地问："你，到底是什么人？"

彭翼南满含敌意，逼上前去，一把扭住王翠翘，扼住脖子欲杀。

王翠翘拼命挣扎，左手百家锁被抛了出去，华岳恰好闯进来，百家锁正打在他身上，他双手接住一看，吃惊地忙冲上去拉住彭翼南。

彭翼南松开手，王翠翘无力地跌坐在地。

华岳低声疾问："此物为何在你手中？快说。"

王翠翘，这是我姑父当年所赠。

华岳诧异地："你……？"

王翠翘凄惨地："我并非日本人，也是大明苏松人氏。"

华岳就着灯光仔细审视王翠翘，恍恍惚惚地有所觉，猜测地："难道你……是三翘？"

王翠翘闻言一振，盯着华岳，眼睛模糊了，她眼前管家打扮的华岳，化作身穿秀才服装的中年男子。

（回忆）王江泾附近村头，村姑打扮的少女王翠翘与姐姐二巧儿手拉着手，依依难舍，身边是她姑父华岳和她的舅父。

华岳叮嘱："三翘儿，你父亲不幸去世，你这回跟舅舅转回山东老家，你要听舅舅的话，不要淘气呀！"

王翠翘懂事地说："姑父，我知道。"回头又问姐姐："姐姐，表哥哪里去了？"

华岳笑着说："华龙在学校读书，你放心，我不会亏待你姐姐的。"

众人笑了起来。

华岳取出一个"百家锁"，"三翘儿，姑父无物可赠，你把这个'百家锁'带去，好驱邪避秽，长命富贵！"

（现实）军机房里。

王翠翘声音颤抖地呼喊华岳："姑父！姑父——！"扑跪在地。

王江泾城庄上。

徐海太郎身边站立着辛五郎和叶麻。

徐海太郎目光瞟着辛五郎，引而不发地问："本帅召二位将军此时登城观阵，不知有何观感？"

辛五郎："土家兵和狼兵营全无往日景象，可见赵文华密使之言，果然不假。"

叶麻："明军主帅张经与赵文华各有打算，而明军主力土、狼两军又仇怨难解。我们可以高枕无忧了。"

辛五郎藐视地盯了叶麻一眼："机不可失，时不再来，我们必须早作决断。叶将军不要忘了密使的暗示。"

叶麻正要反唇相讥，徐海太郎挥袖制止二人争议："回府议事。"

帅府军机房里。

华岳问王翠翘："你为何来到此地？"

王翠翘感慨地："姑父，我到山东后，舅父带我往东南经商，不料舅父暴病身亡，钱财被伙计哄抢一空。我别无他法，只好卖身葬舅，从此误入烟花丛中……"

彭翼南鄙视地："那你，怎么做了倭贼徐海太郎的夫人？"

王翠翘羞惭地："只因徐海太郎率军攻入上海，将我掳抢，恩宠倍加。

我只好强颜欢笑，得过且过。"

彭翼南不屑地"哼"了一声。

华岳沉痛地："徐海太郎不除，黎民永无宁日。"

王翠翘为难地："当初我在风尘之中，受尽欺凌；如果不遇徐海太郎，早已尸骨不全。我怎忍心加害于他！"

彭翼南嗔怒叱之："你不忍加害于他，他却已加害东南沿海数十万无辜百姓！"

华岳痛恨地："你不忍杀死徐海太郎，他却早已杀害你我一家人！"

王翠翘急切地："姑父！我母亲、姐姐、姑母，龙哥怎么样了？"

华岳正欲相告，忽闻外面响起急促地脚步声。华岳与彭翼南吃惊。

王翠翘向二人示意莫发出声响，推门出去。

军机房外走道上。

绿妹匆匆走近王翠翘。

绿妹："夫人，大将军带着叶麻，辛五郎回府来了！……"

狼兵营大帐里。（当晚）

张经正在劝说岑瓦氏，岑皇站立一旁。

张经："……岑宣慰为当年田州之事耿耿于怀，实在错怪了彭老将军。"

岑瓦氏："此话怎讲？"

张经："当年朝廷命赵大人片剿田州，不幸惨败，故调彭老将军为先锋，明令踏破田州，鸡犬不留。彭老将军不忍生灵涂炭，以你父已死为由，解围收兵。"

张经的话，变为回忆画面：

赵文华见彭明辅收兵，勃然大怒，责彭明辅"复围田州，务要斩尽杀绝"。

彭明辅昂然面对盛怒的赵文华："岑猛已死，田州归顺，百姓无辜，怎能乱杀！"

赵文华："彭明辅阳奉阴违，违抗将令推出斩了！"

几个刽子手应声捆绑彭明辅。

土司将领彭荩臣："岑猛已死，田州平定，请大人将功抵过、宽释彭明辅。"

明军将领："彭宣慰有功，我等情愿作保。"

（现实）狼兵营内。

张经继续说：“赵大人见众怒难犯，便责彭明辅罚俸三月，退位思过，岑宣慰，若无彭老将军，慢说田州百姓，就是宣慰你也无今日。”

岑宣慰如梦方醒，感慨良深，欲语无言。

王江泾内帅府花园后门处。

绿妹将后门打开。

王翠翘欲让华岳和彭翼南出去。

华岳嘱咐王翠翘：“此刻徐海太郎、辛五郎和叶麻进府，必有缘故，你快去听个明白。”

王翠翘点头答应。

王翠翘来到议事厅屏风后。

屏风那一边的地毯上，坐着徐海太郎、辛五郎和叶麻，正在举行秘密的军事会议。

徐海太郎老谋深算地：“如今狼兵新丧大将，士气低落。我军正好出其不意，攻其不备，本帅即率精锐主力，夜袭狼兵营。”

叶麻：“大将军身为主帅不可亲冒风险。”

辛五郎：“若得大将军率兵亲征，足以激励士气，一战成功。我愿保护大将军前去。”

徐海太郎表情难以捉摸地：“你……留守城庄。叶将军速选精兵随本帅出去。”言毕，走向屏风。

屏风后面王翠翘急忙退去。

狼兵营门口。

张经上马带随从告辞而去。

岑瓦氏木然呆立，思绪万千，缓缓地抽出腰间佩剑。紧紧盯着，似想起自己曾用此剑几次要杀彭翼南的情景，羞愧交加，猛地挥剑向旁边的一株小树砍去。

小树被拦腰砍断，倒了下去。

王江泾城庄内馆驿客房里。

彭翼南正在听取几个扮成船夫的土家兵低声汇报情况。

华岳在窗前向外观望，忽然发出"嘘"声告警。

彭翼南忙推开窗户，让几个土家兵越窗而去。

响起敲门声。

华岳将门打开。

门外站着绿妹与王翠翘，王翠翘走了进来，示意绿妹在外望风，自己将门关上。

华岳问："三翘儿。你可探听明白？……"

王翠翘却急问："姑父，快告诉我，我母亲、姐姐、姑母和龙哥怎么样了？"

华岳悲愤地说："你娘被倭寇烧死，华龙冲进火海，把你姑母背出，却被倭寇杀死。华龙反抗，被倭寇砍成肉酱，你姐姐她……她被倭寇蹂躏，含恨死去了……我们两家，就只剩你、我两人了！"华岳老泪纵横，悲痛欲绝。

王翠翘愁惨万状，泣不成声。

彭翼南忍不住厉声责问："你甘心以身侍贼，媚敌求荣，将来有何面目见父母于九泉之下？"

王翠翘声泪俱下："父亲、母亲，女儿对不起你们！"说罢，猛地以头朝墙上撞去。

彭翼南一把拉住王翠翘，态度变得缓和了："你大仇未报，纵然一死，何济于事？不如协助朝廷剿灭徐海太郎，以报国仇家仇。"

王翠翘被提醒："要除掉徐海太郎，即在今夜。"

华岳催问："有何妙策，快快说来。"

王翠翘："徐海太郎与叶麻带领倭寇精锐，刚才出城去偷袭狼兵营。若能报知狼、土兵前后夹攻，岂不……"

华岳急对彭翼南说："彭爵主，机不可失，你必须速回营去调兵破敌。只是这深夜出城……"

王翠翘从身上取下帅府令牌。双手捧给彭翼南："凭此令牌通行无阻。"

彭翼南接过令牌，感动地喊"阿姐！……"

第四章

土家兵帐内。

灯烛照得通明。那面令牌摆在桌子上。

彭翼湘、田丰、向銮、汪相等人正在听彭翼南讲述敌情。

彭翼湘冲动地："岑瓦氏誓与我土家兵为仇，岑瓦氏待我不以为德，反以为仇，救她何益？"

彭翼南踌躇地站了起来，陷入沉思。他眼前仿佛闪现出一系列情景：

海神庙边，岑瓦氏用剑砍杀彭翼南。狼兵营大帐内，岑瓦氏拔剑出鞘，怒视彭翼南。狼兵营祭灵，岑瓦氏挥剑刺杀彭翼南，彭翼南连连躲闪……

想到这里，彭翼南转身拿起桌上的箭书，虽然一言不发，微微颤抖的手，却反映出他内心的剧烈矛盾。

恰在这时，彭明辅由一个土家兵扶着进帐来。从他的姿态，看出他正在病中。

众人忙站起来迎上去。

彭翼南："阿爷，你不在病床上休养，出来做什么？"

彭明辅坐在彭翼湘摆好的椅子上，反问："你为何还按兵不动？"

彭翼南犹豫地："阿爷……"

彭明辅已知其意。出人意料地以掌击桌，强自振作，吩咐道："翼湘，速将我的盔甲取来！"

众人大惊，面面相觑。

彭翼南急忙拦住："阿爷，你有病，不能去！"

田丰、向銮、汪相一齐劝阻："老爵爷，去不得。"

彭明辅指着众人，"你们这帮东西，尽出糊涂主意。"转身面对彭翼南，"你身为主将，也意气用事。唇亡齿寒这个道理也不懂吗？……"

说到此，他猛烈地咳嗽不止。

彭翼南含泪跪在地上："阿爷息怒，我亲自带兵去救！"

彭明辅气喘吁吁："救兵如救火………"

彭翼南站了起来，"翼湘、田丰，随我前去！"又对向銮，"你看守大营，多加戒备！"再对汪相，"你去禀报张总督，请求配合！"

众人应声，急出帐外。

狼兵营里。

刀光剑影，杀声震天。

徐海太郎和叶麻率领的倭寇主力，正向猝不及防的狼兵营猛烈攻击。众倭寇同时放火，火借风势，风助火威，越烧越猛。

兵营里面，岑瓦氏和岑皇正率领狼兵英勇抗击倭寇。

岑皇奔向岑瓦氏："宣慰，我来断后，你快向后营突围出去。"

岑瓦氏怒吼："不是鱼死，就是网破，你快带狼兵转移！"她转身对女狼兵下令："随我来！"冲进倭寇队伍。

倭寇队伍后面，叶麻指着左冲右突的岑瓦氏，对徐海太郎淫笑着说："我去捉拿岑瓦氏，献与大将军作二夫人！"说完拍马冲去，直扑岑瓦氏。

岑瓦氏杀死交手的倭寇，迎战叶麻。

徐海太郎大声下令："谁捉得女兵，归谁享用！"也从侧面杀向岑瓦氏。

岑瓦氏力敌叶麻、徐海太郎，力气不支，情况危急。

突然，倭寇阵脚大乱，土家救兵到了。"永顺宣慰司彭"的大旗，在火光中格外醒目。土兵射出一排排药箭，倭寇一个个中箭倒地。

彭翼南、彭翼湘、田丰跃马挥戈，势不可当。狼兵一见援兵，士气大振。

徐海太郎见援兵一到，急于取胜，他趁叶麻缠住岑瓦氏，掷出一支飞镖。

彭翼南高呼："岑宣慰当心暗器！"

岑瓦氏闻声低头，躲过第一支飞镖。

说时迟，那时快第二支飞镖又到，田丰飞马赶来，以身遮护，中镖倒地，被叶麻刺死。

同时，彭翼湘见田丰中镖，惊呼："田丰！"

彭翼湘急于报仇，冲向叶麻。叶麻不敢迎战，拨马狂逃，徐海太郎度不可胜，也随叶麻逃窜。彭翼南急射一箭，正中徐海太郎肩上，徐险些落马，带箭而逃。

地下倭寇尸首狼藉。

王江泾城庄内，帅府卧室里。

徐海太郎袒露着上身，忍痛席地而坐。王翠翘正在给箭伤处上药。绿妹在配合上药。叶麻、辛五郎站在前面。

徐海太郎："此番行动。实属机密。那彭翼南怎么知道了？"

叶麻猜疑地："出兵前只有大将军，辛将军和我知道……"

辛五郎不动声色，却将眼光投向王翠翘。

王翠翘脸上显得坦然，手却微微颤抖。

徐海太郎咬牙切齿地："务必要抓到内奸，严加惩处。"

王翠翘不禁一抖，手指触到徐海太郎的伤口。徐海太郎痛得"哼"了一声。

辛五郎欲说什么，徐海太郎不耐烦地挥手："你们快去追查奸细！"

狼兵营中。

彭翼湘抱着田丰尸体凄厉哭喊。

彭翼南和众土家兵对着田丰尸体致哀。

岑瓦氏默默地看着田丰尸体，缓缓地走近，突然跪下，放声哀号。
岑皇和众狼兵也垂首致哀。
彭翼南扶起岑瓦氏，二人四目相对。
岑瓦氏满面羞惭，欲语无声。

狼兵营门口。
张经带着明军将领赶到。
彭翼南与岑瓦氏并肩出迎。
张经不无惊喜地看着彭翼南与岑瓦氏。
岑瓦氏："张总督！若不是彭宣慰相救，我军不堪设想。我愿与彭宣慰歃血为盟。"
张经喜出望外："两宣慰和好，真乃国家之幸，黎民之福。明日设坛，本督监盟。"

王江泾城庄内帅府书房里。（当天夜晚）
绿妹引华岳走进门来，王翠翘正在书房焦急地等待着。
王翠翘急忙迎向华岳："姑父，徐海太郎严令追查内奸，假如查出真情，如何是好？"
华岳向绿妹示意，出外望风。绿妹出，将门带上。华岳紧张地，思索对策。

书房外边走道上。
绿妹转脸先看左侧。并无动静，复朝右侧出口走动观察。
辛五郎从左侧转弯处探头出来，轻轻地走向书房。

书房里。
华岳说道："……我与彭宣慰曾假造柴员外密信，离间辛五郎，未曾奏效……"
突然门被打开，辛五郎堵住门口。
王翠翘、华岳一见大惊。
辛五郎狞笑着说道："果然不出我所料，想不到今日落在我的手中，哈……"
绿妹闻声也到了门口。
华岳镇定地："我与夫人是苏松同乡，讲讲家常有何不可？"

他有意提示王翠翘:"你夜闯夫人书房,恐怕别有用心吧!"
王翠翘心领神会,做手势示意绿妹去请徐海太郎,绿妹转身急去
辛五郎拔出倭刀:"我先宰了你。"挥剑劈华岳。华岳低头闪过。
王翠翘拦住辛五郎:"他是我请来的;你要杀就杀了我吧。"

书房外面走道上。
绿妹边走边喊:"快来人呀!辛五郎要杀夫人了!快来人呀!……"

书房内。
辛五郎掀开王翠翘,几次追杀华岳,都被王翠翘拦住,华岳退避间摔倒在地,辛五郎急举刀欲砍,王翠翘奋不顾身,死命地抱住辛五郎,二人扭成一团。
忽闻在房外边响起了徐海太郎呼唤声:"夫人,哪里去了!"
王翠翘忙捉住辛五郎执剑的手嚎叫:"大将军救命!"
徐海太郎带着酒意,手持倭刀而入,大喝道:"辛五郎,你来此作什?"
绿妹也跟着进书房。
辛五郎闻声一怔,王翠翘将辛五郎手咬了一口,抢了他的宝剑。叶麻也持刀来到。
辛五郎:"我来捉拿奸细。"
徐海太郎:"谁是奸细?"
辛五郎指着华岳:"就是他!"
华岳随机应变:"我听说大将军受了箭伤,连夜来献祖传伤药,忽听夫人呼唤,推门一看,哎!……大将军不信,不妨问一问夫人。"
王翠翘顺水推舟:"我见大将军不胜酒力,想去厨房煎醒酒汤。谁知道见了辛五郎,他……若不是管家和绿妹,我……"她假戏真做,泣不成声,扑进徐海太郎怀中。
徐海太郎拿眼神询问绿妹。
辛五郎申辩:"我亲耳听他说与彭翼南定下奸计,混进庄来,离间我们,夫人与绿妹也串通一气害我。"
王翠翘转悲为怒:"这样说来我也变成了内奸?"
华岳灵机一动,对徐海太郎说道:"柴员外嘱我转告大将军多加提防。大将军难道忘了?"
辛五郎:"大将军休听他胡言!"

徐海太郎咬紧牙关，怒视辛五郎。

王翠翘又转对叶麻："辛五郎贪财好色，他不是还多次想夺走叶将军的夫人吗？"

叶麻闻言，气急败坏。

华岳话中有话："想不到他对大将军夫人也敢如此！"

徐海太郎终于爆发："我叫你去追查奸细，你却潜入帅府，非奸即盗。像你这样不讲信义的小人——"

叶麻已手起刀落，砍倒辛五郎，复砍一刀，结果性命。

徐海太郎："叶麻听令，一不做二不休，辛五郎所属亲信部下，全部——"他做了个杀的手势。

叶麻应声，急步出去。

野外土坛上。（白天）

张经居中。彭明辅、彭翼湘、岑皇等将领站立两旁。

彭翼南、岑瓦氏对外跪说："世代友好，守望相助。若违盟誓，天人共诛！"

第五章

王江泾城庄内帅府内厅。（白天）

徐海太郎手里拿着那封柴员外密信，仔细审视、思考。他猛然醒悟，拍案大叫一声："有诈！"转对外面吩咐："来人！"

两个倭寇应声而入。

徐海太郎："速请柴管家！"

两倭寇应声退了出去。

叶麻引赵文华的密使走了进来。

叶麻："大将军，明朝密使前来辞行。"

宗宪："卑职闻知大将军昨夜出师不利，深感不安。不知大将军对赵大人信上所说之事，作何决断？"

徐海大郎："只要赵大人依本帅一件事，情愿立即罢兵休战。"

宗宪："但不知是哪件事？"

徐海太郎："除掉彭翼南！"

宗宪闻言一怔，不知如何回答。

两个倭寇带着华岳来到。

华岳："大将军有何吩咐？"
徐海太郎威逼华岳，突然问道："从实招来，你到底是什么人？"
华岳一怔，随即镇定地说："我是柴员外的大管家，大将军为何明知故问？"
宗宪一直在打量身旁穿管家服饰的华岳，似曾相识，略加思索，认了出来，他不禁冷笑。
叶麻诧异地问："为何发笑？"
宗宪指着华岳："他不是什么柴府的大管家，他是土蛮彭翼南的老师！"
华岳也认出了宗宪，知道不可隐瞒，开口大骂："呸！你这无耻奸贼，老夫纵然一死，九泉之下也不饶你！"
徐海太郎暴跳如雷："将他推出砍了！"
两个倭寇应声扭住华岳往外就拖。

张经的下榻处。
张经在读兵书，时而捻须思考。
一侍女端茶进来，将茶杯轻轻放在书案上："请帅爷用茶。"
张经"唔"了一声，但眼睛却仍盯在书本上。
一将佐引彭翼南进入书房。彭翼南手中拿着一卷图纸。
将佐："总督，彭宣慰进见。"
张经忙起身笑脸相迎、让座。
彭翼南将图纸献上："张总督，此乃我绘制的王江泾倭寇布防图。"
张经急展图观看，频频点头微笑："好！请诸将共商剿倭大计……"

王江泾城庄内帅府内厅。
华岳挣扎着被两个倭寇拖出厅外。
王翠翘急上喊道："大将军且慢！"
徐海太郎："夫人有何话说？"
王翠翘缓缓地回答："既是奸细，土蛮派他进城目的何在？土蛮兵虚实如何？不如问个水落石出，再杀他不迟。"
徐海太郎不无怀疑地看着王翠翘，沉吟不语。
叶麻："大将军，夫人言之有理！"
徐海太郎："也罢，暂且将他关入死牢，随他进来的船夫，一齐捉拿，本帅要细加盘问。"

两个倭寇押着华岳出去。另一个头目领命急奔而去。

徐海太郎转对宗宪："有劳你立此大功。"

宗宪："区区小事，谈何大功。"

徐海太郎："礼送……出城！"

明军大营，张经的辕门内。

张经正用手指点着桌上的军事地图，他右侧坐着俞大猷、汤克宽、宗礼等明军将领；左侧坐着彭翼南、彭荩臣、岑瓦氏、岑皇、彭翼湘等少数民族将领，正在开军事会议。

张经："倭寇盘踞王江泾，依仗地利，凭险据守。诸位将军有何克敌之策。"

赵文华下榻处。

宗宪正在向赵文华汇报进王江泾情况："……若不除掉彭翼南，那徐海太郎断难归顺。"

赵文华："若要除掉彭翼南，必先除掉张经……"他略作沉吟，突然想起，"本官的亲笔信，可曾带回？"

宗宪："我已亲手交给徐海太郎。"

赵文华："有何人在场？"

宗宪："在场三人。其中辛五郎已死，还有徐海太郎的夫人王翠翘，谅无妨碍。"

赵文华坐立不安，踱着方步，沉思着说："眼下徐海太郎主力伤亡殆尽，土、狼两军已经和好；张经若发动进攻，必胜无疑。父相与我力主安抚。若张经得胜，我等必将失去圣上欢心。这着棋……"

一侍从上报："启禀大人，圣上已命张公公送来密旨和上方宝剑，现在营外等候。"

赵文华喜出望外："速去迎接。"

明军大营，张经辕门内。

军事会议即将结束。

彭翼南："本爵愿从正面进攻王江泾，如若有失，甘当军令。"

彭荩臣："本爵愿从后面水上进攻，与永顺兵互为掎角之势。"

岑瓦氏："我狼兵愿从中路邀击，策应彭宣慰进攻。"

张经:"诸宣慰主动请战,精神可嘉。俞总兵、汤总戎可在海上游击,以防倭寇从海上逃脱。希诸军同心协力,本督听好音到来。"

突然,赵文华带着宗宪和一队明朝士兵闯了进来。

赵文华厉声喊道:"张经接旨!"

所有在场的人均疑惑不解。

彭翼南、岑瓦氏等土司将领抱拳说:"我等化外蛮夷,不与国政,请求回避。"

赵文华挥手:"请便。"彭、岑等少数民族将领退出。

赵文华展开圣旨:"圣旨下!"

张经及所有明室将领跪下听旨。

赵文华念道:"诏曰:张经玩寇殃民,怯懦失机,辜负朕意,贻误国事。即刻褫削兵权,押解进京。朕特命钦差大臣赵文华兼督江南军务。钦此。"

张经站立起来申辩道。"本官任总督数月。俘斩倭寇五千余,立下战功,有目共睹。"

赵文华冷笑说:"本钦差严加监军,再三催促,你恐圣上降罪,才被迫出战,土家兵侥幸取胜,你何功之有!"

张经直指赵文华:"你蒙蔽圣聪,颠倒是非、我要面奏圣上。"

赵文华狂傲地:"放肆",将手一挥。

宗宪指挥士兵扑向张经,去其冠戴,戴上镣铐。

全场愕然,面面相觑。

岑瓦氏急步进帐:"赵大人,张总督指挥有方,深孚众望,罚不当罪,使将士寒心!"

赵文华威胁地:"你敢袒护钦犯,诽谤朝廷?"

彭翼南也急步进帐:"赵大人,临战易帅,于军不利呀!"

赵文华恼羞成怒:"你敢藐视本督不能主持抗倭军务么?"

彭翼南愤懑地:"只恐将士不服!"

赵文华怒火更炽:"我有皇上御批、兵符大印,谁敢不服!"

岑瓦氏:"我田州本属化外,恕不奉命!"说罢拂袖而去。

彭翼南:"我军作战辛苦,急需就地休整,请暂退避。"彭翼南引彭翼湘及湖广土司出帐。

赵文华及明室将领,面面相觑无可奈何。

明军大营外道路上。

一辆囚车里锁着张经。宗宪和一队明军在旁监守。彭明辅、彭翼南、彭荩臣、岑瓦氏等人挥泪送行。

张经劝慰众将："……我进得京去，向朝廷奏明冤情，圣上自有明断，望诸位将军勿以张经一人为念；应同心协力，剿灭倭寇。"

彭明辅抱拳在胸："望总督多加保重，早日洗雪冤情。"

宗宪不耐烦地催促下令："启程。"

一军官率一队士兵押着囚车上路。

彭翼南、岑瓦氏及众将悲愤地一齐下跪相送。

明军营中赵文华帐内。

"反了！简直是反了！"赵文华抓起一个酒杯，狠狠地砸在地下。

宗宪噤若寒蝉地肃立在一旁。

赵文华大声喝遭："来呀！"

一中军应声而入，鞠躬听命。

赵文华犹如困兽般在帐内踱了一圈，忽又停步吩咐："退下。"

中军遵命退出。

赵文华转对宗宪："快做好准备、我要去犒赏彭翼南。"

宗宪莫解其意地："大人？……"

赵文华眼一瞪："难道你替我去打王江泾不成？"

土家兵营中。

彭翼南正与岑瓦氏、彭翼湘、向鸾、岑皇等议论张经一事。

汪相走进来："启禀爵主，赵大人携带花红彩缎，向我营来了。"

岑瓦氏："彭宣慰接客，请暂告退。"欲去。

彭翼南："且看他来意如何？见见何妨。"二人一同出迎。

赵文华进营坐定，礼毕。

赵文华用目光扫视彭翼南、岑瓦氏及诸将："本督已向朝廷为土、狼兵请功。特先备金银彩缎、猪羊美酒犒赏土、狼两军将士。清单在此。请两宣慰过目。"

侍从用盘托着清单，走向彭翼南。

彭翼南、岑瓦氏视若无睹、面无喜色。

彭翼南一语道破："总督亲临我营，想必定有军务大事差遣。"

赵文华满脸堆笑："正是如此，今徐海太郎、叶麻等龟缩于王江泾，只等汪直救援、此庄不破，则倭患难除。本督遍观诸军。唯有彭宣慰、岑宣慰可担进攻大任。"说到这里，赵文华语调一转，"本督深信两宣慰决不会畏缩而不从命。"

岑瓦氏心直口快："若不为张尚书辨正申冤，我宁可引兵返回田州！"

赵文华挑逗诱惑："岑宣慰莫非惧怕倭寇要知难而退？"

彭翼南接过话头："张尚书有功遭罪，将士寒心。"

赵文华碰了钉子，心中冒火，却又不便发作，一度沉思后："彭老将军现在哪里？病体康复否？待本督前去探望探望。"

彭翼南："汪相，引赵大人去后帐。"对赵文华："恕不奉陪。"

汪相引赵文华进后帐。

野外一个山坡上。

岑瓦氏、彭翼南沿着荒径信步走着。一边交谈。向銮、岑皇随后跟着。

彭翼湘在后呼喊："阿哥，等一等。"

彭翼南等回头观看，只见彭翼湘扶着彭明辅走来。众人迎了上去。

岑瓦氏："外边风大，老将军怎么出来了？"

岑瓦氏抢先说道："如今皇上昏庸，朝纲不正，严嵩当道，误国殃民，我辈早被当成化外蛮夷，不过羁縻利用而已，倒不如急流而退方为上策。"

彭翼湘："岑宣慰言之有理！"

彭翼南："虎狼不可以同行，赵文华不可以共事，阿爷，难道你忘了过去的教训？"

彭明辅被彭翼湘扶在一石凳上坐下："我来问你，我土家兵离乡背井，抛妻别子，到这里做甚？"

彭翼南："为了抗倭。"

彭明辅："是为赵文华一人抗倭？"

彭翼南："当然不是！"

彭叫辅："那就是为张尚书抗倭？"

彭翼南："也，也不是。"

彭明辅："好，回答得好！你们再好好地看一看吧！"他用手指向山坡下面远处——

只见一座劫后的村庄遗迹：断壁颓垣、塌梁倒柱。一群乌鸦叫，几只野狗跑……

岑皇感慨地说："为黎民百姓，我们不能不战！"

彭翼南激动地："倭奴不灭，何以为家！"

岑瓦氏也受到启发，感慨地："说得有理。不杀掉徐海太郎，我们狼兵绝不回田州！"

恰在此时，忽见汪相飞马奔来，翻身下马，施礼禀报："爵主，适才我军抓住一名倭寇，他是奉徐海太郎之命去请净海王发兵救援的。他供认出华老师被关进死牢，命在旦夕。"

在场的人闻报大惊，

彭翼南毅然地："此时不打王江泾，更待何时？"

明军大营赵文华下榻处。

彭翼南正在向赵文华请战："……请总督下令，我愿率军攻打王江泾。"

赵文华听后，喜形于色："彭宣慰智勇双全，深明大义，我有心请将军全面指挥攻破王江泾。"

彭翼南："本爵才疏学浅，还是总督指挥。"

赵文华："宣慰乃湖广都誓主，将门之子，加之作战主力，全是湖广土兵。宣慰指挥定能克敌制胜。"

彭翼南："总督再三委托，卑职恭敬不如从命了。本爵有一破贼计划，请总督裁夺。"说罢将图纸呈上桌案。

土家兵营一侧。

一个临时祭台上，陈设着香案，香烛高烧，中间供奉着："彭公爵主之神位""向老官人之神位""刚好汉之神位"。龙、凤、虎、豹、熊、狮旗，分插在神位两侧，左侧站着彭翼南，右侧站着彭明辅。土老司头戴凤冠，身穿八幅罗裙，手执牛角司刀，正在作法。

台下，一排排男女土家族整装肃立。队前依次站着向銮、彭翼湘、汪相等将领。

在土家族特有的乐器"溜子"为前导下，一头白水牛被两个土家兵牵到台下，水牛头挂红花，身披红绸，后面跟着两名敞胸赤膊的屠宰手，手中钢刀闪闪发光。土老司作法，对水牛画符念咒后，命牵到后面宰杀，土老司吹牛角，摇动司刀，在音乐声中左右旋转。八幅罗裙如孔雀开屏一般。他口中念念有词，先对外，后对内，请祖先驾临，不久白水牛头放在一个大盘内，由两名屠宰手抬上，供在神台上。土老司请神已毕，恭身请彭翼南："土王，请敬祖先。"（土语：嘎墨，耶得赫）

彭翼南整衣冠，燃香、敬天、敬祖，然后向台下高呼："毕兹卡！"

（即土家人）

　　台下众军挥戈应声欢呼："哦喂！"应声震动丘陵。如此连呼三次。

　　彭翼南宣布命令："明日在王江泾同倭寇决战，我们有天神保佑，祖先护卫。我们精选的勇士，要护住战旗。只能举起，不能倒下，只准上前，不准退后。"土家勇士们：

　　（彭翼南领唱"战歌"，土家兵上句和之以"嘀嘀耶"，下句和之以"耶耶嘀"，节奏鲜明）

　　举尔盾（嘀嘀耶），持尔枪（耶耶嘀）

　　赴国难（嘀嘀耶），上战场（耶耶嘀）

　　錞于敲（和声）鼓角响（和声）

　　冒矢刃（和声）战沙场（和声）

　　抛头颅（和声）洒热血（和声）

　　救黎民（和声）保海疆（和声）

　　生与死（和声）置度外（和声）

　　为国殇（和声）姓字香（和声）。

　　在战歌音乐声中，一面面大旗迎风招展，旗上写着："永顺宣慰司彭""保靖宣慰司彭""容美宣慰司田""桑柿宣慰司向""麻瘳宣慰司唐""酉阳宣慰司冉""麻阳宣慰司向"……

　　一面面战旗转化为龙、凤、虎、豹、熊、狮旗帜。

　　接着，在土家族特有的音乐曲牌《将军令》声中，向銮持盾握刀上台，先向牌位跪拜，扯下水牛毛，黏着牛血，分别贴于盾牌与刀上。彭翼南授予龙旗，向銮单腿跪接，随即迎风一展，从左侧下。接着彭翼湘持弓、枪上，彭翼南授以凤旗，均以牛毛和血贴于武器上。

　　王江泾开阔的地面上。

　　篝火四堆，光焰熊熊。照耀四周。如同白昼一般，土家兵仿佛正在欢度节日。

　　彭翼南执鼓槌，敲出鲜明的节奏，又有锣、钹、唢呐配合，气氛更加浓烈，在彭翼湘、向銮身后，男女土兵身披花被，踏着节拍蹁跹进退，围着篝火，酣歌曼舞。

　　绝大多数土家兵持盾荷枪，在旁观看，锣鼓声、欢笑声、唱歌声，震荡长空。

王江泾城庄上。

徐海太郎、叶麻等倭魁遥遥观看,感到莫名其妙,同时也议论纷纷。

叶麻:"大将军,末将愿率一队人马,杀他个措手不及。"

徐海太郎:"土蛮酣歌狂舞,必有阴谋。我们兵少势孤,如果开城出击,势必中彭翼南奸计。"

倭将:"何不用拂狼机轰击。"

徐海太郎:"拂狼机专用来对付海上攻击,如何能调来。我们有高城深沟,土蛮插翅也难越过。不妨隔岸观火,看看热闹。"

倭寇纷纷挤上城庄,越来越多。

倭寇甲:"怎么,你们水寨上的也来了。"

倭寇乙:"你们看得,我们就看不得?"……

松柏林深处,隐隐约约有一队土兵手执特长钩镰枪,在汪相率领下,匍匐前进。

王江泾城庄内死牢内。

绿妹引王翠翘进入死牢里,一个倭寇在旁边跟着。

王翠翘走到关华岳和几个土兵的牢房门前,下令:"打开牢门。"那倭寇头目迟疑,不知如何是好。

绿妹威胁地:"夫人奉大将军之命前来,你敢违抗?"

矮寇头目无奈,掏出钥匙打开牢门。

同时,王翠翘透过栏栅,向华岳等示意。

倭寇头目开门后刚转身,被一土兵击中头部死去,众人出监。

王江泾城庄上。

一倭兵急上:"禀报大将军,西面海面上,出现敌船数艘,向庄内开来!请大将军御敌!"

徐海太郎:"怎不用拂狼机轰击?"

倭兵:"土蛮架的是木牌,轰击无效。"

又一倭寇急上:"禀大将军,东面海面上敌舰数艘,向我庄靠拢!"

徐海太郎顿足:"我们上土蛮的当了!"转对叶麻:"好好防守吊桥,我亲自指挥水战!"

几个倭寇又嚷起来:"哎呀不好,庄内帅府起火了!"当即乱成一团。

徐海太郎回头一望，只见烈焰冲天，慌忙持刀急下。

王江泾城庄前不远处。
彭翼南望见王江泾内火焰冲天，停止擂鼓，也令舞蹈停下。彭翼南振臂高呼："毕兹卡！"
土家兵齐应："哦喂！"
彭翼南左手持盾、右手持枪，威风凛凛，土家兵脱下披的花被，露出各样武器。
彭翼南一挥手："攻占王江泾！"
士兵应声："哦喂！"
一齐向王江泾冲去。

伏在树林中的长钩镰枪手，箭步冲向护城沟，个个以长杆点岸、纷纷飞越护城沟，个别土兵也有未越过而掉进沟内的。
倭寇猝不及防，土兵冲至土城下，以钩搭在城墙上，顺竿向上爬。倭寇竭力抗击，土家兵弯弓搭箭、射杀城上倭寇；双方均有伤亡。

王江泾内城门附近。
华岳带两个土家兵冲来，被倭寇阻拦。
华岳高举巡逻牌："奉大将军命令……"
说时迟，那时快，华岳突然举刀杀死倭寇。一个土家兵去开城门，华岳借另外一个土家兵，冲上城庄，放下吊桥。倭寇发现急来阻止。土家兵拼死截杀。
华岳放下吊桥后，正准备砍断拉绳，一把倭刀，刺进华岳腹中，华岳回头，见是叶麻，他一手捧腹，一手用剑砍拉绳，高呼："爵主，从吊桥进庄！"叶麻插刀，华岳倚墙而坐。
彭翼南捷足先登，叶麻迎战彭翼南。彭翼湘冲来，两面夹击，叶麻被彭翼南一剑刺死。
华岳跌坐地下，笑着喘哼："爵主，快进庄追杀徐海太郎。"言罢死去。
彭翼湘赶到，跪下痛哭。
彭翼南吩咐汪相："白绫裹尸，停放桥头！翼湘，随我进庄杀贼！"

王江泾帅府内。

王翠翘与绿妹正手执灯烛，点燃四面的锦帐乡幕，一时火光熊熊。

突然，徐海太郎闯了进来，"哇呀"咆哮，挥刀砍倒绿妹，然后提刀逼向王翠翘："……小贱妇！……"

王翠翘在滚滚浓烟中步步后退，她被一把椅子绊着，摔倒在地，徐海太郎面目狰狞，举起倭刀……

一箭射中徐海太郎举刀的手、倭刀摔在地上，他扭头一看，只见彭翼南冲了进来。

徐海太郎吓得掉头就跑，转入屏风后，彭翼南尾追到屏风后，却不见踪迹。

王翠翘挣扎起来说道："徐海太郎已进暗道，直通后庄。"

彭翼南率几名土兵追下。

王江泾城庄外一侧荒山坡上。

已从暗道中逃出的徐海太郎，后面跟着两名倭将。他们如丧家之犬，落荒而逃。

正行间忽听前面大吼一声："徐海倭贼，还想往哪里逃！"岑瓦氏人马来到。

徐海太郎见无去路，像一头困兽，发出咆哮声"哇呀"，扑向岑瓦氏，岑皇截杀倭将。远处狼兵包抄上来。

远外彭翼南一马飞驰而来，后随土家兵。

徐海太郎一见彭翼南枪刺到，举刀来迎，手中之刀被击掉，急忙登山逃窜，彭翼南下马紧追，腾跃如飞、掷出手中枪，只听徐海太郎大叫一声，枪尖从徐海太郎胸口冒出，倒地死去。

岑瓦氏杀了两个倭将。

岑瓦氏在大路边等候彭翼南，相视而立。

岑瓦氏："彭宣慰，眼看大功告成，我等，就此告辞了！"

彭翼南："为何如此仓促？"

岑瓦氏解下身上佩剑："此剑乃先父遗物，送给彭将军！"

彭翼南双手接过宝剑，一时说不出话来。

岑瓦氏缓慢地松开手，脉脉含情地注视彭翼南，慢慢后退，靠近战马，一翻身跨上雕鞍，挥上一鞭，急驰而去。

"岑——"彭翼南只喊出一个岑字，咽喉哽塞、惘然若失，双手将剑捧在胸口上。

尾 声

大厅正中，挂着"庆功宴"大牌匾。

赵文华坐正中，明朝将领坐左侧，土司官员坐右边。王翠翘单设一席，坐于彭翼湘下边。

各张桌上摆满酒肴，小兵两边侍立。

宗宪向赵文华耳语，暗指王翠翘。

赵文华点头会意，举杯："王江泾大捷，使倭魁汪直感到势孤，已遣使投降。今日庆功宴上，愿与诸将佐同饮，一醉方休。"

众将举杯："多谢总督！"

赵文华："久闻王女士色艺俱全，誉满江南。特别是她的《金缕曲》使多少男儿倾倒。你何不献上一曲，一助雅兴。"

王翠翘不快地："此乃教坊旧曲，怎能登大雅之堂？！"

赵文华："本督早已明言，今晚饮宴，不拘形骸，你唱《金缕曲》正是与众同乐………"赵文华手持酒杯，降阶与戏。

王翠翘勃然作色："恕不从命。"

赵文华恼怒，把酒杯摔碎在地上："尔乃风尘中歌妓，竟敢违抗本督的命令！"

王翠翘愧恨交加，思虑片刻说："你把琵琶拿来，我唱。"

侍卫送琵琶。

王翠翘调好音，自弹自唱道：

倭寇灭，万民乐，
庆功宴上含泪歌。
叹红颜，多命薄，
才出虎口，又入狼窝。
错，错，错。
庆功宴，皇封酒，
盈腮热泪湿衫衬。
心儿碎，人儿瘦。
茫茫前路，绵绵忧愁。
羞，羞，羞！

凄楚的声调，使诸将黯然神伤，惘然若失，或心中不平，或怒形于色。

王翠翘唱完，一把挣断琵琶琴弦。

赵文华拍案大怒："尔乃倭贼罪眷，今日庆功宴上，悲腔哭调，哪里容得，推出斩了！"

几个明军欲抓王翠翘。

王翠翘忽挺身怒骂："赵文华，你私通敌国、暗助倭寇、你写的密信、还在我手中！"说罢袖中取出示众。

宗宪跑来抢信，她猛地以头撞在桌案角上，鲜血直冒而死。宗宪从血泊中抢走书信。

满府皆惊，群情哗然。

一明军急上报："启禀总督、张公公亲捧圣旨、押送御赐到来！"

赵文华大喜，整冠扬尘："动乐有请。"

同时，亲信指挥士兵拖走王翠翘尸体。

张公公捧圣旨走进大厅，众御前校尉跟随抬着御赐物品和一个大木盒。

赵文华等明军将佐跪下接旨。彭明辅、彭翼南、彭翼湘、彭荩臣等跪下于右侧。

张公公宣读："总督赵文华运筹帷幄、指挥有方，荣获剿倭第一战功。特加封赵文华为太子少保，赐蟒袍一件，金花两朵，御酒三缸，以旌其功。其余将领，彭翼南封昭毅将军，岑瓦氏封巾帼将军。彭荩臣封骠骑将军，致仕彭明辅赐一品服……"

同时，赵文华喜形于色，叩头谢恩。

彭翼南无动于衷，心潮起伏。

彭明辅却按捺不住，站起发问："请问张公公，张尚书有何封赏？"

张公公看了彭明辅一眼不屑地："圣上明察秋毫，已将张经斩首午门。送来首级，悬挂示众。"张公公手一挥、几个士兵打开木盒，取出一个布包，里面包着人头，血迹透过黄布包。

彭明辅听罢，如雷轰顶，拦上前去，夺过布包，迎面哀号："苍天！苍天呀！公道何在？天理何存？！"

彭翼湘哭喊着搀扶彭明辅，众将领俯首致哀。

只见彭明辅浑身颤抖，踏着沉重的步伐，步向赵文华，他以一腔浩气，生平精诚，吐出了几句话："去外国盗易，去中国盗难；去中国濒海之盗易，去中国衣冠之盗尤难。"

彭翼南、彭翼湘见状，两边扶定，彭明辅断断续续地说："此地不宜久留，速回五溪……！"话音一落，猛地喷出一口鲜血，往后一倒，活活气死。

彭翼南、彭翼湘罗拜号泣，土家将领冲上厅来稽颡泣血。

赵文华不耐烦地催促："彭宣慰，速来领圣上赏赐。"

几个校尉双手捧着朝服冠带送来。

彭翼南脸色铁青，咬紧牙关，向赵文华、张公公走去，突然挥臂打落朝服冠带、踢翻几案、一音怒吼："班师回五溪！"

向銮、汪相和土兵抬着彭明辅尸体向大厅外走出，彭翼湘痛哭跟随；彭翼南按剑随后。

赵文华、宗宪等追到厅边。

宗宪："大人！彭翼南欺君犯上，何不提来问罪！"

彭翼南已走近旗杆，闻声停了下来。猛地拔剑砍向旗杆。

随着一声巨响、旗杆上绣着"赵"字的帅字旗。像一片落叶，掉在赵文华面前。

宗宪骄横地："蛮酋目无长上，下官愿率人马，将他一鼓擒拿！"

赵文华冷笑着说："彭翼南不辞而归，是国家之幸，本督之福，他走了，这'第一战功'岂不是本督的，哈……"

庄严肃穆的灵堂，风声飒飒，哀乐阵阵。

彭翼南、彭翼湘身穿孝服，跪拜叩首，土老司挥动引魂幡，仰天呼唤："魂兮归来！"

鞭炮声不断，笑声不绝。

赵文华头戴金花，身穿蟒袍，在厅堂踌躇满志，接送宾客。官员们拍马逢迎、丑态百出。

雨雪霏霏，马蹄声声。

土老司执引魂幡前面开路，土家兵抬着彭明辅灵柩，抬着"舍把田丰将军灵位牌"随后。彭翼南、彭翼湘低头护送。土家兵在茫茫的道路上渐渐隐去。

1985年10月24日

棠棣集诗选·上编

彭秀模

一、诗词

1949 年前的诗

七绝三首

（一）送毕业同学
攻错同心情倍多，而今怎奈别离何？
愿将瀛海同仇恨，谱作阳关一曲歌。

（二）咏桃
岁转阳回又一年，宜人最是嫩晴天。
小桃快向东风放，怕负秾华色不妍。

（三）书怀
书剑无成愧蕞躬，江山半壁染殷红①。
男儿应作擎天柱，恢复东南第一功②。

说明：（1）查《九中校刊》得秀模四哥旧诗三首，故录于此册。（善琨）
（2）1992年12月16日晚，善智、善琨、景星同来我家。善琨谈及他写保靖县志搜集资料时，发现我在湖南省立九中校刊发表的三首旧体诗，抄录于册。兹转抄刊出志《雪泥鸿爪》云耳。

注：①三首诗，约写于1941年左右，时值抗日战争时期，"瀛海同仇恨""半壁染殷红"都是针对当时形势说的。
②明代永顺、保靖土司彭翼南、彭荩臣率土家兵夹击倭寇于王江泾，歼敌一千九百余人，溺死者无数。这就是明史《湖广土司传》记载的自有倭患以来"东南战功第一"的王江泾之战。

沅水夜泊

红莲小醉碧莲酣，阿可多情夜擘柑。
沅水舟中岩壁下，云山深锁翠微岚。

1943年秋

注：阿可，土家语，阿哥的意思。

人约黄昏后

霞光水色两相融，潋滟池塘淡淡风。
有凤来仪长伴我，黄昏新月照梧桐。

1943年秋于溆浦之溪口

悼亡友

飞鸿千里许来生，意至拳拳语至诚。
择婿难冲世俗网，定情应守海山盟。
相安心似死灰冷，不睦身如槁木轻。
瘗玉荒郊坟累累，叫卬何处觅卿卿！

1945年秋于重庆

游栖霞山

春游胜地数栖霞，秾李夭桃竞物华。
士女如云花下过，红颜倩笑羡吴娃。

1947年春于南京

游牛首山

七　律

结伴秋游牛首山，无方救国且偷闲。
颓垣断壁禅房毁，碧石疏林炮迹斑。

日寇屠城刀闪闪，野花浥露泪潸潸。
牧儿不解伤心事，跳啸西风残照间。
1947年秋于南京

1949年后新世纪前的诗词

灵车驶过长安街

——悼念周总理（1976年1月6日）

人民总理人民亲，十里长街送至尊。
泪湿衣裳齐饮血，西山红叶满啼痕。
1976年1月25日

悼念毛主席

哲人其萎泰山颓，八亿黎民五内摧。
盛德如天无不帱，丰功似海久弥恢。
庶而富矣足而教，老者安之少者怀。
人百其身焉可赎，秋原红树泪华哀。
1976年9月20日

和　诗

1979年4月11日，湘西土家族苗族自治州四届政协第一次大会开幕。古丈肖离同志（北京市政协委员）回家探亲，列席大会。作减字木兰花索和，一时唱和颇多。谨赋七律一首，勉为貂续，以博一笑。

莺歌燕语闹东皇，李白桃红斗艳长。
螺拥层峦千嶂秀，鹃啼绣岭万夫忙。
嘤鸣求友①抒衷曲，貂续无文愧大方。

敢步诸君赓旧调,春风和煦浴华阳。

注:①嘤鸣求友,语出《诗经·小雅·伐木》:"嘤其鸣矣,求其友声。"

喜 赋

山妻久病,求治无方。周君能才,妙手回春。六剂而眼明; 四剂而风湿大减,胆病初消,吃得可口,睡得香甜。喜赋七律一首,聊致谢忱。

感君深意意如何?挥笔狂书心底歌。
妙手回春排积石,祛风驱湿起沉疴。
青山明目千潮涌,永夜安眠万虑和。
乐得怡然久病后,山荆寄语谢多多。
1979年10月

1980年元旦咏怀

暗香初透岭头梅,冬至阳生春又回。
白发新添功未立,书生老去时方来。
不须惆怅伤尘碾,应是昂扬斗雪开。
一瓣丹心迎旭日,百花争艳满山隈。
1980年元旦

寻根究底绘新图

为湘西土家族苗族自治州第一次民族历史讨论会而作。

旭日瞳瞳天际浮,寻根究底绘新图。
广求族类应何在,尽信陈言不若无。
酉水清江宗白虎①,说"雄"道"蛮"辨"盘瓠"②。
"果雄"③时彦"备兹"④秀,要把新桃换旧符。
1980年7月20日

注:①酉水、清江流域土家族源于古代巴人。

②苗族刘自齐同志写了一篇论文叫《说"雄"道"蛮"辨"盘瓠"》。
③果雄，苗语，苗族自称。
④备兹，土家语，土家族自称备兹卡。

游庐山诗四首

1981年7月下旬，湖南省教育工会组织省内大、中、小学教师30人去庐山旅游。参观感受，发而为诗。

（一）下九江

夜坐楼船下九江，青山隐隐水茫茫。
烟波浩渺浪千叠，寂静无声向海洋。

1981年7月22日

（二）上庐山

胡轮飞转绕山驰，跃上葱茏有所思；
遒劲苍松犹挺立，横行螃蟹几多时？

1981年7月23日

（三）庐山即景

庐山绝胜地，人物竞争奇。
海内炎黄胄，天涯游侠儿。
临幽登绝顶①，立马照雄姿②。
花径最深处，韵留千古诗③。

1981年7月25日

注：①一对恋人游龙首崖。男士想讨好女士欢心，爬上龙首崖；悬崖千仞，下望心悸，大呼求救，幸游人援之以手，得免于难。
②港澳同胞，男男女女，多有化成古装在马上照相留念者。
③白居易《大林寺桃花》诗："人间四月芳菲尽，山寺桃花始盛开。长恨春归无觅处，不知转入此中来。"今犹称"司马花径"。

（四）恋庐山

青年爱演《庐山恋》，老夫我也恋庐山。

山上有泉皆漱玉，山中无树不参天。
林深润雨露，山高蔽云烟。
真面不识苏学士，《庐山谣》念李谪仙。
《庐山恋》《庐山谣》，两样风情异样娇。
流泉三叠好，层峰五老高，
含鄱口上更妖娆；
影映一湖翠，江流万里涛。
智者乐（yao），仁者乐①。

1981年8月2日

注：①语出《论语·雍也》："子曰：知者乐水，仁者乐山。"

游张家界组诗十二首

1982年4月15日，吉首大学中文系师生旅游大庸张家界。对此幽美奇特之大好山河，有感于怀，写成旅游诗一组，以志此行。

（一）诗序——张家界行
丽质闺藏久，纯真出自然。
森林原始在，溪壑太虚玄。
山色浮空翠，泉流泻玉圆。
排云奇石立，夕照看金鞭。

（二）登黄狮寨
山路蜿蜒一线通，寻幽不必叹途穷。
登峰览胜黄狮寨，万朵芙蓉指掌中。

（三）咏黑枞榔

黑枞榔，石峰突起，壁立千寻、人迹罕至，上有原始森林。

俗尘不染黑枞榔，时接鸿荒楚塞长。
历代淫威应不到，铮铮古木万千章。

（四）仙桥七墩

仙桥玉柱尚依然，直插青云碧落间。
愿得长虹弓一架，广寒宫里下婵娟。

（五）咏望郎峰

由黄狮寨西路下山，路右有望郎峰。初见时，石峰宛如妙龄少女伫立企望；复前行，路转峰回，石峰又渐变而为龙钟老太矣。

幽居空谷对空山，日夜盼郎年复年。
染尽青丝添白发，阳台望月几时圆？

（六）金鞭溪行

路下溪流路上花，溪流清浅路攲斜。
西江石壁云梯立，一夜天河浮汉槎。

（七）紫草潭头看喷珠

一抹阳光照碧涟，凝蓝积翠满江干。
滩头急洒鲛人泪，万点珍珠落玉盘。

（八）咏天桥

攀藤附葛上天桥，驭气排云到九霄。
风动松涛声霍霍，涛声争与浪声高。

（九）上腰子寨

振衣千仞上高冈，纵览云飞喜欲翔。
不上青天揽明月，濯缨清浅羡沧浪[1]。

注：[1]语出《孟子·离娄上》："沧浪（láng）之水清兮，可以濯吾缨；沧浪之水浊兮，可以濯吾足。"濯，洗涤；缨，系冠的丝绳。

（十）退想

为陵为谷看群峰，道悟无穷和有穷。

世事烟云常过眼,浑然玉宇接鸿蒙。

(十一)山居
风景这边好,蔚然尽大观。
窗中列远岫,坐对画图看。

(十二)尾声——勉后学
拿起生花笔,青天作纸张。
挥毫寄翰墨,才气看江郎!

遗训长留天地中

——纪念毛主席题"团结报"30周年

手书"团结"忆元戎,遗训长留天地中。
土寨苗乡承化雨,备兹①白卡②浴春风。
卅年已改五溪貌,"十二"重开再造功。
各族精诚团结好,梅花朵朵向阳红。

1982年9月25日

注:①备兹,土家语。土家族自称为备兹卡($bi^{35}\ zi^{55}\ ka^{53}$)。
②白卡,土家语称苗族为白卡($be^{35}\ ka^{53}$)。

晚宿桃花源

七 律

驱车投宿仙源里,缓步趋登上翠微。
突兀檐牙皆傲啄,优柔绿竹竞低垂。
三杯菊酒怡情性,一盏擂茶沁朵颐。
不为避秦来世外,春风得意上京师。

1983年5月28日

飞向北京

七　绝

鹏飞千里路漫漫，心向京华天地宽。
抒发情怀一握笔，新诗写在白云端。

1983年6月1日

第一次坐飞机上北京

古　风

漫说白云高，我在白云上；
飞上八千米，云山列万状。
耸秀像庐山，磅礴像西藏；
千山复万壑，瞩目尽在望。
有时像平原，平沙列万帐；
瀚海百重波，粼粼泛细浪。
有时钻云层，不能辨方向；
云上又青天，旭日临窗亮。

1983年6月1日

参加全国政协六届一次大会

烂漫榴花红遍时，群贤毕至会京师。
协商国是千秋业，共谱丹心绝妙词。
激励蹈扬增气概，挥鞭跃马任驱驰。
各族精诚奔四化，争看先进属阿谁？

出席全国政协六届一次会议

五　律

家世蛮夷长，文章仰汉风。
桔槔卑抱瓮，技艺喜雕虫。
论政他山石，运筹百代功。

群星拱北极,风虎云从龙。
1983 年 6 月 3 日

悼廖承志同志

七　律

男儿本自重横行①,射虎屠龙事远征。
漠漠草原悲冷月②,漫漫长夜起苍生。
战前多难兴邦国,劫后余波仍弟兄③。
待到神州一统日,为君三奠慰英灵。
1983 年 6 月 22 日

注：①唐高适《燕歌行》诗句。
②长征途中,张国焘搞分裂,廖遭软禁。
③1982 年 7 月 24 日,《廖承志致蒋经国先生信》中引鲁迅诗："度尽劫波兄弟在,相逢一笑泯恩仇。"

重游不二门①

七　律

风风雨雨几经年,不二门中寻旧缘。
四壁琳琅皆委地,一尊古佛独擎天。
"山青海岸"添新绿②,水暖灵池泻玉圆。
喷发低层深处火,长留余热满人间。
1983 年 8 月

注：①不二门,永顺名胜。"文化大革命"期间,历代诗词壁刻,均遭破坏,惟有观音岩巍然独立,温泉水长流不衰。
②不二门中刻有清光绪庚辰探花景元手迹"䖝"字（本为"虎",当地人误作"山青海岸"连文）,"文化大革命"中亦被毁。幸有人藏其拓片。打倒"四人帮"后,恢复旧文物,此字又在原处重刻。其余诗词壁刻均无从复其旧观矣。

送张仲明老师去湖北师范学院任教

芙蓉国里结知音,越鸟南枝返故林。
鄂渚涛声湘波远,武陵秀色楚云深。
几行诗句离愁绪,一盏香茗旧雨心。
百里苗疆留记忆,浅斟低唱醉花阴。

1983 年 8 月 15 日

北　上

1983 年 10 月 3 日,去北京参加全国政协常务委员会。

软卧包厢颇自安,烦嚣车上此清闲。
提壶送水婀娜女,烤鸭烧鸡特别餐。
一枕黄粱呼首长,几回幻梦过邯郸①。
忽传快到北京站,灯泛霓虹不夜天。

注:①由唐沈既济《枕中记》故事典化而来。第一次坐软卧北行,刚开车,即有女服务员提壶送水,口呼:"首长,有开水,请泡茶。"一介书生听来颇不习惯。

祝贺酉阳土家族苗族自治县成立

七　律

自治初成盛典隆,红旗招展舞长空。
清香遍吐三秋桂,称庆时鸣万壑松。
武水欢歌吟颂句,酉阳春色焕新容。
备兹白卡亲兄弟,双璧交辉映日红。

1983 年 11 月 11 日于酉阳

纪念毛主席诞辰九十周年

——咏梅

一番风信绽红梅,疏影横斜斗雪开。

底是百花推巨擘，报春时有暗香来。
1983年12月26日

甲子新春吟

七　律

雪满郊原福满家，备兹苗汉乐无涯。
履端①正始逢甲子，火树银花竞物华。
尊酒连连泛绿蚁②，楹联处处映红霞。
山村老叟崇文采，月旦③辞章兴味赊。
1984年春节

注：①履端，推算历法的开始。《左传·文公·文公元年》："先王之正时也，履端于始。"
②绿蚁，酒的代称。白居易《问刘十九》诗："绿蚁新醅酒，红泥小火炉。"
③月旦，为品评人物的通称，语出《后汉书·许劭传》。这儿指评论对联辞章。

登上长城

神州九塞数居庸①，绝巘危峰气势雄。
登上长城充好汉，睁开慧眼望晴空。
女墙雉堞殷殷血，云淡天高习习风。
盛世无忘烽火日，增强国力可和戎。
1984年春

注：①清钱良择《塞外纪略》："（从南口）十五里至居庸关城。城门额曰：'天下第一雄关'……《淮南子》所谓天下九塞，居庸其一者也。"

祝吉首大学校报创刊

七　绝

申椒菌桂自天香，沅芷澧兰春意长。
雨露阳光多润泽，武陵秀色郁苍苍。
1984年9月5日

国庆三十五周年

调寄《临江仙》

卅五周年国庆,神州一片欢腾。
　　欤钦盛矣北京城:
　　人流千万列,爆竹万千声。

红日照临大地,晴空碧玉清澄。
　　天安门外看游行:
　　彩旗掣电舞,画鼓轰雷鸣。
1984年10月1日

人民大会堂

全国政协六届第一次大会,余以大会主席团成员在主席台上敬陪末座。后选为常务委员,历次大会均上主席台。

　　穹庐高拱半球圆,灿烂星辰玉宇悬。
　　月朗中天昭万国,阳回大地满晴川。
　　郊原饱润梨花雨,云树深笼细柳烟。
　　春意阑珊红日近,岭梅早占一枝先。
1985年3月25日

教师节献诗

五　律

　　首届教师节,春风到杏坛。
　　幽兰滋九畹,绿竹长千竿;
　　劲节虚心好,清香玉露寒。
　　园丁欢笑里,把酒话辛酸。
1985年9月10日

图 南

全国人大、政协两会第四次会议闭幕后,湖南代表团于 1986 年 4 月 14 日乘专机由北京返长沙,赋七律一首。

乘机直上九重霄,苍狗白云孰与高?
翼底千层朔漠浪,江头一线武昌桥。
洞庭湖水如澄玉,幕阜山峦涌碧涛。
背负青天风力劲,图南正好趁扶摇。①

注:①庄子《逍遥游》:"风之积也不厚,则其负大翼也无力。故九万里,则风斯在下矣,而后乃今培(凭)风;背负青天,而莫之夭阏者,而后乃今将图南。"

参加刘伯承元帅追悼会

刘邓大军功业恢,
文韬武略两相谐。
伯承仙逝小平悼,
老帅生荣死也哀。

1986 年 10 月 16 日北京人民大会堂

土家·汉双语双文教学接龙实验感赋

七绝一首

为让操土家语地区儿童更好地学习汉语文,我与叶德书君特制订《土家语拼音方案》(草案)并在龙山坡脚乡完小进行"土家·汉双语双文教学接龙实验"。1986 年 11 月,听实验课感赋。

仓颉而今我与君,
多尼坪上试耕耘。
双语双文接龙法,
教育蒙童喜创新。

寄友人董思霖先生

七　律

玉兔飞天卯岁开，初三喜见鱼书来。
卅年①离别萦清梦，万里心声寄远怀。
老去书生多白发，新兴故国绽红梅。
何时归作衡阳雁，相对欣然共举杯？

丁卯年（1987年）正月初四日

注：①卅，音 xì，四十。卅年，四十年。

民族组迎邓主席

1987年3月28日下午，邓颖超主席亲临政协民族组听取关于"七五"计划讨论。聆听讲话，情真意切，感而赋诗。

京丰宾馆内，春意乐融融。
民族群言会，迎来不老松。
真诚一席话，和煦似春风。
细柳千丝绿，夭桃万朵红。
众星朝北斗，赫日正天中①。

注：①散会时，邓主席与委员们分批照了相。

上天安门

全国政协六届五次会议期间，北京市委、市政府发出邀请，邀请两会的委员和代表参观天安门城楼。赋七律一首留念。

天安门上喜登楼，极目山河一望收。
崇殿金镶云表外，春风绿染树枝头。
元戎壮语惊天地，开国文光射斗牛。
"七五"宏图今又展，晴辉万里照神州。

1987年3月29日

祝永顺县诗词书画协会成立

七　律

诗坛词社立纷纷，继美前贤促鼎新。
雪月风花权作喻，兴观群怨①是为文。
缘情咏志呈三绝②，铁画银钩扫万钧。
不负明时歌伟绩，扬清激浊望诸君。

1987年6月25日

注：①《论语·阳货》："诗可以兴，可以观，可以群，可以怨。"
②三绝：宋濂《游钟山记》："复折而西，入碑亭。碑凡数辈，中有张僧繇画大士相，李白赞，颜真卿书，世号三绝。"

故园行

六届全国政协民族工作组赴湘西土家族苗族自治州考察。全组一行十九人，重点考察了花垣、永顺两县，参观了塔卧、天子山、张家界和猛洞河。余以成员身份同行，在各名胜区及风景点写了几首诗以留念。

（一）参观永顺塔卧苏区陈列馆
贺龙进驻永龙桑，牵制敌军主战场。
十万坪歼周矮子，龙家寨败杨其昌①。
分田斗霸振民气，建政扩红抓武装。
湘鄂川黔边地省，苏区塔卧永流芳。

1987年9月15日于永顺塔卧

（二）咏精夫岩
将军傲岸立云衢，万道霞光瑞色敷。
天为英雄雕巨像，土家渠帅号精夫。

（三）谒贺龙元帅铜像
深山大泽有神龙，立马青崖第一峰。
天子山头亲仰止，"云卿岩"气势恢宏②。

1987年9月15日于桑植天子山

（四）听有关金鞭岩传说
何事秦皇奋虎威，临山执策瞎指挥？
鞭遗列岫伤痕重，境绝悬崖日影稀。
半壁楼台蒙雾露，群峰松竹尽低微。
嘉言妙语托天籁，默默沉吟对晚晖。
    1987年9月16日于张家界

（五）芙蓉镇
湘西影镇新芙蓉，古渡王村秋色浓。
晓庆名牌米豆腐③，红椒姜蒜玉玲珑。
    1987年9月17日于永顺王村

（六）王村古镇
芙蓉影镇古王村，楚蜀交通据要津。
百里溪州留胜迹，巍然铜柱至今存。
    1987年9月17日于永顺王村

（七）咏溪州铜柱
    其一
溪州铜柱立蛮荒，窃号长沙马楚王。
九九百年南夏愿，阋墙三代自相戕④。
    其二
岂容虚美树丰碑，外作儿臣内逞威。
拱手燕云州十六⑤，楚王铜柱是耶非？
    1987年9月17日于永顺王村

（八）游猛洞河
乘槎疑是泛天河，水复山重风物多。
新煮活鱼滋味美，小龙洞口听猴歌⑥。
   1987年9月18日于猛洞河游船上

（九）泛舟小龙洞
琼楼玉宇锁清流，欲探龙宫此泛舟。

才可通人洞口小,入门强项也低头。
1987年9月18日于猛洞河游船上

　　(十)湘西吟
湘西风物竟如何,景色旖旎民俗和。
处处垂杨春草绿,森森古木远山多。
接龙舞继猴儿鼓,遗韵声传摆手歌。
巴列咚⑦吹相伴和,嗬嗬也咧⑧也嗬嗬。

　　注:①十万坪大战是1934年秋红军进永顺后的一次大战。贺龙同志在十万坪围歼陈渠珍的周燮卿(绰号周矮子)旅,和杨其昌、龚仁杰两个师。
②贺龙字云卿,铜像如石山挺立。胡耀邦同志在贺龙公园题有"云卿崖"三字。
③影星刘晓庆在《芙蓉镇》中饰胡玉音,剧中有卖米豆腐情节,于王村街头卖米豆腐者,多冠以"刘晓庆米豆腐""正宗刘晓庆米豆腐"等等之名。
④马援汉建武十八年立铜柱于象浦,铭文有"子孙相连,九九百年"。楚王马希范自称是马援之后,故溪州铜柱铭文有:"是知吾祖宗之庆,胤绪绵远,则九九百年之运,昌于南夏者乎?"然而争位夺权,三世而斩。
⑤溪州铜柱刻有大晋天福五年十二月二十日立。楚王马希范奉大晋天福为正朔。"天福"正是向契丹称儿臣,割燕云十六州的后晋石敬瑭的年号。
⑥游船至小龙洞口停下休息。豢养猴子的人一曲山歌,响遏行云,猴群便纷至沓来,供人观赏。
⑦巴列咚是土家乐器咚喀的一支吹奏曲。
⑧嗬嗬也,也嗬嗬,是土家人唱摆手歌时群众的和声。

龙年题咏

　　七　绝
见不在田潜不渊①,腾飞直上九重天。
填填雷鼓山川动,叱咤风云吾导先。
1988年2月17日作　1988年3月12日修改

　　注:①语出《周易》:"见龙在田,利见大人。"

《土家族文学史》定稿会

七　律

戊辰年二月初一,《土家族文学史》定稿会在四川酉阳召开。谨赋诗志盛。

天桃烂漫柳条柔,盛会群贤集蜀陬。
远绍旁搜成巨制,吉光片羽尽风流。
备兹文史开新圃,二酉书藏壮旧猷。
我辈数人商定矣①,诗骚百代继前修。
1988 年 3 月 18 日于酉阳

注:①语出陆法言《切韵序》:"魏著作谓法言曰:向来论难,疑处悉尽,何不随口记之。我辈数人定则定矣。"

为吉首大学校庆三十周年而作

七　律

不是诗仙非酒豪,刘郎岂敢妄题糕①。
欣逢校庆卅周岁,喜看武陵千树桃。
马绛帐中春意暖,棠嘉湖②上月轮高。
乐群敬德兼修业,风满钱塘好弄潮。
1988 年 8 月 25 日初稿

注:①刘禹锡尝作九日诗,欲用糕字,以五经中无之,辍不复为。宋子京以为不然,因九日食糕,遂作诗云:"刘郎不敢题糕字,空负诗中一世豪。"
②吉首大学新建校区原名唐家岭。校区内有空地一方,现已顺乎地势围成一湖。众人以"人工湖"呼之,余以为谐"唐家"之音定名为"棠嘉湖",盖取《诗经》甘棠遗嘉颂之意云耳。

祝中国人民政协诞生四十周年

调寄《沁园春》

一唱雄鸡,　　　　　　　组织中央。

东方大白，　　　　　　黄澄丹桂飘香，
故国重光。　　　　　　喜风展红旗映太阳。
看勇追穷寇，　　　　　庆国开新纪，
铁拳奋击；　　　　　　炎黄气吐；
清除腐恶，　　　　　　兵陈方列，
斗志方刚。　　　　　　华夏威扬。
汇集精英，　　　　　　春满神州，
运筹帷幄，　　　　　　地收港澳，
政治人民共协商。　　　两制兼容好主张。
立《纲领》：　　　　　革新事，正腾飞万里，虎步龙骧。
以共和民主，

1989年9月

七 绝

傅瑞光君作生茔，百岁后供伉俪合葬。广向诗友索句，镌诸墓壁，以贻后嗣。为附风雅，勉成七绝一首。

墓门新筑共栖迟，缱绻深情只自知。
并蒂莲花长伴老，不劳红豆寄相思。
1990年3月29日

在湖北长阳

闻修土家族通史和文化志，感而赋诗。

春秋历代汉功殊，梼杌不存晋乘无[①]。
研讨备兹千古史，凭君椽笔写新书。
1990年11月14日

注：① 出自《孟子·离娄》："晋之乘，楚之梼杌，鲁之春秋，一也……其文则史。"

访武落钟离山①

七　绝

柳枝三箭射盐神②，白虎名高访廪君。
彼美人兮翘首女③，朝为行雨暮行云④。

1990 年 11 月 15 日

注：①全诗根据《后汉书》巴郡南郡蛮传传说构思而成。
②柳枝三箭：为了禳灾除妖，土家人常在门前用草木灰（或石灰）画一弓三箭，谓之桃弓柳箭。
③武落钟离山上有盐水女神岩。
④宋玉《高唐赋》："朝为行云，暮为行雨。"

访昭君村

七　绝

明妃丽质压群芳，墨点无缘见汉王①。
大义和亲出塞外，汗青永志备兹娘②。

1990 年 11 月 16 日

注：①传说汉元帝命画师绘宫女容貌，因昭君不肯行贿，画师毛延寿故意把她画坏，因而不得选见元帝。直至遣嫁匈奴，召见时其容光焕发，为后宫第一。始知为画师所欺，斩画师。
②备兹娘，即土家族姑娘。

石拱高桥

凤凰腊尔山鸟巢河新建石拱高桥，王首道同志誉为"天下第一大石桥"。国庆四十二周年后二日，州委统战部组织老同志多人参观览胜，赋七绝一首。

百丈清溪挂玉弓，凌空缥缈似长虹。
诸公欲饮桂花酒，漫步仙桥访月宫。

1991 年 10 月 3 日

注：①语出李贺诗句"晓月当帘挂玉弓"。

②唐人小说故事记唐明皇梦偕方士架长虹，游月宫。

游朝阳岩

  七 律
  深潇一脉水笼烟，春入南疆景色鲜。
  晓汲清湘鬟髻女，炊燃楚竹钓鱼船。
  江花胜火映红日，洞口朝阳泛碧涟。
  乳杏夭桃风物美，永州新换几重天。
        1992年2月25日于永州

学习小平同志南方谈话

南方伟论似春雷，快雨雄风花竞开。
振奋精神加力度，敢先天下上台阶。
        1992年5月4日

创收闲议

明令创收到校园，不从深义悟真诠。
蓝天舞罢白云起①，冰棒销完卤蛋鲜。
科研服务为宗旨，教学育人无颇偏。
何用横争阿堵物②，多才万选出青钱！③
        1992年5月8日

注：①为创收，校内办有蓝天白云两个舞厅。票价8角，学生的钱挤干了，心跳花了。
②语出《世说新语》。晋王衍雅尚玄逸，口未尝言钱字。妇令婢以钱绕床。衍晨起见钱阂行，呼婢曰："举却阿堵物！"后人遂称钱为阿堵物。
③《新唐书·张荐传》："员外郎员半千数为公卿称'（张）鷟文辞犹青铜钱，万选万中'，时号鷟'青钱学士'。"

"创收"舞厅

（用杜牧"长安遥望绣成堆"韵）

蓝天高出白云堆，紫绿红灯一按开。
一曲蓬喳狐步舞，送掉青钱①始下来！
1992年5月8日

注：①青钱见前诗注③。青钱喻有才之士，这儿语意双关。

灵溪漂流

七　律

灵溪风韵自翩翩，绝壁森然别有天。
万木葱茏拥翠髻，画廊曲折伴流泉。
扬芳吐艳群花美，出谷迁乔百鸟喧①。
皮艇飘飞逗激浪，腾仚②好似醉中仙。
1992年7月

注：①《诗·小雅·伐木》："出自幽谷，迁于乔木。"
②腾仚（xiān），腾跃飞举的样子。刘禹锡《九华山歌》："不然何至今，悠悠数千年，气势不死如腾仚。"

武陵源里三日游组诗七首

（一）游黄龙洞

百仗峡开百战功，书生何羡百夫雄①。
而今直捣黄龙府②，痛饮茅岩学醉翁③。
1992年8月23日于索溪峪

注：①唐杨炯诗："宁为百夫长，胜作一书生。"
②"直捣黄龙府，与诸君痛饮耳。"南宋名将岳飞语。
③茅岩，大庸市新开发的名酒。欧阳修《醉翁亭记》："醉翁之意不在酒，在乎山水之间也。山水之乐，得之心而寓之酒也。"

（二）定海神针赞

孤标独树何纤纤，仰弥高兮钻弥坚①。
玉宇蒙尘缘墨吏，金箍棒扫臭贪婪。

注：①语出《论语》：仰之弥高，钻之弥坚，瞻之在前，忽焉在后。

（三）上宝峰湖

水劈峡开断复连，千寻峭壁锁深渊。
螺旋石栈山腰凿，云拥坝桥湖面悬。
处处危栏随磴曲，层层老树傍岩坚。
宝峰玉液索溪水，化电流金不夜天。

1992年9月10日定稿

（四）鹧鸪天·泛宝峰湖忆旧游

碧玉澄潭画舫游，水天一色正清秋。
心随雁阵浮云去，渺渺予怀忆石头①。
摇桂桨，荡兰舟，欢歌笑语放中流。
相携菊圃留芳影，玄武归来又莫愁。②

注：①石头，这儿指石头城南京。
②指玄武湖和莫愁湖。

（五）天子山

凭高俯瞰万峰殊，兽跃禽飞入画图。
应是天仙狂醉后，瑶池撕碎玉珊瑚。

（六）点将台

群峰峭立作前驱，好似兴师教战图。
天子向王传将令，千军一应万山呼。

1992年8月24日于天子山

（七）天然壁画

一方壁画半空悬，妙手天成叹自然。
高阁崇楼皆吊脚，流泉飞瀑似腾仚①。

人居翠柏幽篁里，山在虚无缥缈间②。
叱犊挥鞭勤作稼，犁坯瓦盖陇头烟。
1992 年 8 月 25 日于张家界

注：①腾佥，轻飞高举貌。
②语出白居易《长恨歌》。

悼邓颖超主席

七　绝

菩提玉树何空灵，剔透玲珑似水晶。
不染纤尘懿德好，高风百代颂廉贞。
1992 年 8 月 28 日

老人节赋诗

七　律

夕阳红晕染流霞，颐养天年惜岁华。
似火情怀教后代，如酥雨露育新芽。
黄昏点点心灵烛，老圃丛丛野菊花。
且喜清晨保健好，迪斯科舞扭腰斜。
1992 年 9 月 9 日

祝党的十四大召开

七　律

春风浩荡起珠江，吹绿东南西北方。
潮涌钱塘高八月，经传吴粤振三湘。
空间科技飞天箭，塞外羊牛下夕阳。
经济繁荣抓外向，推开门户探洋场。
1992 年 9 月 30 日

癸酉春节

七　律

年年岁岁庆丰穰，幸福祥和乐未央。
一唱雄鸡闻起舞，三挝羯鼓促飞扬。
千村万户迎春急，火树银花斗艳长。
喜酌湘泉①饮大白，挥毫献句颂荣昌。

1993年1月23日清晨

注：①湘泉，湘西州酿制的名酒。

纪念毛主席诞辰百周年

七　律

星星之火可燎原，地转天回解倒悬。
力夺政权凭武略，文宗马列启新篇。
百年多难兴华夏，"三战"摧枯震大千。
创业功高昭史册，东方红日一轮圆。

1993年5月23日

刺"雅座"

七　绝

越罗楚练大亨来，光怪陆离雅座开。
压酒吴姬多色相，轻狂刘阮上天台。

1993年6月5日

治党新民

七　律

创业艰难百战过，守成不易费磋磨①；
尧封禹域丈夫少②？餐馆酒楼饕餮多。
十里长堤毁蚁穴，万家都市寓狼窝。

雷霆奋击千钧力，治党新民颂《伐柯》③。
1993年6月28日

注：①唐太宗语：创业难，守成亦不易。
②据报载一外国女旅游者说："中国丈夫少。"意即见义勇为者少，可叹可悲。
③《诗·伐柯》："伐柯如何？匪斧不克。""伐柯伐柯，其则不远。"

看电视《半边楼》有感

焚膏继晷几春秋，兀兀穷年快白头。
可叹辛勤黄教授，成书恸哭半边楼。
1993年秋

太平山女尼

七　律

梵宇花宫耸翠微，参禅学士女沙弥。
芳龄廿岁青灯伴，贝叶三篇古佛痴。
稽首求签香客俊，敲钟叩磬击桴迟。
凡心应似仙人子①，孰个春情无所思？
1993年秋

注：①郭元振爱姬薛氏，幼尝为尼，小名仙人子。

游龙山皮都河

晴岚紫染土家楼，十里皮都翠欲流。
我爱婀娜凤尾竹，含羞低下美人头。

寄友人

七　律

一区新宅①得春多，恬静安详万虑和。
杯里酒香诗兴足，门前雷响火车过。

寄身且喜灵溪近，对镜无如白发何！
态未龙钟人尚健，拳操太极影婆娑。
1994年正月初二日

注：①《汉书·扬雄传》："（扬季）有田一方，有宅一区。"

祝贺湘西诗词学会成立

七绝一首

松鹤鸣皋久寂寥，湘西诗会喜挥毫。
华章巨制江潮涌，遗韵风流继楚骚。
1994年甲戌年五月十五日端午节

相知长令无绝期

七　律

三生石上结情缘，陵谷升沉不变迁。
对月怀人思彼美，望洋兴叹托吟笺。
烟波浩渺三千里，世事蹉跎几十年。
红线一丝相永系，杖朝时节喜珠联。①
1994年6月19日

注：美籍华人潘力生先生，吉首大学中文系聘为客座教授。八十岁时与其大学时期相恋之老友成应璆结为伉俪，系里负责人请我弟弟各写古典诗一首致贺，遵命交卷。

悼宋祚胤先生

先生与我有通家之好，同时从湘西调入湖南师范学院任教，比邻而居，情谊甚笃，朝夕论学，莫逆于心。惊悉先生患癌不治，于1994年9月9日去世，不禁潸然泪下，谨赋诗致悼。

雁阵惊寒宝树残①，断肠声里倍心酸。
生刍一束人如玉②，热泪多行叶著丹。
麟角无双形卓荦，凤毛有九色斑斓③。

儒林巨擘心高洁，一鹤排云出雪山。

注：①语出王勃《滕王阁序》："雁阵惊寒，声断衡阳之浦。""非谢家之宝树，接孟氏之芳邻。"
②《诗·小雅·白驹》："生刍一束，其人如玉。"
③贺兴思《三字经注解备要》引舆图形胜说："扶桑山……有金凤凰，九色毛。"

第十个教师节

七　律

黉官大启忆征程，师道弘扬感不胜①。
树蕙滋兰时雨化，绿杨芳草晓晴生。
晨曦破雾开新宇，鹏翼垂天识健翎，
昨夜星辰今夜月，千秋光照寄深情。

注：①胜，这儿旧读平声（shēng）。

参观湖北省电视塔

1989年10月，《土家族文学史》撰稿总结会在武昌召开。与会人员参观了黄鹤楼、龟元寺，还登上了湖北省电视塔。塔高311.4米，品茶旋转厅里，俯瞰武汉三镇，有景要写，诗兴油然，放歌云端，乐何如之。

高塔直升千尺楼，江城三镇望中收。
云低黄鹤空蒙色，日照晴川潋滟秋。
旋转华厅凭寄傲，斑斓电视赖传邮①。
名诗②已领风骚久，一曲翻新任自由。
1989年10月25日初稿，1994年8月定稿

注：①语出《孟子·公孙丑》："德之流行，速于置邮而传命。"
②名诗，这儿指的是崔颢《黄鹤楼》。

赏 菊

七 律

春红谢了夏姚黄①，节届重阳秋菊香。
淡白轻缃高品格，渥丹溢紫热心肠；
浮金点玉不流俗，形秀骨清敢傲霜。
最喜跃然鳞爪露，飞龙矫矫压群芳。

1994 年 10 月 19 日

注：①姚黄：开元时，牡丹尚姚黄魏紫，盖谓姚崇家黄牡丹，魏相家紫牡丹，皆极美。

元宵节

七 绝

民丰物阜乐尧天，吃厌山珍换海鲜。
十五元宵调口味，桂花甜酒煮汤圆。

1995 年 2 月 14 日

闹元宵

七 绝

吃罢汤圆细品茶，龙灯狮子闹千家。
轰然火树升腾起，万点金星万朵花。

乙亥年正月十五日

《庸愚词稿》读后

古 风

词赓白雪调，人尚下里巴。
曲也诚弥高，和者则弥寡。
语言其载体，意境其精华。
"寒波淡淡起，白鸟悠悠下"。

境界自高远，词句净无华；
雅俗能共赏，典型亦孔嘉。
寄语同道人，守此辩证法。

贺永顺一中校庆九十周年

汉郡灵溪地，一中神秀钟。
龙蛇出大泽，鹰隼击长空。
目极三千界，云腾万里风。
恭迎校庆日，三祝效华封。

找"摸米"

层角篱边到处寻，土家少女恋情深。
锅烟染指找摸米，漫点檀郎寄爱心。

注：摸米，土家语，意为虎崽。土家婚娶之日，男方得派"摸米"代表男方到女方家迎亲。摸米乃俊俏而未婚青年，为少女们追逐之对象。是夜，少女们手染锅烟，到处找摸米，给土家青年男女一次相互结识之机。

贺杨国湘同志七十华诞

国湘同志亦南强，德业辉煌著一方。
掣肘难为单父令[①]，举贤善识沙丘黄[②]。
探珠艺苑殷勤甚，透甲新橙自在香。
我寄心声诗七律，古稀华祝寿而康。
　　　　　　　　　　乙亥年秋

注：①故事见刘向《新序·二杂事》，单，音 shàn。
②故事见《列子·说符篇》九方皋相马。

六弟七十寿

祥和恬淡乐天伦，老勿多求见性真。

名似浮云轻出岫，心如明镜不生尘。
会当借鉴亲芝宇①，正好休闲垂茧纶②。
棠棣之花、萼、柎桦，介眉同寿醉芳醇。
乙亥年八月

注：①《新唐书·元德秀传》："房琯见德秀叹息曰：'见紫芝（德秀字）眉宇，使人名利之心都尽。'"

②《列子·汤问》：詹何以独茧丝为纶，芒刺为钩，荆条为竿，剖粟为饵，引盈车之鱼于百仞之渊，汩流之中，纶不绝，竿不挠。

多 思

古 风

侏儒夕照下，斜射出颀长；
浓缩小不点，巨人直射光。
"假象"抑"真实"，深研意味长。
勿为虚幻迷，遇事三思量。

忆江南·秋兴

金秋好，老圃菊芬芳。冷冷蝉声吟晚唱，翩翩蝶舞逐清香。薄暮恋斜阳。
登高去，佳节又重阳。种种①银丝繁翠鬓，嫣嫣醉靥泛红庞。恬笑看彭郎。

注：①种种，形容头发短少，含有老迈衰颓之意。《左传·昭公三年》："余发如此种种，余奚能为？"

喜迎春·七五初度

调寄《鹧鸪天》

七五悠然一老翁，休闲雅趣爱雕虫。夜阑索句三杯酒，兴至成篇一阵风。
观世态，送秋冬，随缘守分自雍容。今年花胜去年好，春杏出墙万朵红。
1994 丙子年春节

庆春泽·送别彭超昂杯①

大地春回,百花争艳,阳光雨露均匀。放眼斑斓,武陵桃李缤纷。垂老还家今又别,恨东风吹送离人。寄衷情,白发天涯,难叙温存。

参商人世谁能料,愿这回离后,健体怡神。黄发垂髫,悠然共乐天伦。挥毫且寄殷勤意,最相思处故乡亲。暗销魂,此去台湾,何日逢君!

1996年4月

注:①昂杯,土家语,叔叔的意思。

翰墨生涯五十年

祝林时九同志书画展开幕

崧生沅水畔,人号洞庭西。
品德洵高洁,心情系庶黎。
吉金龟甲字,铁画银钩题。
稽考古文物,令誉满五溪。

1996年5月1日

邢苏兴同志七十华诞

苏兴副主任与余同在州人大六届委员会共事。1983年,保靖旱情严重,州人大组织以苏兴同志为首的慰问小组,深入农村慰问,给受灾群众以极大精神慰藉。回首往事倏然十有余年。今逢苏兴同志七十华诞,谨赋七律一首以效华祝。

挥戈抗日战山西,解放湖南到五溪。
供职人民代表会,关心群众稻粱肥。
彼苍无雨毁苗稼,我党有情访庶黎。
父老乡亲添喜色,中央政策似春晖。

丙子年夏

题彭秀奎丙子年新修族谱

本支百世文王孙,系派纷纭谱牒存。
寄语族中贤后嗣,箕裘克绍继前勋。
1996年7月《保靖彭氏宗谱》（首卷）

祝叶德书六十寿

　　　　七　绝
执经问字有群英,举一反三谁等衡。
甲子初周逢六秩,筹添海屋祝门生。

秋游三岔坪水库

溶溶碧水绿悠悠,风逐微澜静静流。
游艇无端冲激浪,犁开一片暮天秋。
　　　　　　　　1996年秋

竹枝词·山趣

老翁白发牯牛黄,手挽牵绳逐草场。
脚步轻随节奏走,铜铃一路响叮当。

邓小平同志赞

　　　　七　律
难得奇才冀北空,文韬武略冠群雄。
国行两制开新局,德被全民颂茂功。
领袖声威世界级,元戎风范人中龙。
敢冲时代潮头立,笑看沉浮浪几重!
　　　　邓小平于1997年2月19日去世

咏白沙新城七绝二首

（一）
沅水清清任自流，蓬门低户白沙洲。
而今重上铁山顶，十里新城一望收。

（二）
山环水抱护新城，石壁凌云展画屏。
寄望廉明诸县令，一挥椽笔绘龙腾。
1997年6月18日

庆祝香港回归

组诗十首

（一）
英伦工业着鞭先，利炮坚船鸦片烟。
立国不仁凭武毒，残民夺地掠人钱。

（二）
闭关锁国一何愚，腐败清廷帝业虚。
妥协投降轻武备，庞然大物笑黔驴。

（三）
强权公理耍花招，弱国从来无外交。
城下之盟①开恶例，神州风雨日飘摇。

（四）
拓土殖民虎视眈，鲸吞香港九龙兼。
炎黄子弟义旗举，国有亡秦楚户三②。

（五）
洋烟不断涌潮来，辱国丧权实可哀。
亿万民遭鸦片毒，兵魂销尽国魂摧。

（六）

冲淡中华民族魂，欧风美雨两相侵。
异源文化交锋久，外因殊浅内因深。

（七）

尊俎固然可折中，国家强盛可和戎。
闻雷失箸铁娘子，两制兼容仰邓公。

（八）

东风强劲西风微，明媚春光紫燕飞。
岭外梅花传讯息，今年香港庆回归。

（九）

英无落日且休夸，晷折中天傍晚霞。
米字蓝旗摇坠影，东风紧送夕阳斜。

（十）

东风浩荡压西风，国耻百年一扫空。
还我河山迎"七一"，五星旗下紫荆红。

注：①城下之盟：这儿指《南京条约》。
②语出《史记》："楚虽三户，亡秦必楚。"

祝湘西州成立四十周年

湘西自治展新猷，四十周年竞上游。
两个文明精建设，满仓稻谷庆丰收。
云腾健翼抟千里，西进雄风御九秋。
民族之花红艳艳，阳光雨露耀高丘。

1997年8月22日

贺向云俊老友八十大寿

恭俭温良非楚狂，书生何事厄红羊？
人谋不善遭饥馑，政论失衡无否臧。
又降严霜悲子夏，可怜快婿丧梅娘。①
黄昏喜颂夕阳好，八秩悬弧祝寿康。

丁丑秋

注：①颈联写向老中年屡遭不幸，子饿死，女病故。

学习党的十五大会议精神感赋

丹桂飘香喜讯来，中枢盛会巧安排。
小平理论为旗帜，大政方针赖剪裁。
物质文明"三步走"，精神花朵四时开。
蓝图宏伟核心好，跨纪工程壮矣哉。

1997年9月20日

诗社评奖

七　绝

妙笔生花才气横，腾蛟起凤奏新声。
闲吟不必排资辈，自古先生怕后生。

虎年题咏

近年来，世界经济低迷，我独砥柱中流。

东风伴我到天都，虎虎生威气象殊。
雄踞中州观世界，人间翘首看于菟①。

（戊寅年）1998年1月15日

注：①于菟，语出《左传》：谓虎为于菟。

三峡截流赞

七　律

劈山导水夺天工，三峡截流世纪雄。
高坝千寻升累土，长车万驾锁游龙。
三公①意愿全民意，四项功能②百代功。
神女多情舒倩影，平湖幻映玉芙蓉。

注：①三公，这儿指孙中山、毛泽东和邓小平。
②四项功能，指航运、防洪、发电和环保。

醉歌行

古　风

湘泉系列酒，盛名天下传。
阳春三月暮，酒鬼饮诗仙。
裘换千金酿，情结万古缘。
举杯香千里，长鲸吸百川。
思悠悠，意绵绵，飘然玉树临风前。
大笔一挥龙蛇走，琳琅珠玉满华笺。

1998年3月24日

赞酒鬼酒

好山好水出西湘，凤井龙泉酿玉浆①。
"酒鬼"一杯山简醉，何须八斗记流觞②。

注：①湘泉系列酒用龙泉、凤泉、寿泉之水酿制而成。
②山简，晋代人，"竹林七贤"之一。每饮必至八斗，醉不超量。

为主权而战

五　古

美国气嚣张，北约虎作伥。

强权行霸道，滥炸逞强梁。
南盟不可侮，正义坚如钢。
敲掉隐形Ａ，非敌！不当王①。

注：①《左传·桓公八年》中有"不当王，非敌也"。意为：不与王对着干，不算对手。

抗洪盛赞解放军

七 绝

怀山浩浩出西陵，千里江堤百万兵。
连战洪魔三个月，风流不愧铁长城。

诗三首·为吉大校庆四十周年而作

（一）栽培

精嫩树苗亲手栽，梗楠松梓是良材。
明陵清殿承梁柱，多是湘西输送来①。

（二）召唤

有志男儿在四方，龙翔凤翥任腾骧。
欣逢母校悬弧日，四十周年盼返航。

（三）校园

棠嘉湖上翠云封，潋滟澄潭飞彩虹。
玉宇琼楼浮倒影，黉宫疑是水晶宫。

注：①明十三陵定陵楠木柱上有说明：湖广溪州土司献楠木×××章。清修太和殿，永顺宣慰使彭世麒献楠木。永顺府志县志均有记载。

吉大中文系系友联欢

七 律

祝嘏联欢聚杏坛，师生情谊别人间。

温馨旭日春长在,静沐熏风意自闲。
种种银丝盈翠鬓,翩翩舞步焕红颜。
合当更话巴山雨,吟咏尊前夜未阑。

贺永顺民师校庆六十周年

玉屏山下笑声欢,寿祝民师六十年。
蜡烛心红昭后学,人梯肩重效前贤。
春阳化育千枝秀,时雨均沾万朵妍。
兰芷繁荣堪慰藉,荧荧火种得薪传。
1998年10月1日

访德夯诗二首

五　绝

一夜清秋雨,层峦烟雾封。
桂香遮不住,溜入小楼中。
1998年10月14日晨

七　律

为探风情访德夯,苗家小寨水云乡。
峰高盘古孤标秀,瀑泻流纱百丈长。
孔雀开屏迎旭日,腊梅浥露透清香。
踏歌黛帕①邀宾舞,共坐蒲团嬉笑狂。

注:①黛帕,苗语,意为姑娘。

游太虚寺

七　律

淡泊无为颇自持,闲情逸致亦多姿。
经研贝叶佛家语,韵寄文心物外诗。
玉臂冰肌空色相,镜花水月似菩提。

此身野马尘埃际，天地方圆任所之。
1998 年 11 月 15 日

卯年迎春曲

玉兔飞扬跨纪忙，卦爻"九九"是重阳。
锦瑟华年①迎国庆，澳门归璧慰炎黄。
1999 年

注：①李义山诗："锦瑟无端五十弦，一弦一柱思华年。"

致　谢

土家青年书画家饶坤君书予诗作《访德夯》见赠，不胜铭感。谨赋七律一首以致谢忱。

一方壁挂巧装潢，蓬荜生辉翰墨香。
七律诗成师鲍谢，千军笔扫继钟王。
鸿翔鹤舞飞匀碧，玉润珠圆泻硬黄①。
闲日衔杯舒醉眼，云回雾幻看龙骧。
（1999 年 4 月 8 日）

注：①匀碧、硬黄，纸的代称。

读《浮生记事诗词选》赠修淬光大姐

七　律

封建名门叛逆臣，洪炉久炼见精真。
才高柳絮谁为继，鹤立鸡群孰与伦？
情系巴山魂入梦，韵酬知己玉无痕。
伤心词续"钗头凤"，遗恨绵绵悼故人。
高云居士彭秀模 1999 年 4 月 26 日

附：

答高云居士原玉

傲骨焉能作顺臣，沧桑难辨假和真。
烽烟遍地轻投笔，苦涩生涯重世伦。
洛浦回眸空浪迹，瑶台伫望梦无痕。
春风廿载吹苏醒，始晤浮沉一醉人。

修淬光 1999 年 5 月 7 日

拜读大作，不胜感谢，乃奉和玉一首，聊作抛砖引玉之报，请斧正。

贺彭瑞龙同志七十寿

男儿立志走天涯，服务人民为国家。
执法无私衡玉尺，行权有道展才华。
功成身退耽诗律，遣兴长吟诵彩霞。
七秩悬弧逢"九九"，艳阳高照满园花。

贺人瑞黄德萃老人百岁华诞

七　绝

不练神功不学仙，粗茶淡饭自年年。
中秋明月百轮转，心逐嫦娥共晓天。

庆祝澳门回归

七　绝

腊梅竞放报春来，濠镜莲花带露开①。
映日芙蓉尘不染，亭亭玉立傍瑶台。

注：①澳门古称濠镜澳，又名镜海、香山澳。其地形地貌宛如莲花。

七 律

四百余年秋复冬，澳门"九九"庆归宗①。
青洲渔唱②歌声美，妈阁③钟鸣气韵洪。
日照松山④光万道，波扬镜海浪千重。
莲花风采曲桥影，都在区旗图案中。

注：①自 1553 年（明嘉靖三十二年）至 1999 年，葡人占据澳门已 446 年矣。
②青洲渔唱：青洲悬于浅湾尽头，是一座草木葱郁的小岛、宜渔。
③妈阁即妈祖庙，为全澳人士所尊奉。
④松山又叫东望洋山，海拔 94 米。山多松树，故名。上有灯塔和松山炮台等景点。

国庆五十周年

东方赤县景云斑，国庆欣逢五十年。
两制兼容收港澳，九州一统待台湾。
挟洋自重巢飞幕，急难相扶似鹡原①。
铸我炎黄兴盛史，好迎新纪展鹏抟。

1999 年 10 月 1 日

注：①《诗·小雅·棠棣》："脊令（鹡鸰）在原，兄弟急难。"

2000 年元旦书怀

世纪新元晋八旬，龙年笑对九州春。
江山富丽多文采，港澳回归壮国魂。
健步不依司体克①，修身何用玛尼轮②？
随缘守分戒求得③，一片冰心勿染尘。

注：①司体克乃英语 stick 之译音，意即手杖。
②玛尼轮，藏族人拜佛时手摇之转轮。
③《论语》："……及其老也，气血既衰，戒之在得。"

致谢林时九同志

书画家林时九同志为予八十初度赠以字画，不胜感激，谨赋五绝短诗以致谢。

> 劲节三竿竹，"铸魂"万种情。
> 一枝双翠鸟，相向作嘤鸣。
> 　　　　　2000年元月5日

七绝·致谢

　　永玉大师高足，青年画家毛光辉同志为余八十初度作"群仙献寿图"相赠。大作构思精妙，寓意含蓄，耐人寻味。谨赋七绝一首以致谢。

> 水仙八棵碧玲珑，翠竹苍松居上峰。
> 最是构思精妙处，蟠桃献寿与山翁。

棠嘉湖上

> 晨兴春意闹，策杖绕湖行。
> 小鸟林中语，碧螺水上呈。
> 山高云树翠，影舞柳腰轻。
> 诗情浓似墨，一抹即丹青。
> 　　　庚辰年春2000年元月22日

张家界"土家风情园"杂咏

（一）咏冲天楼

> 转角楼高接九重，缘梯直上白云中。
> 凭虚无迹行空马，吐气凝形贯日虹。
> 俯瞰平川芳草绿，迎观玉宇太阳红。
> 新翻调奏土家曲，飞过天门下大庸。

（二）咏摆手堂

> 红灯万盏万千人，摆手堂前百艳新。
> 士女踏歌声婉转，"嗬嗬也"伴舞缤纷。

（三）咏墨惹峒
琉璃灯盏碧纱窗，画栋雕梁玳瑁光。
席梦思床锦缎被，秦楼有凤伴萧郎。

2000年4月

《让中华诗词进入大学校园》读后

七　律

爱国忧民议短长，深从诗教发评章。
人文真价歌传统，科技求新法后王。
润物无声春雨细，巡天有术玉舟航。
德才素质双馨好，培育南强与北强①。

注：①南强、北强，语出《礼·中庸》。

七　绝

诗骚百代启群英，唐宋元明共有清。
艺苑花开千万朵，精神物质两繁荣。

悼彭勃

2000年正月，予八十初度。彭勃病榻上口述七律一首以致贺。天不假年，勃于四月九日辞世。予与熙勤、荆贵两同志趁去张家界开会之便，顺道去永顺县政协往悼，未果（他在乡下家中去世）。现谨步原韵以和，而连盾已无从亲见矣。悲夫！

郁郁苍苍百尺松，昂扬挺拔色葱茏。
浓荫广被三千里，翠盖重遮十二峰。
文采敢云空冀北，热情好似坐春风。
吾家宝树悲凋谢，杯酒无缘莫醉翁。

附：

彭勃原作·贺彭秀模兄八十大寿

述古堂前有劲松，经霜傲雪更葱茏。
文星高照洞庭月，盛誉远扬武落峰。
多届政坛论国是，满园桃李沐春风。
德高望重杖朝日，海屋添筹祝寿翁。

寄望·步《问鸽》原韵

桂香时节秋高爽，寥廓江天任鸟飞。
丛菊迎霜新艳发，腊梅含雪锦春随。
云翻絮白山花笑，柳绽鹅黄紫燕归。
日丽风和芳草绿，好循佳梦入罗帏。

附：

问　鸽

与吉大高云居士诗

莫非吉大楼深处，老干吟成闲放飞？
风雨湖惊鸿影渡，高云居暖韵文随。
咕哝霜圃啄菊戏，淅沥秋街带雨归。
人道君诚鸿雁逊，相烦携梦入重帏。

新世纪的诗词

迎新世纪书怀

龙年"拜拜"又蛇年，春满神州笑语喧。
世纪新元迎廿一，岁时公历过双千。
文明富裕民为主，人寿粮丰国又安。
科技尖端花朵朵，巡天银汉继张骞。
2001 年元旦

神舟二号飞船发射成功

神舟高骞奔苍穹，跨月追星矫若龙。
一点脉冲遥指控，三分鼎足显豪雄。
载人甘作马前卒，探秘岂云牛后功①。
浮泛仙槎光汉业，张骞将访广寒宫②。
2001 年 2 月

注：①据报道，当今世界能发射飞船的仅中、俄、美三国。
②用张骞泛天河故事。据报载，2001 年，我国将发射载人飞船上天。

贺龙再宇会长八十大寿

栖老碧梧金凤凰，翎毛九色自生光。
一鸣引得天鸡叫，烂漫吟坛斗艳长。

注：贺兴思《三字经注解备要》注舆图形胜说："海中有四山：蓬莱、扶桑、方丈、沧浪……扶桑山，在东海中。山上有只金凤凰，九色毛。每至日出，凤凰鸣，天下群鸡报晓，日即出矣。"

赞西部大开发

左公杨柳绽新芽，开发边陲喜万家。
提彼江南亿方水，绿它塞北万顷沙。
石油碧玉天山马，美酒葡萄哈密瓜。
西气东输拉序幕，铜琶铁板唱中华。

西江月·赞凤凰

夹岸丛林郁郁，出山泉水清清。
漫江碧透绕名城，映起凤凰倒影。
世界文坛巨匠，共和总理希龄。
大师永玉擅丹青，信矣文风鼎盛。

庆贺吉首建市二十周年

峒河溢翠绕城东，跨岸飞桥映彩虹。
玉宇琼楼云表外，青山绿水画图中。
莘莘学子三湘彦，矫矫铁龙百路通。
廿载经营更旧貌，长街十里展新容。

2001年4月1日

朱总理视察湘西

人民总理察民情，重访湘西百感生。
狮子两尊存旧迹[①]，崇阿十里赞新城[②]。
万溶江上碧波漾[③]，风雨湖边百鸟鸣[④]。
九鼎片言深寄望，杜鹃如火映天明。

2001年4月18日

注：[①]抗战时期，总理曾在花垣国立八中就读。1949年后，城市建设快，当时国立八中旧址已面目全非，仅见两尊石狮子尚存旧迹。

[②]总理当年途经之所里（今吉首）仅一小小市镇，而今这高山窝里新建起了十里新城。

③万溶江流经乾州。当年国立八中音乐教师张中之谱了一首《万溶江》歌曲，缠绵悱恻，传唱一时。
④2001年4月7日下午。总理视察了吉首大学。风雨湖畔，受到师生们热情欢迎。总理勉励师生，深寄厚望。

朱总理视察吉首大学

吉首阳光照，黉宫仰德辉。
中央多眷顾，边城竞芳菲。
甘露滋桃李，琼楼号阁揆。
乡贤朱总理，时雨润霏霏。

2001年4月18日视察

正告台湾当局决策者（陈水扁）

七　律

从来智者见几微，两大之间慎所依。
夹缝便宜沾不得，火中栗子取将危。
宁甘海燕巢飞幕，忍使同胞化劫灰！
兄弟阋墙外御侮，振兴华夏盼回归。

2001年4月24日

永顺小溪林区生态旅游组诗五首

（一）游凤滩水库

予少年时代在外求学，外出必经王村坐船到沅陵。北河险滩很多，每出都冒风险。今凤滩水电站建成，形成高山平湖。抚今追昔感慨系之。

"茨凤二滩不算凶，上头还有绕鸡笼"①。
而今重到旧游处，都在平湖水底中。

注：①这两句是当时北河一带民谚。

（二）进小溪口

静处深闺不计年，森林原始自悠然。
苔痕碧绿封岩壁，树影婆娑舞画船。
金翡翠屏开水上，玉芙蓉伞翳婵娟。
名区乍见景殊异，俊秀夭柔别有天。

（三）到小溪

叠叠层峦拥翠微，夭柔俊秀得天机。
晴开西岭筛金线，林漫东皋染夕辉。
绿气逼人春驻节，凉风袭袖夜燃犀①。
归真返璞仙游地，生态名区数小溪。

（四）探小溪

生态旅游探小溪，山重水复路低迷。
丛林莽莽钻云树，绿竹猗猗接水湄。
访彼"杉王"攀绝顶，鼓予余勇②上天梯。
东皋舒啸登临后，听韵流泉共赋诗。

（五）返航

凤滩库水碧琉璃，船似天鹅展翅飞。
正午开航小溪口，赶车三点到罗依③。

2001年5月20—21日，时年80岁。

注：①燃犀：传说晋温峤至牛渚矶，水底有音乐之声……人云下多怪物，峤乃燃犀角而照之须臾见水族覆火，奇形异状。这儿燃犀非用原意；实意是小溪五月下旬，晚上尚有寒意，在天坪里生火取暖。
②《左传·成公二年》："欲勇者贾余余勇。"
③罗依，即罗依溪，现猛洞河火车站。

祝贺北京申奥成功

七　绝

潇洒北京金凤凰，翎毛九色闪霞光。

排云振翅翩跹舞，赢得五环独自翔。
2001年7月3日深夜

边城茶峒纪游

七 律

酉香溪水绿油油，流到边城古渡头。
世界文豪挥妙笔，沅湘雅韵绍前修。
操舟不见多情女，塑像空留一脉愁。
飒飒金风摧木叶，予怀渺渺洞庭秋。

七 绝

三省毗邻接地缘，风情不复古桃源。
苗家黛帕土家嫐①，超短衣裙花绣边。
2001年9月27日

注：①黛帕，苗语；嫐（biu³⁵），土家语。汉意均为女孩子。"biu³⁵"汉语有音无字，新造之"嫐"字，即"必幼"二字之拼音。

诗三首·游花垣苗河

（一）七律

鬼斧神工造物奇，高陵深谷泛清溪。
飞流七叠悬危岫，池水三呼吐玉玑。
斗折蛇行天逼仄，峰回栈转路逶迤。
古苗河上听传说，阿叵仡尤①此建基。

注：①阿叵仡尤，苗语。阿叵，意为祖宗；仡尤，即蚩尤。

（二）七绝

微云轻雾隐苗河，碧水悠悠逐逝波。
涿鹿当年酣战死，仡尤何以到山阿？

（三）七绝
阿匼仡尤到此来，悠悠历史费疑猜。
旅游伴以苗文化，别出心裁异想开。
2001 年 9 月 27—28 日

古苗河里白水泉

七　绝

碧水潭中白水泉，泉流袅袅似云烟。
春潮带雨山溪涨，泾渭分明好景观。

矮寨公路奇观

七　绝

雷鸣车走下重霄，袅袅心旌一路摇。
崖上肠回弯九曲，飘然穿过立交桥。
2001 年 9 月 28 日

怀人对月时

五　律

老来多忆旧，佳节倍怀人。
禹域清光满，家园物色新。
幽兰滋九畹，丹桂胜三春。
皎皎故乡月，团圞照远人。

轻车暮过石壕村

七　律

落日衔山烧火云，轻车暮过石壕村。
土窑洞伴瓷砖屋，电视屏开百艳春。
吏治清明无战伐，民生富裕长精神。

长吟告慰杜工部，不再呼啼夜捉人。
2001年10月27日于三门峡

参观阿房宫

予幼时读《阿房宫赋》，为其占地之广，构建之奇，宫中楼阁之多，桥梁复道之远，宫女如云，舞袖生风等等描写所折服。今来参观，睹此区区一隅，先入为主之见，颇有压缩之感。兹赋七绝一首以纪游。

迢迢千里看阿房，压缩饼干一大箱。
舞袖风生秦殿冷，龙车凤辇出咸阳。
10月29日于西安

车过剑门关

细雨轻车入剑门，汉阳镇外柏森森。
千年驿道武侯树，翠盖亭亭荫后人。
11月1日

纪念毛主席《在延安文艺座谈会上的讲话》发表六十周年

延安"讲话"六十年，伟论光辉照大千。
党性立场为准则，人民生活是源泉。
传承借鉴分文野，普及提高别后先。
文艺批评开展好，切磋共创高精尖。

重游老司城感赋诗词三首

（一）鹧鸪天
玉宇天街现太阳，云峰浮翠涌沧浪。
灵溪隐在迷蒙里，福石山头忆旧邦。
烟渺渺，雾茫茫，汽车辗转下山岗。

司城古迹追寻处，一路春风透面凉。
2002 年 5 月 30 日

（二）七律
搏射坪无战马喧，司城未改老容颜。
一泓流水碧如染，四面高峰绿到天。
秦楚山河依旧貌，春秋俎豆断尘缘。
离离彼黍予心碎，荆棘铜驼掩夕烟。

（三）鹧鸪天
水绿天蓝山自青，苍凉破败叹司城。
千秋官阙尘和土，百战丰功喜亦惊。
怀旧绩，忆殊荣，沧桑巨变意难平。
金銮宝殿成虚象，扫穴犁庭最典型。

喜迎党的十六大召开

七　律
与时俱进计征程，十六宏图启壮行。
世纪宣言"三代表"，岭梅献瑞万枝荣。
小康肇造民生富，大治方臻法德明。
航宇神舟探月殿，嫦娥玉兔喜相迎。
2002 年 11 月 5 日

为贺训获《石榴集》题诗

五月榴花耀眼红，秋来果实一丛丛。
珠玑满腹晶莹透，成竹在胸气度宏。
已种杏林多翠绿，新添词曲竞玲珑。
华章医德双馨好，不育夫妻可梦熊[①]。
2003 年 3 月 18 日

注：①《诗·小雅·斯干》："吉梦维何？维熊维罴……男子之祥。"

重游沅陵诗二首

（一）游新沅陵忆旧恨
五强库水拍天流，淹没沅陵古渡头。
远眺新城忆旧恨，东洋鬼子炸辰州①。
2003年3月31日

注：① 1939年去沅陵考高中。沅陵为湘西重镇，屡遭日机轰炸，我曾亲身经历了一次狂炸。

（二）参观凤凰山①屈将室
少帅无端作楚囚，凤凰山寺锁吴钩。
腥膻遍地人流血，竟使英雄空白头。

注：①凤凰山，沅陵凤凰山乃蒋介石囚禁抗日将领张学良处。

重游桃花源诗二首

（一）
叠翠层峦放眼看，青松绿竹尚依然。
廿年曾探秦人宅，好似桃源世外仙。

（二）
春到武陵万物娇，桃花如火柳垂条。
沿溪重走仙缘路，一片翻新韵味高。
2003年3月31日

参观常德诗墙

五　律
一夜沅江涨，春潮锁翠堤。
华章镌石壁，雅韵吐珠玑。
大笔飞龙舞，雄关故友题①。

诗墙赏句客，评旦雨霏霏。
2003年4月4日

注：①颈联出句对句中"大笔""雄关"，是指诗墙中我的大学同班同学霍松林的题字和胡念贻《娘子关》的诗。

《扎根湘西》读后

赠游祖智同志

十五从军朝气浓，江郎老迈夕阳红。
宣传政论持衡议，服务人民建懋功。
身在圣时不忘俭，私居安处倍思公。
关心下代少年事，教育鹏抟万里风。
2003年4月15日

读《六十年历程》

赠齐寿良同志

跃马横枪战定襄，随军南下到湖湘。
牛刀小试平江县，政教大行南楚疆。
民族花开香并蒂，蛮荒自治发千祥。
廉贞儒雅齐书记，敬颂甘棠①寓意长。
2003年5月8日

注：①甘棠，《诗·国风·召南》中的一篇，是怀念召伯德政的诗篇。

大龙洞

瀑坠山腰上，挂流百丈高。
飞湍凝紫气，白絮落重霄。
日照虹霓舞，天晴细雨飘。

轰隆声震耳，地脉万雷摇。
　　　　　　　　　　2003年6月15日

《崛起的湘西》（州庆50周年专集）第61页。

贺杨拔尤吟友诗集①出版

　　灼灼夭桃碧柳柔，漫山红翠鸟鸣幽。
　　春风绿染葱茏色，万木争荣杨拔尤。
　　　　　　　　　　2003年6月28日

注：①诗集名：《漫山红翠鸟鸣幽》。

二十年后再相会

　　吉首大学中文系80级中文2班诸生毕业20年之际重返母校，聚会金源宾馆。喜承相邀，参加盛会，即席赋诗以志盛。

　　书生意气喜方遒，鹏翼南天二十秋。
　　相约金源重聚首，弄潮逗浪竞风流。
　　　　　　　　　　2003年8月8日

祝贺母校永顺一中百年华诞

　　　　　　七　律
　　百岁期颐庆典隆，莘莘学子乐融融。
　　地灵人杰文风盛，昔哲今贤教泽丰。
　　代有英才名故国，人多俊彦遍寰中。
　　而今桃李花千树，灿若云霞映日红。
　　　　　　　　　　2003年10月3日

《崛起的湘西》（州庆50周年专集）第269页。

贺老友向仍旦《雪泥集》出版

泉水涓涓细细流，晶莹剔透碧悠悠。
京华文苑醉乡客，激浊扬清唱自由。

2004年2月8日

飞天梦圆七绝三首

（一）

电闪雷鸣出酒泉，"神舟"五号上青天。
载人科技追俄美，宇宙航行鼎足三。

（二）

碧海青天去复还，中华儿女谱新篇。
英雄利伟杨家将，为访嫦娥先着鞭。

（三）

匝地巡天十四环，青天碧海路漫漫。
亚非欧美行经遍，小小寰球湛湛蓝。

2004年4月16日晨

舟中看龙山龙头

镜面平湖影浩茫，龙头宛在水中央。
一鳞半爪全不露，红日横斜染满江。

2004年7月25日

偶　成

芦苇墙头正抖风，忽而西面忽而东。
秋来还想添颜色，却向桃花借点红。

2004年7月27日于里耶宾馆

里耶古城

酉水悠悠遗韵长，千年文化耀西湘。
楚人辞藻巴人剑，秦简辉煌留万章。

2004 年 7 月 27 日

里耶长堤

里耶潭水暮笼烟，浩渺波光远淼天。
漫步长堤观秀色，清风习习送归帆。

2004 年 7 月 28 日

里耶秦简出土诗二首

（一）
里耶秦简出溪州，三十万枚文字留。
战国纷争古证在，朝秦暮楚看从头。

（二）
开天辟地见斯文，麦岔里耶[①]词义真。
千古沧桑秦简在，土家地域证添新。

2004 年 7 月 26 日

注：①麦岔里耶，土家语，汉意为开天辟地。两地相距不远。几千年来应是土家族先民生息繁衍的地方。

题"溪州土家山寨"

土家山寨碧玲珑，万木葱茏接远峰。
一曲清江环玉带，双开鹏翼奏熏风。
培英佛塔书天笔，不二法门赛地宫。
笑傲江湖游旅客，醉乡诗酒看谁雄？

2004 年 7 月 30 日

题飞瀑蜃楼

土家民舍有风情，飞瀑蜃楼别样精。
潋滟晴江天接水，彩云长伴远山青。
2004年7月30日

咏飞瀑蜃楼

七　律

飞瀑隆隆响巨雷，备兹精舍傍山开。
天边云影随波涌，崖上晴虹带雨来。
挥笔狂书金彩凤，擎荷畅饮碧筒杯。
王村古镇风光好，海市蜃楼信美哉！
2004年8月2日

《崛起的湘西》（州庆50周年专集）第73页。

小龙洞口活水煮活鱼

两岸萦青碧间红，一江清澈水溶溶。
停舟漫品鲜鱼味，笑饮夏云杯里峰。
2004年8月2日

二十年后80级中文一班毕业生返校

重聚黉宫景万千，廿年别后意绵绵。
黄花丹桂三杯酒，共话西窗伴月圆。

重庆行

矫矫飞龙全立交，星流车走任逍遥。
山城昔日经游地，大厦千寻耸碧霄。
2004年10月18日

上海立交桥

高架长桥层上层,轻车倏忽似流星。
回环宛转如蛛网,驰骋飞扬万里程。
2004年10月29日

咏大上海

游罢浦西又浦东,造型格调两不同。
端庄稳重外滩路,挺拔阳刚新纪风。
十里洋场恢汉业,廿年开发奏丰功。
陆家嘴领长江水,矫矫飞腾舞巨龙。
2004年10月29日

探母校——中央大学

一株古树傲苍穹,鹤骨虬枝向太空。
物是人非寻旧识,怅然独见六朝松。

游秦淮

秦淮河上又重游,一霎风云五六秋。
臭水污泥当年景,今朝潋滟荡轻舟。
2004年11月5日

上扬州

不骑仙鹤足清游,共坐"金龙"出石头。
何用腰缠十万贯,轻车半日到扬州。
2004年10月30日

注:金龙,指金龙牌的汽车;石头,即石头城南京。

游扬州瘦西湖

波光潋滟瘦西湖,画舫轻舟载客游。
夜听玉人吹箫管,五亭桥外月如钩。

参加花垣排碧苗族原始文化"太阳会"

(一)太阳会①
阵阵踏歌高如云,原生文化演山村。
双星日月"太阳会",百岁华天②祈圣恩。

(二)吃原生态晚餐
煮肉煎鱼一串穿,珍珠米饭碧箐盘。
十分野趣原生席,素手轻抓满碗鲜。

注:①太阳会是苗族的一个远古故事,故事中,男主人公为月神,女主人公为日神,历时两万七千年,不得相会,故生思念之情。他们求情于太极圣母,请圣帝恩准相会。圣帝恩准三日。岂料,天上一日,地下三年。从此人间无日无月,灾祸突降,生灵涂炭。
②华天,故事中苗族百岁老人,一生积善修德,长跪三天三夜,祈求上天垂恩,召回日月二神,拯救万物生灵。

师生情

圣诞之夜,崇烟君执弟子礼宴请授课老师。酒酣耳热,唱歌赋诗,其乐融融。余亦浑忘老大,赋七绝二首以写意。

(一)
杏坛春暖意深长,圣诞节佳乐未央。
杯酒入喉忘老大,纵情吟咏作疏狂。

(二)
十月岭梅开放时,澧兰沅芷碧参差。
培桃育李浑忘老,笑看凌云有几枝。

2004年12月26日

八五初度畅吟

八四阎王不肯邀①，疏狂我自任逍遥。
骑牛老子游三楚，逸鹤清音响九皋。
花萼新辉棠棣集，湖湘红遍武陵桃。
鸡鸣戒旦观天下，国富兵强颂圣尧。
2005 年 1 月 19 日

注：①毛主席接见英国蒙哥马利元帅时，引用了"七十三，八十四。阎王不请自己去"的中国谚语。

游桃花源

秦人宅旁柳丝斜，翠掩幽篁处士家。
夹岸桃林花千树，春来怒放满天霞。
2005 年 3 月 22 日

祝余文奎、姚自知同志八十华诞

牛女双星庆寿康，白头偕老杖朝堂。
武陵桃李同欢饮，玉液琼浆醉"五粮"。
2005 年 9 月 3 日

重上东门坡

文场会试集南陬，六十年前忆旧游。
初上东山曾小鲁①，纵观吉首赞宏猷。
多方胜境凭诗记，几许情思逐水流。
读到长联念胞弟，一心阁里独登楼。
2006 年 4 月 18 日

注：①语出《孟子·尽心》"孔子登东而小鲁，登泰山而小天下。"《崛起的湘西》第 65 页。

游乾州古城

万溶江上古乾州,整旧如新旧韵留。
杨岳功家存九福,罗荣光语①最风流。
2007 年 3 月

注:①罗荣光,清将,守大沽口炮台抗拒八国联军,立下豪言:"人在大沽在,地失血祭天。"

上井冈山

仰止井冈不计年,驱车高路入云端。
黄洋界上风光好,万里红霞正满天。
2007 年 3 月 16 日晨

井冈山即景

登上黄洋界极巅,彤彤旭日碧空悬。
雾纱缭绕千峰秀,云路逶迤十里旋。
峻岭触天身影健,森林无际鸟声喧。
井冈圣地风情好,物质精神两卓然。
2007 年 5 月 18 日

庆祝湘西州建立五十周年

锦瑟华年五十弦,丰收金色满秋原。
武陵桃熟千枝果,民族花开并蒂莲。
荷叶田田铺地碧,新松莽莽接天蓝。
灵山秀水神仙境,风韵而今更好看。
2007 年 8 月

咏边城翠翠七绝二首

(一)

翩翩少女正怀春,梦里阿郎爱恋深。

独立江头鹜做伴，望穿秋水盼伊人。

（二）
白露为霜秋已凉，蒹葭夹岸正苍苍。
清江有女堪求索，玉立亭亭水一方。
2007年10月15日

嫦娥奔月颂

长征三号出尧封，欢送嫦娥去远空。
奔月蟾宫期折桂，追屋银汉为腾龙。
首张球面入金镜，一串葡萄展玉容。
科技精尖新跨越，中华不愧世之雄。
2007年11月28日

相见欢

少年离别又相逢，灯影阑珊笑语浓。
桃李满园春意盛，芳菲一片万株红。
2008年5月29日

养生不是为偷生

养生保健重精神，老有所为寓意深。
莫让年华虚度去，和谐社会乐天伦。
2008年6月4日

米寿闲吟

八八行年岁月赊，一生从教静无华。
已滋兰芷香沅澧，更树梗楠献国家。
信步闲观星座转，谈诗每忘夕阳斜。

江花笔退才情少，得句长吟对晚霞。
　　　　　　2008年7月27日

中国奥运冠军赞

嵌　名

（一）赞举重冠军龙清泉：轻举江轮
清泉泻玉出龙山，汇入溪流成大川。
挺起舡轮行地脉，飘然轻举接云天。
　　　　　　2008年8月26日

（二）赞跳水冠军郭晶晶：矫若游龙
十米跳台天际横，风姿绰约郭晶晶。
腾企几转飘飘下，矫若游龙入洞庭。
　　　　　　2008年8月28日

（三）赞奥运射箭冠军张娟娟：百步穿杨
百步穿杨技艺高，女中翘楚冠群豪。
张弓一展娟娟臂，连中十环夺锦标。
　　　　　　2008年8月29日

（四）赞奥运双杠冠军李小鹏：扶摇羊角
飒爽英姿李小鹏，腾飞双杠矫如龙。
连翻倒立盘旋下，好似扶摇羊角风。
　　　　　　2008年8月30日

（五）赞奥运柔道冠军冼东妹：扛山举鼎
扛山举大鼎，柔道压群芳。
卫冕冼东妹，金牌闪闪黄。
　　　　　　2008年9月1日

（六）赞奥运六项冠军杨威：燕舞鹰扬
体操鞍马数杨威，双杠吊环似燕飞。

单杠群雄评第一,全能六项夺金回。
2008年9月2日

(七)国球之光——奥运乒乓女团冠军
三面红旗三代人,王楠郭跃张怡宁。
银球闪闪传薪火,世界乒坛我领军。

吉首大学五十周年校庆赞礼

桂花开放菊花开,五十周年费剪裁。
继火传薪多俊彦,以人名校有琼瑰。
醍醐灌顶成先觉,马列维新启后来。
吉首学中敷教泽,智灯千焰照天街。

屈望追寻

七绝二首　小令两阕　骚体
(一)探楚骚
武陵诗会立新标,屈望村中探楚骚。
曲曲长歌风韵起,沅江河水涨春潮。

(二)柳梢青
水拍堤沙,屈原故里,绿树横斜。料峭春寒,芳菲香软,拂面扬花。
骚人一棹轻槎,追寻处,高吟孔嘉。屈望村前,枝头红杏,灿若云霞。

(三)诉衷情
沅江春水拍沙堤,晴岚拥翠微。声声清脆何处?柳下晓莺啼。
闲院落,小帘帏,倍神奇。炊烟袅袅,绿竹猗猗,屈望春回。

(四)赏江离①
四月杨花似雪花,风吹缭乱满窗纱。
忽悠轻薄无才气,独对江离赏物华。
2009年4月23日

注：①江离，香草名，语出《离骚》："扈江离与辟芷兮，纫秋兰以为佩。"

（五）骚体

屈望究何处？屈原安在焉？泸溪屈望地，访古探前贤。沅江修电站，村落涌洄澜。洼地多淹没，高楼映碧涟；垂杨轻袅袅，芳草绿芊芊，一派新生气，民生不多艰。灵均愿已遂，诗友惠心安，挥棹江舻发，辰阳共一帆。登彼岸兮亭午，仰塑像兮云天；高儒冠兮岌岌，美风姿兮翩翩，志洁行廉兮磊落，遗响伟辞兮缠绵；隐思君兮悱恻，路修远兮漫漫。

2009 年 4 月 25 日

题上海世博会

七　律

恢宏上海世博会，潋滟申江两岸陈。
广厦造型新创意，能源低碳在亲民。
高新技术迷真幻，珍品文明耀古今。
中外和谐相竞艳，多元汇展地球村。

题上海世博会中国馆

七　绝

东方冠冕冠东方，飞阁流丹羽翼张。
异彩纷呈地区馆①，众星拱照托朝阳。

注：①这种拗律句式，宋代诗人多用之。

试续《百年梦圆世博会》

出句：{ 万客何辞仆仆尘，百年一梦恍然真。
　　　　邀来黄浦江心月，醉作青山画里人。

续句：{"飞碟"不曾缘世外，"华冠"几欲接流云。
阑珊春意江南好，共赏地球和谐村。

国庆六十周年

金融风暴袭全球[①]，砥柱中流争上游。
外事运营操胜算，内需扩大拔先筹。
高新技术登天宇，世界和谐耀五洲。
花甲逢周恭祝贺，欢歌一曲赞鸿猷。

2009年9月28日

注：①美国次贷危机引发全球经济动荡。

九十初度书怀七律二首

（一）

九十遐龄岁月赊，晨操晚步思无邪。
甘棠岭上看红叶，风雨湖边品绿茶。
种菜莳花强体魄，银钩铁画走龙蛇。
朝阳杲杲夕阳好，万紫千红赞物华。

（二）

斗转星移岁序更，行年九十泰阶平。
万家欢乐开颜笑，百族和谐软语盈。
宝镜何愁双鬓白，冰心自信一壶清。
红梅点点留疏影，缕缕幽香傍晚晴。

2010年1月2日

七绝二首填表推荐全国健康老人感赋

（一）

唱罢朝阳唱夕阳，几回通泰几彷徨。

要能荣获健康老,又到京城观国光。

(二)
老当益壮白头翁,矍铄精神气度宏。
霜冷黄花羡高洁,腊梅雪里自雍容。

咏 梅

疏影横斜浥露长,一枝独秀沐朝阳。
风霜雨雪经行遍,换得腊梅异样香。
2010年2月5日

赞常德诗墙

十里诗墙十里堤,防洪诗教两相宜。
地美湘西多警句,天开文运铸宏辞。
鹅池泼墨右军笔,澧浦悲秋宋玉诗。
谋也其臧收效好,超群跃上吉尼斯。
2010年5月12日

咏矮寨特大悬索桥

耸壑昂霄接太空,深溪跨度世为雄。
铮铮铁索悬天际,奕奕长虹架远峰。
高路入云龙矫矫,奔雷无迹雾蒙蒙。
国家开发西南地,矮寨桥通一线红。
2010年9月7日

重阳即兴

邀朋携酒过重阳,琢句长歌效楚狂。
醉插满头花色好,幽兰佩紫菊簪黄。
2010年10月16日

颂党之歌

　　　　古　风
　　地也其广，天也其高，
　　地无不载，天无不帱，
　　党的恩德，既载且帱，
　　物吾与也，民吾同胞；
　　社会和谐，民生美好。
　　九十华诞，既颂且祷：
　　与天地并寿，与日月同皎！
　　　　　　　　2011年3月9日

春游乾州

　　灼灼夭桃花正荣，白头相约过清明。
　　观音阁里吃斋饭，面炸鸡鱼不带腥。
　　　　　　　　　　2011年4月

游苗王城

　　逐翠寻芳胜日游，深林高阁出青丘。
　　澄潭小舫人工瀑，弓挂长桥水上浮。
　　　　　　　　　　2011年秋

贺永顺松柏镇荣获"诗词之乡"称号

　　松柏常青雨露滋，葱茏挺拔绿参差。
　　阳光和煦琼林秀，黛色参天自有时。
　　　　　　　　　2011年9月28日

吉大78级中文同学相聚母校

　　师聃老耄有童心，九十退龄白发新。

感谢诸君邀约会，座谈会上作长吟。
2011 年 11 月 5 日

斥美日联合夺岛军演

中华"耀德不观兵"①，故训千年有典型。
择里以仁承圣教，与邻为伴是心声。
霸权主义度君子，冷战思维搞战盟。
友结仇雠演夺岛，太平洋里失和平。
2011 年 11 月 17 日晨

注：①"先王耀德不观兵"，语出《国语·周上》。

永顺民师简八班毕业 52 年相聚吉首

五十二年岁月赊，师生相聚在棠嘉。
金风送爽重阳节，丛菊绽黄三径花。
雁过长空人焕发，影留白发气横斜。
尘时共剪西窗烛，美酒盈樽醉晚霞。

咏杜鹃花

浓妆艳抹杜鹃花，簇簇嫣红春意赊。
不向人间争秀色，深山独自伴烟霞。
2012 年春

喝咂酒

蕨饼鲊鱼牛肉干，轮番咂酒对陶坛。
畅怀放饮备兹卡，劝醉欢声闹破天。
2012 年 6 月 3 日

咏水仙

了无华气不迷人，凌波仙子自超群。
莹莹肌理水为伴，白石嶙嶙相与亲。

2012年夏

荣获"湖南省健康老人"称号

（一）

童心一颗至纯真，意气平和体脑勤。
仁者由来多寿考，阳光常照老成人。

（二）

唱罢朝阳唱夕阳，几回婉转几昂扬。
笔花色退江郎老，篱菊霜浓晚节香。

2013年10月

德夯风情

调寄《沁园春》

吉首德夯，水秀山清，遐迩闻名。看景观奇特，名扬中外；民风淳厚，誉满乡城。飞瀑雷鸣，孤峰天问，云吻山峦韵味生。更精彩，看多姿绝活，技艺弥精。

功夫魂动心惊，踩红焰犁铧火里行；更刀梯竞上，雄鹰展翅；苗鼓频敲，圣猴造型。求侣对歌，迎宾劝酒，黛帕温柔又热情。旅游业，正风光无限，锦绣前程。

文学院院庆十周年

沅芷澧兰九畹开，梗楠松梓楚多才。
受书圯上留侯履，题柱桥头司马才。
弟子三千皆俊杰，夭桃五百尽琼瑰。

十年建院悬弧日，祝嘏欢声动地雷。
2012 年 11 月 28 日

"神九"飞天

神舟九号会"天宫"，船箭合分两接龙。
进住新居三剑客，太空教学创新风。
2013 年 7 月 12 日

注：三剑客指聂海胜、张晓光、王亚平。

"神十"飞天　"蛟龙"探海

榴花似火映天烧，科技精尖堪自豪。
"神十"飞天翔玉宇，"蛟龙"下海逐惊涛。
腾空可揽九天月，下海能擒十五鳌①。
中国梦圆新发轫，海天探秘喜双骄。

注：①《列子》：渤海之东有常山，随波上下，帝恐流于西极，使鳌十五举首戴之。

毛主席冥诞百二十年

一轮红日出韶山，除雾驱霾照大千。
甲子双周百二十，中华新梦正方圆。
2014 年 12 月 26 日

纪念抗日战争胜利七十周年七律三首

（一）

百年外患战频仍，日寇侵华罪不轻。
北大营隳三省陷，秦淮血染五洲惊。
同仇敌忾摧强虏，斩将骞旗有典型。
民族精神真觉醒，东方红遍太阳升。

（二）

结派拉帮为脱缰，为营步步看东洋。
甘当岛链马前卒，勇作霸权虎后伥。
一枕黄粱军国梦，单边主义战争狂。
怕从历史寻殷鉴，怙恶不悛丑跳梁。

（三）

应从历史悟真诠，侵略讳言避罪愆。
神社幽灵魂不散，当权军国梦犹酣。
法通"安保"谋冲宪，兵出国门号"外援"。
图霸养痈贻后患，中华奋起着先鞭。

咏幽兰

碧叶翠兰佩剑长，葳蕤嫩蕊吐芬芳。
深居幽谷多名气，君子之风王者香。

2015年秋

《湘西州土家族辞典》喜梦圆

由来众志可成城，汇聚精英大业兴。
集腋成裘功不朽，土家文化赖传承。

2016年1月15日

庆祝湘西土家族苗族自治州成立六十周年

甲子逢周六十年，党恩似日照中天。
政经郅治开新局，文教昌明启后贤。
万壑松云青霭霭，接天荷叶碧田田。
精神物质文明好，并蒂莲花分外妍。

2017年9月20日

永顺老司城遗址公园开园感赋

调寄《沁园春》

　　福石司城，万盏红灯，击鼓鸣金。邀八方宾客，举杯同庆；土家俊彦，寄望弥殷。摆手蹁跹，舞姿烂漫，玉树临风①孰与伦？齐称庆；喜公园开幕，遗址维新。

　　辉煌八百余春，我先哲土司智慧深。忆溪州德政，甘棠遗韵；若云书院，教化斯民；抗击倭奴，王江泾上②，鏖战东南歼敌军。战功著，看明朝史志，第一殊勋！

2017 年 3 月 2 日

　　注：①玉树临风：语出杜甫《饮中八仙歌》："宗之潇洒美少年，举觞白眼望青天，皎如玉树临风前。"

　　②王江泾之战：王江泾在江苏平望。明代永顺、保靖土司彭翼南、彭荩臣率土家兵夹击倭寇于王江泾，歼敌一千九百余人，溺死者无数。这就是《明史·湖广土司传》记载的自有倭患以来"东南战功第一"的王江泾之战。

访世界文化遗址老司城七律二首

（一）

一去司城十五年，沧桑巨变我心欢。
申遗已就增名气，营建初成好景观。
广厦精堆鹅卵石，牌楼雄镇楚南天。
旧邦重现维新貌，马丘比丘共比肩。

注：马丘比丘是地名，在南美洲秘鲁，是世界文化遗址。

（二）

微风细雨伴轻寒，为访司城到故园。
八百余年兴盛地，三千多户艳阳天。
碧波青霭灵溪水，晴翠嫣红紫荆山。
遗址层层开掘处，原型初现供瞻观。

2017 年 5 月 10 日

深慰我心

轻车千里到零陵，为解离愁慰我心。
子孝孙贤儿媳好，融融曳曳乐天伦。

2017年6月17日—7月10日

张家界畅游

丁酉重阳年九七，大庸访旧到沙堤。
"大观园"里当刘姥①，"雁荡山"中啖大鲵②。
沅芷澧兰亲接待，阿咸孙婿谨偎依。
登高览胜天门洞，上坐云车下电梯。

2017年10月28日农历九月初九

注：①吉大张家界学院参观。
②酒楼"雁荡山"餐厅会餐。

贺吉首大学六十周年校庆

兰芬桂馥菊花黄，甲子逢周近小阳。
校运欣随国运传，现时更比旧时强。
梗楠松梓千章秀，沅芷澧兰万壑香。
拂浴春风与化雨，武陵桃李满尧疆。

2018年9月8日

国庆七十周年

如日之升如月恒，中华国事日蒸蒸。
扶贫精准小康进，命运趋同大道明。
筑梦航天探月背，优先生态万山青。
花开丝路群芳艳，大国情怀孰等衡。

2019年10月1日

二、对联

为"盆趣园"拟联

（一）
橘绿橙黄，诗趣韵留千古句[①]；
春华秋实，银盆果结万年枝。

注：①苏轼诗："一年好景君须记，正是橙黄橘绿时。"

（二）
红杏夭桃，一片彩霞迎旭日；
紫藤绿柳，万条金线带春烟。
　　　　　　　　　1990年3月28日

为乾州古城南门（三门开）拟联

二水泻平川，横陈大地书乾象[①]；
三门开正品，矗立雄关锁瓮城[②]。

注：①乾州平原上流经天星河、万溶江二水，形成乾卦"☰"象，故名乾州。
②古城南门俗叫"三门开"，有城门三，成"品"字形。三门中间地带叫瓮城。其作用在于关进攻入之敌，瓮中捉鳖，消灭之。

为古城北门·非物质文化遗产园拟联

百工巨匠，传文化精华，技艺重光非物质；
三楚名城，赞北门锁钥[①]，金汤永固古乾州。

注：①北门锁钥：成语。宋代朱熹《五朝名臣言行录》："公（寇准）镇大名府，北使道由之，谓公曰：'相公望重，何以不在中书？'公曰：'皇上以朝廷无

事，北门锁钥，非准不可。'"

为大井学校题联

学习有成，大鹏击水抟千里；
文章无价，天马行空骋八荒。

注：八荒：《辞海》中指极远的地方。贾谊《过秦论》："囊括四海之意，并吞八荒之心。"刘向《说苑·辨物》："荒之内有四海，四海之内有九州。"

索　对

一日，吉大子校龙文孝校长来家，言及永顺首车何于×老师出有上联索对，引起小井同志不高兴。余访湘泉酒厂，得到启发，勉成下联。惜文孝同志已作古人，未及亲见。

小井大井，两井文风，上井不如下井好；
龙泉凤泉，二泉酒味，高泉更比低泉醇。

为官容姑拟墓碑联

绛帐寒梅一树老；武陵桃李万枝荣。

悼尚心云同志挽联

英姿忆当年，君投笔从戎：抗美援朝，保家卫国。羽檄飞驰，洪水满江，扁舟强渡龙马嘴；
千禧逢盛世，我招魂诔德：军功卓著，业绩孔佳。黉宫拓展，上书如愿，校宇宏开唐家坨。

2000 年元月

说明：1950—1951 年余在保靖中学教书。尚心云当时是学生，1950 年 10 月，朝鲜战争爆发，1951 年春，国家号召"抗美援朝，保家卫国"。保靖中学学生有四人报名参军获准。时专署在永顺，参军者，限时集中。正值春水猛涨，军务紧急。学校只好组织扁舟,强渡龙马嘴。

公元2001年农历辛巳年拟春联

（一）

喜迎新世纪,笑满小康家。

（二）

勤俭从吾好,祥和有此家。

（三）

开卷古今千万事,杜门清浊两三杯。

（四）

不赶时新贴倒福,却从习俗写春联。

为张罗公路竣工拟联

迎新世纪,广辟西部开发路;
绘好宏图,快弄全球经济潮。

拟"酉阳亭"对联

红旗招展,古道边,万马齐嘶奔富路。思往事：群情奋发,斗志昂扬,劈山垦壤,入地登天,三年修好张罗公路。

绿水潺湲,大桥畔,一亭耸峙傍清流。喜今朝：胜友如云,高朋满座,假日休闲,青春做伴,四季畅游酉阳故城。

为张罗公路青天坪隧道拟联

青云有路,走通衢,轻车畅达。奔驰处：东临吴越,西极新疆,南下广州,北连燕赵。

天宇无垠,穿隧道,眼界顿开,领略些:翠叠羊峰,关封龙爪,月流洗璧,日照四方。

鹤顶格 2002 年

说明:①用"青天"二字冠首,嵌入联中。②在青天坪隧道周围有名山:羊峰山、四方界;有地名:龙爪关、洗璧溪。

为永顺老司城彭氏宗祠题联

三楚显风流,历代文章传胜远;
两江都誓主,土司功业著溪州。

2001 年 4 月 18 日

高云居士庐春联

(一)大门
山抹庆云如笔架;花开四季伴书香。

(二)朝门
择里仁为美;安居德是邻。

为吉大师院文昌阁拟联

文教昌明,好雨知时滋万物,
芝兰馥郁,春风送暖发千花。

挽田克炎州教育局副局长联

教育结深情,公谊同心兼友谊;
灵堂思旧事,先生挥泪悼学生。

2004 年 3 月 31 日

为吉首大学与新闻传播学院成立大会拟联

文学继沅湘，喜春滋兰蕙，夏集芙蓉，秋食菊英，冬搴宿莽。艺苑争荣，百卉装成新世界。

新闻播荆楚，要情系万方，风开千载，声传当代，调别前朝。荧屏焕彩，一枝先放岭头梅。

2002年11月28日

挽文连禄老师联

半生坎坷，文心不老；
一卷诗文，翰墨流芳。

甲申年正月初七日

为地税局小花园拟联

（一）悬鱼亭联
憩小亭而养气；崇大节以悬鱼。

（二）濯泉亭联
明媚山光舒望眼；沧浪泉水濯吾缨。

2005年5月22日

张家界土家风情园"东南第一战功"牌坊联

布阵演钩镰，浙海声威昭后继；
平倭纯祖武，土家子弟独先来。

2000年4月16日

为芙蓉镇（王村）题联

影剧增辉，一朵芙蓉初出水；
王村焕彩，千年历史又重光。

为溪州（永顺）老司城撰联

东瞰洞庭湖，气吞云梦三千里；
号称都誓主，司辖蛮荒二十州。

说明：①土家族地区包括湘鄂渝黔边地带。
②唐天授二年置溪州。梁开平后，彭氏世有溪州，自分其地曰上、中、下溪州三；又有龙赐、天赐、忠顺、保靖、感化、永顺州六；懿、安、远、新、洽、来、富、宁、南、顺、高州十一；总二十州，皆置刺史，而以下溪州刺史兼南北两江都誓主，十九州皆隶焉，谓之誓下州。

为乾州罗荣光将军故居拟联

守大沽炮台，誓将丹心酬故国；
抗八国强虏，甘洒热血祭苍天。

注：清罗荣光将军守大沽口，抗击八国联军，誓言"人在大沽在，地失血祭天"。

贺"天宫一号"发射成功

问鼎天宫，自强不息天行健；
宣威国际，我武维扬国运昌。

为烈士纪念碑拟联

烈士之风，生命让他人，死亡留自己；
椎牛以祭，丹心献祖国，酒醴酹英灵。

2011 年 4 月 9 日

为吉首大学中文系第一届书画展题

龙翔凤翥，云腾健翼抟千里；
碧透红舒，果结夭桃遍三湘。

1996 年秋

为州委大院后山园林"甘棠岭"景点撰联

（一）甘棠岭
蔽芾甘棠千古颂；葱茏松柏万年青。

（二）夕照亭
一身正气心灵美；"满目青山夕照明"。

（三）励志亭
奋力攀登，历尽崎岖知世路；
多方实践，备尝辛苦识人情。

悼叶德书联

书联致悼，老泪已干悲舅氏；
问字无人，扬雄深痛失刘棻。

为侄儿延焰筑生莹拟联

身傍祖茔，生死永当大孝子；
心关群众，乡邻都说好村官。

州诗词学会2010年发动写春联送各机关

（赠军分区联）
虎帐谈兵，纵观世界，谁为敌手；
柳营试马，驰逐运筹，我占先机。

注："驰逐运筹"，见《史记·孙子吴起列传》田忌赛马的故事。

香港回归十年纪念

烟暗虎门百载恨；

珠还合浦十年春。
2008年6月6日

为州委大院善水池清风亭拟联

上善利民亲若水；熏风解愠富于仁。
2009年

为吉大公用灵堂拟联

临丧而哀，看阖门孝子贤孙思亲痛洒数行泪；
祭之以礼，请满座良朋好友致奠敬烧三炷香。
横批：寄托哀思

贺张茂豪老弟新屋落成题联

富裕重人谋，克勤克俭文明户；
和谐欣政善，美轮美奂幸福家。
2012年9月8日

为延辉侄古稀寿进新屋题联

古稀不为老，寿比南山深祝福；
新屋庆落成，樽开北海喜称觞。

为台湾李仪拟其父墓碑联

泷冈阡遂欧阳表；台岛心存游子思。

2000年（新世纪）春联

乔迁新屋迎千禧；习按陈规贺百年。

州人民医院成立五十周年应征联

　　春满杏林，乘时取势，白手起家。善经营，诚服务，竭精尽职，救死扶伤，州属人民医院，骏业初成五十载。

　　位居吉首，当轴处中，红心济世。勤实践，验真知，德艺双馨，诊疗独到，辐射四省边区，仁风广被万千村。

2002年8月12日

为杨正午同志母亲墓碑拟联

　　　　燕翼贻谋，春晖永在；
　　　　藩侯主政，冬日可亲。

龙山县摆手舞大会舞台拟联

激昂蹈厉，听枪鸣炮响，锣鼓喧天，祖祭八部神王，我武维扬大摆手；
改革开放，喜物阜民丰，欢声动地，颂歌四化伟业，群情奋发小康家。

（为1993年湖南龙山土家族摆手舞暨经贸洽谈会拟联）

龙山飞虎洞八部大王神龛联

　　　　叱咤风云，最怜跋扈飞扬气；
　　　　震惊宇宙，应作顶天立地人。

迁入新居，自拟春联

　　独上西楼，听游龙长啸，谷应山鸣，门前时有高轩过；
　　闲居斗室，效处士行吟，浅斟低唱，笔底犹闻醇醴香。

1994年1月12日

为吉首大学图书馆撰联

馆藏部
三略六韬众典坟珍藏在此；梼杌晋乘鲁春秋大备于斯。

阅览部
熟读深思，汇经史子集精神充吾灵性；
博闻强识，让古今中外哲理无彼町畦。

世纪之门——2000年（农历庚辰）

（应征联）
锦瑟思华年①，玉兔飞驰千里马；
履端跨世纪②，云龙腾驾九天风。

注：①李义山诗："锦瑟无端五十弦，一弦一柱思华年。"
②履端：推算历法的开始。《左传·文公元年》："先王之正时也，履端于始。"

为团州委拟"中华古典诗文诵读"启动大会联

诵读中华古诗文经典，让中华固有道德、精神哲理继续发扬光大；
培养儿童汉语言功夫，使儿童综合素质、优美情操更加充实提高。

为土家第一村双凤屺拟联

（一）双凤屺土家山寨联
土家第一村，民族文化郁郁乎深藏双凤屺①；
画境尊三远②，自然景观巍巍然耸秀九蓉庵③。
横批：高山仰止

注：①永顺县和平乡有一座名山叫"泽巴溪"（土家族语，意为有水的高山）。在这个台地上有一个土家族村落，介于两个冈峦之间，冈峦似彩凤，当地文人美其名曰双凤屺。1949年后，外来干部弃繁就简，称方音为"双丰"，音义两讹。

②三远：《辞海》中指山水画的三种取景法。北宋郭思纂辑的《林泉高致》载其父郭熙之说："山有三远：自山下而仰山顶，谓之'高远'；自山前而窥山后，谓之'深远'；自近山而望远山，谓之'平远'。"

③九蓉庵：泽巴溪山峰上有座庵堂叫九蓉庵。

（二）双凤圮花桥联

小桥流水人家好；民俗风情土韵长。
　　横批：世外桃源

夹道鲜花红映水；两山云树碧藏桥。
　　横批：碧透红舒

（三）摆手堂联

摆手堂前，踏歌曼舞，潇洒飘逸，欢声齐唱嗬嗬吔；
土王宫里，祭祖酬神，和谐欢畅，玉管频吹咚咚喹。
　　横批：巴风土韵

棠棣集诗选·下编

彭秀枢

母亲寿辰祝词

此词乃初中二年级时所作,经国文教师黄河声修改,故朗朗上口,记忆犹新。在《棠棣诗选集》中列为首篇,以此表达对母亲怀念。母亲随兄秀模住湖南师范学院,去世时虽有电报告知,但余当时被依法管制生产,足不能离永城一步,加上身无半文,故不能奔丧。"四害"瓦解后,余弟兄均来吉大任教,遵母遗嘱,将骨灰移到老家盐井安葬,且立碑纪念。

惟我慈母,璇星降临。
历经艰苦,育我七人。
为谋衣食,农商兼营。
耕织臼井,日夜辛勤。
襄助严父,家道日兴。
忠厚待人,教诲谆谆。
鼓励求学,期望殷殷。
兄弟姊妹,各有所成。
今当吉日,逢母生辰。
遥祝慈母,福寿康宁。

台湾同学李仪先生,撰对联一副,镌刻于碑面上,兹特附录如下:

一门三教授;世代继书香。

重返课堂抒怀

"四人帮"垮台后,余被安置在耒阳煤矿副业队劳动。煤矿子弟学校缺人教英语,故调去充数。后校方知余系高中把关老师,要余教高三语文。五旬之年,重返课堂,赋诗二首志之。

东风浩荡满人间,锦瑟[①]年华返杏坛。
不赏刘郎"玄观"[②]句,恬吟韩退《师说》篇。
喜看桃李齐争秀,复睹百花竞献妍。
莫道秋翁[③]年纪老,愿将心血灌林园。

注：①锦瑟：语见"锦瑟无端五十弦"，意指五十岁。
②玄观：即玄都观。"观"读（guàn），刘禹锡《游玄都观诗》，有矜骄之气。
③《今古奇观》有《灌园叟晚逢仙女》篇，写秋翁种花遇仙事。

把　关

为国促四化，各界齐攻关。
教育奠基础，科研上尖端。
识骥愧伯乐，种菊效陶潜。
掬尽心头血，遍浇春满园。

有感于五类分子摘帽

耒阳新生煤矿为劳改单位，就业人员中五类分子特多。小平公主持党中央工作后，以其政治胆识，为五类分子摘帽，煤矿就业人员均呼小平公为"邓爹爹"①"邓伯伯"。

逢春老树发新芽，雨露恩承亿万家。
感谢东山谢太傅①，三湘人叫邓爹爹②。

注：①东晋谢安，退居东山，当时有"谢安不出，如苍生何？"后谢安复出称谢太傅。
②爹爹：湖南方言称祖父为"爹爹"，读如：diā diā。

赞小平路线

祸国殃民数"四凶"，夺权篡党本奸雄。
安刘①除吕推英帅，拨乱纠偏仰邓公。
两制②宏规高决策，"二凡"③批判扫陈风。
小平路线精求实，设计师成百世功。

注：①安刘：《史记》有"安刘必勃"预言，意谓安定刘氏基业，必定是周勃。
②两制：即一国两制。

③二凡：指批判"两个凡是"，讨论真理标准。

赞劲松

武陵一劲松，矗立在高峰。
叶绿虬枝上，根留沃土中。
朝经滂湃雨，暮袭八级风。
云散天开后，英姿映日红。

注：煤矿子弟学校美术老师周继诗，为余绘蟠龙松画一幅，故题诗以写意。

欢呼氢弹升空

白话诗

一声巨响，万道霞光，红色的蘑菇云，再现在世界东方。
苏联闻声而惴惴，美帝望风而惶惶，是时代的最强音，是智慧的闪光，灭反动势力的威风，使国人斗志高昂。

说明：作于耒阳子弟学校。予小时写过白话诗，表达很自由，氢弹升空，用白话诗表达，明确快捷。

书 怀

调寄《西江月》

"文化大革命"蒙冤入狱，平反后调吉首大学教古代文学，心情激动，当堂口占小令一首，学子们满怀激情，为余致贺，一时唱和颇多。

"四害"土崩瓦解，神州雾散天开。
巍巍华岳仰崔嵬，瑞气氤氲霭霭。

既喜龙山帽落①，且能绛帐春回。
三湘四水栋梁材，心血殷勤灌溉。

附学生覃大钰步韵和词

大地华阳日暖,九州铁树花开。
花钿委地丧马嵬②,驱散沉沉暮霭。

壮志曾师祖逖,雄心敢效达开。
千章松柏竞成材,感谢园丁灌溉。

附学生吴清尧词

千里冰消雪化,三春日暖花开。
投身四化育英才,人老雄心尚在。
夫子循循善诱,黉宫济济多才。
满园桃李细心栽,造就接班一代。

注:①龙山帽落:《幼学琼林》有"九日风高,孟嘉落帽于龙山",借喻地、反、右帽子一风吹掉。
②马嵬:指杨贵妃命丧于马嵬坡。

送别教师班毕业诸生

此诗于毕业宴会上口占,覃大钰同学即席奉和,且步原韵,当时气氛热烈。

杨柳依依杜宇鸣,临歧把酒送诸生。
阳关三叠君休戚,捷报频传我亦荣。
且喜杏坛添主将,敢教庠序出精英。
他年定有重逢日,畅叙切磋研讨情。

附学生覃大钰和诗

战马长嘶宝剑鸣,自古儒将出书生。
雄风万里怀同慨,杏雨千山喜共荣。
自此挥鞭成壮别,何期把酒会群英。

临行更进三杯酒,难报春晖是我情。

万里腾飞看大鹏

  共产党十三大后,余先为州人大代表,后为州政协委员。过去五类分子,今天为人民代表;过去之"阶下囚",今天为座上客,皆小平路线之所致。此诗赋于州政协座谈会上,载于《团结报》,现已作修改。

  九九艳阳照眼明,十三大会集燕京。
  百年阶段为初级,三步行程入上乘。
  雏凤扬声惊晓雾,大鹏展翅看斯民。
  扶摇趁势冲霄汉,直下南溟与北溟。

  注:第一次提出"初级阶段"理论。

入木偶剧团,当陈平弟子

  余从小爱戏,京剧、辰河戏略知皮毛,汉剧自信登堂入室。错划为右派被开除后,永顺汉剧团要我,宣传部不准;永顺木偶剧团要我,因多下乡演出,故被接纳,当陈平弟子三年。"文化大革命"开始,清理"阶级队伍",被"清洗"出团。三年中创作、改编、纪录剧本约八十万字,均遭秦火。余未被坑埋,仍去街道管制生产,做小工谋生。

  木偶剧团新组成,操琴编剧学陈平[①]。
  进班非效梅博士,执笔神驰关汉卿[②]。
  幕内常看操纵术[③],台中惯听假腔声。
  三年创作凝心血,秦火[④]一焚热泪横。

  注:①据传陈平作傀儡,解汉高祖白丁之围,故木偶艺人自称"陈平弟子",一般艺人称"梨园弟子"。
  ②关汉卿为著名戏剧家。
  ③木偶由艺人幕内操纵,形态栩栩如生;一个艺人常演两个角色,故需变腔说唱。
  ④秦火:这儿指"文化大革命""破四旧"之火。当时木偶被烧,剧本被焚,三

年心血，化为灰烬，惜哉！

逐云飞

木偶戏以唱汉戏为主，兼唱辰河高腔，故以曲牌名称填写《逐云飞》曲。

上下"楼台""沽美酒"，"红绣鞋""滴溜子"今何在？"柳香娘"哭哀哀。
舍不得"步步娇"妻，解下一根"香罗带"，"懒画眉"梢"伴妆台"。

注：曲牌中有"上楼台""下楼台"。

游张家界国家森林公园诗组

1982年4月，吉大中文系全体师生去张家界参观，余亦随行。当时虽属草创，然风景迷人，印象良好，写诗多首，并先后发表，现特编成一组，以记畅游。

序诗一首
造化小儿施圣功，巧将佳景集蛮封。
谢公屐齿安能到，周穆超光[①]不见踪。
彩练千寻挂碧落，金鞭万仞插苍穹。
丁丁声杂嘤嘤语，得句长吟啸晚风。

注：①超光：八骏马之一。

风景点诗七首

（一）金鞭崖[①]
神峰不与凡峰俦，拔地千寻插斗牛。
玉柱原非嬴政赶，金鞭何用巨灵修。
蟾宫折桂堪援引，碧海飞仙任去留。

殷纣若知此物在，劳民不造摘星楼。

注：①传说金鞭崖乃秦始皇赶山鞭遗落于此，或谓巨灵神之武器，余更正之。

（二）望郎峰
亭亭玉立望郎石，半是多情半是痴。
盼断云山夫不至，征询飞雁伊焉知？
忍看春花秋月日，记取山盟海誓辞。
风入松林声霍霍，宛如巴女唱竹枝。

注：整个武陵源皆土家先民聚居区，土家族为古代巴人板楯蛮一支，故用巴女。

（三）夫妻崖
患难相依亿万年，戚休与共肩挨肩。
风云变幻恩情笃，日月居诸意志坚。
共赏落霞舞翠鸟，同看明月照幽泉。
朝三暮四狗男女，面对顽灵应赧颜。

注：家兄秀模据"怨而不怒"之诗教，拟将"狗"字改为"俗"字；潇湘影片厂编剧鞠盛则建议换成"诸"字；台湾同学李仪，建议为"凡"字。余将此四字并列，请《团结报》编辑一决，发表时仍用"狗"字。友人向炼德夫妇读后，认为余骂前妻。其实我俩均系错划右派，均已平反，中途分手，情非得已。炼德兄虽属臆断，确亦事出有因，录此一哂。

（四）天桥
一虹飞架白云间，巧本天成太俨然。
鬼斧神工超墨钜，精雕细琢伏输般。
宛如彩凤翩翩舞，恰似游龙矫矫悬。
银河若有此桥在，牛女双星开笑颜。

注：天桥之名太多太俗，建议改为兰桥或鹊桥。

（五）金鞭溪
名山访罢探幽溪，雨后空蒙景更奇。

绿树圜生嫌日小,高峰矗立叹天低。
寂寥流水淙淙怨,自在飞禽洽洽啼。
夹岸鲜花香满路,定教饱饭东坡迷。

注:东坡学士有"残年饱饭东坡老"句。

(六)精夫岩

桑植天子山路边,有峭石矗立原名将军岩。此名太俗、太多,故建议改为精夫岩,铜柱铭文有"帅号精夫,相名姎氏"。精夫古土家语为将军。

苍茫宇宙存金身,奇伟高标姿态神。
曾挫马援兵百万,精夫渠帅相单程。

注:相(向)单程,桑植车格(廖家村)人。

(七)尾声
七古
《岳麓诗词》1985年7月刊登时,题目为《张家界吟》。

平生雅好访名山,独赏此山气不凡。
众峰巍巍列云汉,苍松虬屈挂悬崖。
谷底仰望日月小,落帽玉柱云雾缠。
山重水复疑无路,鸟语花香别有天。
高山幽谷相辉映,上矗碧落下黄泉。
浓妆淡抹皆不宜,雄奇本自出天然。
未进王维郭熙画,不入陶谢子厚篇。
长在蛮荒人不识,羞与凡山斗妖妍。
一朝脱颖出囊中,世间名胜尽低颜。
君不见:
黄山五岳桃花源,刀剡斧凿伤斑斑。
历尽沧桑春老去,而今已觉不新鲜。
阳朔纵有千笋秀,不及此山一金鞭。

欲问尤物何由来？只缘造化宠爱偏。
为使丽质冠海内，神工鬼斧施雕镌。
本是千年处女地，却待游人仔细参。

注：王维、郭熙为画家；陶渊明、谢灵运为田园山水诗人；柳子厚为散文家，著有《永州八记》。

囚室铭

刘禹锡作《陋室铭》，堪称短文之最；予作《囚室铭》，记坐牢之苦况。

床不在精，能睡就行。
厕不在雅，一桶万能。
斯是囚室，唯我独蹲。
四周皆班房，冷清且阴森。
谈笑不准允，看守有兵丁。
一日半斤米，延性命。
有狱吏之逼讯，常判处以死刑。
涔淡有农场，一监在洞庭。
老子云：何惧之有！

众人皆醉君独醒——赠友

黄 钟

曾几何时噩梦森，红羊浩劫记犹新。
沐猴而冠含天宪，炙手可燃势绝伦。
翻云覆雨神州乱，偷梁换柱骋奸雄。
钓鱼台上唆武斗，刀光剑影挚寒空。
几多骨肉相残戮，血雨腥风卷域中。
郁郁苍松遭斧钺，纷纷败叶上青冥。
叵料九儒偏有偶？髡钳俊彦陷牛棚。
蠮宫蟏蛸牵户牖，嗟伤百蕊尽凋零。

众人皆醉君独醒，常将白眼看横行。
铁骨铮铮担道义，蒿目时艰五脏焚。
渥泥扬波终不齿，鱼目混珠岂同群。
振聋发聩甘鼎镬，吮痈舐痔耻偷生。
青衿浩气冲蓬室，孤灯夜檄《讨江青》。
耿介扬扬入囹圄，敢闯秦苛赴儒坑。
缧绁讵锁凌云志，铁窗不隔风雨声。
子散妻离何所惜，水深火热痛苍生。
世厄时穷节乃见，淫威焉使砥柱倾。
南冠肝胆照日月，纵然血练志长存。
人生自古谁无死，泰岱鸿毛青史论。
终信苌弘能化碧，春归不负杜鹃魂。
幸有春雷廓妖祲，海晏河清日月明。
龙螯荡去河图出，骥足腾骧鼓角鸣。
党雪沉冤恩似海，结草衔环涕泪横。
逢时擢用归黉宇，呕心沥血育群英。
崛起中华人有责，摩顶放踵敢惜身。
梅花傲对冰雪尽，含笑花丛不争春。
感载春风安自炫，桃李无言蹊自伸。
萍水相逢成故挚，同是余生劫后人。
素昧平生相见晚，心有灵犀一点通。
鹏程万里如锦绣，高衢驰骛并青骢。
　　　　1981年2月5日于教师进修学院

黄钟：诗人、教授，精通韵律，文学功底深厚，原在州教师进修学院任教，后调入长沙某高等学校任教授。

祝贺中国少数民族文学会开幕

中国少数民族文学会在广西武鸣开幕，与会人员驱车去百色参观革命根据地，去巴马参加"三月三歌会"，最后在南宁闭幕，开幕时写此诗以献。

以文会友集邕州，姹紫嫣红竞上游。

春日融融盈禹甸，繁花累累满枝头。
争看雏凤声音美，且喜老元格调优。
开创民研新局面，凯歌更上一层楼。

祝贺中国少数民族文学会闭幕

步彭秀枢同志原韵　岳平

群英荟萃在南州，挥汗磋商奔上游。
各族红花茵满地，异乡硕果满枝头。
名师博学有宏论，大笔巨篇显学优。
得意春风催马急，伫看文化攀高楼。

按：岳平同志当时是广西壮族自治区文化局局长。

为全州第一次文史资料会议而作①

资料辑搜启壮图，仰凭遗老与通儒。
求真务实明褒贬，纪事操觚不丽都②。
何用微言存大义，但须秉笔写新书。
史篇今古辉煌在，留得千秋赞董狐③。

注：①此诗在北京《文史通讯》上已发表，此次稍做修改。
②丽都，华丽的意思。
③董狐：古代良史，《正气歌》有"在晋董狐笔"句。

为湖南省少数民族研究会而作

省少数民族研究会在长沙召开，余被选为常务理事，献此诗以致贺。

千年史乘竟何如？民族春秋多子虚①。
议论纵横春雨后，云霞灿烂晓晴初。
探珠理玉勤开发，去伪存真待拨梳。

《梼杌》②原文皆不见，凭君椽笔写新书。

注：①子虚：子虚、乌有均指实无其事。
②《梼杌》：楚史曰《梼杌》，楚为南方蛮夷国，《梼杌》已失传。

《渴望》观后

《渴望》在处理人际关系，已非尔虞我诈，钩心斗角，而代之以宽厚同情，显非念念不忘阶级斗争之旧调，故有可取之处。

《渴望》连篇现视屏，影坛喜又见新星。
娇姑泼妇遭申斥，淑母贤妻树典型。
公道自当彰盛世，善良常伴美心灵。
慧芳品德光天下，扫尽阴霾万里晴。

呈焦林义书记

为扩大吉首大学校园，余代表中央、省、州、市四级民意赴省拜会主管文教之焦林义书记，得省民委主任王双林帮助，派车径送至焦书记家。焦书记吐哺接见，余诵此诗后，焦书记兴趣倍增，听余汇报。不久，焦书记率省教委主任周忠尚来吉首。沙子坳新校区八百亩地，一锤定音。

三湘主政几经年，化雨熏风入管弦。
仰止高山①心向往，不求万户愿识韩②。

注：①"高山仰止"语出《史记·孔子世家》。
②李白与韩荆州书有："生不用封万户侯，但愿一识韩荆州"语。"识"，古入声字，普通话归入阳平。

庆祝四川省秀山民族自治县成立

余平反后调吉首大学，仍未放弃土家族研究。故于寒假赴秀山调查，适逢该县少数民族文艺汇演，县领导强留三日观看节目，余抽空阅读秀山、酉阳史料，颇有收获。1983年成立秀山、酉阳自治县，特邀参加大会，谨献此词以致贺。

调仿《沁园春》

南岭梅开，
艳阳天气，
初冬时刻。
喜秀山酉阳，
民族自治；
土乡苗寨，
万众欢悦。
苗鼓咚咚，
铜铃阵阵，
婆娑"摆手"迎佳节。
庆自治，
看"毕兹""白卡"。
精诚团结。

民贼"四凶"根绝，
对振兴中华情更切。
有农林副牧，
逐贫臻富；
工农商学，
争光献热。
政策英明，
人心思治，
雄关座座从头越。
奔四化，
庆自治，
叫武陵山地，
平添新色。

注："毕兹卡"，土家语，土家人自称；土家语称苗族为"白卡"。

庆祝四川省酉阳自治县成立①

桂花开后菊花开，双喜临门情满怀。
同庆翻身卅四度，又迎自治一年来。
毕兹"摆手"②婆娑舞，白卡芦笙次第吹。
乐演民歌民族味，掌声阵阵响春雷。

注：①成立自治县之日，又是解放三十四周年，故称"双喜临门"。
②摆手：摆手舞是土家族大型歌舞。

电影剧本《第一战功》开笔

余在木偶剧团时，曾写过汉剧《彭翼南》。先是"右派撰写，不宜演出",后被清洗,剧本毁于秦火。平反后想写成电影剧本。永顺县人大副主任彭勃同志来函,敦促将剧本写成,并附诗一首,抄录于下:

鏖战东南第一功,土家自古多英雄。
挥来椽笔恢先德,无量功勋在此中。

剧本开笔后,步原韵奉和

浙海平倭立大功,才疏难以状英雄。
拼将一剧酬知已,寄寓深情字句中。

州政协委员傅瑞光同志步韵和诗

卫国平倭铭战功,"翼南楼"里赞英雄。
口碑永邑留千古,尽入土家史册中。

按:《第一战功》脱稿后,潇湘电影制片厂请余去该厂修改,且已打印成册,湖南州委宣传部将此剧定为湘西土家族苗族自治州三十大庆献礼节目,由于州里无钱支持摄制,至今仍束之高阁。

拟题翼南楼

明代最大外患为倭寇,嘉靖曾调土家军剿倭,土家军在宣慰使彭翼南率领下,在江苏王江泾击败倭寇,史称"剿倭以来东南战功第一",后又在浙江沈家庄歼灭徐海,迫使汪直投降,总督胡宗宪曾开庆功宴,永顺宣慰彭翼南即席赋《大江东》。此事载于《鹤峰州志》,却未载其诗。余忝列蛮夷大长后裔,不揣冒昧,特赋此词,以作貂续。

调寄《念奴娇》(俗称《大江东》)

倭寇猖獗,   云集溪锦男儿[①],
叹神州,   糇粮千里,
一片金瓯残缺。 东海击顽贼。
烧杀奸淫兵燹后,胜利王江泾[②]一战,

黎庶惨遭浩劫。 多少英雄喋血！
浙海东南， 杯酒交加，
苏松上下， 心潮澎湃，
尽封豨长蛇。 祭国殇英烈。
国仇民恨， 山河重整，
必当指日洗雪！ 尽除倭寇余孽③！

注：①彭宣慰率溪州（今永顺，龙山）、锦（今麻阳）土家兵出征。
②王江泾：永顺保靖土家军配合，于王江泾大败倭寇，永顺土司彭翼南晋级为昭毅将军，保靖土司彭荩臣晋级为昭勇将军。
③沈家庄一战，使倭寇天差平海大将军徐海授首，迫使倭魁京王汪直投降，东南倭患，初告平定。

战 歌

土家兵在王江泾与倭寇决战前，曾演习过"旗头阵法"及钩镰枪法。将士齐唱战歌，群情振奋，斗志昂扬，此诗摘自拙著电影剧本《第一战功》。

举尔盾兮持尔枪，赴国难兮离家乡。
錞于敲兮鼓角响，冒矢刃兮战沙场。
抛头颅兮洒热血，救黎民兮保边疆。
生与死兮置度外，为国殇兮姓字香。

注：錞于乃土家军中乐器，有虎纽。

感事呈易校长

诗人陆游和毛泽东先生均有咏梅之作。放翁颇有怨尤之意；毛先生则反其意而用之。予则须其意而用之并以此诗呈易校长，以示宝刀不老。

木株草卉殷勤栽，自会鲜花四季开。
莫道老梅枝叶少，隆冬犹有暗香来。

画虎吟

予属虎，故戏作。

> 伥是何人作，假威狐媚成。
> 泰山尼父悯，阳谷武松惊。
> 凭河非大勇，没羽赞将军。
> 南山风烈烈，一啸净千林。

六十寿辰戏题（二首）

余年满六十，照章退休，旋应海南省通什师专之聘，讲授古代汉语，诗成于通什市。

（一）

> 劫难频临安可逃，坎坷廿载处蓬蒿①。
> 子分五类占三个②，造改四番囚两遭。
> 黑帽层添强项顶，紧箍千念鬓毛髟③。
> 只因爱管不平事，九死一生亦自豪。

（二）

> 劫难频临志未消，鸿钧运转庆今朝。
> 少年雅兴通经济④，老朽文心寄屈陶⑤。
> 鹏隐犹曾翔海域，龙潜尚可逐惊涛。
> 宝刀不以人而老，教育生徒兴趣高。

注：①李白有"仰天大笑出门去，我辈岂是蓬蒿人"。
②地富反坏右"黑五类"中，"文化大革命"时余独获地、反、右三项"桂冠"，游街时高冠岌岌，更显神气。
③髟：长发也。《诗》有"长发髟髟"句。
④经济：意为经国济世之才，与今日概念不同。
⑤屈陶：指屈原、陶渊明。

喜迎猴年

调寄《沁园春》

飞雪迎春，
红梅吐蕊，
百鸟争鸣。
喜长城内外，
三阳开泰；
大江南北，
五谷丰登。
矿井油田，
边疆海域，
同步青云气纵横。
过佳节，
颂江山多彩，
百业昌荣。

中央决策英明，
促改革开放思路精。
看农村远寨，
脱贫臻富；
经济特区，
虎跃龙腾。
人民团结，
政治稳定，
反腐倡廉正进行。
迎猴年，
架"产量""跟斗"，
直上天庭。

注：当时提出"反腐防变"（防和平演变），这次特改成"倡廉"，以适应形势。

祝贺永顺县诗词书画社成立

正是芙蓉花放时，溪州英俊集于斯。
寻章摘句显豪气，泼墨挥毫书妙词。
且喜楚骚有后继，自惭江淹无新诗。
聊将俚句献高会，勿笑蹒跚来太迟。

土家情歌对唱

土家族情歌，十分有名，唐诗人刘禹锡为朗州（今常德，曾是土家先民居住区）太守时，学唱竹枝词，其"东边日出西边雨，道是无晴（谐情）却有晴（谐情）"成为千古佳句。在今日土家情歌中，谐音比比皆是。下刊五首情歌，摘自电影剧本《第一战功》。

男：林中梅子（谐"妹子"）格外青（谐"亲"），
　　摘颗梅子探探情，
　　妹子打开梅子看，
　　看它（谐"她"）有心没有心？
女：劝哥看心要认真，
　　剥到内层才见心，
　　昙花有心开一阵，
　　怎比梅子（"妹子"）四季青（"亲"）。
男：奇花异草公园栽，
　　春风一到自然开，
　　梅花不做百花伴，
　　梅（"妹"）的心里真难猜。
女：说哥痴来道哥呆，
　　不到时候梅不开，
　　待到霜降百花谢，
　　腊梅（"那妹"）自然送香来。
合：芹（"情"）菜长来韭（"久"）菜青（"亲"），
　　芹长（"情长"）韭青（"久亲"）同一心，
　　不羡阳雀单声（"身"）叫，
　　要学竹鸡相向鸣。

注：唱到谐音时音重而清楚，"梅子"实际上唱成"妹子"。吉首腊梅诗社索稿，以此塞责，当时题为《梅枝词》。

猛峒河漂流放歌

应永顺县之邀，参加猛峒河漂流节，"秀才人情纸半张"，漂后作七古一首以致贺。已载《团结报》，《华夏吟友》刊登时，又作一次增删。

猛峒河水来天上，急湍飞瀑天下壮。
青年男女皆向往，老夫也发少年狂。
携妇将女斗狂浪，有惊无险心欢畅。

闯过险滩逐长流，其乐无穷永不忘。
激流来自丛山中，飞流直下气势雄。
奔腾触石浪排空，咆哮声响如洪钟。
水花飞溅雾蒙蒙，日照之处生霓虹。
弱者却步漂者勇，一往无前风浪中。
去车登舟下江干，好似开弓箭离弦。
风驰电掣下高滩，曲折穿行山壑间。
宛如仙槎出云汉，上触碧落下黄泉。
船头船尾颠复颠，迎风斗浪百战酣。
滟滪顽石江心拦，湿云漠漠如雪山。
险要首推"那必滩"①，洪涛劈开万仞崖。
头上只见天一线，船底雷鸣地脉翻。
船在犬牙缝里钻，一滩三叠艰更艰。
前滩直下落深渊，后滩斗折逐风旋。
舟人持篙船首站，篙点蜂窝石眼穿。
得心应手功夫娴，闯关夺隘只等闲。
飞梭穿越潭复滩，毛发衣裳湿复干。
历经滩险进碧潭，湖光山色秀可餐。
噫吁哦②！
鬼门关里我出来，风光旖旎③眼前开。
峭石人立千百群，熙熙攘攘万千人。
欢呼之声摇昆仑，热血沸腾涌全身。
但见重崖叠嶂似银屏，河水澄清山更青。
玉树琼枝天外生，船在水晶宫里行。
奇险清幽数第一，漓江三峡难等衡。
老夫漂流感慨多，余兴未尽发浩歌。
君不见：
人生本有沉与浮，旅途之上多坎坷。
英雄自古有迍邅，风风雨雨受折磨。
大鹏水击三千里，抟彼扶摇万里过。
抢榆控地蓬间雀④，焉知人生在拼搏。
险夷张弛辩证法，个中哲理可切磋！

注：①那必滩：那必，土家语，那为路，必为小，那必，汉译为小路。滩，借汉语。
②噫吁哦：惊叹词，读 yǐ xū hú。
③旖旎：柔和美丽，读 yǐ nǐ。
④大鹏、扶摇、蓬间雀等，均引自《庄子·逍遥游》。

老司城怀古（五首）

陪同台湾老同学李仪参观老司城，作为"蛮夷大长"后裔，深感自豪；但名胜古迹破坏惊人，深感遗憾。据传此事已引起省、州、县领导重视。老司城是永顺土司六百余年故都。

（一）

彭家霸业自风流，八百余年二十州①。
南北两江都誓主，弹丸形胜傲王侯。

（二）

一方雄踞古溪州，福石城中壮旧猷。
盛德在民功在国，青山长驻水长流。

（三）

倭寇凭陵征武材，土家子弟独先来。
东南第一战功著，弭却苏松百姓灾。

（四）

湖广土司永顺先，"其兵天下莫强焉"②。
王江泾③上歼倭寇，赫赫军功万代传。

（五）

巨树荫林数梓楠，鸳鸯阵④好演钩镰⑤。
土家自有奇男子，彭氏荩臣彭翼南⑥。

注：①自彭士愁起，彭氏割据湘西八百余年，据有二十州。彭氏为南北两江都誓

主（盟主），治所原在会溪坪，后由彭福石宠迁老司城，当时叫福石城。
②"其兵天下莫强焉"系剿倭总督胡宗宪语。
③王江泾在江苏，当时永、保土兵大败倭寇于此，时号"东南战功第一"。
④平倭战争中，土家军将其战法无偿传授给明军，后戚继光在福建剿灭残倭用的"鸳鸯阵"，即土军阵法。
⑤土家钩镰枪，为倭寇惧怕之兵器。
⑥保靖土司彭荩臣、永顺土司彭翼南均因剿倭有功而封将军。

怀念台湾李仪学兄

骤然离别梦常萦，何日相逢话旧情。
多少沉舟添恶浪，几经破釜剩残羹。
低声谈虎心余悸，壮志屠龙力不胜（shēng）。
且喜夕阳无限好，挥毫敲韵气纵横。

秋菊赞

湘西诗词学会定于重阳节雅集赏菊，余力图另辟蹊径，作七古一首。

雅爱秋菊不畏寒，傲霜怒放秀可餐。
孤芳自赏甘寂寞，冷香淡艳自悠然。
百花争暖三春日，丽草落拓东篱边。
待到霜降百花煞，"冲天香阵透长安"①。
橙黄满树披金甲，素色凝脂铸玉钱。
君不见：
桃花轻薄流水去，短命昙花一现残。
寒英老去不离本，抱守枝头志弥坚。
何事渊明偏爱菊②，玄机悟透得真诠。

注：①唐黄巢有"冲天香阵透长安，满城尽带黄金甲"句。
②陶渊明有"采菊东篱下"句。

重阳节与老干登一心阁

橙黄橘绿正重阳，结伴登高陟翠冈。
冲上武陵第一阁，遥看沅水九回肠。
铁龙长啸出幽洞，车水如流奔远方。
攘往熙来人似浪，春风广被土苗乡。

祝贺美籍华人潘力生教授八十金婚

黉宫早定终生盟，天各一方岁月更。
无翼双飞苦彩凤，深宵独处听秋声。
江山故国新开放，耄耋年华喜共鸣。
毕竟有情成眷属，夕阳如火晚霞明。

按：家兄秀模亦有诗作，中文系刘敦刚主任已将诗寄潘先生，潘附来墨宝"寿而康"三字，且云已将诗送出版社。

感事呈台湾彭善守兄七律二首

（一）

自幼曾将经史攻，壮年投笔去从戎。
身兼文武双全术，源控渔盐左右逢。
骑鹤扬州腰万贯，探亲故里义千重。
泛舟商海破长浪，利胜陶朱数守公。

（二）

南疆一别两重天，劳燕分飞四十年，
对月多回心欲碎，望洋几度眼将穿。
翩翩英俊江湖老，楚楚佳人鬓发斑。
绿树成荫枝满子，相逢恨晚泪潸然。

注：田××系善守兄青年时情侣，这次返梓，故人重逢，感慨颇多。

踏上海南第一峰

吉大退休后，即应海南省通什师专之聘。中文系学生攀登五指山，余欣然同往。经两小时攀援，以花甲之年华，临万仞之绝顶，振衣高岗，舒啸东皋，乐不可言，特赋诗以志之。

崇山万仞接苍穹，道有羊肠挂九重。
附葛攀藤登峭壁，穿云破雾探仙踪。
直趋五指三千丈，踏上海南第一峰。
最感诸生邀照相，疲劳顿扫意从容。

五指山巅悼红军

结伴驱车访故遗，红军创业史多姿。
琼崖星火燎椰寨，五指洪炉炼黛眉。
为国忘家何所惧，捐躯效命不曾辞。
仰天默诵《国殇》赋，权当《招魂》哭健儿。

注：《国殇》《招魂》均屈原作品，祭吊阵亡将士，为死者招魂。

教师节抒怀（二首）

（一）

老骥不甘伏枥间，奋蹄千里来琼南。
滋兰树蕙仰先哲，播火传薪教后贤。
且喜黎村椰子秀，尤怜苗寨荔枝鲜。
人梯高架黉宫内，直上白云红日边。

注：《离骚》有"余既滋兰之九畹兮，又树蕙以百亩"。

（二）

杏坛卅载度年华，培育新枝护嫩芽。

伏枥尚存千里志①，退休犹种九畹花。
言传身教垂风范，齿豁头童不怨嗟。
俯首甘为孺子献②，奋蹄强拉七香车。

注：①曹孟德有"老骥伏枥，志在千里"句。
②鲁迅有"俯首甘为孺子牛"句。

贺《山泉》诗刊创立一周年

物换星移又一冬，翠城诗苑更葱茏。
社员共引山泉水，浇得百花色更浓。

注：余为通什诗社顾问，常参与诗社活动。

题　照

随南国诗人行吟团去陵水参观猴岛，就餐于威虎餐厅。经理知是诗人，命服务员酌酒行令，一时觥筹交错，酒酣耳热。临行选美女三人，陪同参观猴岛，其中林丽女士，年方二八，天姿国色。儋县诗人丘天涯，以美人难遇，邀余与林丽合影。在去天涯海角途中，口占一绝，以赠诗人丘天涯。书法家李国琼以"狂草"书写此诗赠余，可谓锦上添花。

天涯海角逢天涯，陵水共拈一朵花。
墨客美人得两遇，诗情艳福亦堪夸。

附罗瑞先生和诗

湛江渡海到天涯，黎族女儿艳似花。
经理美人齐待客，娇娆礼貌实堪夸。

注：罗瑞先生系广东濂江统计局退休老干、诗人。

戏题东坡书院

游车抵达东坡书院，诗人纷纷挥笔，颇有班门弄斧之势，余则写打油诗一首，并于散会时吟诵，一座哗然叫好。

东坡才气高千古，辞赋诗文愧不如。
学士原无女弟子，看来此处不及吾。

注：此次环岛行吟，有男女弟子四人随行。

附刘炳秀先生和诗

书院堂皇今胜古，东坡词赋有谁如。
彭公诗画虽不及，拥有女徒羡煞吾。

注：刘炳秀先生系广东中山市老诗人。

东坡书院歌行（二首）

中文系学生去东坡书院参观，余随班前往，深感上次"戏题"之不足，特再赋诗两首。

（一）

璀璨阳光袅袅风，师生结伴谒诗翁。
荔枝芒果压枝笑，碧瓦红椽映日红，
"载酒堂"前评妙对，"东坡井"畔赞孤忠。
椰林涛起声雄壮，似唱名篇《大江东》。

注：载酒堂、东坡井均在东坡书院内。

（二）

公遭谗害贬鸿濛，我应征招来岛中。
我在琼州承礼遇，公居儋耳受贫穷。

敷扬文化公先导，浇灌夭桃我后从。
公我相离千载后，古今心意一般同。

注："鸿朦"意指尚未开发。

谒红色娘子军纪念碑

不着红装着武装，娥眉不让须眉强。
腥风血雨天涯路，沥胆披肝侠义肠。
霍霍椰林如呐喊，铮铮铁骨响铿锵。
丰碑一座人瞻仰，永共山河日月长。

注：纪念碑立于琼海县城内。

戏题海瑞墓

海瑞，海南琼山县人，进士出身，官至巡抚，为官清正廉明，刚直不阿，人称海青天，南包公，死时仅旧袍数件，俸银十余两，丧事亦同僚凑钱办完。游览时，诗人题诗甚多，余拟寓褒于贬，别出心裁，以出奇制胜。

同帏及第出京来，个个升官发大财；
唯有海公不识相，两袖清风冇①棺材。

注：①"冇"音 miǎo，粤方言，"没有"之意，因海公系琼山人，故戏用此字。

再题海瑞墓

师生结伴谒陵园，海瑞风标现眼前。
执法无私称铁面，居官廉正号青天。
惩凶从不避权贵，议政曾经犯圣颜①。
留得"粤东正气"②在，贪婪酷吏胆生寒。

注：①圣颜指嘉靖皇帝，为劝阻皇帝横征暴敛，海瑞抬棺材上殿直谏，指责嘉靖

皇帝"嘉靖者,言家家皆无财用也"。幸大臣徐阶等保奏,才免于死。

②海瑞墓前一石碑坊,上书"粤东正气"四字。

欢呼琼州大学诞生

应聘到通什师专后,深感校园太小,又无发展余地,而州府建制被撤销,七层大楼闲置,故由余起草,建议将通什师专升级为琼州大学。并与几位应聘教授去海口拜会主管文教之副省长,适第一副省长鲍克明亦在座。汇报后,辛副省长即以个人名义表示支持。现已正式挂牌。余以花甲之年,能为海南文教事业做出贡献,亦一生中一大快事。值琼大诞生之际,特赋诗以志之。

袅袅春风拂翠城,琼州大学庆初生。
黉宫璀璨蠹天秀,绛帐熙和耀眼明。
且喜黎苗添校序,定教子弟化鲲鹏。
南溟济济夸多士,起凤腾蛟看纵横。

注:校序,古代学校名。《孟子·滕文公》:"夏曰校,殷曰序,周曰庠。"

三亚市大东海游泳

与黎教授去大东海游泳,迎风弄潮,十分惬意,人生亦如游泳,特赋诗以写意。

时逢子午正涨潮,如谷如陵气势嚣。
偏向风头斗恶浪,不甘龟首避狂飙。
运当忤逆须拼搏,身遇沉浮勿动摇。
涤尽俗尘登彼岸,轻松愉快自逍遥。

贺《通什文史》[①]面世

各族精英集冲山,集思广益撰鸿篇。
搜幽辑缺歌先烈,备物垂规启后贤。

秉笔直书昭惩劝,操觚纪事辨忠奸。
"不虚美"②且"不隐恶"③,良史千秋司马迁。

注:①余曾助《通什文史》校稿、定稿。
②班固赞司马迁有良史之才,"不虚美,不隐恶"。
③"隐"字拗,为不以词害义,保留。

参观天涯海角

风和日丽到天涯,海角巉崖分外嘉。
爱女弄潮拾贝壳,老妻拍照坐银沙。
不闻游子悲沦落,竞道龙光生物华。
遥看渔轮出水际,宛如云汉泛仙槎。

注:王勃有"物华天宝,龙光射牛斗之墟"句。

观落笔洞

(地在海南三亚)

奇峰怪石本天成,洞府幽然锁白云。
钟乳玲珑开玉宇,巨笔璀璨落红尘。
诗文满壁多游客,教化千年启后人。
造物巧将美景设,天涯海角两蜚声。

江南好——海南东山庙观抽签

东山庙,
香火烟尘高。
打卦抽签求吉利,
虔诚跪拜送钱钞。
祈福不辞劳。

善男女,
勤把签筒摇。
抽到上签心暗喜,
下签一见皱眉梢。
形象很难描。

参观海南第一楼

道是海南第一楼,雕梁结构只中游。
只因陈列五公像,身价倍增孰与俦。

注:五公,指陈列有宋代名臣如李纲等五人。

武陵大学抒怀

应李昌同志之邀,故离开海南琼州大学到武陵大学,去教"古代汉语"。武陵大学背靠卧虎山,面临澧水河,左接张家界市,遥对天门山,是藏龙卧虎之地,学习治学之所,感教师节之来临,特赋诗以写意。

不赴海南归武陵,教师节届更含情。
园丁济济称多士,学子莘莘皆俊英。
卧虎山头看虎跃,藏龙澧水喜龙腾。
天门已向诸生启,鼓翅高飞上太清。

羊年观灯竹枝词二首

元宵节天气转晴,张家界市热闹异常,沿街遍布舞台。余亦随大流观灯。"二人转"形式奇特,故赋竹枝词二首以记盛。

(一)

太平盛世闹元宵,灯似繁星人似潮。
狮跃龙腾蚌壳舞,鲤鱼虾子伴长蛟。

(二)

彩女花童多窈窕,红绸轻舞扇轻摇。
引吭同唱巴人曲,袅袅余音绕九霄。

注:竹枝词:诗人黄山谷认为"竹枝词始于三巴,流入湘湖",本为巴歌谣。刘禹锡为朗州太守,会唱竹枝歌,也写竹枝词多首,成就很高。

张家界景点诗四首

（一）天书
天书本来有字，凡夫孺子不知。
如有慧眼解此，可作帝王之师。

注：拟代黄石公题写。黄石公以《三略》送张良曰："读此可为帝王之师。"

（二）宝匣
谁将宝匣置高台，故把神楔作半开。
内置兵书《三略》卷，黄公留待高徒来。

（三）九重仙阁
琼楼玉宇建峰巅，境在虚无缥缈间。
若练乘风驭雾术，九重仙阁会天仙。

（四）鸳鸯泉
清泉香冽名鸳鸯，绿女红男竞品尝。
除去攀登炎热气，莫消恋劲与柔肠。

注：讲授诗词格律后，率学生上黄石寨，要求学生按格律写诗一首，学生顾此失彼，批改十分困难，虽自讨苦吃，心头却十分高兴。

游索溪峪黄龙洞

暑假应慈利、石门两县之邀，调查两县土家族语言，顺便游黄龙洞。同游者有中科院语言研究所陈康研究员，吉首大学民研室副教授叶德书，以及两县政协、统战部领导人。

武陵胜景数黄龙，钟乳玲珑百态雄。
一派冰川行地脉，千株石笋傲苍穹。
栖身玉宇琼宫内，信步蜃楼海市中。
已是桃源洞里客，何须五岳觅仙踪。

附叶德书教授和诗

故人邀我到黄龙,鬼斧神工百洞雄。
红染岸花舒画卷,绿含岛树映秋穹。
秦金闪烁三宫里,汉玉嶙峋九殿中。
胜境一游年转少,朝朝暮暮忆萍踪。

游天子山两首

（一）颂贺帅

金身铜铸立云卿①,似有风雷叱咤声。
龙寨围歼周矮子②,赤溪水淹向之荣③。
拓开湘鄂苏区地,解放西南锦绣城。
贺帅威风称八面,能当十万铁甲④兵。

注：①贺龙字云卿,铜像如石山挺立。胡耀邦同志在贺龙公园题有"云卿岩"三字。
②周矮子名燮卿,当时是旅长,充反动急先锋。
③贺帅在桑植赤溪河水淹反动团长向之荣。向死,全团被歼。
④"甲"字为入声字,普通话已归入阳平。

（二）吊贺帅

无端祸事起萧墙,各占山头自结帮。
打砸抢抄称造反,蛇神牛鬼也封王。
堂堂大帅囚阶下,赫赫元勋禁铁窗。
史册连篇先例在,忠臣良将永辉煌。

贺中美建交

七 律

太平洋水接天流,激荡春潮满二洲。
存异求同捐宿怨,通诚互谅释前仇。
人间正道沧桑改,历史长河辩证留。
今日欣闻修旧好,如胶友谊永恒秋。

第七届人大召开

七 律

冤案平反后,成为州人大代表,由阶下囚而为座上客,忽然而天也。

岭上梅开春倍明,武陵深处集精英。
共商护国千秋业,总汇人民万种情。
选举贤能任实重,清除污垢担非轻。
谨循绳墨敢扶正,不作随阳雁几声。

1983 年 10 月 21 日

楚调一首

欢迎日本"中国民话之会访华团"。

恨相逢兮太晚,叹离别兮匆促。
幸天涯兮咫尺,冀有日兮再晤。

1985 年 8 月 11 日民研室

贺湖南楚史研究会成立

七 律

南国长沙盛会开,楚人自古本多才。
滋兰树蕙仰先哲,启后光前赖我侪。
史乘自当续旧绪,文章必要出心裁。
洞庭木叶湘波远,八百方圆任去来。

欢呼党的十一届三中全会召开

调寄《沁园春》

驰荡春风,　　　　　　　　　神州正涌春潮,
旭日东升,　　　　　　　　　与日美两邦建国交。

山河多娇。
喜三中全会，
圆满闭幕；
经国大业，
运筹高超。
安定团结，
群策群力，
誓把新妆换旧袍。
奔四化，
看中华儿女，
各逞英豪。

看台湾港澳，
共趋统一；
苏修霸业，
风雨飘摇。
南邻竖子，
跳梁小丑，
蚍蜉撼树叹徒劳。
千钧棒，
快奋挥横击，
荡孽除妖。

七十生辰征诗

　　金秋八月，七十生辰，阅历两朝，坎坷半生。三中全会，广布甘霖，变"阶下囚"，为"席上珍"。"五类分子"，代表人民，否极泰来，得获殊荣。古稀诞辰，儿孙欢庆，赋诗两首，以献嘉宾。非阳春之作，有嘤鸣之声。欲抛砖引玉，不弄斧班门。诸朋百戚，同仁学生，大赐佳章，添花绣锦，辑录成帙，回赠诸君，如切如磋，同赏同欣，望之切切，华章早临。

　　谨致
　　　　先生雅鉴

（湖南）吉首大学
彭秀枢　谨启

七十初度咏怀

（一）

逝水流年七十庚，济人济世两无成。
低声谈虎心忧悸，壮志屠龙力不胜。
暴雨狂飙经历苦，挨批受斗梦魂惊。
邓公拨乱驱云雾，一派霞光喜晚晴。

(二)

两朝阅历苦冰霜,年近桑榆始向阳。
半世沉浮悲粪土,十年桃李满湖湘。
廉颇老耄尚能饭,江淹才疏少锦章。
老骥渐无嘶枥意,留将骸骨献昭王。

附:

题贺彭秀枢副教授七十椿寿

龙再宇

高山流水望溪州,七十春秋岁月悠。
晚菊经霜知气节①,苍松斗雪显风流②。
诗词缀玉扬清韵,桃李满园慰白头。
绛帐广开宏化雨③,欣逢盛世志堪酬。

龙注:①在1957年"左"的政治运动中彭受到不正当的待遇。
②在"文化大革命"中彭因书写申讨江青的檄文再受到迫害。
③彭退休后,曾应省内外一些院校之聘,在外讲学多年,颇著声誉。

龙再宇:诗人、方志学家,著有《边城诗集》。曾任湘西土家族苗族自治州副州长、州人大副主任委员、吉首大学副校长。现为湘西诗词学会会长。

步原玉和彭秀枢先生七十华诞

七 律

化雨春风七十庚,彭公大器喜今成。
愁云散去心情畅,玉露潜滋事业宏。
北海金樽常酒满,南天鹏翼任涛惊。
尧封共赏夕阳好,祝嘏桑榆乐晚晴。

乙亥夏季 杨国湘贺

杨国湘:诗人、民间歌谣家,编有《田茂忠歌谣选》。曾任吉首大学党委书记,州委顾问,现为湘西诗词学会顾问。

祝贺彭秀枢先生七十寿辰

庆贺先生七秩庚，适逢秋高万里明。
沧海横流显英勇，壮士屠龙卓有成。
磨砺经久增才望，化雨春风利国民。
青山万古今常在，劲松百岁尚如春。
石元机题赠
1995年8月26日（农历八月一日）

石元机：诗人、教育家，曾任湘西土家族苗族自治州副州长，州人大常委会主任，现为湘西诗词学会顾问。

祝秀枢同志七十大寿

邓公决策玉京清，千道霞光迎晚晴。
才华横溢题高阁①，政论铿锵献赤诚②。
一派同光夕照好，十年桃李万枝荣。
久历雪霜坚意志，精神抖擞迈征程。
张志怡敬书
1995年7月

注：①曾题联"一心阁"。
②曾在州政协进言献策。

张志怡：诗人、教育家、墨学专家，译有《墨子·伟大的教育家》（美籍华人李绍昆著），曾任吉首民师校长、州政协副主席。

祝和彭秀枢同志七十咏怀二首

（一）

奋斗半生七十庚，继婚①复职庆双成。
湘边海角②施教遍，李艳桃浓喜不胜。
卅载兰交甘共苦，十年"文革"险同惊。
永桑③下放艰难极，岂料今朝娱晚晴。

（二）
难忘昔日苦冰霜，云雾重重蔽太阳。
不少长孙④陷罗网，更多屈子溺沉湘。
邓公开放光明路，万姓捧呈锦绣章。
特色中华无限好，健康长寿胜侯王。
向云俊祝贺
1995年8月

注：①划右期中妻离子散，政策落实后与田女士结婚。
②任教吉首、海南、武陵等大学，桃李遍天下。
③1961年我们在建筑公司一同下放桑植利比溪修路三月。余得水肿病，同以旧衣换番薯充饥。
④唐贤相长孙无忌等为女皇武则天杀害，借指秀枢曾以讽江青写《讨江青檄》致囚险死。

向云俊：诗人，总工程师，诗作颇多，曾任州政协副主席。

和秀枢六弟《七十初度咏怀》

七　律

往事如烟变靡常，人生七十几沧桑。
讨江袒露英雄胆①，探史弘扬"备子"②光。
阶下南冠③钦傲骨，黉官教授育春芳。
夕阳灿烂黄昏好，晚节名扬姓字香。
彭善治
1995年8月于保靖

注：①曾因写《讨江青檄》被判刑二十年。
②备子：即"毕兹卡"土家族自称。
③南冠：即囚犯。

彭善治：诗人、桐城派古文家，长于古文，诗作亦多，曾是保靖县人大副主任委员、保靖中学副校长。

七律二首

——贺秀枢兄七十大寿,步原韵和之

(一)

难得人生七十庚,文章道德辅相成。
迎霜斗雪心坚韧,叶茂根深量不轻。
寄傲南窗怡自得,闻鸡起舞舍邻惊。
夕阳光景频招手,好个人间正晚晴。

(二)

虽然两鬓已冰霜,光热浑身似太阳。
历尽坎坷终未变,执言仗义震三湘。
性情开朗如童稚,处世为人有法章。
赤子心肠招众爱,儿孙绕膝孝孩王。

江剑鸣于乙亥年八月十三日

汪剑鸣:诗人、教授,精通韵律,外国文学论著多,中国民主同盟成员。

应彭秀枢老师七十寿征诗而作

四水三湘传义檄①,一声霹雳震京畿。
磅礴胆气思临海②,锦绣文章忆昌黎③。
本为"圣朝"陈利弊,那堪"另册"反尧跖④。
惟欣向晚邓公好,稍慰平生未展眉。

文 魁

注:①彭老师写《讨江青檄》。
②唐骆宾王有《临海集》。
③唐韩昌黎诗"本为圣朝除弊政"。
④清朝将坏人打入"另册",此处讲当时对待彭老师不公正,颠倒了好人与坏人。

文连禄:又名魁,物理学教授、诗人。退休后钻研韵律,写格律诗已登堂入室。著有《半山竹林集》。

拜寿诗

——为吾师秀枢七旬寿辰作

吾师七十岁，弟子五旬多。
千里献诗句，如同摆手歌。

愚生 彭武文

1995年7月于武昌中南民院

彭武文：土家史研究专家、教授，著有《溪州铜柱考辨》等专著，现为中南民族学院旅游系书记。

和老友彭教授秀枢七十初度咏怀原玉

（一）

夫子栖栖七秩庚，赤虹化玉大功成。
圣贤自古多磨难，穷达非关力不胜。
沧海桑田缘正道，杯弓蛇影罔虚惊。
扫开云雾呈光景，寿域同登惜晚晴。

（二）

清樽对月坐含霜，玉桂方苞欣向阳。
棠棣联芳滋汉土，凤毛济美著湖湘。
马头草檄传佳话，驴背成诗显绣章。
盛世金台超往古，神州十亿尽昭王。

谭奇

谭奇：诗人、高级教师，诗词兼长，诗作选入《华夏吟友》多首，曾是湘西土家族苗族自治州人大代表、政协委员。

贺秀枢老师七旬寿诞

步原韵二首
（一）
古稀华诞祝长庚，晚景辉煌喜有成。

一席膺荣民做主,千金写赋力能胜。
诗成不让珠玑美,笔落如闻风雨惊。
好庆悬弧齐献寿,筵开阆苑舜天晴!

(二)

曾经患难历冰霜,否极泰来浴艳阳。
马帐佳名传海角,杏坛含誉遍江湘。
柏松并茂宜春色,棠棣齐芳谱绮章。
海屋添筹仁者寿,悠游岁月傲侯王!
七五叟黄奕敬贺

黄奕:诗人、高级教师,诗词、楹联兼长,著有《白沙吟草》《实用诗词常识》,现为泸溪县诗词楹联学会顾问。

贺彭秀枢学兄七十寿辰步韵

(一)

华颠杖国伴长庚,秋实春华识老成。
骏马嘶风空有愿,明时剪烛岂难胜。
空前动乱何须问,劫后余生尚自惊。
峒水桂花香万里,南山献寿玉楼晴。

(二)

几经风雨几经霜,满目青山恋夕阳。
桃李芬芳成蹊径,鞭楠茁壮遍湖湘。
杏坛结果知人意,妙笔生花入乐章。
皓首穷经谁谓老,唐风宋韵绍三王。
尚本立

尚本立:诗人、教育工作者,诗词兼长,现为省州诗词协会会员,龙山县白崖诗社副社长。

香港回归放歌

(一) 四亿人民心不甘

工业革命英占先,造就利炮与坚船。
轰开弱国海防线,殖民略地销鸦片。
清廷腐败更贪婪,坐视毒品大泛滥。
兵魂销尽国魂丧,武备不修遭外患。
林公则徐具慧眼,请旨赴粤禁洋烟。
虎门焚烟敌胆寒,拒入国门保篱藩。
英帝移船袭江浙,乍浦失守吴淞陷。
长驱直入攻南京,城下定盟求苟安①。
五口通商租香港,割地赔款丧国权。
从此外患无已时,地削国弱年复年。
君不见:
帝俄据旅大②,法控广州湾;
德国占胶东,日本割台湾。
美帝乘机提条件,门户开放利均沾③。
中国沦为殖民地,神州四亿心不甘!

(二) 五亿人民庆解放

民主先驱孙先生,推翻清廷闹革命。
联俄联共扶农工,三民主义誓推行。
无奈军阀搞割据,拥洋自重相抗衡。
直系垮台奉系起,北京鼎司如转轮。
英美拉拢蒋介石,以暴易暴国不宁。
"4·12"屠杀共产党,鲜血染红黄浦江。
国共合作遭破坏,武装革命上井冈。
"攘外必须先安内"④,十年内战国力伤。
东北沦陷华北危,日本侵略太猖狂。
共产党北上抗日,延安红星闪闪亮。
东渡黄河赴戎机,晋察冀鲁摆战场。
建立敌后根据地,人民战争威力强。
十四年打败日本,三年打倒蒋家帮。

中国从此站起来，五亿人民庆解放。

　　（三）十亿人民皆扬眉
由来强权即公理，国富民强好和夷。
邓公会见英首相，义正词严显威仪。
香港租借到期日，按时收回志不移。
"一国两制"决策好，"港人治港"有根基。
英相强人"铁娘子"，色厉内荏心犹悸。
联合声明终签订，平稳过渡大势趋。
末代港督彭定康，设置障碍施诡计。
机关算尽自聪明，"无可奈何花落去"。
待到今年七月一，米旗坠落红旗举。
百年国耻一朝雪，十亿人民皆扬眉。
台湾澳门循"两制"，回归祖国应无疑。
神州故国一统日，中华儿女吐气时。

注：①南京条约开广州、福州、厦门、宁波和上海五口通商，割香港。
②1879年俄国占旅顺、大连。
③美国要求中国"门户开放，利益均沾"。
④蒋氏提出"攘外必须先安内"主张，于是年年打内战，让日本帝国主义鲸吞东北，蚕食华北。

观"杨国湘同志退休生活掠影"

　　　　离而未休，勤作探求。
　　　　民歌有著，诗词兼优。
　　　　书法精进，摄影一流。
　　　　老干典范，孺子之牛！

题"林时九先生书画展"

　　　　绘画空灵好，行书亦孔嘉。
　　　　林公怀绝技，妙手笔生花。

赞"尚本然先生书法作品展"

横似千年古树,竖如倒笋垂露。
捺摹金刀出鞘,点滴闪光珍珠。
如此挥毫泼墨,堪称王柳功夫。

步原韵奉和贺叶德书教授六十生辰

雾散天开邪气消,杏坛文苑显妖娆。
解惑授业心情爽,把酒吟诗兴致豪。
设计拼音传土话①,编诠舆地试牛刀②。
年逢花甲成功退,鸣鸠不占小鹊巢。

1996 年 12 月 14 日

注:①与彭秀模先生创制《土家拼音方案》功不可没。
②编辑《中国土家语地名考订》一书。

悼邓公小平

十一届三中全会后,余由一阶下囚而为座上客;由"五类分子"而为人民代表;由小学教师而为大学教授。此皆小平公之恩德。邓公逝世,颇多感伤,作悼词一章,以示"滴水之恩,涌泉相报"之意。

邓公小平,世纪伟人。
不幸仙逝,举世震惊。
十亿缟素,痛悼巨星。
邓公当年,投身革命。
转战南北,卓有功勋。
任职中央,果断廉明。
"文化革命",是非不分。
极"左"思潮,祸国殃民。
邓公正直,抵制"左"倾。
力挽狂澜,纠偏扶正。

累遭迫害，横加罪名。
免去职务，劳动基层。
三落三起，更显忠贞。
东山再起，拨乱反正。
组织讨论，真理标准。
实事求是，去伪存真。
彻底否定，"文化革命"。
停止使用，阶级斗争。
转轨定向，经济中心。
安定团结，本固邦宁。
改革开放，全面推行。
深圳特区，树立典型。
上海浦东，虎跃龙腾。
大江南北，长城内外；
海域边疆，欣欣向荣。
国富民强，国威大振。

鸦片战争，引狼入境。
英租香港，葡据澳门。
百年国耻，耿耿于心。
还我山河，势在必行。
邓公相邀，英相来京。
几度交锋，原则确定：
一国两制，港人治港；
平稳过渡，保持繁荣。
七月一日，日渐临近。
米旗坠落，红旗高升。
十亿振奋，举世欢腾！

擎天柱折，中华不幸。
草木含悲，山川鸣喑。
邓公生前，虑远谋深。
成功引退，制废终身。

提早交权，以免纷争。
　　今日虽逝，接班有人。
　　江公泽民，贤能英明。
　　党政军权，指挥若定。
　　已在全党，形成核心。
　　邓公遗愿，必将实现；
　　江公指示，全国遵行。
　　军民团结，上下一心。
　　振兴中华，众志成城。
　　大哉邓公，壮哉小平。
　　人中之龙，中国救星！
　　（1997年2月21日）

民盟州委十年喜庆

　　七绝三首
　　　（一）
　　风雨同舟五十年，神州雾散现尧天。
　　众星拱北光焦聚，共谱中华一统篇。

　　　（二）
　　十年发展指针明，各界精英竟入盟。
　　多士儒林称济济，向阳花木更争荣。

　　　（三）
　　文贾汤张把地开[①]，植桐引得凤凰来。
　　盟园已见花千树，尽是彭郎去后栽[②]。
　　　　　　　　　　　1998年

　　注：①1988年由文元炎、汤克定、张志怡、贾明忠和我五人筹建民盟州委，我任组织委员。
　　②套用刘禹锡诗句，意在回顾民盟今日成就。

党盟情谊赞

七 律

斗浪迎风五十秋,戚休与共喜同舟。
协商政治立纲领,建设家园展壮猷。
港澳回归湔国耻,台澎一统固金瓯。
北辰居所众星拱,灿烂辉煌耀九州。

注:民盟州委张部长约稿,不便推辞,勉成政治诗一首交差。

赞湘泉系列酒

七绝二首
(一)
凤液龙浆出厂中,蒸熬配制显神通。
湘泉馥郁满天下,沽酒何须问牧童。

注:湘泉总厂在振武营,有龙凤二井,水为优质矿泉水,内含有益人体之矿物质。

(二)
名醇特制有奇方,独领风骚压众芳。
酒鬼一杯千日念,十年口角有余香。

已进酒(打油诗)

游××寺,僧俗共餐,荤素杂陈。席上引(东坡志林)口占一绝,一席皆大笑。

"穿篱菜"好饭喷香,鲜"水梭花"味道长。
我爱湘泉求一醉,再斟几盏"婆若汤"。

注:《东坡志林》云:僧谓鸡曰穿篱菜,僧谓鱼曰水梭花,谓酒曰婆若汤。

贺陈楚铎贤契添丁生女

诗二首

（一）
遥闻贤契喜添丁，定是天官石麒麟。
调教殷勤寄厚望，鲲鹏万里看前程。

（二）
一儿一女一枝花，丹凤麒麟共一家。
待到十年春社日，向阳兄妹展芳华。

[自注]：陈楚华系华侨世家，海南琼州大学得意门生。通信联系十年如一日。余购房困难，寄钱支持；身体虚弱，寄药滋补，情谊深厚。闻添丁生女，写诗致贺。

吉大校园赞

七　律

彩虹碧水映长空，璀璨黉宫气派雄；
桃李逢春花馥郁，梗楠遇雨色葱茏。
菊开桂放香千里，瓜熟果甜价万钟；
共赞校园景致好，探珠理玉出新风。

1998年5月10日

赞刘亚文医师

七　律

岐黄妙术探究深，病友求诊满杏林；
选择九州万国药，护疗四面八方人。
医风医德口碑载，治瘤治疾本领真；
穴位扎针有特效，扶伤救命献丹心。

参观大庆松花皮蛋厂后致郭信初难友

七绝二首
（一）
同做楚囚第一牢，南冠岌岌怨声高。
今日脱颖工商界，驰骋武陵意气豪。

（二）
精制"松花"有奇方，无铅无汞质优良。
愿君更上新台阶，割据常桃称蛋王。

为琼州大学中文系毕业诸生雅集献诗

七绝四首
（一）
校园暌违几经年，救世济人各一天。
千禧之年重聚首，西窗夜话乐悠然。

（二）
琼州冬暖百花开，故友重逢情满怀。
参鲁柴愚子路勇，满园桃李尽成材。

（三）
应是以文会友时，呼朋唤友谒宗师。
老夫垂老难入会，聊献诗章谢故知。

（四）
主政一方任不轻，为官首要为人民。
清廉自律加勤奋，自有佳音报晋升。

贺家兄秀模先生八十华诞

七绝五首
（一）
谦和平易世无争，德艺双馨享令名。
敬业园丁勤抚育，武陵桃李万枝荣。

（二）
风雨沧桑八十年，文章道德两周全。
生平淡泊轻名利，特立独行养浩然。

（三）
韵谱宫商功底深，老来格律讲求精。
栽培后学无私念，同在骚坛继楚声。

（四）
生平无志觅封侯，绛帐甘当孺子牛。
树蕙滋兰开九畹，栽成桃李遍神州。

（五）
孔云仁者常高寿，海屋添筹祝四哥。
棠棣花开光铧铧，春阳灿烂老来多。

碧桂园

七律四首
（一）赞碧桂园
赞美广州碧桂园，风光雅丽赛桃源。
琼楼玉宇满堂彩，火树银花不夜天。
立业兴家风水地，延年益寿翠华轩。
卜居选中神仙境，不让庐山五柳先。

（二）赞会所

巍峨会所似关山，金碧辉煌气不凡。
楼阁亭台布局巧，吃喝玩学设施全。
流光灯柱高云汉，玉砌雕栏通九天。
最是假期节日里，人潮涌动竞参观。

（三）赞中西餐厅

中西菜点味津津，几度携孙品洋荤。
昨日才尝咖喱蟹，今朝又啖鲍鱼参。
争夸主理造型美，盛赞厨师技艺神。
孺子刀叉拿不惯，手抓猪肘便横吞。

（四）赞保安工作

老朽挥毫赞保安，彬彬有礼且威严。
门窗不见钢丝网，车辆何需铁栅栏。
道不拾遗公德美，夜无闭户古风延。
鸡鸣狗盗不能进，高枕无忧睡梦甜。

注：鸡鸣狗盗，宋王安石讥孟尝君门客中有鸡鸣狗盗之徒，扒手、黑帮。

观球行

观全国篮球冠军赛

白居易作《卖炭翁》以讥"宫市"，予作《观球行》讥请"外援"。

体委为图争脸面，全国篮球搞筛选。
反复淘汰结局定，红牛白鲨最拔尖。
争夺冠军将恶战，全国球迷翘首观。
观球不怕票价高，座无虚席人爆满。
双方各有拉拉队，声嘶力竭齐呐喊。
每当球员投进篮，鼓锣齐鸣红旗展。
加油打气欢笑声，排山倒海势震天。

君不见：
场中几个黑白汉，人高马大最显眼。
奔跑速度如猎豹，纵跳敏捷似猴猿。
打"爬十"（pass），抢篮板。
当"嘎登"（Gaden），"削"（shoot）远篮。
传抢拦掷很卖力，频频得分誓夺冠。
"白鲨"说来真倒霉，连续投掷不进圈。
夺冠美梦成泡影，筋疲力尽人瘫痪。
座上几位看球迷，慷慨陈词抒高见。
白鲨失败如此惨，咎在"老板"怕花钱。
请来"外援"未入流，未请皮蓬和乔丹。
建议雇请公牛队，希腊奥运去夺冠。
听罢球迷献良策，老夫低头暗自叹。
君可知：
　　　　请外援，请教练。
　　　　拒国币，要美元。
月薪美元超一万，这个开支怎承担？
各省竞相请外援，外汇流失心怎安？
纵然夺得奖杯到，依靠外援何体面！
工人下岗农民苦，解决温饱要巨款。
斗鸡走马球类赛，何须作假撑门面？
三个"代表"指方向，自力更生是关键。
寄望省市诸体委，刹住此风莫迟延。

注：白居易《红地毡》诗："宣州太守知不知，一丈毡千两丝。地不知寒人要暖，少夺人衣为地衣。"一个外援需多少美元，体委领导心中有数。泱泱大国为篮球、足球雇请外援，国内职工却大量失业。请参考。

朱总理莅临吉大喜赋

朱总理巡视吉大后，在玉虹桥上说："吉首大学是湖南的骄傲！"说吉首大学生很守纪律，说"中国一定会富强！"吉大师生，备受鼓舞，总理回京后，在国务会议上，在清华大学和中央民族大学，均夸耀吉首大学、表扬吉首大学。总理一言九鼎,影响深远,在新年来临之际,特发绝句四首,以表往事而励将来。

七绝四首

(一)

果然一刻值千金,伫候阁揆大驾临。
报道车骑来吉大,校园万众齐"欢迎"!

(二)

花如锦簇草如茵,滚滚人流迎贵宾。
总理下车挥巨手,春风满面会亲人。

(三)

玉虹桥畔画桥东,鼓掌雷鸣表寸衷。
盛意拳拳朱总理,一番言语似春风。

(四)

总理金言不可忘,谆谆教诲细思量。
要将重任扛肩上,破浪乘风求富强。

2001年5月1日

赞朱总理

七 律

古今大器晚来成,组阁稀龄有政声[①]。
反腐倡廉兴社稷,鞠躬尽瘁报苍生。
"雷区"驰骋原刚毅[②],"虎尾"摩挲显智能[③]。
骇浪惊涛平稳渡,五洲黎庶赞英明。

注:①朱总理曾被划为右派,七十左右组阁。
②朱总理就职时表示不怕地雷。
③朱总理反对走私,要摸老虎屁股。

对联选登

引言：予自幼受业于叔父镜涵先生帐下，诵读之余，注重实践，虽私塾蒙童，已学吟诗作对。古历八月十五日，传系孔夫子生辰，学校举办"圣人会"，学生家长均来与会，予与孔圣人同庚，父母每年添制衣服一领，以示庆祝。予趋过中堂，叔父呼予名字而言曰："秀枢勿走，受予一对。"予垂手恭立而答曰："侄儿愿闻。"叔视予新衣而言曰："小孩子，衣冠楚楚！"予昂首而应曰："老将军，志气昂昂！"叔点头默许，莞尔而笑曰："可否再来一对？"予见叔父颜色和蔼，一改过去严肃容颜，稍加思索，笑而对曰："老先生，文质彬彬！"叔大笑，抚予之顶曰："孺子可教也！"时予年十岁，座上客均赞予文思敏捷、应对如流，校中亦传为佳话。此事为予撰写对联，打下基础。来吉首大学后，举凡喜庆、婚丧，乞予撰联者极多，特选录几幅，以志不忘。

一心阁联（州三十大庆）

高阁出重霄，看狮电流金，鳌峰滴翠，振武溢香，峒河泛绿，长藤结九瓜，万家灯火缀新府；

山城庆盛典，有土呈摆手，苗舞接龙，白敲仗鼓，瑶奏笙歌，众星拱北极，各族人民共一心。

注：湘西土家族苗族自治州为庆祝三十大庆，斥巨资修建"一心阁"，显示各族人民团结一心。且向全省征联。应征对联一千余幅，经评委无记名投票，予长联入选，且悬于阁之正门。门上"一心阁"三字为美术大师黄永玉题字。

挽台湾彭超叔联

承彭氏遗烈，长沙抗战，三军用命，留得丰功垂史册；
叹吾家寿星，台海韬光，两岸难通，只将唁电悼英灵。

1998年12月

注：超叔系抗日将领，曾率一团兵丁，死守长沙新墙河，赢得长沙三次大捷，年九十应予邀请回大陆探亲、扫墓，且去老司城祭祖。对老司城、观音岩、双栖凤均有捐赠，还拟投资修"彭家院子"于老司城。因种种原因未果。年九十三时，无疾而

终，此联系挽联，悬于殡仪馆内，台湾政要均参与追悼会，时任国民党秘书长章孝严（蒋经国之子）对此联评价极高，故加以选录。

挽彭志明贤契

惊闻彭志明去世，夜不能寐，草成挽联后，大雨滂沱，似为予垂泪。

敢仗义，敢执言，诗人气质英雄胆，敢效有司先之，君如子路；
不迁怒，不二过，贤者风标赤子心，不幸短命死矣，我哭颜回。

注：志明原中文系77级学生。同学称之为"诗人"。因学潮中语言过激，曾降薪停教。不久后继续任教。为评副教授，去长沙述职，因劳神过度死于长沙吉大招待所。时省评委会虽已一致评他为副教授。命也如斯，已是"过五关，送文凭"了。哀哉！

为陈述德处长新屋撰楹联

源头奔活水，清洗人间秽垢；
户外走游龙，运来天下奇珍。

注：陈宅门边有清泉涌出，户外系枝柳铁路，故有是作。

挽党建之同志联

党建之处长去世，应组织人事部请作挽联如下：

姓党、爱党、忠于党，坚强党性，给党员留存典范；
求学、兴学、办好学，良好学风，为学校树立楷模。

上交任务后，桂子和教授来家，要求再撰一联。当时已是下午七时，只好挑灯夜"战"。十时许又成一联：

廿余载随军南下，解放荆楚，剿匪建乡，历经艰险，丰功伟绩垂史册；
四十年植根湘西，开发边区，培桃育李，费尽心力，化雨春风有口碑。

中华人民共和国成立初期，省教育厅招考中学教师，予因病住院误考，稍愈后，要求补考。时建之公任专署科员，破例准予补考，旋被省厅录取，并分配到永顺一中任教。怀念旧情，夜不能寐，又成一联如下：

木铎绝响，学子含悲歌教泽；
情义难忘，老夫挥泪悼哲人。
　　横额：哲人其萎。

对联悬挂后，坦然而卧，下午三时许，忽闻叩门之声，开户视之，乃裴昌俊教授带建之公之子党奇上门，要求为其父母合冢撰一碑联，且属下午五时来取，交石工镌刻，搔破头皮，再成一联：

冰心玉骨，喜看莲花开并蒂；
夫唱妇随，栽成桃李遍三湘。

一日之内，草成四联，年近古稀，有此高速，私心窃喜。

为广东惠阳名豪木业有限公司改春联

名木良材，喜迎千禧成大器；
豪情壮志，争跨世纪展宏图。

注：琼州大学得意门生郑永旋师生情谊深厚，寄来春联一副，稍加修改，使句首冠以"名豪"二字，且多内涵，故录存之。

为土家风情园"东南第一功"牌楼撰联

倭寇扰江浙，湘鄂川黔宣慰，奉诏兴师，王江泾对垒，使嘉兴难解，乍浦烟消，立下战功称第一；
土兵出武陵，彭田向冉劲旅，挥戈效命，平湖县合围，令汪直投降，徐海授首，赢得伟绩号无双。

注：予曾撰写电影剧本《第一战功》、剧本《彭翼南》，因熟悉明代土家兵剿倭事迹，记述十分具体，故入选。

为"甘棠岭"上"圆梦亭"撰联

退耕还林，使百花吐艳，万木争荣，一团锦绣甘棠岭；
清腐除秽，教大地披青，江河泛绿，满目葱茏圆梦亭。

注：州委后山新修一座花园。据传山为杨正午书记任内购买，未曾修建而调离。朱总理莅临吉首，挥笔写诗，虽赞扬"吉首学中多俊彦"，但对计划生育、环境绿化有微词。杜从烟秘书长筹资修建，主亭已定为"圆梦亭"，山名及两亭名待定。基于上述意图，家兄秀模与予，不约而同，将山定名为"甘棠岭"，左亭定名为"夕曌亭"，右亭定名为"励志亭"，上述对联，为"圆梦亭"联。

杨母彭老孺人墓联

芳兰万里长风志，慈母三春寸草心。

注：杨母系省委书记杨正午母亲，其弟杨正坤出面请予弟兄为其母撰写墓志铭，志中引古训"猛将必起于卒伍，宰相必起于州部"，赞颂杨母教子有方，颇为得意，此志铭曾请杨书记过目，已由向鸣坤教授书写，刻于碑上。

王母向老孺人墓联

勒石难铭寸草意，树碑为报三春晖。

注：王母系原湖南省民委主任王双林母亲。王主任关切土家族，与予交谊深厚。曾引见国家民委副主任任英，为吉大民研室拨款四万元，当时予任民研室主任。次年又给吉大一套录像设备；特别是派车送予去主管文教焦林义书记家，焦林义听予汇报后，不久即率省教委主任周忠尚来吉首与吴运昌州长协商。沙子坳新校区八百亩地，一锤定音。

为台湾李仪学兄拟其祖父墓联

旅居台湾高中同班同学李仪先生回乡祭祖探亲，约余为其撰写祭文，主持祭祖仪式，且赴其祖父坟地张二坡实地观察。这是块风水宝地：两条溪流围绕张二坡流出；前面为长虹水库，碧波万顷，远方万山云集，犹如万马奔腾，故撰联为：

带围二水，双龙护墓；笏拱群山，万马归槽。

槽字原定为二：即"朝""槽"。请李仪兄一决，仪兄最后定为槽字。

李仪兄看其祖父墓志铭，父亲墓志铭，及余弟兄为其撰写多副对联后，十分满意，寄来五百美元，作为"润笔"之费，深感受之有愧。

雷母彭孺人墓联

虽称侄女，情同漂母，未筑冢墓效韩信；
既是严亲，又做嫂娘，已树丰碑学包公。

注：予在塔卧小学教书时，常接触雷母彭培凤，并呼予为叔父。予被打成右派，流浪至塔卧，时米贵如珠，培凤念旧，以白米饭招待予三日，至今未忘。培凤在苦日子里，抚育两个年幼弟弟成长，均已各立门户，成家立业。其子雷霆为生母立碑，乞予为墓志铭及墓联。侄女、漂母同现于联中，如非特殊情况，岂能如此落笔。

老司城祖师殿（为超叔祭祖用）

名称道教，原为张道陵新创，炼汞烧丹，治疾救人号五斗；
殿号祖师，传系公输盘所修，换梁减柱，神工鬼斧垂千年。

贾公绍洪难友墓联

六月飞霜苦邹衍；两行热泪哭伯仁。

注：予被开除回家管制生产后，常开"五类分子"会，因而结识绍洪兄，后同在蔬菜队监督劳动，同病相怜。绍洪兄能写、能画，生活能力极强。予因写《讨江青檄》以反革命集团首犯被逮捕。绍洪兄多次遭到逼供，诬为成员，绍洪兄不甘受辱，抛妻别子，自缢于深山，发现时尸体已烂。予平反后，促贾嫂为绍洪兄修墓，将此联刻于墓上。以示"我虽未杀伯仁，伯仁却因我而死"之意。呜呼！冤哉！痛哉！

编后语

　　《棠棣集诗选》得友人、学生之关切，得以面世，虽少阳春之作，却有求友之音。愿高明不弃，笔削绳纠，以匡不逮。

　　余弟兄自幼就读于叔父镜涵先生帐下，入私塾之学，练童子之功，读孔孟之书，诵韩柳之文。叔父学问深厚，管教极严。诵读之余，更注重实践。诗词歌赋、散文对联，均属练习范围。当时虽系私塾蒙童，已初学涂鸦，为往后写作奠定基础。兄模读高中时，已有诗作问世，诗文比赛，名列前茅，为侪辈称道。进入中央大学中文系后，得朱东润、罗根泽、张世禄、周法高等名师指点，文学修养，声韵知识，更有长进，故其诗作从思想内容到音韵格律，均有可取之处。

　　余先学法律，后爱戏剧，旅途坎坷，身如飘萍。有时亦偷闲学步。但时运不齐，命途多舛。诗歌习作，初遭"文化大革命"之火，复遇梁上君子，十存一二，良可浩叹。近日于报刊残稿中，苦搜冥索，凑得百十余首。深感良莠并存，瑕瑜互见。残篇入集，颇具烂柯闻笛之叹；敝帚自珍，难免南郭滥竽之讥。何敢言诗，志其事耳。

　　整个诗集，按时间先后排列：兄模诗以1949年前后为序；余则按耒阳子校、吉首大学、琼州大学和武陵大学顺序排列，间有例外，均作说明。

　　刘文武先生无偿为我弟兄出《棠棣集诗选》，我弟兄表示衷心感谢！

彭秀枢
1995年6月15日于吉首大学

附 录

附一：彭秀模八十寿诞贺诗文（词、联）（部分）

家兄彭秀模先生

彭秀枢

家兄彭秀模字修模，1921年生于永顺县和平乡盐井村，土家族，中共党员。祖籍大井，书香门第。先祖彭司錝是前清秀才，以案首（第一名）入泮，贡生。因丁忧守制，未能参与会试，设馆授徒，人称葭丞先生。先父彭泩图幼攻经史，因废科举，弃儒从商，徙家盐井，得先妣襄助，夙兴夜寐，克勤克俭，逐渐添置产业，家道殷实。兄模排行第四，七岁入私塾，受业于叔父镜涵先生之门下。叔父既长古典，又懂新学，时届民国，五经经义不再系统学习，重在读名篇、练写作，除《左传》《纲鉴》通读外，多读诗文名篇；散文、策论、诗词、尺牍，定期练习，因步趋得法，文字功夫，日益精进，名闻乡里。故乡大井为永顺文化较为发达地区之一。彭氏家族多有家学渊源，父老兄弟均能通晓文字，吟诗作对、推敲问难、蔚为风气。一日，在卡斯湖亲戚家，族叔彭海图在鸦片床上吞云吐雾，适兄模至，呼之坐，欲考其"时艺"。提出"炒炒米"上联要求属对。兄模立即以"温温书"答之。海叔点头称是。继而以烟具为题材提出："快哉！金针度口。"揭示要求以烟具属对。家兄思索片刻，欣然答道："宜乎，玉盏明心。"海叔对十来岁孩童如此妙对大加赞赏，连呼曰："妙！"

1937年升入永顺郡联立初级中学，长于文史而短于数理。1940年考入湖南省立第九中学高中部。中学阶段正值抗战时期，日寇侵略日急，半壁江山沦于敌手。省立九中亦遭敌机轰炸从沅陵迁至溆浦。举步维艰，民族多难，受"国家至上""民族至上"之熏陶，睹日寇之穷凶极恶，爱国精神极为强烈，加之吾家为土司后裔，对明代永顺、保靖土司彭翼南、彭荩臣两公抗倭事迹知之甚详。抚今追昔，曾写诗以明志。现录《九中校刊》七绝书怀一首（三首录一）即足以见其爱国激情和诗歌功底：

    书剑无成愧藐躬，江山半壁染殷红。
    男儿应作擎天柱，恢复东南第一功[①]。

  当年除诗作外，文字功夫亦有可观者。高中时期，国文教师以《说勇》命题作文，他便化苏轼《留侯论》之开头而起题曰："卒（猝）然临之而不惊，无故加之而不怒，此古之所谓豪杰之士有过人之节也。"老师批以"言简意赅，笼盖全文"，并在班上讲评，大加赞许。湖南省十五届高中毕业会考，作文题为《自由与法治》。他又如此破题："人之初也，厥性本善，及其年事日长，习染所至，或温良恭俭，或暴戾恣睢。为欲一其法度以规范其行为，此法治之不可或缺也。"监考之国立八中国文教师睹此开头，连连点头以示首肯。当时国文考试，只考作文，以其破题惊人，论证严密，故作文成绩为大湘西沅陵考区之冠，为省立九中争得荣誉，全校师生为之称庆。

  高中毕业后，去重庆考大学。少年气盛，非一流大学不读，数理失利，未遂所愿，乃考入教育部特设大学先修班，因成绩优秀，保送并考取国立中央大学中国语言文学系。抗战胜利后，学校迁回南京。南京乃当时首都，人文荟萃之所，著名物理学家吴有训主持校政，知名学者汪辟疆、胡小石、张世禄、朱东润、罗根泽、吕叔湘等先生均在中文系授课。名师指点、个人钻研、学业精进。特别是语言文学分科后，专攻语言，张世禄先生讲授之文字学、音韵学，周法高先生讲授之方言学，吕叔湘先生讲授之语法学对他启迪更大，为以后教学科研奠定坚实基础。当时解放战争已起，内战方酣，学校内左右两种思潮斗争激烈。间有诗作，借以言志。现录《游牛首山》一首：

    结伴秋游牛首山，无方救国且偷闲。
    颓垣断壁禅房毁，碧石疏林炮迹斑。
    日寇屠城刀闪闪，野花泣露泪潸潸。
    牧儿不解伤心事，跳啸西风残照间。

  此诗写于1947年秋。一次，家兄曾与原汪伪时代南京中央大学学生王珏一道上街，太平路上王珏曾介绍当年日寇南京大屠杀情况，故有"日寇屠城"句。"牧儿"句并非移植杜牧"商女不知亡国恨"原意，而是语意双

[①] 明代永顺土司彭翼南、保靖土司彭荩臣率土司兵来夹击倭寇于王江泾，歼敌一千九百余人，溺死者无数。《明史·湖广土司传》誉为：自有倭患以来，"东南战功第一"。

关，既是写实，也寓讽托。毕业前夕，解放战争正炽，江北不守，京沪危急，草草结业后，即返回永顺老家，旋即受聘于湖南省立第八师范学校，任国文教员。永顺解放，省立八师改为永顺师范学校，继续执教，任语文教研组长。针对师范教育特点，组织语文教研活动时，强调语文教学除加强思想教育外，必须注意加强文学和语言两方面的教学，注意书面与口头表达能力的训练。提倡教师互相切磋、互相听课，教研活动非常活跃。

　　1956年湖南省为发展高等教育，从中等师范和高级中学中选拔一批优秀教师调到高等院校任教。家兄因此调入湖南师范学院中国语言文学系。初主持湖南省汉语方言调查工作，后开古代汉语课。1962年被评为讲师。调查汉语方言期间，他与曾少达同志合作撰写了《湖南省汉语方言普查总结报告》和《湖南人怎样学习普通话》两书。当时不提倡个人署名，两书均以"湖南省汉语方言调查组"名义出版。限于条件，《湖南省汉语方言普查总结报告》只好石印成册，高等院校内部交流，省内中等师范学校亦各分赠一册。该书全面介绍了湖南省80多个方言点之声韵调系统，并根据各方言特点划分出各方言区，为研究湖南汉语方言提供翔实资料。《湖南人怎样学习普通话》则由湖南人民出版社出版成书，公开发行。该书于普查湖南汉语方言基础上写成。它分析了湖南人应怎样利用方言中已有发音技能，学习普通话发音。同时还指出声韵调三个方面学习难点和克服方法，为湖南人学习普通话展示出较为切合实际之对应规律。关于古代汉语教学，分工较细，音韵、文字、词汇、语法四大部分教学任务皆落实到人。家兄主讲音韵、词汇。音韵学涉及古今声韵系统之变化与发展，时代久远，术语繁多，加上与现实语音差距大，历来中文系学生多有视为"天书"者。家兄既懂音韵理论，又长于方言实践，因此音韵学上之术语，常常可以从方言之语言现象求得解答。故所教学生中之语言爱好者既能掌握古今音系递嬗变化之脉络，也能作方言调查研究之实践。结合词汇教学，写出了《〈诗〉"采采卷耳"解——兼论〈诗〉无动词重叠式》。论证了《诗经》（先秦）没有动词重叠形式，"采采"乃形容词重叠。

　　吉首大学建校初期，缺乏古代汉语教师，多次向省教育厅和湖南师院请求支援。1964年家兄被借调到吉首大学，为期两年，任务是：一面担任教学，一面带好徒弟。两年回院。"文化大革命"开始后，不仅未能如期返回湖南师院，反而被下放到花垣县雅西公社插队落户，调永顺县青坪公社当基层干部，调永顺四中教语文，调麻岔五七大学学朝农（朝阳农学院）。身如飘蓬，疲于奔命，秋月春风，等闲度去。打倒"四人帮"后，湖南师院落实政策，借人要还。在此期间，他先后被评为永顺县、自治州教育先进工作者，湖南师院仍多次要求家兄归队，自治州却不肯放行，1978年强留给吉首大学。家兄考虑到自己年近花甲，吉大又缺教师，为了发展民族教育，只好决心留下，于是重修旧业教古代汉语。

党的十一届三中全会像春风一样吹绿大地，邓小平同志《在全国科学大会开幕式上的讲话》给知识分子以极大的活力，政治环境宽松，职称评定亦随之开始，家兄从1962年被评为讲师十七年后，1979年终于有机会被评为副教授。由于他是吉首大学第一个讲师、第一个副教授，故学校领导曾公开赞誉他为"种子教授"。在这一背景下，应自治州"团结报"纪念20世纪80年代第一年的约稿，写出《1980年元旦咏怀》七律一首以抒心臆：

　　　　暗香初透岭头梅，冬至阳生春又回。
　　　　白发新添功未立，书生老去时方来。
　　　　不须惆怅伤尘碾，应是昂扬斗雪开。
　　　　一瓣丹心迎旭日，百花争艳满山隈。

小平公主政后，知识分子受到礼遇，故诗人有春回大地之感，丹心迎日之愿。书生老去，盛时方来，在"尊重知识，尊重人才"指示感召下，家兄在工作上和科研上均做出了一定的成绩，并获得党和国家给予他的种种荣誉。1981年当选为湘西土家族苗族自治州人大六届委员会常务委员，州政协四届、五届常务委员，1983年被评为湖南省少数民族地区科技先进工作者，1983年当选为全国政协第六届委员会常务委员，1985年任湖南省语言文字委员会顾问，1987年当选为湖南省政协委员，1989年国家语言文字工作委员会授予"语言文字工作三十年的荣誉证书"。在吉首大学曾先后任吉首大学民研室主任，吉首大学学术评审委员会主任，湖南省教委职称评审委员会中文学术评审小组成员，为吉大教师职称晋升做出应有的贡献。担任吉大民研室主任期间，他关心民族事务，重点研究土家语言与历史。与叶德书同志合作撰写土家语有关论文七篇，特别是《土家语概况》的发表，在国内第一次介绍了土家语语音、词汇、语法三方面的情况。还设计了《土家语拼音方案》（草案），进行了"土家·汉双语双文教学接龙实验"，对操土家语地区小学教育和扫盲工作做出有益的探索。国家语言文字工作委员会顾问、语言学家倪海曙教授对《土家语拼音方案》（草案）评价是"是个好方案，干净利落"。[①]这里应特别指出《㕟䗪考》一文，以文字学音韵学理论为指导，从语音和历史角度对土家族族源作了决定性论证。阐明了土家族与古代巴人

---

① 见《文字改革简报》1989年第9期。

同源而异支，是同以板楯蛮为主体融合其他少数民族而成的共同体。结合古代汉语教学，他还写有《"奥野何其人也"句法辨正——兼论虚词"何、其"》。该学术论文指出了《中国青年报》"奥野何其人也"这一新闻标题[①]的语法错误，在严密论证后指明了用"奥野何人也"或"奥野其人"语法上是讲得通的；要是只询问人物性状，可换成"奥野何如人也"，也还通顺；如果联系上下文意，还可换成"奥野何许人也"！感情色彩就强烈多了。湖南师大古典文学教授、语法学家宋祚胤先生评价是："尊稿拜读数四，切理厌（满足也）心，于古汉语语法学已升堂入室，足以振聋启聩。"家兄对吉首大学之发展和中文系教师队伍建设也做出一定贡献。特别是在为吉首大学争取新校区基地上，功不可没。吉大老校区所在大田湾，地仄少平地，且四周为工厂包围，污染严重。他以全国政协常委之特殊身份，与省人大代表黄德智、州人大代表彭秀枢、市人大代表李泽南共同签名向中央、省、州、市呼吁解决校址问题。在北京参加全国政协第二次全会期间，他以"吉首大学校基逼仄，学校无发展余地；污染严重，教师有后顾之忧"为案由给大会交了提案。还给环境保护委员会主任李鹏、教育部长何东昌写信并寄送了材料和照片。并向湘西籍中纪委副书记李昌、国家民委副主任洛布桑当面汇报情况交上材料照片，吁请支持，这就引起了各级领导的重视。湖南省委焦林义书记亲临湘西解决吉首大学校址问题。沙子坳唐家岭八百亩新校区，一锤定音。现在吉大已建成花园似的学府，通过国家教委检查评估，正扬鞭跃马，开拓前进。家兄长期在中文系任教，教过文字、音韵、词汇、语法等课程。长于音韵和方言的教学与研究，担任过叶德书、吴泽顺、唐生周、李启群四位教师的辅导任务，在他的精心辅导下，这些教师在语言学领域里成绩显著并成为中文系的骨干教师和学科带头人。家兄热爱祖国，热爱共产党，严于律己，宽以待人，在教师心目中是一位德高望重的好师长。因其著述颇多，影响较广，1989年国家《民族语文》将他列入"当代中国民族语言学家"进行介绍，其名字已收入《中国少数民族人物志》《中国语言学人名大辞典》《中华人物辞海·当代文化志》。

家兄晚年以诗词自娱，号高云居士。他文学功底深厚，且精通声韵，故其诗作从内容到声律意境均有新奇之处。其诗词作品已先后收入《华夏吟友》《中华当代绝句精选》《中华当代诗家手迹》《中华当代律诗精选》

---

① 《中国青年报》1988年5月20日第4版《国际瞭望》栏有"诡辩'皇军'不曾侵略，奥野何其人也"的标题。

《张家界诗选》亦收入多篇，流行于国内外。现为湘西诗词学会副会长。海南出版社为余弟兄出版《棠棣集》一册，北京大学汉语言文学系教授、老友向仍旦先生在该书序言中曾作如下评价："秀模先生教古代汉语多年，长于声韵，为全国音韵学会会员，当代中国民族语言学家，为人谨言慎行，谦谦君子；其诗作立意新颖，声韵铿锵，遣词造句，玉润珠圆，以律诗绝句见长。读之使人有'诗如其人'之感。"兹选其有代表性诗作数首以供欣赏：

"文化大革命"十年

七律

十年多难叹途穷，颠沛流离类转蓬。
队插苗山大柳泊，官充田畯洗璧冲。
高寒地搞稻双熟，疲惫民储户九空。
濯足沧浪劳动后，黉宫"五七"学朝农。

从此诗中可以看出在"文化大革命"时期，知识分子所受到之不公正待遇，然而诗篇却体现一种"怨而不怒"之诗教精神。这种精神也反映在诗人《重游不二门》诗中：

风风雨雨几经年，不二门中寻旧缘。
四壁琳琅皆委地，一尊古佛独擎天。
"山青海岸"添新绿，水暖灵池泻玉圆。
喷发低层深处火，长留余热满人间。

不二门永顺名胜。"文化大革命"期间，历代诗词摩崖均遭破坏，代之以"红色语录"，故有"琳琅委地"之叹，"古佛擎天"之感，妙语双关。尾联明写温泉水，暗寓有愤懑、献余热之意，怨而不怒。

香港回归，举国欢庆，爱国人士莫不赋诗抒怀。家兄曾以咏史式之诗组七绝十首以迎香港回归。限于篇幅，仅选两首。

（一）

英无落日且休夸，晷折中天傍晚霞。
米字蓝旗摇坠影，东风紧送夕阳斜。

（二）

东风浩荡压西风，国耻百年一扫空。
还我河山迎"七一"，五星旗下紫荆红。

诗词之余，间亦写对联，兹录其二。

一、为吉首大学中文系第一届书画展题

龙翔凤翥，云腾健翼抟千里；

碧透红舒，果结夭桃满五溪。

　　二、题吉大棠嘉湖上玉虹桥联
　　　　受书圯上留侯履；题柱桥头司马才。
　　出句用张良遇黄石公故事喻严师高徒；对句用司马相如题词升仙桥故事喻志大才高。
　　家兄模号高云居士与嫂嫂覃贞玉伉俪情深，古稀齐眉。嫂嫂出身名门，贤淑慈爱，孝敬父母，教育子侄，操持家务，堪称贤内助。余谨作对联一副，以赞兄嫂，且以两人名号冠嵌其中，既显其高洁，又见其坚贞。
　　　　高不自鸣云出岫；贞而相励玉为神。
　　家兄秀模于家庭为孝子，于学校为功臣，于余既为兄长，又是良师。其道德人格，文章诗词均为余之楷模，值得终身学习。

耄耋之喜　鹤寿之庆
——贺彭秀模先生八十华诞

吉首大学校党委书记、代校长　马本立

　　彭秀模先生八十华诞，这是耄耋之喜，也是鹤寿之庆。中文系为秀模先生举行祝寿活动，这是尊师重教的好事。在此，我向秀模先生致以崇高的敬意并致以衷心的祝福。
　　秀模先生20世纪80年代退休，我90年代来吉大工作，与秀模先生交往不多。但在一些场合，如学校组织的会议和讨论中，我聆听到他的不少发言。他十分关心吉大的前途和发展，关心学校师资队伍的建设，提出了诚恳和富有建设性的意见，不少被学校采纳。前两年，学校组织校内外一批专家学者编写《湘西文化大辞典》一书，我与秀模先生接触的机会才多一些。他担负语言部分的主编工作，负责土家语言条目的撰写和审定，每次召开编委会，他总是准时到会，静静地等候别人发言之后才慢慢发言。编委会工作人员看到他的完成稿，一片赞誉。他已是年近八十的老人，但每一条目都用方格稿纸一一誊正，工整规范，文清字爽，表现出严谨的治学风格。大家在讨论条目内容后，对秀模先生在语言学研究上的深厚造诣和扎实功底深表敬佩。

我从中文系了解到秀模先生的一些情况。他是 1964 年从湖南师院借调来到吉首大学任教的,一干就是几十年。他长期担任古代汉语的教学工作,并且从事语言学的研究和土家语的研究。他主持创制的《土家语拼音方案》(草案),在土家族地区进行了推广和实践,受到国家语委的肯定和好评。他是吉大的第一个文科高职教师。秀模先生曾当选为湘西州人大常委、湘西州政协常委、全国政协常委。他一边三尺讲台执教,一边参政议政奔波。在吉大老校区迁移选址工作上,他多次上书州委、省委、中央领导,多方奔走,积极呼吁,为吉大新校区的选定做出了自己的贡献。

　　吉首大学已走过四十多年的风雨历程,有许多像秀模先生这样的优秀教师,忠于职守,不浮不躁,默默耕耘。他们为吉大的明天披肝沥胆,他们为祖国培养人才焚膏继晷。他们牺牲得很多,他们获取很少,他们甘于清贫,他们乐于奉献,正是有了他们,才有吉大今天的一切。吃水不忘挖井人,吉大不会忘记他们,我们永远记住他们。

　　写到这里,我想起了学校成教学院的成立庆典晚会,老干们登上舞台,精神抖擞,红光满面。他们的京剧联唱获得了阵阵掌声,掌声中包含着敬意。秀模先生站在第一排,从容、儒雅、面带微笑,一如平日的为人,看到他,我想起曾看到过的一副对联:"事能知足心常乐,人到无求品自高。"秀模先生的为人品格也正是这样的。

　　祝秀模先生安康长寿!

1999 年 12 月 19 日于吉大

学习秀模先生

简德彬　张和宇

　　秀模先生八十岁。我们简朴而隆重地为他祝寿。祝寿只是一种形式。通过这种形式,重要的是学习秀模先生。

　　学习秀模先生对教育事业的热爱。除去在不正常的政治运动中无辜受冲击,秀模先生可以说把自己的毕生精力都献给了教育事业。他当了一辈了教师。教师是寂寞而清贫的。但是,秀模先生从未动摇。他当过全国政协常委,在人民大会堂坐过主席台,政治地位不可谓不高。但是,从北京回到学校，从主席台回到讲台，他依然是一名普普通通的、轻言细语的教师。担任全国政协常委，秀模先生特别关心的是他所从事的教育事业。他曾经以全国政协常委的特殊身份为吉首大学的发展慷慨陈词，奔走呼号。吉首大学能发展壮大到今天这种样子，秀模先生是有贡献的。退休后，秀模先生依然深切关心学校和系里的教学科研工作。他曾经多次来系里表示：如果需要，他可以随时返回教学岗位担任一门课程的教学。科教兴国的今天，每一位教师必须更加爱岗敬业，有奉献精神。这方面，秀模先生是表率，是楷模。

学习秀模先生对中国共产党的忠诚。秀模先生是从旧社会过来的知识分子，目睹了国民党政权的腐败和崩溃，迎来了共产党领导的新中国的诞生。新中国成立伊始，百废待兴，秀模先生满腔热情地投入社会主义新中国的教育事业中。因为家庭出身，他受到很多不公正的待遇。但是，这丝毫没有动摇他对新中国、对社会主义、对中国共产党的热爱和忠诚。1985年5月，秀模先生以六十五岁高龄加入中国共产党。入党后，严于律己，廉洁奉公，以身作则，组织观念强，绝不因年纪大退休而有丝毫松懈。同志们都说：秀模先生虽然党龄不长，但是是一个言行一致、名副其实的老党员。

学习秀模先生淡泊宁静的高尚人格。人是要有一种格调的。秀模先生的格调，就有淡泊宁静。心底无私天地宽。秀模先生没有私心，淡泊名利，所以他总是宽厚、慈祥、平静的。担任全国政协常委，在有的人的头上也许就有了光环，但是秀模先生依然是平静地教书、平常地做人。有人说，秀模先生得全国政协常委大名，是因为他是无党派人士，提醒他不要加入任何党派。秀模先生只是微微一笑。他加入了中国共产党。秀模先生子女多，农村亲戚多，生活并不富有，但是没有谁听到他抱怨过。他总是微笑着，很知足。退休后，秀模先生以读书、写字、作诗自娱，真正是栖居在诗意之中了。

秀模先生八十岁。祝他健康。向他学习。

贺家兄秀模先生八十华诞

彭秀枢

七绝三首

（一）

谦和平易世无争，德艺双馨享令名。
敬业园丁勤抚育，武陵桃李万枝荣。

（二）

韵谱宫商功底深，老来格律讲求精。
栽培后学无私念，同在骚坛继楚声。

（三）

孔云仁者常高寿，海屋添筹祝四哥。
棠棣花开光铧铧，春阳灿烂老来多。

（作者系彭秀模先生胞弟）

庆贺彭秀模老师八十大寿

文连禄

（一）感谢彭老师
细细批吾语，谆谆释我疑。
箴言铭肺腑，墨迹入心诗。
律正咏声雅，词清意境奇。
南山松落落，吟旆挂高枝。

（二）鹧鸪天·祝彭老师长寿
珠玉诗成费剪裁，浑涵深厚楚高材。
只缘万卷书攻破，下笔如神活水来。

吟白雪，赋红梅，期颐寿果倚云栽。
春风桃李盈天下，仰止高山祝寿杯。

贺彭秀模八十华诞

余文奎

寿眉飞舞为君庆，寿域光华为君开。
寿鹤高翔鸣九阆，寿星和韵对如来。
福慧立言兼立德，福缘有庆与天连。

福田手种千寻柏，福海长流映月圆。

书赠彭秀模同志联

余文奎

荣辱无惊　世事纷纭存故我；
行藏有道　心灵清净乃高人。

贺秀模先生八十寿辰

汪剑鸣

行年八十尚能文，几净窗明究典坟。
辞赋草窗知健笔，武陵啸傲一诗翁。

七律敬贺恩师彭秀模先生八十荣诞

叶德书

叩拜恩师步杖朝，欣逢瑞世正花朝。
中原音韵三湘语，西楚风骚一脉祧。
宏奠土家仓颉业，常呈蜀汉武侯韬。
孙贤子孝无穷乐，八百春秋蒂尚包。

浣溪沙·贺彭秀模八十大寿

丁畅松

千禧难逢千年瞬，久久期盼九九归。仁师鹤寿增春晖。
人生能有几回醉，浓情美酒盛满杯。总角垂髫愿重回。

贺彭秀模师八十大寿

唐生周

待人轻以约，责己重而周。
从教万余日，修身八十秋。
诗词长做伴，书画亦相俦。
耄耋暨能遇，期颐当可求。
齐声歌秀老，更上一层楼。

贺彭秀模恩师八十寿辰

覃大钰

五　律
师生情义重，把酒寿彭公。
画上凌烟阁，文崇树惠功。
桂兰香九畹，桃李醉春风。
共祝千秋岁，青山不老松。

贺彭秀模师八十华诞

杨合林

正四海沸腾，跃马扬鞭跨世纪，欢歌阵阵，同欢此际千年禧；
更群星闪烁，流光溢彩拱北辰，祝福声声，共祝吾师万寿康。

附二：彭秀模九十寿诞贺诗（联）

如梦令·贺彭秀模恩师寿诞

胡炳章

竹韵松风鹿鸣，云舒霞飞鹤影。新月化扁舟，荡开桃李心情，心情，心情，生命之树长青。

忆江南

简德彬

（为秀公彭师九十华诞而作）

彭祖寿，气定且神闲。弟子三千天下满，雄文数卷世间传。不朽德功言。

彭秀模教授九十华诞

王焕林

先生骨相不封侯，千里春风一帐收。
桃李成荫何所事？蓬莱海屋自添筹。

贺彭秀模老师九十华诞

刘精盛

西楚有耆宿，堪称君子儒。

性情温似玉，学问有若无。
上寿立人瑞，高风树楷模。
臻兹神化境，身心俱欢娱。

贺彭秀模老师九十大寿

吴象枢

闲寻遗老访斯台，欣见姬昌卜猎来。
翠柏韵谐玄鹤舞，太医星并稍微开。
碧桃和露当年种，芳草沾风在处栽。
诗客殷勤谁似我，墨香梅醉酒千杯。

彭秀模教授九十椿寿

丘 亮

九十遐龄不辍耕，大家气象卓然成。
中天杲杲金鸡唱，上野呦呦白鹿鸣。
南极仙家诚小寿，蓬莱道骨亦多情。
手招华表千年鹤，坐听松涛奏海声。

附三：彭秀模百岁寿诞贺诗（文）

我和我的百岁爷爷

彭 路

时间过得真快，转眼我也快到知天命的年纪了，奇怪的是，我总觉得自己还很年轻，甚至有时还觉得自己就是一个小女孩，估计各位听了肯定会笑我"少女心"，但仔细想想，我这种心态还真不是矫情，而是因为我们家里有一位百岁老人，每次当我喊他"爷爷"的时候，或者听到爷爷喊我小名的时候，仿佛自己就是一个还未长大的小姑娘，还可以承欢在爷爷的膝下，又怎会感受到岁月的流逝呢？

我的爷爷彭秀模，1921年正月初二出生在湖南永顺和平乡盐井村，是守溪州刺史、陇西开国男四十一代孙。用比较俗气的话来说我们家是名门望族，所以经常有同事戏称我为"格格"，这当然是搞笑，但是我们家的确是诗书之家，家学渊源，爷爷毕业于国立中央大学，爷爷的其他几位兄弟也或就读于当时的名牌大学，或属于当地的"乡绅"级人物。说起盐井彭氏兄弟，那里的四里八乡可谓无人不知无人不晓。

1956年爷爷调至湖南师范学院（现湖南师范大学），教授古代汉语，也因为这个缘故，1963年，我的爸爸响应国家号召，刚刚初中毕业就上山下乡，从长沙下放到了永州市江永县回龙圩农场，成为了一名知青，也从此在永州扎根；1969年父母相识相恋，两年后我就呱呱落地，又四年，妹妹也来到了世间。就在爸爸下放的同时，我的爷爷也响应支边号令借调至吉首大学，碰上"四清"运动，紧接着就是"文化大革命"，爷爷一度下放苗区插队落户，所以我一生下来就和爷爷奶奶相隔千里。那时的交通不便，再加上政治原因，我从小就没有见过自己的爷爷奶奶，对于他们的印象可以说是完全模糊的，唯有几张照片、一些书信还有五元十元一张的汇款单提醒着我，在千里之外的一个小山城住着我的爷爷奶奶，那里有我的至亲，那里是我的故乡。直到1977年夏天，马上就要读小学的我跟着爸爸第一次见到了爷爷奶奶、叔叔姑姑等亲人。亲人见面的场景我已经完全没有印象了，想来第一次见面，天性胆小内向的我，估计和爷爷奶奶不是很容易相亲，倒是对路途的艰辛印象深刻：从永州出发，到达永顺足足走了两天两夜，中途在常德住宿一晚，因为经济拮据，当时车次稀少、车速缓慢，再加上天气炎热，我是一路晕车呕吐，这样的经历着实让人害怕，后面很多年都没有再回老家探亲。

再后来爷爷正式调回吉首大学，为了让我有一个更好的学习环境，1987年暑假，我转学至吉首一中。在这里，在爷爷的敦促和指导下，1989年我考上了吉首大学中文系，来到了爷爷曾经工作过奋斗过的地方求学。虽然此时爷爷已经退休没有正式教过我，但是教我古代汉语的唐生周老师、班主任李启群老师都是爷爷的得意弟子，他们并没有因为我是彭秀模的孙女就对我青眼有加，可是在他们身上，我还是真切地感受到了治学的严谨、待人的真诚，这些想必也是爷爷的真传吧。爷爷做人做事都很低调，从不因为自己是全国政协常委就颐指气使，也不会因为自己是第一批湖南方言调查人而把功劳挂在嘴上，更不会因为自己对吉首大学发展做出的重大贡献而邀功请赏。也许正是因为这种"心底无私天地宽"的豁达平和心态，才成就了今天的爷爷：年届百岁，仍然步履矫健、耳聪目明，读书看报，写诗作文，并用自己的方式为桑梓、为学校的发展尽一分力量。

我对于爷爷的了解，应该是转学吉首之后才更清晰更具体。因为"文化大革命"的原因，我的爸爸、两个叔叔都没有读什么书，早早就上山下乡，后面大返城时又已拖儿带女，就都在工厂当了普通工人，爷爷也从没有利用自己的名气和影响力为儿女们谋一点私利，然而，他在内心深处还是有点小小的遗憾。记得高考前，英语老师找我谈心，希望我能够报考英语专业，回家我跟爷爷聊了一次，爷爷没有反对，他只是对我说了一句："中国文化博大精深，中国的文字独一无二，你沉下去了解一下，你会发现那是一片广袤的土地，唐诗宋词元曲明清小说，那就是这土地上盛开的鲜花！"也许是遗传的因素吧，其实从内心深处而言，我自己也更喜欢中国的语言文字，所以最终我选择了学习中文；填志愿时，本可以填报中南民族学院，但是爷爷对我说："吉首大学是我们土家族苗族自己的大学，你是个好苗子，我希望你能留在这里当一名好老师，为我们土家儿女的教育做点事情。"就这样我填报了吉首大学中文系（师范专业），因为我知道了爷爷心中的遗憾是什么，我当时也确实想继承爷爷的衣钵，希望能为家乡的发展做点自己力所能及的贡献。后面因为一些个人的原因，还是回到了永州回到了爸妈身边，虽然生活总是出乎人的意料，但是爷爷的"学高为师　身正为范"的高风亮节却已经春雨无声般流淌在了我的血管里，无论我走到哪里，做一个正直善良的人做一名好老师镌刻在了我的心里，随着岁月的打磨更加熠熠生辉。

马上就是爷爷的百岁大寿了，作为长孙女，写了这段文字记录自己与爷爷的故事。早些年每次祝酒的时候都说："祝爷爷长命百岁！"转眼愿望成真，现在我的愿望就是希望爷爷身体健康，每天开心，由四世同堂变成五代同欢。

2019 年 9 月

题照颂寿

刘绍彬

2018 年 10 月 12 日校庆、院庆 60 周年，1963 年级中文班学生刘绍彬夫妇与先生合影。绍彬忠诚感谢先生教诲，敬颂先生：寿平双甲子，誉满禹甸城。

关西夫子世儒宗，犹记当年受业中。
时雨仰沾春意暖，程门立雪寿乔松。

在彭秀模先生从教七十周年暨百岁华诞座谈会上的讲话

吉首大学党委书记　白晋湘
（2019 年 12 月 16 日）

尊敬的彭老、各位来宾、同志们：

大家好！今天，我们欢聚一堂，热烈庆祝我校彭秀模老师从教七十周年暨百岁华诞。

彭老 1921 年出生于湘西永顺一个土家族书香之家，1948 年国立中央大学中国语言文学系毕业，先后在省立第八师范学校、保靖县民族中学、湖南师范大学、吉首大学任教。曾任湖南省语言文字工作委员会顾问、中国民族语言学会理事、湖南省民族研究学会副会长、湖南省语言学会理事、湘西诗词学会副会长。历任湘西州人大、州政协常委，湖南省政协委员，1983 年当选为第六届全国政协常委,是湘西州第一位全国政协常委。

彭老忠于祖国、忠于人民、追求真理,忠诚党的教育事业,是德高望重的老前辈。他理想信念坚定,热爱中国共产党、热爱社会主义,在六十五岁高龄光荣加入了中国共产党。彭老一辈子既精于"授业""解惑",又以"传道"为使命,用自己的学识和阅历点燃学生对真、善、美的向往。他学为人师,行为世范,既是学问之师,又是品行之师,在教书育人之路上,真正做到了以德立身、以德立学、以德施教、以德育德,以坚定的理想信念、高尚的道德情操和淡定的人格魅力,为学生成长成才树立起人生标杆。习近平总书记在和北京师范大学师生座谈时指出:"一个人一生遇到好老师,是人生的幸运;一个学校拥有好老师,是学校的光荣;一个民族源源不断涌现出一批又一批好老师,则是这个民族的希望。做好老师,要有理想信念、道德情操、扎实学识、仁爱之心。"彭老就是这样一位好老师。

彭老幼承家学,熟读诗书,学养深厚。从事高等教育三十余年中,在湖南师范大学中文系时,主持湖南汉语方言普查工作兼教古代汉语,在吉首大学时教授古代汉语,由于注意理论与实践的结合,掌握多种语言材料,因而在讲授古汉语课时,娓娓而谈,得心应手,深受学生爱戴,培养了大批既能动口又能动手的语言专业人才。他治学态度严谨,曾多次被评为州、县教育先进工作者,湖南省少数民族地区科技先进工作者。他善于学习,刻苦钻研,严谨笃学,不断研究教育教学规律,不断提升教育教学质量,是一名学识渊博、业务精湛、为师生崇敬的好老师。

彭老有仁爱之心。一生从教,爱生如子,循循善诱,诲人不倦,桃李满天下。今天在座的大都是彭老的弟子门生,他关爱每个人的进步成长。他以自己的仁爱之心,开启学生的心灵之门,成为学生的良师益友;以自己的人格魅力和卓有成效的工作,赢得学生、家长和社会的尊重。他光明磊落的胸襟,踏实负责的作风,淡泊名利的品格,孜孜以求的精神,已成为学校建设和发展的宝贵财富,值得我们好好学习。

今年又是彭老从教七十周年。我们隆重召开座谈会,就是为了弘扬尊师重教优良传统,学习宣传彭老爱校情怀、科学作风、崇高品德和奉献精神,激励全校教师践行"以人名校,以业报国"校训,争做新时代"四有"好老师,为学校建设和发展做出新贡献。

衷心祝愿彭老健康快乐,福寿绵长!

临江仙·贺彭秀模老先生期颐之寿

孔凡虎

虽历艰辛骨气在,休言岁月无踪,酉水河畔借东风。园丁勤耕绿,沥血育花红。　赢得三湘四水地,杏坛论剑从容。蓝图美景臆胸中,期颐逢盛世,鹤发犹如童。

撰己亥年冬月

在彭秀模先生从教七十周年暨百岁华诞座谈会上的讲话

湘西土家族苗族自治州政协主席　刘昌刚

尊敬的秀模先生、各位领导、同志们:

大家好!很高兴参加今天的座谈会。首先,请允许我代表湘西州政协向彭秀模先生从教七十周年暨百岁华诞表示热烈祝贺并致以崇高的敬意!

彭老先生是土生土长的湘西土家族,一生致力于湘西民族教育和研究,是当代民族语言学家、教育家,获国家语委颁发"从事语言文字工作三十年"荣誉证书和奖励。他语言学功底深厚,在土家语言研究、土家族源考证、古代汉语考辨、湖南方言研究等领域均做出了开创性贡献。他主持设计了《土家语拼音方案》(草案),进行了"汉·土家双语双文教学接龙实验",为操土家语地区的儿童学习汉语文做出了有益的探索。他与人合作撰写的《湖南省汉语方言普查总结报告》,为湖南方言分区奠定了良好基础,成为十分珍贵且具有重要文献价值的湖南方言史料,得到同行的高度评价。

彭先生历任湘西州人大、州政协常委,湖南省政协委员,1983年当选为第六届全国政协常委,是湘西州第一位全国政协常委。彭先生积极参政议政、建言献策,为民族教育服务、为民族发展服务。在全国政协六届五次全会上提交了"湘西州古丈县地方病严重,建议上级卫生部门调查研究"的提案,经转发后,湖南省卫生厅及时派人深入研究,积极采取措施,使该县的地方病得到了及时有效的治疗。作为吉大人,彭老先生关心学校建设和发展，爱校情怀深厚，他在担任全国政协常委期间，积极向中央、省、州、市呼吁请求解决吉首大学校址问题，1984年在参加全国政协二次会议时向大会呈交了提案，1984年9月，湖南省委焦林义书记亲临湘西解决吉大校址问题，砂子坳新校区选址一锤定音，彭老先生为吉首大学的建设和发展做出了重要贡献，功不可没。

当前，我们正在调动一切积极因素，团结一切可以团结的力量，凝心聚力建设美丽开放幸福新湘西，我们要学习彭秀模先生襟怀坦荡、踏实负责的工作作风，乐观豁达、淡泊名利的精神风貌，勤建言、善献策，讲实话、办实事的委员风采，为决战脱贫攻坚、冲刺全面小康贡献智慧、凝聚力量，为推进我州高质量发展做出新的更大贡献。

衷心祝愿彭老福如东海，寿比南山！

2019年12月16日

覃大钰贺词

瑞龙吟

值恩师彭秀模先生百岁寿诞之期，母校举行庆典。予拟往贺，即撰瑞龙吟词一首述怀云尔。

杏坛路。
依旧水绕山环，我心凝伫。
当时峒畔从游，程门释褐，浮梁羁旅。①
喜重聚。
称颂斗辉南极，岳松雄踞。
檐窗何忍归来，恩师上寿，伊人不遇。②

难得沧桑曾历，苦甘能食，百年寒暑。
赢却齿德俱尊，才学兼树。
春风满座，犹记淳淳语。
真惭愧，功言未立，鱼熊皆误。③

此际翻然悟。
善行若水,金刚焉固。
驹隙分今古。
将眼底,风云万千回顾。
盈虚看破,涨消如许。

2019年12月14日

注释:①予上大学时,年已二十九岁,是两个孩子的父亲。父母年老,负担很重,所谓求学艰难。
②此次吉首聚会,同学中如谢方一、揭明新、谌守达者等已去世。我也年逾七十,师生相见,不免怆然。
③古人有云,立德、立功、立言,是谓三不朽。

贺恩师秀模先生百岁寿诞

唐生周

无欲格何峭,有容品自奇。
修身思至善,化境在期颐。
七十贤人聚,三千弟子随。
重开花甲日,仍着谢公屐。

2019年12月13日星期五于吉首

在彭秀模先生从教七十周年暨百岁华诞座谈会上亲属致谢辞

张茂豪

尊敬的各位领导各位来宾,老师们同学们:

岳父彭秀模老师从教七十周年暨百岁诞辰到来之际,学校隆重举办座谈会予以纪念和祝贺，我作为亲属代表深受感动。衷心感谢大家在百忙之中拨冗参加这个盛会！年初以来，白书记多次叮嘱尽早筹划这个活动并一直予以督促落实。因此，这次座谈会的成功举办，还要感谢学校领导的精心谋划指导、感谢文学院、校友会等单位和部门所付出的辛勤劳动，感谢岳父的弟子学生和热心校友的慷慨捐助、大力支持！

  刚才听了各位领导和来宾热情洋溢的发言，有对岳父从教生涯及为人为学为师的深情回忆和高度评价，还有对岳父百岁寿诞的真挚祝福和良好祝愿，我听了深受感动，心存感激。这些评价多褒赞之词或有过誉之处，我且将其当成对我们晚辈的鞭策鼓励，化作奋进前行的动力吧。

  几十年来通过对岳父的接触了解或耳濡目染，我以为他有以下方面的确使我深感为荣并值得学习。一是出自肺腑地爱党爱国。他出生在旧中国，亲见国家外辱内患、民不聊生的场景，爱国亲民思想极为强烈。中华人民共和国成立后，深受党的教育，一心向党，终于在六十五岁高龄，实现了自己多年的加入中国共产党的夙愿。二是热爱教育事业，几十年如一日坚守阵地，乐在三尺讲台传道授业解惑。他爱生如子，循循善诱，春风化雨，教书育人。弟子门生遍及四方，多成国家栋梁。他治学严谨，耐得寂寞，辛勤耕耘，在古汉语、方言以及民族语言领域有较深研究和较高造诣，在有些方面取得了开创性成果，如20世纪60年代在湖南师院主持湖南省汉语普查，曾与人合作撰写了《湖南省汉语方言普查总结报告》《湖南人怎样学习普通话》，还带动培养了一批调查研究人才，得到同行专家好评和认可。三是热爱家乡热爱自己的民族。1950年他在永顺师范执教时，就首先提出土家有自己的语言，应该是一个单一的民族，于是与土家热心人士多方奔走吁请，终于获得党中央认同，成立了湘西土家族苗族自治州；继而开展土家族研究，考证土家族族源，发表土家语概况，创制《土家语拼音方案》（草案），构建土家族文字体系，成功进行土家·汉双语双文教学接龙实验，等等。任职各级政协委员、人大代表期间，为湘西州的建设发展积极建言献策，为改善吉首大学办学条件，争取到了砂子坳校区的八百亩土地，实现了学校多年来异地扩容愿望。四是孝老尊亲，关爱家人。在20世纪60年代初期，三年自然灾害，物资极度匮乏、生计维艰，他殷勤侍奉老母，勉励扶携众嗣，使阖家老小渡过灾荒和困难。岳父夫妻恩爱，相濡以沫。岳母瘫痪多年，总是陪侍在侧，亲侍汤药，须臾不离。退休赋闲后，游历读写之余，祖孙同堂习书吟诵，欢声笑语，其乐融融。五是热爱生活，充满激情。离开工作岗位后，得暇追忆似水年华，游历华夏山川，目睹了国家沧桑巨变，激动兴奋之余,蛰伏经年的诗情涌动,喷薄而出。三十多年来,饱含深情地写下了数百篇什。爱党爱国之心、亲朋故旧之情、神州山河之秀、科技发展之速、祖国繁荣之景、生活环境之美、人民幸福之态,皆流诸笔端,或诗或联,佳作迭出,字字珠玑。诗集先后以《棠棣集》《期颐集》印行。他的同学北大教授向仍旦对其诗作的评价是"立意新颖,声韵铿锵,遣词造句,玉润珠圆,以律诗绝句见长,读之有'诗如其人'之感"。多篇作品收入《华夏吟友》《中国当代绝句精选》《中国当代律诗精选》等权威书刊。六是修身养性,健康长寿。期颐之年,仍鹤发童颜,思维清晰,耳聪目明,步履稳健。据我看,主要得益于以下几点:首在良好心态。光环笼罩时不得意忘形,身处逆境中不怨天尤人,总是那么低调安静,随遇而安。次在健康生活习惯。不吸烟酗酒,不熬夜赖床,作息规律,营养均衡,动静适宜。再有健壮身体基础。这与其青壮年时期喜好打球、跑步等运动是分不开的。最后有优质遗传基因。其长辈多享高寿,家族发达兴旺。具备好的修养和身体,有益于事业和社会,身教重于言传,有潜移默化的影响。这些都是我们做儿孙的福气,也是我们做晚辈的自豪,更是我们学习的榜样。

值此岳父百岁诞辰到来之际,谨祝老人家健康快乐,福寿绵长。

今天,学校隆重集会庆贺岳父从教七十周年暨百岁诞辰,我想,这不仅意味着对他个人工作的肯定和生日的祝贺,也是崇尚严谨治学、立德树人的具体表现,更充分体现了学校尊老敬老、尊师重教的春秋大义。我相信,通过这些个做法和形式,对学校形成良好的教风、学风必将产生良好而深远的影响,对学校内涵式发展和"双一流"建设起到很好的助推作用。

再次感谢各位莅临。祝大家身体健康、工作顺利、家庭幸福!

张茂豪诗二首

(一)贺岳父彭秀模百岁华诞
溪州土司后,家风美且贤。
诗书传家久,忠厚处世宽。
治学惟严谨,做人尚诚谦。
默默化育功,谆谆教诲言。
授业四十载,门生越三千。
志存高远大,行立德功言。

> 自古仁者寿，不老松千年。

> （二）家宴庆老寿星百岁华诞
> 隆冬年序更，华堂喜气盈。
> 济济人四代，浓浓血脉情。
> 美酒敬人瑞，蟠桃献寿星。
> 同贺期颐寿，共期千岁龄。

在彭秀模先生从教七十周年暨百岁华诞座谈会上的讲话

彭学军

敬爱的彭老师，尊敬的各位领导、来宾，亲爱的老师和同学们：

大家上午好！

文章千古事，风雨百年身。恭逢彭秀模老师百岁华诞到来之际，有幸代表彭老师的学生们向他老人家致以最诚挚的祝福，我感到十分高兴。

俗话说家有老是个宝。有彭老师这样的百岁寿宝，是母校吉大这个大家庭的福气，也是我们吉大学生的福气，学生辈衷心祝福以彭老师为代表的老师们人人健康长寿，个个晚年幸福。

吃水不忘挖井人，学生铭记恩师情。作为母校数十万学子中的普通一兵，我和我们取得的每一份成绩，每一点进步都离不开母校的善养，离不开老师的恩育。作为吉首大学八〇级中文二班的学生，我不忘自己在吉大度过的十五岁到十八岁最青春的三年，离开母校三十六年有余的每天我们都铭记着母校养育情，想念着老师培育恩。彭秀模老师、刘敦刚老师、丁畅松老师、张和宇老师、胡炳章老师，一位位吉大人的身上不仅仅展示了师者爱生如子、传道授业、无私奉献的师德风范，也展示了天下教育人责任担当和振兴湘西、建设祖国的家国情怀。

人一辈子对美好最美好的报答就是努力地去学习和践行美好。作为学生、作为学子、作为晚辈，我们要努力向彭老师为代表的前辈们学习，一个接一个、一代接一代践行老师的教导，传承母校"以人名校、以业报国"的家训，把母校情刻入大脑，把良师恩揣在心中，把报恩之愿践行于脚下、落实在实际工作和生活中，在各自的岗位上建功立业、报效祖国，为母校为老师们争光。

一百岁华诞仁厚添寿，七十载教苑德高立范。彭老师在教书育人的道路上奉献了毕生的精力与辛勤。在长达七十年的从教生涯中，他淡泊名利不畏艰难、孜孜不倦，培养了众多的人才。彭老师渊博的知识，让同学们感受文明与希望；彭老师宽广的胸怀，让大家懂得宽容与忍让；彭老师慈善的目光，让学生由懦弱变得坚强；彭老师的言传身教，让我们获得知识和自律。

彭老师高雅的人格、高尚的师德和高健的福寿，不仅是吉大的骄傲、湘西的骄傲，也是天下师者的骄傲。他的身上体现了中国优秀知识分子民生为本、家国为怀的高尚情操。我们要以彭老师为楷模，大力弘扬他老人家"白头虽老赤心在，伏枥仍存万里行"的崇高精神。热爱工作、献身工作，视名利淡如水，看事业重如山。

彭老师渊博的学识和崇高的品德，深深影响和感染着我，激励着我奋力前行。在教书育人的道路上以彭老师为榜样，努力在平凡的工作岗位上不忘初心、牢记使命、脚踏实地砥砺前行，在党的领导下，团结全校，团结全校教职工，努力地把州民中的事办好，希望能为国家培养出更多优秀栋梁之材。

最后，我代表彭老师的学生祝恩师福如东海、寿比南山，祝各位领导、来宾、心想事成、万事如意！祝母校百岁以上寿星老师越来越多，冲刺一百二十岁大关！祝母校吉大越办越好，立足湘西大地，跻身世界一流！

谢谢！

写在《期颐集》付梓之际

张茂豪

岳父百岁寿诞到来之际，学校拟为其举办从教纪念活动。校领导嘱文学院及相关部门尽早筹划并要我配合。以岳父行事风格，绝不想惊动校方，家人小聚以贺足矣。既如此，不敢违命，遂着手选编岳父诗文集，拟名之为《期颐集》印行，意在寿诞之日，酬飨亲朋故旧及弟子门生。

岳父辛酉年农历正月初二生于永顺和平乡盐井村。自幼聪颖，且有家学渊源。早年即入私塾，熟读"四书五经"名篇，故学养根基深厚。国立中央大学毕业后，曾教泽桑梓，后调湖南师院。1964年春奉命借调吉首大学两年，教古代汉语。然，适逢"四清"运动，接着"文化大革命"开始，不仅未能如期返校，还一度下放苗区插队落户，之后或曾充任公社干部，或在乡村中学任教。改革开放恢复高考后，湖南师院令其归队，湘西州不肯放行，于是再被吉首大学要回。兹后，岳父精神焕发，专事教研，心无旁骛。很快，在古代汉语教学和民族研究方面，取得一定成绩。20世纪70年代末，因岳父与同校另一教师均具高级职称之优势，学校在省内专科学校中率先赢得本科办学资格。不久，又以全国政协常委身份，多方奔走呼请，争取到砂子坳八百亩土地作为学校的新校址，实现了学校多年来异地扩容愿望，为学校建设发展进一步拓宽了空间。

岳父生于灾难深重之民国，饱受外辱内患之苦，对家国民族爱之深切。"文化大革命"动乱结束后，党的民族政策得以恢复。作为溪州彭氏土司嫡裔、土家族代表人物，岳父历任州人大代表、政协常委、省政协委员，直至当选为全国政协常委。又在超龄退休之际加入中国共产党，终于实现了自己多年夙愿。岳父一生从教，爱生如子，循循善诱，诲人不倦。弟子门生遍及四方，多成国家栋梁。岳父孝老尊亲，关爱家人。在物资极度匮乏、生计维艰之年代，殷勤侍奉老母，勉励扶携众嗣，使阖家老小渡过灾荒和困难。岳父夫妻恩爱，相濡以沫。岳母瘫痪多年，总是陪侍在侧，亲侍汤药，嘘寒问暖，须臾不离。退休赋闲后，岳父颐养天年，乐享天伦。游历读写之余，祖孙同堂习书吟诵，欢声笑语，融融泄泄。

岳父在古代汉语、方言、民族及民族语言研究方面，造诣较深，多有建树，影响较广。主持湖南省汉语方言普查工作，与曾少达合作撰写了《湖南省汉语方言普查总结报告》《湖南人怎样学习普通话》等专著，尤其在土家族和土家语研究方面作出了颇具开创性的贡献。曾个人或与人合作撰写《土家语概况》，创制《土家语拼音方案》（草案）(由中国社会科学院民族语言研究所编入《中国少数民族的文字》出版)，建立了土家族语言文字系统，进行土家·汉双语双文教学接龙实验；运用文字学、音韵学理论，从语言和历史视角对土家族族源进行精微考据并作出决定性论证，等等。1989年国家《民族语文》将其列入"当代中国民族语言学家"介绍，其名字被《中国少数民族人物志》《中国语言学人名大词典》等多部权威工具书收录。

岳父杏坛挂鞭后，得暇追忆似水年华，游历华夏山川，并目睹改革开放之波澜壮阔，广大城乡沧海桑田之巨变，同时亦亲身感受到了盛世美景和幸福生活。激动兴奋之余，蛰伏经年的诗情涌动，喷薄而出。三十多年来，饱含深情地写下了数百篇什。如：《庆祝香港回归》《喜迎党的十六大召开》《国庆七十周年》《"神十"飞天 "蛟龙"探海》《重游老司城感赋诗词三首》《游秦淮》《上扬州》《寄友人董思霖先生》《悼宋祚胤先生》《迎新世纪书怀》《赞西部大开发》等等。爱党爱国之心，亲朋故旧之情，神州山河之秀，科技发展之速，时代变迁之巨，祖国繁荣之景，民族强盛之状，生活环境之美，人民幸福之态，皆流诸笔端，或诗或联，佳作迭出，字字珠玑。岳父诗作"立意新颖，声韵铿锵，遣词造句，玉润珠圆，以律诗绝句见长，读之有'诗如其人'之感"（北大教授向仍旦语）。多篇作品收入《华夏吟友》《中国当代绝句精选》《中国当代律诗精选》等权威书刊。

  本书在岳父兄弟合著文选、诗选基础之上编辑而成，附录选用了"八十寿诞""九十寿诞""百岁寿诞"部分贺诗贺文。在此书编印过程中，得到学校白晋湘书记、校友工作办李荣光主任、文学院领导以及校友等同志们的关心帮助，唐生周教授在百忙之中为本书作序，向龙副教授欣然为之设计封面，在此谨致谢忱！

  值此岳父期颐之年，本书付梓在即，写下以上文字，谨祝老人家健康快乐，福寿绵长。

2019 年 10 月

后 记

新版《棠棣集》即将付梓，岳父兄弟著述能够全面结集、正式出版，让后人得窥其学问全貌而受裨益，实为家族大事幸事喜事一桩。

早在 20 世纪 90 年代末期，岳父兄弟俩皆已杏坛挂鞭有年，得学生刘文武（《雍正王朝》电视剧出品人）策划并资助，于海南人民出版社出版了《棠棣集》初本一册，刊兄弟俩人诗词仅百十数首。21 世纪初，由岳父兄弟之弟子筹措经费，余协助编辑，于 2002 年初再次自印了增补版《棠棣集》。该书分诗选和文选两种，其中诗选分上下册，兄弟各刊一册；文选仅收部分文章，合订为一册。诗选由岳父中学同学、北大中文系向仍旦教授作序，文选则请岳父兄弟乡党，时任湖南省民委主任王双林为之序。农历己亥跨年后，按本地习俗，子女要为老人做百岁寿。岳父任教学校领导闻之，嘱办从教七十周年暨百岁华诞纪念活动。校友会、文学院积极策划，予遂编辑岳父诗文集并名以《期颐集》内部刊印行世。

岳家为溪洲土司之后，宗族繁衍，人丁兴盛，耕读传家，曾有号称"彭氏八勇"儒生者名闻遐迩，几代贡生设馆授徒，享誉乡里。少时，家以烤酒、做豆腐等手艺谋生，家境尚算殷实。岳父兄长三人皆为乡绅人物，岳父行四，与六弟先后入读重庆（南京）国立中央大学、上海私立光华大学。1949 年后家庭成分被错划为"地主"成分，家人命运多舛，尤以岳叔为甚，曾被管制 20 余年。子侄一代牵累殊深，几无受高等教育者，或终身务农种地，或在厂矿企业务工。"文化大革命"后家庭成分得以纠正，岳父兄弟再入黉门之时已过天命或近耳顺之年。短短 10 年间，无论教学或科研均有显绩，尤于土家族民族及其语言研究多有建树，开拓深广。

岳父百岁华诞之际，外孙黄纯艳专程返乡贺寿。黄氏家风甚好，且颇得彭族真传，子女皆出名牌大学。纯艳系华东师大博士、教授、博士生导师，专治宋史和中国经济史，学有专攻，成就卓著。岳家永顺大井历来文脉强旺，文风甚炽。诗书传家，乃为古训。今纯艳总揽编务，于再版《棠棣集》

及《期颐集》基础上,增添了岳叔撰写发表的土家族研究论文十余篇,仍以《棠棣集》为名,分文选、诗选,文选上编和诗选上编为岳父彭秀模作品,文选下编和诗选下编为岳叔彭秀枢作品。新版《棠棣集》合计60余万字,约为2002年自印本之两倍有余。为《棠棣集》之早日面世,纯艳可谓殚精竭虑,很快完成了收集、选目、编辑,以及筹资、签约出版等诸繁难事项。吾能与之共襄其成,幸莫大焉。

张茂豪
2020年12月10日